AF617500

Nación secreta

LA LÍNEA DEL HORIZONTE
ediciones

AVEDIS HADJIAN

Nación secreta

Los armenios ocultos de Turquía

Colección Fuera de sí. Contemporáneos, 27

Título original: *Secret Nation. The Hidden Armenians of Turkey*
Edición original en inglés: I. B. Tauris, Londres-Nueva York, 2018

Esta publicación fue posible gracias a la generosidad del Fondo Dolores Zohrab Liebmann, de Nueva York.

La generosidad de la Fundación Boghos Arzoumanian, de Buenos Aires, y del Centro Armenio de Argentina hicieron posible la traducción de este libro al castellano.

Primera edición: octubre, 2024

Publicado por La Línea del Horizonte Ediciones
C/ Mesón de Paredes, 73 | 28012 (Madrid, España)
www.lalineadelhorizonte.com | info@lalineadelhorizonte.com

Coordinador editorial: Miguel S. Salas
Corrección: Luis Porras Vila
Diseño de cubierta: Víctor Montalbán | Montalbán Estudio Gráfico
Fotografía de cubierta: © Diana Markosian
Fotografía de solapa del autor: © Luca Adamescu

ISBN: 978-84-127475-8-4 | Depósito Legal: M-18215-2024
THEMA: NHG, JBCC7, 1DTV, 1DTT
Imprime: Cofás | Impreso en España

Este libro ha sido impreso en papel ecológico, cuya materia prima proviene de una gestión forestal sostenible.

ÍNDICE

A mi padre y a Kirkor Menaf

La última fue la Edad del duro Hierro. Inmediatamente, en esa edad de metal inferior, surgió todo el mal: huyeron el pudor, la verdad y la lealtad, y ocuparon su lugar el engaño y la trampa, la insidia y la violencia, y los deseos perversos.

Ovidio, *Las metamorfosis*

Kılıç artıkları

«Los restos de la espada», expresión turca empleada para describir a sobrevivientes armenios del Genocidio que permanecieron en sus tierras ancestrales, especialmente las mujeres que fueron obligadas a casarse con hombres musulmanes y convertirse por la fuerza al Islam.

A MODO DE PREFACIO PARA LA EDICIÓN EN ESPAÑOL

Han pasado más de diez años desde la concepción de este libro. Desde la idea inicial en 2009 hasta la publicación de la edición original en inglés en 2018, muchas cosas cambiaron en Turquía y Armenia, en un mundo donde el orden de posguerra parece estar desmoronándose a pasos agigantados con la invasión de Ucrania por parte de Rusia en febrero de 2022.

Después de casi cien años de odio tras el Genocidio de 1915, parecía haber una primavera en ciernes entre armenios y turcos en el plano social y cívico, si no entre los Estados. Turquía parecía encaminarse al reconocimiento de la verdad y se debatía públicamente la veracidad del Genocidio entre el público, los medios y las universidades del país.

Para cuando me marché de Turquía en octubre de 2014, y sin haber encontrado mayores problemas y, por el contrario, ser objeto de la mayor hospitalidad por cuasi doquier en el país, ya estaba convencido de que no había esperanza de una transformación profunda de una república literalmente nacida del Genocidio. Por tener cualidad fundacional el exterminio de los armenios, me fui de Turquía con la decisión de no regresar, pero, más importante aún, con la preocupación de que un Estado turco que glorifica el Genocidio definiría sus relaciones con Armenia y los armenios con los criterios históricos, políticos, y morales (la palabra correcta sería inmorales) derivados de esa tesitura. La brutal guerra emprendida conjuntamente por Turquía y Azerbaiyán contra el enclave de Artsakh en septiembre-noviembre de 2020 que dejó más de 5000 muertos y la amenaza de una guerra total contra Armenia por parte de ambos aliados en el momento de escribir estas líneas han venido a confirmar los peores temores. Por primera vez en milenios, Artsakh ha perdido su población armenia tras la campaña de limpieza étnica de Azerbaiyán en septiembre de 2023, una continuación de su política genocida contra la nación armenia.

No habrá palabras suficientes para expresar mi gratitud a Alberto Vicente, de La Línea del Horizonte Ediciones, por el honor de agregar este volumen a los magníficos títulos de su casa. Vale lo mismo para Miguel S. Salas, coordinador editorial de La Línea del Horizonte, por su labor impecable. La munificencia de la Fundación Boghos Arzoumanian de Buenos Aires y sus directivos Varty Manoukian, Rubén Mozian, y Juan Sarrafian, como también del Centro Armenio de Argentina, permitió la traducción del libro al castellano. La muy extensa lista de personas que me han ayudado en este proyecto está en la edición original en inglés y tanto a ellos, pero sobre todo a los protagonistas de este libro, debo en mayor parte lo que contengan de valor estas páginas. Los errores que pueda haber son propios.

Venecia, junio de 2024

ALGUNAS CONSIDERACIONES SOBRE LOS NOMBRES Y LA ORTOGRAFÍA

Se ha adoptado una convención híbrida para la ortografía de los nombres en este libro. Los nombres geográficos y propios armenios, como Jach o Mush, se escriben como se usa comúnmente en las publicaciones de interés general o en la prensa armenia en castellano u otros idiomas que no sean el armenio. La mayoría de los nombres armenios occidentales han sido transliterados de acuerdo con la pronunciación del armenio occidental o en el alfabeto latino por los armenios de Turquía: así, escribimos Hrant, por ejemplo, en lugar de Hrand, como sería en armenio oriental. En aras de una lectura más fácil, hemos evitado el sistema de transliteración Hübschmann-Meillet, preferido en las publicaciones académicas. De todos modos, el criterio ha sido idiosincrático: algunos nombres, incluido Dashnaktsutyún, se han escrito de acuerdo con el uso más común en la literatura publicada en la literatura especializada. La tabla fonética a continuación, basada en el alfabeto turco, se ha adoptado para los nombres turcos, kurdos y zaza, así como para los armenios menos comunes, comprendido Ardanuş, escrito así en vez de Ardanush. Como muchos de los sonidos no existen en el español, damos ejemplos de palabras conocidas de lenguas europeas con fonemas semejantes:

Â	/aː/	*a* débil y más larga
C	/dʒ/	*y* fuerte, como *jazz*
Ç	/tʃ/	*ch* en español
Ğ	/ɣ/ɪ	como la *r* gutural en Renée en francés
I ı	/ɯ/	*e* como *open* en inglés
İ i, Î î	/i/, /iː/	*i* en español
Ö	/ø/	como *deux* en francés
Ô	/ɔ/	*o* alargada
Ş	/ʃ/	*sh* como en *show*
Ü	/y/	semejante a *yu*, como *new* en inglés
Û	/uː/	*u* alargada
Xx	/x ~ χ/	la *j* en español, como *jugar*

Los títulos de las diez partes del libro se corresponden en general con las provincias armenias históricas, excepto Comagene, un antiguo reino helenístico, y el mar Negro y Hamshén, que nunca ha existido como tal como unidad administrativa. El criterio, sin embargo, también ha sido idiosincrático, ya que las ciudades y distritos de los capítulos individuales no necesariamente corresponden a distritos políticos pasados o presentes, sino más bien a la estructura del libro y a la estructura del relato. Así, Ankara, Yozgat y Amasia nunca han sido parte de la provincia de Sepasdia. Asimismo, Urfa (la antigua Edesa) estaba justo de la otra parte de la frontera con Cilicia. Más importante aún es que no hay necesariamente una correlación entre la importancia demográfica de la población armenia (islamizada, «oculta» o no) de un distrito o provincia determinada y la longitud de cada capítulo. Esto significa que la longitud del capítulo de Sasún, por ejemplo, no necesariamente indica que haya más armenios allí que en Dersim, a quienes se dedica un capítulo mucho más corto. Esto simplemente muestra que ha sido posible reunir más historias de un lugar que de otro, y solo debe considerarse como una limitación por parte de este autor. La mayoría de las unidades administrativas, desde aldeas hasta provincias, se citan por sus nombres históricos, pero también se emplea el nombre oficial turco. Por lo tanto, hemos utilizado Garín, el nombre armenio para la provincia histórica, en vez de Erzurum, pero la nomenclatura geográfica oficial siempre se cita para evitar confusiones. Lo mismo se aplica, por ejemplo, a Diyarbakır, que hemos elegido llamar Dikranagerd, a pesar de que esto sea más debatible, por razones explicadas en las páginas relevantes. Aun así, los nombres también se usan alternativamente, dejando en claro que tanto el armenio como el turco designan el mismo distrito.

La mayoría de las personas citadas y que estaban en vida en el momento de escribir este libro han sido identificadas con un seudónimo. Esto se indica en bastardilla en la primera mención (*Yusuf*, y luego Yusuf, por ejemplo). El mismo criterio se aplica a algunas aldeas que han sido encubiertas bajo nombres ficticios para ayudar a proteger el anonimato de los entrevistados. Incluso las personas que habían aceptado ser citadas por sus verdaderos nombres se mencionan aquí con seudónimos. Las razones son dos: coherencia editorial y una precaución adicional, por preocupación por su seguridad, para limitar la exposición de los personajes de este relato a los vaivenes de la política turca, cuya volubilidad puede afectar de manera desproporcionada a los miembros de minorías, especialmente a los miembros de un grupo —como los descendientes de conversos armenios en la geografía del Genocidio— que hace apenas unos años todavía eran reacios a revelar su origen. Muy probablemente el deterioro actual de la situación en Turquía disuada a algunos de revelar sus orígenes, si es que alguna vez lo consideraron. Otros quizás crean seguro volver a su condición anterior, «oculta», en la medida que sea posible. También se han utilizado seudónimos para figuras que son públicamente conocidas y han hecho declaraciones públicas o son citadas en otros libros sobre este tema.

Hay una serie de excepciones. La mayoría de las personas fallecidas se mencionan por sus nombres reales, pero solo en muy pocos casos se mencionan también los apellidos. Los altos funcionarios y figuras históricas también son citados por sus verdaderos nombres. Esto no debería disuadir a historiadores o expertos interesados de comunicarse con este autor en caso de que necesitaran entablar contacto con cualquiera de las personas mencionadas en este libro. Finalmente, algunos nombres propios, especialmente entre los hamshentsís, son citados sin cambios debido a su curiosidad lingüística así como a su belleza .

Turquía, las provincias de Armenia Occidental, Cilicia, Comagene, y Hamshén

Las aldeas han
en la región de
mar Negro occ

0
100
200
300 km
0
50
100
150
200 millas
e g r o
GEORGIA
HAMSHÉN
Kars
Ani
ARMENIA
Sarıkamış
Hınıs
GARÍN
Garín
(Erzurum)
(Erzurum)
Bayazet
(Doğubeyazıt)
ASDIA
Sivas)
Dersim
(Tunceli)
IRÁN
DARÓN
Mush
Tatvan
Van
A
KHARPERT
(Mamuret-ul-Hziz)
BITLIS
VAN
Sasún
Bitlis
Surp
SASÚN
Sığert
(Siirt)
DIKRANAGERD
(Diyarbakır)
Diyarbakır
COMAGENE
Adıyaman
Marash
CICIA
Urfa
Qamışli
(Rojava)
tap
Kilis
Alepo
IRAK
SIRIA
2
Zeytún
TURQUÍA
Sis
(Kozan)
Surp Sarkis
Hromkla
Adana
Mersin
Karkamish
SIRIA
Vakıf
Musa Ler
Samandağ
0
100
200 km
0
50
100 millas

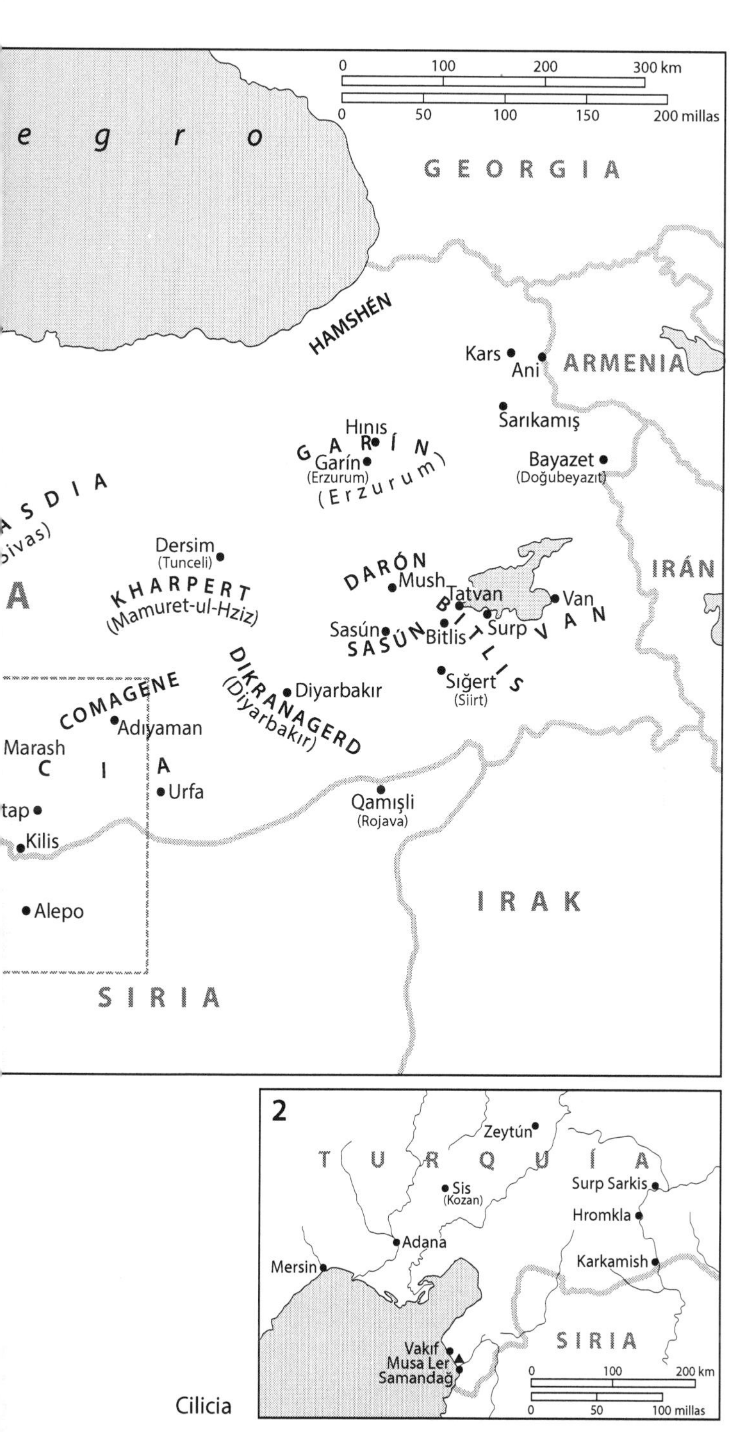

Cilicia

0 50 100 150 km
0 50 100 millas
RUSIA
Mar negro
GEORGIA
Tbilisi
Batumi
Hopa
Borçka
HAMSHÉN
Artvin
Ardanuş
Ardahan
Ordu
Rize
Giresun
Trebizonda
Of
Hamshén
Hin Hamshén
(Çamlıhemşin)
AZERBAIYÁN
Gyumri
Arakelots
Kars
Ani
ARMENIA
L. Sevan
Ereván
Şabin-Kirahisar
GARÍN
Garín
(Erzurum)
(Erzurum)
Jorasán
Iğdir
Mte. Ararat
TURQUÍA
NAKHICHEVAN
Hınıs
Aradzani (Murat)
Dersim
KHARPERT
Varto
Manazgerd
Muradiye
DARÓN
Kharpert
Elazığ
(Mamuret-ul-Hziz)
Mush
BITLIS
SASÚN
Palu
Dalvorig
Lago Van
Lice
Mte. Maruta
Tatvan
Surp
Van
Puerta de Mher
VAN
Malatya
Sasún
Bitlis
Aghtamar
Narekavank
Silvan
Tavriz
Diyarbakır
Sığert
(Siirt)
Moks
Lago Urmia
Batman
DIKRANAGERD
(Diyarbakır)
Şırnak
Midyat
Mardin
Al-Malikhiyah
Zakho
IRÁN
IRAK
SIRIA
0 5 10 15 20 km
0 2 4 6 8 10 millas
GEORGIA
Veyi Sarp
(Kâzimiye)
Sumcuma
(Üçkardeş)
Çançağan
(Çamurlu)
Makrial
(Kemalpaşa)
Köprücü
Mar negro
Xelu ked
(Dereiçi)
Xetselon
(Karaosmaniye)
Manastır
(Yeşilköy)
Xigoba
(Başoba)
Zurpici
(Yoldere)
Zaluna
(Koyuncular)
Hopa
Ardala
(Eşmekaya)
Çavuşlu
Tsurxinci
(Çifteköprü)
Mamanat
(Demirciler)
Garci (Hendek)
Vayi Ardala
(Çimenli)
Borçka
Zendit (Balıkköy)
Çıxala
(Düzköy)
Arhavi
Dzağrina
(Güneşli)
Ançyoğ (Pınarlı)
TURQUÍA

INTRODUCCIÓN

UN MAPA PERDIDO EN EL TRANVÍA DE ESTAMBUL

«¿Quién eres? Esto es Turquía. ¿Sabes lo que es Turquía?», me preguntó el hombre, cuyos gruesos lentes magnificaban el miedo que mostraban sus ojos. Estaba en una casa de té en el distrito de Kurtuluş de Estambul, donde se reunían hombres armenios, originariamente oriundos de Sepasdia, Sinop, Kastamonu y otras provincias del interior, y yo intentaba hablar con ellos.

Y tenía razón. No sabía yo lo que era Turquía. Pero Turquía, e incluso muchos armenios, tampoco sabían quién era él. Durante un tiempo, había creído que este hombre y sus amigos eran poshás, miembros de una rama muy sigilosa de la nación romaní que se había asentado en la meseta armenia alrededor del siglo x d. C. y que todavía hablaba un dialecto basado en el armenio. Pero me equivoqué en aceptar literalmente el apelativo de «poshá» que les daban a ellos, pues también había sido utilizado por armenios de Estambul como peyorativo para sus compatriotas de Anatolia cuando la migración de estos a la antigua capital imperial se había intensificado en la década de 1960. Como la mayoría de la gente en Turquía ignoraba que la palabra se empleaba principalmente para personas de origen gitano, los armenios de Anatolia todavía eran conocidos por algunos como poshás.

Durante un siglo, la gran mayoría de los descendientes de sobrevivientes del Genocidio de 1915 que se quedaron en Anatolia Oriental, después de convertirse por la fuerza al Islam, mantuvieron secreta su identidad. Algunos todavía lo hacen. Algunos de ellos son musulmanes devotos; otros son alevíes, y algunos son secretamente cristianos, especialmente en la zona de Sasún, donde todavía hay aldeas de montaña con poblaciones de armenios secretos. Sin embargo, muchos son agnósticos o ateos. Todas las corrientes religiosas e ideológicas que se encuentran en Turquía están representadas en este grupo, conocido como «armenios secretos» o «armenios ocultos», aunque para algunos el nombre resulta ofensivo.

Nadie sabe cuántos armenios ocultos hay, o si son miles o bien millones. Parte del problema deriva de la dificultad en definir la identidad de un armenio secreto. Algunos se niegan a ser llamados «armenios», si bien admiten que sus padres o abuelos lo eran, pero a veces, a menudo en contra de su propia voluntad, todavía son considerados armenios por otros turcos o kurdos. Algunos son conocidos como armenios para sus vecinos y no lo esconden, mientras que otros lo ocultan incluso a sus propios hijos, algunos de los cuales se enteran por otros niños, que se burlan de ellos por ser armenios. Luego está la cuestión de los descendientes de matrimonios mixtos, y esa gran mayoría de nietos de abuelas armenias, mujeres secuestradas o casadas por la fuerza durante el Genocidio.

Aun así, la identidad es un estado variable, como muchos inmigrantes saben, algunos de los cuales incluso cambian de país más de una vez, mientras que otros se convierten a otra religión. Una conversación con una microbióloga sobre un tema no relacionado en el verano de 2014 en Ereván me ofreció una pista. Como la identidad no es una cualidad inmutable, podría concebírsela como un estado que puede definirse a lo largo de un espectro imaginario. Puede cambiar a lo largo de toda la vida, y posiblemente lo hará en muchos casos. No pretendemos medirlo de ninguna manera: eso sería tan inútil como ridículo, cuando no ofensivo. A lo sumo tal vez podamos conjeturar que las personas con una serie de características —origen armenio; se consideran armenios; viven en sus ciudades ancestrales natales; o están de alguna manera conectados con un grupo armenio mayor (ya sea una familia, clan u organización comunitaria)— están muy alejados de aquellos que solo reconocen a un antepasado lejano y no se ven a sí mismos como parte de la comunidad o nación.

Cuando mi primer viaje en busca de armenios secretos se acercaba a su conclusión en el verano de 2011, un incidente arrojó nueva luz sobre los personajes que interpretan a diario el drama de Turquía, un recordatorio de que todos somos actores atrapados en la trama de la historia, desempeñando papeles que la mayoría de nosotros no hemos elegido.

Me dirigía al aeropuerto de Estambul, donde me esperaba mi vuelo a Nueva York. Tomé el tranvía en la estación de Çemberlitaş, cerca de Sultanahmet, y me bajé en la estación de Lâleli para transferirme al tren de metro que me llevaría al aeropuerto. Después de una caminata de diez minutos, me enteré que me había bajado en la estación equivocada. Luego, tratando de no entrar en pánico, también me di cuenta de que había dejado un tubo de un metro en el tranvía, envuelto en un viejo periódico, que contenía material valioso y potencialmente problemático: un mapa de Tunceli, una provincia rebelde, con el nombre «TÜRKİYE» arrancado. Dentro del tubo, también había colocado apuntes comprometedores en turco de una entrevista con un activista aleví. Pero la verdadera causa de mi angustia era lo que había enrollado dentro del mapa: cuatro preciosas fotografías autografiadas del fotoperiodista armenio-turco Ara Güler.

Debatí en mis fueros internos si debía tratar de recuperar el tubo. Sabía que, si alguien desenvolvía el mapa, el contenido podría causarme problemas con la policía. También era consciente de cuán escasas eran las probabilidades de recuperar un artículo perdido en el sistema de transporte público de una ciudad de trece millones de habitantes.

Aunque la activista aleví había arrancado el nombre de Turquía del mapa, fragmentos de la E de «TÜRKİYE» todavía eran visibles en la parte inferior, como las franjas de una bandera hecha jirones. El nombre de Tunceli había sido tachado con un grueso marcador negro y, sobre él, la activista había escrito «Dersim», el antiguo nombre de la provincia. «Dersim no es Turquía», dijo la activista.

En Turquía, «Dersim» y «1938» se mencionan juntos, de la misma manera en que la gente en otros lugares habla de los Juegos Olímpicos. En 1938 las fuerzas turcas enviadas para reprimir un levantamiento perpetraron una masacre. Aunque el entonces primer ministro Recep Tayyip Erdoğan se había disculpado recientemente por la masacre, calificándola de «la mayor tragedia de nuestra historia», el nombre de «Dersim» aún tenía ecos subversivos. Cualquier policía turco que viera el mapa desfigurado no tardaría en entender el sentido de las tachaduras, nombres y la parte arrancada. Y ello pasaría fácilmente por un «insulto a la nación turca», como se define en el artículo 301 del Código Penal turco, punible con hasta tres años de prisión.

Pero eso no era nada en comparación con lo que revelaban los apuntes. Durante una entrevista realizada en un edificio frente a la base militar turca en Dersim, esta activista me había dicho, como indican las notas:

> Eres armenio. Esta tierra te ha estado esperando. Ven y reclama tu tierra. Toma un arma y vete a las montañas a luchar. Si tu esposa no se une a ti, te daremos una de nuestras mujeres, y ella luchará junto a ti.

Dersim probablemente tenía una alta concentración de armenios secretos, un asunto que obsesionaba al periodista Hrant Dink, quien ha afirmado que hay alrededor de dos millones de ellos en Turquía. Y, en cierto modo, Dersim y los armenios secretos están conectados con el asesinato de Dink.

En un artículo publicado en su periódico Agos, Dink afirmó que Sabiha Gökçen, la primera mujer piloto de combate tanto en Turquía como en el mundo e hija adoptiva de Atatürk, era una huérfana armenia del Genocidio de 1915, Hatun Sebilciyan.

Si Dink tenía razón, ella era una armenia secreta. Gökçen es considerada una heroína turca, en gran parte debido a su papel en la represión del levantamiento de Dersim en 1938, ametrallando desde baja altitud posiciones rebeldes. Dink fue asesinado en la oleada de furia que desencadenó su artículo sobre el supuesto origen armenio de Gökçen y la trágica ironía de una huérfana armenia del Genocidio que, con identidad turca, haya participado en la masacre de alevíes apenas dos décadas después del Genocidio.

En la estación de tranvía en Estambul, me acerqué al jefe de estación para avisarle sobre el mapa extraviado. Un joven educado y solemne, hablaba con un fuerte acento de Anatolia Oriental, con kas que sonaban como jotas.

Después de tomar mi declaración, el jefe de estación me invitó a beber un té. Se acercó alguien para saludarlo. El amigo del jefe de estación quería saber de dónde era yo. «Argentina», le respondí, pero él no me creía y seguía presionando para saber sobre mis orígenes. ¿Por qué hablaba turco? ¿Por qué parecía «casi un turco»? Insistí en que era argentino. «Sí, por supuesto, soy japonés», dijo con una sonrisa agria. «Te encantó Turquía, ¿no?», me preguntó y se alejó sin esperar mi respuesta. Mientras lo veía irse, recordé que unos pocos meses antes, Argentina había recibido una cobertura poco halagüeña en la prensa turca por el reconocimiento oficial del Genocidio armenio. Muchos turcos sabían de la existencia de una numerosa comunidad armenia en Argentina.

Unos minutos más tarde, un joven, con anteojos de sol y camiseta negra y pantalones negros, mostró una placa de policía y pasó por el torniquete. Me recordó a un agente vestido de civil vestido de manera similar que me había hostigado en Dersim, después de que salí del edificio donde la activista me había dado el mapa. Pero este agente encubierto no se me acercó.

Luego sonó el teléfono dentro de la cabina del supervisor. «Encontraron el mapa», dijo con seriedad, mirándome a través de sus gafas de sol oscuras. «Estará aquí en quince minutos». Comencé a prepararme para un viaje al cuartel de policía.

En verdad, vino el tranvía quince minutos después. El conductor salió de la cabina de mando y entregó el tubo con el mapa al jefe de la estación. El jefe de estación se acercó a mí, me estrechó la mano, y me auguró un buen viaje a casa, «dondequiera que esté», dijo. Me devolvió el tubo con el mapa sin abrir, todavía enrollado en el viejo periódico *Hürriyet*, con una fotografía del primer ministro Erdoğan con una expresión de enojo y agitando el dedo Dios sabe en contra de qué.

* * *

Turquía parecía haber emprendido el curso de la democratización, y parecía que muchos en el país disfrutaban de las nuevas libertades, ya que un tabú tras otro era derribado en la prensa, en el mundo académico y entre la gente en la calle. El Genocidio armenio, la masacre de Dersim de 1938 y otros asuntos que podrían haber resultado en una visita a la comisaría si se discutían de la manera equivocada en público ahora se ventilaban abiertamente. Pero las personas de más vieja memoria eran más cautas, y esta atmósfera primaveral no los engañaba. De hecho, no era el primer coqueteo de Turquía con la democracia.

El 29 de agosto de 1908, un mes después de la Revolución de los Jóvenes Turcos, Mihrdat Noradoungian publicó un artículo, «El precio de la libertad», en *Puzantion*, un periódico armenio en Constantinopla. Era un momento de esperanza en el Imperio otomano y el fin de las brutalidades que habían marcado el reinado del sultán Abdül Hamid II:

> El cambio que tuvo lugar hace un mes tuvo la gran y peculiar ventaja, que todo el mundo ve con desconcierto, que es la falta de sangre y revuelo [...]. Aunque durante 15 años se ha derramado mucha sangre, existía el temor de un mayor derramamiento de sangre que no sucedió. Uno debe saber que este [derramamiento de sangre] se ha convertido en una ley natural y que las leyes naturales son inevitables. Lo que no sucedió al principio aún podría suceder. Aquello que no ha hecho la revolución, podrá hacerlo la contrarrevolución [...]. La nueva libertad es siempre frágil. Tengamos cuidado [...]. Repetimos que debemos tener cuidado de gritar «armenio» o de hablar de una Armenia independiente [...]. La mayoría de la nación está de acuerdo en que la reforma de la condición de los armenios de Turquía depende de la reforma de Turquía.[1]

La situación de los armenios en el Imperio otomano no era benigna. Sin embargo, era un estado en el que tenían acogida, aun cuando su posición se deterioraba cada vez más según empeoraba la violencia en las provincias armenias tras la disolución por decreto imperial de los emiratos kurdos y las luchas de poder entre las tribus kurdas para llenar el vacío, y su apropiación de tierras y riqueza a expensas de los armenios. Además, los armenios eran una parte integral de la economía, aunque cada vez más resentidos por la mayoría musulmana, rezagada tanto en riqueza como en educación.

La Revolución de los Jóvenes Turcos inició el proceso de exclusión de armenios y otras minorías no musulmanas, un proceso que culminó en el Genocidio y su resultado directo, la «Turquía para los turcos» de Atatürk. Sin embargo, Turquía ha seguido siendo un imperio en todo menos de nombre, en términos de una geografía apropiada de otras naciones para el beneficio de un pueblo dominante, descendiente de conquistadores llegados de otros lugares, y un Estado que ha excluido constantemente a lo largo de su historia a sus pueblos indígenas, ahora reducidos a comunidades simbólicas, de cualquier posición de poder o cargo público.

Exterminados ya los armenios y griegos, y deportada la mayoría de los sobrevivientes, los kurdos se han estado rebelando contra el Estado turco durante todo un siglo. Socios menores de los sultanes otomanos desde mediados del siglo XVII, los kurdos no se rebelaron contra el proyecto de Estado secular de Atatürk hasta 1925, cuando el temor de perder sus privilegios como ciudadanos musulmanes alimentó el primer levantamiento kurdo. Incluso si las fuentes del irredentismo kurdo han sufrido una transformación fundamental desde entonces, de la ortodoxia islámica al socialismo revolucionario, la respuesta del Estado turco ha sido unívoca: abrumadora potencia de fuego y la amenaza de desatarla para preservar su integridad territorial. Turquía ha demostrado ser extremadamente sensible a cualquier percepción de amenaza contra su Estado y territorio, incluso si esa impresión es infundada. Los armenios no perseguían la independencia del Imperio otomano en 1915. El principal partido nacionalista, el Dashnaktsutyún (Federación Revolucionaria Armenia), era aliado del Comité de Unión y Progreso en la revolución de 1908, siguiendo con una política de conciliación de demandas moderadas de reformas en las provincias armenias para proteger las vidas y propiedades de armenios.

Sin embargo, como ha observado el expresidente turco Süleyman Demirel, el temor de que el país esté permanentemente «al borde» —de conspiraciones que lo desgarren, o de una guerra civil que pueda estallar en cualquier momento— está difundido en la clase dominante y las fuerzas armadas de Turquía. Estas ansiedades y las tendencias centrífugas en Anatolia ayudan a explicar el «Estado profundo», una supuesta estructura de poder que se dice que está arraigada en las fuerzas armadas, las élites gobernantes y los organismos de seguridad. También sirve como justificación para la represión por parte del Estado. Desde su nacimiento, el Estado turco ha infligido y resistido constantes y a menudo altos niveles de violencia, a menudo extremos. El Estado ha demostrado ser resistente a ella. Incluso se puede argumentar que necesita la violencia para fortalecer los cimientos militares y represivos que sustentan el Estado turco.

Esto se puede observar en la topografía artificial del país mientras se viaja en Anatolia, pasando por bases militares que se extienden por millas, con los distintivos carteles en negro sobre rojo de un soldado con casco y rifle de asalto en mano. Algunas veces estas bases están separadas por una corta distancia. Tierra adentro, estos puestos avanzados fortificados no están contra de ningún enemigo externo. A diferencia de las ciudadelas y fortalezas de la antigüedad y la Edad Media desperdigados por todo el territorio, las actuales no lo protegen de los invasores, sino que afirman el poder del Estado, por el Estado y para el Estado, pero no necesariamente para el pueblo. Estas bases están, potencialmente o en la práctica, contra el pueblo.

Ahora que Turquía ha descendido de nuevo en una espiral de violencia, queda claro por qué tantos armenios ocultos o islamizados sonreían en silencio o aceptaban con cortesía aparente los comentarios laudatorios hechos por los visitantes extranjeros, incluyéndome a mí, sobre las nuevas libertades que parecían florecer en Turquía. Aun cuando no lo confesaran porque hubiera parecido disparatado, los intranquilizaba la ausencia de violencia, al igual que a los armenios y otros en 1908, como señaló Noradoungian en su premonitorio artículo. No podía durar entonces, y no lo hizo. No podía durar un siglo después, y tampoco lo hizo. Cuanto más largos fueran los días sin incidentes, tanto peor sería la reacción: era un miedo que siempre demostró ser acertado en la historia turca. Incluso si el comportamiento pasado nunca puede ser un predictor infalible del futuro, sirve como guía, especialmente porque este patrón pendular se ha observado constantemente en Turquía al menos desde el advenimiento del sultán Abdül Hamid II en 1876.

La gente que vivía allí lo sabía bien. Un armenio islamizado en Mush se agitó cuando regañé a un niño ruidoso en la calle, cuyos gritos fuera del local donde teníamos la entrevista hacían imposible nuestra conversación. «¿Por qué temes a un niño?», le había preguntado, más enojado por el niño maleducado que por el entrevistado, quien sonrió sarcásticamente: «¿No conoces a esta gente?». Fue una advertencia, una de varias que encontré y a las que no siempre presté atención, de llamarme a la humildad y al respeto por los lugareños. Así era como habían logrado atravesar indemnes un siglo de genocidio que había aniquilado a sus compatriotas, en la tierra donde todavía vivían.

* * *

Hasta la fecha, la mayoría de los armenios tienden a sostener una definición estrecha de su identidad nacional. Como en la época otomana, muchos todavía estarían de acuerdo en que es difícil pensar en alguien como compatriota si esta persona no es fiel, al menos nominalmente, de la Iglesia armenia, o al menos profesa la fe cristiana independientemente de la denominación.

Si bien el creciente agnosticismo o la indiferencia religiosa, principalmente en Occidente, pone en entredicho esta definición, este concepto tradicional de nacionalidad prevalece tanto en Armenia como en la Diáspora. Y ahora los armenios secretos, muchos de quienes ya se han convertido genuinamente al islam y solo hablan turco, borronean aún más lo que hasta hace muy poco era una definición muy clara de la identidad armenia, en la cual la negación y el rechazo al islam y al turco tienen un peso muy importante.

Eso ha ido cambiando. Los armenios secretos, así como los hamshentsís, están siendo aceptados por armenios de otros lugares, gracias a contactos facilitados por redes sociales en internet. Algunos son motivados por un celo cuasi evangélico, creyendo sinceramente en la necesidad de salvar del olvido a sus compatriotas que han quedado en las tierras ancestrales. Esto es independientemente de si estos armenios secretos ven en su propio interés entablar una relación en estos términos. Otros, sin embargo, se acercaban a este grupo recién descubierto con curiosidad, correspondida por los armenios de Anatolia, especialmente los jóvenes.

Tal vez las verdaderas motivaciones detrás de este nuevo entusiasmo por los armenios ocultos en las comunidades de la Diáspora trascienden la curiosidad o el regocijo de encontrar parientes perdidos y compatriotas en una tierra en la que se pensaba que se habían extinguido hacía mucho tiempo. Desde una perspectiva cósmica, cien años es el parpadeo de una estrella. Sin embargo, a escala humana, un siglo abarca cuatro generaciones, y en unas pocas décadas la quinta generación después del Genocidio de 1915 comenzará a tomar las riendas de una Diáspora armenia que ha envejecido y está comenzando a desgastarse en varios frentes. Estos incluyen iglesias con una feligresía que tiende a la baja (en concordancia con las tendencias generales en Occidente), escuelas con alumnado decreciente, y el armenio occidental, la moribunda variante del idioma (originalmente hablado en el Imperio otomano) que la Unesco ahora considera oficialmente en peligro de extinción y que bien podría desaparecer para todo propósito práctico a finales de este siglo.

En este escenario de declive y pérdida, el repentino descubrimiento de armenios que han escapado del exterminio en 1915 y que han permanecido en sus tierras históricas ofrecía un inesperado ímpetu de vida. ¡Todavía había armenios en Mush, Sasún, y Van! Las esperanzas no estaban perdidas.

Hace medio siglo nadie prestaba demasiada atención a los armenios de Anatolia, a pesar de que se sabía que existían. Las visitas de armenios de Siria, Líbano u otros lugares a parientes que se habían quedado en lugares como Bingöl, Sivas, o Diyarbakır, algunos de los cuales se habían convertido al islam, no eran infrecuentes en la década de 1960. Y había casos conocidos de armenios perdidos que abandonaron sus tierras ancestrales para unirse a la Diáspora, que en ese momento apenas comenzaba a ponerse de pie después de la devastación causada por el Genocidio.

Sosi Kazanjian, quien se alojaba en el orfanato de la Sociedad de Socorro Armenio en Alepo en la década de 1960, todavía recuerda que, en ese momento, una mujer armenia había abandonado a su esposo musulmán en Diyarbakır y, junto con su hijo, había venido allí para buscar refugio y ayuda. El niño, que tenía nueve o diez años, solo hablaba turco. Su nombre, Kenan, fue cambiado al armenio Jorén.

Pero madre e hijo no se amalgamaron, y después de un año o dos regresaron a su casa en Diyarbakır. En ese momento, nadie pensaba en ellos como personas especiales o les prestaba demasiada atención en términos de rescatarlos o salvarlos como armenios perdidos, aparte de proporcionar la ayuda disponible para cualquier otra persona, independientemente de si provenían de tierras históricas. Por otra parte, no era raro en la Diáspora diferenciar entre los armenios *kibar* (elegantes) de Estambul y los que venían de las «provincias», sin detenerse a reflexionar por un momento que estas provincias eran en realidad los territorios perdidos cantados y soñados en la cultura popular y los discursos políticos armenios.

Una noche de 1982, en casa de mi familia, el monseñor Grigoris Bunyatyan, prelado de la Iglesia armenia en Argentina en ese momento, dijo que todavía había «armenios secretos» en las montañas de Sasún y Mush. Era la primera vez que había oído hablar de ellos, pero incluso a mi corta edad tomé el dato con una pizca de sal y la consideré como una expresión de deseos puramente ilusoria.

En 1984, en el apartamento de Buenos Aires del periodista argentino-armenio Narciso Binayán Carmona, un hombre de conocimiento enciclopédico y acaparador casi maniático de libros (tenía una biblioteca de 40 000 volúmenes en todo tipo de idiomas y géneros que iban desde la historia y la filosofía hasta la medicina y literatura de calidad dudosa), extraje un pequeño libro de la estantería, *Les musulmans oubliés* (*Los musulmanes olvidados*), una guía introductoria de Alexandre Bennigsen y Chantal Lemercier-Quelquejay a las naciones islámicas de la entonces misteriosa Unión Soviética. Por alguna razón, mis ojos se detuvieron en el nombre «Hemchin ou Hamchen» (o alguna otra variación en la ortografía francesa). «Esto es interesante», pensé, creyendo que podría estar relacionado con *hamseen* o *khamseen*, la palabra árabe que significa «cincuenta» y también el nombre de un famoso viento del desierto. Para mi asombro, vi que se referían a ellos como «musulmanes armenios». ¿No era eso contradictorio? Fue un descubrimiento impactante.

Cuando le pregunté sobre esto, mi padre me dijo vagamente que eran armenios turquizados, y eso era casi todo lo que sabía de ellos hasta 2009, cuando vi al cineasta hamshentsí Özcan Alper, de la provincia turca de Artvin, y su película *Sonbahar* (*Otoño*) en el Centro Lincoln de Nueva York. En el filme se habla hamshetsnak, un dialecto armenio.

Si bien la mayoría de los hablantes de armenio occidental tendrían serias dificultades para entender el dialecto, algunas palabras eran posibles de distinguir, incluyendo «vordağ eyir vorti» («dónde estabas, hijo mío»). Durante una sesión de preguntas y respuestas que siguió a la proyección, Özcan respondió a una pregunta de un espectador sobre por qué los hamshentsís habían escapado indemnes de las masacres de 1915. Al no negar el Genocidio, y explicar que se habían salvado porque eran musulmanes, pero también porque estaban en una zona montañosa muy remota y de difícil acceso, hizo una afirmación muy clara, aun si fuera por omisión.

Al concluir la presentación, me acerqué a Özcan para felicitarlo en armenio, a lo que respondió algo en hamshetsnak, que sonaba a un armenio tan fantástico, arcaico y remoto como si viniera de la noche más larga de los tiempos. Solo entendí una palabra, *ağpar*, una variante coloquial de «hermano» en armenio. Era el único envión que necesitaba para comenzar la búsqueda de los armenios ocultos y perdidos en esta parte del mundo que era su patria.

Este libro fue escrito durante un período en el que Turquía parecía estar avanzando hacia una mayor libertad y apertura. Las voces más humildes de los lugareños, especialmente en las aldeas de las provincias históricas de Armenia, me advertían que no lo tomara todo al pie de la letra. A menudo repetían las palabras del hombre asustado en la casa de té Kurtuluş: «Esto es Turquía». Pero en aquel entonces, la Turquía para los turcos que Atatürk pretendía crear parecía estar mudando su vieja y quebradiza piel. La gente estaba dispuesta a volver a descubrirse a sí misma después de décadas de negación y sumisión al miedo.

Fue una suerte que escribiera entonces. Diyarbakır, que se había convertido en el mayor centro de una renaciente comunidad armenia, con conversos al islam que se agrupaban en torno a la restaurada Iglesia de Surp Giragos, se ha convertido en una zona de guerra bajo el gobierno autocrático del presidente Erdoğan que, motivado por preocupaciones electorales, ha elegido un camino de enfrentamiento contra los kurdos. Además, el Estado turco ha confiscado la iglesia, abortando el renacimiento de una comunidad armenia compuesta principalmente de descendientes islamizados de sobrevivientes del Genocidio y unos pocos que han elegido convertirse (o reconvertirse, dependiendo de cómo se vea) a la Iglesia armenia. El Estado Islámico y otros grupos extremistas se han atribuido la responsabilidad de varios ataques terroristas en Estambul, Ankara y otros lugares desde 2015. En el renovado clima de violencia, esta gira hubiera sido mucho más difícil, y partes de ella hubieran sido imposibles: algunos de los distritos que visité ahora no son accesibles, y las personas que he entrevistado probablemente tomarían más precauciones o se negarían a hablar para este proyecto.

Este libro es un testimonio para una pequeña peregrina que vi mientras subíamos al monte Maruta en Sasún, quien reaccionó con miedo cuando vio que un desconocido había visto la gran cruz armenia roja y rosa bordada de su bolsa, volteándola hacia el lado en blanco y negándose a que le tomaran una foto. Aquí se cuenta su historia y la de sus compatriotas en Turquía. En buena medida, esta iniciativa fue posible durante ese breve momento en la que las perspectivas de democracia parecían auspiciosas, especialmente para las generaciones más jóvenes cuyas libertades e imaginación son alimentadas por el omnisciente y omnipresente internet, que están viendo el mundo, y que poco a poco están reconciliándose a la historia común, pero trágicamente desigual, de los turcos y armenios.

En una versión inicial, esta introducción terminaba con la siguiente frase: «No tienes nada que temer, pequeña sasuntsí. No estás sola».

Estas palabras que suenan bien son, en el mejor de los casos, irresponsables. Puede haber sido el miedo, ese mecanismo natural y preciso de vigilancia, lo que permitió que ella y sus antepasados llegaran hasta el presente. Sin embargo, la última oración sigue siendo cierta. Pequeña sasuntsí, no estás sola.

San Lázaro de los Armenios, Venecia
Julio de 2016

I

SASÚN

La vida está en suspenso en una nave solitaria que surca un mundo sumergido. De repente, una roca horada el arca de Noé en las aguas que han cubierto las montañas de Sasún: es la cima del monte Maruta, que se niega a librar la embarcación. Al cabo, la montaña cede. «¡Ve, Noé, ve a mi hermano mayor, el Ararat!», dice el Maruta.

«Y la serpiente descendió al fondo del arca y se enroscó en espiral para tapar el orificio en el casco, y así permitió el pasaje de Noé al Masís», dijo *Sosé*, llamando al monte Ararat por su otro nombre en armenio. De sus labios descoloridos salían pequeñas bocanadas de vapor mientras caminaba con prisa de regreso a casa esa noche de invierno. A veces sus palabras se perdían en el tintineo del tranvía y los bocinazos del tráfico caótico frente al Gran Bazar de Estambul. Absorta en su propio relato, no advirtió que se nos había acercado una mujer para mendigar, inmersa en las luces blancas y amarillas de los automóviles y los escaparates, diciéndonos que era una refugiada de Alepo.

El relato del cuasi naufragio del arca de Noé sobre el monte Maruta está omitido del libro de Génesis. También lo ha sido el acto de redención de la serpiente. Lo han olvidado todos, con excepción de Sosé y los armenios de Sasún, una tierra de montañas y leyendas encerrada en la cordillera del Tauro Oriental, una de las regiones armenias más antiguas en lo que ahora es el sudeste de Turquía.

Inaccesible, Sasún siempre ha sido difícil de conquistar: cayó ante los asirios en el siglo VII a. C., pero periódicamente se alzaba en rebelión. Los lazos que atan a los sasuntsís a su tierra y a su historia son la memoria de sus pastores, que conducen sus rebaños por senderos que no figuran en ningún mapa, y la de Davit de Sasún: han transmitido la epopeya de su héroe hercúleo y su linaje desde el siglo IX d. C., en la casi extinta tradición de la historia oral. Esa noche, Sosé me dijo que aún había un hombre muy viejo, que no sabía leer ni escribir en armenio, pero que podía recitar algunos versos y que probablemente era el último. Y, sin embargo, Sosé respondía con excusas evasivas a mis ruegos de verlo declamar el poema, la Odisea de Sasún, por cuanto tiene importancia homérica para el acervo mítico armenio.[1]

En un plano histórico, la epopeya narra la resistencia al dominio árabe, especialmente una rebelión en 851-852 d. C. A la vez, varias tramas están entrelazadas en el poema, que trasciende la historia armenia y se nutre de mitos indoeuropeos. Davit —el héroe del tercer ciclo— domina el relato, que se conoce con su nombre: tan popular es que la Armenia soviética celebró el milenio de la leyenda en 1939 y veinte años después lo honró con una estatua ecuestre en basalto y bronce, con la espada desenvainada y su corcel encabritado, emplazada frente a la estación ferroviaria de Ereván.

La noche había cubierto con silencio las calles en pendiente de Samatya, el distrito de Estambul donde los armenios comenzaron a asentarse a fines del siglo XV, poco después de la caída de Constantinopla ante los turcos. En la década de 1960, a raíz de relaciones tensas con los kurdos y árabes, la mayoría de los sobrevivientes sasuntsís del Genocidio y sus hijos empezaron a mudarse a la ciudad más populosa de Turquía, concentrándose en este vecindario de construcción densa y pasajes serpenteantes, donde también tienen su hogar Sosé y su familia.

Una decena de hombres y mujeres estaban sentados en dos largos sofás dispuestos en L en una sala de estar con pocos muebles, paredes desnudas y una estantería con libros, fotos de parientes difuntos y una cruz. Era el apartamento de una vecina de Sosé, una armenia de Sasún que acababa de perder a su esposo. Pero fuera de los colores negros que vestía la mayoría de los presentes, la atmósfera no era de luto. Con excepción de Sosé y la viuda, las otras mujeres —la madre de Sosé y sus dos tías, de unos 60 años o más— tenían sus cabezas cubiertas con pañuelos de estampa florida anudados en un estilo de «corsario» que terminaban en dos grandes pliegos sueltos, semejantes a la cola de una ballena.

Los presentes se habían reunido para un *hokeyash*, como se llama la cena conmemorativa en armenio, en honor a *Oshin*, una cita más circunspecta que los almuerzos ofrecidos en la sala parroquial después del funeral, que atraían a cientos de invitados, la mayor parte de ellos parientes del clan y amigos. En 1949, cuando la mayoría de los armenios de Sasún estaban aislados del mundo externo y ni siquiera se aventuraban a ir a Estambul, Oshin había caminado por dos semanas hasta Alepo en busca de parientes de quienes no tenían noticias desde el Genocidio. Encontró a su tío paterno, Hagop Saroukhanian, quien recordaba que el patriarca de la familia —Garabed, el abuelo de Oshin— había muerto en 1915, pero no estaba seguro si había sido en las masacres o poco antes por causas naturales.

Había dos o tres conversaciones en curso al mismo tiempo en armenio occidental y en el dialecto de Sasún; a veces se escuchaba también el turco y luego cesaba. La mujer con el pañuelo de rojos y verdes más vivos hablaba más suavemente, en un dialecto armenio de Sasún muy contaminado de locuciones e inflexiones del árabe: *Varte* se había casado con un armenio de la parte de Sasún donde se hablaba el árabe y se había alejado de la zona de mayoría kurda, donde habían quedado sus hermanas, de un habla vernácula que sonaba más pura. Estaba sentada en el medio del sofá con pose de abadesa, por solemnidad o timidez.

En determinado momento, los múltiples diálogos convergieron en una charla acerca de Davit de Sasún. Les pregunté si conocían sus historias. «Voló en su caballo alado / De la fortaleza de Sasún al sol», recitó la madre de Sosé en dialecto rimado.

«Ellos creen que realmente ocurrió», me dijo Sosé luego. «Si los milagros de Jesús son verdad, también lo son los de Davit», agregó con un toque de ironía, característico del sentido de humor de los sasuntsís: los bardos se burlaban de las debilidades de los sacerdotes, quienes los vilipendiaban por cantar leyendas que retenían un fuerte componente de paganismo.[2]

El vuelo ecuestre de Davit por la sala, en el verso fugaz de la madre de Sosé, desató una polifonía de voces femeninas sobre casamientos y parientes propios y de amigos. La viuda de Oshin hizo un comentario acerca de su esposo, lo que causó la risa de las mujeres. En menos de cinco minutos, la epopeya se había degradado a su semejante de menor jerarquía —el chisme— y hablaban rápidamente en dialecto acerca de alguien llamado *Vanik*, un amigo del difunto homenajeado esa noche. «Es descendiente de Davit», dijo Sosé en referencia a Vanik. Era claro por qué creían que había gobernado Sasún y había volado al sol: conocían su progenie, algunos de quienes eran sus vecinos. El poema era un testimonio de las proezas de Davit, del mismo modo en que los Evangelios contaban la historia de los milagros de Dios.

Los expertos, especialmente a inicios del siglo XX, se esforzaron por encontrar correspondencias entre el héroe de la epopeya y personajes históricos conocidos sin resultados concluyentes. Aun si estuviera inspirado por una única figura de la vida real—como Davit Bagratuní, el príncipe que lideró una rebelión contra los árabes en el siglo IX d. C.—, la composición intricada del relato y sus ambigüedades harían de Davit de Sasún un personaje no menos legendario que Ulises.[3]

Aun así, la leyenda ha cobrado vida propia: cinco clanes de Sasún, la mayoría de los cuales ahora están establecidos en Estambul, remontan su origen a Davit, y su atribución es reconocida por los demás sasuntsís. El héroe de la epopeya se había convertido en el antepasado de personas que vivían en apartamentos de manzanas cercanas.

La abuela de Vanik le había transmitido una lista de los requisitos que una joven idónea debía reunir, pero él solamente recordaba dos: debía ser de alta estatura y ser del clan de Davit. «Eso no es común entre los sasuntsís», dijo Sosé. «Fue entonces cuando me di cuenta de que quizás él era uno de ellos». Era el hombre que sabía de memoria partes de la epopeya.

Vanik y Oshin eran amigos de la infancia de la aldea de Gusked, en Sasún. Durante el servicio militar, ambos integraron una de las brigadas que Turquía envió a Corea del

Sur en 1950-1953 como parte de una misión de las Naciones Unidas contra el Norte comunista: la viuda de Oshin nos presentó el estuche de muestra con una bandera turca plegada que se le otorgó en su capacidad de veterano de guerra. «La guerra prácticamente había terminado cuando llegaron y estaban aburridos, por lo que pasaban el tiempo comiendo, bebiendo, y jugando al *tavlo*», dijo Sosé, en referencia a un juego popular muy similar al backgammon. Le pedí que me contara la anécdota que había divertido a las mujeres: «Vanik se había enfurecido cuando descubrió que había estado comiendo carne de cerdo». Y todos en la sala rieron nuevamente, esta vez más fuerte.

¿Por qué importaría?, dije, aun cuando sospechaba la respuesta mientras formulaba la pregunta. No solamente se había convertido, sino que también odiaba a los armenios, dijo alguien. Él era armenio, observé, y cómo podía ser musulmán y no usar un nombre islámico. Tenía un nombre islámico, pero nadie lo usaba y no estaban seguros cuál era. «Es un *dacik*, un *dacik*», dijo Varte, la mujer que hablaba el dialecto arabizado, en el estilo de Sasún de repetir las últimas palabras y usando una palabra coloquial en armenio con la que se designa a un musulmán, también usado con frecuencia, y sin distinción, para turcos y kurdos, a veces con intención peyorativa.

Los conversos ya no se consideraban armenios a sí mismos, explicó Sosé. Tenía sentimientos encontrados acerca de los armenios que buscaban entablar lazos con los islamizados, considerándolos compatriotas, y probablemente hablaba también por no pocos armenios agrupados en la Iglesia apostólica y las denominaciones cristianas menores, comprendidos católicos y protestantes. «No será pronto que cambiaremos de parecer», dijo, presumiblemente expresando los sentimientos de muchos sasuntsís que no abandonaron su fe. «Esos *dönmes* (N. del A.: 'conversos', en turco) dicen que irán al cielo, donde estarán siete pisos sobre nosotros, pero ambas partes los desprecian: los armenios, porque abandonaron su Iglesia, y por los musulmanes, por la misma razón».

Trató de disuadirme una vez más de verlo a Vanik. «Realmente le desagradan los armenios: ha dicho que no daría sus hijas a armenias ni tomaría las suyas». También estaba muy enfermo, al borde de la muerte, pero ello contribuyó a azuzar aún más mi urgencia por encontrarme con él. Después de gestionar finalmente una visita, me advirtió: «Vanik es armenio solo en tu imaginación; cuando se convierten al islam, dejan de ser armenios; ahora es un *dacik*». Dos tardes después, estábamos ambos sonando el timbre de su apartamento de planta baja en Samatya.

Vanik era un armenio islamizado, uno de miles o quizás algunos millones en Turquía. Se ha dado en llamarlos armenios ocultos, al enmascarar su identidad en el islam por temor por sus vidas. Si la identidad se considerara un rango a lo largo de un espectro en vez de una cualidad estática, los armenios, como una de las naciones más dispersas del mundo, se encontrarían en casi todo el universo de posibilidades: los de Armenia; los de la Diáspora; los de un país que emigraron a otro, por lo cual armenios libaneses se convirtieron en armenios estadounidenses cuando se mudaron de Beirut o Los Ángeles; y en Turquía estaban los armenios musulmanes, que en número creciente reclamaban ahora su lugar bajo el sol armenio. Descendientes de quienes se convirtieron bajo diferentes grados de coerción después del Genocidio, estaban atrapados en una tierra de nadie en el mapa político de identidades del país: no eran convincentemente islámicos a los ojos de las poblaciones musulmanas originales —turcos y kurdos, en su mayoría— y eran no armenios después de abandonar la Iglesia, de acuerdo con la concepción otomana de *millet* (nacionalidad) que aún dominaba la mentalidad si no la ley en Turquía, por la cual se equiparaban religión e identidad nacional: así, los cristianos eran armenios o griegos, los musulmanes eran turcos o kurdos, y viceversa. Este punto de vista apenas había empezado a cambiar en el último decenio, cuando la etnicidad comenzó a tener un papel más prominente.

Quizá el esfuerzo de Vanik por alzar su rostro demacrado, de una palidez de vela, haya sido menos penoso para él de lo que resultaba para nosotros de contemplar. Un gorro de lana marrón cubría casi por completo sus grandes orejas. Estaba acostado bajo varias capas de mantas en una cama junto a la entrada del apartamento, contra la pared del vestíbulo. Pero le costaba sentarse erguido, y apenas podía juntar fuerzas para dar uno o dos pasos hasta la puerta.

Sosé le preguntó acerca de Corea. Por un breve momento, su habla meliflua alegró la habitación de iluminación mortecina. «Había día y había noche, como aquí», dijo con voz débil y ronca, y la sombra de una sonrisa se dibujó en sus labios, en reconocimiento del espíritu jocoso de Sosé. Sus ojos parecían enormes en el rostro arrugado, con su frente grande, y los pómulos y barbilla salientes, que me recordaban el mural de Goya de *Dos viejos comiendo sopa*, pero sin el brillo de locura en los ojos; era una de las «Pinturas negras» de la década de 1820, del último período de la producción del artista español, una época oscura en la que se había comprometido el sano juicio del pintor y de espanto por un mundo que las guerras napoleónicas habían quebrantado.

Vanik y Sosé hablaban en el dialecto armenio de Sasún. La voz de Vanik venía de un lugar lejano, las últimas ráfagas de un viento cansado, en un idioma que quizás no había usado por años o quizás décadas. Extraía las palabras una por una del fondo de un aljibe profundo y olvidado. Y aun así, mientras sus pupilas negras orbitaban en torno a la sala —invariablemente evitando mirar a los ojos de sus interlocutores— había algo no armenio y elusivo en él: no era ciertamente el idioma y tampoco sus rasgos físicos.

Hatice, la hija de Vanik, nos recibió con té del mar Negro en vasos con forma de tulipán, la primera de rondas infinitas que fluían de teteras abovedadas en salas y mesas en todo momento en Turquía. Mientras sorbíamos las rondas introductorias e intercambiábamos banalidades corteses, Sosé le preguntó a Hatice cómo se sentía sabiéndose descendiente de Davit. «Tenemos tantos parientes que jamás he visto», se disculpó Hatice. Sosé había empezado a decirle quién había sido Davit, pero los orígenes épicos de su linaje no tenían suficiente poder de retención para capturar el interés de Hatice. Se excusó y se retiró a la sala de estar contigua, y se sentó en el sofá, con sus antebrazos cruzados sobre el regazo.

«Recítanos el Davit de Sasún», le rogó Sosé a Vanik. «Oh *yavrum*, me he olvidado», dijo, llamándola «mi cachorro», una expresión de cariño en turco. Pero le tomó dos minutos aceptar: *Davit Bozika egav dünya Bozika kalesinik...* («Davit vino al mundo en Bozika en la fortaleza de Bozika...»).

De pronto un aluvión de ruido llenó la sala, ahogando su voz débil. Era Recep Tayyip Erdoğan, el siempre iracundo líder turco, gritando acerca de algo o alguien que lo había contrariado, y luego reporteros apresurados intervenían en el aire con disonancia y urgencia. Le pedimos a Hatice que apagara el televisor, y obedeció con docilidad incuriosa después de que le explicamos por qué. Volvió a la postura de pájaro durmiente, su cabeza inclinada a un lado, ocasionalmente alzando los ojos para mirar una pared o a nosotros con expresión impasible.

Vanik reanudó en su hilo de voz el relato de la epopeya que había aprendido de su madre en el dialecto de Sasún: *Or dzoreyin gane kı trrer ur dzin, U kı nıster vor erti, vor trru...* («Cuando llegó al valle en su caballo volaba y se montó en él para emprender vuelo...»).

Algunas palabras morían antes de que nuestros oídos las capturaran, como copos de nieve que se derretían antes de tocar el suelo. Podía servir como metáfora de la progresión del poema, que describe el debilitamiento de cuatro generaciones de los Temerarios de Sasún, o el declive del poder divino a la falibilidad humana. Vanik se casó con otra descendiente de Davit, que le fue dada en matrimonio después que la escogiera su *çoço* («abuela», en el idioma vernáculo). La abuela de Vanik primero había enviado una partida de exploración, entre ellos el padre y el tío del futuro esposo, para el *ağçikdes*, la búsqueda de una muchacha idónea, expresado en la palabra armenia que significa «ver la chica» en traducción literal. «Entonces fueron a pedir la mano de una chica para mí... mi *çoço* había dicho que tenía que ser de la familia de Davit», dijo

Vanik. «Toğ çi peren» («No la traigan»), había instruido *Çoço Zore* a sus hijos si la joven no era del abolengo correcto.

Para entonces, la familia había sido musulmana por aproximadamente una década, después de convertirse en lo que los sasuntsí llaman en turco *İkinci Ferman* (Segunda Deportación) en 1938. Vanik tenía diez años entonces. El *Birinci Ferman* (Primera Deportación) había sido en 1915. *Ferman* designa un edicto imperial otomano, pero los sasuntsí ahora solamente lo emplean para indicar el Genocidio —de «edicto de los armenios» (*Fermana Fîlla* en kurdo)— y su destierro después de las rebeliones de Sasún de las décadas de 1920 y 1930.[4]

Para los armenios fuera de Turquía, el reloj se había detenido en 1915. Hasta mediados de la década de 2000, la mayoría de los armenios de la Diáspora no sabía que habían quedado armenios en las antiguas provincias del Imperio otomano —los territorios conquistados de Armenia Occidental y Cilicia—. Los armenios aterrados que quedaron aún estaban expuestos a humillaciones a diario, asesinatos, deportaciones y ataques armados del ejército turco y de grupos irregulares, tanto de turcos como de kurdos, hasta al menos fines de la década de 1980 en algunas partes del interior del país. Para estos armenios, el genocidio por otros medios prosiguió por otros decenios.

Su forma más insidiosa no requería del hierro o derramamiento de sangre. Ya había comenzado con las masacres de 1915, y aun antes. La islamización se difundía a través del miedo, un agente de enfermedad del cual cada armenio en Turquía ha sido portador por siglos. La conversión forzosa fue la segunda etapa del exterminio: después de la destrucción del cuerpo vino la violación del alma. La conversión en diversos grados de coerción fue la suerte de una cantidad indeterminada de los armenios, quizás la mayoría de ellos, que de alguna manera permanecieron en las tierras ancestrales después del Genocidio; para inicios de la década de 1980, los últimos armenios cristianos que quedaban en Anatolia oriental —la mayoría en Diyarbakır— ya se había trasladado a Estambul o al exterior. Es muy difícil determinar cuántos, pues no hay datos demográficos públicos sobre esto.

El censo de 1935 en Turquía daba un desglose por nacionalidad y religión: en todo el *vilayet* de Mush —que entonces incluía Sasún— había 247 personas cuyo idioma era el armenio, de quienes nueve eran musulmanes (comprendidas cuatro mujeres). Representaban 1,8 % de la población de 143 899 de la provincia. El cien por ciento de ellos figuraba como analfabeto y para una alta proporción de los hombres, 40 %, la ocupación era desconocida. Solamente uno de los 81 hombres que trabajaban estaba empleado en un negocio o era profesional; el resto eran labradores. Estos números son una mera referencia, por cuanto probablemente muchos más armenios simplemente temían revelar sus orígenes a funcionarios del censo. Según crónicas de viajeros, aún había cientos de hablantes del armenio en la ciudad de Mush incluso en la década de 1950. El censo no dice cuántos armenios había en Sasún.

«Nací», fue el comentario de Vanik acerca de la epopeya de su familia. Su cara macilenta probablemente había perdido hacía mucho la capacidad de mostrar emociones, pero hubo una nota de tensión en su voz cuando Sosé le preguntó si su padre había presenciado las masacres de 1915. «¿Cómo podría saber? ¿Cómo podría saber?». La pregunta puso aun nervioso a un hombre que sabía que su muerte era inminente. Sosé, que conocía bien la historia de su familia y solamente quería que Vanik hablara para que conste, se volvió a mí y asintió: su padre era sobreviviente del Genocidio.

Vanik se había convertido a pequeña edad contra la voluntad de su familia, habían dicho las mujeres en el apartamento de Samatya. Eso no era cierto: su padre se había convertido durante la Segunda Deportación, como cientos de sasuntsí que escribieron «Islam» en los documentos de identidad que recibieron, después de haber escuchado las advertencias de los empleados públicos turcos que procesaban su traslado a un campo de concentración en Kütahya: «Los funcionarios nos dijeron que tendríamos menos problemas si nos hacíamos musulmanes».

Muchos sasuntsís que sobrevivieron como cristianos a la Primera Deportación —el Genocidio— sucumbieron a la islamización en la Segunda Deportación en 1938. Cuando el gobierno turco exilió a la familia a Kütahya junto con otros armenios y kurdos de Sasún, los dos hermanos mayores de Vanik, por razones que desconocía, se quedaron en una aldea llamada Gotortsir. Cuando la familia se había alejado, ambos se habían convertido al islam: Vanik no sabía si fue voluntariamente o por la fuerza. Kurdos del lugar posteriormente mataron a uno de los hermanos, dijo, después de acusarlo de ofender a una mujer kurda.

Nombró las aldeas que estaban bajo el dominio de su familia: «Gusked, Gusketa, Ardgunk, Karde, Ongik, Gotortsir... Todas eran nuestras, y entonces vinieron los kurdos... vinieron allí y nos masacraron», dijo, ahora ya dispuesto a hablar de las atrocidades, sin que su voz y ojos apagados revelaran emociones.[5]

En días de *madağ*, las ofrendas de sacrificio de los armenios, la familia de Vanik tenía que abrir las puertas de la capilla de Surp Asdvadzadzin en la cima del monte Maruta, un honor que se les había conferido por haber donado la yema de huevo y la leche incorporada a la mezcla adhesiva (también generalmente compuesta de mortero de cal y piedras rotas) empleada en la construcción del santuario en el siglo XII. «Nuestra familia construyó la iglesia», agregó, para clarificar que habían hecho más que aportar los materiales de construcción, probablemente entre los elementos más costosos debido a las vastas cantidades necesarias. Había ido solamente dos veces al Maruta, «uxdi», dijo, usando la palabra armenia para «peregrinación», que suele implicar un viaje y destino cristianos. La primera vez fue cuando su hijo se enfermó, lo cual llevó a Vanik a escalar los 3000 metros para encender velas en medio de las ruinas del santuario en la cima de la montaña, a lo cual siguió la curación del niño.

Vanik siempre portaba en su bolsillo un pequeño saco con tierra de la montaña sagrada de los sasuntsís por sus poderes curativos. La costumbre se había originado en una leyenda: una vidente le había dicho a un hombre que moriría esa misma noche por la picadura de un escorpión. En su búsqueda de un lugar seguro, el hombre trepó al monte Maruta, donde se sentó sobre una roca frente a la entrada a Surp Asdvadzadzin (Santa Madre de Dios), tratando de estar alerta contra cualquier escorpión que se acercara. Pero el temor no logró mantenerlo despierto y se adormentó, con su cabeza apoyada sobre el pomo de su bastón. Vino el escorpión, trepó por el bastón, picó al hombre en la frente y causó su muerte. A la mañana siguiente, los pastores, que lo habían visto ascender la montaña, se preguntaron dónde estaría el hombre extraño. Mientras charlaban durante la búsqueda, los pastores descubrieron que todos habían tenido el mismo sueño la noche anterior, en el cual el hombre, con su frente apoyada sobre el pomo del bastón, decía que moriría por la picadura del escorpión, pero que cualquiera que usara la tierra bajo sus pies estaría protegido contra el veneno.

Los conscriptos de Sasún siempre se llevaban consigo un puñado de tierra del santuario de Surp Asdvadzadzin antes de marcharse para el servicio militar. Después de que regresaron a Turquía, Vanik se enteró que un conscripto de su camada aún destacado en Corea estaba muriendo de la picadura de un escorpión. Los médicos ya habían perdido las esperanzas, pero, inexplicablemente para ellos, el joven soldado había sanado después de que frotaron tierra de Maruta en su frente.

La peregrinación a Maruta y las costumbres habían sobrevivido a su conversión y también, en el caso de Vanik, algo tan fundamental como la religión, o quizás más: su nombre. Aún era conocido por su nombre armenio por todos, menos la burocracia turca. La mayoría de los otros conversos habían renunciado a sus nombres de nacimiento después de asumir los nombres musulmanes.

Podría parecer la menor de las preocupaciones. Perder un nombre no era lo peor que podía pasarle y a otros armenios en Turquía. Era intangible, mientras que la vida es fundamentalmente una experiencia material: la primera condición es que el cuerpo esté vivo. La elección no es difícil si es entre una palabra y la vida, aún si esa palabra nos define y es nuestra respuesta refleja a la pregunta de quién somos. «En las letras de "rosa" está la rosa / y todo el Nilo en la palabra "Nilo"».[6] Y, aun así, en la islamización forzada de los armenios, el núcleo de su conciencia fue violado por el reemplazo de sus nombres con aquellos que invariablemente exaltaban el credo del violador, pues la conversión de los armenios después de 1915 inevitablemente implicaba violencia explícita o potencial. Incluso quienes abandonaron la Iglesia sin que mediara una amenaza inminente pertenecían a un pueblo que había sido aterrorizado y se había acercado a la aniquilación completa. Allí donde el nazismo buscaba deshumanizar a las víctimas del Holocausto borrando sus nombres y dándoles números en Auschwitz y otros campos de concentración, en el caso de los armenios la islamización fue el vehículo por excelencia para «desarmenizarlos»: se convirtieron en no armenios no cristianos, porque incluso tres generaciones después sus vecinos turcos o kurdos aún los conocían como *dönmes*, o conversos.

Vanik y su familia, junto con cientos de miles de armenios, renunciaron a su identidad y asumieron la de los perpetradores, quienes los habían perseguido por *gâvur*, que en turco significa «infiel» y es una palabra aún en uso en conversaciones en el este del país. Hay una desconexión, con frecuencia ignorada, entre el cerebro del Genocidio —el régimen de los Jóvenes Turcos— y las manos obedientes que lo ejecutaron con tanto frenesí que «había sangre armenia bajo las uñas de todos ellos», en la descripción de una mujer turca citada por la escritora Zabel Yesayan en *Entre las ruinas*, su relato de la masacre de Adaná de 1909,[7] preludio y precursora del gran exterminio que sobrevino seis años más tarde.

El turquismo, el panturanismo y la ideología protofascista del Comité de Unión y Progreso que planeó el Genocidio hubieran sido incomprensibles para la mayoría de las personas en Anatolia, pero las exhortaciones a la solidaridad religiosa y la incitación contra los infieles sí suscitaron una respuesta inmediata. «Debemos tener en claro que los organizadores de esta primera ola de construcción de la nación, después de 1908 y especialmente de 1913, estaban conscientes de su identidad turca y actuaban como nacionalistas turcos», escribe Taner Akçam en referencia al plan del régimen unionista de convertir el Imperio otomano en un Estado nación moderno.

Sin embargo, es muy difícil afirmar que este era el caso para las grandes masas. Se consideraban principalmente musulmanes y obraban en esa inteligencia, especialmente contra la población no musulmana de Anatolia. Sus etnicidades, más allá de su identidad religiosa, no eran muy importantes.[8]

Los verdugos voluntarios de armenios en localidades y aldeas de la meseta armenia, más conocida ahora como Anatolia, eran atentos a las *fatwas*, edictos islámicos emitidos por imames en las provincias orientales del Imperio otomano, que difícilmente eran legos en cualquier cosa que no fueran crudas nociones maniqueas derivadas del Corán. Prometían el paraíso a los asesinos de una cierta cantidad de armenios, por lo general siete, según los relatos que han oído de sus abuelos los habitantes musulmanes de aldeas donde ocurrieron masacres. Huelga decir que las ofrendas de sacrificio venían con la recompensa terrena de las posesiones de los infieles: pero su apropiación, en la mente de los victimarios, posiblemente se consideraba *halal* (permisible), un incentivo adicional para la carnicería. En un contexto más inofensivo, podemos ilustrar este punto con el diálogo entre un guardia y un detenido apenas llevado a una cárcel de Estambul en 1925, que se quejaba que lo tenían esposado dentro de la celda:

«¡Cállate, desgraciado! Has disfrutado de todas las delicias por siete días en el paraíso, ¿no puedes estar atado al infierno por siete minutos?», respondió el guardia, irritado.

«No he matado a nadie: "Gozar del dinero de alguien que no lo disfruta es *halal*", ha dicho el profeta».[9]

El prisionero era una celebridad del hampa, Ali el Kurdo, cabecilla de una banda de ladrones y carteristas que rondaban las calles de Gálata, Pera y otros barrios de Estambul. Había robado 7500 liras de oro de la caja fuerte de un comerciante y había estado festejando con el botín durante una semana con doce huríes hasta que la policía lo había atrapado en su escondite.

Más seriamente, a pesar de los castigos draconianos prescritos por la ley islámica para los ladrones —su mano debe ser amputada— había lugares y ocasiones en la vida otomana en las que el robo parecía estar sancionado en un comportamiento colectivo, especialmente cuando estaba dirigido a no musulmanes: «En el Imperio otomano, las masacres siempre comenzaban en el mercado, ya que los atacantes eran tentados por los bienes que podían saquear allí».[10] Estos estragos, a menudo por tribus de las montañas del Este, también afectaban a los kurdos sedentarios, además de los armenios, asirios y otras minorías. Después de las masacres de armenios en 1895, un líder de los Jóvenes Turcos —en oposición al sultán Abdül Hamid II y en el exilio en París en ese momento— trató de explicarlo. Las masacres, dijo, «estaban directamente en contra de las tradiciones del islamismo y los preceptos del Corán». Pero luego añadió: «Si los cristianos son el blanco preferido de los saqueos, la razón es que gozan de mayor riqueza y comodidad material que los musulmanes y que, ya sea por miedo o por suspicacias hacia el victorioso, generalmente mantienen las puertas cerradas».[11]

En una escala rumbo a Sasún, un conductor de autobús había hecho todo lo posible para conseguirme una buena butaca y había llamado a parientes en el pueblo para que me recibieran: pertenecía a un *aşiret* (tribu) de Kozluk y una de sus abuelas era armenia. «Setenta por ciento de la gente en Sasún son buenas personas, diría, pero ten cuidado con el treinta restante», me aconsejó. «Hay mala gente». Como supuse que me decía de estar atento en la calle, pregunté si los ladrones eran un problema. «¡No, no!», respondió con expresión de sorpresa. «Ama şerefli hırsız da var» («Pero también hay ladrones honorables»), dijo. Estalló en risa estridente a diente partido, solo después de que yo celebré lo que pensé había de ser una broma.

En Sasún, algunos imames prometían el paraíso a cambio de apenas tres vidas armenias. «Pero los sasuntsís hablaban de un hombre que tenía que matar cien cristianos pero le faltaba uno», dijo Sosé, mientras Vanik escuchaba distraídamente. «Entonces mató un perro para redondear el total; y el *hoca* había dicho, "Ahora irás al Cielo"». El perro se considera un animal impuro en el islam.[12]

Vanik hizo una pausa momentánea. Su respiración agitada revelaba un corazón que latía demasiado rápidamente, tensado por su recorrido por las canteras de la memoria. Estaba muy cansado pero le había tomado gusto a la atención afectuosa de Sosé. Parecía estar disfrutando de la relación que ella había creado, como una nieta deseosa de oír historias olvidadas hace mucho por un mundo que ha pasado a asuntos más urgentes. «¿Había *Islamiyet* en la época de Davit?», inquirió Sosé con *faux naïveté*, usando la palabra turca para *Ummah* (comunidad de musulmanes). Hasta ese momento la conversación había sido en armenio de Sasún; Vanik pasó al turco para responder, alejando su mirada de Sosé y paseando sus grandes ojos negros por la nada que nos rodeaba: «En la época de Davit había Armenia».

* * *

«Todas estas montañas eran armenias», dijo *Haro*, con una enorme capacidad de asombro por el mundo que había visto todos los días desde su nacimiento hacía treinta años. Su rostro, definido por una nariz aguileña, estaba bronceado, y el cabello era dorado. Estábamos en la intersección de Sasún con el cielo, junto a un acantilado. Las cumbres circundantes se reflejaban entre sí en variaciones libres más allá del horizonte, allende nubes y fragmentos flotantes de niebla. La cordillera del Tauro Oriental se extendía debajo de nosotros, oscureciéndose mientras la puesta cobriza del sol descendía sobre *Voskedzar*, una aldea de dos casas a corta distancia del Sağlamor, uno de los picos más altos.

«Aún son armenias», respondí. «Ahora...», dijo, volviendo brevemente el rostro hacia mí con perplejidad. Miró al frente con ojos sombríos, en silencio. Sus ojos se enfocaron en un punto parpadeante en la cima opuesta, en la inconmensurable distancia entre montañas. Era una hoguera, la única vida en una explanada de roca desnuda. «Quizás lo encendió un pastor», dijo Haro, intrigado por las altas llamas que se ondulaban al viento en la soledad.

El *Hoca*, un docente kurdo, había tenido a Haro por alumno en la escuela primaria y me había traído a Voskedzar después de dos horas de laboriosa conducción por carreteras de montaña plagadas de cráteres que serpenteaban a lo largo de abismos sin guardarraíles, infestadas de cantos y piedras, y no pocas rocas gigantes que bloqueaban el camino. El Hoca, su hermano menor *Sahavet* y yo llegamos mientras una joven mujer con la cabeza cubierta apilaba panes que sacaba del *tonir* (un horno de arcilla) delante de la casa. Lo horneaban para darme la bienvenida, me dijo el Hoca. La mujer me dio un pan plano grande. Era ligero y tibio, con aire atrapado en su bolsillo interno, y comunicaba la sensación de ser una criatura que respiraba en esa tarde avanzada de otoño, cuando los primeros indicios del crepúsculo teñían con sus colores el paisaje de Sasún. La muchacha vestía una chaqueta de lana marrón de broche con una elaborada hebilla de bronce y plata, que tal vez había sobrevivido a una capa u otro atuendo noble ya desflecados; el pañuelo que cubría su cabeza, con la estampa de gladiolos grandes de color fucsia, estaba anudado en dos pliegos, grandes y superpuestos.

Entramos en un patio interior con un cobertizo oscuro en la parte posterior. Un hombre de cabeza grande estaba sentado en un banco bajo, soldando herramientas agrícolas. Los anteojos redondos de su máscara reflejaban las chispas provocadas por el contacto entre el metal lacerado y la antorcha. Detuvo su trabajo y caminó hacia el Hoca a grandes pasos. Después de abrazar a su visitante, a quien superaba por una cabeza, se inclinó levemente y miró a los ojos del Hoca, estrechando ambas manos mientras intercambiaban saludos recíprocos de «Selâmün aleyküm», el saludo convencional entre los musulmanes. El hombre grande continuó el ritual de bienvenida con su profesión de la grandeza de Alá y de su mensajero el Profeta, glorificados sean ambos por todo lo que tiene de bueno la vida e *inşallah* así sea también para todos los seres queridos del Hoca y quiera Alá que todos ellos gocen de buena salud. Luego estrechó las manos de Sahavet en un apretón fuerte y más breve, pues ya había sido recordado en la pequeña plegaria de bienvenida recitada a su hermano mayor, destinada a todos los miembros del clan del Hoca, uno de los más grandes y poderosos entre los kurdos de Sasún. «¿Imal es?» («¿Cómo estás?»), me preguntó en el dialecto de Sasún, suponiendo que yo era el invitado armenio que esperaban. Pero su conocimiento del armenio era limitado, o eso pretendía, porque, cuando le respondí en el mismo idioma, pasó al turco, en el cual todos nos comunicamos durante el resto del día, con breves apartes en kurmancî (kurdo) entre el Hoca y su hermano, así como algunas instancias del dialecto árabe local entre los anfitriones. Oriundo de Voskedzar, el hombre de cabeza grande vivía en Estambul desde finales de la década de 1990 y solo en verano venía a visitar a sus primos aquí.

La sala de estar desamoblada estaba al final de un corredor ancho y largo. Una bandeja redonda de acero pulido de cara hacia afuera colgaba de la pared, como un espejo flamenco del tardo medioevo. El patrón de la casa estaba sentado en un banco bajo sobre el borde de la alfombra. La televisión estaba encendida, transmitiendo noticias financieras, con cotizaciones de acciones que parpadeaban en la parte inferior de la pantalla.

Al poco tiempo llegó el vecino árabe de la familia *Aynabey*, un joven afable que saludó a todos calurosamente. Se hizo el silencio. Había una sonrisa sin motivo en la cara de todos, excepto la del Hoca y la del vecino: los kurdos y los árabes eran ahora los señores de estas montañas desnudas, donde enclaves de bosques y parcelas verdes indicaban la presencia de aldeas armenias o sus fantasmas. La agricultura era prácticamente de su dominio exclusivo; tradicionalmente, kurdos y árabes vivían del pastoreo y la cría de animales.

Tan densamente arbolado estaba Sasún en el pasado que los armenios de la vecina ciudad de Mush lo llamaban Dzmag, «lugar adonde llega poco sol» o «zona montañosa húmeda».

Debe haber sido tan exuberante aun cuando Armenia cayó bajo el dominio árabe en el siglo VII que los sasuntsís pagaban sus tributos en árboles, que el califato empleaba para la construcción de barcos. Durante milenios, estas montañas estuvieron cubiertas por bosques de árboles caducifolios y de coníferas, pero los datos botánicos no son concluyentes sobre su desaparición: se conjeturaba que quizá haya sido provocada por una conjunción de causas naturales y de acciones humanas. Si bien no es una explicación, al menos está fundamentada la hipótesis de que el vagabundeo expansivo de los pastores se produjo a expensas del bosque, ya que estos tuvieron que ceder al paso de las cabras, el ganado preferido en el lugar, después de que estos animales degradaran los pastos e impidieran su renovación por pastar raíces y flores. La agricultura sufrió aún más durante la anarquía precipitada por la abolición de los emiratos kurdos del Imperio otomano —el último fue disuelto violentamente en 1847—, mientras las tribus luchaban entre sí para imponerse, con tácticas que incluían brutalidades contra los armenios. Luego vinieron las masacres de Sasún de 1894, y el resto. Para entonces hacía mucho ya que habían desaparecido los bosques.

Hay una correspondencia entre la tala de árboles y el martirio. Ambos implican violencia contra los indefensos, lo que puede ser una interpretación de *El asesinato de San Pedro Mártir*, de Giovanni Bellini. La pintura de 1507 del artista veneciano representa el asesinato del inquisidor católico en el siglo XIII por mercenarios a sueldo de herejes cátaros. En el primer plano de la obra de Bellini, el sicario Carino de Balsamo está inclinado sobre Pedro y lo apuñala, mientras a la derecha del cuadro el acompañante del sacerdote, fray Domingo, intenta huir de un asesino con una daga alzada. La atención del observador pronto se desplaza hacia el bosque en el fondo, donde dos leñadores hachan árboles, en tanto otros labriegos parecen ocupados con otras distracciones pastorales, quizás también en la caza. Sin embargo, un rasgo distintivo es la indiferencia de los campesinos, que no se dan vuelta para ver la carnicería que ocurre a pocos metros de ellos, y los leñadores que talan los árboles actúan como un eco visual del martirio de los eclesiásticos.[13] Era una prefiguración sin relación histórica, pero inquietante, del destino de Sasún, donde la destrucción de los árboles presagiaba la matanza.

La familia de *Mustafa* en Voskedzar, su hijo Haro y el primo de Estambul reconocían el origen armenio de la familia. Tenían incluso parientes en Armenia. Pero ahora eran musulmanes. Nadie los había obligado a convertirse, dijeron, y ya no se consideraban armenios. No solamente sus padres, sino también sus esposas eran parientes consanguíneos de origen armenio, lo cual era completamente irrelevante, dijeron. «Insan insandır» («El hombre es hombre», la traducción literal de una frase que aproximadamente significa «todos somos humanos»), una frase cortés con la cual en general se evitaban preguntas y respuestas incómodas en Turquía.

«No tenemos dinero para ir a ninguna otra parte», dijo Haro para explicar por qué seguían aquí, lejos de todos y de todo, a una hora de difícil manejo de la mezquita más cercana, casándose con miembros de su propia familia y, fuera del único árabe, solo con armenios. La familia se fue a Estambul durante los «años del terror» del levantamiento kurdo en la década de 1990, pero se vio obligada a regresar para ganarse la vida con su tierra. Y, desde su regreso, también participaban de la peregrinación al monte Maruta, una tradición de los armenios de Sasún en el día de la Fiesta de la Transfiguración. La Iglesia asimiló en su calendario la celebración pagana de Vartavar, o Fiesta de las Rosas, cuando los armenios decoraban con esas flores el templo de la diosa Asdghig y se divertían con juegos de agua carnavalescos. Desde la época precristiana hasta la islamización, la fiesta ha trascendido religiones, y kurdos y árabes se unen a los sasuntsís, en su mayoría conversos pero también apostólicos armenios, en el santuario de Surp Asdvadzadzin. Los Aynabey ofrecían un cabrito como *madağ* (sacrificio). Pero era una costumbre local. En su opinión, no tenía nada que ver con el cristianismo o con los armenios.

Y se casaban con armenios, todavía usaban fragmentos del dialecto, vivían en un pueblo que ha sido armenio desde siempre hasta donde se sabe, y en todo, menos de nombre, todavía habían vivido como armenios durante siglos, más de lo que la mayoría lo hace en cualquier parte del mundo. Al igual que esas criaturas que se retiran a lugares secretos y desarrollan hábitos nocturnos cuando la competencia por la comida con rivales más feroces los obliga a evitar la luz del día, algunos sobrevivientes de armenios en Sasún fueron desplazados a lugares tan altos que ya no se puede ascender más, bajo el manto del islam que les brinda cierta protección.

En un habla vernácula algo titubeante, Mustafa recitó su genealogía en el estilo oriental, comenzando por su propio nombre, «Mustafa, el hijo de Hasan...». Pero fue interrumpido. «¡Sako!», dijo Haro, identificando a su abuelo por su nombre armenio y preislámico. Algo sorprendido, Mustafa repitió «Sako» suavemente. Y prosiguió: «Sako, hijo de Hove; Hove, hijo de Marde». Todo lo que sabían terminaba allí, dijo Haro. «Marde vivió hace 150 años». Era de Tağvetsor, y su hijo Hove también era de allí. Fue con Sako, el abuelo paterno de Haro, que la familia se estableció en Voskedzar unos setenta años atrás, a fines de la década de 1940, la época en que creían que se habían hecho musulmanes, si bien Haro mencionó que puede haber ocurrido «después de 1915», que mencionó por la fecha y no por el nombre del acontecimiento. «No quedó nada en Tağvetsor, y el Estado nos trajo aquí». Su mudanza y conversión se correspondían con las fechas y el patrón de islamización de la Segunda Deportación y la destrucción a gran escala de aldeas armenias que de algún modo habían sobrevivido hasta 1915. Tağvetsor, una de las aldeas más golpeadas en las masacres de 1894, aún tenía una población de ocho familias armenias justo antes del Genocidio, pero tiene que haber sido mucho mayor por cuanto aún tenía una iglesia en 1914. El comentario de Haro ahora indicaba que la aldea había sido arrasada en la década de 1930 en los choques entre rebeldes kurdos y el ejército turco. Es una estrategia que Turquía sigue empleando hasta la fecha.

La conversación se congeló momentáneamente cuando les pregunté qué sabían sobre su familia en la época del *soykırım*, «genocidio» en turco. Los labios del hombre cabezudo se torcieron en una mueca de asombro. Finalmente, Haro dijo que era posible que su abuelo Sako haya sobrevivido a una masacre pero que no sabían nada al respecto. Vivió hasta los 105 años, se había casado con Maryam, quien cambió su nombre a Gülamir después de la conversión, y se convirtieron en miembros del *aşiret* (tribu) de Marde.

La esposa, y a la vez prima, de Haro, entró con una bandeja de pan, frutas y miel, ligera como el agua pero con un sabor tan ricamente matizado que sorprendía su humilde procedencia de las pequeñas flores silvestres de nombre desconocido, unas que crecían más cerca del cielo que la mayoría de las otras. «Ays ağçiye xorotik e» («Esta chica es bonita»), dijo Haro en armenio de Sasún: era una variación de una cita, sin que él lo supiera, del poema de Davit, «Ağçig mi urne şad xorodig g'eğni», el segundo verso de la transcripción de Srvandztiants; hablaba del califa de Bagdad y decía: «Tenía una chica que era muy bonita». Era una de las pocas oraciones completas que Haro podía decir en el idioma de Sasún. Salió al campo y se detuvo en el borde de su tierra, confinada por un precipicio. Solo él se había quedado en Sasún de diez hermanos que eran, de unas «tribus pequeñas y quebradas, remanentes de antiguas razas, [que] aún sobreviven en distritos montañosos y aislados».[14] Y, desde este mirador, Haro inspeccionó la parte extinta de Armenia.

En la cordillera que Haro tenía por patio trasero, fuera de la sala donde los interlocutores habían forzosamente silenciado mil años de conflicto bajo una fingida despreocupación, el aire era prístino y ya refrescaba. El sol había comenzado su descenso detrás de las crestas, con una luz moribunda que bañaba en tonos rojos la superficie de las rocas y devolvía los precipicios a la oscuridad. El único hijo de Haro, que tenía dos años, se acercó y miró tímidamente al desconocido que tomaba fotografías mientras su padre lo hacía saludar a la cámara. Su nombre era Arda, un nombre popular entre los armenios de Turquía. Subimos por las terrazas de cultivos, donde Haro recogió un nabo y lo sostuvo como un trofeo, una hazaña de la agricultura por encima de los 2000 metros de altura en el pequeño islote de fertilidad que habían creado a partir de la piedra. El fuego todavía ardía en la cresta opuesta.

La noche extendía su manto sobre todas las cosas de Sasún cuando dos ovejas, luego otras tres, y pronto un rebaño, surgieron de la nada por la ladera casi vertical de una montaña, conducidos por una muchacha de baja estatura, que asemejaba en apariencia y belleza a la esposa de Haro y, para el ojo inexperto, solamente era distinguible de ella por los diferentes colores de su atuendo y el pañuelo que cubría su cabeza. Encerró a los animales en un corral abovedado por las estrellas que ya despertaban. Como una mariposa en ciernes, huyó con una risa tímida cuando fui tras ella con la cámara, la cola alada de su pañuelo púrpura volando alegremente mientras corría hacia un recinto cónico de piedra, que parecía un iglú alto y hacía de cocina. Estaba acorralada y, entre risas entrecortadas, trató de escapar nuevamente hasta que llegó Haro y le pidió a su cuñada, y prima, que me permitiera fotografiarla.

Voskedzar no tenía más que las cosas primarias: el sol y las otras estrellas, la lluvia y la nieve interminable del invierno, ovejas y cabras, y hombres y mujeres que hornean su propio pan en una tierra que da frutos y miel, en medio de un océano de montañas. Y tenía vientos, y una hoguera que ardía entrada la noche, sola en su secreto sobre la cima árida. Solo había tierra, agua, aire, y fuego, y la vida que engendran cuando se juntan en secuencias y medidas que son un misterio para todos menos para uno. Esto, y poco más, era la mayor parte del patrimonio visible de la familia Aynabey, lo cual podría calificarse como pobreza en términos económicos.

«Si entendemos correctamente las Escrituras, era en Armenia donde se encontraba el Paraíso», había escrito Lord Byron en un fragmento que se encuentra entre sus documentos, pensado, según creía Thomas Moore, como un prefacio de su *Gramática del armenio*. «Pero en verdad la infelicidad del país casi se remonta a la desaparición del Paraíso... y los pachás de Turquía han desolado por igual la región donde Dios creó al hombre en su propia imagen».[15]

Byron aprendió el idioma en el Monasterio de San Lázaro en Venecia. Un cronista francés anónimo escribió en 1816 «acerca de un padre armenio que está ocupado en la composición de una obra muy curiosa, para establecer la ubicación precisa del Jardín del Edén».[16] Se trataba del Padre Haroutioun Avgerian, abad de la Congregación Mekhitarista y traductor al armenio del *Paraíso perdido* de Milton. Y, dos siglos después, yo lo había encontrado: el Edén estaba aquí. Pero, además de las pequeñas parcelas de tierra y arboledas de los armenios, Sasún había perdido su *pardez*, «jardín» en persa, que conservaba un significado idéntico y una pronunciación muy similar en armenio, mientras que había derivado en «paraíso» en las lenguas romances. Paraíso sin paraíso, era un lugar en negación de sí mismo, una tierra y un pueblo que eran armenios, y no lo eran.

El Hoca tenía que irse pero me dijo que podía quedarme si así lo deseaba. Mi gratitud vino acompañada de remordimiento callado, porque estaba empezando a resentirme con él, atribuyendo la incomodidad de nuestros anfitriones a su presencia. Nosotros, los armenios, al fin podríamos hablar libremente. Pero, cuando acepté con presteza, los anfitriones se mostraron incómodos; Haro había agachado la cabeza en silencio; su padre dijo que había poco espacio, pero, si el Hoca y su hermano también se quedaban, seguramente podrían encontrar algo para alojarnos a los tres, sin reparar en la contradicción de lo que proponía, o tal vez era una señal deliberada. Cansado del clima de intimidación y miedo, marché con rencorosa resignación hacia la camioneta de Hoca. Mientras salía, le pregunté a Mustafa sobre la bandeja pulida en la pared, que distorsionaba su reflejo como un espejo de parque de diversiones. «Se supone que refleja y devuelve las maldiciones a la persona que abriga malos propósitos», dijo, y desde un nuevo ángulo vi la cara de Haro, que se dilataba y encogía sobre la superficie irregular de la bandeja. «Las mujeres de la casa hacen estas cosas».

Inmediatamente después de dejar Voskedzar, hice que el Hoca me prometiera que me llevaría de regreso a la aldea.

Unos días después, me llamó por teléfono. «Dicen que eres una buena persona pero no quieren que vuelvas». No tenía sentido preguntar por qué, porque no lo sabía. Pero poco después me encontré con el vecino árabe de Haro en medio de la multitud de hombres bigotudos que holgazaneaban en las calles de Sasún, la ciudad principal del distrito. Solo lo reconocí cuando me invitó a regresar a Voskedzar. «Llama a Haro», me dijo, y me dio su número de celular, insistiendo en que pasara de nuevo.

«¿Cómo conseguiste mi número de teléfono?», preguntó Haro en vez de saludar, con voz enojada. «No, no puedes volver... si tienes alguna pregunta, hazla ahora por teléfono». La conversación terminó abruptamente. Luego, de la nada, veinte minutos después apareció Haro con el Hoca en el albergue donde me hospedaba en Sasún. Nos abrazamos como viejos amigos. Parecía estar a gusto, el mismo hombre que estaba con su pequeño hijo, contemplando las montañas en su patio trasero. Estaba vestido de manera elegante, con un saco de lana gris y una camisa blanca, y se dirigía a hacer negocios a Batman, la ciudad más grande de la zona. Sin embargo, cuando nos sentamos, su rostro de repente había adquirido un semblante severo.

«Pregunta», dijo, la palabra clave para abortar conversaciones. El Hoca me miraba con atención mientras yo guardaba silencio. Haro ignoró un par de preguntas superficiales que le hice, y en cambio recitó su guion, con extraña elocuencia: sus abuelos se habían convertido voluntariamente al islam; eran felices viviendo como musulmanes —nuevamente dejó claro que no se habían convertido por la fuerza— y tenían relaciones amistosas con sus vecinos árabes y kurdos, quienes no los molestaban. Reconocían que eran descendientes de armenios pero ahora eran musulmanes: «Ya no somos armenios». Algo en mi expresión debió haber cambiado, porque volvió la cara, como si estuviera avergonzado. El Hoca dijo que daría un paseo corto, pero Haro se negó a dejarlo ir, momento en el que también pidió que yo no regresara a Voskedzar, pues no era bienvenido; como mucho, podría ir con el Hoca, pero debería consultar con ellos primero.

El Hoca era un hombre de pocas palabras y mirada intensa pero inescrutable. Me había llevado a visitar a varios armenios islamizados. Detrás de la obsequiosidad y las expresiones de piedad religiosa que encontramos en un par de hogares, uno podía adivinar nerviosismo, por lo que sospechaba que él provocaba inadvertidamente estas reacciones al ser un kurdo influyente en la zona. Por cierto que pudiera ser ello, también había advertido que él se daba cuenta de la dinámica en juego y, de una manera discreta, trataba de ayudarme a eludirla apartándose del medio un poco después de las presentaciones. Pero eran los otros, especialmente en Voskedzar, quienes querían que se quedara, tal vez para disuadir una impresión de que ellos, los armenios de Sasún, especialmente los islamizados, confraternizaban (o tramaban algo peor, por así decirlo, en un país donde se da más crédito a las teorías de conspiración que a los periódicos) con un armenio de la Diáspora.

Haro se despidió con un ademán y se dirigió a la plaza del pueblo atestada de *dolmuş*, los taxis colectivos de antaño, ahora reencarnados en minibuses blancos que invariablemente lucían calcomanías que invocaban la protección divina para el tráfico o lanzaban una maldición, comúnmente. «Maşaallah» («Como Dios quiera», pero en general se usa como expresión de alegría) o el ocasional «Kötü gözler kör olsun» («Cióguense los ojos malvados»). El Hoca, mientras encendía un cigarrillo tras otro, como siempre hacía en sus horas de vigilia, explicó por qué los armenios de Voskedzar se negaban a reunirse conmigo o con cualquier otro armenio. Los musulmanes de los pueblos vecinos habían puesto sus ojos indiscretos sobre ellos después de que algunos parientes armenios los visitaron algunos años atrás desde Estambul, excavaron oro enterrado por sus abuelos y se fueron. «Sizinkiler» («Los suyos»), decía el Hoca, en referencia a «tu gente, armenios, no kurdos u otros musulmanes». Pero ¿por qué me habían pedido que me quedara a pasar la noche solo para desdecirse inmediatamente después? «No lo habían hecho; lo había propuesto yo solo, y ellos pensaban que yo también me quedaba», dijo el Hoca. La fe islámica de los armenios de Voskedzar les daba cierta protección, pero sus vecinos los conocían por su raza o, en el mejor de los casos, como conversos dudosos. Eso venía cargado de fábulas de tesoros escondidos, instigando una codicia que podía volverse peligrosa o mortal. Por ello, veían al Hoca como un escudo. ¿Por qué, de otro modo, un armenio viajaría desde Estados Unidos, recorrería por horas pasos de montaña que rayan la muerte para visitar a una familia armenia en el fin del mundo, al menos a una hora de distancia de cualquier puesto remotamente civilizado? Para los lugareños, cualquier explicación que omitiera el oro sería poco convincente o increíble.

«Hay alguien que debes conocer», dijo. Después de haber sospechado que el Hoca fuera un informante de la policía o alguien cuya presencia extinguía la libre conversación, comenzaba a apreciar las recomendaciones de amigos armenios de Estambul y Armenia de tomarlo como guía en Sasún. «Puedes confiar ciegamente en él», me había dicho Sosé.

El Hoca y yo caminamos por la calle empinada hacia la plaza de Sasún, una localidad de unos 11 000 residentes, donde la gente, en su abrumadora mayoría hombres, pasaba el día sentada en bancos bajos en casas de té, en medio de la confusión de construcciones que se levantaban o se caían a pedazos según la suerte de sus propietarios, que a veces confiaban en albañiles sin competencias o en sus propias manos para colocar los ladrillos. Sasún había sido rebautizado de manera algo confusa como «Sason», y reconstruido —o mejor dicho refundado— a fines de la década de 1920, cuando el ejército reprimió una rebelión kurda contra el régimen secular y nacionalista turco de Mustafa Kemal. (Se convertiría en Atatürk solo en 1934, cuando el Parlamento le dio este apellido, que significa «Padre de los turcos», y prohibió que cualquier otra persona en el país lo adoptara).

No pasaba un día sin que se me acercaran uno o dos hombres para preguntarme si yo era el escritor que había venido de Estados Unidos en busca de armenios, y luego me invitaban a tomar el té para decirme que sus abuelas eran armenias

(Hatun o Hasmik o algún otro nombre armenio); algunas de ellas se convirtieron, y a otras, en el contar de sus nietos, sus maridos kurdos o árabes les permitieron que conservaran la fe cristiana. Ninguno de estos hombres sabía con certeza cómo practicaban la fe, pero algunos conjeturaron que rezaban en secreto o encendían una vela a escondidas. Y, por supuesto, peregrinaban al monte Maruta. La cantidad de nietos en la región de Sasún era tan grande, y los recuerdos, tan breves —casi ninguna historia, fragmentos de vidas rotas que eran imposibles de reconstruir— que aquello que tenía importancia estadística carecía de valor narrativo. Algunos eran buscadores de oro principiantes y muy grotescos, tan advenedizos que a los pocos minutos se veía que codiciaban los mapas del tesoro. Pero la mayoría de los demás parecían genuinos, con indicios de historias silenciadas: es posible que no se hayan contado porque involucraban a ancestros cercanos, ya que no pocas de estas abuelas habían sido secuestradas u obligadas a casarse por medios violentos.

El Hoca dobló a la derecha justo antes de la mezquita y caminó por un pequeño callejón hasta un edificio inacabado, donde dos jóvenes cortaban tablas con una motosierra eléctrica, emitiendo un chirrido que anulaba todos los sonidos y voces. Un hombre bajo y grueso, de bigotes delgados y mandíbula cuadrada, se acercó a nosotros con prisa hostil, con brazos en jarras y sacando pecho. Miró al Hoca a los ojos, deliberadamente proyectando odio. Con labios apretados, apenas asintió para reconocer el «Selam» de su visitante. Se quedó allí sin pestañear hasta que el Hoca se alejó con una sonrisa resignada.

El hombre todavía estaba agitado, respiraba rápidamente y su pecho se hinchaba con una furia silenciosa. Después de que el Hoca se marchó, se volvió hacia mí y me preguntó quién era yo y qué quería. «¿Es usted armenio?», pregunté con cierta timidez. «No», respondió. «Dönme» («converso»), añadió un segundo después y se detuvo. Su ira se iba apagando y esperó mi reacción en silencio. Y, cuando encontró empatía, empezó a contar su historia con cuentagotas, con oraciones cortas y a veces monosílabos, cuando no con gestos; prefería no decir lo que podía comunicar guiñando un ojo. «Sí, mi abuelo era armenio, sí, mi padre se convirtió por la fuerza», dijo *Zeki*. ¿Volvería —si ese era el término adecuado— a la Iglesia armenia? «No», dijo, y movió su mano de atrás hacia adelante y nuevamente la trajo atrás: «¿Una vez esto, luego aquello, luego esto otra vez? Imposible». Durante la conversación, pugnaba con la noción incierta de identidad, identificándose como armenio o haciéndolo al hablar de otra persona, solo para agregar en la siguiente oración que ya no eran armenios porque se habían convertido en musulmanes.

«Ellos mataron a todos», dijo. «Se llevaron a las mujeres hermosas». ¿A quién se refería con «ellos»?, le pregunté. «Este hombre con el que viniste, fueron ellos». Entonces, ¿kurdos? ¿musulmanes? No dijo más. «Ellos», repitió.

> Recuerdo a mi abuelo. Era armenio. Hagop. No hablaba. Lo recuerdo, no muy bien, vagamente. Mi padre se hizo musulmán. Su nombre era *Mego*. Fue forzado a hacerse musulmán. No había nada que pudiera hacer al respecto: se vio obligado a hacerlo. Tenemos muchos parientes cristianos en Armenia, pero no podemos comunicarnos. Hablan armenio, y nosotros hablamos turco y kurdo. Ojalá supiera una cosa en armenio. Ni siquiera sé una palabra. En nuestra aldea, *Cermak*, aún hay cuatro o cinco familias armenias. Ya no quedan armenios. Todos se han vuelto musulmanes. Hay armenios en la zona del Maratuğ.[17] Son abiertamente armenios. Los árabes también masacraron a armenios en Sasún. Está el *aşiret* de Şigo en la zona de Gomk. Ellos no masacraron. También está la aldea de Yurlusti al pie del monte Maratuğ. Ese *aşiret* sigue allí. Eran normales: no mataron a muchos. Pero todos los demás árabes masacraron a armenios. Árabes de todos los *aşiret*: Buxoram, Şerlo, Derxane, Kendo, Bedri, Şukriye. Estas tribus todavía existen. Los conocemos. Es difícil vivir con ellos, pero ¿qué podemos hacer? Por supuesto que es difícil. Porque ellos saben que nosotros sabemos. Ellos saben, por supuesto que saben, todavía hablan de eso. Se apoderaron de las tierras, las casas, las mujeres de los armenios. Nos llaman «dayi».[18]

En nuestra aldea había muchos armenios. Muchos eran conversos. Muchos vendieron sus propiedades y se fueron a Estambul y otros lugares. Nuestra familia tenía 45 integrantes, pero solo mi abuelo sobrevivió al Genocidio, y dos o tres parientes, que se fueron a Armenia. Todos los demás fueron masacrados. Éramos del *aşiret* de *Manuki*. Ve a Ereván y pregunta por el *aşiret* de *Manuki*. Todo el mundo los conoce. Fabricábamos medicamentos orales. Todo el mundo nos conoce. Mi esposa es de origen armenio. No tomamos mujeres de los otros. No dejamos que estén entre nosotros. Nos sentimos incómodos. No tomamos mujeres de ellos. No nos gustan. Si vienen una o dos veces nos sentimos incómodos. No podemos hablar libremente. Mis hijos están casados con armenios. No nos mezclamos con los demás. Soy musulmán. Amamos a los armenios. Me alegra que hayas venido a verme. Soy armenio, claro, cómo no lo voy a decir. Aquí en Sasún no hay fiestas cristianas. Cuando voy a Estambul participo en ellas. También fui a la iglesia de Diyarbakır:[19] encendí cuatro velas. Amamos la Iglesia armenia. No me convertiré en cristiano nuevamente. Nos hicimos musulmanes. No puedo ser «una vez esto, una vez aquello, una vez esto, una vez aquello». No es posible. No quiero. Pero voy a la Iglesia. La sangre tira. No conocemos el idioma. Pero no te equivoques: conocemos la fe, no nos equivocamos. Somos tres hermanos. Tengo seis hermanas.[20] Dos de mis hermanas se casaron con no armenios y las otras cuatro con armenios. Mis hermanos se casaron con armenias. Vivimos tanto aquí, en la ciudad de Sasún, como en nuestro pueblo, Cermak. El castillo de Davit de Sasún no está lejos. Un poco más allá está Pertank. Ese es el nombre armenio del pueblo. Es el pueblo de Kevork Chavush.[21] Era de nuestras montañas. Somos paisanos.

Siempre que ven dinero, algo mejor, lo codician. Se lo quedan. No trabajan por ello. Es como 1915. Son haraganes. No hables demasiado. No confíes en todos. No hables de oro. No digas que Zeki dijo esto. Aquí hay gente mala. Solo por oro te matarían y huirían. Te hacen pedazos por el oro. Ocurre. Ten cuidado. No hables de oro. No hables con todo el mundo. No hay peligro conmigo, pero no hables con todo el mundo. No hables de estos problemas con los demás. Hay gente desagradable. Esta gente es mala. No hables demasiado con ellos. Es peligroso. Todo el mundo sabe quiénes son los armenios en Sasún. Dondequiera que haya un armenio, todo el mundo lo sabe. Los kurdos secuestrarán las mujeres armenias. No les damos nuestras chicas fácilmente, pero ellos las toman por la fuerza. Ocurre en todas partes en Turquía. He pasado la mitad de mi vida. No tenemos una vida aquí: no estamos cómodos. Hay peleas entre los armenios y los demás en Sasún.

* * *

En todo momento en todo el planeta, los seres animados compiten por la vida, que existe en una cantidad aparentemente indeterminada. Parece inagotable, pera es finita. Esto vale para todas las especies, incluso la nuestra que se ha emancipado de las demás. Todos hacemos el tránsito hacia la muerte mientras los recién llegados siguen nuestros pasos. En la epopeya de los Temerarios de Sasún, Davit condena a su hijo Mher a pasar la inmortalidad sin hijos en una cueva. La falta de hijos es el precio de la vida eterna, porque el mundo no puede alojar a los inmortales. La mortalidad es clave para la evolución. Sin embargo, en general ignoramos los conflictos que nos rodean, comenzando por las bacterias que compiten por el espacio y se matan entre sí dentro de nuestro cuerpo vivo.

Y, aunque solo los humanos parecen degenerar en la crueldad arbitraria, algunos rasgos parecen existir en todas las especies. Uno es la agresión de las mayorías contra las minorías, incluso entre los insectos. La *Solenopsis juliæ*, del subgénero *Diplorhoptrum*, es una hormiga ladrona, endémica de la República de Armenia, que ataca las colonias de hormigas minoritarias vecinas para robar sus crías para forrajear: es decir, se las come. Construye galerías largas y estrechas hasta los nidos de sus presas, cuyos ejemplares adultos son más grandes que las *S. juliæ*: las víctimas no pueden correr tras los ladrones por los túneles de menor diámetro después de que se escapan con las pupas. La *Myrmoxenus ravouxi*, una hormiga esclavista cuyo hábitat se extiende desde Europa occidental hasta Anatolia oriental, utiliza el engaño para esclavizar: la hormiga reina se disfraza con un olor que coincide con el de la colonia que será atacada, comúnmente de hormigas *Temnothorax unifasciatus*, que le permite entrar en su nido sin ser detectada. Una vez dentro, la reina de las hormigas *M. ravouxi* estrangula lentamente a la reina nativa hasta la muerte. Las hormigas esclavistas entonces invaden la colonia de las *T. unifasciatus*, matan a los adultos y se apoderan de sus pupas, que crecen para trabajar para sus amos, con tareas que incluyen cuidar la cría de las esclavistas y defender sus nidos. Las hormigas esclavistas y sus esclavas son a menudo de especies emparentadas.[22]

Argint, una aldea reconstruida por huérfanos, era uno de los últimos focos de armenios que quedaron en Sasún después del Genocidio. Antes de la masacre de Sasún de 1894, Argint tenía una población de 75 familias, que en 1914 había caído a 45. Solo una familia sobrevivió al exterminio en 1915. Pero en la década de 1950, cuando el pueblo había crecido nuevamente a alrededor de 40 familias armenias, su lucha por la supervivencia se reanudó contra los vecinos kurdos: codiciaban lo que quedaba de las tierras de los armenios y sus mujeres. Algunos de los atacantes eran hijos convertidos de madres armenias, a menudo casadas contra su voluntad con hombres musulmanes.

Nadie más que las dos partes enemigas sabía de la guerra de Argint: fue librada por tribus sin importancia en un lugar remoto y dejó pocos muertos. Sin embargo, los hombres de Argint tomaron las armas para defenderse en una guerra que causó pocas bajas pero que duró tres décadas. Sin que lo supieran los armenios de afuera y la mayor parte de los de Turquía, aún había enfrentamientos armados entre kurdos y armenios a principios de la década de 1980 en Sasún. La campaña para erradicar los focos restantes de armenios de sus provincias históricas se prolongó por otras siete décadas después de 1915, una continuación del Genocidio por otros medios, casi casual y no planificada: una limpieza étnica de baja intensidad ya que había muy pocos armenios de todos modos, de un asesinato por mes y el secuestro de una mujer al mes siguiente, al ritmo cansino de un pueblo pequeño. Pero el objetivo era el mismo: purgar la tierra de los armenios.

Seto empezó a contarme la historia de las batallas de Argint en el monte Maruta durante la peregrinación de 2011. El cielo estaba bajo el dominio absoluto del sol, que me castigaba. Era el día de Vartavar, la Fiesta de las Rosas. Ese año había coincidido con el Ramadán, el mes de ayuno en el islam. La mayoría de los peregrinos eran musulmanes y armenios ocultos, pero había al menos un cristiano con nosotros, un hombre de 73 años que no había traído agua por respeto a la costumbre islámica, con una capacidad sobrehumana para escalar la montaña sin sudar ni perder la compostura, en un ascenso a través de pendientes empinadas con piedras rodantes; más de una vez, mis pasos en falso hacían que se precipitaran en avalanchas.

«Los kurdos la secuestraron y la retuvieron, pero uno de ellos también cayó en el tiroteo», dijo Seto mientras las alturas y laderas comenzaban a mecerse a mi alrededor, golpeado por el sol y la sed. «Pero hay mucho más, necesitaríamos horas y horas», agregó, mientras sentía que podía desvanecerme en cualquier momento. Lo acompañaba otro sasuntsí, de unos 40 años y también afincado en Estambul, que había nacido en una familia islamizada: quería volver a la Iglesia y ser bautizado con el nombre de Aram. Pero dijo que los tribunales turcos dificultaban su solicitud, mientras me mostró documentos probatorios del Registro Civil que atestiguaban su linaje armenio.

Seto y Aram continuaron su ascenso hacia las ruinas del santuario de Surp Asdvadzadzin; solo quedaban unas pocas paredes en pie, del tamaño de una pequeña cabaña. Me apoyé contra una roca por unos minutos más, pero, cuando traté de reanudar mi caminata, dos adolescentes árabes se me acercaron apresuradamente con expresión de alarma, el primer indicio de que debí haber lucido como me sentía. Mientras bebía de la botella de Coca-Cola de dos litros llena de agua, se negaron a aceptar el billete de 5 liras que les entregué. «Haramdır, olmaz», dijeron: «Está vedado, no es posible», usando la palabra religiosa para algo que no está bien, pero finalmente logré hundir el billete marrón con la cara arrugada de Atatürk en el bolsillo de uno de ellos. Cuando el agua que me dieron los árabes me devolvió a la razón, advertí que no tenía los datos de contacto de Seto y lamenté muchísimo perder para siempre la historia de las batallas de Argint.

Pero lo volví a encontrar en una conferencia sobre armenios islamizados en la Universidad de Boğaziçi en Estambul en noviembre de 2013. Seto estaba con Sosé en una mesa al aire libre. Se abstenía de contar toda la historia. Unas semanas más tarde coincidimos en Diyarbakır, en Hasan Paşa Han, un caravasar del siglo XVI a lo largo de la Ruta de la Seda. Una visitante de la Diáspora armenia que nos acompañaba esa noche le preguntó a Seto si su esposa también era sasuntsí. «No, ella es turca», dijo. Se produjo un silencio lapidario de dos segundos. Un día la había pillado llorando, leyendo sobre las masacres, dijo. Una vez más, no conseguí hacerle hablar de su pueblo natal en Sasún.

Le tomó casi un año más sentarse finalmente, en un café de la calle Istiklal en Estambul, y contar la historia de Argint y sus conflictos. «Podríamos hablar durante horas y horas», repitió lo que había dicho tres años antes en el monte Maruta. Pero finalmente cedió, y, a veces con precisión capilar, soltó la historia que había guardado celosamente. Era un relato poco común de la vida de una aldea armenia en las tierras históricas después de 1915, incluidos los nombres de los combatientes y sus víctimas, y también sus breves biografías.

Antes de 1915, Argint era una aldea armenia con una población kurda, que lo llamaba Herend, como todavía lo hacen. El nombre original en armenio es Arkhunt. Su población armenia fue exterminada; primero exiliada, y luego asesinada. Pero una familia se salvó: los Demirci, los herreros, como su apellido indica en turco. Al principio también fueron exiliados, pero estaban bajo la protección del caudillo kurdo de la zona, Xelile Mısto, el jefe de los *aşirets* emparentados de Çelikan y Bekran.

Xelile Mısto no quería que los Demirci se fueran. Los kurdos de la zona los necesitaban: fabricaban las herramientas, los cuchillos, y las armas. El jefe del grupo de *çetes* (bandidos) que había venido a masacrar a los armenios dijo: «También mataré a estos», pero Xelile Mısto lo retó a asesinar a los Demirci: «Si eres tan listo como para matarlos, te las verás conmigo». El bandido —turco o circasiano— retrocedió y los dejó libres. Xelile Mısto primero llevó a los 15 miembros de la familia Demirci a un pueblo llamado Gredara, y luego los trasladó a la aldea de Dalek. Allí, en un bosque, Kevo Demirci se instaló con su esposa, hijos y otros parientes, y construyó una pequeña fundición. Entregaba todo el dinero que ganaba a los kurdos de la tribu Çelikan, bajo cuya protección estaban él y su familia.

En algún momento entre 1920 y 1923, después de que cesaron las masacres de armenios, Kevo obtuvo el permiso del *aşiret reis* (jefe de la tribu) de los Çelikan para regresar a Argint. Casi de inmediato, Kevo comenzó a recorrer Sasún para encontrar sobrevivientes armenios, buscando a pie al azar o siguiendo pistas y rumores.

Uno por uno, reunió a los armenios que encontró —los huérfanos, los enfermos, los islamizados— en Argint. Los llevó a todos a su aldea natal, y reconstituyeron el pueblo. Argint renació como una aldea armenia, con una mayoría de sobrevivientes oriundos de Berm. «Mi padre es de Berm», dijo Seto.

> Hasta 1915, Berm tenía una población de 1050 armenios.[23] Después del Genocidio, he enviado avisos a todas partes, he preguntado en todas partes, he escrito a todos, y solamente he encontrado a 69 personas que son descendientes de armenios de Berm. De los que fueron a Armenia, los que se quedaron en Turquía, y los que fueron a Siria, solamente 69 personas señalan Berm como la ciudad natal de sus antepasados. Era un pueblo muy poderoso y mi bisabuelo era su jefe en 1915: Reis Tano o Taniel. Había 47 personas en nuestra familia: todos menos nueve fueron asesinados. Cinco fueron a Armenia, uno a Siria, y tres se quedaron en

> Turquía. De estas tres personas, una era mi padre, una mi abuela, y la otra era una pariente. Mi padre tenía siete años en el momento del Genocidio. Nació en 1908. Llegaron a Argint a principios de la década de 1920, y mi padre trabajaba allí para mantener a su madre. Su nombre era Haik, el nombre de mi abuela era Eva —en kurdo la llamaban Hawe— y la pariente era Xemlo, que era la hija de Davo o Davit, uno de mis tíos abuelos. Xemlo se casó con un armenio del pueblo. Kevo reunió a todos los armenios: casados, solteros, huérfanos. Mi padre se casó con una de las sobrinas de Kevo Demirci. Hasta mediados de la década de 1960, incluso había un hombre en Argint que recordaba la guerra ruso-turca de 1877. Decían que tenía 130 años.

El hombre longevo había sido testigo de un conflicto seminal: el Tratado de Berlín con el cual se resolvió un año después suscitó temores entre los musulmanes del Imperio otomano —entre los kurdos más que cualquier otro grupo, pues eran los que más tenían que perder— de que la intervención europea a instancias de las minorías cristianas sería a expensas de la condición privilegiada de los musulmanes. El sentimiento antiarmenio, que ya había provocado una masacre en Sasún en 1894, se intensificó y culminaría en las atrocidades de la década de 1890 bajo el sultán Abdül Hamid II.

Kevo Demirci gobernó Argint hasta su muerte en 1948. Su hijo Isa tomó el timón. En 1952, la mitad del pueblo vendió sus tierras a los kurdos. Hasta entonces, había dos familias kurdas en el pueblo, pero eran muy pasivas. Había dos familias de armenios conversos, islamizadas durante el Genocidio, que Kevo había traído a Argint: siguieron siendo musulmanas. Pero daban a sus hijas a otras familias armenias y también tomaban armenias como esposas de sus hijos.

Unos años después de que los nuevos propietarios kurdos de las tierras vinieron en 1952, comenzaron los problemas. «Ellos pensaban “Estos son armenios; si queremos, todo es nuestro”; esto es así», dijo Seto, para indicar que en esa época era posible cometer crímenes contra armenios con total impunidad en Anatolia y generalmente en Turquía.

Pero estos kurdos no mataron armenios en las masacres de 1915. Se apoderaron de tierras y mujeres armenias, saquearon a los armenios, y robaron los animales, pero no mataron a un solo armenio. No estos recién llegados. Eran los Mala Hıseyni Hıse. Ese era su *aşiret*. Se llevaron mujeres, animales y cosas. Pero no mataron durante el Genocidio.

Cuando comenzaron a causar problemas a mediados de la década de 1950, los armenios luchaban contra ellos, hombre contra hombre y a mano limpia. Pero, en 1963, los kurdos comenzaron a atacar a los armenios con armas de fuego.

Interrumpimos nuestra conversación en el café de Estambul: se escuchó un ruido sordo, breve, que venía de la calle y que se repitió unos segundos después en medio de un estrépito. Seto se quitó las gafas para secarse los ojos, que se habían enrojecido y humedecido; pronto también ardían los míos, y los dos estornudábamos y tosíamos. Los camareros nos llevaron al segundo piso del café junto a los demás clientes. La policía había disparado gases lacrimógenos contra una protesta frente al Liceo de Galatasaray, a más de medio kilómetro de nosotros. Habíamos tenido la infortunada idea de darnos cita frente el liceo en un momento en el que una gran multitud de manifestantes de organizaciones kurdas y de izquierda se congregaban para protestar contra la pasividad de Turquía hacia el Estado Islámico en Irak y Siria, acusando al país de apoyar al grupo extremista. En ese entonces, el ISIS asediaba Kobane, una ciudad de población mayoritaria kurda en el norte de Siria, también conocida como Arapınar, que había sido una estación de tránsito en 1915 para deportados armenios, algunos de los cuales se habían establecido y vivido allí hasta principios de la década de 1970. Los gritos que venían de la calle fueron ahogados por la música a todo volumen que emitían los parlantes del café, que había cerrado sus puertas mientras los manifestantes, algunos con pañuelos cubriéndose la boca y la nariz, corrían por la calle Istiklal en la dirección general de la Torre de Gálata.

Seto reanudó la historia. «El conflicto empezó por el agua», dijo. Armenios y kurdos habían acordado un cronograma con sus respectivos turnos para regar los cultivos, pero a los pocos años los kurdos empezaron a quejarse del régimen, en una zona donde la deforestación avanzada se ve agravada por pocas lluvias.

Los kurdos los hostigaban tratando de destruir sus cultivos o robando animales, pero los armenios los tenían a raya. La hostilidad, sin embargo, llegó a un grado irreversible cuando en mayo de 1963 los kurdos atacaron con armas de fuego y mataron a Camil, el hijo de 33 años de Mıgırdiç, uno de los armenios islamizados, que había tomado el nombre de Halit después de su conversión. «Un kurdo que estaba con nosotros también mató a un kurdo», dijo Seto:

> Los armenios no hicimos nada. Este kurdo se había unido a nosotros antes, pidiendo tierras para asentarse entre nosotros. Isa lo dejó venir, y este hombre compró la parcela, y luego luchó para nosotros. Uno de los hombres de los otros y dos de los nuestros también fueron heridos de bala.

El padre de Camil, Mıgırdiç, había muerto más de veinte años antes de que mataran a su hijo. Seto no conocía las circunstancias de su conversión, pero hizo una suposición convincente: era sobreviviente del Genocidio. En cierto modo, su historia era similar a la de Kevo en Argint. Un poco después de 1915, Mıgırdiç había comenzado a reunir a todos los armenios islamizados que pudo encontrar —en su mayoría huérfanos, mujeres y ancianos, ya que la mayoría de los hombres jóvenes y adultos habían sido masacrados— en Berm. Pero Mıgırdiç no le huía a las peleas y no se andaba con rodeos. «Era un muy buen hombre, pero también fuerte y severo», dijo Seto. «Kevo era más astuto y de hablar suave». En 1938, unos atacantes kurdos asesinaron a Mıgırdiç y destruyeron completamente Berm, y sus residentes armenios huyeron a Argint, donde Kevo los amparó.

Después de que mataron a Camil, el líder de los armenios de Argint, a quien llamaban Keri Isa —el título significa «tío» en armenio— decidió actuar: «Esto no puede seguir así», dijo. «Busquemos la paz con los kurdos». Los kurdos también estaban de acuerdo y dijeron que solamente querían una vida tranquila. Delegados de ambas partes se reunieron después del tiroteo e intercambiaron promesas solemnes de terminar el conflicto.

Unos días después, en junio o julio de 1963, Isa fue a la ciudad, Sasún, a comprar regalos para el líder kurdo como muestra de buena voluntad de los armenios. Los kurdos, armados con pistolas y dagas, lo esperaban en el camino a su regreso a Argint. Habían preparado una emboscada para matarlo. «Eran los mismos kurdos del *aşiret* de Mala Hıseyni Hıse», dijo Seto, con una risa irónica cuando notó que dejé de tomar apuntes, confundido, porque era la tribu con la cual los armenios acababan de llegar a un acuerdo: «No podían derrotarnos peleando, entonces nos hostigaban».

Los kurdos abrieron fuego e hirieron a un armenio, Aram, de 22 años, mientras Isa y los demás lograron escapar. Aram, el primo de Isa, fue capturado por los kurdos. «Sé que me van a matar, pero les ruego que me dejen de cuerpo entero», les dijo a sus captores mientras yacía en el suelo. «Un kurdo le hundió la daga en la cabeza y se le salieron los sesos y luego le rompieron las costillas, tres veces a cada lado de su cuerpo», dijo Seto. El *aşiret* Mala Hıseyni Hıse huyó de Argint tras el asesinato de Aram.

La descripción del ataque era tan detallada que parecía un testimonio directo. «Sabemos lo que Aram había dicho porque los kurdos vinieron a decirnos que les había rogado que no lo despedazaran, pero ellos lo habían hecho de todos modos, y era verdad: yo vi su cadáver», explicó Seto. «El que le disparó alardeaba abiertamente: se llamaba Sabriye Ali; no sé los nombres de los que apuñalaron a Aram, pero el que le disparó era Sabriye Ali». Para los kurdos, ahora estaban a mano, porque en el primer tiroteo, en mayo, habían perdido al hermano de su líder.

Los armenios de Argint crearon un sistema de defensa, que se mantuvo por casi un cuarto de siglo. La aldea está en una meseta relativamente baja, de entre 500 y 600 metros de altura, precedida por una vasta planicie al pie de una cordillera que se eleva paulatinamente a partir de las lomas traseras, donde la construcción ralea y hay unas pocas casas aisladas, algunas vacías o abandonadas ahora. Ofrece una excelente visibilidad a sus defensores, pero esta ventaja topográfica se ve socavada por su facilidad de acceso, a diferencia de los pueblos inexpugnables de las montañas del este de Sasún.

Todas las noches y en todas las estaciones —incluso en el invierno de fuertes nevadas— cuatro hombres armados de Argint patrullaban el perímetro de la aldea. Pero en los días de alerta elevada, todos los hombres de 12 años o más llevaban sus fusiles o alguna otra arma y participaban de la vigilancia reforzada. Había tres turnos desde la puesta del sol hasta el amanecer. «Nos metíamos en trincheras y guaridas secretas hasta el alba, sin importar qué tiempo hacía».

Con la partida de los kurdos, solamente quedaban 40 familias de armenios cristianos y musulmanes en Argint. La lucha fue constante, y dura, hasta fines de 1965. Sin embargo, los armenios habían desarrollado canales primitivos pero clandestinos para reunir información de inteligencia en el lugar. «Nuestros principales informantes en la zona eran armenios islamizados, que nos avisaban cuando alguna noche se tramaba algo», dijo Seto. «Había kurdos que simpatizaban con nosotros también, pero eran armenios musulmanes quienes secretamente nos traían las noticias; y en algunas de esas noches había una incursión que estábamos preparados para repeler».

Los ataques en general eran llevados a cabo por un grupo de 15 o 20 hombres de la tribu Mala Hıseyni Hıse, quienes infiltraban la aldea: «Nosotros nos defendíamos, hacíamos lo mejor que podíamos, pero éramos pocos». A veces los kurdos conseguían quemar el trigo y otros cultivos de los armenios, o matar algunos animales. No lograban lastimar a personas, pero habían comenzado a estrangular Argint económicamente. «Estos *çetes* estaban armados con la mejor arma de fuego que se conseguía entonces allí, la Mauser: nos atacaban y nos buscaban por todas partes, tratando de matarnos».

En 1964-1965, el anillo de aldeas kurdas en torno a Argint se volvió enemigo de los armenios. Las tribus se unieron y rodearon la localidad, acampando en la planicie a sus pies:

> Habíamos acogido en nuestro pueblo al nieto de Xelile Mısto, el *ağa* kurdo que había protegido a Kevo Demirci durante el Genocidio. Su nieto había matado a un hombre en su aldea, Deyika, y había huido con su familia para buscar refugio entre nosotros. Lo defendimos. La historia se había revertido. Había una mujer armenia del pueblo de Xındzorik en Sasún, que había venido a nuestro pueblo y se había casado con el nieto de un primo de Isa. Esta mujer se llamaba Hanım. El nieto de Xelile Mısto la secuestró y la llevó a la casa del jeque de la zona, el líder religioso. Estoy casi seguro de que el jeque Kasım vivía en el pueblo de Ğullık, pero también podría haber sido Millik o Kulli Xane.
>
> El jeque es la máxima autoridad que los kurdos reconocen en una región determinada, investida de autoridad religiosa y política. El nieto de Xelile Mısto con la mujer cautiva tendría asegurada la inmunidad allí, ya que nadie se atrevería a rescatarla de la finca del jeque sin desencadenar un asalto por parte de los kurdos.
>
> Isa escribió una carta y se la dio a Khacho, el padre de Aram, el joven asesinado. «Khacho, lleva esta carta al jeque», instruyó el jefe de Argint. En su carta, Isa decía: «Mi Jeque, somos armenios: somos inofensivos. Devuélvenos esta mujer. El marido de esta mujer está aquí; él también es un hombre pobre. Esto es impropio de ustedes, que son los gobernantes de toda esta tierra. Devuelve la esposa de este pobre hombre; quítasela a este hombre, el nieto de Xelile Mısto, y devuélvela a su marido y a su pueblo».
>
> Al llegar a la localidad del jeque, Khacho se enteró que este no estaba en casa, por lo que llevó la carta a Pelke, una aldea cercana, y se la dio a un hombre llamado Ahmet Ezro. «Esta es la carta de Isa para el jeque Kasım, pero él no está en casa», le dijo Khacho a Ahmet. «Por favor, dásela al jeque hoy o mañana».
>
> Un *ağa* (jefe) kurdo en Pelke se enteró de que la carta de Isa estaba en posesión de Ahmet Ezro y se la pidió, diciendo que se la llevaría al jeque. Ahmet tuvo que ceder ante esta *ağa*, Hama Aliye Matto, cuya madre era armenia. «Pero él era kurdo: en Turquía

tomas la nacionalidad de tu padre, y en todo caso él odiaba a los armenios».

Hama Aliye Matto rompió esa carta y, en cambio, escribió una misiva insultante en la que Isa retaba al jeque a que devolviera a Hanim a su esposo armenio, o de lo contrario se atuviera a las consecuencias: «Si no, verás lo que te sucederá a ti, a tu familia y a tus campos, hijo de una madre indigna», concluía el mensaje reescrito.

El jeque Kasim leyó esa carta y puso a los kurdos a su mando en pie de guerra, diciendo que Isa, el hijo de Kevo y jefe de los armenios de Argint, lo había insultado. «Todos los kurdos de la región se armaron y vinieron a nuestro pueblo en el invierno de 1964, a finales de febrero o principios de marzo», dijo Seto. «Todos los kurdos de la zona eran nuestros enemigos y sitiaron nuestra aldea, sentados allí, armados: nos iban a matar a todos». El jeque entró en la aldea con una delegación que incluía a su guardia, así como a los *ağas* kurdos de cada tribu, con sus respectivos séquitos.

La falsificación de la carta quedó finalmente expuesta para satisfacción del jeque. Pero era demasiado tarde.

«Isa, yo no puedo parar a estos asnos», dijo el jeque Kasım. «Llamó a sus hombres "asnos", con ellos parados ahí mismo», recordó Seto, quien fue testigo de la reunión. «Tienes tres opciones», le dijo el jeque a Isa. «O dejas Argint, o te vuelves musulmán, o bien luchas hasta el final».

Isa reunió a los habitantes de la aldea para informarles sobre la reunión. Había tres familias musulmanas —dos de armenios, islamizados; la otra era una familia kurda amiga de los armenios— y el resto eran cristianos. Los habitantes de la aldea quisieron resistir por unanimidad. «¡No, lucharemos! ¡Lucharemos hasta el final!», decía la gente en la asamblea, recordó Seto. «Decían: "Que nos maten a todos, no cambiaremos de religión", y esa era la postura de todos en Argint».

A esto siguió un compás de espera de dos meses mientras los armenios se abstenían de responder al ultimátum del jeque. No hubo incidentes, pero las tribus kurdas aún sitiaban el pueblo en sus tiendas de campaña. Un día, cuatro armenios de Argint regresaban a casa de una visita a la aldea de Pelke. En el camino de regreso, saludaron a un grupo de unos 30 kurdos que holgazaneaban al borde de la carretera. No respondieron al saludo. «Ya los estábamos buscando», dijeron los kurdos. «Insultasteis a nuestro jeque: ¿cómo podemos intercambiar *selams* con usted?».

Estos cuatro armenios corrieron por unos diez kilómetros, perseguidos por los kurdos armados. «Después de mil dificultades lograron llegar al pueblo», dijo Seto. Esto fue alrededor de abril de 1964. Isa volvió a convocar una asamblea.

«Gente, tenemos que hacer algo», les dijo Isa a los aldeanos. «Y no tenemos a dónde escapar: o nos hacemos musulmanes o moriremos». Después de un largo debate, los residentes de Argint acordaron convertirse nominalmente, pero dejaron en claro que era solo de nombre. «Nadie cambió su religión», dijo. «Todos seguimos siendo cristianos, y ni siquiera sabíamos cómo hacer el *namaz* o rezar oraciones islámicas, ni nos importaba observar las abluciones u otros ritos de los que no sabíamos nada».

Estos acontecimientos fueron lo suficientemente dignos de aparecer en las noticias que *Hürriyet*, un periódico de circulación nacional, publicó en un artículo el 7 de abril de 1964 con el título: «Todos en una antigua aldea armenia se hacen musulmanes». El subtítulo a continuación decía que la iglesia en la aldea de 30 familias se había convertido en una mezquita (en el cuerpo del texto decía que era una iglesia centenaria) y que todos los niños varones habían sido circuncidados en una ceremonia. Había una cita de Isa que decía: «Desde hacía mucho teníamos la intención de unirnos a la comunidad del islam». Y daba crédito al jeque Kasım Bado, a quien describía como una persona sabia, por disipar sus dudas. El jeque les había explicado las virtudes del islam, y después de eso «les había gustado incluso más», según Isa, o «Jesús» en turco. Una foto del jeque Kasım, con un turbante envuelto alrededor de su cabeza y montado en un caballo blanco, ilustraba la historia.

Algunos de los kurdos quedaron satisfechos e hicieron las paces con los armenios, ahora correligionarios musulmanes. Pero la hostilidad de otras tribus no disminuyó. Asediaron Argint de nuevo, con luchas o escaramuzas casi todos los días y causando tantos daños a las cosechas y al ganado que el hambre comenzó a amenazarlos, especialmente después de que los kurdos quemaron su trigo el mismo año de su conversión al islam. «No teníamos pan y teníamos hambre», dijo Seto. «Económicamente estábamos acabados: no podíamos salir a comprar provisiones». Los *aşirets* enemigos, fuertemente armados para los estándares de la época y el lugar, habían bloqueado todas las carreteras.

El 15 de mayo de 1965, los armenios de Argint huyeron al amparo de la noche en pequeños grupos, llevando consigo lo que podían. Una pelea unas semanas antes los había convencido de abandonar el pueblo.

Un día a finales de marzo, unos 15 argintsis iban a la ciudad de Sasún para asistir a un juicio relacionado con el conflicto con los kurdos. En esa época se viajaba a pie, caminando por horas y horas. La noche los encontró cerca de Cermak, el pueblo de Zeki. Pero decidieron no quedarse en casa de Zeki porque él era armenio y no querían comprometerlo, por lo que se alojaron en la casa de conocidos kurdos.

Por la mañana, mientras atravesaban un precario puente colgante de camino al tribunal, un grupo de kurdos abrió fuego contra ellos. «Nuestros hombres iban acompañados de sus mujeres e hijos», dijo Seto. «Nuestra gente iba desarmada porque estaba prohibido llevar armas al juzgado, y si la policía los revisaba, podían meterse en líos». Algunos de los armenios de Argint huyeron hacia Sasún y otros de regreso a Cermak, pero los kurdos capturaron a uno de ellos, un armenio musulmán de 35 años llamado Hüseyin:

> Lo cortaron en 100 pedazos: sus orejas, su nariz, como carniceros. Hüseyin había resultado herido en el ataque dos años antes, en el que habían asesinado Aram. Era un armenio musulmán. El nombre de su padre era Filip y el de su abuelo era Manuk. Y simplemente lo asesinaron porque estaba con nosotros. La religión no importaba: era musulmán. Pero lo mataron porque era

armenio. Después del asesinato de Hüseyin, decidimos irnos de Argint. Fijamos la fecha para el 15 de mayo.

La muerte de una mujer de la aldea la noche en que decidieron escapar todos casi frustró sus planes. Mientras que un grupo apenas logró enterrarla, las otras familias huían en dirección a Kulp para buscar la protección del Badıkan, un *aşiret* kurdo: eran parientes políticos de Isa, quien se había casado con una mujer de la tribu tras enviudar de su primera esposa, armenia, en 1961. Fueron a un pueblo llamado Reşika, donde vivía el abuelo de la actual esposa de Isa. Pero solo ofrecieron refugio temporal a los armenios: «Te podemos defender durante quince días».

El 30 de mayo, los armenios volvieron a hacer las maletas y se dispersaron por las aldeas de la zona de Kulp. Dos familias de Argint fueron al pueblo de Danze, las dos familias armenias musulmanas se reasentaron en Dalek, dos se quedaron en Badıkan y el resto fue a Diyarbakır. La familia de Seto, junto con la de Isa y su hermano, así como otras cuatro familias, fueron a Fırke, que había sido una aldea armenia en el pasado. Los kurdos se habían apoderado de ella después de 1915, pero aún quedaban dos familias armenias musulmanas. El jefe de la aldea era Hama Aliye Ağa, cuyo clan Seto conocía: «Süleyman Ağa, el abuelo de Hama Aliye, había matado con su propio cuchillo a la abuela de Reis Tano, mi propia tatarabuela». Pero el hijo de Hama Aliye, İzzet Ağa, «no era una mala persona» y, como visitante habitual de Argint, tenía relaciones cordiales con ellos.

Mientras tanto, el jefe de Argint, Isa Demirci, fue a Estambul y se reunió con el patriarca armenio de Constantinopla en julio de 1965. El patriarca Shnorhk Kalustyan, sobreviviente del Genocidio, era un defensor de los armenios de las provincias históricas y de otras partes de Anatolia; mantenía estrechos vínculos con ellos, a menudo secretos, y lograba ayudarlos sigilosamente, en un momento en que los armenios aún vivían con miedo incluso en Estambul y no se atrevían a hacer mucho fuera de los confines de la vida comunitaria tradicional. La situación era aún peor en el interior de Turquía, donde los armenios aún estaban expuestos a los caprichos de las mayorías musulmanas locales.

El patriarca Shnorhk envió a Isa a ver a Mıgırdiç Şellefyan, un exdiputado de la Asamblea Nacional por el partido Adalet del entonces primer ministro turco Süleyman Demirel. Şellefyan, quien tenía una buena relación con Demirel, le contó la historia de Argint. La aldea había sido ocupada entonces por los kurdos, que se habían repartido las casas y los campos entre ellos.

Demirel envió tropas con órdenes de expulsar a los kurdos y permitir el regreso de la población armenia. Los soldados llevaron a los kurdos a Gredara, justo frente a Argint, al otro lado del río Han Deresi: era el lugar donde Kevo Demirci y su familia habían encontrado un hogar por primera vez después del Genocidio.

La primera semana de septiembre de 1965 los armenios volvieron a Argint. La mayoría de las familias regresaron a sus antiguas casas y se quedaron hasta 1986. Pero algunos no lo hicieron:

> Solo he hablado de algunas de las grandes peleas... Cada año había unos veinte enfrentamientos. Podría haber cinco en un mes, y luego una tregua por otro mes. Era así. Pero éramos enemigos... No teníamos Kalashnikovs entonces. Los tiroteos eran con Mausers y otras armas ordinarias. Nuestra preocupación permanente era cómo defendernos. Entonces construimos un cañón; los Demirci eran herreros. Era un tipo de cañón otomano. Un cañón grande. Y por ello estaban muy asustados de nosotros. No teníamos alternativa. No hay ninguna foto de él. En esa época no teníamos ninguna cámara. Isa construyó el cañón con otros parientes, todos herreros, que habían hecho el servicio militar y habían aprendido su funcionamiento.

Es posible que los armenios de Sasún hayan usado uno o más cañones ya en el siglo XIX contra atacantes kurdos. En la batalla de Chay en 1894, en las primeras masacres de Sasún, los kurdos habrían perdido unos 2200 hombres contra 77 armenios. Los aterrorizados kurdos habían difundido rumores acerca del armamento fantástico que habían traído «los infieles de Moscú», en referencia a los armenios orientales del Imperio ruso (en lo que ahora es la República de Armenia). Un delgado libro publicado en Ginebra citaba algunos de los comentarios acerca del arsenal: «Tienen cañones gigantescos, y presuntamente entre los armenios hay hombres semejantes a dragones, que tienen un solo ojo en la frente; son invulnerables; y en especial tienen tales arcabuces que con el lanzamiento de un proyectil iluminan la montaña y el valle». Los kurdos en la región de Mush y Bitlis también estaban en pánico por versiones de que un montón de armenios rusos habían llegado en globos.[24]

Pero el cañón solamente trajo una paz precaria a los armenios de Argint. El tercer período en la vida de la aldea —después del regreso de los armenios en 1965— también estuvo plagado de conflictos. No obstante, durante interludios de calma, los kurdos acudían a visitar el pueblo con curiosidad, porque la vida y las casas eran diferentes al resto en la zona, y parecía más una localidad que una aldea. En el mismo período, también, algunos de ellos comenzaron a radicarse entre los armenios, cuyos jóvenes habían comenzado un éxodo hacia Estambul en aras de su educación o una mejor vida.

Malik, un armenio musulmán nacido en Argint, dijo que nueve personas murieron en enfrentamientos entre armenios y kurdos entre 1982 y 1986. «Mi abuelo Simo nunca hablaba de las masacres de 1915 y se enfurecía con los que lo hacían», dijo Malik. Como Kevo e Isa Demirci, Simo también era herrero y armero. Él y su esposa, Lusin, eran sobrevivientes del Genocidio y habían sido islamizados durante las masacres. «Hacía el *namaz* cinco veces al día, y mi abuela hacía la señal de la cruz sobre el pan cuando preparaba la masa». Tuvieron dos hijas y dos hijos, uno de ellos el padre de Malik, Gevro, quien después de Argint se estableció en la aldea de Bahamdan con su mujer e hijos. «Pero fuimos expulsados porque éramos armenios», dijo. «La religión no importaba en absoluto; ya éramos musulmanes», agregó Malik, quien se había hecho ateo. Durante su relato, jugueteaba distraídamente con un *tespih* (camándula) de ámbar, aunque nunca perdió el hilo narrativo mientras tomaba un café en el Hasan Paşa Han de Diyarbakır.

Dos veces renacida, la epopeya de Argint se acercaba a su fin y, como un héroe de glorias pasadas, la aldea que se había formado después del Genocidio y había resistido ataques y asedios armados, estaba muriendo de pobreza y vejez. Isa, el jefe de Argint, ofrecía lotes de tierra a los kurdos cada vez que quedaba sin plata. «Todos los años vendía tierras a diestra y siniestra», dijo Seto. «Y tarde o temprano después de que venían, recomenzaba la rivalidad entre nosotros y ellos, que siempre escalaba». Pero en la década de 1980 las defensas de la aldea estaban bajas, todos los hombres jóvenes habían ido a Estambul, y solamente quedaban los ancianos: «Los kurdos los atacaron con palos y piedras».

Isa decidió vender toda la aldea a los kurdos y trasladar a todos los armenios a Estambul, lo que, en cierto sentido, Seto veía de forma positiva. «Ninguno de los nacidos después de 1940 hablaba armenio, pero los nacidos después de 1970 lo aprendieron en las escuelas de Estambul, y también sus hijos».

Unos meses antes yo había visitado Argint, o Herend, el nombre kurdo que ahora todos usaban en la zona. El conductor del minibús se había olvidado de detenerse en la intersección de la carretera Batman-Sasún con el camino a Argint, por lo que me dejó en un área de servicio de autobuses en un tramo desolado, me ofreció un té, e instruyó al encargado, un anciano kurdo de hombros encorvados, que me dijera cómo llegar al pueblo. «¡Herend!», exclamó el hombre con estupor, preguntándose en voz alta si tenía parientes allí pero respondiéndose a sí mismo diciendo que ello sería imposible, por razones que no explicó. Las historias que había escuchado acerca de Kevo Demirci habían azuzado mi curiosidad, le dije, tanto para indicarle que yo era armenio como para ver si podía sonsacarle algo más acerca de la aldea. «Pero Kevo murió hace quizás treinta o cuarenta años», dijo con una sonrisa, ahora sorprendiéndome con su desinterés benigno. «No quedan armenios allí», agregó, reconociendo mi guiño. Un automovilista que se había detenido para comprar agua aceptó el pedido del encargado, en kurdo, de darme un aventón hasta el cruce de Herend, a unos quince kilómetros por la autopista.

«¿Eres musulmán?», me preguntó el conductor con una ancha sonrisa a modo de saludo mientras me ofrecía cigarrillos, uno de los cuales tomó y encendió mientras corríamos por la carretera vacía. «Cristiano», dije. «No importa», fue su respuesta refleja, con lo cual quería decir lo opuesto. «Soy armenio», agregué por si acaso, silenciosamente agradecido de que el conductor hubiera bajado las ventanillas, pues la cabina se había llenado de humo y un olor a cloro que venía del aire acondicionado al tope, que se mezclaba con los olores de plástico y cuero de su nuevo coche.

Era un pequeño ping-pong dialéctico no inusual en conversaciones con las personas más pías en Turquía, especialmente aquellas que tomaban algunas precauciones para potencialmente no ofender a almas sensibles. Solía tener esta secuencia: una tesis que implícitamente postula, «Tal y cual religión es la única verdadera y tú seguramente eres uno de los nuestros, porque pareces una buena persona, tienes una barba larga, etc.». Cuando resulta que el interlocutor no es del mismo credo, la afirmación precedente viene parcialmente refutada con la declaración de nuestra humanidad común a los ojos del Creador, a veces con comentarios ambiguos que absuelven a uno por haber nacido en una fe diferente y declinar la oportunidad de unirse a la mejor; pero la síntesis —en una vuelta que no superaría la prueba hegeliana—, en general volvía al punto de partida, en lo que se reduce a «Pero, después de todo, este es el único camino». No era inusual que concluyera con la pregunta de por qué uno no se convertiría a tal y cual religión, tan sublime y preciosa, algo que aquellos que profesábamos una fe diferente no lográbamos apreciar en nuestro estado imperfecto.

Antes de que me bajara de su auto, escribió su nombre y número de teléfono en Batman, diciendo que era imán y que podía ayudarme si alguna vez tenía problemas. En ese momento, un *dolmuş* recogía a unos niños en la cabecera de puente camino a Herend. El furgón hacía las veces de autobús escolar, y el conductor y yo éramos los únicos adultos en él, con niños que pedían fotos entre risitas, algunos hablando más fuerte y otros sonrojándose un poco, mientras que las niñas mayores, tímidamente, se cuidaban de alejarse de la lente. Eran los nietos y bisnietos de los kurdos que habían luchado durante tres generaciones contra los armenios de Argint.

El autobús avanzó por el camino que bordeaba la meseta sobre la cual estaba construida la aldea y nos dejó frente a la escuela, donde el director, un hombre solemne en traje negro esperaba a los estudiantes, los más pequeños de los cuales revoloteaban a su alrededor mientras acariciaba sus cabezas y les preguntaba si habían disfrutado del viaje. Herend era armenia, me dijo, mientras me hizo pasar a la escuela.

Era un edificio a medio terminar, atravesado por un pasillo oscuro de paredes de cemento, con salas vacías a ambos lados, que llevaba a una vasta explanada al borde de un acantilado, de quizás unos 500 metros de altura, que daba a las planicies a los pies de Argint. La aldea era un núcleo de casas escalonadas en las crestas de la colina, y las construcciones, ninguna de más de dos pisos, estaban dispuestas en un perímetro compacto y preciso, el cual sugería una fortificación imaginaria a su alrededor.

Había una mesita cuadrada en medio de la explanada de la escuela, con un joven en el lado derecho, que hablaba vigorosamente con un hombre mayor de traje gris, sentado de espaldas a la escuela. Ambos me miraron de reojo con el aire preocupado que parecía dominar su diálogo, y el joven volvió inquisitivamente sus ojos azules al director, quien me presentó como un periodista armenio de Estados Unidos. El *muhtar* de Argint (jefe de la aldea), el hombre mayor con traje gris y camisa blanca de cuello abierto, me invitó a sentarme, mientras el director iba a buscar té. El *muhtar* no era una persona locuaz y, con el ceño fruncido, tenía la mirada fija al frente, mientras la luz del sol había comenzado a desvanecerse en un cielo pálido. «Beber un cigarrillo», o «*sigara içmek*», como se dice en turco, describía el fumar del *muhtar*, que aspiraba la nicotina con mucha sed y despedía pequeñas nubes.

El hombre de ojos azules me preguntó si sabía algo en kurmancî, la variante más hablada del kurdo en Turquía. «Biji Kürdistan» («Viva Kurdistán») fue todo lo que pude decir, lo que él saludó con una sonrisa triste. «Le agradecemos por *Biji Kürdistan*, es muy amable de su parte». Su rostro recuperó un semblante preocupado. «Este país está precipitándose a la guerra», dijo, en el turco pulido que venía con la escolarización y que sonaba un poco fuera de lugar en el interior del Este. «Tarde o temprano, tememos eso». El *muhtar* no hizo comentarios y siguió fumando, con pensamientos que exhalaba en silencio. Ambos tenían un aire distraído y no parecían importarles mucho mis preguntas sobre los armenios. «No creo que quede ninguno», dijo el hombre de ojos azules, y el *muhtar* hizo el gesto local de «No», arqueando las cejas y reclinando la cabeza, con un breve chasquido de lengua.

El director trajo té y galletas, pero no se sentó. Regresó veinte minutos después y se ofreció a mostrarme las casas antiguas. Pero, cuando salíamos de la escuela, una niña bajó corriendo por una calle empinada y me tomó de la mano, suplicando ser mi guía a la granja de Isa Demirci y a acompañarme por el pueblo. El director me dejó en sus manos con una risotada. «Pero ¿cómo sabes acerca de Isa Demirci? ¿Cuántos años tienes?», le pregunté. Tenía nueve años: «Me contaron mis padres», dijo, mientras me guiaba por las calles y casas donde habían vivido los protagonistas de sus cuentos. La casa de Isa era una construcción de dos pisos, con la vivienda sobre el establo: una escalera de madera llevaba a la puerta, pero una joven mujer que se presentó como la doméstica dijo que los propietarios no estaban en casa. Otros niños se habían congregado a mi alrededor, diciéndome los nombres de los anteriores propietarios armenios de sus casas. Tiraban de mis manos en su dirección gritando: «¡Señor! ¡Señor!» en turco, «¡Efendim! ¡Efendim!». El director se acercó para decirme que no había ningún autobús para partir del pueblo, pero que podía irme en un camión volcador que saldría pronto con una carga de ladrillos de piedra. Un poco antes, el director me había dicho que la iglesia había quedado reducida a una pila de piedras y que no había nada para ver allí. Pensé que debía ser aquella que, según el despacho periodístico de 1964, había sido transformada en mezquita cuando los armenios de Argint se habían convertido.

En el café de la calle Istiklal, Seto expresó pesar de que los logros en cuanto a vida y educación armenias en Estambul hubieran sido a expensas de las tierras ancestrales, y se lo había dicho a Isa, el jefe del pueblo y su tío. «Un día le dije: "Tío, has visto que ha sido un error; trajiste a los kurdos en 1962 y viste cuántos problemas nos dieron hasta 1965"; pero a Isa siempre le faltaba dinero y les vendía tierras».

> Me entristece que hayamos perdido nuestro pueblo. Todos los armenios se han ido. Solo queda un armenio musulmán, y no se va. Le dan problemas, pero no se va a ninguna parte. Es nieto de uno de esos armenios rescatados por Kevo Demirci y traídos a Argint. Su nombre es Hame Demir. Kevo trajo a los armenios y a los armenios musulmanes. Isa trajo a los kurdos. Mıgırdiç reunió a todos los armenios musulmanes y los llevó a Berm. Luego Mıgırdiç fue asesinado, Berm fue destruido, y todos los armenios de Berm fueron a Argint. Todavía molestan a Hame Demir; le dicen: «Toda tu familia se ha ido, ¿por qué no te vas tú también?». Pero no se va. Está casado con una mujer kurda. ¿Por qué le dan problemas? Los kurdos son así. Si saben que tienes raíces armenias, te darán problemas todo el tiempo. No han cambiado. Quizás hayan cambiado un diez por ciento, y eso no es nada. No creo que hayan cambiado. Los que están en política piensan que sí, pero si algo pasa mañana o pasado mañana volverán a empezar con «estos armenios...».

Y salimos a la calle Istiklal, inmersa en un aire acre, todavía frotándonos los ojos ardientes mientras se disipaba el gas lacrimógeno y los manifestantes se dispersaban, con rostros demacrados y pancartas enrolladas bajo el brazo.

* * *

«Vaha´n... Vaha´n...», llamaba Selim, el pastor árabe. El viento amplificaba el nombre y lo transportaba a través del Monte Sındor Kaya. El nombre armenio, uno de los últimos para un habitante de Saúsn, volaba sobre riscos y abismos, multiplicándose. «Vaha´n... Vaha´n...», repetían las montañas.

El acento armenio largo ´ denota un rango de tonos y emociones, desde una vocal larga hasta la nostalgia, un signo de puntuación que ayuda a representar los viajes de la voz a través de la historia y la topografía de la nación. *Vahán* era uno de los últimos armenios cristianos que quedaban en Sasún. Era también una de las últimas personas en toda la región con un nombre armenio. Incluso las poquísimas personas en Anatolia Oriental que siguen afiliadas con la Iglesia tienen ahora nombres equívocos que podrían ser kurdos, turcos o árabes.

«Parev», había dicho la primera vez que vi a Vahán, incrédulo de que alguien aún tuviera un nombre armenio en Sasún. «¡Parín Asdoudzó!» había sido la respuesta sorprendida.

Estábamos representando la transición de Armenia del zoroastrismo al cristianismo, como inconscientemente lo hacen los armenios cada vez que se saludan: en la interpretación popular «parev», el saludo estándar en armenio, es la contracción de «Pari arev» («Buen sol»), y la respuesta tradicional, «Parin Asdoudzo», significa «El bien de Dios».[25] Dos mil años de historia armenia estaban comprimidos en este breve intercambio en la árida geografía de la Armenia histórica. Pero el diálogo en lengua vernácula solo llegaba hasta allí. Vahán entendía algo de armenio pero hablaba estas pocas palabras, y poco más, aparte del turco y su lengua materna, el dialecto local del árabe.

Para la mayoría de los armenios de la Diáspora, Sasún solo seguía vivo en la epopeya de Davit y las leyendas sobre su valor. De tanto en tanto, circulaban rumores de que todavía quedaban armenios en las aldeas de las montañas, pero la mayoría venían de dos fuentes: el patriarca Shnorhk de Constantinopla, y Shiraz, un fotógrafo armenio de Beirut.

Shiraz había hecho un viaje pionero por las regiones históricas armenias en el este de Turquía a principios de la década de 1970 y encontró armenios en Sasún que desconocían la historia desde el siglo XIV. «Por favor, háblale de nosotros al rey de Armenia y al Catolicós, y muéstrales nuestras fotos», le había pedido a Shiraz el jefe de Pışut, una aldea que siguió siendo completamente armenia y cristiana hasta finales de la década de 1970. El *muhtar*, jefe del clan Keshishian, estaba preocupado por el futuro de los niños de la aldea. Por sentido común y el consejo de los líderes comunitarios de la Diáspora, Shiraz había decidido no dar a conocer los detalles de su extraordinario descubrimiento: había 11 aldeas totalmente habitadas por armenios, dijo, después de recorrer Sasún a pie durante semanas, haciéndose pasar por un fotógrafo árabe libanés. Turquía también podía eliminar estos remanentes también, temían los líderes comunitarios armenios.

Aun así, la noticia del viaje de Shiraz pasó de boca en boca en la era anterior a internet: algunos en la Diáspora habían escuchado que había armenios en Sasún atrapados en el tiempo, que no sabían que el último reino armenio había dejado de existir seis siglos antes, cuando los mamelucos invadieron Cilicia en 1375 y llevaron a Levón V a El Cairo. Pero, cuando estas historias llegaban a los oídos de la gente, tenían una pátina de leyenda, algo que Sasún siempre creaba de todos modos.[26] En 1914, Pışut todavía tenía nueve familias y había crecido hasta tener alrededor de 15 cuando Shiraz la visitó: seguía siendo completamente armenia y cristiana hasta la década de 1980, cuando sus habitantes decidieron hacer las maletas y establecerse en Estambul después de vender el pueblo por 12 000 dólares, según recuerdan los pocos armenios que quedan en Sasún. Desde fines de la década de 1960 y comienzos de la de 1970, algunos armenios de Estambul sabían de ellos, pero, en la atmósfera intimidante de Turquía, tenían demasiado miedo como para hablar de ello abiertamente, en lo que podría considerarse una conversación sediciosa. Pero también tenía que ver con el elitismo. Muchos armenios de Estambul y también de la Diáspora describían a sus compatriotas que venían de las antiguas provincias del Imperio otomano como *kavaratsi* (provincianos), no siempre con inocencia. «Nos llaman kurdos», me dijo una mujer sasuntsí en Estambul, acercándoseme de la nada y sin ningún saludo después de la presentación del libro *Armenians in Turkey 100 Years Ago*, de Osman Köker, en la Escuela Mekhitarian en el barrio de Pangaltı.[27] No la conocía, pero me había reconocido por verme con otros sasuntsís en reuniones comunitarias en Estambul. Habló en turco conmigo, pero citó en armenio lo que decían de ellos: «Asonk hay chen» («Estos no son armenios»).

El magnífico libro de Köker está basado en la colección de postales de la era otomana de Orlando Carlo Calumeno, un empresario de 40 años que vive en Estambul y que se describe a sí mismo como de origen levantino. Su padre es de origen italiano —se fueron de Perugia en el siglo XVI, huyendo de una enemistad mortal— y por un desvío peripatético acabó en Esmirna en alrededor del 1700, y unos decenios después se afincó en Constantinopla. La madre de Calumeno es armenia, y ella le leyó la primera postal que él había comprado a los 16 años, que por casualidad estaba escrita en armenio: una mujer de Estambul le escribía a su hermana que vive en Bursa, diciéndole: «Tú también ahora eres madre. Cuando amamantes, usa la receta de la pomada que te escribí para evitar la sequedad y el agrietamiento». Y aquí, mientras los asistentes se sentían inevitablemente transportados por las emociones despertadas por las fotos de iglesias y calles que representaban la magnitud del mundo perdido, esta mujer sasuntsí, un resto viviente de quienes se sobrepusieron a la catástrofe aferrándose a su identidad y su tierra, los territorios históricos de los armenios, se sentía fuera de lugar entre sus compatriotas en Estambul.

Apenas había regresado a Estambul tras pasar un mes en Sasún. *Howani*, uno de estos personajes de Turquía que entraban y salían de sectas y religiones como el humo, me había señalado a Vahán mientras caminaba bajo el sol del mediodía por un paso de montaña en Sasún, con una hoz oxidada en su mano, en un camino sin sombra o vida fuera de la nuestra.

«Él es armenio y cristiano», me había susurrado mientras estábamos en *Surbik*, la aldea natal de Howani. «Somos parientes». Un vecino kurdo del lugar me había dicho que Howani oficialmente se había hecho musulmán pero secretamente seguía siendo cristiano; otro conocido de la ciudad de Sasún me dijo que su religión seguía siendo cristiana según el documento de identidad —que en Turquía muestra la filiación religiosa—, pero que él fingía haberse convertido al islam.

Era ágil, con una fisonomía felina acentuada por mejillas protuberantes y una cabeza calva, y sus delgados labios estaban parcialmente ocultos detrás de bigotes negros. Era miembro de los *korucus*, los guardias rurales a quienes el gobierno turco armaba y pagaba un salario mensual de unas 2000 liras (aproximadamente el equivalente a 1000 dólares al tipo de cambio de entonces, una buena remuneración en un país donde la mediana era de 1500 liras), para luchar contra la insurgencia kurda, una ocupación que principalmente ejercían los árabes de Sasún, ya que los kurdos sentían fuerte simpatía por el PKK (Partiya Karkeren Kürdistan, o Partido de los Trabajadores del Kurdistán). El alto al fuego ya había durado dos años para entonces, después de la guerra de guerrillas que había comenzado a fines de la década de 1980.

Howani pasaba los meses cálidos en Surbik y regresaba a Estambul en invierno. Estábamos examinando el cementerio armenio del pueblo, una colección desordenada de piedras de formas extrañas utilizadas para identificar las tumbas. Había una gran cruz de granito con un eje horizontal mucho más corto que la viga vertical, semejante a brazos amputados a la altura de los codos. Un niño se me acercó con un diente infantil y me lo ofreció como recuerdo. Cada vez que llovía, algunos huesos y dientes salían a la superficie si rascabas un poco la tierra, dijo.

Después de 1915 ya no hubo más lápidas, dijo Howani. Tenían miedo de usar caracteres armenios o símbolos cristianos para evitar la atención indeseada de criminales y buscadores de oro. «Deberías preguntarle a Ibrahim», murmuró Howani, dándome el nombre de un conocido común de Sasún, cuando observé que había signos de profanación. Pero meses después, otro sasuntsí habló indirectamente sobre las frecuentes visitas de Howani y su ahora fallecido padre Fermo al cementerio, donde estaba enterrado su abuelo. Había sido sacerdote de la Iglesia armenia pero se había convertido al islam tres años después del Genocidio. «Hubo una denuncia sobre la profanación de tumbas armenias y las autoridades estaban investigando», dijo Howani. «No sabemos cuáles son los resultados».

El cielo se apagaba cuando un anciano, bastón de pastor en mano, se detuvo en el cementerio, rodeado de una pequeña nube de ovejas. Era un poco más alto que los niños que acudieron a revolotear a su alrededor, San Nicolás sin dulces ni regalos para repartir más que tímidas palmaditas. Uno de los niños más traviesos le quitaba el gorro de lana y luego se lo volvía a poner, pequeñas bromas que el hombre viejo dejaba pasar con la complicidad de abuelo. *Ovte* era armenio, pero se había convertido hacía varios decenios, en la década de 1970 o tal vez antes, no podía decirlo. Prácticamente había olvidado el idioma de Sasún, que trató brevemente de recuperar de los recovecos de su memoria, pero apenas extrajo pequeños fragmentos: «Anunı im Ovte e» («Mi nombre es Ovte») y poco más, por cuanto ahora solo hablaba el árabe local y algo de turco básico. Tampoco estaba seguro de su edad, pero pensaba que tenía más de 90 años. «¿Quizás 92?», sugirió Howani, cuya dura mirada de mercenario se había suavizado.

Le pregunté por qué se había convertido. Se encogió de hombros, un poco ruborizado, y agachó la cabeza. «Porque sí, ¿no?», lo ayudó Howani con una sonrisa, como el docente que sugiere la respuesta correcta. «Öyle», repitió Ovte en turco, con voz de escolar tímido. Nunca se había casado y ya no tenía familia en vida. Sus padres, Bedros y Hanım, habían muerto hacía mucho. Misak, su único hermano, había mantenido la fe cristiana y se había mudado a Armenia soviética en la década de 1960. Ovte no había tenido noticias de él desde entonces. Dio unos golpes ligeros a la tierra con su cayado y los animales se agruparon en torno a él para reanudar la marcha.

En ese momento, advertí un parecido a sus ovejas, especialmente en los ojos, una curiosa semejanza que a veces observamos entre mascotas y sus patrones, pero que tendemos a desestimar como producto de nuestra imaginación o solamente una coincidencia divertida.

El oeste estaba rojo ardiente, acechado desde arriba y el este por cielos más oscuros. Con una oveja a la cabeza del grupo, Ovte inició el descenso por el camino inclinado. Arrastraba los pies mientras se alejaba del resplandor crepuscular, seguido de su rebaño acurrucado en torno a él y un pequeño perro a la zaga, de espaldas al sol poniente.

* * *

El crepúsculo se insinuaba a través de una malla de nubes cuando nos levantamos para ascender al Sındor. Vahán sacó las cabras y las ovejas del corral. Nos iban a preceder por una hora mientras visitábamos a un vecino en *Gamar*, una aldea en la parte árabe de Sasún. Los animales se alinearon en fila india detrás de una cabra barbuda de patas cortas con aspecto y ambiciones de Trotsky. Sabían de memoria el camino a las tierras de pastoreo en las partes altas de la montaña; a veces se les permitía hacer el viaje solos y, hasta el último animal, regresaban a casa antes de que oscureciera. Pero dos de ellos siempre se desviaban. Cada mañana, una cabra negra con una franja blanca en el hocico, y su cómplice blanco de menor tamaño, se separaban del rebaño cuando salían a pastar. Giraban a la izquierda por la rampa de tierra que llevaba a la casa de Vahán, y comían semillas del cuenco del gallo, que subía corriendo por el pequeño montículo desde el gallinero, dando gritos furiosos y batiendo sus alas, pero luego miraba en silencio y con impotencia mientras sus vecinos mayores de la granja se comían su desayuno, hasta que Vahán, o quienquiera de su familia llevara a pastar el rebaño, golpeara a las cabras ladronas en las piernas, una lección que ya habían olvidado a la mañana siguiente.

Los *Serap*, a su vez, habían sido olvidados por la historia. Eran una de las últimas cuatro familias armenias cristianas de

Sasún. Tres de ellas estaban emparentadas y vivían en casas contiguas en Gamar. La otra familia armenia cristiana estaba en la aldea de *Ampetak*. Si bien la mayoría de los armenios que han quedado en estas tierras históricas habían sucumbido a la islamización, los Serap debían su extraordinaria condición a una firmeza que siglos de brutalidades habían reforzado en ellos. Pero una decisión casual de oficiales otomanos durante el Genocidio también tenía algo que ver con ello.

Los soldados turcos que vinieron a Gamar en 1915 para organizar las masacres y deportaciones incautaron la casa de la abuela de Vahán y la convirtieron en su morada. Los soldados la obligaron a cocinar para ellos, lo que le otorgó inmunidad *de facto* en vísperas de la catástrofe. «Ordenaron, "No toquen a esta mujer" cuando comenzaron las masacres», dijo Vahán.

Las tres familias armenias cristianas de Gamar eran las últimas que quedaban, dijo. Pero no eran los únicos en el pueblo que habían sobrevivido al Genocidio: algunos se habían convertido y otros se habían ido a Estambul o ciudades de Europa, especialmente a comienzos de la década de 1980. «Los que ahora son musulmanes y viven en la aldea de abajo, eran armenios», dijo Vahán en referencia a los residentes de *Zovart*, de acuerdo con la costumbre local de excluirlos como armenios después de la conversión. Su padre *Kerop* era el único de 17 hermanos que se había quedado en Sasún, y lo había hecho porque la casa y la tierra estaban aquí. Un tío de Vahán vivía en la casa de al lado. Estaba enfermo, tendido en su *döşek*, el colchón enrollable, relleno de lana de cabra, que es más común que la cama en las zonas rurales del sudeste de Turquía. Nos recibió con un débil saludo mientras miraba cómo sus hijos y sobrinos convertían las paredes de piedra en cemento, arrojando un manto oscuro sobre la habitación y enrareciendo el aire. El cemento era más frío en invierno y más caluroso en verano, pero tenían que modernizar la casa, dijo Vahán.

Salimos de la habitación cavernosa y tomamos un camino de tierra en suave cuesta arriba, pasamos al lado de la casa de *Marto*, primo de Vahán y patriarca de la tercera familia cristiana armenia de Gamar, y, a través de un tramo bordeado de nogales y regado de nueces, caminamos hacia el barrio árabe del pueblo. Tres hombres estaban parados delante de una casa blanca y dos de ellos empezaron a exclamar sus *selams* entre risas de bienvenida cuando vieron acercarse a Vahán. Los dos eran hermanos y a primera vista se parecían, pero en esa forma paradójica por la cual una semejanza general hacía resaltar las diferencias entre ellos: el más joven, más delgado y con los ojos más rasgados, sostenía un cayado y sus ropas estaban gastadas; el hermano mayor era la viva imagen de un cazador moro en un mosaico expuesto en el museo arqueológico de Cartagena, España, con ojos negros redondos bajo las cejas arqueadas. Sus bigotes estaban arreglados y solo faltaba una corbata para acompañar su traje formal y camisa de vestir. Se iba a Estambul en unos minutos, donde vivía la mayor parte del tiempo. Ambos tenían sonrisas fáciles. A su lado había un tercer hombre de traje gris y camisa blanca, más alto que ellos y fornido. Tenía ojos negros sombríos, hundidos en cuencas profundas, y una nariz ancha y recta. Su rostro evocaba el de un moái, un monolito de la Isla de Pascua, redondeado en una barba pulcramente recortada y una frente agrandada gracias a la creciente calvicie. Junto a él había un saco grande de lona negra. «Tiene una veta armenia», dijo uno de los árabes con respecto a él. «Ama annem Ermeniydi», dijo la cara moái con voz monótona y gutural, para calificar su identidad: «*Pero* mi madre era armenia».

Vahán se despidió del árabe que iba a Estambul con un abrazo y un beso en cada mejilla, mientras su hermano menor Selim soltaba su rebaño, una columna blanca y negra que emprendió un trote hambriento rumbo a la cresta. Los animales solo reconocían la voz de sus amos y se detuvieron brevemente ante la llegada de un extraño, hasta que un alarido de Selim les ordenó reanudar la marcha. En la montaña opuesta, un pastor guiaba su rebaño desde un paso que corría por encima del que usaban los animales, arrojando piedras al grito de «¡Hoh! ¡Hoh!» a las cabras que se desviaban para mascar arbustos apartados del camino. En su recorrido por Adaná en una misión de investigación después de las masacres de armenios en la provincia en 1909, Zabel Yesayan había descrito a una mujer turca de aspecto «severo y masculino», que espoleaba con dureza un rebaño rebelde de vacas y bueyes que se negaban a obedecerla mientras trataba de conducirlos a través de las ruinas de un pueblo armenio. «Cuán obvio es que los animales no están familiarizados con su dueña, nos dijimos unos a otros», escribió Yesayan.[28] Libraba a la inteligencia del lector entender que el ganado probablemente había pertenecido a armenios apenas unos días antes de que las turbas —entre ellos muchos hombres que vestían la túnica blanca que los identificaba como musulmanes (para evitar ser atacados por el propio bando)— comenzaran la matanza de armenios.

Después de una breve pausa para tomar té y comer yogur y galletas, Vahán se separó de nosotros en busca de unas ovejas extraviadas, algunas de las cuales parecían menos disciplinadas que las cabras (aparte del par de ladronas). Unos minutos más tarde, en una extraña distorsión de perspectiva, Vahán parecía un lagarto que trepaba por una pared enorme: tan distante parecía la cima a mis ojos. Pero nuestro compañero árabe se rio y dijo que estaba a la vuelta de la esquina, o por así decirlo en una montaña. El árabe señaló con su bastón de pastor una roca, gris y escamosa, con incrustaciones cristalinas, una elevación semejante a una losa en medio de las matas. Había un agujero en él, no mayor que la boca de un balde: un arroyo fluía desde el corazón del monte Sındor hacia la luz y luego reanudaba su carrera ciega bajo capas de piedra. Era frío y puro, me dijo Selim mientras se arrodillaba para sacar agua un par de veces en la concavidad de sus palmas aunadas. «Alá sabe», dijo encogiéndose de hombros cuando especulé sobre su origen. Era una expresión ordinaria que siempre estaba en la punta de su lengua. «¡Alá, Alá!», exclamó cuando me tropecé un par de veces en el terreno desconocido, y también cuando vimos dos cabras macho chocando cabezas en un paso muy estrecho. «Alá» era una interjección. Pero era uno de los nombres de Dios. y el susurro del viento que se levantaba del poniente, el arroyo que quizás era solo una insinuación de otros ríos que corrían dentro de la montaña, y el silencio solo roto por nuestras palabras o el grito de un pájaro, sugerían la proximidad de la creación. La tormenta que se avecinaba, que hacía temblar los arbustos y momentáneamente había paralizado a los animales, anunciaba un nuevo comienzo: la lluvia extraía vida de este suelo, y las flores silvestres y las tierras de pastoreo en medio de las piedras desnudas.

Selim y yo nos sentamos al borde de un precipicio que se abría a la cordillera del Tauro en la Meseta Armenia, o Mundo de Montañas, la traducción literal de *Lerrnaşxarh*,[29] una única unidad geológica ahora parcelada con alambre de púas entre Turquía, Irán y Armenia. Las cumbres estaban ahora grisáceas y se mezclaban con la niebla, y las nubes que se acumulaban rápidamente se habían adueñado del cielo, ennegreciéndolo y desatando un aguacero. Nos refugiamos en la boca de una cueva. El suelo estaba lleno de paquetes de cigarrillos, colillas, latas y botellas de refrescos. La tapa de plástico blanco de un cubo grande de yogur, sujetada por un palo, coronaba la entrada. Me intrigó. Lo habían hecho los niños, dijo Selim: pretendían representar una antena parabólica.

El viento despejó los cielos y abrió las nubes a un sol crepuscular, extrayendo el olor de una tierra reverdeciente. Vahán se nos había unido nuevamente; los pastores extendieron el mantel para una comida de nueces, *kehke* (una clase de galleta del Oriente Medio), tomates, *lokum* (conocidas en el exterior como «delicias turcas»), pan y mantequilla de leche de cabra y té en un termo.

De pronto apareció a la vista un pájaro marrón, alzándose en muy alto vuelo y desapareció detrás de una cresta, batiendo sus alas en pánico, mientras un grupo de ovejas asustadas se desbandaba, huyendo de los sonidos de unos disparos. «Están cazando codornices», dijo Vahán. Había usado su rifle por última vez cinco años antes para matar un lobo que estaba por atacar a sus ovejas. Antes de eso, había perdido cinco o seis corderos ante una manada hambrienta. Hacía unos quince años, dijo, los lobos se habían comido

60 ovejas en la cercana aldea de Goğag, arruinando el sustento de un par de familias.

Luego, casi como si les hubiéramos dado letra a los cazadores, otros dos disparos tronaron en el cielo azul. Algunas cabras comenzaron a balar y un cabrito lloraba, con un sonido tan conmovedoramente similar al de un bebé humano, mientras daba vueltas en torno a nosotros. Tenía cinco o seis meses, dijeron los pastores. Había escuchado este lamento por primera vez unos años antes. En 2011, un grupo de jóvenes peregrinos había parado nuestro minibús cuando subía al monte Maruta para la Fiesta de la Asunción de la Virgen. Había dos mujeres muy jóvenes, acaso apenas salidas de la pubertad, que podían haber sido hermanas pues se parecían mucho entre sí; eran de piel aceitunada y llevaban la cabeza cubierta con pañuelos. Una tenía en brazos un bebé envuelto en una manta de lana blanca. El hombre parecía un poco mayor que las mujeres, y era de piel blanca, como la niña de siete u ocho años que los acompañaba, de rasgos delicados y cabello color arena. Pagaron al conductor con un cabrito; se quedaron con otro para el sacrificio que ofrendarían en la cumbre. Ambos animales, del tamaño de perros pequeños, fueron atados a la rejilla en el techo del vehículo, junto a grandes sacos. Por el barranco junto a la carretera, a través la niebla de la mañana, se veían los techos de dos casas. Era su aldea.

El sonido del desgarrador llanto de un bebé llenó la cabina cuando el minibús reanudó su viaje. Era una súplica dulce de auxilio, casi reconfortante con las notas de impotencia de una pequeña criatura. La mujer con el bebé se había sentado a mi lado, pero el niño estaba profundamente dormido. Perplejo, miré atrás para ver si había algún otro bebé a bordo. Me tomó un tiempo darme cuenta de que el llanto venía de uno de los cabritos que serían ofrecidos a Dios. El animal predilecto para el sacrificio debía ser el cordero: «según la palabra del Señor, son santos incluso sin la bendición del sacerdote». Las cabras debían ser evitadas por ser animales descarriados que Cristo había comparado a pecadores, «porque corren de aquí para allá, van a lugares peligrosos, no se quedan junto al pastor».[30]

Por eso cuando el Hijo del Hombre volviera al mundo, «pondrá las ovejas a su derecha, pero los cabritos a su izquierda», una predicción de Mateo que no auguraba nada bueno para las cabras que lloraban, atadas en el techo de la furgoneta: su destino estaba prefigurado en el *pero* del verso sobre la segunda venida de Cristo y el inicio del Juicio Final (por no hablar de la connotación que ha tenido la «izquierda» desde tiempos bíblicos). Sin embargo, las cabras también serían una ofrenda aceptable en el altar, había dicho el arzobispo Malakia Ormanian, patriarca de los armenios de Constantinopla de principios del siglo XX, que encontró una justificación para ello en el Levítico. De cualquier manera, ambos cabritos estaban condenados.

Los eclesiásticos armenios a menudo refutaban a sus críticos de otras Iglesias en la Edad Media, negando que el *madağ*, la tradición armenia del sacrificio, fuera equivalente a la judía de ofrecer la vida de un animal en el altar para la remisión de los pecados de un creyente y los de su familia. Nerses Shnorhali, un santo del siglo XII, decía que Jesús había expiado los pecados de la humanidad para siempre: San Gregorio El Iluminador, santo patrono de la Iglesia armenia, había simplemente asimilado el rito pagano y lo había convertido en una oportunidad para compartir el pan con los hambrientos y pobres. Aun así, escribió Nerses, el animal había de ser selecto y gordo, «porque aquello que es bueno es grato a nuestros ojos, como Isaac a Abraham», una metáfora, si no la exégesis para interpretar 1915, cuando los armenios fueron el cordero de sacrificio de otros que adoraban el mismo Creador pero que lo llaman con otro nombre. Ya Pablo había aportado a los Evangelios la noción del sacrificio, el cobrar la vida inocente para probar nuestra fe en Dios, ya no el padre amador que Cristo había prometido a sus seguidores, sino el rencoroso del siglo XX en el Imperio otomano, o en cualquier momento antes y después, en cualquier parte del mundo.

Y las cabras, preferidas por los campesinos de Sasún para el terreno accidentado, sustituían a los hombres y a las ovejas en las mesas de los carniceros bajo las carpas levantadas en la cima del Maruta, el monte sagrado de los sasuntsís y que reflejaba la original —que se cree haya sido el Monte Tabor—, donde Jesús había ido a rezar junto con Pedro, Santiago y Juan. Mientras Jesús oraba, había ocurrido su Transfiguración, una fiesta de fecha variable que suele celebrarse unos días o semanas antes de la Fiesta de la Asunción, según el calendario de la Iglesia armenia: «Y resplandeció su rostro como el sol, y sus vestidos fueron blancos como la luz». Y una voz desde el cielo había dicho: «Este es mi Hijo amado». La Vulgata describe el milagro con la expresión en latín *transfiguratus est*, y Mateo y Marcos se refieren a él con la palabra griega *metemorphothe* (metamorfosis).[31] En ese verano de 2011, se llevaba a cabo una variación terrena, con armenios convertidos al islam que celebraban un día festivo que su antigua Iglesia había asimilado de un rito pagano a una festividad cristiana que, a su vez, derivaba de una tradición judía.

Todos descendimos del minibús cuando el camino se volvió demasiado empinado para el motor tensado del Ford. La joven familia de peregrinos pronto se separó de nosotros, saliéndose del camino para tomar un atajo. La niña de cabello color de arena llevaba una amplia bolsa de tela que se dio vuelta y reveló una gran cruz armenia, bordada en rojo y rosa. El hombre caminaba por delante con el cabrito en brazos. Hasta ese momento había supuesto que eran musulmanes: «¿Es una cruz?», les pregunté, corriendo detrás de ellos. «Sí, es un *xaç*», respondió la mujer en inglés a mi pregunta en turco, pero usando la palabra armenia para «cruz» (similar a *haç*, en turco). La niña seguía dando vuelta la bolsa a la parte blanca, con una sonrisa asustada, hasta que la joven mujer le dijo que me permitiera fotografiarla: «¿Son armenios?», le pregunté, nuevamente en turco. «Somos musulmanes», respondió, nuevamente en inglés —muy inusualmente en una región donde las mujeres suelen ser monolingües y solamente en dialectos del kurdo o del árabe— y se alejó, hasta que los perdí de vista en la niebla que cubría el horizonte. No había negado que eran armenios; quienes no lo eran, a menudo lo hacían.

* * *

Dos años después me encontraba a pocas montañas de distancia del sitio donde había perdido a los peregrinos en la niebla. Mientras los dos pastores y yo regresábamos a casa del monte Sındor y los rebaños pasaban a nuestro lado por una senda más o menos paralela a la nuestra, Vahán me dijo que podía llegar al monte Maruta del monte Sındor en apenas dos horas, a través de caminos que solamente los lugareños conocían. Nos topamos con los tres cazadores cuando ya se avizoraban las primeras casas de Gamar y sus antenas satelitales. Uno de los jóvenes era el primo de Vahán, *Akil*, cristiano, uno de los 15 hijos de Marto; los otros dos eran *Ismaíl*, un árabe casado con la hermana de Akil, y un amigo árabe de la aldea. Eran de porte atlético y vestían atuendos deportivos finos, con sus relucientes fusiles automáticos al hombro. Mientras descendían por la ladera hablaban en árabe sobre las presas que habían estado cazando. Su saludo a nuestro grupo fue un poco reservado, con una frialdad que parecía fuera de lugar aquí y en general en otras partes al este del Adriático; pero quizás eran los niños bien de estas partes y se comportaban en consonancia, y Selim también hacía lo propio, contemplando a los tres a cierta distancia, como si se sintiera inadecuado. Akil tenía el único iPhone de la aldea, el equivalente a la única casa con una radio o un televisor un par de generaciones antes. La idea de la cacería había sido suya, como una distracción para su cuñado árabe, quien estaba de duelo por la muerte de su padre la semana previa.

Los niños armenios de la aldea tenían algunos primos árabes de matrimonios mixtos. Los había visto por primera vez cuando Vahán vino a recibirme a su escuela en Zovart, a menos de una hora a pie descendiendo de Gamar, la primera vez que lo vine a visitar. Sin embargo, el vicedirector de la escuela, un veinteañero cuya abuela también era armenia, prodigó toda la hospitalidad que podía procurarse en el pequeño establecimiento, al cual llegamos por un estrecho sendero de piedra construido al borde de un breve estanque. El director, quien parecía tan joven como su colega y vestía traje y corbata, era turco, del oeste del país. Por alguna razón, los turcos solían destacarse en una sala llena de kurdos, sea por sus rasgos tartáricos o balcánicos o porque con frecuencia estaban un poco apartados del resto. La vida sigue, dijo el director, mientras el personal movilizado por el vicedirector traía té y bandejas con dulces. «No puedes avanzar si sigues mirando hacia atrás», agregó, y entendí lo que quería decir. Es verdad, pero «pasado» es uno de los sinónimos de «experiencia», respondí. «Y sabes que es verdad», agregué, en referencia tácita al elefante en la diminuta oficina, donde solo se podía respirar gracias a la ventana abierta y la amabilidad de los anfitriones. Quizás también tenía antepasados armenios, dije. «Quizás tú los tengas turcos», retrucó en inglés fluido, inusual en el interior. «Quizás, pero aun así el Genocidio seguiría siendo verdad». La conversación se mantuvo educada, en parte porque habíamos encontrado terreno común en nuestro sentido de ironía, si no en nuestra historia heredada e ideas adquiridas. Unas semanas después nos cruzamos mientras caminaba por la calle principal de Sasún, un poco triste a esa hora desolada, y nos sentamos a tomar un té. Había empezado a leer sobre 1915 en internet, pero, en su veneración por Atatürk y la patria que creó, seguía pugnando por encontrar alguna justificación en la defensa armenia de Van, o en las provocaciones rusas. Necesitaba pasar algún tiempo en el exterior después de que se casara en unos meses, dijo.

El vicedirector nos miraba con una curiosidad limitada por su desconocimiento del inglés. Pero, cuando escuchó «Genocidio», se bebió el té de un trago y propuso que saliéramos a recorrer la escuela. Fue aula por aula, llamando a los niños armenios por su nombre y pidiéndoles que salieran, lo cual hicieron con obediencia e intriga en sus ojos, que se intensificó cuando los hijos de Vahán vieron a su padre junto a un desconocido, pero no hicieron preguntas. El vicedirector quería que posáramos para una foto con Vahán, sus hijos, y otros tres alumnos armenios, los hijos de *Iskender*, a quien Vahán describió como un *biraz dönme* («un poco converso», sería la traducción literal y gramaticalmente dudosa). «Era cristiano y luego se convirtió en musulmán», dijo de Iskender, que era su primo. «Ahora no es nada». *Rober*, el hijo de Vahán, de 10 años, impecable como un soldadito de plomo en su uniforme, me saludó con la formalidad de alguien seguro de sí mismo mayor de él, una versión en miniatura de su padre en semejanza y modales: «Buenos días, señor, ¿cómo está?».

Una noche después de la cena, lo escuché hablar con la misma confianza ligera acerca del futuro. Quería ser policía, una elección de carrera que me sacudió, una anomalía comparable a una oveja vestida de lobo. Nada para mí hubiera sido más aberrante que un armenio en uniforme adornado con la media luna blanca turca sobre un fondo rojo. Para él, empero, estos símbolos eran normales en el sentido estricto de la palabra: algo común en un país donde los retratos de Atatürk y las banderas están por todas partes, desde los espejillos retrovisores de un taxi hasta aulas y laderas de colinas, salpicados de pintura roja y blanca en gigantescas demostraciones de fervor patriótico. Pero quizás él podría propiciar un cambio como policía armenio en Turquía, me preguntaba, cuando un golpe de realidad interrumpió mis pensamientos.

«Olmaz», dijo su padre: «Imposible». Su hijo lo miró, con una sonrisa inquisitiva. «Somos armenios», recordó Vahán a su hijo. Había una regla no escrita en Turquía por la cual los cristianos y otros no musulmanes no servían en uniforme, una continuación consuetudinaria de la prohibición formal de la era otomana de montar a caballo o portar armas. Las razones para ello no iban más allá de conjeturas fundadas, porque ninguna ley impedía que cualquier ciudadano turco se alistara en el ejército o la policía. Ello, sin embargo, venía con la ciega aceptación que la costumbre promueve. En 2013, se expuso una clave que confirmó las sospechas: desde 1923, cuando había entrado en vigor el Tratado de Lausana, el Registro Civil de Turquía había estado usando códigos secretos para señalar el origen de sus minorías, usando el número 1 para personas de ascendencia griega; 2, para los armenios; 3, para los judíos; 4, para los asirios; y 5, para los otros no musulmanes. Esto se había revelado cuando una mujer islamizada armenia, quien había regresado a la Iglesia y había tratado de inscribir a su hijo en una escuela armenia, había recibido una notificación de una dependencia gubernamental de que ella solamente podía hacerlo si su «código confidencial» era el 2, pues la ley prohíbe que los niños musulmanes asistan a escuelas de minorías cristianas. Esto significaba que, si aún la gente cambiaba de nombre y religión, el Estado seguía rastreando sus orígenes, impidiendo que los no musulmanes ascendieran por los escaños del poder. Era un mecanismo clandestino más para asegurar que Turquía siguiera siendo de los turcos.

Había muchas otras profesiones más interesantes que la de policía, le dije a Rober.

¿Por qué no lo pensaba? «¡Aviador!», exclamó, emocionado por las posibilidades. «Creo que no puedes», dijo el padre. «Por supuesto, no puedes entrar en la Fuerza Aérea Turca». Qué tal un piloto comercial, sugerí. «No creo que pueda trabajar para Turkish Airlines porque es una empresa estatal, pero no sé sobre las otras aerolíneas», dijo Vahán. Me había dado que pensar, nuevamente, porque era como si estuviéramos en lados opuestos del mismo espejo. La tecnología del siglo XX había realizado el mito del castigo desde el cielo, el atractivo del corcel volador de Davit de Sasún o el caballo alado de Pegaso desde el cual Quimera, el monstruo que respiraba fuego, había sido muerto en la mitología griega: «El aire abrió sendas por las cuales la muerte y el terror podían ser llevados mucho más allá de las líneas de los propios ejércitos», escribió Churchill en 1928, antes de que la veracidad de su afirmación fuera corroborada en los años sucesivos.[32] Dos hombres de la Diáspora a quienes había encontrado en diferentes épocas y lugares, ambos de edad y mentalidad diferentes, habían fantaseado en su infancia acerca de convertirse en pilotos para vengarse de Turquía, aun cuando habían terminado por rechazar la violencia ya de adultos y uno de ellos incluso se había retirado en un monasterio. El otro, quien se había dedicado al periodismo, describió un cuaderno de tercer grado con el dibujo de un bombardero que volaba sobre montañas con picos nevados sobre uno de los cuales había una bandera turca. Y el monje se había presentado a sí mismo en una reunión en Europa en 1996 diciendo que ahora era un hombre muy diferente a aquello que quería ser cuando estaba en la escuela primaria. «Ahora me ven en esta sotana negra, pero cuando era chico quería pilotear un avión de combate sobre Turquía», dijo, abriendo las palmas de sus manos y moviéndolas en un gesto que sugería aplanar algo. Los armenios de Estambul que compartían la mesa donde yo estaba sentado palidecieron: en aquella época temían el espionaje y las represalias del gobierno turco, y no eran la comunidad más vocal en la que se convirtieron después del asesinato de Hrant Dink.

La pregunta más común que un desconocido le hace a un niño había revelado un aspecto de un patrón más grande, porque Rober era apenas el primero de muchos hijos de armenios islamizados y ocultos que encontraría, quienes soñaban con una carrera en la policía o el ejército de Turquía de la misma manera que en otros lugares sus compañeros fantaseaban con convertirse en astronautas o estrellas del deporte. Inevitablemente, era una elección que me contrariaba, viniendo de armenios que ahora eran plenamente conscientes de su historia y que no habían sufrido menos que el resto de nosotros, y a menudo mucho más, ya que habían soportado durante un siglo las luchas de la conversión y una vida de terror ante el Estado perpetrador impune.

Berivan, una empresaria en Diyarbakır que había trabajado como maestra de escuela primaria en zonas kurdas en la década de 1990, también había observado con sorpresa este fenómeno —niños kurdos que querían ser policías o soldados turcos en una época de conflicto a gran escala y represión del Estado turco contra el movimiento separatista kurdo— y había indagado, preguntándoles a los niños: «¿Por qué?». Como niños que sueñan con hacerse médicos para ayudar a integrantes de sus familias gravemente enfermos, «querían convertirse en oficiales de policía para proteger a sus familias». Uno después del otro, me dijo, «todos me dieron la misma respuesta, y esa era la primera razón por la cual querían vestir uniforme de policía y portar un arma».

Había armenios que portaban armas en Sasún: Howani, con el Kalashnikov como vigilante de aldea; y Akil, con su rifle de caza, eran solamente dos. Pero individuos armados no eran una amenaza mayor que lobos solitarios. El poder en Turquía, como intuían los niños, venía con el uniforme.

* * *

Las dos perdices que Akil había cazado se asaban a fuego lento un día después, mientras Marto y su hijo fumaban junto a un peral de al menos cien años, uno de los más viejos del pueblo y el único sobreviviente de una época maligna de tala ilegal hace unos 50 años. Las perdices eran un manjar, más codiciadas ahora que se habían vuelto poco comunes. Y apenas una década antes, el avistamiento de águilas tampoco era algo extraordinario, dijeron Marto y Vahán, y tampoco eran muy bienvenidas cuando se abalanzaban sobre sus corderos o cabritos para hacerse con ellos. Las águilas se habían llevado sus últimas presas a comienzos de la década de 2000 y ya no habían regresado: habían prácticamente desaparecido cuando los pastores comenzaron a envenenar los restos de animales despedazados por lobos. Esto a su vez había convertido a los lobos en una rareza más que una amenaza. En esa época, Marto se había topado con un oso en el claro de un bosque y lo había espantado disparando al aire. Los osos ahora estaban en su mayor parte confinados a un hábitat menguante en el bosque, a un lado de la montaña. El mundo se achicaba.

Osos y lobos tenían sus madrigueras en lo más profundo de cavernas, como aquella donde habíamos esperado a que pasara la tormenta un día antes. Marto quería saber dónde estaba esa caverna. Su abuela, *Çoço Nune*, había ocultado a su tío, un niño de uno o dos años en esa época, en una de ellas en 1915: «Pero era otra cueva, cerca de una fuente». Los árabes de Gamar lo habían cuidado durante las masacres. Los habitantes del lugar aún la llamaban *Kafle Manug* (la Cueva de Manug). Çoço Nune lo recogió una semana después y, junto con su hijo mayor Kevork, huyó a través de pasos de alta montaña. En el camino, la había visto un soldado y le había preguntado si era armenia. Marto y su familia creían que este soldado le había disparado. En todo caso, habrá errado, porque un par de días después había llegado a una aldea desconocida donde alguien de quien no sabían nada la había alojado por meses o incluso años hasta que los ataques contra los armenios habían mermado. Manug había muerto de una enfermedad unos años después, quizás a comienzos de la década de 1920, cuando aún era pequeño.

«Hay una leyenda acerca de una cueva de la época de las masacres», dijo Vahán. «No sé si es verdad, pero nos la contaron nuestros abuelos». Der Hagop, un sacerdote de la aldea de Badırmut también conocido como Der Hayo, o *Garmir Yerets Vartabed* (Arcipreste Rojo), estaba de visita por Sasún en 1914. Durante una escala en la aldea armenia de Gusked, apoyó su cabeza sobre la empuñadura del bastón y tuvo una visión. «Habrá un *ferman*», había dicho el sacerdote, usando la palabra turca que significa edicto otomano y que los sasuntsís usaban como sinónimo de exilio o deportación. «Algo malo les sucederá a los armenios». Un año después, cuando el Genocidio ya estaba en marcha, un campesino musulmán llamado Genco encontró a un hombre macilento en una cueva de Badırmut, que bebía leche de las cabras. Genco reconoció a Der Hayo y lo delató a los soldados otomanos. A la madrugada del día siguiente, los kurdos obligaron a Der Hayo a pararse sobre el borde de un precipicio, con sus manos y pies atados. Desde su carpa a la distancia, su comandante —un *ağa* kurdo de la Caballería Hamidiye— oyó los disparos del pelotón de fusilamiento, pero los soldados no regresaron. El comandante envió otros dos soldados a ver qué pasaba: oyó tiros, pero estos tampoco regresaron. El comandante caminó hasta el precipicio para ver qué ocurría: vio a Der Hayo de pie, con sus manos y pies atados, pero no había rastro de los soldados. Descargó su Mauser contra el Arcipreste Rojo pero no lo alcanzó ninguna bala: «Der Hayo entonces salió por los aires en una bola de fuego que lo consumió y se tragó al comandante kurdo, sin que siquiera quedaran cenizas». Vahán había escuchado esta historia de su madre, cuya madre a su vez había conocido al sacerdote. «No encontraron sangre o partes del cuerpo», dijo Vahán. Años después de sobrevivir a las masacres en Badırmut, la hermana del sacerdote se estableció en Armenia, donde contó la historia. «Der Hayo había dicho que la familia de su asesino se marchitaría». Y, así, los siete hijos de Tello, el *ağa* kurdo que había sido el último en disparar contra el sacerdote, habían muerto todos el mismo día, y hasta la fecha su casa en Badırmut está en ruinas y envuelta en maleza.

Pero, en Gamar, los musulmanes de la aldea no habían matado armenios, según Vahán. Algunos incluso los habían alojado en sus casas y graneros, ocultándolos en sacos de cultivos. Xaço, el abuelo materno de Vahán, se había quedado con vecinos árabes —Selim, Feto, Hamdo, Yusuf y Sevdo— todos del mismo clan que no nombró. Estos árabes se quedaron con las propiedades de la familia en 1915, cuando los padres de Xaço fueron asesinados, y un hermano, Setrak, fue obligado a marchar junto con un primo en las caravanas deportadas a Alepo. El primo murió de hambre en el camino, en tanto Setrak terminó en Armenia. Nadie sabía decir cómo o por qué Xaço permaneció en Sasún. Suponían que era casualidad, como era el caso de Çoço Nune.

Xaço trabajó como labriego para sus protectores en la propiedad de su propia familia, parte de la cual los árabes le devolvieron después, junto con una casa, mientras que ellos preservaron la otra casa que se habían apropiado como también la mayor parte de las tierras. Se casó con una sobreviviente armenia de las masacres, pero más tarde esta mujer fue secuestrada por musulmanes. Xaço entonces esposó a otra armenia, con quien tuvo seis hijas —una era la madre de Vahán y la otra, la de Marto— y dos hijos. Dos de sus hijas posteriormente fueron islamizadas, una de ellas por vía del matrimonio.

Los musulmanes habían comenzado a asentarse en Gamar quinientos años atrás, decían los armenios. «Como los que vinieron de Basora», dijo Vahán, en referencia a la ciudad en el sur de Irak, donde nació Simbad el marino y la tierra ancestral de los vecinos que habíamos visitado unos días antes: un padre y su hijo adolescente descargaban fardos de heno de su camioneta de reparto. Altos y de tez blanca, con ojos verdes que no eran raros entre árabes y kurdos en estas latitudes, el hombre era severo de una manera discreta, pero hospitalario.

Su hermano mayor estaba en la casa, sentado en el extremo izquierdo de un sofá blanco de felpa, debajo de imágenes devocionales islámica. De igual tez blanca como su hermano, llevaba un casquete islámico marrón. Era un imán, dijo su hermano menor con voz de bajo que salía algo apagada debajo de sus bigotes, mientras el hermano mayor asentía con suavidad, sus delgados labios ligeramente curvados en una sonrisa que podía pasar por una mueca de presunción. Sus antepasados habían venido alrededor de 1600 de Basora, según lo que sabían. En esa época el puerto sobre el Shatt al-Arab, como también Bagdad y Mosul en el Irak de hoy, era disputado por otomanos, persas, y tribus árabes. Si bien hay testimonios de una gran migración árabe desde Basora durante una guerra civil a fines del siglo XVII, se creía que la mayoría de los árabes de Sasún habían venido en 1258, cuando Basora había sido completamente destruida por los mongoles. El imán estaba complacido con que mi apellido fuera Hadjian. La raíz de mi apellido era, en verdad, *hajji*, «peregrino» en árabe. Sin embargo, expliqué que mi bisabuelo había conseguido el título después de peregrinar al monasterio armenio de Belén a finales del siglo XIX. ¿Cuándo «se habían ido de Turquía» mis antepasados?, preguntó con una voz aflautada. Un mapa grande de Turquía pendía de la pared detrás de mí. En la pared opuesta, un póster de motivos religiosos incluía un árbol genealógico con los nombres del linaje del Profeta escritos en caligrafía Muhaqqaq al final de flores rojas y hojas estilizadas. Junto a él, había otras labores pictóricas de aniconismo islámico. También había una foto de la Kaaba de noche, parcialmente oculta por un disco verde del tamaño de un platillo, con una inscripción dorada grabada en él: el escrito era el *Āyat al-Kursī*, o el Verso del trono del Corán, una decoración religiosa común en hogares musulmanes en Turquía:

¡Dios! No existe nada ni nadie con derecho a ser adorado excepto Él, el Viviente, el Eterno. No lo afectan la somnolencia ni el sueño. Suyo es cuanto hay en los cielos y la Tierra. ¿Quién podrá interceder ante Él si no es con Su permiso? Conoce el pasado y el futuro y nadie abarca de Su conocimiento salvo lo que Él quiere. Su Trono abarca los cielos y la Tierra, y la custodia de ambos no Lo agobia. Y Él es el Sublime, el Grandioso.

La pregunta acerca de cuándo mi familia «se había ido de Turquía» no parecía tener por intención ofenderme, pero dio en la tecla equivocada. «Fueron obligados a marchar a Siria durante el Genocidio de 1915», dije. «Desde Cilicia». El imán seguía imperturbable, con una sonrisa de Gioconda en su rostro afeitado al ras; su sobrino adolescente, quien había estado jugueteando con su teléfono móvil hasta ese momento, levantó la vista. «Pero los turcos dicen que fueron los armenios quienes cometieron un genocidio contra ellos», siseó, mientras yo lamentaba este giro de la conversación en presencia de Vahán, esperando no haber alterado demasiado violentamente el equilibrio de buena vecindad y suerte que había permitido a su familia llegar hasta el presente después de siglos de guerra y aniquilación. «¿A quién debería creerle, pues?», se preguntó el imán retóricamente. Quedaba poco té en nuestros vasos. Vahán y yo les agradecimos por su hospitalidad y nos fuimos antes de abusar de ella.

Habíamos limpiado las codornices hasta los huesos cuando el vecino árabe de Marto vino de visita, un hombre que asemejaba mucho al hermano menor del imán, si bien de menor estatura, desde los ojos verdes hasta los bigotes estilizados de Zorro, delgados y ligeramente curvados. Sus cejas arqueadas le daban un aire inquisitivo. «Es un mal musulmán», bromeó Marto, lo cual interpreté literalmente como una insinuación acerca de ciertas libertades, incluido el alcohol, que no había bebido durante el mes en Sasún con excepción de una noche. Contrariamente a mis expectativas, empero, no sirvieron vino o *rakı*. *Mutasim* no estaba seguro acerca de cuándo sus antepasados habían venido de Basora ni le importaba demasiado: podía haber sido doscientos años atrás o mil años atrás; no cambiaría nada para él. «¿Había ya armenios en Sasún cuando llegaron los árabes?», se preguntó Marto con ironía ligera, pero el huésped no lo entendió, porque Mutasim negaba con la cabeza. Sin embargo, muy sutilmente comenzó a asentir, prestando más atención a la charla cuando otro visitante dejó las cosas claras, con una interjección algo deshumorada, diciendo que los armenios eran un pueblo indígena en Sasún, posiblemente desde la Edad del Bronce. Las migraciones y mezcla de poblaciones en la Meseta Armenia habían cesado alrededor de 1200 a. C. durante algún acontecimiento catastrófico que había causado el colapso de las civilizaciones del Mediterráneo oriental, cuando el pueblo armenio se desarrolló en la insularidad de estas montañas.[33] Pero Mutasim pasó de la despreocupación a la curiosidad cuando la conversación viró al origen de los kurdos. «¡Sí!», exclamó. «¿De dónde vienen?», e hizo una pausa para conseguir mayor efecto. «¡Cayeron del cielo!», dijo con un sesgo de voz que era discernible incluso para un extraño, con un guiño inconfundible para los locales, a quienes me uní en una risa pavloviana.

No mucho tiempo atrás, los armenios temían a los kurdos, dijeron los anfitriones cuando Mutasim se había ido. Más de diez años antes, Vahán había acompañado a su padre Kerop a una aldea kurda, adonde habían ido caminando, para comprar o vender animales, pero creyeron prudente no revelar que eran armenios. Aun entonces, recordó el padre de Vahán, lo peor hubiera sido que los mirarían con enojo pero no los agredirían. «Ahora a nadie le importa nada».

No había indicios de desconfianza entre la mayoría musulmana de Gamar y las tres familias cristianas, cuya presencia sin ser molestadas era muestra de coexistencia. Pero había algunas señales tácitas de que era mejor no hablar de ciertos temas. Marto había dado una hija en matrimonio a un árabe de la aldea, Ismaíl, a quien habíamos visto en la partida de caza de perdices. A Marto no parecía importarle que su hija se hubiera convertido y que hubiera cambiado su nombre por uno musulmán. Algo no cuadraba, porque ello no se correspondía con un hombre que había mantenido con tenacidad su identidad cristiana y que había dado en matrimonio sus otros 14 hijos a armenios, con excepción del más joven, Akil, quien aún era soltero. Pero Marto no tenía ganas de hablar mientras caminábamos al borde del terreno elevado sobre el cual estaba erigida su casa, colindante con una meseta verde a unos 10 metros debajo: su caballo (animal prohibido a los armenios y otros no musulmanes en el Imperio otomano) pastaba en la pradera esmeralda con espléndida indiferencia bajo la luz dorada del otoño, con pelaje ruano que contrastaba con el espectro de colores castaños de las montañas. Un poco más allá, una vaca alimentaba a su ávido ternero, ambos imperturbables cuando Marto y Vahán pasaron junto a ellos antes de mí. Pero los animales alzaron la cabeza alarmados cuando me acerqué. Había mucho por hacer para recuperar el terreno perdido, había sugerido Marto con tono jocoso cuando le pregunté acerca de la gran cantidad de hijos que tenía, algo no demasiado inusual en el este de Anatolia.

El amor como razón de ser del matrimonio era una novedad que había llegado a las aldeas apenas en años recientes. Vahán, el menor de diez hermanos y ahora treintañero con cinco hijos, había sido presentado a su esposa y se había casado con ella a los 17 años, o quizás aún más joven. Por ende, si las cosas se habían hecho a la manera tradicional, por la cual la familia de Ismaíl había pedido la mano de su hija, Marto no hubiera tenido más remedio que aceptar. El rechazo podría haber creado animosidad con la tribu del pretendiente, y la mayoría árabe de la aldea, y ello hubiera supuesto una correlación de fuerzas muy despareja. O podría haber expuesto la muchacha al secuestro, aún una ocurrencia común en Turquía y en especial en su interior. La madre de Ismaíl también era armenia, y también lo era su abuela paterna. A pesar de ser tres cuartos armenio, de acuerdo con la costumbre local era árabe, pues la nacionalidad se transmitía por línea paterna. Es incluso posible que la madre del sultán Abdül Hamid II fuera de origen armenio, según algunas narraciones confusas que no han sido demostradas, una impresión quizás promovida por las facciones del sultán, comprendida su prominente nariz aguileña (puede haberse tratado de una mujer armenia llamada Verjin). Estas versiones son desestimadas por algunos turcos, que dicen que fueron inventadas por sus enemigos para desacreditar al sultán, el primero en sistematizar el exterminio de armenios en la década de 1890.[34] Pero incluso si se demostrara el origen armenio de Abdül Hamid, ello contribuiría a poner en entredicho, más que reafirmar, la relevancia del linaje.

Independientemente de madres o abuelas, los antepasados de algunas personas en Sasún habían matado armenios un siglo antes. Los armenios sobrevivientes que quedaron en estas tierras sabían qué familias o tribus participaron en las masacres, algunos de los cuales eran sus vecinos: incluso recordaban los nombres de asesinos y sus víctimas. En la cuesta arriba detrás de la casa de Vahán estaban las ruinas aisladas de una casa. La Naturaleza habían comenzado a reapropiarse de lo suyo desde hacía bastante tiempo, trepando sobre lo que quedaba de la casa con musgo y maleza, con hierba que recubría allí donde antes estaba el piso, y con plantas que brotaban dentro de sus paredes sin techo. Los años de nieve y lluvia no habían borrado los grandes trazos grisáceos, rastros de llamas que lamieron estas paredes durante alguna hoguera tal vez, o en un día maligno. Había una historia oscura detrás de esa casa, a la cual Marto aludió con oraciones a medias, hablando del asesinato de su propietario armenio por un árabe que había tomado su propiedad en las masacres de 1915. Pero la progenie del usurpador luego se había «reconciliado» con los armenios de Gamar, y se habían ido de Sasún. «Nos conocemos todos», dijo Marto, para indicar que sabían quién había hecho qué durante el Genocidio. Sin embargo, no mencionó los nombres. Luego hizo un comentario que parecía el último eslabón en una cadena de ideas que había estado contemplando en silencio: «Los armenios están siendo empujados a la cima». Concordaba inadvertidamente con Darwin acerca de que las montañas eran el último refugio de tribus derrotadas.

Pero los agravios que se remontaban a 1915 no eran de exclusividad de los armenios. El resentimiento entre al menos dos grupos de musulmanes de Sasún por un incidente durante el Genocidio parece haberse mantenido hasta el pasado reciente, por la tradición aún existente de enemistades a muerte entre tribus. En la tradición de las tribus musulmanas del lugar, el jefe del *aşiret* transmitía la historia de agravios irresueltos a sus sucesores hasta que la ofensa fuera reparada. Una persona que ahora vive en Estambul me contó lo poco que se sabe sobre este caso. Una tribu en una aldea en las cercanías de Gusked perdonó las vidas de sus vecinos armenios a cambio de oro y bienes: esta tribu también quería su tajada del botín de una caravana de deportados armenios obligada a marchar por su territorio. Pero los escoltas de los armenios —bandidos de una tribu kurda diferente— se rehusaron a compartir el botín, comprendidas las mujeres. Esta enemistad, nacida por una disputa sobre el derecho a saquear a los armenios, aparentemente había durado hasta comienzos de la década de 1980.

Pero si estos acontecimientos se desarrollaron de esta manera, parecería que en al menos un caso, antes de la carnicería y las expediciones de muerte, el saqueo de los armenios era un proceso gradual y metódico, por cuanto aún parecían haber portado consigo algunos objetos de valor en las etapas iniciales de la deportación. Hay anécdotas ocasionales de beduinos que *vendían* pan o agua a precio de oro a armenios hambrientos que arribaban a Siria.[35]

Algunas personas a las que les pregunté en Sasún acerca de esta enemistad entre tribus musulmanas sobre el botín de los armenios conjeturaron que puede haberse tratado del *aşiret* Şigo. El *aşiret* Şigo en general gozaba de buena reputación entres los armenios con los que hablé en Sasún, quienes hicieron notar que algunas familias de origen armenio se habían incorporado a la tribu después de 1915. Pero en 1911 Simon Zavarian, líder político armenio y cofundador del Dashnaktsutyún (Federación Revolucionaria Armenia) exhortaba a que la tribu Şigo fuera desarmada por sus continuos ataques contra los armenios.[36]

* * *

Howani había venido inesperadamente a la casa de Vahán. De espaldas contra la ventana oriental por la cual entraba el alto sol del mediodía, su sombra larga se proyectaba al centro de la sala. El padre de Vahán había ocultado sus ojos detrás del ala de su sombrero, que había rebajado hasta cerca de su nariz, y Vahán solo se salió de su quietud cuando el huésped no anunciado extendió su alabanza a Turquía más allá de los límites del patriotismo aceptable, afirmando que ya no había actos de conversión forzada. Negándose a renunciar a la última palabra, el vigilante del pueblo, vestido de negro como de costumbre pero sin su Kalashnikov, trajo a colación el ejemplo de su hermana, a quien mencionó por su nombre armenio aun cuando había adoptado uno islámico después de casarse con un musulmán y mudarse a Estambul. «Pero ahora esta muchacha musulmana va a la iglesia», continuó, radiante. Muchos armenios que eran musulmanes en Sasún volvían a la Iglesia en Estambul. Pero no todos. Durante ceremonias eclesiásticas de familia o amigos, los hombres sasuntsís conversos esperaban fuera de iglesia con sus gorras islámicas, algunos de ellos cubiertos con las blancas de los *hajji*. Había visto previamente hombres con estos gorros en el funeral de Oshin, dando sus condolencias fuera de la iglesia y sin acompañar a sus allegados cristianos en el servicio religioso.

«Dicen cosas sobre mí, ¿no?», me dijo Howani. «¿Como qué?», retruqué, sin admitir haber oído los rumores crípticos que circulaban fuera de Sasún. «Muchos creen que soy musulmán», dijo, mirándome fijo sin parpadear. Y extrajo de su bolsillo el documento de identidad que lo declaraba cristiano. Hete aquí un hombre, inquietante cuando estaba armado y en compañía de semejantes, que buscaba aceptación. Hubiera sido un logrado mago conspirador en otra época y lugar. Aun así, padecía de la epidemia de miedo que se había propagado por seis siglos de manera incontenible entre los armenios de Turquía. Vahán, Marto, y sus familias estaban hechos de un temple diferente para lidiar con ella.

A final de cuentas, el remedio de Howani para el miedo era generar mayor miedo. Era o quería ser un hombre aterrador porque estaba asustado, el apostador nervioso que tenía una ficha en cada número, porque muy a menudo aquellas fichas perdedoras estaban marcadas con la muerte para los armenios en Turquía. Desde la ventana detrás de él, se podían ver en la lontananza las ruinas de Gomk, un monasterio del siglo IX, que según la leyenda local tenía 365 celdas, una para cada día del año. Dos amigos kurdos me habían llevado a verlo. Como la caparazón de un coloso antediluviano, era un esqueleto roto que insinuaba su antigua majestad. La nave seguía en pie, como también el nártex, la entrada techada de la iglesia, si bien a la mitad de la altura que debe haber tenido originalmente, según el tiempo y los cazadores de oro habían añadido tierra a su superficie lunar, marcada de cráteres enormes cavados por los aspirantes de ladrones. En el extremo este del complejo había un ápside oscurecido: la luz entraba por un orificio dejado por una cruz derribada. Los altares habían desaparecido. Un guilloché intacto —un adorno de bandas entrelazadas— trepaba por la columna de una arcada ciega, como una hiedra de tamaño y diseño uniformes. Los arcos se apoyaban firmemente entre sí, convergiendo en la cúpula, como si estuvieran abrazados en una danza circular. Algunas columnas habían sido decapitadas y sus capiteles estaban esparcidos por la entrada, entre grandes piedras de superficie lisa apiladas en un gran montón. En una losa a la derecha de la puerta que conectaba el nártex con la nave había inscripciones en letras armenias angulares, tal vez viejos grafitis o restos de una inscripción desfigurada.

Pero, afuera, las pequeñas celdas habían regresado su lento retorno al polvo, de donde la iglesia había venido, «levantada... de la tierra piedra por piedra».[37] Un árbol pequeño al borde de la meseta se había inclinado al oeste cediendo al viento y una cabra negra solitaria merodeaba en torno a él. Cuando salimos, vimos que se nos acercaban dos hombres, uno de ellos llevando una vara blanca, larga y gruesa, sobre su hombro y con una bolsa de plástico atada a su extremo; su bigote cepillo caía como una gruesa cortina sobre sus labios. El otro hombre estaba vestido de negro, con un paraguas rojo en la mano. Eran inmediatamente identificables como kurdos; los tres los reconocimos al instante, con precisión animal. Al verlos de lejos, mis amigos kurdos les dieron voces en kurmancî. No estaba muy claro quiénes eran. Pero vinieron a averiguar qué estábamos haciendo, tal vez para ver si éramos buscadores de oro. Las cámaras que llevábamos dos de nosotros aparentemente fueron suficientes para despejar cualquier sospecha.

Vahán nunca había estado en Gomk. Aún era visible desde la ventana de su casa, bajo la puesta lánguida a la distancia, mientras hablábamos durante la última cena del día, sentados en el piso con las piernas entrecruzadas. Tras la comida, la esposa de Vahán, *Dalar*, y sus hijos se unieron a nosotros para mirar un poco de televisión. Abuelos, padres, e hijos solían comer juntos en la casa de Vahán. Pero, en presencia de huéspedes, la etiqueta exigía que cenaran por separado con la madre de Vahán, mientras Vahán, Kerop y yo éramos servidos en la sala principal con el *şofra* —la gran bandeja circular que se colocaba sobre la alfombra y en cuyo alrededor se disponían los platos—. En esto, en cuanto cristianos, eran diferentes a algunas familias armenias musulmanas conservadoras en las provincias de Armenia Occidental, donde hombres y mujeres usaban cuartos separados y no se mezclaban. En la pantalla de televisión, un rebelde kurdo con la cabeza cubierta con un *keffiyeh*, el tocado a cuadros en blanco y negro común en Oriente Medio (y que el líder palestino Yasser Arafat popularizó por primera vez en la década de 1960) apunta con un arma a un soldado turco que yace herido en un bosque y quiere obligarlo a recitar: «Yo, un cobarde que sirve en el ejército turco...».

Pero el soldado turco herido sigue respondiendo, con su amenazadora voz de bajo y rostro lívido, «Yo, soldado del heroico ejército turco...». El intercambio se repite varias veces, sin que el kurdo tire del gatillo. Previamente, los guerrilleros habían ejecutado a cuatro hombres kurdos ancianos, vestidos con ropa brillante y colorida que parodiaba la vestimenta rural y que los hacía parecer más bien a niños terriblemente envejecidos en un acto escolar: en un juicio sumario, habían sido declarados culpables de asimilación, o turquificación.

Pero en ese momento el combatiente kurdo recapacitó. El comandante de su brigada, acuartelada en una cueva extrañamente luminosa y acogedora, por uno u otro motivo espurios ordena la ejecución de una de las mujeres combatientes. Nuestro héroe vive una epifanía después de la muerte de su amor secreto —hay insinuaciones de algo mayor que, desafortunadamente, nunca habríamos de descubrir— y advierte que ha estado librando la guerra equivocada. A la primera tragedia sucede otra, cuando matan al kurdo bueno mientras ayuda al soldado turco a escapar. Acto seguido vemos al soldado turco sollozando en el funeral del guerrillero kurdo, cuyo ataúd está cubierto con una bandera turca, mientras lo consuela el mucho más circunspecto padre del hombre muerto. «¡Pero era mi hermano!», grita el soldado mientras llora inconsolablemente y abraza al estoico hombre mayor, que trata en vano de tranquilizarlo.

Los Serap estaban demasiado cansados para entender mi muy extraño sentido del humor o tenían mejores cosas en las que pensar, por lo que no persistí en mi pesquisa acerca de sus impresiones sobre el drama. En ese momento, Dalar le habló a su suegra en un idioma raro que de seguro no era turco, pero que tampoco parecía árabe o kurdo. Sonaba menos gutural que el árabe que se hablaba en la aldea. Tras prestar atención, comencé a identificar palabras y una gramática más cercana al armenio clásico.

Dalar hablaba una variante del armenio de Sasún que parecía influenciado por el kurmancî y también un poco por el árabe local y el turco. Las mujeres hablaban de tareas domésticas en el dialecto de la épica de Davit, un milenio después de la muerte del héroe. Dalar y su suegra eran las dos únicas personas que quedaban en Sasún que aun regularmente se hablaban en el idioma más antiguo que había sobrevivido en el lugar. Y hablaban de dos cosas que perpetúan la vida: comida y niños.

Mis primeras tentativas en hablar en armenio con Dalar fueron recibidas con la misma mirada perpleja con que habían recompensado mis intentos en interesarlos en una crítica de la televisión turca a esa hora avanzada, después de un largo día en el campo. Pero entonces, primero en borbotones efímeros, la comunicación comenzó a fluir, en uno de los más antiguos dialectos del armenio y en su más reciente encarnación, la variante occidental, casi mortalmente herida un siglo atrás en la flor de su infancia.[38]

Parecía sorprendida por su propia capacidad de comprender una lengua ajena, que tendía a traducir en voz alta en el habla de Sasún. «¿Dónde me hicieron?», fue como representó la pregunta sobre su lugar de nacimiento. «Eğá Arpi», respondió de inmediato. En traducción literal, decía, «Fui hecha en el sol», uno de los significados de *arpi* en armenio clásico. Ahora usado como nombre de mujer, Arpi era una aldea de montaña armenia a unas dos horas de Bitlis, en el Gran Sasún, y no lejos del río Aradzani donde la épica registra el asesinato de Davit. La familia de Dalar era la última en mantener el armenio como su madre lengua en Sasún. Todas las demás familias armenias solamente hablaban los dialectos de las mayorías locales, fuera árabe, kurmancî, o zazaki. También sabían algo de turco, que a menudo las personas mayores, pero también jóvenes de escolarización incompleta, hablaban mal o no lo hacían para nada: «Menk hayeren cğlan. Başxa arabi; ohdağ sorvutsa. Arabi çen kina. Kırmanci kinank yev başxa zazaca» («Nosotros hablamos armenio. También árabe; lo aprendí aquí. No sabía árabe. Sabemos kurmancî y también zazaki»), me había dicho Dalar. Políglota accidental, ninguno de los cuatro idiomas que hablaba la hubiera llevado mucho más allá de la cuenca occidental del Éufrates tres decenios atrás, antes de que la guerra de los turcos contra los rebeldes del PKK en la década de 1980 provocara migraciones masivas de kurdos a Estambul, Ankara, y otras grandes ciudades. Dalar no había mencionado el turco entre los idiomas que hablaba, aun cuando debía tener una noción básica como para entender las novelas y dramas televisivos todas las noches.

La de Dalar también había sido la última familia armenia en su aldea. «Arpi era bella», dijo. «Pero vivíamos con miedo». La casaron con Vahán y se estableció en Gamar, en tanto el resto de su familia se mudó a Estambul a mediados de la década de 1990 después que una de las cinco hermanas fue secuestrada por vecinos kurdos. Cuando ocurrió el secuestro, su hermano estaba lejos de casa haciendo el servicio militar y sus padres no estaban en la aldea. Los hombres vinieron a la noche y la capturaron. «Mi hermana no pudo huir», recordó Dalar, casi murmurando para sus adentros, acurrucada en un almohadón y reclinada contra la pared. Tenía la cabeza gacha, con la mirada perdida sobre un motivo de la gruesa alfombra, con figuras de animales y hombres que se reproducen en telares en toda la región siglo tras siglo, aun cuando su simbolismo ahora se comprende solamente de manera vaga, si es que no se ha perdido u olvidado por completo, como las cruces que las mujeres islamizadas armenias dibujaban sobre la masa del pan solamente porque habían visto que sus madres lo hacían, sin saber nada más acerca de ello. Dalar suprimía exhibiciones de emoción. Su rostro estaba enmarcado en un pañuelo rojo que ocultaba su cabello y sus ojos podían ser más una pared que una ventana. No era de sonreír, pero ahora irradiaba la rica melancolía de una naturaleza muerta, resaltada por el color ámbar del trasfondo. Al cabo de varios años, las cinco hermanas se habían reunido una vez en Estambul, cuando aquella que había sido secuestrada —islamizada después de su matrimonio impuesto— había logrado acudir en secreto después de viajar por casi un día y medio en autobús. En más de veinte años, la hermana secuestrada no había dado hijos a su captor.

El interrogante de imanes que celebran matrimonios con mujeres secuestradas, especialmente no musulmanas que primero debían ser convertidas (presumiblemente contra su voluntad), nunca ha sido elucidado del todo, y no parece ser un asunto de interés en el pensamiento islámico. Una persona oriunda de Sasún que vivía en Estambul me había explicado que «una vez que han vulnerado el honor de una mujer, por costumbre local ella pertenece al hombre», si bien esta persona tenía plena conciencia que el deshonor era el del atacante, pero aun así no estaba dispuesta a ser más explícita. Sosé una vez había dicho que, en el pasado, con solamente ver la cabellera de una mujer quitándole el pañuelo, los asaltantes podían atribuírsela como propia. En la tradición antigua, las mujeres armenias de Sasún dejaban que su cabello creciera durante toda la vida. «Solamente se lo cortaban en protesta contra Dios si a sus esposos o hijos les sucedía una desgracia, pero no a las hijas, porque ellas serían la mujer de otro cuando se casaran».

Durante el Genocidio, en cada casa de Sasún entró una mujer armenia, contó Marto la noche en que hablamos de las perdices y águilas en vías de extinción. Tanto más rara se volvía la belleza por cuanto cortejaba la violencia: «Mataban una familia entera, pero si había una bella mujer, se la quedaban». Las mujeres armenias eran también codiciadas por familias musulmanas que ya tenían otras por esposas y que les gustaban. «La hermana de Howani también fue secuestrada», dijo Vahán. Howani había elogiado a su cuñado musulmán por permitir que su hermana vaya a la iglesia, pero había omitido decir cómo se había consumado el matrimonio.

Mujeres de toda raza y religión eran víctimas de secuestradores en Turquía, pero la atracción por *rara avis* aceleraba la extinción, esa singular capacidad de los humanos, por cuanto la mayor parte de la vida animal hubiera cesado mucho tiempo atrás si todos los predadores hubieran perfeccionado su tasa de éxito tan extensamente como los hombres. No quedarían ovejas para los lobos y la cadena de alimentación se hubiera roto. Herodoto había ponderado este principio, no obstante una noción errónea sobre la concepción de los leones (pero, como Aristóteles, acertando sobre las liebres):

> Y cabe pensar en buena lógica que la divina Providencia, con su sabiduría, ha hecho muy prolíficos a todos los animales de natural pusilánimes, y al mismo tiempo comestibles, para evitar que, a fuerza de ser devorados, resulten exterminados; y, en cambio, ha

> hecho poco fecundos a cuantos son feroces y dañinos. Por eso la liebre, debido a que todo el mundo —fieras, aves y hombres— la caza, es un ser tan sumamente prolífico; es el único animal del mundo que, cuando está preñada, puede volver a concebir [...]. En cambio, la leona, que es un animal muy poderoso y muy audaz, solo pare una vez —y un solo cachorro— en el curso de su vida...[39]

Y así en Sasún, desde los árboles hasta las mujeres armenias, cuanto más deseados eran, tanto más rápidamente desaparecían. «El nogal más viejo en esta aldea probablemente tiene 40 años», había dicho Marto a la sombra de su peral centenario, en un vínculo que se remontaba a sus memorias más remotas y que se desarrollaba entre los hombres que los plantaban o que crecían con ellos, el árbol del bien y del mal, pues había nacido antes de 1915, convirtiéndose en el árbol de la vida, que da sin tomar la de otros, esa incapacidad fundamental que define la vida animal.

En decenios pasados, los taladores habían diezmado los nogales más viejos que Marto calculaba tenían doscientos o trecientos años. «Algunos de estos a lo sumo tienen 25 años», dijo Marto mientras caminábamos por el bosque que rodeaba su plantación. En el lenguaje de los sueños de Sasún, los dientes caídos significaban la muerte —y también lo eran en la vida real, como aquel diente pequeño hallado por el niño en el cementerio de Surbik— y los malos presagios eran simbolizados por nueces caídas, que cubrían la tierra de Marto, cascabeleando en armonía con el susurro de las primeras hojas muertas del otoño, en el potencial para lo opuesto que tiene todo, como la noche para el día. Y por los últimos dos siglos, la calma ha sido el preludio de la tempestad en Turquía. Quizás ello explicaba por qué los armenios que quedaban en Gamar y otras partes de Sasún no estaban tan cautivados por el aire de cambio en el país y una apertura sin precedente para lidiar con su historia. Los visitantes de Estambul estaban muy impresionados, pero en las provincias del interior los armenios aún sentían miedo, como Dalar y Haro en su casa en el extremo más alejado de la montaña en Voskedzar; o desconfiaban de sus vecinos, como Zeki, de Cermak, y Seto, de Argint, porque la historia confirmaba lo que la experiencia y el instinto les habían enseñado. «Nunca sabes cómo o dónde estarás mañana en Turquía», había dicho Seto.

Las reformas en Turquía habían engendrado violencia en un patrón pendular que puede observarse desde el Tratado de Berlín en 1878. Las «mejoras y las reformas» concedidas a los armenios del Imperio otomano fueron el preludio, en cambio, de la era de matanzas sistemáticas que comenzaron en Sasún en 1894. Y en la era de la República hubo veinte rebeliones kurdas (a menudo un nombre inexacto para designar ofensivas no provocadas del ejército turco para afirmar la autoridad del gobierno central o allanar el camino para operaciones de ingeniería demográfica), hubo cuatro golpes militares desde la década de 1960, y la rebelión del PKK a mediados de la década de 1980 escaló a una guerra que resultó en la destrucción o evacuación de más de 3000 aldeas kurdas en Anatolia oriental, en la misma geografía del Genocidio. Desde 2009 se observaba un cese del fuego pero los armenios de Sasún estaban inquietos. Cuanto más durara la paz, tanto más contundente sería el contragolpe.

Y en el curso de los decenios, la islamización había continuado sin tregua, especialmente en el interior de Anatolia interior. Vahán habló del extraño caso de una mujer kurda que había recorrido la región haciéndose pasar por mística hacía más de medio siglo.

Su nombre era Sheik Fatma y llegó de la vecina ciudad de Batman o sus cercanías en la década de 1950. Viajaba por Sasún predicando entre los armenios, exhortándolos a convertirse al islam. Los lugareños pensaban que era una mujer sabia, creyéndole cuando decía que los cristianos estaban condenados a arder en el infierno tras la muerte. Algunos se hicieron musulmanes durante la gira de conversión de esta mujer por sus aldeas; algunos poco después de ello. Sheik Fatma había visitado los abuelos y un tío de Vahán, que la despidieron a risotadas de sus casas. El padre de Marto también le pidió que se fuera, sin reírse. En sus visitas a casas de cristianos, Sheik Fatma decía que los armenios perseguían a los musulmanes en Turquía, lo cual suscitaba temor entre los sasuntsís, que tenían poca o ninguna información acerca del mundo exterior. No se sabe nada más sobre ella, fuera de que parece haber sido una predicadora solitaria. Es posible que haya asumido la misión de rescatar las almas perdidas de los infieles, aun cuando sus equivocaciones la privaban de toda gracia salvadora, y no por ser más una bufona que una sacerdotisa Sheik Fatma ha sido inofensiva.

Se desconoce a cuántas personas logró convertir al islam y, por ende, en no armenios. «Kurt eğin» («Se convirtieron en kurdos»), dijo el padre de Vahán al hablar de estos conversos, como también de otros en una aldea que llamaba Derxaş o Derxaç cerca de Mush en el Gran Sasún, que sucumbieron a los encantos de Sheik Fatma. Pero algunas de las personas islamizadas, también, consideraban que al convertirse al islam se habían asimilado no solamente a la *Ummah* (la comunidad de fe en el islam), sino también a la nacionalidad musulmana dominante en sus propias localidades, sean kurdos, turcos o árabes. Todos los habitantes de la aldea de Zovart eran armenios que habían sido arabizados por vía de la conversión. El primer armenio islamizado que conocí, en 2011, era un hombre de origen sasuntsí nacido y criado en Estambul. Aún tenía lazos muy estrechos con sus parientes cristianos, que me lo habían presentado, pero no se consideraba armenio. Sus abuelos habían decidido convertirse en musulmanes y turcos, y él aceptaba eso de buen grado. Y si bien algunos clanes de armenios islamizados tendían a la endogamia, los matrimonios mixtos inevitablemente se habían convertido en la norma, acelerando aún más la asimilación.

El proselitismo islámico, incluso en su variante no violenta (si bien no necesariamente carente de coerción) sí parece ser una derivación de la doctrina de la guerra santa. La conversión, un tácito sexto pilar de la fe, está fundado en la noción de *dawa*: la exhortación a convertirse al islam o someterse a él. Según al jurista islámico del siglo XII Ibn Rushd, más conocido como Averroes en la variante latinizada de su nombre, el objetivo principal del yihad era propagar la paz con la imposición del islam. Los no musulmanes serían libres de mantener su religión, en la inteligencia de que verían «el error de su obrar y convertirse al islam».[40]

Aun así, mientras los expertos estaban ocupados analizando palabras en árabe, las ambigüedades teológicas no impidieron vigorosas campañas de islamización en Turquía en el último siglo. Paradójicamente, a pesar de su prejuicio antirreligioso, la república de Atatürk no admitía la diversidad, favorecía la asimilación, y promovía la discriminación, en los hechos cuando no siempre por ley, contra quienes no eran musulmanes. La turquificación contribuyó a la islamización, ayudada por el estigma asociado con la identidad armenia.[41] Durante la entrevista, Vahán dijo que unos predicadores musulmanes volvieron a ver a su abuelo paterno en 1994, poco antes de su muerte. Este reaccionó como había hecho cuatro décadas antes a las súplicas de Sheik Fatma, pero esta vez con palabras que solamente usaba en privado. También fueron a verlo a Marto, que solía estar ocupado con trabajos del campo como para entretener a vendedores ambulantes y los despidió, fiel al ejemplo de su padre en la década de 1950. Ya tenía una religión y no necesitaba otra, les dijo.

La lamparilla roja se apagó, indicando el final de la grabación del relato de Sheik Fatma. De pronto, el padre de Vahán sacudió la cabeza. «No hay justicia para nosotros en este país». No explicó el tren de pensamiento que lo había llevado a este comentario. No necesitaba hacerlo.

Esa noche, mi última en Gamar, el padre de Vahán se quitó su sombrero: no había notado que siempre lo llevaba puesto. Y al compás de los alaridos de su esposa y su nuera, señaló una depresión perfectamente redonda, como la huella dejada por un proyectil, en el medio de su frente. «¿Fueron los turcos?», pregunté estupefacto, mientras trataba de imaginar qué clase de mal podría haber causado eso. Todos rieron al unísono, incluso Serap padre: cuando era pequeño se había trepado a un árbol para recoger uvas y se había caído, golpeándose la frente contra una piedra. Esa misma mañana, Vahán había juntado uvas, llenando un balde mientras se aferraba precariamente a una rama, a casi dos pisos de altura. «No te preocupes», me había dicho Marto, con sarcasmo que solamente había entendido esa noche. «Sabe lo que hace».

* * *

La niebla que cubría el suelo se reagrupaba detrás de nosotros a nuestro paso. Salimos de la casa de Vahán con el primer canto de los pájaros por la senda flanqueada por nogales y luego tomamos un camino de tierra, que seguimos cuesta arriba hasta una curva junto a un peñasco. En la montaña frente a nosotros, un rebaño de cabras y ovejas serpenteaba en fila india seguido por su pastor, cuyos gritos se escuchaban tenuemente en el plano superior donde nos encontrábamos, al otro lado del precipicio. El rebaño trepaba como una columna de hormigas a través de laderas vertiginosas, o así parecía a la distancia serrada. Todo estaba cerca y lejos al mismo tiempo en estas montañas, tan estrechamente ensimismadas que en línea recta de visión a veces parecían estar a distancia de pie, pero no pocas montañas estaban solas, separadas por abismos insalvables.

Mutasim estaba allí, vestido de negro, desde los zapatos de cuero hasta la chaqueta de cuero, igualando el color de su fusil de asalto. Era un *korucu*, también, guardia rural a sueldo de Turquía: eso explicaba su comentario cómico sobre el origen celestial de los kurdos. No bromeaba, aún si hacía burlas y morisquetas para la cámara, con sus bigotes de Zorro que se curvaban hacia arriba con su sonrisa mientras alzaba su arma como un trofeo, y la silueta en medialuna del cartucho del Kalashnikov se recortaba contra las montañas, de color oro y cobre bajo el sol naciente. Junto a Mutasim estaba el hombre con el rostro de monolito, serio, con la misma ropa y pose de la primera vez. Un bolso grande de lona negra yacía nuevamente a sus pies, y vestía un traje gris y una camisa blanca abierta en el cuello, como la mayoría de los otros árabes en el minibús que llegó al cabo de una corta espera. Vahán, ahora solo sobre el borde del acantilado, me saludó con la mano cuando el *dolmuş* inició el viaje hacia la ciudad de Sasún. En nuestro descenso por el camino sinuoso, lo vi en un instante fugaz mientras ascendía por la vertiginosa ladera para volver a su casa, uno de los últimos armenios que quedaban en Sasún en el milenio que había pasado desde que Davit libró batalla contra los «adoradores del fuego», el nombre con que la épica alude a los invasores árabes.[42] Los personajes principales, desde Davit hasta los armenios en 1915, fueron asesinados en el escenario en actos muy anteriores y ya hace mucho que la leyenda ha terminado, pero el telón no ha bajado. *Exeunt omnes*, menos Vahán, Dalar, Marto, Haro, Zeki, Howani y los otros armenios que viven en las montañas de Sasún.

El vehículo resonaba con música turca y conversaciones en árabe. Quien hablaba más fuerte era un hombre pelirrojo y semicalvo de bigote frondoso, que estaba sentado al frente junto al conductor y se daba vuelta constantemente en busca de la aprobación de Mutasim para lo que fuera que decía, que probablemente no fuera tan serio por cuanto Mutasim solamente lo recompensaba con una sonrisa a medias y algún que otro murmuro. Pero los comentarios de Mutasim recibían una aprobación más ruidosa de los pasajeros del minibús. El pelirrojo había girado la cabeza atrás nuevamente y había empezado a hablar con un brillo travieso en los ojos que buscaban los de Mutasim, pero súbitamente tornó a mirar adelante mientras el vehículo se sumió en silencio completo. El conductor apagó la radio. Mutasim había entrecerrado sus ojos como si estuviera en trance y, ligeramente inclinando su cabeza, había abierto sus palmas hacia arriba, murmurando algo en un árabe más suave que su dialecto. Era el *Fajr*, la plegaria del amanecer, la primera de las cinco diarias:

> Gloria a Alá, alabado sea Alá, no hay Dios excepto Alá y Alá es el más grande: no hay poder ni fuerza excepto con Alá.

Todos los pasajeros, con excepción de dos, tenían los AK-47 en posición vertical entre sus rodillas mientras rezaban, y la boca del fusil de Mutasim estaba justo debajo de su frente mientras seguía entonando las escrituras, en tanto el resto del pasaje recitaba las oraciones en coro, interrumpidas a intervalos con invocaciones ligeramente más fuertes de la grandeza de Dios. Solo entonces advertí que la mayoría de ellos eran *korucus* que se dirigían a la ciudad para ser desplegados en otras partes de Sasún. Ninguna de las bromas de Mutasim o aquellas sobre él —acerca de los kurdos; su pirueta con el arma para la foto; el comentario sarcástico de Marto de que era un mal musulmán— eran bromas en realidad.

Y como el Hoca había una vez insinuado mientras escuchábamos canciones revolucionarias kurdas en su auto, los árabes de Sasún —y los del sudeste de Anatolia— estaban comprometidos con armas y convicción contra un Estado kurdo. Las tensiones jamás se han manifestado pero hay potencial de desconfianza, o algo peor, entre dos nacionalidades que coexisten sin mucha hostilidad visible, fuera de comentarios sarcásticos dichos al pasar. El factor árabe es casi completamente ignorado en la mayoría de los informes y análisis. Sin embargo, si el conflicto kurdo estallara de nuevo, distritos con poblaciones árabes considerables, como Sasún o Mardin, podrían convertirse en bolsones de resistencia pro-Turquía, fuertemente armados y bien munidos por el gobierno central.

El minibús nos dejó a todos en la plaza principal de Sasún y los *korucus* entraron en una sala de té congestionada, llena de columnas de humo y hombres que jugaban al *tavlo* y a las cartas. Era viernes, antes de la oración del mediodía, la más importante de la semana islámica. Akil, el hijo de Marto, estaba allí, demasiado contrariado por una mano perdedora como para balbucear más que un saludo confuso. A una mesa de distancia estaba su cuñado y compañero de caza de perdices, Ismaíl, que bebía té y jugueteaba con su teléfono móvil para pasar el tiempo hasta el grito lamentoso de «Allahu akbar...» por el imam en su *ezán*, el llamado a plegarias que emitió un parlante crepitante. Los dados rodantes cayeron muertos y los malos perdedores dejaron de golpear las fichas del *tavlo* contra los tableros de madera. Las mesas se vaciaron y los juegos quedaron a medio terminar, junto a colillas de cigarrillos retorcidas en ceniceros de acrílico. Todos los hombres se apresuraron a ir a la mezquita en la vereda de enfrente, una caja verde del tamaño de un hangar. Su alto minarete estaba cubierto de azulejos blancos, y lo decoraba una franja sesgada que ascendía en espiral, como una serpiente marrón enroscada alrededor de un árbol. «Estoy yendo al *namaz*», dijo Ismaíl parándose. Y el joven árabe, tres de cuyos abuelos eran armenios, se excusó, dócil como un eloí que respondía a la sirena.

* * *

Varias personas habían hecho menciones intrigantes acerca de una maestra armenia en la ciudad de Sasún que trabajaba en el sistema escolar público turco. Me había telefoneado cuando el Hoca maniobraba en la oscuridad más absoluta en una montaña para volver al camino que nos llevara a la ciudad. *Alma* expresó preocupación acerca de mi paradero y me advirtió que tuviera cuidado. Acordamos reunirnos en la ciudad.

El Hoca, su hermano y yo acabábamos de salir de la casa de una cuarta familia armenia cristiana en Sasún, en la aldea de *Ampetak*, y las luces altas de su camioneta de reparto capturaron en su foco cuatro cabras que, encaramadas en un acantilado, volvieron sus cabezas hacia la luz. Una enorme medialuna se había asomado sobre la cumbre; estaban tan cerca una de la otra que, si el horizonte fuera una superficie plana, el pico rasgaría la luna, que tenía un color oxidado que iba palideciendo con la progresión de la noche.

Toda la familia de Ampetak hablaba armenio de Sasún con fluidez, incluso una anciana y su hija adulta, quienes se habían convertido al islam en años recientes. Uno de sus antepasados, Çobo Xazar, un gran narrador y un hombre versado en las viejas leyendas, había criado a una decena de huérfanos armenios del Genocidio, y de esta manera había repoblado la aldea. Aun así, con el correr de las décadas, Ampetak se vació de armenios por vía de la islamización y la migración a Estambul o al exterior. Pero hasta hace pocas décadas, incluso los armenios musulmanes de Ampetak conservaban un frasco de *myurron*, el santo crisma de la Iglesia armenia, para ungir al recién nacido con la señal de la cruz y, muy especialmente, al pariente agonizante. Eso, empero, no tenía ningún valor para quienes habían mantenido la fe cristiana. Una familia que se había mudado de esta aldea a Estambul estaba muy afligida por el matrimonio de su hija con «un kurdo» (como llamaban a su esposo armenio musulmán) y, por ende, por su conversión: «El *myurron* se ha borrado de su frente».

Una de las últimas mujeres en la aldea había sido secuestrada por kurdos, dijo una prima, sin certeza acerca del momento en que había ocurrido esto, pero calculó que había sido alrededor de fines de la década de 1970. Era una joven esposa entonces, casada con un armenio, y tenía un pequeño hijo, que fue abandonado y fue criado por los padres de la mujer raptada. Su matrimonio forzado ocurrió el propio día de su secuestro. «Tienes que repetir lo que diga el *hoca*», le dijeron sus captores en referencia al imán, a quien llamaban por el título honorífico de «maestro». Antes del casamiento, el clérigo tuvo que realizar el rito de la conversión. Ella se rehusó a recitar la *Shahada* (el testimonio), la frase que convierte a alguien en musulmán y que es el más importante de los cinco pilares del islam: «No hay otro dios aparte de Dios, y Mahoma es el mensajero de Dios». Seguramente no era el momento para las facetas más sutiles de la exégesis coránica, pues si en la sura 2:256 el Corán proclama que «no hay compulsión en la religión», el verso siguiente dice que los incrédulos «morarán en el Fuego eternamente». En la duda, el sabio imán probablemente pensó que el mal menor era entregar una madre cristiana casada a su captor como su esposa musulmana. Le dijeron que ahora se había convertido en kurda.

La noche de su secuestro, conversión y casamiento, no logró dormir. Con la primera luz del sol corrió afuera, seguida del padre de su captor, alarmado que la mujer huiría. Ella examinaba sus brazos y manos. «¿Qué buscas?», le preguntó el hombre, perplejo. «¡Ustedes se han equivocado!», le respondió ella, volviéndose a él. «Ustedes me mintieron: no me he convertido en kurda», dijo. El hombre rio. «Al kurdo lo llaman kurdo: si muriera, no saldría el sol». Ella aún vivía en Sasún, en la casa de su captor, no lejos de Ampetak, me dijo su pariente.

Pocos días después de mi visita a Ampetak, un joven kurdo vestido con un largo sobretodo negro se me había acercado una noche mientras esperaba a Alma en la cantina de la Casa de Docentes en Sasún. Los *Öğretmen Evi*, residencias públicas para docentes, están en todas las ciudades y localidades en Turquía: la escolarización es uno de los pilares del régimen de Atatürk y los docentes —bien pagos para estándares turcos a 2000 liras por mes (o lo que en su momento era el equivalente de 1000 dólares)— eran destacados en diferentes ciudades mientras rotaban en la parte inicial de sus carreras, los primeros cuatro años de las cuales eran asignados a puestos rurales o remotos. Con timidez, el hombre pidió permiso para sentarse en mi mesa. Era un aspirante a imán de Erzurum o Elazığ. «Soy kurdo, pero eso no importa», dijo, en una presentación un poco nerviosa. «Soy musulmán». Entrecerraba los ojos o me miraba furtivamente. Este hábito era inquietante y, en su abrigo de talle excesivo, le daba un aspecto de paloma.

«¿Usted es de la Diáspora?», preguntó. La respuesta resultó un obstáculo más difícil de superar de lo que parecía, pues, apenas le dije que sí lo era, quiso saber por qué la Diáspora odiaba a Turquía y qué esperaban del país: ¿unas disculpas o las tierras? Durante una conversación que resultó contenciosa, quedó en claro que no creía que el extermino de los armenios constituyera un genocidio —dijo que «también murieron musulmanes en la guerra», más de una vez—, pero, más relevante aún, no tenía idea de lo que significaba Diáspora, porque seguía insistiendo en obtener respuestas que ninguna persona estaba en condición de dar sin hablar colectivamente en nombre de la nación. ¿Cómo podía no saberlo si era «miembro» de la Diáspora? «Miembro» era la palabra clave: me di cuenta de que pensaba que la Diáspora era algo como una secta masónica. Los islamistas en Turquía detestaban a los masones. El Hoca se había unido a nosotros unos minutos antes e incluso él, habitualmente circunspecto, soltó una risita. Me costó un poco, incluso con la intervención del Hoca, explicarle qué significaba Diáspora.

¿Qué pensaba del descontento kurdo en Turquía?, pregunté. Los kurdos y turcos estaban hermanados en el islam, respondió, e *inşallah* estos desentendidos serían superados pronto, pues nada en la historia era blanco y negro, por cuanto los armenios también habían masacrado musulmanes en el Imperio otomano que, dijo, mayormente se defendió contra la agresión interna. Pero, como su mente inquisitiva lo agitaba, seguía presionando, lentamente y sin pausa, acerca de las masacres de turcos por los armenios en Erzurum en 1915, qué pensaba acerca de Sarıkamış, una batalla contra Rusia en el invierno de 1914-1915, cuando al menos 60 000 turcos murieron de frío en vez de hacerlo en combate: como no tenía nada que ver con el Genocidio o con los armenios en general, sentía curiosidad por saber adónde llevaba todo eso.[43] Simplemente quería saber qué sentía yo «como ser humano». Nada demasiado diferente, suponía, de lo que él sentía acerca de los armenios masacrados. Pero estaba el asunto de la colaboración armenia con Rusia, respondió. A ese punto nuestra mesa había atraído a *Mesut*, un hombre de ojos azules pequeños y brillantes, a quien había visto pavonearse por las calles de la ciudad de Sasún en trajes y zapatos lustrosos, en el último grito de la moda del siglo pasado. Estrechó mi mano, que apretó hasta entumecerla y dejarla blanca, y no la soltaba hasta que el Hoca le dijo que ya la broma había pasado, pues mis protestas no contaban. Sin pedir permiso, se sentó a escuchar nuestra animada conversación, acaso con desdén, aun cuando ello puede haber sido una falsa impresión causada por su atuendo y su estilizada barba de chivo, que le daba un aspecto pomposo. Sus abuelos eran caldeos (asirios católicos), pero habían sido islamizados.

El aspirante a imán ahora había volcado la conversación al conflicto armenio-azerbaiyano por Nagorno Karabaj, lo cual a sus ojos representaba una prueba de la continua colaboración con Rusia. La cooperación con Turquía o sus aliados no ofrecía perspectivas muy promisorias para Armenia, le dije. Esa noche tenía un plazo de entrega de un artículo, y sus quejidos monótonos estaban agotando mi paciencia. Los dos camareros de la Casa de Docentes eran descendientes de armenios —habían sido islamizados—, pero no sabían casi nada acerca de sus ancestros fuera de su origen; uno de ellos se burlaba de su colega por las dos peregrinaciones de su padre a La Meca: «¡Dos! ¿Por qué uno iría dos veces?», solía decir con sonoras risotadas, pero el otro se lo tomaba con buen humor. Con el rabillo de mi ojo vi que ambos nos miraban con preocupación, mientras el joven y yo intercambiábamos palabras fuertes. «¡Vete de mi mesa!», le ordené a él y a su compañero. «No usted, Hoca», le dije, pero él acompañó a los otros dos, indicándome con un gesto que no estaba ofendido. «Es para los otros dos», le dije, viendo no sin displacer cómo el joven y Mesut, ya sin su expresión de sorna, se habían parado como soldados llamados a la atención y se fueron a otra mesa, donde se sentaron los tres. El Hoca les hablaba en voz baja, lanzando miradas hacia mí. En una observación muy poco científica que no puede sustentarse más que en pruebas muy febles, había notado que tanto en la antigua Unión Soviética como en Turquía un grito podía rendir mucho, con una cualidad incuestionable y respetada, especialmente si provenía de un lugar inesperado (pero me abstuve de probar demasiado los límites de este experimento).

Antes de regresar a casa, el Hoca se me acercó para aconsejarme que me lo tomara con calma.

Pero los otros dos continuaron con su letanía, audible desde mi mesa. «Está mintiendo, ¿no?», le dijo el joven a Mesut, quien asintió con aprobación. «¿Y no masacraron a los azeríes en Khojaly?». Hablaban de una batalla de febrero de 1992 en el conflicto de Karabaj que causó la muerte de al menos 161 civiles azerbaiyanos, que Azerbaiyán ha calificado de masacre y genocidio por parte de las fuerzas armenias.

Me acerqué a su mesa y pregunté acerca de qué cosa mentía. ¿Era sobre el Genocidio? «Usted es demasiado contundente», me dijo el joven, sin alzar la voz. «Queremos hablar, pero es muy difícil con usted». De pronto apareció *Fahdi*, el conserje del albergue, un muchacho alto y delgado. Lívido, y a todo pulmón, les gritó que se dejaran de sus regaños: «¡Es un huésped, déjenlo en paz!». Enfurecido, mencionó algo sobre el Genocidio que no registré, estupefacto de verlo en ese estado.

De hablar plácido y suave, Fahdi era hospitalario de una manera discreta, pero con un sentido de compromiso que la mayoría de la gente reservaría para familiares y amigos cercanos. Tan inusual fue su reacción que los demás en la cafetería se habían quedado en un silencio atónito. Completamente abatidos, Mesut y su amigo se abrocharon los abrigos y se fueron, con todos los ojos puestos en ellos. En la recepción, Fahdi seguía con expresión sombría y aún estaba pálido de ira cuando le di las gracias. No me parecía oportuno rogarle que repitiera lo que había mencionado sobre el Genocidio, pero aún me preguntaba si quizás tendría antepasados armenios. «No, soy árabe», respondió.

El mensaje de Atatürk a los jóvenes estaba desplegado en un mural rojo y blanco en el vestíbulo del albergue, con una máscara dorada del fundador de la república en el centro:

> ¡Oh, juventud turca!
>
> Vuestro primer deber es preservar y defender para siempre la independencia turca y la República turca [...].
>
> Puede suceder que, con violencia y astucia, todas las fortalezas de vuestra amada patria sean ocupadas, todos sus astilleros capturados, todos sus ejércitos dispersados, y cada pedazo del país invadido [...].
>
> Encontrarais el poder que necesitáis en la sangre que corre por vuestras venas.

Aun más extraordinariamente, Fahdi me recordaba por nombre a mi primera estancia en el albergue más de dos años antes, cuando me había registrado en la recepción por unos minutos a las 4:30 de la madrugada, solamente para marcharme dos horas después camino al ascenso del monte Maruta. Aun así, yo recordaba muy bien la exuberancia roja y dorada de un culto a la personalidad, y un recepcionista somnoliento parado allí como parte de eso, aun si no había elegido la historia en la que nació. Era Fahdi, con quien no me conocía entonces, en medio de los despliegues de paranoia de Atatürk y la exhortación al patriotismo del fundador de la república de octubre de 1927, cuando aún clamaba por sangre. La inmersión en esta iconografía era inevitable en Turquía, pues, si en la Unión Soviética la apoteosis terminó con la muerte de Stalin, sobrevivió por mucho tiempo y cobró más vigor en el estado de Atatürk tras su muerte. Su nombre, cuadros, estatuas, citas y hasta la más olvidable de sus frases están en cada grieta de Turquía. El régimen islamista de Erdoğan, con sus actitudes ambivalentes hacia el fundador de la república por su hostilidad hacia la religión, suprimió en 2013 el juramento que desde mediados de la década de 1930 todos los escolares debían recitar cada mañana. Para disgusto de muchos de ellos y de sus padres, terminaba con la proclama: «¡Qué feliz quien dice: "Soy turco"!».

* * *

Cuando me senté con Alma poco después de la discusión con el futuro mulá y su amigo, me sorprendió ver que era una amiga hamshentsí con quien me había contactado por primera vez en un sitio de redes sociales. La conversación por teléfono había sido tan fluida que no me di cuenta de que no estaba hablando el armenio occidental moderno, sino uno de sus dialectos más antiguos. Con grandes ojos verdes y cabello rubio al descubierto, se destacaba con su vestimenta a la italiana y punzante sentido del humor en medio de la población de vestir más apagado y conducta conservadora de la ciudad de Sasún. Los hamshentsís, cuyas aldeas están concentradas en las montañas en torno a Hopa, en la costa del mar Negro en el extremo nordeste del país, cerca de la frontera con Georgia, aún hablan una rama muy singular del armenio occidental llamada hamshetsnak, que trajeron con ellos cuando partieron de sus tierras originales cerca de Oshakán en lo que ahora es la República de Armenia, después de una fallida revuelta contra el dominio árabe alrededor de 774-775 d. C. El idioma se fosilizó aproximadamente en esa época. Pero comenzaron a convertirse al islam en el siglo XVII, y por ello su nacionalidad es un asunto muy contencioso entre ellos y otros armenios. Algunos hamshentsís se llaman a sí mismos «turcos» mientras otros han comenzado a aferrarse a sus raíces armenias. Si tuvieran la opción, empero, no pocos de ellos tenderían a definirse primero por su identidad comunal como hamshentsí (o *hemşinli*, en turco). Que una de ellas se llamara a sí misma «armenia», y en Turquía, no tenía precedente a mi entender, y era audaz en el interior profundo. ¿No tenía miedo? «Jamás». Todos la llamaban la maestra armenia, le dije. «¿Te lo dijo la policía?», fue su reacción, con cierta intranquilidad. Se rio cuando le dije que eran solo los lugareños.

Nadie en la ciudad de Sasún entendía qué eran Hamshén o *hemşinli*, dijo Alma. Se había enterado de los orígenes de los hamshentsís apenas seis años antes, por lo que empezó a decir que era armenia, una categoría que todos en Sasún podían reconocer.

Antes de ser apostada allí ni siquiera había oído el nombre de Sasún: «Oh, maestra armenia», me burlé de ella, «cuán inapropiado de ti, como un peregrino que nunca haya oído el nombre de Jerusalén». Pero las ciudades crecen y caen. En el siglo III, el prefecto romano de Cesarea Marítima, cerca de la Haifa de hoy, había preguntado: «¿Dónde es eso?», cuando un prisionero cristiano que habían llevado ante él dijo que era oriundo de Jerusalén. La mayor parte de la gente en Turquía tendría problemas para saber qué es o dónde está Sasún, y a menudo la confunden con Samsun, sobre la costa del mar Negro.

Alma vivía con su hijo pequeño y estaba separada.

> Mi hombre me hizo sufrir mucho. Me pegaba constantemente. Y yo le devolvía las palizas, muchas, pero muchas, muchas veces: no solamente una o dos veces. Fui secuestrada cuando tenía 17 años; no lo amaba, y fui obligada a casarme con él. No quería. Después de que terminé el secundario mi hombre me secuestró, maldito sea. Era hamshentsí. En esos cinco años, no leí un solo libro y

no vi una sola película. Es solo ahora que estoy leyendo, y yo soy izquierdista y él era fascista. Me rescató mi tío y escapé, pero aún recibía llamados de mi hombre, que amenazaba con matarme.

Un grupo de clientes de la cafetería se nos acercó, intrigados por el idioma que hablábamos. Los kurdos protegían y amaban a los armenios, dijo uno, y otro agregó que los árabes también. Uno dijo que su familia era de Marash; de esa ciudad provenían ancestros de parte de mi madre, le dije. Otro tenía un abuelo de Alepo, mi ciudad de nacimiento. Uno me preguntó qué pensaba la gente en Estados Unidos acerca de Turquía. «Dile que la aman», me dijo Alma en hamshetsnak. Cuando los hombres se habían marchado, ella se preguntó cómo los hamshentsís se habían convertido en armenios. Era al revés, dije: eran originalmente armenios y su identidad se había transformado con el tiempo a la vez que habían conservado la lengua. Pero las migraciones antiguas desde Asia Central y Jorasán son el núcleo del mito de génesis nacional en Turquía y, como muchos en el país, Alma también tenía que hacerse a la idea de que los armenios no habían venido de otra parte y eran un pueblo indígena, y en tanto que tales también lo eran los hamshentsís.

Pero, al cabo de cuatro siglos de islamización, innatamente veía a los armenios como foráneos: «Me alegré mucho cuando descubrí que éramos de origen armenio; amo mucho a vosotros, armenios». Aún era algo diferente, no completamente de ella. Dijo que no le importaban las razas: fuera armenio, kurdo, árabe, musulmán, cristiano, judío; todos los pueblos. «Por ejemplo, me gustan los kurdos», agregó, y examinó mi rostro. «Me gustan los turcos», dijo, con alguna duda, mientras buscaba leer mis ojos.

¿No hay buenas y malas personas en todos los pueblos? Los georgianos, los laz... lo que me importa es la persona. Pero, cuando me enteré que era armenia, dije: «Sabía que no era turca». He leído que los armenios son trabajadores, valientes, inteligentes. ¿Has visto mi foto en paracaídas? Estoy loca... Me preguntaron

> si los hamshentsís son musulmanes. Sí, lo somos, dije, pero fuimos obligados a convertirnos en musulmanes. Quizás mi mente es cristiana, les dije.

Cuando hace unos años comenzaron unas obras de restauración en el Giardino della Minerva, el jardín botánico en Salerno que se remonta al siglo XII, plantas exóticas, sembradas siglos atrás por manos olvidadas, florecieron exuberantemente bajo el sol del sur de Italia después que la tierra adormentada fuera agitada; de la misma manera, las raíces armenias que su antiguo dialecto había mantenido latente en los hamshentsís había comenzado a florecer en Alma. Y había comenzado a ocurrir en Sasún, donde empezó todo: en la épica, el linaje de Davit también había nacido del casamiento de una mujer armenia con un príncipe de los adoradores del fuego. Toda historia comienza con una mujer.

* * *

Silva era la última mujer cristiana armenia en ser secuestrada en Sasún alrededor de 2010. Su secuestro fracasó, pero convenció a su familia de abandonar su pueblo, en lo profundo de un acceso tortuoso de montaña, y establecerse en Estambul. Ahora estaba en una sala con sus hermanas y el entrevistado, pero, incluso en la seguridad de su apartamento en la parte europea de Estambul, todavía tenía un aire de miedo, el estado de alerta de una gacela, con sus largas pestañas y ojos grandes. Las pupilas grandes pueden ser una marca de inocencia: es la forma de los ojos de las presas en el mundo animal, ya que les dan una vista panorámica contra los depredadores.[44]

Los sasuntsís solían decir que una de las principales razones por las cuales los armenios se iban de Sasún era el temor de secuestro de sus mujeres. No solamente raptaban jóvenes mujeres, sino también casadas. Bajo un seudónimo, Silva aceptó hablar.

> Aún estoy en un estado de conmoción. No la estoy pasando fácil. En realidad no estoy hablando de ello. Incluso mi médico cree

que no me hace bien hablar. Éramos conocidos de los secuestradores. No éramos del mismo pueblo pero venían a visitarnos. Se quedaban en casa una o dos noches y llamaban «tío» a mi papá y «tía» a mi mamá, ya que uno de ellos es pariente. Después del secuestro ya no hemos estado en contacto. Pero antes le decían a mi padre: «Nos darás una de tus hijas». Mi padre siempre respondía: «Imposible». Nunca me gustaron y, mucho antes de mi secuestro, le había dicho a mi padre que sus visitas me ponían nerviosa. Cada vez que los veía me iba por otro camino. Una noche habían venido a visitarnos y no hablaban, pero antes de salir, fuera de la casa, le dijeron a mi padre: «Vinimos a pedir la mano de tu hija». Lo escuché. Mi padre respondió: «Es absolutamente imposible». Me querían para el nieto de mi tía, la hermana de mi madre. Le pedía mi mano a mi padre. Mi padre les dijo que era imposible. «Mi hija ya no es pequeña», dijo. «Aunque le dijera algo, no me escucharía: ella ya ha tomado una decisión». Después de eso, se fueron y no tuvimos noticias de ellos, por lo que pensamos que se habían dado por vencidos. Cuatro meses después, había llevado los animales a pastar a la montaña y a lo lejos vi un hombre, escondido detrás de rocas cuesta arriba, y le pregunté a mi amiga si lo conocía, pero ella dijo que no. Pensé que estaba solo, solo mirando adónde íbamos.

Extendimos nuestra manta y nos sentamos a comer, y nuevamente vi a ese hombre a lo lejos y lo reconocí. Era *Selhattin*, el hermano del hombre que me quería. Vino a mí y me preguntó si mi padre estaba en casa. «Sí», le dije. Me dijo que habían perdido su caballo y nos preguntaron si lo habíamos visto. Fingió que iba a decirles a sus amigos que no habíamos visto el caballo. Pero estaba informando que mi padre estaba en casa, y que yo estaba sola con mis amigas, una de ellas una niña pequeña. Alguien de nuestra aldea debe haberles avisado, pues la aldea de ellos está lejos. Si no fuera así, ¿cómo hubieran sabido que había salido entonces rumbo a la montaña?

Media hora después, oí gritar a uno de ellos: «Camil, Camil, el caballo no está aquí». Era el código para decir, «su padre no está aquí». Preguntaron si mi padre estaba en casa, porque era viejo, por lo que no podría llegar a tiempo a este parte tan distante de la montaña y salvarme. Selhattin se avecinaba. No vi que había dos hombres escondidos. Entonces vi a alguien que venía de abajo, preguntando de nuevo si mi padre estaba en casa. En ese momento entendí que estaba pasando algo. Apareció un tercer hombre, que retuvo a mi amiga, y otro sujetó a la niña que se nos había unido, mientras Selhattin me sujetaba.

Grité, imploré. Algunas amigas estaban pasando el tiempo cuesta abajo. Me oyeron y corrieron al pueblo a informarles. Una mujer había salido con sus hijas a recoger remolachas y la vi. Sabía exactamente dónde estaba, por lo que grité en esa dirección, pidiéndoles que vinieran y me rescataran. No estaba muy cerca, pero la voz recorre una gran distancia en la montaña y puede oírse desde lejos, porque también la porta el viento. Por ello me escuchó y venía a rescatarme. Estaba con sus hijas. Esta mujer también era una armenia secuestrada; había sido obligada a casarse por la fuerza y había sido convertida. Fue secuestrada por musulmanes verdaderos, no armenios islamizados. Probablemente tenía 45-50 años. Durante su ascenso rumbo a nosotros maldijo a los hombres, diciéndoles que me soltaran. «¡No se meta!», le gritaron los hombres y le lanzaron una piedra a la cabeza. La mujer se desvaneció por el golpe. Mis secuestradores pensaron que había muerto. El juicio contra estos hombres fue por el ataque a la mujer, no por mi secuestro. Si no hubiera sido llevada a un médico pronto, hubiera muerto. Primero la llevaron a un hospital en Batman, y luego a Diyarbakır.

Ellos siguieron arrastrándome de los cabellos. Cuando vi que no podría escapar decidí caminar por mi cuenta antes de lastimarme aun más. Mis rodillas estaban muy heridas. Me llevaron a la cumbre de la montaña, a una hora y media del sitio donde nos encontrábamos, pero en realidad no sé cuánto tiempo nos tomó llegar allí durante mi captura. No lo recuerdo. Solamente había pasado por allí antes. Era una parte alta de la montaña, muy arriba del pueblo. No temían a mis padres, pero estaban agitados porque pensaban que habían matado a la mujer y eso los ponía nerviosos. Pero no tenían miedo de mi familia: mis padres eran viejos y débiles. No anticipaban problemas de ellos.

Pasamos la noche al aire libre en la cima, porque no se animaban a descender después del ataque contra la mujer. No sé si hacía frío. Era abril. Tiene que haber sido frío, pero no lo sentí. Hacia el amanecer me llevaron a una cueva cerca de su aldea, no lejos de la nuestra pero más cerca de Pirşenk. Durante mi cautiverio me hablaban pero qué podía decir. No recuerdo qué hablaban o qué me decían.

Pero a la mañana, alrededor de las 9:00, vinieron los soldados y los detuvieron, y me liberaron después de que mi padre dio parte de mi secuestro. Los esposaron. Me encantó verlos arrestados.

Hasta ese día no esperábamos que ocurriera algo así en nuestro pueblo. No esperábamos eso de ellos. Eran árabes de Sasún. Mis secuestradores fueron arrestados pero vino su familia, habló con mi padre, dijeron esto y aquello, y lo convencieron de que retirara los cargos. Los *daciks* no son confiables. Muy pocos de ellos lo son.

Silva usaba el término genérico *dacik* que los armenios emplean para los musulmanes, especialmente los de Turquía. Una amiga de la familia había venido a tomar el té: «Esto es como la historia de Gülizar, solo que más breve y con final feliz». Hablaba de una muchacha armenia secuestrada en la década de 1880 en el Gran Sasún, cuyo caso fue noticia en diarios de todo el mundo.

Se decía que era la más bella de las nietas de Miro, jefe de la aldea armenia de Khars. Gülizar solía ser el centro de atención de matrimonios y fiestas, con sus cantos y danzas. Musa Beg, el jefe de una tribu kurda, se había fijado en ella. Una noche rodeó la casa de Miro con 150 hombres y raptó a la muchacha, quien entonces tenía 14 años. Como Musa ya tenía cuatro esposas, la entregó como esposa a su hermano Cezahir.

Quedaron consternados cuando supieron quiénes eran sus secuestradores: Musa y sus hombres solían merodear las aldeas armenias para saquearlas, y se había ganado una reputación de crueldad: una vez había emboscado a un armenio llamado Ohán y lo había torturado con hierros candentes y lo dejó morir en el camino. Finalmente intervino el sultán, y Gülizar fue liberada tras un juicio en el que se identificó como cristiana, diciendo que había sido secuestrada. El ex primer ministro británico William Gladstone llamó la atención internacional sobre el secuestro de Gülizar en un artículo para el *Daily News*, reimpreso por varios periódicos de todo el mundo, en el que describió su calvario en detalle:

> Ghiulisar quedó sola en manos de los rufianes, rogándoles que la dejaran ir; pero la hicieron avanzar a los golpes, a veces arrastrándola de los cabellos. Después de un tiempo ya no podía caminar y cayó en la nieve. Después de pasar un río en este estado le dieron algo de ropa, y continuaron su camino hacia Zenghachbar, donde hay una especie de albergue que pertenece a Moussa Bey. Aquí pasaron la noche, y la niña fue violada por primera vez por Moussa Bey.[45]

Musa Beg había sido arrestado, pero todos los cargos en su contra fueron desestimados en diciembre de 1889: pertenecía a una familia de *seyyids*, un título otorgado a los hombres reconocidos como descendientes del Profeta. Luego pasó a ser comandante en los Regimientos Hamidiye, una fuerza de caballería kurda creada por el sultán Abdül Hamid II que lideró las depredaciones contra armenios en 1894 en Sasún y las masacres posteriores. Si bien los Hamidiye habían sido oficialmente disueltos, participaron en el Genocidio bajo el nombre de «Regimientos Tribales»: en 1915, Musa Beg atacó una aldea en la zona de Mush y asesinó al alcalde de otra, junto con su familia, a todos los cuales quemó vivos en un granero.[46]

Una de las hermanas de Silva había sido casada con un armenio convertido al islam, el hijo de Garo, de una aldea cercana a la de ellas en Sasún, un hombre que parecía estar en permanente ayuno, dijeron. Durante su servicio militar, una noche soñó que entraba en una iglesia. «Ahora soy cristiano», declaró a sus pares en el cuartel tras despertarse.

El hijo de Garo había muerto hacía más de un decenio, dejando atrás a una joven esposa que esperaba la primera hija de la pareja. Sus amigos musulmanes vinieron para darle un funeral islámico y enterrarlo en un cementerio musulmán. La viuda no se los permitió: «Ustedes saben que se había hecho cristiano», les dijo. Inscribió a su hija, *Mari*, como cristiana en su documento de identidad. Mari ahora asiste a una escuela armenia en Estambul y habla con fluidez el idioma que sus padres y tías no pudieron aprender en sus ciudades natales de la Armenia histórica. Estos últimos cristianos de Sasún no conocían sus plegarias. Una vez al año, encendían velas y decían súplicas silenciosas en las ruinas del santuario del monte Maruta.

Después del Genocidio, algunos sasuntsís habían olvidado el significado de la cruz, me dijo Sosé. Hacían el signo de la cruz cuando amasaban pan o cuando preparaban *ağtan*, un yogur coagulado preparado con leche y manteca de cabra, como habían aprendido de sus mayores. Pero era un símbolo en el que no pensaban más de lo que lo hacemos sobre la forma de las letras. Solo se enteraron cuando llegaron a Estambul.

* * *

La primera cruz que vio *Çoço Siro* fue una lápida traída de Alepo cuando tenía siete u ocho años, a principios de la década de 1940. Fue uno de sus últimos recuerdos de infancia de Badırmut, la aldea de Sasún donde nació. Y, cada 6 de enero, la Navidad armenia, caminaban en silencio hasta el arroyo más cercano y cada integrante de la familia echaba un puñado de tierra. Luego dibujaban el signo de la cruz en el agua.

El padre Isa, un sacerdote que venía de Mardin y que puede haber sido asirio, visitaba de vez en cuando las casas de los cristianos en los pueblos de Sasún. Repartía cruces que los armenios islamizados y los kurdos también tomaban. «Era *halal*», dijo Çoço Siro, usando la palabra árabe que indica algo «permitido» bajo el islam. Independientemente de la religión, todos usaban estas cruces contra las enfermedades: «No había médico». No recordaba cuándo habían cesado estas visitas pastorales, pero, cuando Çoço Siro se fue de Sasún en la década de 1960, no habían recibido ninguna en años.

Cuando la vi entrar al apartamento de Estambul de otras sasuntsís para la entrevista, la reconocí desde la primera vez que nos vimos en 2011 en el patio de la Catedral de

Surp Maryam Asdvadzadzin frente al Patriarcado en el barrio Kumkapı de Estambul. Los feligreses me habían referido a ella como la mayor entre ellos, una mujer pequeña con mejillas sonrosadas y de ojos azules, envuelta en una chaqueta gruesa y un pañuelo en la cabeza.

Algo en mi primera pregunta la había dejado perpleja. «No fueron solo los turcos», había respondido ella, un poco sobresaltada. «Lo hicieron los árabes y los kurdos». Sin darse cuenta, había sacado a relucir un tema muy endiablado: el de los ejecutores del Genocidio.

Si bien la participación kurda en el Genocidio figura en la literatura relevante, se habla mucho menos de la participación de los árabes. Las primeras comunidades armenias de sobrevivientes se establecieron en Siria y Líbano, entonces todavía provincias otomanas, y han vivido allí sin problemas durante los cien años posteriores, sobrellevando no de manera peor que la mayoría de la población las turbulencias y las guerras civiles en ambos países. Los negacionistas turcos, e incluso kurdos que simpatizan con los armenios, mencionan a menudo la participación de atacantes de otras nacionalidades, con la intención obvia o tácita de diluir su propio papel.

No solo algunas tribus árabes de Sasún masacraron armenios, como recordaban Zeki y otros sasuntsís que nombraban las tribus implicadas, sino que también las mujeres y niños armenios fueron vendidos por los beduinos en mercados de esclavos en tierras árabes. A los beduinos también se les había encomendado que liquidaran a los deportados armenios en el interior del desierto sirio.

Pero Çoço Siro no mencionó nada de eso. Tenía una idea incierta sobre la Primera Guerra Mundial y probablemente no sabía nada sobre la Segunda Guerra Mundial, que había terminado cuando ella tenía 10 u 11 años. Con pistas que le dieron las mujeres en el apartamento de Estambul, indicó con una interjección que entendía de qué conflictos estábamos hablando:

> En ese entonces detuvieron a todos los armenios, vinieron los rusos, plantaron una cruz en la montaña y atacaron a los turcos, y los turcos los atacaron. Pero luego los rusos se dividieron en dos, y empezaron a pelear entre ellos, y por eso ganó Turquía.

Así representó el Genocidio; la Primera Guerra Mundial; la Campaña del Cáucaso de 1917-1918, en la que participaron tropas y voluntarios rusos, turcos y armenios; la Revolución rusa de 1917 y la Guerra Civil de 1918-1921 entre bolcheviques y rusos blancos; y luego la victoria de Atatürk que condujo a la fundación de la república. Su mención de una cruz en la montaña quizás sea una referencia poética, incorporada a la tradición local, para indicar la llegada de un ejército cristiano a tierras otomanas.

Y esta fue su descripción de la Segunda Guerra Mundial:

> Cuando comenzó la guerra mundial, los soldados vinieron a nuestro pueblo y abrieron fuego. Hicieron la guerra durante diez años. La gente huyó a Siria. Pero luego Sasún fue liberada nuevamente y regresaron [...]. Durante las tormentas y lluvias intensas, los ríos a veces traían huesos de soldados, sus mantas y sus armas [...] hasta el día de hoy [...] en el pueblo de Asi, soldados turcos pararon en una casa y trataron de abusar de la joven esposa, y así es cómo allí empezaron las guerras. Entonces los aldeanos de Xerzan se unieron a sus vecinos. Atacaron a los soldados y estos respondieron.

En otras palabras, había asimilado las guerras mundiales a la Primera Deportación de los sasuntsís —el Genocidio— y a la Segunda Deportación.

La información sobre los «levantamientos de Sason» de 1925-1937 (como se les conoce en la historiografía turca) es incompleta, pero hubo dos períodos: la primera rebelión había perdido fuerza a principios de la década de 1930, y la segunda, posiblemente la más sangrienta, comenzó en la primavera de 1935. Y en su descripción confusa Çoço Siro había acertado a dar con un factor importante en la escalada, si no la causa real de la segunda rebelión: un soldado que intentó abusar de una mujer.

Un gendarme turco, miembro de un grupo de recaudación de impuestos, intentó abusar sexualmente de la joven esposa de un *ağa* kurdo, Teteri Bedik, en el pueblo de Harbak, en una región de Sasún conocida por los lugareños como Xerzan, y el sitio donde la primera la rebelión había comenzado en 1925. Aunque no es una unidad geográfica demarcada oficialmente, Xerzan era un puesto de avanzada feudal gobernado por caudillos kurdos, que a menudo guerreaban entre ellos y resistían la autoridad central. La deserción del servicio militar y la evasión de impuestos también eran rampantes.

De hecho, esta delegación de recaudadores de impuestos había visitado primero el pueblo de Asi, como mencionó Çoço Siro, pero el incidente tuvo lugar en la segunda escala, en Harbak. Según testigos, entre ellos el del exgeneral Cemal Madanoğlu, que era teniente de la Jandarma (gendarmería) en Sasún en ese momento, cuando la esposa gritó, Bedik y todos los hombres locales que se habían escondido (por desertores de la conscripción) salieron y abrieron fuego contra los visitantes. Los aldeanos mataron al gobernador del distrito y a los demás funcionarios. El soldado que causó la ofensa logró huir e informó al gobierno central que «se había desatado una rebelión», sin decir nada sobre su desastroso intento de coqueteo con la esposa de un líder tribal. Así fue como empezó la «rebelión», dice Madanoğlu en sus memorias.[47]

Vanik, Sosé, y las *çoços* (abuelas) habían escuchado de sus mayores sobre una mínima participación armenia en la rebelión: un armenio llamado Sırxo (posiblemente una variante del nombre armenio Sargis o Sergo) luchó contra los rebeldes kurdos, pero fue capturado en la vecina provincia de Şırnak en 1938 y encerrado en la prisión de Kütahya «durante muchos años». En la aldea de Pirşenk fueron capturados otros dos armenios: Vartan y Ferman, quienes entregaron sus armas de fuego al padre de Sosé, quien era un niño en ese momento; escuchó voces llamándolo desde detrás de los matorrales una noche, y estos rebeldes le pidieron que tomara sus armas y las escondiera. Ambos hombres fueron detenidos poco después, con sus ropas hechas jirones después de arrastrarse a través de arbustos espinosos, y fueron ejecutados al poco tiempo. El ejército turco metió en trenes a la población de aldeas enteras de Sasún y los envió al exilio interno en Anatolia occidental en 1938. El renovado ataque turco, esta vez contra los kurdos, fue particularmente devastador para los armenios de Sasún que habían sobrevivido al Genocidio y sus descendientes, ya que la mayoría fueron desarraigados permanentemente y convertidos al islam. Si bien es probable que estas estadísticas puedan existir en el registro oficial de Turquía, incluso si fueran confiables, las cifras disponibles no ofrecen un desglose por nacionalidad o religión.[48]

Una de las aldeas en Xerzan era Gusked, que había quedado como un bolsón de armenios cristianos después del Genocidio. Junto con los deportados kurdos y árabes, los armenios de la aldea fueron enviados a las provincias occidentales de Anatolia, en su mayoría Kütahya. La noche anterior a mi encuentro con Çoço Siro, otras dos *çoços* sasuntsís habían compartido sus recuerdos de la época de la Segunda Deportación. Ambas eran de Gusked. Una de ellas, *Çoço Maral*, era apenas una niña pequeña entonces, pero todavía lo recordaba vívidamente en el momento de la entrevista en 2013:

> Los soldados mataron a dos mujeres armenias y tres musulmanas en la deportación de 1938. Los kurdos también saqueaban a los armenios. Hubo disturbios y saqueos. Mi madre corría, sosteniéndome en sus brazos. Pero un soldado turco le disparó, hiriéndola en la rodilla. Caímos. Creo que tenía cuatro años en ese momento. Mi madre se quedó atrás; no sé por qué. Tal vez se golpeó la cabeza y murió, pero no lo sé. Creo que la dejaron allí porque estaba malherida y no se podía salvar.

El rostro de Çoço Maral se veía muy blanco bajo la única bombilla que ardía en su departamento de Estambul, mientras evocaba con desapego sus recuerdos de infancia. «Pero el soldado le disparó a tu madre a propósito, ¿verdad?», preguntó Sosé.

> No, lo vi llorar, ríos de lágrimas corrían por sus mejillas: estaba claro que se había equivocado. El soldado la había confundido con una saqueadora, pero cuando vio quién era y que estaba cargando a una niña, comenzó a llorar. Recuerdo a este soldado turco, llorando todo el tiempo, que me tomó en sus brazos y me llevó a un hospital en Kozluk.

La abuela de Sosé recibió un disparo de un soldado turco durante esos mismos incidentes en Gusked. Su cuerpo permaneció insepulto durante una semana y se había hinchado, pues los soldados no permitían que nadie se acercara a ella ni a los demás muertos, a pesar de que el cementerio quedaba a cien metros. Tuvieron que enterrarla donde cayó.

El soldado que mató a la madre de Çoço Maral puede haber sentido remordimiento sincero, pero eso no significa que los disparos hayan sido un acontecimiento fortuito o un error. Los relatos de la época indican que la represión indiscriminada no solo era tolerada, sino también ordenada por oficiales superiores.

Uno de esos soldados, Dursun Çakıroğlu, que participó en una ofensiva del ejército turco en la región de Ararat en la década de 1930, recordaba un ataque en un valle de la aldea de Zillan, habitado en su mayoría por mujeres, niños y ancianos. Su comandante, Deli Kemal Paşa, ordenó: «¡Fuego libre!». Çakıroğlu describió el ataque a un periodista kurdo, Ahmet Kahraman:

> Disparamos al azar. El valle se convirtió en el día del juicio final. Lamentos, gemidos, llantos, fugas, gritos [...]. Durante cuatro horas barrimos el lugar con fusiles y ametralladoras. No hubo resistencia. Eran mujeres y niños. No estalló ningún tiroteo [...]. Cuando los sonidos y los movimientos se calmaron, entramos en las tiendas de campaña. Cadáveres por todas partes [...]. Niños, mujeres, y ancianos se habían agarrado unos a otros, habían caído por doquier y habían muerto.

El recuento oficial fue de 600 muertos, pero Çakıroğlu creía que habían muerto más personas en el ataque. Los únicos 20 o 30 sobrevivientes fueron ejecutados. Algunos de sus camaradas robaron dinero y oro de los muertos, y luego prendieron fuego a sus carpas.[49]

La familia de Çoço Maral fue enviada a Kütahya durante diez años. Fue entonces cuando aprendieron turco. Hasta entonces hablaban árabe y algo de armenio. Pero a diferencia de otras familias armenias, la suya no se convirtió al islam en el campamento donde fueron reasentados. Estaban con musulmanes: «Cuando árabes y kurdos peleaban, se llamaban unos a otros "infieles", pero no nos entrometíamos con ellos, ni lo hacían las autoridades... Si nos hubiéramos quedado en Gusked, habríamos muerto en la lucha».

Su hermana mayor encontró trabajo en un hospital de Kütahya. En una visita que le hizo Çoço Maral un día, vio al segundo presidente de Turquía, İsmet Inönü, quien estaba recorriendo las instalaciones. Años después, la hermana de Çoço Maral se escapó con un kurdo y se convirtió al islam. Cambió su nombre a Fatma y murió en Adaná. Sus hijos y nietos hasta el día de hoy no saben que ella era armenia. Ambas hermanas mantuvieron algún contacto telefónico, pero nunca se volvieron a ver.

Su hermano, que tenía dos años cuando fueron deportados a Kütahya, asistió a una escuela dirigida por un mulá. Al final de su exilio alrededor de 1948, no quiso volver a su aldea con la familia. Lo llevaron contra su voluntad a Gusked dos veces —entonces tenía 12 años— y en ambas ocasiones escapó de regreso a Kütahya, la última vez para siempre. Poco después se convirtió al islam y se casó con una mujer musulmana. Un día vino a visitar a su hermana en Estambul. Murió sin decirles a sus hijos y nietos que él era armenio.

Esa noche también habíamos visitado a la amiga de Çoço Maral de Gusked, *Takug*, la otra *çoço* sasuntsí. Era lo opuesto a Çoço Maral en casi todo sentido: apasionada, de complexión musculosa, y dos ojos semejantes a lunas negras que miraban desafiantes. Su rostro, coronado por un extravagante pañuelo atado en forma de cola de caballo, tenía los rasgos prominentes de una escultura asiria, evocada también en los espesos rizos de su cabello. Engalanada con brazaletes de oro, se sentó en una silla de cuero marrón, junto a un gabinete de curiosidades lleno de fotos familiares, recuerdos de bautizos y matrimonios, y una imagen de un Jesús europeo, en un departamento brillantemente iluminado.

Era demasiado pequeña para recordar su deportación a Kütahya. Aparte de un vago recuerdo de hambre y destrucción en la época de la Segunda Deportación, recordaba la historia de un bandido de Gusked llamado Tayfun, que se había hecho fama en Sasún durante el Genocidio: usaba un garrote para matar a armenios y así no ensuciar su *khanjar* (daga) con sangre de infieles, cuyos cuerpos luego arrojaba al río Kedir, que «había enrojecido en 1915». Según una historia transmitida por la familia de Takug, una mujer embarazada armenia lo maldijo, augurándole una muerte idéntica a sus asesinatos. La esposa de Tayfun lo mató algunos años después y arrojó su cadáver en el Kedir.

Pero Takug sí recordaba el momento en que volvieron a Gusked tras diez años en el exilio. Un clan kurdo acosaba a su familia para tomarla como esposa, pero ella y sus padres se resistían. La última vez, vinieron a llevársela por la fuerza. Golpearon tan fuerte a su padre que cayó al suelo. Takug corrió hacia los agresores blandiendo un hacha, gritándoles maldiciones, pero su familia la contuvo: acordaron su compromiso con uno de los agresores, si tan solo para que los dejaran en paz. Apretó los dientes tras evocar la imagen de su padre tirado en el suelo: «Ojalá los hubiera despedazado ahí mismo». Unos meses después huyó de sus captores y se casó con su actual esposo, con quien luego se estableció en Estambul. Pero dos de sus hermanas también fueron secuestradas por kurdos y se convirtieron al islam; una de ellas, dijo sombríamente, aparentemente había consentido en casarse con su secuestrador.

* * *

La conversación sobre las guerras mundiales había refrescado la memoria de Çoço Siro: durante la represión de 1938 en Badırmut, familias armenias y kurdas se escondieron en una cueva durante tres días mientras las tropas peinaban las montañas en busca de rebeldes. Una madre asfixió accidentalmente a su bebé hambriento cuando intentó reprimir el llanto para no alertar a las partidas de soldados. Con incertidumbre, dijo que la gente hablaba de que entonces también hubo bombardeos aéreos.

Mientras arreciaba la lucha en Sasún, Çoço Siro y su familia fueron exiliados junto con otros sasuntsís a Diyarbakır en 1938, donde nació su hermano menor. Pero abandonaron la ciudad dos años después tras un intento de secuestro de su madre: «Una anciana kurda le pidió a mi madre que le trajera agua de un aljibe, y cuando mi madre fue a buscarla, trató de secuestrarla para su hijo ya casado». Regresaron a Badırmut, el lugar de nacimiento de su padre, Melkon. Él tenía cuatro años cuando su madre, Rehan, fue encontrada escondida en una cueva con otros armenios en 1915. Los verdugos la sujetaron para arrojarla al río Kedir y ella arrastró a dos soldados con ella a la muerte. Su muerte era recordada por sobrevivientes que se quedaron en Sasún:

> Quienes vieron a Rehan decían que ella gritó: «¡Me llevaré dos de los vuestros!». Al menos dos, dicen. Ella era muy fuerte; tal vez agarró a otros dos también para ahogarlos en el río, y ojalá hayan sido seis.

Un poco antes, Melkon había quedado huérfano de padre. Había muerto de tifus. Las mujeres en la sala asintieron con familiaridad sombría, dos de ellas susurrando «del hambre».

Después del Genocidio, el padre de Çoço Siro fue criado por un *ağa* kurdo cerca de Badırmut llamado Ose, y su esposa, Zeynep. Nunca hicieron ninguna imposición a Melkon con respecto a la nacionalidad o la fe. Alrededor de 1925, Ose trajo a Melkon una novia armenia del pueblo de Zovart, en las estribaciones debajo de Gamar, con una población ahora compuesta de armenios arabizados y donde los hijos de Vahán iban a la escuela.

Una de las mujeres en el apartamento de Estambul dijo que sus padres también habían sido presentados por el protector kurdo de su padre, quien recorría las aldeas de Sasún preguntando: «¿Hay una mujer armenia para mi armenio?». Melkon llamó Kınkuş a su primera hija, en honor a la esposa de un sacerdote[50] de Badırmut cuyo asesinato había presenciado en 1915. Pero después del segundo hijo de Melkon, Ose le dijo que armara su propia casa. «Asets, Ellí kená vor ku hoğún» («Dijo "Levántate y ve a tu tierra"»), dijo Çoço Siro en el antiguo dialecto. La frase tenía un extraño efecto poético: sin querer, había resultado en un pentámetro yámbico, con la última palabra —*hoğún*, una declinación genitiva de «tierra»— que rimaba con «Sasún». Esta métrica poética, también conocida como verso blanco inglés, consiste en una alternancia entre sílabas acentuadas y átonas, imitando el ritmo de los latidos del corazón. Se ha usado memorablemente en inglés: «Arise, fair sun, and kill the envious moon» («Sal, bello sol, y mata a la luna envidiosa»).[51]

Pero Çoço Siro no hablaba armenio en casa: el idioma de la familia de Melkon era el árabe. Çoço Siro aprendió armenio de una anciana llamada Make, en Gamar, adonde se había mudado de Badırmut después de su compromiso. Las familias pasaban los meses de verano en los campos de pastoreo de alta montaña. Çoço Siro dijo sus primeras palabras en armenio a comienzos de la década de 1940 en la cueva donde yo me había refugiado de la tormenta unas semanas antes, la de la falsa antena parabólica que los niños habían colocado sobre la entrada.

Y recordaba la primera cruz en una lápida porque había sido uno de sus últimos recuerdos de infancia de su ciudad natal antes de cruzar las montañas a su nueva vida como mujer casada y comprometida. «No me creen cuando lo cuento ahora, pero yo tenía ocho años cuando fui como novia de Badırmut a Gamar». Fue criada por su suegra hasta que cumplió la mayoría de edad para casarse con Rafi, veinte años mayor que ella. «¡No, no! ¡No lo había visto nunca!», exclamó en respuesta a mi pregunta. La sala con las jóvenes sasuntsís estalló en carcajadas. También ella reía: «Solo lo vi cuando entré a la casa». Su sonrisa se desvaneció y agregó: «No quedaban tantos armenios entonces: por eso, cuando encontraban armenios, los casaban entre ellos».

Según la costumbre, al cabo de las primeras dos semanas o al mes, a las niñas novias se les permitía regresar a la casa de sus familias por un par de semanas. En una aldea de Sasún a principios de la década de 1980, una niña de 12 años había sido casada con un niño armenio de la misma edad, pero, después de su visita a sus padres, se negó a regresar a la casa de su futuro esposo (ya que el matrimonio no se consumaba realmente hasta años después). «No voy a volver», dijo. «Que ahora vaya mi hermano en mi lugar; ahora es su turno».

Çoço Siro no estaba segura de cuántos años tenía. Los padres armenios solían inscribir a sus hijas en el Registro Civil con fechas de nacimiento antedatadas para casarlas más jóvenes, especialmente en los años posteriores al Genocidio cuando quedaban muy pocos hombres armenios, y así evitar posibles secuestros antes de la pubertad, lo que generalmente en el islam se acepta como el momento en que una niña puede ser considerada casadera. Por el contrario, los niños eran inscriptos con una edad más joven para que en realidad fueran mayores en el momento del reclutamiento militar y, por lo tanto, estuvieran en mejores condiciones para tolerar sus dificultades.

Solo cuando se mudaron a Estambul, Çoço Siro y otros sasuntsís tuvieron acceso a una atención médica regular. Hasta entonces, utilizaban las cruces distribuidas por los sacerdotes visitantes para curar enfermedades y a los niños que padecían de un mal que llamaban la «enfermedad de la luna llena», que en armenio se denominaba *nurpur* o *tuğ*, y *hame* en árabe de Sasún. Durante los tres días de máximo esplendor lunar, algunos niños sufrían temblores o convulsiones, con síntomas que también incluían fiebre y erupciones rojas. En el pueblo de Pirşenk, colgaban un velo negro en la ventana durante la luna llena: creían que su luz peculiar concentraba el poder, que el sudario absorbería. Luego cubrían a los niños con el velo y frotaban la señal de la cruz sobre la frente, los labios, el corazón, las manos y todas las demás partes del cuerpo que son ungidas en el bautismo. Los kurdos también lo hacían.

Pero los sasuntsís creían que el poder de la cruz procedía del *myurron* (crisma) de la Iglesia armenia, que representa al Espíritu Santo. Incluso familias armenias islamizadas de Sasún lo frotaban en la frente de parientes en el lecho de muerte. Imitaban a las mujeres que lo habían hecho sobre el cuerpo de Cristo, cuyo nombre, del griego *khristos*, significa «el ungido», traducción del hebreo *mashiah* (mesías).

En su traducción de 1701 de una exégesis latina del Libro del Apocalipsis, el padre Petros de Tiflis veía en los santos óleos un escudo invulnerable: el jinete del caballo negro simbolizaba al general romano Tito, destructor del Segundo Templo en el año 70 d. C., a quien se le aconsejó no echar a perder el aceite y el vino, una referencia indirecta al crisma. «En efecto», dijo el exégeta, «cuando el general Tito estaba a punto de atacar Jerusalén, Dios movió el corazón de los cristianos a abandonar Jerusalén, y se fueron y se salvaron de la masacre». Cuando Çoço Siro era pequeña, aún quedaban algunas familias que conservaban la mirra desde antes del Genocidio. En una interpretación empírica de lo más primitiva —en la que la relación de causa y efecto no está respaldada por la teoría o la ciencia—, su supervivencia atestiguaba el poder del *myurron*.

Pero hasta allí llegaba el pensamiento mágico de los sasuntsís. Si esos remedios no surtían efecto, los armenios de Badırmut llevaban al enfermo al hospital más cercano: «Teníamos que cargar con el enfermo sobre nuestra espalda a pie durante siete u ocho horas hasta una ciudad como Sasún o Batman».

Y, sin embargo, la proximidad a los hospitales modernos muchos años después en Estambul no salvó a uno de los hijos de Çoço Siro del cáncer de pulmón: «Kınats», dijo: «Se fue». Una de sus hijas, *Yasemin*, también se había ido: vivía en Sasún convertida al islam. No solo su religión, sino también su identidad nacional había cambiado a través de la conversión: «Ella dice que ahora es kurda, pero la amo de todos modos». Su marido era un armenio que se había hecho musulmán a los 16 años, poco antes de casarse con Yasemin en 1990. Vivían en Zovart, el pueblo de los armenios islamizados. «Eran jóvenes y no sabían lo que hacían», dijo Çoço Siro, mientras la penúltima llamada a la oración desde los altavoces de los minaretes resonaba en la ciudad crepuscular y en la sala.

Había muchas cosas que ella misma no sabía en su juventud. Por ejemplo, que había una ciudad llamada Estambul:

> ¿Cómo sabríamos dónde está Estambul, incluso dónde está Sasún? No salíamos de casa. Estaríamos perdidos si lo hiciéramos: la policía, los soldados [...]. Teníamos mucho miedo: juntaban reclutas a la fuerza. Mi cuñado se escondió por años para no ir al servicio militar pero un día a mediados de la década de 1930 vinieron los soldados y se lo llevaron, y murió tres meses después. Murió de miedo [...]. No sabemos cómo murió, dónde murió, dónde está. ¿Qué temíamos? Que éramos armenios; que volveríamos a ser masacrados. Vivíamos con miedo y acabábamos de tener diez años de guerra.

Nadie en Gamar jamás había oído hablar de Estambul. Luego el hermano de Çoço Siro fue a Mardin a trabajar con unos asirios, y en 1961 viajó a Estambul. Les había dicho que allí se veía más gente por las calles que en todo Sasún. Pero algo más extraordinario eran los miles de armenios en la ciudad que hablaban el idioma, tenían iglesias y escuelas. «Si hubiéramos sabido que existía Estambul, ¿por qué nos hubiéramos quedado en Gamar?».

* * *

«Cuando me despierto por la mañana desearía que el mundo entero fuera armenio», dijo *Azat*. «Pero luego me asomo a la ventana y veo Estambul». Agregó, a modo de reflexión: «Todas las naciones son dignas de compasión, pero el pueblo armenio es el que más amo».

La sala de estar era espaciosa y escasamente amueblada, con tres generaciones sentadas en sillones y sillas en torno a una alfombra cuadrada. Azat era el jefe de uno de los cinco clanes que afirman descender de Davit. Cuando buscábamos su edificio de apartamentos en el antiguo barrio, no lejos del Patriarcado Armenio de Constantinopla en Kumkapi, nos topamos con su nuera, escultural y vestida de rojo, con un pañuelo que hacía juego sobre su peinado de moño.

Sus esposas tenían que ser altas, recordé. Ella también era una armenia islamizada.

El hijo de Azat permaneció en silencio durante toda la entrevista, con expresión adusta. Sus nietos eran menos reservados, a pesar de que los amigos de uno eran en su mayoría nacionalistas turcos, incluidos algunos descendientes de armenios, quienes, dijo, usaban libremente el insulto de «Ermeni tohumu» («de serme de armenio»), una expresión profana de uso corriente en Turquía. En la campaña para las elecciones presidenciales de 2014, el entonces primer ministro Erdoğan pudo haber aludido a ello cuando dijo: «Me han llamado cosas aún más feas, pido perdón: han dicho que soy armenio». También fue un guiño al núcleo nacionalista e islamista de su base electoral.

Ove, el abuelo de Azat, era el *reis* (alcalde) de Hazzo, la ciudad más tarde nombrada Kozluk. De sus hijos, solo el padre de Azat, Mardo, sobrevivió al Genocidio escondiéndose debajo de una roca mientras mataban a su hermana y dos hermanos: «Los cristianos no se ayudaban entre sí en el Imperio otomano; por eso nos masacraron». Como era costumbre en la zona, Mardo era un desertor del servicio militar pero un día, vencido por el miedo, acudió al Registro Civil y se hizo musulmán, cambiando su nombre a Miheddin.

Sin embargo, incluso después de la conversión, Mardo confirmó su linaje en los libros de registro de nacimientos, matrimonios y defunciones del *muhtar* de Kağkig, justo debajo de la fortaleza de Davit en Bozika, donde nació Azat en

1935. Azat creció escuchando la saga de su antepasado épico narrada en kurdo, su lengua materna, aunque podía entender algo de armenio:

> La armadura de cota de malla de Davit lo protegía de las flechas. Ese era su secreto. Su ayudante le preguntó cómo se protegía, y Davit le dijo que quedaba expuesto cuando se la quitaba. Cuando Davit se bañaba en el río Murat en Mush, fue asesinado a traición. Çavraş, la esposa de Davit, estaba desconsolada. «No llores, puedes casarte con su hermano, Veke», le dijo su madre. Pero Çavraş se arrojó desde la fortaleza de Bozika, su cuerpo fue despedazado, y sus dos pechos se convirtieron en un arroyo.

Kağkig había sufrido grandes pérdidas durante las masacres de Abdül Hamid, y su población había caído de 12 casas en 1894 a apenas dos en 1914. Y si bien habían sido repudiados por los armenios después de su conversión, la familia de Azat siguió observando los ritos antiguos. En sus peregrinaciones al monte Maruta, lanzaban una pelota por la ladera, para que las enfermedades y otros males rodaran con ella. «Y metíamos la cruz en un balde de agua durante una semana, y adivinábamos nuestra suerte según el dibujo que hacía la cruz en el agua cuando la sacábamos».

Cuando el número de armenios comenzó a disminuir aún más dramáticamente en Sasún, especialmente después de la Segunda Deportación de 1938, comenzaron a casarse con otros parientes islamizados. Sus vecinos kurdos y árabes nunca los aceptaron como verdaderos musulmanes, y los conocían por el peyorativo *dönme*: «No nos daban sus hijas para casarnos, pero tampoco nosotros les dábamos nuestras mujeres». Los armenios cristianos, por su parte, ya no los consideraban compatriotas: «Se hicieron kurdos», decían de los conversos.

Azat y su familia se mudaron a Estambul a principios de la década de 1990, cuando se intensificaron los combates entre el ejército turco y los guerrilleros del PKK: una bomba cayó en la casa de su hermano, aún en Sasún: «Aprovechaban el tumulto para atacar a armenios», dijo, sin identificar culpables.

«Esta es mala gente, mala». La esposa de Azat no había hablado hasta ese momento, sentada con una expresión fija al lado de su esposo, con la cabeza envuelta en un apretado hiyab color crema. «Están llenos de odio», dijo en un estallido de ira y frustración que me tomó por sorpresa. Había interpretado su porte como indicio de rígidas convicciones religiosas o de desagrado, lo cual acentuaba su ceño fruncido, en contraste con la narración exuberante y casi teatral de su marido, un hombre de confiada oratoria. Era una niña cuando su familia fue reubicada en Kütahya durante la Segunda Deportación. Sus ojos negros compensaban con su intensidad las emociones reprimidas en otras partes de su cuerpo.

Su idioma era el kurdo, al igual que sus canciones, dijo Azat: «No podemos borrar la música kurda de nuestros oídos». Era una expresión que significaba apego, dijo, aun si fuera en contra de su voluntad. Conocía una canción, un lamento en kurmancî, dedicada al *fedayí* armenio Kevork Chavush, líder de la resistencia de Sasún desde la década de 1890 hasta su muerte en 1907, durante el período de violencia hamidiana. Era quizás el segundo hijo más admirado de esta tierra después de Davit. Al igual que el héroe de la epopeya, la leyenda rezaba que Kevork Chavush estaba dotado de destreza desde temprana edad. En su adolescencia, se había ganado la reputación de tener puntería perfecta. «Si las cuentas de tu rosario fueran de plomo, podría usarlas para cobrarme muchas venganzas», le había dicho Chavush al abad del Monasterio de Arakelots en Mush, donde su padre lo había llevado para continuar sus estudios.

La ironía era inevitable: un verso de la canción más popular armenia que exaltaba la memoria de Kevork Chavush, junto a sus compañeros revolucionarios el General Andranik y Serop Aghpyur, decía: «El armenio que repudia su nación y se hace extranjero / No merecerá las lágrimas del armenio en el día de su muerte». En la canción, la palabra *extranjero —aylazg* en armenio— es un eufemismo que significa «musulmán». Sin embargo, estaba aquí frente a un converso, uno de los que no merecerían las lágrimas de los armenios, que quería celebrar a Chavush en kurdo, el idioma de los *aylazg* que el líder fedayí había combatido.

Cuando era niño, Azat había aprendido de un armenio llamado Miso la otra canción kurda dedicada a Kevork Chavush. «Nunca la he cantado desde que dejé Sasún hace más de veinte años», dijo con cierta vacilación. Pero finalmente se aclaró la voz con un sorbo de té:

De lêxi, lêxi, lo birano,
bi hew, re lêxi way,
Deşta Kita wez lo birano,
ser kişla wê gelî,
Bi ma derket de lo birano, çen heb sof îyê wa,
De lêxi, lêxi, lo birano,
duşmanê me zirr mela û şêxin,
Kevork Paşa sûndxarane lo birano,
sê car surmelî way,
Kevork Paşa sûndxarane lo birano,
sê car surmelî way,
Elim dikim ku dînê hezar dînê Muhemed
yek biqele yek bimîne.
De lêxi, lêxi, lo birano, bi hew re lêxin way,
De lêxi, lêxi, lo birano, bi hew re lêxin way.

Vamos, salgamos, salgamos, hermanos,
salgamos todos juntos.
Oigan hermanos en el Llano de Kita,
en el cuartel del valle,
se nos han escapados unos fanáticos.
Vamos, salgamos, salgamos hermanos,
nuestros enemigos son solo mulás y jeques,
Kevork Paşa juró tres veces
sobre un rifle, hermanos,
Kevork Paşa juró tres veces
sobre un rifle, hermanos,
Me levanto y tuesto 1000 mahometanos,
y dejo uno.

Vamos, salgamos, salgamos hermanos, salgamos todos juntos,
Vamos, salgamos, salgamos hermanos, salgamos todos juntos.[52]

Los ojos de su esposa se habían llenado de lágrimas, y una rodaba por su rostro de piedra.

* * *

En Samatya, mientras Vanik recitaba el Davit, yo trataba de formarme una idea de cómo él se relacionaba con su origen armenio. Parecía absurdo, si no también desconsiderado, hacia un hombre que estaba cerca de su último aliento y que dedicaba la poca energía que le quedaba a rescatar, para mi beneficio, un poema de su infancia hacía más de 80 años. Sin embargo, a pesar de su recitación de la epopeya de Sasún en la lengua vernácula, había algo que me causaba una sensación equívoca, pero me tomó un tiempo conjeturar por qué, lo cual hice con vacilación y conciencia atribulada.

No era su fe islámica ni el idioma turco que prefería hablar fuera de la interpretación del poema. Es incierto, e imposible de probar, pero tenía una corazonada después de estudiar su rostro y concentrarme en sus ojos.

Las lecciones del siglo pasado nos han hecho renuentes a extender las dudosas lecturas de la fisonomía mucho más allá de un individuo y proyectarlas sobre los pueblos. Mark Mazower, el autor de *Salonica, City of Ghosts*, ha señalado que los viajeros del pasado «no sentían las inhibiciones del siglo XXI para generalizar sobre el tipo nacional y el carácter, físico y mental [...] Fisonomía y belleza física [...] no eran las propiedades de los individuos; revelaban los atributos de la raza». John Foster Fraser, un escritor británico que Mazower cita, visitó Salónica a principios del siglo XX:

> La población es mixta. Fuera de la clase más pobre, el atuendo por sí solo no es de ayuda para decidir la nacionalidad. Todo el mundo habla griego y la mayoría sabe turco. Pero hay que fijarse en las facciones, la mirada, el andar, los modales en general,

para decidir si este hombre es turco, griego, armenio, búlgaro, o judío. La mirada furtiva delata al armenio, la actitud pavoneante proclama al griego, la alerta quietud revela al judío.[53]

El escritor albanés Ismaïl Kadaré había observado la misma costumbre en la Unión Soviética como estudiante en Moscú de 1956 a 1960:

> He advertido más de una vez que los ciudadanos soviéticos comunes eran muy dados a comparar a los extranjeros de otros países socialistas con los nativos de sus propias dieciséis repúblicas... si tenías la nariz aguileña pensarían que parecías georgiano; si tenías ojos tristes, debías ser armenio.[54]

Pero, a pesar de su discreto desdén, incluso Kadaré ha insinuado un vínculo entre la mirada y la historia —con una sutil insinuación del Genocidio— en su novela *El gran invierno*, en la que recrea una conversación entre el dictador albanés Enver Hoxha y el estadista armenio soviético Anastas Mikoyan, justo antes de que Albania rompiera filas con la Unión Soviética en 1960:

> «Pero usted debe saber tan bien como yo, que el destino de algunas pequeñas naciones, precisamente debido a las trágicas pruebas que han sufrido, ha adquirido tal dimensión y peso que no podéis dar vuelta las hojas de su existencia como si fueran las de un álbum. Estoy seguro de que usted, sobre todo, camarada Mikoyan, debe comprender bien esto».
>
> Los ojos de Mikoyan, los ojos tristes de un armenio, se fijaron por un momento en algún punto.[55]

En verdad, durante mis viajes por Georgia y otras partes de la Unión Soviética en los últimos meses de su existencia en 1991, podía distinguir a los armenios de los demás, solo errando rara vez: pueden haber sido tipos particulares de armenios, pero eran armenios.[56] Como solían decir Kadaré y sus camaradas soviéticos, los indicios reveladores eran a menudo lo que llamaríamos «ojos tristes», retraídos, con una intensa mirada de preocupación. O tenían expresiones que estaban en el rango de la angustia, si las emociones se definieran como un continuo, de la misma manera que podemos decir con certidumbre que el mar es azul, aun si el color siempre está mutando bajo la luz cambiante.

Y el ojo tiene una cualidad acuática, no solo por la retina, sino por el diálogo entre lo que hay debajo y el exterior, o nuestros pensamientos y el mundo, el órgano de la reflexión instantánea. Es el más inmediato de nuestros sentidos; lo que vemos «viaja a la velocidad de la luz», como ha señalado el poeta ruso Joseph Brodsky:

> La vista es el instrumento de adaptación a un entorno que sigue siendo hostil por muy bien que uno se haya adaptado a él. La hostilidad del entorno crece proporcionalmente a la duración de tu presencia en él, y no hablo solo de la vejez. En pocas palabras, el ojo busca seguridad. Eso explica el apetito del ojo por la belleza [...]. Porque la belleza es consuelo, ya que la belleza es segura. No amenaza con asesinarte ni enfermarte [...]. Cuando el ojo no logra encontrar la belleza —alias, consuelo— le ordena al cuerpo que la cree, o en su defecto, se adapta para ver virtud en la fealdad. En la primera instancia se apoya en el genio humano; en el segundo, se alimenta de la propia reserva de humildad.[57]

«Virtud en la fealdad» es quizás lo que los armenios han estado viendo en su martirio en lo que ahora se llama Turquía, todavía una tierra de miedo. Y yo intentaba ver si había esa inconstante conjunción de tejido ocular y emociones, que la fisonomía armenia tan a menudo proyectaba y que permitía que un viajero británico en Salónica o un escritor albanés en Moscú los reconocieran. Buscaba esas señales en los ojos de Vanik, advirtiendo con vergüenza la mezquindad y futilidad de mi pesquisa, comparable a la de aquellos monos en una parábola oriental que intentaban agarrar el reflejo de la luna en el lago. Vanik recitaba laboriosamente en la lengua de Sasún uno de los últimos versos de la versión de su familia de la epopeya de Davit:

Դաւիթ Պոզիքա էկաւ տիւնեայ
Պոզիքա քալէսին էկաւ,
Պատմած ունին Տիարպաքիրցիք
Օր ձորէյին զանէ կը թռէր ուր ձին
Ու կը նստէր որ էրթի, որ թռու
Որ փճացնի կռուէ որդիք…
Դաւիթու Ռումք կանչեցին
Ասեցին թէ գայ Մուշ:
Գնաց Մուշ ու Ռումք սպաննեցին
Չաւրաշ վեր էլաց որ էրթին,
Քուրմանճացին ասեց,
Մի գնի, մի գնի, Դաւիթ հոշ մըր Արփին խոչէ:
Ասեց Դաւիթ մեռաւ Արփիին մէջ:
Ասեց, Արփիին մէջ ես կը կարգուիմ
Էլաւ գնաց Պոզիքա քալէսի
Սառեցուր հոգին, կպաւ թի,
Էղաւ քար,
Ծոյթ մա կ'երթայ աղբուր որ չիչէղին լիք ա…

Davit vino al mundo en Bozika,
Nació en la fortaleza de Bozika,
Dicen los diyarbakirtsis
Cuando llegó al valle, voló en su caballo
Y lo montó para ir, para volar,
Para destruir los ejércitos…
Los rûm llamaron a Davit
Le dijeron que viniera a Mush.
Fue a Mush y los rûm lo mataron.
Çavras se puso de pie para irse,
Dijo el kurmanci.
«No vayas, no vayas, el buen Davit murió en Arpi».
Dijo que Davit murió en Arpi.
Dijo, me casaré en Arpi.
Ella fue a la fortaleza de Bozika,
Se lanzó, su cuerpo tocó el suelo,
Se convirtió en piedra
Una parte va a una fuente llena de flores…

El reloj de cuarzo en la sala de estar y los relojes automáticos en nuestras pulseras añadían y deducían tiempo en silencio mientras Vanik recitaba la muerte de Davit. Ningún mecanismo marcaba con sus tictacs la cuenta regresiva que parecía recitar mentalmente Hatice, callada e inmóvil en el sofá de la sala de estar contigua, a un mundo de distancia, con una mirada hueca que vagaba de la nada a la nada y se posaba fugazmente en su padre mientras murmuraba un poema que recordaba de una religión anterior, una epopeya que se había transmitido durante mil años hasta aquel frío diciembre de 2013, cuando fue contada por última vez por el último sasuntsí que la había aprendido de memoria de su madre ochenta años atrás, en un campamento de deportación en Kütahya. El último verso que nos recitó esa noche era sobre la muerte de Davit, asesinado a traición por «los rûm», nombre que los árabes y selyúcidas daban a los bizantinos, y acaso una extraña referencia aquí a Sultana Tzimisces o Sultana Chimishkik, la amante de Davit: en diferentes versiones de la epopeya, fue asesinado por ella o por la hija que habían tenido.[58] Vanik creía que Davit murió en el río Murat: su nombre armenio es Aradzani, y es donde San Gregorio el Iluminador bautizó al rey Tiridates y al pueblo armenio, convirtiéndose en la primera nación del mundo en adoptar el cristianismo como religión de Estado en el año 301.

Nacido armenio en el clan de Davit, el héroe de la Odisea de Sasún, fue como musulmán que Vanik dejó este lado de la vida. Un mes después, durante el invierno de Estambul, murió en la cama junto a la entrada de su apartamento, en el barrio de Samatya.

II

COMAGENE

Minás y su hermano Garabed caminaban junto al Éufrates, río abajo del Aradzani, un milenio después del asesinato de Sasuntsí Davit por parte de su amante o de la hija de ambos. Era la primavera de 1915 y los niños, los únicos sobrevivientes de una familia que bandidos zazas acababan de masacrar, buscaban un lugar para esconderse en su provincia, Adıyaman, en el sudeste de Turquía. Minás en ese momento tenía 16 años, el hermano mayor por seis años.

Estaban cerca de la fortaleza de Arsameia, en el antiguo territorio de Comagene, un misterioso reino que dejó de existir en el 72 d. C., una tierra de montañas desnudas y olivos que luchan con un sol que quita la vida que da. En un recodo del río, se toparon con tres soldados turcos, que alzaron las bayonetas contra ellos: «Tienen que estrangularse entre sí, y dejaremos vivir al ganador; pero, si se niegan a jugar, los mataremos a ambos».

Cada hermano trataba de sacrificarse, gritando al otro: «¡Hazlo tú!», o algo por el estilo. Prevaleció Minás. Arrojó el cadáver de su hermano menor al Éufrates, que en ese tramo todavía corría con fuerza: río arriba, una montaña de cadáveres había detenido las aguas. Los soldados turcos cumplieron su promesa después de que terminó el juego y Minás huyó corriendo, enloquecido.

Casi al mismo tiempo, a unos cien kilómetros al oeste, *çetes* kurdos arrojaban a los armenios del puente de Septimio Severo, construido por los romanos en el siglo II de nuestra era. Una de las mujeres sobrevivió, amortiguada por la pila de cuerpos sin vida. Allí estuvo días, quizás más de una semana, y salió arrastrándose de la montaña de los muertos, a quienes debía su vida en más de un sentido: vivió de su carne. Siranush, hija del jefe del clan de Barsum, era prima de Minás y Garabed. La mayor parte de su clan fue masacrada en el Genocidio, ya sea en su ciudad natal de Olbiş o empujada desde este puente de arco único y veinte metros de altura, que atraviesa el arroyo Chabinas. Barsum se suicidó.

Un siglo después, el *Armero* nos contaba las historias de sus antepasados bajo el cielo sin luna de Gerger, sin adjetivos y sin variaciones perceptibles de tono, como si describiera un proceso mecánico. Era el único armero de Gerger, al otro lado del río frente a la fortaleza de Arsameia, y algunos sobrevivientes del clan de Barsum habían hecho de esta ciudad su hogar. Pasábamos la noche bebiendo interminables rondas de té en el balcón, de cara al sur, en dirección al Éufrates: corría invisiblemente fuera de la ciudad, allende el promontorio donde el Armero había construido su casa. Los cristianos locales habían bautizado el lugar como Gâvur Sokağı (la Calle de los Infieles) en burla de sí mismos. Daban ese nombre a toda la calle, pero era solo en el extremo cuesta arriba donde vivían tres familias armenias cristianas en casas contiguas.

Según las *Crónicas* de Anónimo de Edesa (c. 1234 d. C.), un sacerdote asirio desconocido, Alduş (un nombre anterior de Gerger) no era un pueblo asirio y «puede haber sido armenio». Al edesano le debemos lo que puede ser el primer registro de violencia turca contra Gerger alrededor de 1114. En un capítulo titulado «Sobre los crímenes cometidos por el turco Balak en el territorio de Gerger», el cronista asirio escribió:

> En esa época, Gerger era gobernado por un armenio llamado Mikael, hijo de Costantin, un adolescente vanaglorioso [...] Balak, el gobernante turco de un territorio cercano, aconsejaba constantemente a Mikael que se abstuviera de cometer malas acciones y evitara que sus bandidos acosaran a los comerciantes y viajeros. Balak un día perdió la paciencia y reunió una fuerza de turcomanos para atacar Gerger. Cruzaron el Éufrates en una hora y acamparon en las montañas. Esa noche su campamento se cubrió de nieve y nadie los vio. El Señor estaba enojado con los habitantes del territorio. Cualquiera que se encontrara con sus tiendas era asesinado o hecho prisionero. Entonces descendieron sobre la ciudad, destruyéndola por completo, quemando casas y aldeas, y cometieron grandes crímenes.[1]

La nieta y la nuera del Armero se unieron a nosotros en el balcón. Cien años después de ocurridos, el fratricidio de Minás y la antropofagia de Siranush aún eran exorcizados a través de la narración, librándolos a la inmensidad de la noche. Pero las estrellas eran distantes y frías, sin dar calor ni luz, cómplices del mundo. Las jóvenes hablaban de Siranush con admiración, en susurros confinados a un extremo del balcón. Una tenía la nariz prolijamente vendada y los ojos hinchados, señales inmediatas de cirugía plástica. Alguien trataba de sofocar sus sollozos, mientras la esposa del Armero entraba para traer más té, y uno de los nietos más jóvenes del anfitrión, con voz más alta que los demás, reformulaba de manera benigna aunque inverosímil la historia de los hermanos, diciendo que Garabed se había estrangulado a sí mismo para ahorrarle a Minás el crimen y su vida. Pero la monofonía de un coro masculino de bajos, en los tonos chatos del habla regular turco, dominaba el espacio auditivo, mientras los susurros de las mujeres subrayaban la gravedad de las historias, recitadas en el letargo del verano mesopotámico. El único primo musulmán presente, *Ferit*, no hablaba.

La oscuridad realzaba todo lo perceptible a los sentidos: los sonidos y los silencios; el fulgor anaranjado de los cigarrillos; el humo que se arremolinaba como un genio que se desvanece; las luces altas de algún auto que parpadearon por un instante, revelando los contornos de los vasos de té con forma de lágrima. En la mecánica inerte del cosmos y sus soles que ardían y morían en el curso de millones de años, estos recuerdos minúsculos de personas que habían muerto hacía mucho eran apenas una gota de lluvia sobre el mar, en este planeta de seres sensibles que dependen de una estrella envejecida. Eran historias breves: cinco o diez minutos, algo parecido al tiempo que toma estrangular a un niño de diez años o lo que tarda un bandido en empujar a una joven mujer de un puente. Sin embargo, sin nada que lo bloqueara, el dolor se expandía bajo el cielo antiguo de Comagene.

Ferit me había presentado a la rama de su familia que había seguido siendo cristiana, o que habían regresado a la Iglesia tras la islamización en los años posteriores al Genocidio. Los padres de Ferit y la mayor parte del clan de Barsum que se había quedado en Adiyaman se habían vuelto musulmanes; algunos eran *gues-gues*, o «mitad y mitad» en armenio, observando los ritos del islam en sus lugares de origen pero yendo a la Iglesia armenia cada vez que estaban en Estambul. Después de que el clan fuera diezmado en 1915, la fertilidad y la endogamia, como es costumbre entre los musulmanes y, especialmente después del Genocidio, entre los armenios islamizados o incluso cristianos en el este de Anatolia, lo habían ampliado a más de mil miembros, dispersos por toda Turquía y Alemania, con fuerte presencia no solo en Adıyaman y Urfa —sus tierras de origen—, sino también en Estambul y Hatay. Había al menos una aldea que estaba completamente poblada por ellos.

Su árbol genealógico era tan complicado que desenredar las ramas que los conectaban a veces era una tarea imposible, como insistió una integrante de la familia después de convencerme de la inutilidad de tratar de averiguar las relaciones entre primos, que también podían ser cónyuges y otras categorías concurrentes de parentesco. Persuadir a esta persona para que actuara como contacto con el resto del clan llevó meses. A pesar del tamaño y el poder del clan, la autopreservación los hacía refractarios a desconocidos, especialmente en sus bastiones donde todos los demás los conocían como armenios, independientemente de su religión, y por lo tanto quedaban expuestos a las miradas indiscretas de funcionarios y vecinos turcos.

Mientras esperaba la llamada de mi contacto para saber si podía visitar a los armenios de Gerger, el propietario del Great Iskender Hotel de Adıyaman, la capital homónima de la provincia, presionaba a un invitado chino en el vestíbulo para que aceptara las mandarinas que había traído de su casa de verano. Sin embargo, el turista del Lejano Oriente rechazaba la oferta. «O Çin» («Es chino») me dijo el hotelero, señalando al exótico visitante con su pulgar izquierdo. «Ve con el chino y dile que están buenas», instruyó a un empleado para que volviera a insistir con la bolsa de mandarinas, conjeturando, algo desconcertado, que el huésped probablemente nunca antes había visto las frutas. Aparte del nombre de su hotel, una traducción anglo-turca de «Alejandro Magno», esta ciudad de 200 000 habitantes no tenía ningún recuerdo del pasado helenístico de la región en sus amplias avenidas y calles ordenadas, algo insulsas pero construidas con buen gusto. Otros proyectos urbanísticos en Turquía eran poco más que un rejunte casual de bloques de hormigón idénticos de cuatro o cinco pisos, a veces pintados de colores brillantes, como las ideas apuradas de un planificador soviético.

Llegó la llamada telefónica de mi contacto, diciéndome que un primo me estaría esperando: todo lo que tenía que hacer era tomar el minibús a Gerger. A mi pregunta de cómo me reconocerían, la respuesta fue una risa sarcástica, cuyo significado solo entendí en la terminal de autobuses de Adıyaman: «¿A quién tienes en Gerger?». Un anciano afable se hizo eco de la curiosidad del conductor del *dolmuş* y preguntó: «¿Quién te envía?». Así es como en Turquía comúnmente preguntan por la persona que te recomienda a familiares o amigos.

El minibús bordeó el Éufrates durante un rato y luego giró a la izquierda en la carretera que conducía a la ciudad. Se detuvo de repente, poco después de las primeras casas: un hombre de piel cetrina que se parecía a mi hermano menor Alex, de rostro delgado y grandes ojos negros, se asomó al interior del minibús y me reconoció en un segundo.

Ferit vestía un pantalón formal gris y una camisa de cuadros púrpura estilo italiano, con una elegancia que lo hacía destacar en este pueblo. Esta tierra ya había visto moda italiana milenios antes, también en colores similares. Cicerón, orador y procónsul romano de Cilicia en el siglo I a. C. había visitado al rey Antíoco de Comagene cerca de aquí, se había burlado del soberano a gusto por haber pedido que renueven su toga de borde púrpura: el Senado romano se lo había conferido a Antíoco como una marca de distinción para un aliado. En una carta a su hermano en el 54 a. C., Cicerón describió su diversión a expensas del rey, si bien el paso del tiempo dificulta la comprensión de algunas de sus ocurrencias:

> Me burlé del rey de manera bastante cómica, no solo retorciendo ese pequeño pueblo suyo en el Puente del Éufrates y quitándoselo de su mano, sino provocando una tormenta de risas por mis burlas sobre la toga de borde púrpura que recibió durante el consulado de César [...]. Hice tantas bromas a expensas de este monarca sin gloria que explotó por completo.[2]

El desprecio de Cicerón encubría su desconfianza hacia el estadista oriental, cuyos amaneramientos desagradaban al austero romano. Pero tenía razones más profundas para sus reservas. Antíoco, como gobernante de un pequeño reino forjado a partir de los fragmentos del Imperio seléucida, era un practicante de la política del disimulo, haciendo malabarismos con los intereses opuestos de los estados e imperios rivales más poderosos que lo rodeaban —parto, persa, romano, armenio— al afirmar su descendencia de la dinastía armenia Oróntida y el linaje persa aqueménida del rey Darío por lado paterno, mientras que remontaba su linaje materno a Alejandro Magno.

Para asegurar aún más su legitimidad, tanto interna como externa, a su título real, Antíoco agregó el epíteto de *philoromaios philhellen* («amigo de los romanos» y «amigo de los griegos»). Consolidó aún más su control sobre la población con una religión sincrética de deidades greco-persas, expresada en el nombre compuesto del dios supremo llamado Zeus Oromasdes. Comagene estaba habitada por armenios, griegos, persas, y sirio-hititas. No se sabe si alguna vez existió un *genos* o etnia comagenianos, pero el reino se atribuía para sus gobernantes y población una doble ascendencia griega y persa, pero una identidad singular. El acto de equilibrio implícito en esta ascendencia tan concurrida estaba dictado por la necesidad: el rey de Comagene controlaba un cruce del Éufrates favorecido por los partos cuando se desplazaban hacia el oeste. Sin embargo, necesitaba el apoyo romano para emanciparse del rey armenio Tigranes II, también conocido como el emperador Tigranes el Grande, y para cobrar los lucrativos peajes del tráfico fluvial. Y a pesar de los recelos de Cicerón, Antíoco demostró ser un aliado fiable de Roma cuando en el año 51 d. C. advirtió en insistentes cartas que un numeroso ejército parto atravesaba el Éufrates en camino a invadir Siria, entonces una provincia romana.

En Antíoco y Comagene, los armenios islamizados y ocultos de Adıyaman de hoy tenían un precursor anticipado de una identidad proteica. Lo mismo había hecho el clan de Barsum, con sus vastas ramificaciones geográficas, religiosas e ideológicas, cubriendo un amplio espectro de etnias, religiones e ideologías.

El Armero me invitó al comedor para mostrarme un rifle hecho a mano en caoba, adornado con monturas plateadas decorativas, incluido un cerrojo muy ornamentado que parecía el cuerno de un carnero. Estaba expuesto en un soporte ante un espejo rectangular, flanqueado por fotos de nietas, detrás de una bandeja llena de pétalos fucsias y anaranjados y un azucarero de filigrana plateada.

Al otro lado del pasillo, una puerta se abría a la sala de estar. Sus paredes estaban consagradas a la iconografía devocional. Una cruz en ciernes asiria colgaba sobre el marco de la puerta, con tres discos en cada extremo: simbolizaban la Trinidad, pero también se decía que cada círculo representaba a un apóstol, mientras que los capullos significaban el renacimiento del Salvador. Al ojo inexperto podría haber pasado por una cruz armenia, excepto por el Cristo crucificado, que en general está ausente en las cruces armenias, pues estas representan la resurrección.

Había un retrato fotográfico del Arzobispo Mor Gregorius Melke Ürek de Adıyaman en un trono de madera, con una enorme barba gris que caía libremente sobre su sotana: miraba directamente al espectador, con el bastón sacerdotal del pastor en mano y cubierto con un *koubono* negro, el tocado episcopal en forma de cúpula de la Iglesia ortodoxa siria de Antioquía que se parecía vagamente a la cúpula bulbosa de una iglesia rusa.

Cerca de la foto del Arzobispo, pero más abajo a pesar de su rango superior, estaba la foto del joven Patriarca Vicario, el Obispo Metropolitano Mor Filiksinos Yusuf Çetin, reclinada contra la pared, compartiendo la parte superior de una estantería de libros con un perro dálmata de lata. Su foto había sido captada desde lo alto y con perspectiva angular, mirando al Este, también coronado con el *koubono*. El Metropolitano estaba sentado en una silla de madera presidida por una cruz en ciernes, similar a aquella que también tenía en su diestra; en la otra sostenía un báculo pastoral dorado, coronado por un dragón bicéfalo con cabezas enfrentadas: simbolizaban los enemigos visibles de la Iglesia. En medio de ambas cabezas se alzaba una cruz, emblema de la autoridad del obispo y su poder para combatir el mal mientras guiaba su rebaño.

En la última pared, una reproducción de estilo occidental, similar a las que se ven en los boletines litúrgicos de las iglesias católicas de Europa, mostraba a un Jesús rubio con túnica blanca caminando por un campo de trigo. Los Apóstoles lo seguían entre plantas a la altura de los hombros, retratados de una manera que recordaba una interpretación liberal de las de la Última Cena de Leonardo: uno de ellos llevaba un alto sombrero rojo, de borde grueso y blanco.

Los armenios de Adıyaman ilustraban el paradigma clásico de la cebolla: si se la pela hasta el final no queda nada, porque es la suma de las capas lo que hace el todo. El Armero y su familia extendida eran armenios, por etnia y por cómo se identificaban a sí mismos; cristianos ortodoxos asirios o musulmanes sunitas, por denominación religiosa; hablantes de zazaki, por su lengua materna; y turcos, por ciudadanía.

La impermanencia caleidoscópica y las complicaciones no eran nada nuevo: sus muchas apariencias reflejaban las de los otros armenios de la provincia, descendientes de aquellos que se habían vuelto comagenianos dos milenios antes, antes de volverse armenios nuevamente, solo para mimetizarse o asimilarse, en diversos grados, en las comunidades asiria, kurda o turca después de 1915. Claro está, hablamos de los sobrevivientes: en Adıyaman, los ejecutores del Genocidio intentaron imponer el exterminio hasta literalmente el último armenio.

Salimos nuevamente al balcón. El primo menor, el de la voz aguda, retomó las historias donde las habíamos dejado.

El esposo y salvador de Siranush era Mehmet Nurî, un kurdo del *aşiret* Mirdêsî. En 1926, fue ejecutado junto con su hermano, Şükrü Ağa, por su participación en la rebelión del jeque Saíd contra la República de Turquía el año anterior. Este levantamiento kurdo fue liderado por oficiales de la Caballería Hamidiye, la primera en masacrar sistemáticamente armenios desde la década de 1890 en nombre del gobierno otomano, y entre los principales ejecutores del Genocidio. Esto debería hacer sospechosos a los Mirdêsî, si bien su nombre no aparece entre las tribus kurdas que se sabe han masacrado armenios. Aducían tener buenas relaciones con el clan de Barsum, y en verdad su arresto y posterior ejecución en Diyarbakır fue causada por luchas internas y la traición de un pariente, en parte debido a sus relaciones cordiales con los armenios.

La noche antes de su ejecución en la horca junto con Mehmet Nurî, Şükrü Ağa escribió su testamento y legó a su sobrino el deber de vengarlo del traidor de la familia:

> Tan solo mata a Bedir Ağa, para que la gente vea que no queda sangre de la familia de Heyder Ağa. Debes entender esto; si matas a otro de ellos, tú también morirás a manos de alguien que no conoces. Si lo torturas a muerte, también tú morirás torturado. Enfréntalo con coraje. Llámalo antes de atacarlo. Mátalo de la misma manera en que quieres morir. Entiende que no descansaré en paz en mi tumba hasta que haya sido vengado. Después de matar a Bedir Ağa, sube a la cima de una montaña y grita en dirección a Diyarbakır: «Tío, te he vengado». Solo entonces reposaré en paz.

Después de tres años de buscar el momento justo para cumplir con su deber, el sobrino de Şükrü Ağa, Osman Sebrî, mató a Bedir Ağa en 1929. Se toparon en una carretera de Urfa, en las cercanías del Éufrates. Bedir Ağa cabalgaba con otros tres jinetes y, cuando lo saludó, Osman respondió: «¡No nos saludamos, defiéndete como un hombre! Voy a matarte». La mano de Bedir Ağa buscó su arma, pero Osman Sebrî disparó más rápido y se alejó galopando hacia Siverek. Como su tío le había exigido en su testamento, subió a una colina y gritó en dirección a Diyarbakır: «¡Tío, hoy te vengué! Me cobré la primera venganza y la última se la dejo a Dios Santo». La leyenda familiar decía que Mehmet Nurî había pedido la mano de Siranush años antes de las masacres, pero Barsum lo había rechazado por ser musulmán. Siranush se casó con un armenio que fue asesinado en 1915. Solo accedió a casarse con Mehmet Nurî cuando él aceptó su condición de salvar a seis niños y seis niñas del clan de Barsum (otros relatos indican que eran siete niños y dos niñas).

Cuando no había nadie alrededor, Siranush solía hablarle en armenio al primer hijo de su esposo kurdo. «Nurî, Nurî», le decía a su hijo, «mi nombre no es Hanım; soy Siranush». «La veía llorar y yo también lloraba, pero no sabía por qué», recordaría su hijo, también llamado Mehmet Nurî, casi nueve décadas después. Y ella lo llevaba al campo, donde hablaba sola en un idioma extraño que el niño no entendía. Solo mucho más tarde se enteraría de que era armenio. «Ella hablaba en voz alta a las flores, las montañas y al cielo, solo Dios sabe lo que decía».

Todas estas historias ya han sido publicadas en la prensa turca, dijo el primo más joven. Sin embargo, estas versiones son asépticas: no hay mención en ellas a cómo Siranush había sobrevivido por medio de la antropofagia.

En cuanto a Minás—continuó el Armero, en su discurso sin patetismo— después de la muerte de su hermano había regresado a Olbiş, su lugar de nacimiento, y había encontrado solamente las paredes en pie: había sido saqueada. Antes de las deportaciones, había 400 familias armenias en el pueblo. Ahora solamente había daciks (musulmanes). Un vecino debe haberlo delatado como fugitivo armenio, porque una partida de soldados otomanos vino a por él.

Huyó a Nefsi Gerger, debajo de la fortaleza de Arsameia, al otro lado del Éufrates, frente a Gerger. Lo acogió un musulmán, pero fue alertada la gendarmería. Registraron casa por casa en Nefsi Gerger, que entonces era una aldea de 70 casas, en busca del fugitivo armenio. Su protector lo había escondido en un gran saco de arena, como los que se emplean contra las inundaciones en este paraje ribereño. Los gendarmes vieron la bolsa y quisieron inspeccionarla también, pero el dueño de la casa, asumiendo un riesgo considerable para sí mismo, no se los permitió.

La terrible experiencia de Minás, un adolescente que se quedó solo en el mundo y perseguido por escuadrones del ejército, como el que lo obligó a matar a su hermano, podría parecer difícil de creer. Aun así, a fines de 1915, el Ministerio del Interior dirigido por Talât Paşa —uno de los arquitectos del Genocidio, junto con Enver Paşa y Cemal Paşa del gobierno de los Jóvenes Turcos— había ordenado la deportación incluso del puñado de armenios que quedaban. Así lo prueba el telegrama enviado el 12 de diciembre de 1915 al gobernador de Malatya, con jurisdicción sobre Gerger: «De acuerdo con las últimas órdenes recibidas, aquí no queda un solo [armenio] local. Del mismo modo, no se ha permitido que permanezca ninguna otra persona venida de otro lugar».[3]

* * *

Antes de ir a la casa del Armero, Ferit me había llevado a la tienda de su familia. Cuatro policías hacían tiempo frente a la entrada. Dentro, había otros dos, haciendo compras. También había dos jóvenes de cabello corto, que hablaban en voz baja y ocasionalmente lanzaban miradas furtivas en mi dirección. Ni siquiera pretendían estar buscando mercadería, lo que me hizo suponer que eran agentes encubiertos, que pululan por toda Turquía: indistinguibles de cualquier civil, podían ser vistos cuando mostraban fugazmente su placa para abordar el transporte público.

Por la reacción de sorpresa del padre de Ferit y sus dos hermanos mayores dentro de la tienda, quedó claro que no les había dicho nada sobre mí. Si bien su hospitalidad fue infalible, también estaba claro, por las preguntas que no hicieron, que habían entendido que yo era armenio y que no hablarían sobre los asuntos que me habían traído aquí. Ferit corrió a casa para cambiarse de ropa, dijo, mientras los dos hermanos me ofrecieron una gran ración de *tava*, un plato local, una cazuela muy condimentada de berenjena, carne de cordero picada, tomates, pimientos y ajo, con ingredientes y jugos que casi se funden entre sí pero conservan sus propias formas y colores, mientras que los sabores se mezclan y se descomponen simultáneamente en el paladar, persistiendo en un regusto matizado. Los dos hermanos y yo hablamos de Nueva York, Estados Unidos, Obama, algo de fútbol, y del tiempo. Pero mantuvimos el pacto tácito que a menudo los desconocidos consiguen. Los dos jóvenes seguían merodeando en el negocio, de manera inofensiva pero cerca de nosotros como para escuchar lo que hablábamos, por lo que no me importó demasiado no conversar sobre las razones que me habían traído a Gerger.

Cuando Ferit regresó, los dos hombres que pensaba que eran policías encubiertos también se subieron al auto. Las camisetas con frases extrañas o incompletas en inglés estaban de moda en Turquía en ese momento: la de Ferit decía «Problem Solved», mientras que la mía tenía la silueta de un buque cisterna con chimeneas gigantes y una leyenda absurda («High Gear», lo que significa «alta velocidad», o algo por el estilo). Salimos de la ciudad para hacer un picnic en las colinas. Mientras los tres hablaban de temas anodinos, me preguntaba en silencio por qué Ferit, un matemático con la naturaleza plácida de un lago, sería amigo de agentes turcos, pero al pensar en su profesión le vi algún sentido a la leyenda de su camiseta, estampada en tipografía helvética grande y en negrita, y supuse que él sabía muchas cosas que yo no.

Nos detuvimos al final de un camino polvoriento y subimos por la pendiente para sentarnos junto a una parrilla, en la que Ferit puso a calentar la tetera de doble bóveda. En el valle al pie, una aldea de casas ordenadas en colores pastel estaba dispuesta como un pañuelo bordado sobre una alfombra verde, con un minarete alto que sobresalía entre los árboles. Era

Venk. Como el nombre se parecía a *vank*, la palabra armenia para «monasterio», pregunté si había alguno cerca: estaban las ruinas de Mart Maryam, uno asirio, dijo Ferit. También había habido una iglesia armenia en la parte baja del pueblo, pero no sabía el nombre. Se había derrumbado: los cazadores de tesoros y los niños habían excavado tanto que las paredes habían cedido; entonces era posible que la gente se hubiera llevado los ladrillos a sus casas o los haya empleado en otras obras.

Eran las etapas más avanzadas del Genocidio de un siglo: la memoria era profanada y borrada en la presencia de armenios convertidos en otra cosa. Un hombre con túnica blanca y el gorro blanco de un *hajji* pasó por delante de nosotros en una mula, volviéndose brevemente hacia nosotros, sonriente: llevaba una larga barba blanca sin bigote, una marca de los musulmanes más estrictos en cumplimiento del mandato del Profeta de «hacer lo contrario de lo que hacen los paganos: mantener las barbas y recortar los bigotes»; el cañón de un rifle sobresalía de la alforja detrás de su pie calzado en sandalia. Tras él venía una joven mujer con un pañuelo de flores en la cabeza, de lado y de espaldas a nosotros, en un caballo bayo, como el de los jinetes que venían detrás: un hombre y un niño. Por último, una anciana con un vestido oscuro y un velo blanco que solo dejaba ver sus ojos, sujetaba con una mano la correa de su caballo tordo, de montura cubierta con una pequeña alfombra kilim.

Un hombre delgado de pelo leonino se había acercado a la fuente de agua junto a la parrilla: era de Venk, «un armenio, y también cristiano», susurró Ferit. Se saludaron con cierta discreción, como viejos conocidos que no son muy cercanos; no parecía conocer a nuestros otros dos compañeros, a quienes saludó con un breve gesto de asentimiento. El hombre disfrutaba más de fumar que de hablar, pero escuchaba mientras Ferit le explicaba sobre qué escribía yo. Sin embargo, con renuencia, entre cigarrillo y cigarrillo, el jefe de la aldea hizo saber que era asirio. Con algunos giros y vueltas de conversación, Ferit y yo lo indujimos suavemente a que admitiera que era armenio, pero miembro de la Iglesia ortodoxa asiria.

Llegó a la conclusión de que solo era en parte armenio por su lado paterno, mientras su discurso se dispersaba junto con las pequeñas nubes grises que exhalaba. Bromeé sobre sus nebulosos devaneos por antiguas civilizaciones tan solo para decirnos quién era. Se lo tomó con calma y con una risa, pero añadió: «Tu gente olvida lo que le pasó a Hrant».

No era así, respondí a su alusión al asesinato del periodista Hrant Dink. Había sido su asesinato lo que había provocado que los turcos finalmente reconocieran la verdad. «Sí, "¡Todos somos armenios! ¡Todos somos Hrant!"», comentó, en referencia a los lemas de las pancartas que sostenían las multitudes que tomaron las calles de Estambul tras el asesinato. «Y también es tu gente», dije, burlándome de él por su renuencia a admitir la nacionalidad armenia. «Bien: es mi gente también», aceptó. «Pero ¿cuántas personas salieron? ¿Cien mil? Digamos un millón, para no entrar en discusiones, o incluso digamos dos millones: hay otros 70 millones de personas en este país, y tenemos que vivir con ellos también».

La muerte de Dink se había convertido en un mojón histórico en las relaciones armenio-turcas, la tragedia individual que movió a ambos lados a curar un trauma colectivo y extremamente desigual. Pero las lecturas eran diferentes: los armenios de la Diáspora, alejados durante mucho tiempo de cualquier contacto con los turcos, todavía estaban fuertemente impresionados por las muestras de solidaridad de un pueblo que había sido demonizado durante mucho tiempo.

Sin embargo, la mayoría de los armenios que encontré en Turquía, ya familiarizados con las muchas corrientes de la sociedad turca, incluidas las de simpatizantes, se concentraban en el asesinato y en sus sospechas de complicidad gubernamental. Para ellos, el mensaje era inequívoco: los armenios serán expulsados si alzan demasiado la voz. El armenio asirio mencionó al pasar —con el tono casual que empleaba para hacer sus afirmaciones contundentes— las fotos del asesino de Hrant Dink, Ogün Samast, junto con un policía y un gendarme que lo flanqueaban orgullosamente. Samast sostenía una bandera turca, mientras que otra bandera, enmarcada, colgaba más arriba detrás de él, con una cita firmada de Atatürk: «Vatan toprağı kutsaldır, kaderine terk edilemez» («El suelo de la patria es sagrado, no puede ser abandonado a su suerte»). Algunas de las fotos mostraban la fecha en que fueron tomadas: el 21 de enero de 2007, dos días después de que Samast matara a tiros al editor del periódico *Agos*.

Las imágenes avalaban la idea de que el asesinato de Dink fue obra de lo que en Turquía se conoce como *derin devleti* («Estado profundo»), una red secreta de funcionarios, oficiales militares, policías, y cómplices del hampa que operan como un gobierno paralelo, organizando conspiraciones y moviendo los hilos del poder, con el objetivo de preservar el orden kemalista o aquello en que se había convertido el confuso legado de populismo y nacionalismo de Atatürk: desde que el entonces primer ministro turco Bülent Ecevit acuñó el término en 1974, ha corrido mucha tinta sobre la naturaleza precisa de esta sociedad secreta, y si es una entidad orgánica o si es solamente un nombre genérico para grupos de poder *ad hoc* que convergen en ocasiones específicas.[4]

El armenio asirio dejó caer la colilla del cigarrillo y la pisoteó, se despidió sin entusiasmo de mí y descendió la colina hacia Venk, ahora jalonada de luces encendidas con los colores del oro y la plata. Se alejaba tras haberse despojado de sus varias pieles —turca, islámica, asiria, cristiana— llevándose consigo sus convicciones y recelos, intactas o no, y el balde que había venido a llenar: las ciudades de Adıyaman a lo largo del Éufrates sufrían de una escasez de agua, que en el verano se agudizaba.

Asirios... Su nombre nunca había dejado de sonar fantásticamente arcaico, un recuerdo que se remontaba a las lecciones de historia, en la década de 1970 en una escuela armenia de Buenos Aires, sobre su imperio y su enemistad con los armenios. Todavía era extraño verlos como lo que eran ahora: una minoría cristiana, incluso más pequeña que el muy disminuido pueblo armenio. En el mito, Hayk se había convertido en el patriarca fundador de la nación armenia después de derrotar en una batalla al norte del lago Van al gigante asirio

Bel, quien había tratado de persuadirlo para que se sometiera: «¿Por qué has ido a esos climas gélidos? Acércate a mí y te daré tierras bajo mi dominio». En otra época, Senaquerib, «el rey malvado de Asiria» (su epíteto real en los textos escolares armenios), había destruido Babilonia en 689 a. C.:

> La ciudad y sus casas, cimientos y muros, las devasté, las quemé con fuego. El muro y la muralla exterior, los templos y los dioses, las torres de templos de ladrillo y tierra, por muchas que hubiera, las arrasé y las arrojé al canal Arahtu. En medio de esa ciudad cavé canales, inundé su sitio con agua, y destruí los cimientos mismos de ella. Hice más completa su destrucción que la de una inundación. Para que en días venideros, el sitio de esa ciudad, y sus templos y dioses, no fueran recordados, lo borré por completo con inundaciones de agua y lo hice como un prado [...]. Después de haber destruido Babilonia, hacer añicos los dioses de ella, y matar a su gente con la espada, para que el suelo de esa ciudad pudiera ser llevado, levanté su suelo y lo llevé al Éufrates [...]. Su polvo llegó hasta Dilmun, los dilmunitas lo vieron, y el terror del miedo a Assur cayó sobre ellos [...]. Para aplacar el corazón de Assur, mi señor, para que los pueblos se inclinaran en sumisión por su exaltado poder, quité el polvo de Babilonia para que se enviara como regalos a los pueblos más distantes.[5]

Los registros históricos tienden a gravitar hacia el poder militar, un sesgo que los asirios resentían, así como lo que un historiador estadounidense-asirio ha llamado «tergiversaciones bíblicas». Oscurecían una civilización que excede ampliamente sus contribuciones a la práctica de la guerra, con traducciones de clásicos griegos en los primeros siglos de la era cristiana y la Escuela de Nisibis, posiblemente la primera universidad del mundo, fundada en el siglo IV por la Iglesia asiria.

Un encuentro casual en Estambul unos meses antes en el antiguo barrio de Kumkapı, la sede del Patriarcado Armenio de Constantinopla, me había revelado la existencia de los armenios asirios de Adıyaman.

Ese día, dos policías pasaron a toda velocidad junto a mí en motos de motocrós, uno casi derrapando violentamente por la estrecha calle empedrada antes de una frenada teatral frente a una tienda de ropa, donde se había reunido una multitud de espectadores. El comerciante muy agitado gritaba maldiciones en un turco con inflexiones de los fuertes acentos del Cáucaso Sur, tal vez Georgia o Abjasia, mientras su nariz ganchuda sangraba. Aparentemente se había producido un robo: en el babel de lenguas orientales que me rodeaban, dos mujeres probablemente hablaban en amárico o eritreo, pero también escuché un diálogo en armenio oriental, y luego escuché armenio occidental, dirigido a mí: un amigo que había conocido un par de años antes me había reconocido.

«Voy a la Iglesia de los Peces», dijo. Intrigado, lo acompañé, sorprendido de que nunca hubiera oído hablar de una iglesia tan extraña en Estambul, pues el nombre me había evocado el Estanque de los Peces de Abraham en Urfa, uno de los recuerdos más vívidos de la infancia de mi abuela antes de ser enviada al desierto en 1915. La iglesia estaba cerrada. Al igual que con muchas iglesias armenias en Estambul, estaba escondida detrás de una pared y una puerta metálica. Sin embargo, intrigado, había regresado el domingo, esta vez guiado por una niña que llevaba la cabeza cubierta con un pañuelo —difícilmente fuera mayor de 12 años— que me acompañó tímidamente a través del laberinto de Kumkapı hasta la entrada ahora abierta, e inexplicablemente se alejó corriendo como si tuviera miedo.

No había estanques de peces. Pero la iglesia de Surp Harutyun había sido frecuentada por los pescadores armenios de Kumkapı, inmigrantes del interior de Anatolia y sus descendientes. Bajo la semicúpula dorada y rosada del ábside colgaba un recipiente de plata en forma de pez, probablemente un incensario inspirado en ese símbolo cristiano primitivo. Sus referentes se remontan a la época precristiana cuando el pez se asociaba con la fertilidad y la vida. Tal vez también era un reconocimiento a sus primeros feligreses, que solían murmurar una oración aquí todas las mañanas antes de salir en sus barcas al mar de Mármara, al otro lado de un tramo de muralla bizantina que todavía recorre la periferia de Kumkapı, mientras ejercían su oficio bíblico, el de varios apóstoles de Jesús, que eran pescadores. En el siglo III, el pez era «un símbolo que era entendido por todos los cristianos en todas partes».[6] Surp Harutyun, una iglesia barroca erigida en 1855, aún era popular entre la última oleada de armenios provenientes de las provincias históricas que se habían establecido en Estambul, la mayoría de los cuales hablaban un armenio imperfecto o no lo sabían: el sacerdote celebrante estaba por concluir una animada homilía en turco sobre el amor mariano, enfatizando inusualmente algunos pasajes con una sonrisa, enseñando en vez de predicar.

Entre los asistentes reconocí a Aram, el peregrino sasuntsí que dos años antes en la cima del monte Maruta me había mostrado sus peticiones rechazadas por los tribunales turcos para volver a inscribirse como cristiano en el Registro Civil, así como para formalizar el nombre por el que era conocido por familiares y amigos. Su petición había sido aprobada poco después de su peregrinación, tras lo cual se había unido a esta parroquia. Cerca de Aram, en la comida ofrecida después de la misa, se sentó un hombre de unos 40 años. De piel blanca y ojos azules, estaba en las galas del domingo. Las cortesías iniciales que intercambiamos fueron insulsas, pero cuando mencionó que era oriundo de Adıyaman, algo se agitó debajo de la superficie inmóvil de la conversación intrascendente. La provincia era exótica, y no solo por los extraños nombres que ha tenido continuamente hasta el presente, que se traduce aproximadamente como «lugar con un nombre malo (pero también extraordinario)», y acerca de lo cual hay una serie de leyendas dignas de poca atención. Más importante aún, era raro encontrar armenios de Adıyaman en las comunidades de la Diáspora formadas después del Genocidio.[7]

No solo había armenios turquizados o kurdizados en la provincia; también había armenios asirizados que posteriormente se habían convertido al islam. El hombre de los ojos azules, *Nazaret*, había nacido musulmán, creció creyéndose turco, hasta que sus padres le dijeron que eran asirios islamizados. En sus primeros años de adolescencia, asistían a la Iglesia ortodoxa asiria de Adıyaman. Fue solo años más tarde que descubrió que eran de origen armenio: la mayoría de los asirios en Adıyaman lo son, pero algunos no lo sabían. Y los eclesiásticos asirios contribuían a la confusión al restar importancia a sus raíces, agregó Nazaret: «Nos decían que no éramos armenios».

No hay diferencia que se siente más agudamente que aquella que hay entre pares, lo cual era quizás la esencia del dicho persa: «Se odian unos a otros como primos». Eso distaba por mucho de describir las relaciones entre armenios y asirios, las iglesias cristianas nacionales más antiguas. Armenia se convirtió en el primer Estado cristiano del mundo en el año 301 d. C., pero, según la leyenda, el rey Abgar de Edesa (Urfa, en la actualidad) abrazó la nueva fe en el año de la Crucifixión tras la misión evangélica de los apóstoles Tomás, Tadeo y Bartolomé.

Abgar, que era un soberano armenio, gobernaba una población que era asiria o de habla siríaca, por lo cual los asirios dicen que fueron el primer pueblo del mundo en convertirse al cristianismo en el año 33 d. C. Al enterarse de los poderes curativos de Jesús, el monarca, que se dice que sufría de elefantiasis y buscaba una cura, lo invitó a residir en Edesa: «Tengo una ciudad pequeña, pero hermosa, que te ofrezco compartir conmigo». Los mensajeros de Abgar llevaron la carta a Jerusalén en el año 30 d. C.:

> Jesús demostró mucha alegría por el contenido de la carta de Abgar, y le ordenó al apóstol Tomás que escribiera una respuesta a ella, dictada de la propia boca de nuestro Señor. En esta carta, nuestro Salvador dice: «Cuando resucite a mi gloria, te enviaré uno de mis discípulos, que eliminará vuestros dolores y dará vida a vosotros y a los que os rodean».[8]

Entre los armenios, la leyenda más extendida de rivalidad con los asirios es una historia de amor no correspondido que se remonta a la era pagana. Rechazado por el rey armenio Ara el Hermoso, la reina Samiramis había enviado a los ejércitos asirios a invadir Armenia y capturar vivo al monarca. Pero Ara había muerto en la batalla. Los dioses asirios, a quienes Samiramis había ordenado lamer sus heridas y devolverlo a la vida, habían fracasado.[9] Si bien suelen ser endogámicos, armenios y asirios se casan entre sí, especialmente en países islámicos, como miembros de iglesias hermanas. Sin embargo, el asesinato de Ara por los soldados de Samiramis todavía podía causar resentimiento hasta hace poco. Una mujer de padre armenio y madre asiria recordaba una fiesta de bodas de una pareja mixta que terminó mal en Teherán en 1978. Estalló una trifulca entre los invitados de ambas comunidades por alguna fulgurante trivialidad, pero entre la andanada de insultos y puñetazos que intercambiaron las partes también volaron palabras feas contra la reina asiria y expresiones de mofa contra el rey armenio.

* * *

«Siempre estamos con miedo», dijo Ferit. Traducía el espíritu del hombre de Venk. «Lo queramos o no», el miedo los seguía como una sombra. «Yahu», dijo, usando una interjección común en turco, a veces utilizada en frustración. «Soy kurdo: nací y crecí como kurdo y musulmán, pero no es que tuviera otra opción; y, sin embargo, nos llaman armenios, y todavía nos vigilan».

Algo en sus pausas y su expresión transmitía la sensación de que estas no eran cosas que él, el matemático, estaba naturalmente propenso a discutir de manera abierta. Incluso los armenios de cuarta generación después de la conversión al islam eran vistos como *gâvur*, dijo: la tienda familiar tenía un competidor a 20 metros, pero todos los policías locales eran sus clientes habituales. «Nos dicen que confían más en nosotros, que somos honestos y que ofrecemos un mejor servicio y mercancía». Y, sin embargo, si pudieran, agregó Ferit, los policías, como todos los demás en la ciudad, preferirían no comprar de los armenios. El Armero había dicho lo mismo:

sus clientes tan solo acudían a él porque no había otro armero en la ciudad.

Unos años antes, un amigo con buenas conexiones le había dicho a Ferit que un nuevo jefe de policía que había sido apenas enviado a Gerger había preguntado a Ankara por qué había tantos armenios en la ciudad. Los primos cristianos de Ferit calculaban que la mitad de los residentes eran de origen armenio, a pesar de que inicialmente no entendían lo que yo quería decir cuando preguntaba cuántos armenios había. «Solo cuatro familias», había respondido el primo joven en el balcón del Armero, pues no contaban a los islamizados. El Estado conservaba registros de conversión: como es un proceso formal, deja tras de sí una secuela de documentación burocrática en un país donde la afiliación religiosa tiene importancia oficial. Pero, si la información de la que Ferit había tenido conocimiento era precisa, significaba no solo que los funcionarios sabían si las personas eran de origen armenio, incluso si la memoria de ello estaba perdida para los propios sujetos, sino que era información demográfica que supervisaban. Puede haber sido otro ejemplo de los códigos secretos para las minorías que el Estado turco mantenía en sus registros.[10]

El sol partía, llevándose consigo lo que era suyo, pero también los sonidos. El silencio de las montañas descendió sobre nosotros, mientras la vida se retiraba de la noche que se avecinaba. Un alegre rebaño sin su pastor trotaba cuesta abajo, en una larga fila que desaparecía tras el edificio cuadrado de una mezquita. Sin embargo, algunas cabras se detenían en breve contemplación sobre el pronunciado borde de un acantilado, antes de volver a unirse al tropel descendente. Los suyos fueron los últimos sonidos antes de que los altavoces de las mezquitas de abajo irrumpieran con el *ezán*, contaminado de ruidos de estática. El nombre de Alá y su exaltación se replicaban en un falso eco, causado por los segundos de diferencia en el llamado a las plegarias.

Sin embargo, si el silencio equivale al vacío, *natura abhorret a vacuo*. Uno de los amigos de Ferit que creía policías, uno de bigote delgado que se parecía vagamente al actor Hakan Eratik, habló de un buscafortunas que conocía. Este conocido suyo, oriundo de Erzurum, decía estar bien versado en la cartografía de los tesoros enterrados en Armenia Occidental: «Detesta a los armenios, y una vez le dije: "Los odias tanto, pero no dejas piedra sin mover en busca de sus tesoros", pero tan solo me miró en silencio». El hombre de Erzurum buscaba ofenderlo de manera deliberada, dijo. «¿Por qué haría eso y por qué te ofenderías?», pregunté con sorpresa sincera. «Porque él sabe que tengo amigos armenios».

Aun si me abstuve de juzgar cuán sincero era, no sonaba a policía. Era un maestro, como su amigo de piel cetrina, que era kurdo. Él mismo era de etnia azerí, y provenía de Kars, una importante ciudad armenia antes del Genocidio, en lo que ahora es el noreste de Turquía. Ninguno de ellos ignoraría que su etnia azerí y su nacionalidad turca por sí mismas lo colocaban en dos campos enemigos contra los armenios. Sin embargo, por nuestro silencio sobre la guerra entre Armenia y Azerbaiyán por el enclave de Nagorno Karabaj, donde una tregua de dos décadas se había roto brevemente en abril de 2016,[11] estábamos implícitamente de acuerdo en mantener una conversación cordial. También era inútil, ya que nuestra postura sobre el conflicto tendría muy poco impacto en su resolución. Nada de lo que dijéramos o dejáramos de decir cambiaría su curso. Y, sin embargo, tal razonamiento haría que cesara toda conversación sobre asuntos controvertidos y haría del mundo un lugar más pobre, porque no sabemos cómo convergen las corrientes de la opinión pública para determinar o cambiar la política. Dadas las circunstancias, aún parecía correcto no perturbar la tranquilidad pastoral, porque nacimos lo que nacimos y él demostraba ser un tipo agradable.

Y esta premisa que me guardé para mí mismo me movió a preguntarme en voz alta por qué debería importar cuál era nuestro origen, no elegido por nosotros y solo por Dios para los creyentes o por casualidad para el resto: «Todos venimos de los simios». El maestro kurdo se volvió con alarma a su colega azerí: su manzana de Adán subía y bajaba por una garganta hinchada mientras me miraba con consternación. «¿Por qué entonces los monos no se están convirtiendo en hombres?», preguntó con calma en esta conversación improbable tan alejada en tiempo y lugar del Tennessee de Scopes. Le haría un flaco favor a él y a la ciencia, le dije al maestro, si me ponía a hablar sobre la evolución, pero conjeturé que tal transformación no sucedería en el lapso de unas pocas generaciones: era poco probable que un abuelo chimpancé tuviera un nieto que caminara erecto, comenté, no sin un sarcasmo espontáneo que traté de diluir, avergonzado de mi malicia mientras hablaba. «Esto es lo que puedo decir con más o menos confianza», le dije:

> Muchas cosas se han basado sobre Darwin desde *El origen del hombre*. Una de las teorías más interesantes que he leído sobre la evolución humana ha sido propuesta por Ian Tattersall. Es un antropólogo británico, pero ahora es el director del Museo de Historia Natural de Nueva York. Tattersall dice que la evolución de los homínidos y los hombres prehistóricos no fue estrictamente secuencial. Coexistieron por un tiempo. En otras palabras, todavía había neandertales cuando los cromañones comenzaron a extenderse desde África hace unos 40 000 años, y si nuestros patrones actuales de comportamiento colectivo son indicativos de algo, entonces podemos entender cómo el precursor del *Homo sapiens* se deshizo de su competencia. Las diferencias entre parientes son las más marcadas, por lo que nuestros antepasados comunes probablemente exterminaron a los homínidos menores.[12]

Los ojos del maestro azerí ahora se habían entristecido. Aún con habla suave, me preguntó por los nombres que había mencionado: «Los leeré». Estaba claro que había sido herido en sus creencias islámicas sobre la Creación, lo cual confirmaba la expresión incómoda del amigo kurdo, mientras Ferit miraba todo con una sonrisa cómplice. El azerí mantuvo sus modales cordiales. Para no exagerar, me abstuve de preguntarle sobre Darwin, ya que me había quedado con la impresión embarazosa de que no conocía su nombre. Una visita una vez a una clase de cuarto grado en una escuela rural en el continente asiático de Turquía había dejado la sensación de un viaje por el túnel del tiempo, donde niños kurdos (un puñado de ellos de bisabuelas armenias) hacían ejercicios de caligrafía, y con risillas me mostraban entusiasmadamente las largas As manuscritas en estilo itálico en un aula presidida por el retrato de Atatürk, el hombre blanco de Salónica, cuyos ojos azules miraban un horizonte lejano.

Esa noche fui el invitado de Ferit en la casa de su familia en Gerger, una construcción de dos pisos con dos alas que flanqueaban un patio interior. Un muro indiferente lo separaba de la calle. Cuando entramos, una joven de complexión delgada caminaba por el patio hacia los aposentos de las mujeres a la derecha. A la luz débil de fuente incierta, tal vez de una farola, pude discernir su piel morena cuando se volvió para robarme una mirada fugaz, y la cola de su pañuelo de seda dibujó una estela brillante tras su paso, antes de desaparecer detrás de una puerta. Eso fue todo lo que vi de las mujeres de la familia de Ferit. Acababa de dejar la cena en el cuarto de los hombres; la *şofra* (bandeja grande) estaba llena de pan, yogur y al menos cuatro platos. Los dos hermanos mayores de Ferit, agotados después de trabajar todo el día en la tienda, nos esperaban. Nos sentamos alrededor de la *şofra* y, con poca ceremonia y menos charla, nos dispusimos a cenar, llenando montones de comida en nuestros platos separados. Devoramos la comida, un trámite veloz, como si fuera una necesidad indecente, con la mirada baja, y solo hablábamos si era estrictamente necesario, haciéndolo brevemente y casi en susurros.

No solo en la religión, sino también en el hábitat y las costumbres Ferit y sus primos cristianos de la Calle de los Infieles habían tomado caminos separados. La esposa del Armero, sus hijas o suegras se habían unido a nosotros en nuestra charla y me habían saludado con apretones de manos o besos en ambas mejillas. Los interiores estaban amueblados en el estilo occidental, con gabinetes, mesas y sillas de buen gusto, sin los excesos barrocos de las reinterpretaciones orientales de la decoración europea.

El cuarto de los hombres en la casa de Ferit era, en cambio, de riguroso estilo islámico, despojado de casi todo a no ser por una serie de almohadas y alfombras gordas que lo cubrían de pared a pared, cargados de tonalidades burdeos y marrones que le infundían la atmósfera acogedora de un caravasar. Cuando terminamos de cenar, el hermano mayor colocó la bandeja delante de la puerta de tal modo que hizo un breve sonido metálico, una señal, pues se escucharon los pasos ligeros de alguien en pantuflas que se acercó a la habitación, tal vez la misma mujer que había visto antes. Ferit se despidió, ya que despertaría muy temprano para ir a una conferencia en Elazığ. Desenrollamos los *döşeks* rellenados de lana de cabra y uno de los hermanos apagó la luz.

Bajo el sol blanco del mediodía, en un lote sin sombras, un hombre de porte solemne, de bigotes negros y traje a juego, estaba parado a cierta distancia de un Fiat infeliz. Sus labios, curvados bajo el peso de los bigotes, transmitían amargura, confirmada por los tonos quejumbrosos, mientras, entre bocanadas de cigarrillo, hablaba con un mecánico. Dos filas paralelas de talleres mecánicos idénticos se abrían a una plaza pavimentada. En este lugar anodino, el automóvil pasaba casi inadvertido. Era un ejemplar avanzado de una invención local: la primera rueda rodó por primera vez hace 6000 años en Mesopotamia, no muy lejos al sur de la tapicería de automóviles que visitaba ese día.

Torós, un armenio de 27 años que había conocido unas semanas antes en Hatay, cerca de la frontera con Siria, tenía un contrato de mantenimiento de la flotilla de automóviles de la municipalidad de Kahta, una antigua ciudad de Comagene y ahora una localidad de 60 000 habitantes. Es una escala de alojamiento con varios hoteles en el camino al monte Nemrud, cuyo pico puntiagudo estaba rodeado por un anillo de enormes cabezas de dioses greco-persas y del rey Antíoco. En el siglo I a. C., el autodenominado «amigo de los romanos, amigo de los griegos» construyó esta hierótesis para su religión sincrética, un santuario al aire libre como el de los antiguos persas, que eran reacios a abovedar a sus deidades dentro de paredes techadas. El estilo es pseudohelenístico, aparentemente la interpretación de motivos persas y armenios por los artesanos griegos empleados por Antíoco para construir la imagen y semejanza de su reino. Las inscripciones están en griego asiático, embelesado de florituras retóricas.

«Un parque de piedras», había descrito el monte Nemrud una vez un amigo armenio de Adıyaman. En la magnífica rareza de las enormes cabezas de las divinidades, un busto parecía extrañamente familiar: era el del soberano, con la alta tiara armenia que llevaba al estilo de Tigranes el Grande, el emperador armenio cuyo vasallo Antíoco había sido hasta que se emancipó con apoyo romano. La efigie de Tigranes, que expandió las fronteras de Armenia a su mayor extensión, ocupa un lugar destacado en los libros de texto, reproducidos a partir de monedas que muestran su retrato de perfil bajo la imponente corona. Estaba echando un vistazo a una reproducción de la cabeza real, un *souvenir* popular, en la tienda cerca de la cumbre, pero entonces vi a los dos comerciantes, que parecían hermanos, mientras examinaban una pistola cromada: «OK, OK, no problem», dijeron en inglés turístico cuando notaron mi alarma. «OK», correspondí, pero aun así regresé al círculo seguro de los dioses petrificados. En el pasado, las cabezas habían sido unidas a cuerpos sentados en tronos ahora desaparecidos, posiblemente destruidos por manos desconocidas en una campaña contra los «antidioses», como se llamaba a los ídolos paganos en armenio: *çasdvadz*. Una leyenda recordada por el monje Ghevont Alishan, historiador de la Congregación Mekhitarista, trae a nosotros los ecos de la ira de Dios: «Los lugareños refieren que Nemrud había querido construir un palacio en la cima de la cumbre y que un rayo vengativo lo destruyó y lo hundió en abismos abiertos en la montaña».[13] Hay una correlación directa con la maldición de Babel. El constructor de la torre que se vino abajo por la confusión de idiomas era bisnieto de Noé y su nombre era Nemrud. En la tradición armenia, Nemrud era Bel, el gigante asirio derrotado por Hayk.

El legado monumental de Antíoco, este parque de piedras y altorrelieves que lo muestran dándose la mano con los dioses, formaba parte de la cuidadosa coreografía del rey de Comagene para preservar la independencia de su pequeño reino en la intersección de los Imperios persa y romano. Era el equivalente a las estatuas de Lenin que pululaban en las repúblicas soviéticas, como Armenia, en lealtad a Rusia, primera entre iguales. «Teníamos que construir 70 estatuas de Lenin para erigir una de Mesrop Mashtots», me había dicho Vardges Petrosyan, un escritor armenio muy caro al régimen comunista, en 1991, el año en que el país se independizó de una Unión Soviética en descomposición, exagerando las correlaciones conmemorativas entre el revolucionario bolchevique y Mashtots, el monje que creó el alfabeto armenio en el año 405 d. C.

«Հայաստան» o «Hayasdan». Eso era «Armenia» en armenio, la leyenda que Toros tenía en su pulsera de plástico roja, azul y naranja. No podía leerlo, pero lo proclamaba en voz alta no solo en su muñeca, sino también en la moderna oficina que había arreglado en el entresuelo de su tienda. Una persiana a control remoto, con una imagen de tamaño mural del monte Ararat impresa en ella, descendió sobre la ventana. En un estante largo, había una colección prolijamente ordenada de botellas de *whisky* vacías, como los escolares de antaño que formaban fila de más corto a más alto: había una serie de etiquetas de malta única, pero mis ojos se posaron en un favorito, Jack Daniel's Old Number 7. Esta segunda instancia que me retrotraía a Tennessee en Adıyaman en el lapso de unos pocos días era notable, aunque solo fuera por un recuerdo personal. En el año 2000, acababa de instalarme en Atlanta por trabajo, y la proximidad a la destilería de Lynchburg me había tentado a hacer una excursión de un día con un compañero periodista y también aficionado de Jack Daniel's a la casa del Bourbon agridulce.

Atraídos en gran medida por los anuncios en blanco y negro del fabricante de *whisky* de personas relajadas que jugaban al ajedrez junto a viejos barriles, salimos a la carretera en un viejo Cadillac para el viaje de tres horas. Había una serie de tiendas de antigüedades alrededor de una pequeña plaza que vendían todo tipo de botellas vacías de Jack Daniel's de todas las edades y etiquetas, que nos resultaron curiosas aunque ligeramente macabras en su tristeza inerte. Nos sentamos a almorzar, y nuestra curiosidad creció exponencialmente cuando la camarera nos dijo que no tenían Old Number 7 ni ningún otro tipo de Jack en el restaurante, justo enfrente de la destilería. «Una cerveza puede estar bien», sugerí. «No», negó con la cabeza, un poco avergonzada. «Solo tenemos refrescos o limonada: Lynchburg es un condado seco».

Pero en el estante de Toros, esta formación de botellas de *whisky* vacías también tenía un significado implícito, aunque tal vez también no intencionado. Junto con la tricolor armenia y el mural del Ararat, tenía su lugar en este pequeño rincón de subversión en Turquía, especialmente en la era de Erdoğan, cuando el alcohol era vilipendiado y denunciado como antislámico. Hablaba no solo del lugar de Toros, sino también de su religión durante los últimos diez años: había sido bautizado cristiano a los 16 años, hacía una década. Al igual que los otros armenios de Adıyaman que había conocido, era instruido y de hablar correcto, y sus anteojos con montura de alambre y su perilla curada acentuaban esta impresión.

«Cuando tenía diez años, mis compañeros de clase se inscribieron en un curso de lecciones de Corán con el imán, una actividad extraescolar», dijo. «Solo porque mis amigos iban, yo también me inscribí, por lo que tomé el gran Corán que teníamos en casa y me preparé para irme». Desconcertado, su padre le preguntó dónde iba: «No harás nada de eso, eso no es para ti». Toros no hizo mucho caso a eso en ese momento, a pesar de que su padre era un musulmán practicante que hacía el *namaz*, la oración islámica con recitaciones y postraciones.

Pero cuando tenía 12 años, esos mismos compañeros de clase comenzaron a burlarse de él con el epíteto de *dönme*, una palabra que desconocía. Su madre le dijo que significaba «converso», y que «hacía mucho tiempo» eran armenios, pero se habían convertido en musulmanes. «No me dijo nada más:

ni masacres, ni Genocidio; solo eso, que originalmente éramos armenios». Luego recordó la prohibición de su padre de asistir a clases coránicas. Más tarde, tras un examen de conciencia más profundo, también entendió por qué se sentía diferente a sus compañeros de clase, y nunca se había sentido musulmán. Se dio cuenta de que nunca había puesto un pie en una mezquita. Como la mayoría de las personas en Turquía que descubrieron de grandes sobre su origen armenio, se preguntó de dónde venían los armenios, ya que la migración tenía un lugar central en la narrativa turca. Pero, sobre todo, seguía preguntándose por qué los armenios eran tan odiados, una pregunta que todavía lo asolaba.

Tres años más tarde, a escondidas de su familia, asistió a misa en la iglesia asiria de Adıyaman y la liturgia lo cautivó, creando un sentido de comunión que lo indujo a ser bautizado a los 16 años, también sin decírselo a su familia. El secreto salió a la luz después de que terminó la escuela, cuando trabajaba en Estambul: «Si vuelves a casa te mataré», le dijo un hermano mayor a Toros por teléfono; se había enterado de la conversión de Toros por casualidad después de presentar algunos documentos en la oficina del Registro Civil en Adıyaman. Toros tuvo que mudarse en cuestión de horas del apartamento de su hermana en Estambul al de un amigo, que lo acogió durante un año y le dio trabajo. «Sabía que podía suceder, que me podían matar por esto: realmente temía por mi vida».

Toros es el único cristiano de su clan de más de 350 miembros (sin relación de parentesco con el de Barsum en Gerger). Solo se reconcilió con su familia tres años después, pero por acuerdo tácito nunca hablan de religión. Sin embargo, ha averiguado un poco más sobre la islamización de la familia. El primero en convertirse en el clan fue su bisabuelo, Bedros, a principios de la década de 1960, al final de su vida. Los tíos de Toros recordaban que su padre, el hijo de Bedros, los había llevado para su bautismo en la iglesia asiria de Adıyaman.

Pero después de la conversión de Bedros, el resto de la familia siguió su ejemplo. Toros era integrante de la feligresía de Mor Petrus Mor Pavlus, la iglesia asiria en la ciudad de Adıyaman, y dijo que los asirios lo presionaban para que se convirtiera en asirio y se casara con una mujer asiria. Cuando decidió bautizarse, recibió la solicitud de cambio de religión de la Iglesia asiria. «¿Por qué dices que eres armenio si vienes a una Iglesia asiria?», le preguntaron. «Les digo que soy armenio, porque soy armenio, ¿qué quieren que diga?». Quizás no advertía la extraordinaria vitalidad implícita en esta historia de los dos pueblos más antiguos de esta tierra todavía trabados en competencia, después de milenios y un Genocidio compartido: en 1915, turcos y kurdos exterminaron a más de 750 000 asirios, o dos tercios de su población en el Imperio otomano, con sobrevivientes deportados y dispersos por todo el mundo. En la historia común de los cristianos armenios y asirios que se remonta al siglo II, y que han tenido las más diversas relaciones en la era cristiana, la presencia de la iglesia hermana en Adıyaman permitía que sus miembros armenios preservaran su religión, si no su denominación.

El clan de Toros era originario de Şamşat, la antigua capital de Comagene. Turquía inundó la ciudad en 1989 bajo la represa de Atatürk, un raro ejemplo de hechos que se convierten en metáforas ilustrativas de un país levantado sobre la destrucción de la historia. Hasta su islamización, las familias del clan eran presa fácil de vecinos musulmanes que atacaban y quemaban sus casas para expulsarlos, en una campaña de acaparamiento de tierras mediante métodos de eficacia comprobada. La conversión mejoró un poco su condición, al menos en lo que respecta a su seguridad y la de sus bienes raíces, pero les valió el estigma de *dönme*, además del tradicional de *gâvur*. Si la experiencia de los armenios ocultos en Turquía servía como indicador, es posible que pasen más de tres generaciones hasta que una familia se libre del mote de «infiel».

«Cuando vamos a un jardín de té con mis otros amigos armenios, cuatro o cinco personas en total, pero no más, la policía siempre viene, siempre, y se sientan por allí, en una mesa cercana; a veces están vestidos de civil», dijo. Kahta es una ciudad pequeña y todos conocen a todos. Si todo esto a veces sonaba paranoico, y tenemos que considerar la posibilidad de impresiones engañosas, tomaba como prueba de fuego la historia de Ferit sobre el jefe de policía que preguntó en Ankara sobre el alto número de armenios en Gerger: un matemático desvinculado de todo tipo de partidismo, no ocultaba sus raíces armenias, pero se consideraba kurdo, y era el único en su familia que cultivaba una estrecha relación con sus primos cristianos, mientras que él mismo seguía siendo musulmán sin aparente inclinación a unirse a la Iglesia. Muy querido por todos y en buenos términos con la policía local gracias a la tienda de su familia, no tenía ninguna razón para tener un complejo de persecución, y no lo tenía: sabía a ciencia cierta que eran vigilados.

Si la tomamos al pie de la letra, la vigilancia policial de los armenios de Adıyaman apuntaba a una aguda inseguridad por parte de las autoridades. Desconfiaban tanto de los restos de una minoría aterrorizada, tal vez, como estos últimos los temían a su vez. El Estado conocía el número de armenios islamizados, no solo por los códigos numéricos secretos, sino también por documentos del Registro Civil fácilmente disponibles como el que expuso la conversión de Toros a su hermano desprevenido durante un trámite de rutina. Fuera del gobierno turco, nadie puede saber con certeza cuántos armenios islamizados hay, pero la conducta de la policía de Adıyaman puede ser una indicación sobre el tamaño de la población: seguramente la policía no se molestaría por tres o cuatro familias cristianas que caben en una sala de estar, o sus primos comerciantes que eran musulmanes. Pero incluso si la mitad de la población de Gerger pudiera ser de origen armenio, pensar que 1500 granjeros y comerciantes islamizados puedan representar una amenaza para Turquía dice mucho más sobre la paranoia de las autoridades que sobre la capacidad de subversión de estas pequeñas minorías.

Las tarjetas de visita de Toros estaban enmarcadas en el rojo, azul y naranja de la bandera armenia. «No lo reconocerían en mil años», dijo riendo. Hasta el año anterior, dos grandes banderas armenias en postes metálicos habían flanqueado la entrada de su tienda, algo que daría escalofríos a un armenio de Estambul, y mucho más a uno de Anatolia. «Nadie sabía lo que era», dijo. «A nadie le importó, y simplemente las quité cuando se destiñeron».

Sin embargo, los colores nacionales no eran el problema más grave. «Por lo general, invito a colegas de las tiendas vecinas a almorzar», dijo. «Compartimos una gran bandeja de *tava*, y luego nos tomamos un pequeño recreo para té y cigarrillos». En una de esas pausas para fumar, hablaban de la violencia en Siria:

> Les dije: «Si vuestro imán declara la yihad y os ordena matar a los infieles, o estalla el caos en Turquía, seguramente vendríais y me apuñalaríais». Estábamos fumando en la entrada del garaje después de la comida que había ofrecido. Todos tenemos más o menos la misma edad y nos llevamos bien. Esperarías que tus amigos te dijeran: «No, ¿cómo puedes pensar eso? No haríamos tal cosa», o algo por el estilo. Pero no: se quedaron callados, miraban hacia abajo o hacia otro lado, pero no con vergüenza o malestar. Terminaron de fumar y regresaron al trabajo. Ninguno de ellos estaba sacudido; ninguno de ellos se enojó por mi conjetura. No sé si lo harían, pero tampoco sé si no lo harían. Ninguno de ellos dijo: «No, no haríamos tal cosa».

Esto no era un retrato del mal, sino más bien de una moralidad líquida o la falta de ella, como el agua que toma la forma de su curso o se detiene ante bordes duros. La suya era quizás una variación del estado del alma de los reclutas turcos que había observado un siglo antes Lawrence de Arabia, desinhibido por los dictados de nuestro tiempo y conciencia que nos previenen de ver en lo particular una proyección del todo:

> Los reclutas aceptaban su destino sin cuestionamientos: resignados, según la costumbre del campesinado turco. Eran como ovejas, neutrales sin vicio ni virtud. Si se los dejaba solos, no hacían nada, o tal vez se sentaban aburridos en el suelo. Si se les ordenaba ser amables, sin prisas se convertían en los mejores amigos y enemigos generosos que pueda haber. Si se les ordenaba ultrajar

a sus padres o destripar a sus madres, lo hacían con tanta calma como podían no hacer nada, o hacer el bien.[14]

Todo esto para Toros significaba que tenía que irse. Soñaba con establecerse en Armenia, pero pensaba que hacer negocios allí podría ser desalentador. «Mi esposa tiene que ser armenia», había resuelto. «Cien por ciento armenia». Luego sondeó Alemania o Canadá como posibles nuevos horizontes para él. Australia o cualquier otro lugar podrían funcionar igual de bien. Turquía, dijo, no era un lugar para los armenios; era una bomba de tiempo, como lo ha sido siempre.

* * *

V., una amiga del clan de Barsum de Adıyaman, me había presentado a Toros apenas unas semanas antes, en la Fiesta de la Asunción de la Virgen en Vakıf, la última aldea que queda en Turquía con una población enteramente armenia, a la sombra de la histórica montaña de Musa Ler. La festividad religiosa, seguida de fiesta hasta la noche, era especialmente popular entre los bolsones de armenios que quedaban en el interior de Anatolia, quienes convergían en este sitio a poca distancia del Mediterráneo.

V. me había llevado a desayunar a la casa de *Adriana*, una amiga ortodoxa griega en Samandağ, la capital del distrito, a unas pocas paradas de autobús de Vakıf. La casa de Adriana era un hervidero de actividad femenina, con tres generaciones de mujeres que corrían, entraban y salían del porche en una gran disparidad de prendas, desde *jeans* y camisetas hasta vestidos de seda y maquillaje elaborado, mientras algunos hombres estaban paralizados por la confusión, entre ellos el hermano de Adriana, que se casaba en un par de horas mientras nos dábamos un festín sin apuros en la abundante mesa de desayuno servida por la madre de Adriana, espléndidamente despreocupada de la boda mientras atendía sus deberes de hospitalidad hacia V.

Se describieron a sí mismos como griegos arabizados, mientras que los vecinos, entre ellos algunos armenios de

Vakıf, los creían árabes o siríacos helenizados. Sin embargo, quizás la descripción más acertada para los griegos de Antioquía fuera la de levantinos, un pueblo indígena que había asimilado las civilizaciones pasajeras en su singular identidad. No quedaba ningún vestigio de griego en su habla, que era árabe y también lo eran sus canciones, con las melodías que un acordeonista extraía de los fuelles que se henchían y plegaban mientras encabezaba una exultante procesión de invitados camino a la iglesia y que en ese momento pasó por la casa de Adriana. El músico y los juerguistas marchaban por una senda que atravesaba un espeso bosque de naranjos comparables con los de Botticelli, o apenas ejemplos modestos de perfección en la geometría de la Naturaleza.

Conforme la conversación matutina pasaba de la comida a los idiomas, a la política y a las ciudades natales, entre otros asuntos urgentes antes de la boda del mediodía, entre cigarrillos y cafés, Adriana recordó una anécdota que pensó que valía la pena compartir con V. En 2009, trabajaba en la ciudad de Besni, en Adıyaman; durante una transacción en el banco, la cajera confundió los documentos de identidad y dio la suya a otra cliente a la que también atendía: se dieron cuenta del error y las intercambiaron. Sin embargo, cuando Adriana salía del banco, la otra cliente se le acercó y le dijo que había visto en su identificación que era cristiana. «La mía muestra que soy musulmana, pero yo también soy cristiana», dijo la otra cliente. «Soy armenia». Intercambiaron cortesías y se despidieron. Sin embargo, a partir de los detalles descritos por Adriana, V. reconoció a la otra cliente; era una prima del clan de Barsum. Ahora casada con otro miembro del clan, esta prima lleva una vida en general tranquila en Adıyaman.

En 1991, esta prima, *Asya*, estudiaba contabilidad en la Universidad de Urfa, pero a menudo visitaba a su familia en Antap, donde su padre era gerente de una sucursal de T. C. Ziraat Bankası, un banco estatal. V. no sabía si Asya alguna vez estuvo involucrada con el PKK, pero era amiga de estudiantes que eran miembros del movimiento rebelde kurdo, y una de ellas vino a visitarla, o a esconderse en la casa familiar en Antap: el hermano de 15 años de Asya, el único en casa, le abrió la puerta a esta militante. Asya y su padre llegaron diez minutos después, de una visita a amigos; otros diez minutos después, la policía llamó a la puerta. La mujer del PKK sacó su pistola; nadie sabe quién disparó primero cuando se abrió la puerta, pero la militante cayó muerta, y Asya, su hermano y su padre fueron arrestados y llevados al Emniyet Müdürlüğü (el Directorado de Seguridad) en Antap.

Mientras su padre era interrogado en presencia del jefe de la dirección, un oficial entró con un dato importante. La policía acababa de ser informada que los detenidos eran armenios: la familia sospecha que los delató un vecino. «¿Por qué no los eliminaste?», exclamó el jefe. «Era Ramazan Akyürek», dijo V. Akyürek, cuyo apellido se traduce como «Corazón Blanco», fue arrestado en febrero de 2015 por su papel en el complot para asesinar a Hrant Dink. Exjefe de la Inteligencia de la Policía Nacional del país, en 2007 era el jefe de policía de Trabzon, o Trebisonda por su nombre griego, la ciudad natal del asesino de Dink, Ogün Samast, y ha sido acusado de asociación criminal, abuso de poder y manipulación de pruebas.

Casos raros como este, en el que los armenios generalmente apolíticos parecían estar implicados con los rebeldes kurdos, eran como encontrar el santo grial para los cultores turcos de teorías de conspiración, que veían en estos la confirmación de sus viejas sospechas de que el levantamiento del PKK había sido orquestado por armenios ocultos. Un mito generalizado era el hallazgo de cadáveres de muchos combatientes del PKK que no estaban circuncidados, lo cual se consideraba demostración suficiente de que eran armenios, a pesar de que nunca se ha presentado ninguna prueba para fundamentar estas afirmaciones fuera de las denuncias públicas de la policía y kurdos leales al Estado turco. El periodista Mustafa Akyol descubrió que en una aldea kurda de *korucus*, los guardias rurales a sueldo de Turquía, a los militantes del PKK se los llamaba indistintamente «sünnetsizler» («no circuncidados») o «gâvurlar» («infieles»), sinónimos de «armenio».[15]

Sin embargo, las ramas enredadas del clan de Barsum se habían expandido y alejado tanto que abarcaban casi todo el espectro de lealtades políticas en Turquía, incluidos los extremos. *Tovmás*, un miembro más joven de una de las familias, me había contado una vaga historia de conflicto en 1988 entre los residentes de un pueblo totalmente habitado por el clan, y militantes de extrema derecha ayudados por el ejército turco, con el curioso elemento de que los atacantes incluían al menos un miembro del clan también. Dos familiares del clan de Barsum me dijeron por separado que la lucha simplemente fue iniciada por inquilinos kurdos que habían decidido dejar de pagar el alquiler de las parcelas, en un intento por apropiarse de las tierras de los armenios como en los malos viejos tiempos. Como nadie había presenciado los enfrentamientos, no podían describirlos, pero uno de ellos sabía de combates que duraron semanas en las laderas de colinas circundantes. Los residentes de este pueblo, *C.*, les habían dicho a sus familiares que no era un buen momento para que yo los visitara en el verano de 2014, porque hacía mucho calor.

En el relato de Tovmas, sin embargo, los enfrentamientos, que se habían producido a intervalos durante un mes, habían sido una réplica local de la guerra entre el Estado turco y el PKK, que en su narración había acudido en apoyo de la resistencia de los aldeanos y había podido repeler el ataque. Algunos miembros del clan de Barsum en esa aldea eran cristianos, afiliados a la Iglesia ortodoxa asiria, y unos pocos eran musulmanes, a pesar de que estos últimos solo lo eran nominalmente: «Hacían los ritos islámicos en el pueblo, pero cuando visitaban Estambul asistían a misa en la iglesia armenia». Uno de los defensores de la aldea era Zia, también miembro del clan, que cayó tres años más tarde luchando para el PKK en la provincia de Mardin.

Entre los atacantes había militantes de extrema derecha, entre ellos algunos que posteriormente se unieron al grupo de extrema derecha e islamista llamado Hizbullah. Uno de ellos era miembro del clan de Barsum, que todavía cumplía una sentencia de prisión mientras se escribía este libro, después de que Hizbullah se enfrentara con el gobierno. Decir que Hizbullah era «turco» sería inexacto: un producto de los movimientos estudiantiles islamistas kurdos de la década de 1970, se convirtió en un grupo armado a principios de la década de 1990, pero sufrió una crisis de identidad mientras buscaba reconciliar las aspiraciones nacionalistas kurdas con las relaciones fraternales con los turcos como hermanos en el islam. Estas contradicciones fueron superadas gracias a su enemistad con el PKK, que a su vez llevó a Hizbullah a servir a Turquía. Este grupo sunita es poco conocido fuera de Turquía y a menudo se confunde con el grupo homónimo de milicianos chiitas del sur del Líbano: comparten el nombre, que en árabe significa «Partido de Dios», pero están en bandos rivales dentro del islam.

No solo los kurdos de izquierda sospechaban que Hizbullah era una creación del «Estado profundo» turco en su ofensiva contra los separatistas kurdos. Pero las muchas cabezas de la hidra racista no siempre ladran en coro. Para los kemalistas preocupados, como abanderados del Estado secular de Atatürk, el grupo Hizbullah de inclinación islamista era una cortina de humo para armenios y asirios ocultos: así, hay publicaciones de blog que identifican al líder del grupo, Hüseyin Velioğlu, como nieto de una abuela asiria o armenia llamada Suse; o que el abuelo, Astur, y la abuela, Kute, de Mahsum Barut, jefe del ala militar de Hizbullah, eran armenios. Que esta información sea basura de internet o sea verdad es menos relevante que la causalidad del mal asociada con un origen armenio o asirio, incluso si se trata de una sola abuela, cuya historia desconocemos.

* * *

«Bárbaros», dijo *Arsén*. «Bárbaros», repitió. Era un sustantivo, no un adjetivo, algo que evitaba en su discurso, un rasgo que también había observado entre sus otros parientes del clan de Barsum. Arsen había mostrado una fotografía de su abuelo en la mesa de café, junto al ramo de rosas azules y rosadas que brotaban de un gran jarrón en dos hemisferios separados y casi iguales. En una mesa más alta detrás de ella, un manojo de rosas rojas se erguía copiosamente desde un jarrón estrecho y dominaba ese extremo de la habitación, flanqueado por dos sillones, con Arsen en uno y su primo *Yeprem* en el otro. Desde la altura de la pared, el retrato del arzobispo Mor Gregorius Melke con su sotana roja presidía la casa: el rojo en las vestiduras del clero asirio representa el martirio de Cristo. El primado de la Iglesia asiria de Adıyaman estaba en un trono coronado por una cruz de trébol, bajo un aura sobreimpuesta sobre el trasfondo difuminado de la foto. El rojo era el color minoritario pero gobernaba la mayoría de los más débiles, en una habitación donde prevalecían la pintura *beige* y los tonos pastel de la ropa de verano.

La imagen desgastada del abuelo de Arsen, Ali Amca, también tenía un fondo granulado, con manchas rojas sobre un verde pálido nebuloso, como un campo de amapolas, tal vez el telón de fondo artístico como los que había en estudios fotográficos de antaño. Ali Amca llevaba un gorro cuadrado marrón sobre su gran frente y tenía una larga barba prolijamente curada. Pero sus cejas eran otoñales, y sus ojos encogidos parecían perlas opacas de un gris incierto bajo párpados pesados, a punto de caer. La foto había sido tomada poco antes de su muerte. Mientras Yeprem volvía a contar la historia de Ali Amca, o Minás, que había escuchado por primera vez en la casa del Armero, Arsen miraba con concentración de un cirujano desde detrás de sus gafas con montura de alambre. En cada silencio, como si fuera el coro de una sola voz cantante, decía «Barbar», la antífona a la tragedia de su abuelo. Ali Amca, o Tío Ali, era el nombre con el que Minás fue conocido como patriarca de la familia después de su matrimonio con Sultana Maraam, una mujer armenia de la aldea de Peşvar, cerca de Gerger, con quien tuvo cinco hijos. La vida puede durar un parpadeo para la mayoría de nosotros, pero para Ali Amca los minutos que le tomó estrangular a su hermano transcurrieron durante ocho décadas hasta su muerte el 1 de marzo de 1995: volvía a visitar ese recodo del río en sus horas de vigilia y sueños, dijo su nieto. Y el Éufrates, que corría cerca de su casa, no le permitía huir de sí mismo, Caín contra su voluntad.

En 1991, un vecino en su lecho de muerte había enviado a buscar a Ali Amca. La expiación en el islam puede determinar el destino en la otra vida, por lo que los musulmanes buscan el perdón antes de la muerte, pidiendo a sus parientes y vecinos que no tendrán reclamaciones contra ellos en el tribunal de Dios, con una fórmula conocida como «hakkımı helal et» en turco, expresión que se puede traducir aproximadamente como «dame tu bendición». Tenía un residuo de creencias preislámicas entre las hordas turcas que se propagaron por los reinos armenios y otros países de Asia Menor, para quienes el destino después de la muerte estaba determinado por la forma en que morimos, y no por la forma en que habíamos vivido: la muerte en deshonra podía malograr la salvación ganada durante toda una vida de integridad.

En la década de 1980, el moribundo había robado a Ali Amca un par de pinzas de plata y una gran olla metálica que era la única vasija de la que bebía, el único objeto que le quedaba de su infancia antes del Genocidio. Ali Amca no había vuelto a hablar con él después del robo: «Nunca volveré a mirarte a la cara». Los vecinos tomaban prestada la gran olla de Ali Amca durante el *kerge zamanı*, o época de cosecha a principios de otoño, cuando los campesinos de Adıyaman, Urfa, y otras partes de Turquía preparaban el *pekmez*, un jarabe hecho con mosto de uvas.

«Dame tu bendición», suplicó Ömer Sağlık, sobrino del hombre que había salvado a Ali Amca durante el Genocidio.

«Devuélveme lo que es mío, y te daré mi bendición», había respondido Ali Amca.

En su agonía, el vecino se había negado mientras gritaba de dolor conforme el cáncer devoraba lo que quedaba de su vida, en presencia no solo de Ali Amca y su hijo, el padre de Arsen, *Celal*, sino también de la esposa y los hijos del moribundo. «Entonces no tienes mi bendición», le dijo Ali Amca al hombre, cuya agonía terminó minutos después de que eligió la impunidad sobre la redención. «Murió en ese momento», dijo Arsen. La familia de Ömer sabe y reconoce que estos artículos pertenecen a Ali Amca, y los guarda en un gran saco de cáñamo que Celal y Arsen conocen, pero la familia no se ofrece a devolverlos y ellos no lo exigen: «Hemos dejado eso atrás», dijo Arsen. El quid de la cuestión, que no entendía hasta que me lo explicaron, era que las prebendas de las mayorías musulmanas en Anatolia contra los armenios habían persistido durante la década de 1990: cualquier cosa perteneciente a armenios, fueran cubiertos, mujeres o vidas, se consideraba un botín, y su apropiación estaba sancionada por la costumbre, si no por la teoría, por suponérselos infieles, independientemente de su conversión.

Celal, el tercer hijo de Ali Amca, había liderado el regreso de su familia al cristianismo. Curiosamente, esto sucedió por causa de una mezquita que él construyó: recaudó fondos para su construcción entre su clan y vecinos, también armenios convertidos, justo frente a su casa. Llegó a ser conocida en Gerger como Gâvurların Cami (Mezquita de los Infieles). Otros musulmanes no venían a rezar allí. Rugimos de risa sobre estos muertos que reían del degollado, especialmente al pensar que no pocos de estos musulmanes exquisitos, más papistas que el papa, eran ellos mismos de origen armenio. «Entonces, ¿soy un infiel?», dijo exasperado Celal durante una discusión una década antes con un local. «Bueno, lo soy», dijo, en el recuento de Arsen, ya que su padre había sufrido un accidente cerebrovascular unos años antes y hablaba con gran dificultad. Celal se había inscripto como cristiano esa misma semana en el Registro Civil y se afilió a la Iglesia asiria, llevándose a su familia con él y sincerándose públicamente, ya que en la intimidad de su hogar nunca habían dejado de considerarse armenios, y por lo tanto cristianos.

Celal compensaba su discapacidad del habla con una sonrisa amplia e inocente, y ojos de intensidad de ónix que se iluminaban con su buen ánimo. Su hijo Arsen era un clásico Barsum en rasgos físicos y de carácter, pero Celal era diferente, ya que su madre era de otro clan. Mal vista en Occidente y desalentada por la Iglesia armenia, la endogamia dentro del clan parecía haber perfeccionado el porte y la mente de sus integrantes —la bibliofilia era fuerte entre ellos y la mayoría de sus jóvenes habían cursado estudios universitarios—, pero también tenían una inclinación por la ironía, generalmente sutil y también mordaz cuando se justificaba. El entrecruzamiento fecundo después del Genocidio había desarrollado un subtipo físico entre estos armenios de Anatolia, con narices rectas, caras angulares que se estrechaban de una frente ancha a una barbilla afilada, y ojos en forma de almendra, más semejantes a los de los asirios de las estatuas de Lamassu, las criaturas aladas con el cuerpo de un águila y la cabeza coronada de un hombre, más ovalados que los ojos redondos bizantinos de miniaturas medievales pero con curvas más pronunciadas que los ojos sesgados del Lejano Oriente. Sin embargo, una veta de enfermedades oculares parecía haberse transmitido de generación en generación también; los ojos acuosos de Ali Amca en la foto tal vez revelaban signos de cataratas o más probablemente tracoma, que a principios del siglo XX arreció en el sudeste de Turquía, con una incidencia del 70 por ciento en la población. Tan grave fue la situación en Adıyaman que en ese momento la provincia era conocida como «la tierra de los ciegos».

Incluso durante las primeras décadas después del Genocidio, había casos de armenios que reconocían las ciudades natales originales de otros por su apariencia. El preso político Kevork Halajian, en su fascinante relato de la vida de los armenios en la Anatolia posterior al Genocidio —una hazaña incluso más admirable, pues lo compiló durante su detención por tres años en la prisión central de Sivas—, reconoció en el rostro de un guardia las características de una familia armenia de Erzincan:

> Halit montaba guardia sosteniendo el arma y no me permitía moverme con libertad. Cada vez que mis ojos se encontraban con la mirada severa de Halit, veía ante mí el rostro radiante de Kurken Efendi Lazian, una de las personalidades notables de Erzincan, y fue ese parecido lo que me obligó a embarcarme

> en esta aventura [...]. Tenía dudas sobre la identidad del turco que odiaba a los armenios.

En verdad, Halit era de Erzincan; había nacido en un pueblo armenio llamado Gülüce que había sido repoblado por musulmanes después de las masacres. El guardia de la prisión era un huérfano del Genocidio adoptado por una familia musulmana que le había dicho que los *gâvurs* habían matado a sus padres. A riesgo de su vida, Halajian había persuadido a Halit, que aborrecía a los armenios, a que investigara la historia de su aldea; a través de conocidos había descubierto que era armenio, como Halajian había sospechado, y había decidido escapar a Siria. «Si me quedo aquí, cada minuto pensaré en matar a un perro», había dicho Halit, usando un término despectivo para los turcos y que aún tiene sentido peyorativo en el uso actual en turco coloquial.[16]

Los subtipos regionales todavía se podían reconocer un siglo después del Genocidio, si se puede aceptar la palabra del autor de este libro, y tan solo por el afán de compartir la anécdota, sin más afirmación: mientras hacía compras en el distrito de diamantes de Nueva York en 2011, supuse correctamente que una mujer que atendía el puesto de joyas de su familia tenía sus orígenes en Zeytún; su físico grueso con caderas anchas, baja estatura y cara y nariz aguileñas, con ojos algo hundidos en la cuenca, se parecía al de otras mujeres de Zeytún que conocía, incluidos parientes del lado de mi madre, un gran clan que esta mujer conocía pero con el cual no estaba emparentada. Aun así, el ejemplo sobresaliente era el de un comerciante armenio que había encontrado por casualidad en la tienda de sus suegros palestinos en Santiago, Chile, en 2012. Originario de Alepo, me echó un vistazo mientras bebíamos café en taburetes bajos de estilo morisco, y me había dicho a los diez minutos de la reunión: «Debes ser mitad de Kilis y mitad de Urfa», identificando correctamente mis orígenes paternos, si no el lado de mi madre. Mi abuelo paterno, Avedis, era de Kilis, y su esposa, Azniv, de Hromkla, en la provincia de Urfa.

* * *

Arsen nos iba a llevar a Nefsi Gerger para completar la historia de Ali Amca. Íbamos a conocer al nieto del hombre que había abierto su casa a Minás, posteriormente conocido como Ali Amca, mientras buscaba refugio de los exterminadores otomanos. «Son turcos», me había dicho Arsen sobre la familia del salvador de su abuelo. Esperé con Yeprem frente a la vacía Mezquita de los Infieles a que Arsen trajera el coche, un sedán Tofaş modificado, la versión turca del Fiat 131, verde oliva con vidrios polarizados y de suspensión rebajada a proximidad de reptil con el suelo, como un auto de carreras callejeras. Arsen entró en la casa y salió con un rifle que cargó en el maletero: le pregunté si lo había fabricado su tío, el Armero, con la intención de que la pregunta elíptica fuera una expresión indirecta de preocupación. «Este es automático», dijo Arsen con una sonrisa enigmática, en una escena y guion que no entendí, a diferencia de tal vez Tarantino, cuya película *Pulp Fiction* había considerado sobrevalorada hasta entonces. Me senté del lado de pasajero, con mis ojos pegados al espejo: los coches que se adelantaban y el paisaje que dejábamos atrás se fundían en su superficie, un espacio curioso donde el pasado convivía con el futuro. Junté valor para el resto de la trama cuando de repente apareció un patrullero de la policía en el retrovisor, pero nos superó en unos segundos.

Nefsi Gerger, la encarnación actual de Arsameia en el Éufrates, era ahora un pueblo de unas dos docenas de casas a la sombra de la fortaleza comagenia que protegía el cruce del río. Los soldados partos la habían atravesado hacía dos milenios en su marcha hacia Siria; y un reino que ahora es parte de Turquía había advertido a Roma, su aliado y potencia hegemónica occidental, sobre los movimientos de tropas enemigas, pero los romanos abrigaban dudas sobre su vasallo oriental, sospechando que Antíoco jugaba a dos puntas. Al este del Mediterráneo, la historia se las arreglaba para parecer siempre muy antigua e intensa, si bien no de lo más original.

Loran bey casi salta de su taburete bajo al ver a Arsen, abrazándolo con alegría multiplicada por la sorpresa que expresó con una voz plena y cantada, templada por notas de melancolía que tan a menudo punteaban el habla en aldeas del sudeste de Turquía. Su cabello blanco estaba cuidadosamente peinado, y sus bigotes, recortados, ya que el aseo capilar es primordial para los hombres en toda Asia Menor y Mesopotamia, y no es del todo ajeno a las prescripciones coránicas. Tenía los ojos azules, uno con un iris ligeramente dilatado que insinuaba un daño ocular incipiente. No hablamos de su formación profesional o educación, pero su aplomo y su discurso, refinados de una manera discreta, sugerían una experiencia más rica que la de agricultor. Su casa estaba justo debajo del fuerte, construido sobre un acantilado de paredes casi verticales que inducían vértigo visto desde debajo de su altura de unos 200 metros. Puede haber sido una ciudadela, y antes de eso un santuario construido por el rey armenio Arsames en el siglo III a. C. a la diosa Argandene, una deidad local por lo demás desconocida. La población de la ciudad había aumentado con una gran migración armenia en el siglo XI de la era cristiana, pero había quedado reducida a un pueblo al pie del fuerte después de la conquista mameluca en el siglo XIV. Desde entonces se había mantenido en ese estado disminuido.

Cuando Loran bey nos hizo pasar, me quedé paralizado: se había sentado en el *sedir*, las amplias banquetas turcas con cojines kilim, justo debajo de un retrato enmarcado de Apo, el *nom de guerre* de Abdullah Öcalan, el líder del PKK, con camisa verde militar y aspecto juvenil, el cabello y los bigotes todavía negro carbón. Lo que veía era fenomenal en sí mismo, pero que fuera en la casa de una familia de etnia turca era increíble. Esto era subversión del máximo orden, incluso en la atmósfera relativamente relajada de Turquía en ese momento. Su familia era kurda, dijo Loran bey: «Pero esta era una aldea turca; Abdül Hamid trajo a algunos miembros de la Caballería Hamidiye aquí en la década de 1890 como *korucus de* la aldea». Con el tiempo, en un extraño caso de asimilación inversa, la mayoría de los turcos en el pueblo se habían kurdizado y se habían convertido en hablantes de zazaki, el idioma que se hablaba localmente. «En aquel entonces, ya trasladaban *korucus*, haciendo ingeniería demográfica, ¡imagínate!». Los comparaba con los actuales *korucus*, o guardias rurales, que luchaban contra el PKK. «¡Hay turcos en esta aldea que son kurdos más nacionalistas que los propios kurdos!».

Eran kurdos, repitió. Pero no le importaba, porque podría haber sido armenio o judío o turco o de cualquier nacionalidad, porque el hombre es hombre, y era como socialista que apoyaba a Öcalan y su proyecto de convertir a Turquía en una confederación democrática descentralizada, la última etapa en la evolución del pensamiento de Öcalan, ya que había llegado a la conclusión de que era un brutal desperdicio de vidas y tiempo tratar de forjar una patria separada para los kurdos en Turquía, de fronteras inciertas que tendrían que ser trazadas con mucha sangre.

Los partidarios del PKK mostraban una disciplina notable al proclamar su convicción sobre este plan, modesto en su utopía, pero bastaban unos minutos de conversación en confianza y un par de canciones revolucionarias para exclamar en mi presencia: «¡Biji Kürdistan!» («¡Viva Kurdistán!»), mientras aplazábamos para un futuro incierto una charla sobre las superposiciones de los mapas que imaginaban con las provincias armenias occidentales. Esto me recordaba un poco a Furex, un habitué del bistró en el Hôtel des Trois Moineaux que Orwell frecuentaba en el París de entreguerras: «comunista cuando estaba sobrio, se volvía violentamente patriótico cuando estaba borracho».[17] Como los únicos estimulantes en los encuentros con los kurdos generalmente eran el té, el tabaco y la música, hablar de política era un asunto alegre, y descartaban la monotonía del socialismo por el nacionalismo de las banderas y las fronteras en espíritu jovial si la compañía era buena, sin olvidar por completo las partes sobre la hermandad de los pueblos.

Sin embargo, no era el caso de Loran bey. Su discurso era coherente y tan despojado de afectaciones como su convicción. En el mismo lenguaje llano, nos contó la historia de cómo Minás había conocido a su abuelo, Ramazan Ağa Sağlık, el jefe de Nefsi Gerger.

«Había tantos cadáveres en el Éufrates que el río había dejado de fluir», dijo Loran bey, levantando la mano en un gesto para indicar pilas altas. «No se podía ver el río», recordaban los ancianos. Ramazan Ağa regresaba con una pequeña caravana de comerciantes de Urfa cuando se encontró con Minás cerca de Hilvan, en el lado oriental del Éufrates: probablemente venía de Olbiş, donde había corrido después de la muerte de su hermano. Pero como los escuadrones de exterminio todavía recorrían el país para matar a todos los hombres armenios mayores de 16 años, había vuelto a huir.

Loran bey no sabía si su abuelo y el de Arsen se conocían de antes: «El *ağa* de Hilvan quería que Minás permaneciera en su dominio, pero eligió venir a Nefsi Gerger con mi abuelo, quien lo crio junto a sus otros hijos».

Pero la gendarmería se enteró de la presencia de Minás en la casa de Ramazan Ağa. Sondearon sacos de productos con sus bayonetas, pero había un saco de cuero lleno de arena al que el propietario no les permitió acercarse. Debe haberse producido un enfrentamiento, cuyos detalles se han perdido. Al final, los soldados se fueron con las manos vacías ya que Minás estaba escondido dentro de ese saco.

Un día a finales de 1915, mientras Ramazan Ağa estaba en la cocina, su hermano menor Hüseyin, Minás y un vecino esperaban el almuerzo dentro de la casa. «Hüseyin, dame a este muchacho para que pueda hacerlo pedazos en Kuba», dijo el visitante, Sileyman, de la tribu Rehim. Hablaba en zazaki. «Todavía había una *fatwa* que prometía el paraíso a los musulmanes que mataran a tres armenios», dijo Loran bey. Kuba, el valle que imaginaba como el sitio del sacrificio, estaba cerca. Minás acababa de establecerse entre ellos y en esa época no hablaba el zazaki. Pero entendió lo que ocurría y salió corriendo a ver a Ramazan Ağa: «Mi abuelo dejó caer el *şofra* en el suelo cuando Minas se lo dijo».

Ramazan Ağa se enfrentó a su visitante. «Estás comiendo mierda», respondió Sileyman, una expresión regional que indica una mala decisión. «Lo hice una vez», coincidió Ramazan. «Permití que un comemierdas entrara en mi casa,

¿cómo me permitiría ahora entregarle este chico a ese hombre?». Ramazan Ağa expulsó a Sileyman: «Estaba amenazando a mi abuelo: "Soy un hombre fuerte, ¿cómo es que no me dejas?", pero después de eso Ali se quedó con nosotros», dijo Loran, refiriéndose a Minás por el nuevo nombre en su segunda vida.

El padre de Loran bey también se llamaba Ramazan, en memoria de su padre, que murió antes de su nacimiento: un vecino asesinó a Ramazan Ağa durante una encendida discusión. «Ocurrió así, era un pobre tipo que vivía unas pocas casas más abajo, Dios sabe por qué peleaban», dijo Loran bey. «No era un mal hombre; simplemente perdió la cabeza en un momento de ira», dijo Loran bey sobre el asesino de su abuelo: «Hemos perdonado y olvidado».

No solo la pobreza, sino también los ciclos de muertes desatados por las venganzas familiares habían expulsado a las familias de Nefsi Gerger y reducido el número de hogares de 75 a 27 ahora. «Han matado gente por un pollo desaparecido, y los vecinos alertaban a la policía: "¡Tienen que hacer algo, se van a matar!", pero la policía decía que no podía hacer nada hasta que sucediera algo». No era por negligencia, dijo; tenía que ver con los cimientos de la propia Turquía, y explicaba por qué los armenios todavía tenían miedo, incluso después de la islamización forzada.

«Este país necesita violencia», dijo Loran bey. «De lo contrario, la justificación de un ejército y una fuerza policial masivos se desmoronaría, al igual que Turquía y el Estado turco con él». Era todo azuzado por el odio. «Toda esa sangre alimenta los tanques y helicópteros artillados turcos». Las armas inspiraban miedo, y el miedo mantenía unida a Turquía.

Fuera natural o adquirida allende los confines de aldea, su elocuencia mostraba cuán lejos había llegado la educación política de los kurdos desde que el PKK apareció en escena en 1984. Socialista por convicción, como se había identificado a sí mismo, en ningún momento de la conversación se desvió en las diatribas cargadas de dogma de otros izquierdistas en los bandos políticos polarizados de Turquía: ni una sola vez azotó la palabra muerta de la doctrina en apoyo de sus ideas. Si había leído a Marx, no lo mostraba ni se jactaba de ello, como suelen hacer aquellos que han sufrido voluntariamente el calvario; Loran bey, en cambio, había destilado la ideología en una visión de un mundo que acogía a todos, tal como eran y quiénes eran, construido sobre nuestra humanidad común que está debajo de los accidentes de nuestro nacimiento y pensamientos. Esta idea ha circulado durante al menos una era y quizás por más tiempo, proclamada hoy por miles de millones de personas y las grandes religiones. Y, sin embargo, todavía sonaba revolucionaria en cualquier lugar, y especialmente en ese mismo momento de 2014 en esta tierra de metamorfosis, un mota de Comagene y civilizaciones extintas de dioses esculpidos que cobraban vida al pie de una fortaleza que había sobrevivido a su propósito, un cuerpo que había sobrevivido al alma. Aun así, era una primera impresión engañosa, porque el alma todavía estaba en vida, pero nadie escuchaba.

Loran bey nos llevó al *gâvur çeşmesi* («la fuente de los infieles»). Creían que había sido construido en la década de 1700. Dos chicas, idénticas si bien de diferente edad y estatura, llenaban dos cubos de agua, y volvieron sus ojos negros preocupados, grandes y redondos como sus rizos, a los desconocidos de nuestro grupo. Algo tranquilizada por nuestro acompañante local, la mayor sonrió para la cámara, pero la más pequeña irrumpió en un llanto tímido y un lamento melodioso en zazaki, suave y relajante como el de un cabrito, y se soltó de Loran bey y abrazó a su hermana en medio de nuestro coro de risas. «Tienen de vuestra sangre en ellas», nos dijo a Arsen, Yeprem y a mí, mientras las veíamos alejarse, tomadas de la mano con fuerza y encorvadas por el peso de los cubos. «Su bisabuela era armenia». La etnia de un antepasado de estas niñas cuatro generaciones atrás todavía era recordada por él, un hombre de una familia respetable que había pasado la prueba del Genocidio y estaba del lado justo. Otros también lo recordarían, y era difícil decidir si en Turquía eso era algo bueno en lugar del silencio, el embrión del olvido.

Hicimos un breve desvío por Olbiş, el bastión histórico del clan de Barsum. Las restos de una iglesia, con dos fragmentos de paredes sobrevivientes a la altura de una cerca, eran un agujero en el suelo. El pueblo se veía apenas mejor que las descripciones publicadas del devastado interior de Anatolia en la década de 1920, después de que los armenios habían sido extirpados: no se veía la pobreza en la apariencia digna de la gente, pero las sonrisas de algunos hombres que nos recibieron se abrían a cuevas rojas tras el borde de encías, con las ruinas sueltas de algunos dientes. Un par de cabras negras se alejaron de un abrevadero cuando se acercó un caballo escuálido: el pelaje blanco, de brillo extinguido hacía mucho tiempo, envolvía los arcos de su caja torácica. El abrevadero estaba delante de la mezquita, que estaba sombreada por árboles. Un ataúd con un solo asidero restante yacía en el otro extremo de la pared verde de la entrada arqueada y parecía inutilizable: en los funerales islámicos, los ataúdes son llevados por los portadores del féretro a la tumba, donde los muertos se depositan envueltos en el *kafan*, un sudario blanco.

En medio de la miseria de un siglo, otra fuente de agua construida por los armenios en la década de 1800 se elevaba intacta de una depresión, un pórtico arqueado del tamaño de la entrada de una iglesia al final de una pendiente descendente, debajo de la cual el agua fluía a través de un arco mucho más pequeño. Una mujer lavaba lana de cordero recién cortada en palanganas. Cuatro niñas llenaban agua en bidones de plástico y los cargaban en cajas adosadas a la montura de su burro. Las niñas parecían de la misma edad, pero dos tenían la cabeza cubierta, lo que indicaba que habían alcanzado la pubertad. Mientras los niños curiosos ojeaban el auto de Arsen, se nos acercó tímidamente el imán, un jorobado de voz suave. Olbiş era un pueblo armenio, sin que quedara ninguno: «Una *fatwa* decía que si matabas a siete armenios irías al cielo».

En el camino de regreso a Gerger nos detuvimos en la plantación de olivos de Arsen, árboles jóvenes dispuestos en filas uniformes y a la distancia de un brazo entre sí. Era la parcela más grande de tierra armenia occidental de propiedad de un armenio cristiano que había visto hasta ese momento, una pequeña meseta definida por un acantilado que daba al Éufrates. El río serpenteaba a través de brezales y tierras estériles que se colaban en los fragmentos de vegetación, corta y retorcida en formas torturadas pero verdes en la lucha de sus vidas contra los elementos. Luego salimos nuevamente a la carretera. Arsen señaló un valle a mi derecha. Era Demir Kapı, o Puerta de Hierro, que los lugareños conocían con el nombre de Kuba: «Era allí donde Sileyman, de la tribu Rehim, quería sacrificar a Ali Amca por la *fatwa*». Regresamos a la casa de Yeprem en la Calle de los Infieles, y un poco más tarde Arsen continuó camino a su casa, a unos diez minutos de distancia, frente a la Mezquita de los Infieles.

* * *

«En Occidente hablan durante las comidas, y dejan pasar el tiempo, y llenan los vasos de nuevo y siguen hablando». El padre de Yeprem, *Yusuf*, me emboscó con su comentario, porque pensé que disimulaba de manera competente mi incomodidad entonces y cada vez que almorzaba o cenaba al estilo oriental de comer en silencio. Era un acto descarnado, carente de la introspección que las lecturas de los Evangelios y el arte sacro inducían en el refectorio de un monasterio. La pequeña ironía de Yusuf fue bienvenida para romper la crudeza de un acto animal, una alegría limitada al paladar, que no parecía molestar a nadie fuera de mí.

Una de esas cenas animadas *à la européenne* con parientes en Estambul en 1975 había resultado memorable para Yusuf, que estaba de visita con su padre y tenía 18 años en ese momento. Su prima había encendido un dispositivo fantástico que no había visto antes: un reproductor de vídeo. «Así de ricos eran», dijo sobre el aparato que solo los muy ricos tenían en ese momento en Turquía, el mismo año en que Sony había presentado el Betamax. Lo que vio en la pantalla era igualmente excepcional. Mostraba a un sacerdote con sotana y túnica negras, cubierto con el *veghar*, una capucha en forma de cúpula y puntiaguda, cubierta con una túnica de franela negra que cae hasta las cejas y luego hasta la cintura, una pieza de vestimenta de las órdenes célibes de la Iglesia armenia, introducida en el siglo XI para simbolizar la negación de todas las cosas mundanas.

«¿Por qué estás mirando a estos *gâvurs*, prima?». La respuesta de su prima estaba tan cargada de asombro como la pregunta de Yusuf: «No son infieles; ellos también son armenios».

Fue el comienzo de un cisma dentro de la familia de Yusuf. Su padre había ocultado a sus hijos que eran de origen armenio, por lo que, cuando Yusuf hizo la revelación a sus otros siete hermanos después de su regreso a Gerger, su padre se enfureció a niveles tan asesinos que Yusuf huyó de casa por dos días. «Estaba convencido de que me iba a matar». Diecisiete años después de ese viaje de descubrimiento, fue bautizado en Mor Petrus Mor Pavlus, la Iglesia Ortodoxa Asiria de Adıyaman. En 1992 también se casó con *Ezcan*, una compatriota armenia de confesión siríaca de su clan. La mitad de los hermanos y hermanas de Yusuf están casados con musulmanes de ascendencia armenia y la otra mitad con cristianos armenios: «Cuatro y cuatro». Sus contactos con la familia que se mantuvo musulmana son esporádicos o inexistentes, en un drama de conversión y reconversión de la Iglesia apostólica armenia al islam y de allí a la Iglesia siríaca ortodoxa que abarca a las diferentes ramas del clan.

Empleado del Departamento de Bomberos de Gerger, las responsabilidades de Yusuf incluían la distribución de agua en el camión cisterna en la ciudad afectada por la sequía a orillas del Éufrates ampliado por la represa Atatürk. Las paradojas y la ironía de que un bombero distribuya agua en lugar de apagar incendios en una ciudad junto a un río provocaron una conversación sobre el agua como un agente de enfermedad o tal vez un vehículo de ira divina, como insinuó Yusuf con tonos sombríos al hablar de «la enfermedad de la masacre», como lo llamaban los ancianos por su nombre kurdo de «nexaşiya katle», que mató a los kurdos en masa en los años posteriores al Genocidio. «Era solo tifus», dijo Ezcan de espaldas a nosotros mientras lavaba los platos, disipando los fantasmas de maldición que Yusuf y yo conjurábamos en la mesa. Ezcan me dejó una sensación muy parecida al *déjà vu* a través de su notable semejanza a una querida amiga mía y prima suya del clan de Barsum, en un grado de parentesco demasiado cercano y lejano como para explicar con una sola palabra. «Se morían de tifus, eran días de masacre y hambruna; la gente moría todos los días», dijo sin volverse del lavabo.

El Éufrates se había vuelto contra Gerger en el pasado. En 1163 la ciudad se inundó, y los monjes del monasterio de Mor Barsuma subieron a las partes más altas de su molino. Tenían un barril de vino que no se derramó, e incluso la lámpara del molino, que flotaba en el agua, no se apagó. Pero la inundación causó una gran epidemia:

> Un turco llegó a la aldea de Alios en los confines de Gerger y dijo: «Averigüen quién es el primero que ha muerto de esta epidemia». Preguntaron y lo descubrieron, abrieron su tumba y vieron que, después de cuatro meses, aún no se había descompuesto. Sus ojos estaban abiertos, al igual que su boca, un palmo y cuatro pulgadas. La parte del sudario que cubría su cabeza y pecho estaba desgastada, y los lados de su cara parecían cortados con una navaja. El turco cerró su boca y le metió un gran clavo. Nadie murió después de ese día.
>
> Ese año también hubo una epidemia en Severek. Más de mil personas murieron de octubre a marzo. La población de cuatro aldeas kurdas en el condado pereció con sus mujeres y niños. La gente estaba enferma tan solo dos días y moría.[18]

Esa noche extendí el *döşek* en la azotea, una costumbre en los veranos sin lluvia de Mesopotamia, debajo del cielo que se extendía sobre estas montañas y árboles perseverantes, a quienes Siranush se había dirigido en sus excursiones secretas para hablar a solas y gritar en armenio a su pequeño hijo kurdo, a las rocas y al bosque, contando historias ahora perdidas. Fue solo en los pequeños pueblos de la Armenia histórica que comencé a aprender los perfiles de las constelaciones, ya que las luces nocturnas de las grandes ciudades embotan el cosmos, reduciéndolo a una dispersión de estrellas solitarias. Sin embargo, como pobre testimonio de mi aprendizaje autodidacta de astronomía, no conseguía encontrar el cinturón que delatara el contorno de Orión, llamado Hayk en la tradición armenia por el mítico fundador de la nación homónima, porque los armenios se refieren a sí mismos con el nombre de *hai*, y así se lo identifica en la traducción armenia de la Biblia: «¿Podrás tú impedir las delicias de las Pléyades, o desatarás las ligaduras de Hayk?».[19] 18

El hombre no puede atar las constelaciones: ese versículo del Libro de Job plantea a modo de pregunta retórica nuestra incapacidad para dictar el movimiento de las estrellas o decidir las buenas estaciones y las de la desgracia, mientras que el justo Job era sometido a ordalías como resultado de una apuesta entre Satanás y Dios para probar su fe. La noche revelaba en su esplendor nuestra condición de impotencia: «Tampoco las estrellas aparecen y desaparecen sin un orden», como dijo Grigor Narekatsi, un místico armenio del siglo X, en el Libro de las Lamentaciones.[20]

Pero, en 1916, un joven miembro de las fuerzas de voluntarios armenios que lucharon contra los turcos había regresado atormentado de la efímera liberación de Armenia Occidental mientras el Genocidio estaba en marcha, y proponía al final de un largo poema narrativo, «apagar y encender las estrellas extinguidas». En su «Leyenda dantesca», Yeghishe Charents encomendaba a los hombres la misión divina, si no el poder, de mantener «vivo para siempre el delirio del universo».[21] Solo sabía identificar el cinturón de Orión, o Hayk. Pero este desaparecía en el verano que traía a Escorpio, ya que las dos constelaciones persistían en evitarse desde que los hombres habían inventado la mitología. Y antes de cerrar mis ojos asombrados por la noche comageniana y por la excepción llamada vida —un intervalo de existencia sensible en medio del infinito inanimado— pensé que todo esto era un parpadear en la vida de una estrella moribunda. Pero qué parpadear pesado, como si nuestros párpados fueran de bronce.

III
DIKRANAGERD

1
DIKRANAGERD I

Agop Serkis apuntaba la linterna a los escalones, altos y desiguales, pero la alzaba cada vez que llegábamos al final abrupto de cada tramo, y los grandes ladrillos de piedra emergían oscuros y portentosos en la penumbra ámbar de la débil luz. El ancho de la escalera apenas permitía el paso de una persona. Salimos a la azotea de la iglesia de Surp Giragos mientras el día se apagaba en un cielo del color del vino, telón de fondo del horizonte irregular de Diyarbakır. Las luces eléctricas comenzaban a revelar las entrañas de la ciudad, las calles serpenteantes de los barrios viejos encerrados en el basalto negro de las murallas romanas. Por las ventanas descubiertas o tapadas con cortinas se entreveía una prevalencia de colores anaranjados, o los destellos azules y grises parpadeantes de televisores en habitaciones oscuras. Gâvur Mahallesi (el Barrio de los Infieles) estaba expuesto en su miseria y gloria, un laberinto de mansiones decrépitas y casas antiguas que se habían degradado a asentamientos precarios. El escritor Mıgırdiç Margosyan, nativo de Dikranagerd, el nombre armenio de Diyarbakır, había catapultado el barrio de su infancia a la fama nacional con su libro homónimo, una colección trilingüe de historias que devolvieron a la vida en armenio, kurdo y turco sus memorias de la última época de la comunidad armenia cristiana de la ciudad, que se había extinguido por completo en 1985.

La azotea de Surp Giragos se abría sobre el panorama de Mar Petyun, la Iglesia caldea, empequeñecida por la mezquita Hacı Hamit que se levantaba justo detrás. Los contornos marcados del minarete cuadrado Dört Ayaklı («de cuatro patas») se podían distinguir en la luz del atardecer. Creí discernir el Ulu Cami (la Gran Mezquita); o más probablemente se trataba de Kurşunlu, la iglesia armenia de Surp Toros convertida en mezquita en 1518. Pero, cuando me volví para consultar con Agop, vi que se había marchado, dejándome solo en compañía de minaretes y campanarios debajo de Hayk, u Orión, y las otras constelaciones que estaban despertando. Sin embargo, un astro que pendía del cielo a baja altura fuera de las murallas de la ciudad regía el horizonte con un resplandor inmutable. En mi lectura incierta de los cuerpos celestes, supuse que era Venus. Parecía apropiado que lo fuera, si tan solo por el estado de ánimo musical que transmitía la escena: «Venus, el Portador de la Paz», el segundo movimiento de la sinfonía de Holst *Los planetas*, evoca el efecto calmante de un mar que se mueve al compás de suaves olas, y se abre con una serena llamada de trompa que responden los vientos de madera, seguido de contrapuntos de acordes ascendentes de oboes y descendentes de flautas en un suave adagio. La melodía correspondía a ese momento de tranquilidad en Diyarbakır bajo la prístina noche de invierno de 2013, que cubría 4000 años de historia y religiones superpuestas en la trama urbana de chapiteles y cúpulas que se levantaban de en medio de los techos, escalonados y planos, de antiguas casas armenias. Los edificios de apartamentos, dispersos sin ton ni son o concentrados en grupos densos, se recortaban brillantes y feos contra el cielo distante. Envuelto en la oscuridad, el Tigris trazaba su curso al este de Surp Giragos, alimentando civilizaciones y los demás a su paso, antes de morir en el golfo Pérsico.

Agop, el portero de la iglesia, no había cambiado mucho desde la última vez que lo vi en el verano de 2011, excepto tal vez su frente que se había ensanchado con la cabellera que se replegaba. Lo compensaba con su bigote, copioso y negro. Su esposa era kurda y musulmana, pero solo sintió la necesidad de convertirse al cristianismo después de casarse en 1986: «Es la verdadera religión». Los armenios ya no sentían miedo: «Entre los kurdos del este somos más libres y la vida es fácil». Sin embargo, en casa estaba solo, sin que ninguno de sus cinco hijos estuviera dispuesto a abandonar el islam por la fe de su padre.

«Nos estamos asimilando», había comentado Agop cuando nos conocimos por primera vez en medio de la construcción inacabada. Habíamos dejado de hablar cuando vi que se nos acercaba un hombre pelirrojo. Por su apariencia, había supuesto que era turco, pero Agop había leído mis ojos y, alzando muy sutilmente la cabeza, había gesticulado que no debía preocuparme: a los pocos minutos de conocernos, se había establecido naturalmente entre nosotros una relación de códigos y guiños, como los que existen entre amigos de toda la vida. El pelirrojo era un arquitecto que trabajaba en la restauración de Surp Giragos, entonces a solo unos meses de concluir. Era laz, los mingrelianos islamizados de la costa turca del mar Negro, y había vivido diez años en Francia al frente de un proyecto de renovación de un monasterio: «¿Hay *algún* lugar libre de asimilación?». Hombre culto y conversador agradable, enfrentaba el asunto con tedio, algo que los pueblos sin miedo a la extinción pueden permitirse, y la conversación se debilitó hasta caer en abstracciones sobre la globalización y cómo el mundo estaba perdiendo el rumbo.

De los diez hermanos de Agop, solo dos estaban casados con armenios convertidos. Había 270 personas de origen armenio en Lice, su ciudad natal, pero solo dos familias lo admitían abiertamente. Hasta la década de 1990 había cristianos secretos, pero luego unos pocos habían tratado de convertirse o regresar oficialmente a la Iglesia según el miedo comenzaba a mermar. Tenía 25 amigos que se habían convertido al cristianismo en Silvan, Kulp y Lice, las principales ciudades de la zona de Diyarbakır. Los armenios convertidos se habían mantenido en contacto entre sí desde el Genocidio, dijo, pero los matrimonios mixtos se habían convertido en la norma desde hacía mucho tiempo.

Un grupo de estadounidenses daba vueltas en el patio de la iglesia, uno con una cámara profesional: era un cineasta de Nueva York que trabajaba en un documental sobre Henry Morgenthau, el embajador estadounidense en el Imperio otomano que había denunciado las masacres de 1915. El cineasta era asistido por *el Sr. Barsamian*, un guía de Los Ángeles que había sido pionero en las visitas a las tierras históricas desde finales de la década de 1980, cuando para la mayoría de los armenios de la Diáspora visitar Turquía todavía era un tabú. Mientras intercambiábamos anécdotas de viaje con el Sr. Barsamian, le mencioné el pequeño y loco experimento que había hecho en Estambul de detener a las personas de aspecto armenio en la calle bajo falsos pretextos, como averiguar cómo llegar a una atracción turística o tienda, y preguntarles al pasar si tenían antepasados armenios: «De cada cinco, tal vez dos decían que sí», dije. «Estos antepasados siempre eran mujeres, ¿no?», supuso, correctamente. «Las madres transmiten la cultura armenia», comenté, pero el Sr. Barsamian negó con la cabeza: «No, no, no es eso: secuestraron a las mujeres durante el Genocidio; mataron a los hombres».

Eso estaba íntimamente ligado a la historia de los armenios de Diyarbakır. En sus memorias, Tovmas Mgrdichian, vicecónsul británico en Diyarbakır, se refirió a una reunión extraordinaria convocada a finales de junio de 1915 por el Comité de Unión y Progreso en el Ulu Cami (la Gran Mezquita). Los notables musulmanes locales debían decidir el destino de los 150 000 armenios de la provincia. Sería la fase decisiva: el arresto y asesinato de personas prominentes y grupos más pequeños había comenzado meses antes. El muftí Ibrahim y el diputado parlamentario Pirincizâde Feyzi estaban presentes. Un tema en la agenda fue ampliamente debatido: «¿Debían masacrar a todos los hombres y mujeres armenios, jóvenes, ancianos y bebés, sin ninguna excepción? ¿Está esto permitido por la sharia del Corán de Mahoma? ¿O deberían eximir a los niños y las mujeres?».[1]

El muftí Ibrahim, dotado de la autoridad religiosa para emitir *fatwas* (edictos), era el único en sostener que «los niños menores de 12 años deberían ser salvados para ser islamizados, y las mujeres y niñas bellas deberían ser llevadas a los harenes, para embellecer a la raza kurda». Sin embargo, después de tres días de deliberación, la asamblea votó a favor del «exterminio colectivo de los armenios, con la excepción de las mujeres más selectas». Los asistentes juraron sobre el Corán ejecutar la decisión.[2]

En mi primera visita a Surp Giragos en el verano de 2011, los trabajos de restauración aún estaban en curso, antes de la consagración en octubre de ese año. Dos años más tarde, la iglesia, que se dice que es la más grande de Oriente Medio y probablemente construida en el siglo XVI, se había convertido en el punto de reunión de la naciente comunidad armenia de Diyarbakır, o más bien de su renacimiento. Pero este era un concepto discutible, porque el grupo que se estaba armando alrededor de Surp Giragos era algo desconocido en la historia armenia: armenios islamizados y un puñado de cristianos se estaban organizando en torno a una iglesia. Eran un círculo creciente de familias y amigos de descendientes de sobrevivientes del Genocidio, forzados a unirse al islam, a pesar de que algunos habían decidido convertirse o regresar a la Iglesia apostólica armenia.

Tan fundamental era la Iglesia como pilar de la nación que ahora estaba agrupando a los descendientes islamizados de los armenios. Incluso en ausencia de un pastor permanente, la comunidad de Dikranagerd, como los armenios llaman a la ciudad, era la única en un siglo en las tierras históricas de Armenia Occidental que se estaba recomponiendo lentamente, y solo porque habían encontrado en la iglesia su centro y punto en común, independientemente de la conversión y de lo irreversible que algunos sentían que era.

Tres años más tarde, el último domingo de cada mes, más de 100 armenios musulmanes se reunían en el salón parroquial de la iglesia para desayunar, con mesas generosamente servidas, según la costumbre del lugar. Uno de los asistentes en enero de 2014 llevaba la gorra blanca de un *hajji*, un anciano afable conocido por todos: el peregrino de La Meca era el padre del líder de los armenios de Diyarbakır, *Sevag*, quien había regresado a la Iglesia Apostólica en 2010.

Sin embargo, la mayoría de estos armenios islamizados, entre los cuales había agnósticos o ateos que nunca habían puesto un pie en una mezquita, entraban primero en la iglesia y encendían una vela en las bandejas de arena que flanqueaban las entradas. Se paraban en reverencia frente a los siete altares, que representaban los siete sacramentos, llamados *xorhurt* (misterio) en armenio, misterios incluso mayores para los conversos después de tres generaciones fuera de la fe.

Esa noche de invierno, Sevag me había propuesto subir a la azotea y admirar la topografía de la arquitectura sagrada de Diyarbakır. Las tres religiones abrahámicas y sus diversas denominaciones coincidían dentro de las murallas de la ciudad: Maryam Ana, la iglesia ortodoxa asiria, estaba demasiado lejos como para ser vista, y la sinagoga, convertida en una oficina de correos tras su profanación, no era visible, y no sabía dónde buscar Surp Sarkis, la iglesia católica armenia.

El campanario bulboso de Surp Giragos se alzaba sobre cuatro patas altas que comprendían dos filas de arcos individuales a cada lado. Era más alto que el de Mar Petyun casi al lado, que era igual de distintivo, con un domo redondeado en forma de hongo sobre cuatro arcos puntiagudos. Los caldeos lo habían erigido junto con su iglesia en 1602, un poco después de su cisma de la Iglesia Asiria de Oriente en 1552 y su comunión con Roma: fueron rebautizados caldeos entonces, a pesar de que no están relacionados con ese pueblo babilónico extinto hace mucho tiempo y son simplemente asirios de afiliación católica. Aunque más nuevo, el campanario de la iglesia armenia tenía una historia más rica: construido en 1884, se había derrumbado en una tormenta eléctrica en la víspera de Pascua de 1913. Fue reemplazado el mismo año por uno nuevo, coronado con una cruz de oro y una campana construida por Zildjian, el apellido del fabricante de platillos Avedis, fundador de la compañía homónima que se hizo famosa en el siglo XX por los bateristas de la mayoría de las bandas de *rock*.

Desde la época de Babel, las torres se han asociado con malos augurios. En 1999, haciéndose eco del juego de palabras en el título de la comedia de televisión británica de la década de 1970 *Fawlty Towers*, el banquero de inversión Andrew Lawrence identificó la «maldición de los rascacielos». Había una extraña correlación, había observado, entre los edificios más altos del mundo y las crisis económicas: los proyectos de Singer Building y Metropolitan Life Insurance Company en Nueva York comenzaron antes del pánico financiero de 1907; el Empire State Building se finalizó en 1931 en medio de la

Gran Depresión, y las Torres Petronas en Malasia abrieron sus puertas solo dos años antes de la crisis financiera asiática.[3]

A una altura de 29 metros, el nuevo campanario de Surp Giragos no era comparable con ninguno de los proyectos mencionados anteriormente. Atrajo, sin embargo, una maldición desproporcionadamente mayor, y no principalmente de naturaleza económica. Los otomanos lo redujeron a escombros a cañonazos el 28 de mayo de 1915, argumentando que era más alto que los minaretes, a pesar de que para entonces no necesitaban excusas para ejercer la violencia. El vicario de la iglesia, el padre Mgrdich Chlghadian, fue obligado a observar la destrucción del campanario, en presagio de su propio destino.

Dos días después, el padre Chlghadian fue llevado a prisión: sus torturadores le extrajeron los dientes, le perforaron las sienes con hierros al rojo vivo y le arrancaron los ojos.[4] Luego lo pasearon por los barrios musulmanes de Diyarbakır, haciéndolo desfilar al compás de panderetas en una procesión liderada por jeques y derviches «en una atmósfera de juerga colectiva». La columna marchó hacia el patio de la Gran Mezquita, donde en presencia de funcionarios del gobierno y autoridades religiosas el padre Chlghadian «fue rociado con aceite, una gota a la vez, y luego quemado vivo». Al día siguiente, un misionero estadounidense, el Dr. Floyd Smith, encontró al sacerdote armenio arrojado en el establo del Hospital Municipal, irreconocible y moribundo debajo de una manta sucia, pero no pudo salvarlo. El gobernador de distrito hizo redactar un certificado, que fue firmado por varios médicos; afirmaba que el prelado había muerto de tifus.[5]

La iglesia de Surp Giragos fue reconstruida con el campanario original en forma de bulbo. En una noticia de tres párrafos en un sitio informativo turco sobre el primer repique de la nueva campana en 2012, la primera que había sonado en Diyarbakır en un siglo, había tres referencias a su tamaño: «No ha escapado a la atención que es cinco metros más alto que el minarete de la Mezquita de Cuatro Patas, que está a 500 metros de distancia».[6]

* * *

Diyarbakır no había visto tanta nieve en medio siglo y todos estaban taciturnos. Iba a ser mi base en Armenia Occidental en el invierno de 2013, pero mis intentos por encontrar un apartamento pequeño o un cuarto habían resultado infructuosos. Las masacres de un siglo antes contra los armenios habían confirmado a los kurdos como los amos indiscutidos de lo que desde 1915 se había convertido en la capital informal de la parte turca del Kurdistán, y los hábitats de familias nucleares o profesionales solitarios eran algo desconocido para una población organizada en clanes y tribus, donde los hogares de diez o más niños no eran infrecuentes en la ciudad propiamente dicha. No existía un mercado para apartamentos de menos de cuatro o cinco habitaciones, no muy diferentes en tamaño o apariencia de los de las casas suburbanas en Estados Unidos, aunque pensados para al menos el doble de moradores.

Un amigo me había encontrado un lugar en el sótano con una claraboya al nivel de la calle sobre Dökmeciler Sokağı, en el casco antiguo de la ciudad, y a solo cinco minutos a pie de Surp Giragos, pero retiró el ofrecimiento, diciendo que no podía permitir que me alojara en ese agujero húmedo y oscuro. La ubicación cerca de la iglesia era fantástica, pero en medio del infierno: era el barrio de herreros y hojalateros, y mi amigo suponía que el estruendo de los golpes de metal y el chirrido de los afiladores de cuchillos me volvería loco, si los venenos o los humos deletéreos no acababan antes con mi cordura. Pero algunos de sus comentarios en oraciones incompletas indicaban que su verdadera preocupación eran los residentes del vecindario: estos temores eran infundados, como experimentaría a diario durante mi estadía en Diyarbakır.

En la venerable tradición de viajeros, exiliados y refugiados armenios, mi primera escala fue, naturalmente, la iglesia. Esta, sin embargo, era extraordinaria: había sido llamada de nuevo a una nueva y vigorosa existencia. Agop Serkis tenía un nuevo colega como *jamgoch* (un cargo semejante al de «maestre secular de una iglesia» en armenio), un hombre de complexión delgada y sonrisa juvenil, que en el lapso de unos pocos meses había obtenido suficiente dominio del armenio como para entablar un diálogo básico. Los ojos verdes de *Vartan* tenían una cualidad acuática, que reflejaban el gris del invierno; pero también eran manantiales transparentes y profundos de tristeza. El primer día que visité en el invierno de 2013, también había otros tres hombres; como comprobé en el curso del tiempo, eran una especie de feligreses: los tres eran armenios islamizados de tercera generación; dos, *Garbed* y *Ertem*, eran ateos, en observancia de convicciones marxistas; *Malik*, el último, iba a la mezquita en celebraciones como el Bayram. Con todo, los tres eran visitantes habituales de Surp Giragos.

Garbed, impresor de profesión, llamaba a diestra y siniestra con su teléfono celular buscando un lugar para mí entre los armenios locales. Llamó a *Udi Manug*, un músico de oud que había regresado a Dikranagerd, su lugar de nacimiento, después de casi toda una vida en Los Ángeles, causando sensación en la prensa y el público de Diyarbakır. El regreso de una celebridad local de origen armenio de los Estados Unidos era un voto de confianza simbólico y poderoso en el renacimiento de la ciudad, en la tradición de diversidad que los funcionarios del gobierno kurdo local trataban de promover. «Manug está viviendo con su novia», dijo Garbed, un poco avergonzado, pero finalmente logró comunicarse con Sevag. No era un apartamento, pero tenía una sala vacía en su oficina, una oferta que acepté de inmediato. Una estancia de una semana en el hotel, por poco espectacular que fuera, había consumido los fondos que había reservado para un mes entero de alojamiento. Sevag vendría a recogerme a la mañana siguiente del hotel dentro de las murallas de la ciudad, en las cercanías de la Puerta Armenia, la del norte. Las puertas llevaban el nombre de la dirección a la que conducían sus caminos; después del Genocidio había sido rebautizada Puerta de Harput, ya que el territorio conocido como Armenia dentro del Imperio otomano había dejado de existir.

Garbed me llevó de la iglesia a su imprenta, con un piso cubierto de polvo de añares y colillas de cigarrillos aplastadas. Las páginas superpuestas de Facebook, un sitio de noticias kurdo en turco y la ventana de Skype estaban abiertas en la pantalla algo borrosa de su vieja computadora, una granulosidad que evocaba al fantasma de los viejos televisores en blanco y negro. Una prensa *offset* fabricada por una empresa familiar alemana ocupaba el centro del lugar, con venas de plástico externas que bombeaban fluidos rojo, azul y amarillo a su cuerpo. Curiosamente, sentí familiaridad con el lugar. Como el más poderoso de los sentidos, el olfato, en este caso de olores de la tinta y el tabaco, me transportó a los veranos de mi infancia en el periódico *Armenia* de Buenos Aires, donde trabajaba en la sala de impresión colocando titulares con tipos móviles en un componedor para tipos móviles. Los viajes en el tiempo continuaron cuando un libanés-armenio entró en la pantalla de Skype desde su oficina en Chipre, si bien había mencionado alguna conexión búlgara que no entendí. Una vieja computadora con conexión a internet ayudaba a un miembro de una Diáspora fragmentada a conectarse con aquellos que habían permanecido, islamizados, en la patria ancestral. Esto hubiera sido una imposibilidad tecnológica y psicológica apenas 20 años antes. Pero decidí interrumpir mi breve diálogo con el libanés-armenio, que me había preguntado sobre mis convicciones políticas tan pronto como Garbed me había presentado en pantalla a él. Había adivinado la suya, una ideología fosilizada que se remonta a la era otomana. Necesitaba una urgente actualización, si no su completo descarte y su merecido retiro a los libros de historia. Estaba impaciente por salir y ver a otros armenios de Diyarbakır, ya que tenían una comprensión más compleja de su propia identidad de lo que muchos de nosotros, los descendientes de los sobrevivientes del Genocidio, creíamos. No había tiempo para recrear diálogos con fantasmas que ya tenían una vida acogedora en nuestra nostalgia, pero que no eran bienvenidos en el presente.

* * *

Un huésped alemán se unió a mí para mi último desayuno en la cafetería de techos bajos del hotel. Si el alemán hubiera sido unos centímetros más alto, hubiera tenido que caminar con la cabeza inclinada. Era traductor independiente y disfrutaba de las libertades que ofrecía internet para trotar por el mundo durante todo el año, pero especialmente cuando el clima se ponía desagradable en Hamburgo. *Karim* mostró gran interés cuando le dije que había nacido en Alepo, donde tenía la intención de llegar. «Seguramente con tu aspecto tan común puedes llegar a recorrer tres kilómetros en Siria», le dije. «Con suerte, lo peor que sucederá es que mamá y papá tengan suficientes ahorros para rescatarte, o de lo contrario no sufrirás mucho», le dije. El humor negro no era algo que tuviéramos en común porque su rostro había adquirido una expresión severa, y murmuró algo así como que tal vez había sido periodista por tanto tiempo que me creía las sandeces que vendemos a las masas crédulas. La *Ummah* (comunidad de musulmanes) estaba experimentando algo parecido a la Reforma Protestante, creía. El islam saldría más fuerte de estas pruebas y tribulaciones, dijo. «Como lo hizo el cristianismo, ¿verdad?», le comenté, todavía en un espíritu que no parecía apreciar.

«Pero ¿qué eres?», preguntó sorprendido, creyéndome chiita (y revelando así de qué bando estaba en el islam). Su padre era alemán y su madre era albanesa de Kosovo, y por un momento me pareció increíble que una refugiada de una guerra que para mí había sucedido ayer ya hubiera engendrado un hijo que reclamaba su lugar en el mundo. Karim en ese momento parecía estar navegando por mares turbulentos que eran demasiado remotos para mí como para que los entendiera completamente: era musulmán y no tenía un sentido de pertenencia en Alemania. Los experimentos kurdos de federalismo democrático no nacional lo intrigaban, y quería visitar Rojava (el nombre kurdo de Qamışli) que, al menos hasta que estalló la guerra en Siria en 2011, tenía una próspera comunidad armenia compuesta por sobrevivientes y descendientes del Genocidio.

Sevag había dejado el auto con el motor encendido y en doble fila; me hizo darme prisa mientras trataba de negociar una mejor tarifa para mi factura en la recepción del hotel. Solo la preocupación por una multa de estacionamiento truncó el regateo en mi nombre que estaba llevando a cabo con la habilidad de un comerciante de bazar. Y luego nos sumergimos en el caótico tráfico de Diyarbakır, de autobuses y *dolmuş* que nos cortaban mientras se batían en duelo entre sí por los pasajeros a lo largo de la muralla norte. Giramos a la derecha a través de la Puerta de Urfa y nos dirigimos al distrito de negocios. «Acuérdate del estadio», me dijo. Era el punto de referencia más prominente cerca de su oficina, que sería mi casa de invierno.

La habitación dentro de la oficina se abría a un pozo de ventilación, frente a la sección de cocina de un edificio de apartamentos. Sevag había almacenado libros de contabilidad de páginas amarillentas y cajas de folletos y programas de seminarios anteriores en su línea de negocio. Un Rolodex muerto estaba olvidado en un rincón de las paredes de color ámbar. Los tonos marrones gobernaban la habitación, incluyendo el sofá cama, la estantería y una alfombra enrollada que resultó ser una alfombra de oración con la imagen de la Cúpula de la Roca tejida en ella. Un remanente del pasado musulmán de Sevag, pensé, a pesar de que dijo que nunca había sido del tipo practicante. Marrones también eran los dos gorriones, un macho y una hembra, que se posaban todas las mañanas en la tubería corrugada de cables eléctricos en el patio interno del edificio. La pareja daba la bienvenida al amanecer cantando incluso en ese ángulo olvidado por el sol, en un espacio sin otra vista que los altos edificios que lo encerraban en un perímetro asfixiante. Lo amenizaban con su incomprensible canto, ajeno a lo que a nuestros ojos sería fealdad o belleza. Los gorriones, había leído una vez, después de alcanzar la madurez se alejaban de su nido y comunidad, que cantaba en variaciones únicas para ellos, o «dialectos». Pero, cuando las aves formaban pareja y se mudaban a una nueva comunidad en un árbol o hábitat diferente, adoptaban el dialecto melódico del nuevo grupo.

La voz de Sevag tenía una rica musicalidad, realzada por la claridad de su dicción y discurso, como la de un sacerdote que la ha perfeccionado a lo largo de años de homilía, siempre animada pero nunca desviándose en los registros de la ira o la desesperación, independientemente de la abundancia de razones para una o ambas. Puede haber sido la clave de su habilidad para las ventas, con la capacidad de hacer las cosas o que otros las hagan por él, y eso le permitía administrar los asuntos de Surp Giragos con inteligencia política en el entorno voluble de Turquía y sus áreas kurdas. Era primo del vicario general del Patriarcado Armenio de Constantinopla, el arzobispo Aram Ateshian.

Diyarbakır había sido el hogar de Sevag durante más de 20 años, después de haber venido de su lugar de nacimiento de Apka, un pueblo cerca de Kozluk, en Sasún. «Teníamos una relación ambigua con nuestros vecinos kurdos en Sasún», dijo. «Eran amables, pero también nos menospreciaban, llamándonos *gâvur*, menospreciándonos... No teníamos miedo de ser armenios, como todo el mundo lo sabía de todos modos, pero por supuesto que no hablábamos del Genocidio... Eso sí lo temíamos».

De 19 hermanos, diez habían sobrevivido. «Éramos pobres, así que si alguien se enfermaba y no sanaba, moría: no había médico ni hospital, no había nada que pudiéramos hacer». Su primera esposa, una armenia cristiana de Sasún y madre de sus tres hijos, también había fallecido. Un amigo común me había dicho una vez que un vidente había venido a Dikranagerd desde Armenia. Había leído las palmas de tres armenios locales, incluido Sevag, y había visto en él un alma oscura. Pero como no hablaba armenio y nadie quería traducir para él, Sevag estaba angustiado, dijo este amigo: «Temía que ella hubiera visto un cáncer o alguna enfermedad mala, así que finalmente le dije que se trataba de su alma y que ella no había dicho cosas buenas sobre su personalidad, pero que no se iba a morir pronto».

Solo tres niños de su familia habían sobrevivido al Genocidio, y eso era todo lo que sabían al respecto:

Mataron a todos los miembros de nuestra familia. Eso lo sabemos con certeza. No quedó nadie, excepto estos tres hermanos pequeños, el mayor de los cuales tenía siete u ocho años. Uno se fue a Armenia y los otros dos permanecieron en Turquía. Los nietos de mi tío abuelo ahora viven en Ereván. Los que quedaron en Turquía finalmente se convirtieron en musulmanes. Se recordaron mutuamente que eran armenios mientras que el resto de su familia había sido borrada, pero no sabemos nada más de lo que hablaron o dijeron, porque no nos dijeron nada más. Uno de ellos fue mi abuelo.

... Creemos que caminaron a un pueblo cerca de Kozluk en busca de un tío, pero eso es solo una suposición. ¿Cuál era su apellido? No tenemos ni idea. Solo sabemos que eran armenios y del pueblo de Rabet, en Sasún. Todavía trato de buscar, leer, preguntar en todas partes que puedo, pero eso es todo lo que sabemos. Mi padre no sabe quién protegió y crio a su propio padre y tío. De todos modos, no podría haberlo sabido: su padre falleció cuando él tenía un año de edad, y fue criado solo por su madre. Ella era armenia y cantaba canciones de cuna en armenio para él, pero él lo ha olvidado todo.

Cuando era pequeño, no conocía nuestra historia, ni que nos habíamos convertido por la fuerza. Pero yo era armenio en mi espíritu.

Sus ojos se habían vuelto tristes cuando había dicho «ruhu» (turco para «espíritu»), y en la profundidad de su mirada y la larga cadencia de la *u*, la palabra de origen árabe se presentó como el sonido más cercano al susurro de un viento que provenía del centro de la Tierra, que soplaba a través de un vasto espacio y agitaba las hojas de árboles solitarios. Al investigar su etimología, me sorprendió pero alivió al mismo tiempo descubrir que no se trataba solo de los desvaríos de mi mente: «El problema debe haber comenzado en el gris amanecer de los tiempos, cuando alguien hizo el desconcertante descubrimiento de que el aliento vivo que dejaba el cuerpo del hombre moribundo en el último estertor de muerte significaba más que solo aire en movimiento», había dicho Carl Jung en octubre de 1926, en una conferencia de la sociedad literaria de Augsburgo. «Difícilmente puede ser un accidente que las palabras onomatopéyicas como *ruach*, *ruch*, *roho* (hebreo, árabe, swahili) significan "espíritu" no menos claramente que el griego *πνεύμα* [*pneúma*] y el latín *spiritus*».[7]

Este espíritu era más profundo que su filiación religiosa, dijo Sevag: «Para mí es una formalidad; lo que importa es que sé que en mi corazón soy armenio, y he tenido esa conciencia desde mi infancia». Se había inscrito como cristiano apenas en 2010, pero uno de sus hermanos se había reconvertido a la Iglesia armenia muchos años antes, después de una brecha de dos generaciones. La esposa de Sevag y sus hijos se habían unido a él en la Iglesia. «Pero para mí, ya sea musulmán o cristiano, lo que importa es que sigamos siendo armenios: ahora soy cristiano, pero no soy una persona diferente, o más armenia, que cuando era musulmán».

> Mi hermana es musulmana y hace el *namaz* todas las noches. Esta es la realidad. Ella reconoce que es armenia, pero también es musulmana practicante y es buena en eso. El mayor viene a la iglesia y es cristiano. También tengo hermanos y hermanas que ni rezan ni hacen el *namaz*, que ni vienen a la iglesia ni van a la mezquita. No se sienten ni kurdos ni turcos. Son armenios. Algunos se están absteniendo de cambiar su afiliación religiosa en su documento de identidad porque vivimos en medio de musulmanes aquí, y los incomoda convertirse a la Iglesia armenia. Algunos armenios todavía sienten vergüenza y algo de miedo. ¿Por qué? Porque a los armenios aquí se les llama gente mala, infieles, desagradables, amargados. Hay musulmanes que piensan y hablan así: en el Diyarbakır de hoy y en la Turquía de hoy. Todavía. Tengo parientes que no me hablan porque me hice cristiano. Diyarbakır está lleno de armenios islamizados, tantos que es imposible de contar. Pero la mayoría de ellos no lo reconocen. Algunos dirán: «Mi abuelo era armenio, yo soy kurdo».
>
> Hay muchos que se unieron a la guerrilla kurda, pero ya están kurdizados. No se unieron al PKK como armenios. Se ven a sí mismos como kurdos. ¿Conoces a Sakine Cansız?[8] Ella era de

origen armenio; ¿cómo no lo sabría? Pero luchó 40 años por los kurdos. Por supuesto que lo sabía, pero no lo decía.

Nada es permanente. Hace solo tres años solo encontrarías uno o dos armenios en Diyarbakır. Hoy tenemos más de 100 que vienen a la iglesia cada mes. Desayunamos juntos, hablamos y socializamos. De estos 100, 90 son musulmanes. Pero son armenios. Por eso vienen. No todos quieren convertirse en cristianos, o aún no lo han hecho. Han sido musulmanes durante 100 años, que no se olvide: no es fácil. Pero reconocen su identidad. Y si tenemos 100 que vienen a la iglesia, tenemos otro millón que no lo hacen. En todo Diyarbakır hay 3 millones de personas; tal vez más de un tercio, o 1 millón, son armenios. El Estado turco sabe muy bien quién es quién. Ellos lo saben mejor que yo.

Ahora, lo primero es que se reconocen a sí mismos como armenios. ¿Por qué los armenios insisten tanto en su fe cristiana? Los armenios se hicieron cristianos en el año 301 d. C., ¿no es cierto? Antes no éramos cristianos. Y sabemos que los armenios islamizados en Turquía no se convirtieron por gusto propio... Olvidaron su propia religión, la Iglesia, el idioma, la cultura, y no son bautizados. Pero son armenios: no se convirtieron en turcos y no se convirtieron en kurdos... Incluso si algunos no lo admiten ahora, una manzana es una manzana; no se convierte en una pera. Mi hermana puede hacer el *namaz* 100 veces, pero sigue siendo armenia. E incluso si no lo hiciera, tal vez algún día sus hijos decidan abrazar su identidad armenia.

Mi propio padre es musulmán, fue al *Hajj* y hace el *namaz*, pero yo, uno de sus hijos, cambié mi religión. Él no lo hizo. Adhiere a lo que ha aprendido: ahora tiene 80 años y no cambiará ahora. Pero me crio como armenio, me hizo consciente de mi identidad... La televisión alemana vino a entrevistarlo y el reportero le preguntó: «Señor, ¿quién es usted?». Y mi padre respondió: «Soy armenio». El reportero luego le preguntó si iba a la iglesia. «No, soy musulmán», respondió mi padre, y dijo que no se entrometía con sus hijos que se convirtieron a la Iglesia. Pero primero se identificó como armenio. Mi padre no lee ni escribe, pero sabe que es armenio.

> Nací y crecí en Armenia Occidental. Los kurdos dicen que esto es Kurdistán, pero yo les digo: «Esto no es Kurdistán; esto es Armenia». Y ya sea que hayas nacido en Tokio, Nueva York, Ereván o Diyarbakır, si eres armenio, eres armenio.

Es probable que haya más armenios islamizados que cristianos en Turquía hoy en día. ¿Qué sería de una comunidad invadida por musulmanes? ¿No cambiaría eso la naturaleza de la identidad armenia? Sevag sonrió, un hombre que probablemente no habría estado completamente fuera de lugar en la Florencia del siglo XV, con una mirada enigmática, detrás de anteojos que siempre recordaba oscuros, pero que no lo eran. Respondió con una broma, o lo que yo supuse que lo era:

> Un imán fue enviado una vez a una aldea remota. A los pocos días de llegar, se sorprendió de que nadie se presentara a orar, por lo que decidió ir de puerta en puerta preguntando por qué no venían a la mezquita. Los aldeanos eran poco sinceros en sus respuestas, pero cuando el imán presionó, admitieron: «*Hoca*, no venimos porque no nos gusta quitarnos los zapatos para orar». El imán les preguntó si esa era su única preocupación y dijeron que sí: «Venid a orar con los zapatos puestos», les dijo. Todos comenzaron a ir a la mezquita, haciendo el *namaz* con los zapatos puestos. Continuó así durante años, hasta que este imán fue reasignado a otro lugar. Pero su reemplazante se sorprendió al ver a los lugareños entrar en la mezquita con los zapatos puestos. «¿Qué es esto?», preguntó, indignado. «¡Tenéis que quitaros los zapatos!». Pero los lugareños respondieron: «Por Alá, nuestro anterior imán dijo que en el islam es así». El nuevo imán salió a buscar a su predecesor y lo retó: «*Hoca*, ¿les has dicho que podían orar con los zapatos puestos?». El otro imán explicó que nadie venía a rezar: «Logré traerlos a la mezquita; si eres lo suficientemente inteligente, ahora haz que se quiten los zapatos».

«Acabamos de conseguir que estos musulmanes vengan a la iglesia», dijo Sevag. «Podemos pensar en sus zapatos más tarde».

* * *

«Cuando era pequeña, no sabía que los armenios eran un pueblo», dijo. «Conocía la palabra *armenio*, pero la usábamos como un insulto, por lo que pensaba que era eso; una mala palabra, o una maldición: no sabía que designaba a una nación». También recordó que en las aldeas circundantes de Diyarbakır los ancianos llamaban «dığa» a los niños que se comportaban mal, palabra que ella pensaba que era un término dialectal para «mocoso». Solo en la edad adulta aprendió que era «niño» en armenio.

Perwîn era una de las socias de la cooperativa sin fines de lucro que operaba Sülüklü Han, un caravasar de 1683 construido en basalto en el casco antiguo, ahora convertido en un café. Estaba a diez minutos a pie de la iglesia de Surp Giragos. Era dueña de la librería en el sótano, que incluía una amplia selección acerca de armenios, asirios y otros pueblos, pero había acuñado algo así como un neologismo en turco, «azaltılmış halklar», o «pueblos aminorados», para indicar que habían sido convertidos por la fuerza en minorías.

En Dersim, donde tenía muchos parientes, la palabra para la madre de la nuera era «xınami», otro término armenio que había entrado en el lenguaje conversacional. «Eso indica la cantidad de suegras armenias que había en Dersim», dijo Perwîn. «Todas eran novias del Genocidio». Una vez, en una reunión familiar cuando ella tenía unos 12 años, alrededor de 1980, los niños chismeaban que la *xınami* de su anfitrión era armenia. Sorprendida, se acercó a la anciana y le preguntó en turco: «¿Siz Ermeni misiniz*?*» («¿Es usted armenia?»). «La mujer simplemente estalló en un fuerte llanto», recordó Perwîn. «Ella estaba allí sollozando, sin decir una palabra». En la Diáspora, algunos nietos de sobrevivientes del Genocidio recordaban que sus abuelas lloraban de la nada, sin razón aparente. Para aquellos que crecieron en Estambul o en cualquier otro lugar de Turquía, donde ser armenio era un tabú lo suficientemente grande, y mucho menos hablar de 1915 incluso en la seguridad de sus hogares, no era raro que sus padres les dijeran por toda explicación: «La abuela es vieja». Una armenia de Estambul que ahora vivía en Maryland me había dicho una vez que, cuando era niña, creció convencida de que «las abuelas lloraban» como algo normal, como lo hacen los bebés.

Mi conversación con Perwîn había comenzado con una carcajada sobre cómo Atatürk había explicado la singularidad de los kurdos, llamándolos «turcos de montaña», cuyo nombre, dijo, derivaba de «kurt, kurt», el sonido crujiente de caminar sobre nieve congelada. «Hay un libro, *Dünya hepimize yeter* (*El mundo es suficiente para todos nosotros*) que lo dice claramente: en esta tierra hay asirios, armenios, kurdos, turcos, yezidíes», dijo Perwîn. Había sido escrito por Sarkis Cherkezian, un carpintero y comunista de toda la vida, nacido en un establo de camellos en el desierto sirio en 1916 de sobrevivientes del Genocidio. «Los problemas son la primacía y el poder».

Era de voz tenue. Este comentario era su suave refutación de mi cuestionamiento de las fronteras nacionales y un mundo dividido en parcelas grandes y pequeñas, aisladas entre sí por alambre de púas, controles fronterizos y restricciones. Los Estados naciones sobrevivían, postulé, a falta de un sustituto mejor, ya que en un mundo de libre circulación de ideas y bienes, los controles y restricciones al movimiento de hombres eran obsoletos. Su mirada se estaba endureciendo y también, ligeramente, el tono de sus comentarios, según el discurso se alejaba de Lenin y Lennon hacia un cuestionamiento del sistema internacional de banderas y fronteras.

Era una idealista que parecía convencida de la descentralización democrática propuesta por Apo en su discurso, pero sentí que inadvertidamente estaba poniendo a prueba los límites de su tolerancia. Los kurdos anhelaban un Estado nación propio, uno independiente con sus propios emblemas y fronteras, que nunca tuvieron. Por un segundo, imaginé a Perwîn como una Medusa, con tentáculos en ciernes que asomaban de su cabeza y luego se replegaban arrepentidos, avergonzados de pensamientos hostiles. A pesar de mis puntos de vista, admití que no podía imaginar que Armenia tirara abajo sus propios marcadores fronterizos en su vecindario actual en el corto plazo.

«Todos somos africanos, si es cierto que venimos de allí», le dije. A pesar de que mi comentario solo tenía la intención de despejar un poco el aire, ella tenía un aporte a la idea. Un artículo reciente que había leído lo confirmaba.

Hacía catorce mil años, oleadas de inmigrantes llegaron a Mesopotamia desde África, dijo Perwîn. Todos los hombres venían de allí: «Esta tierra es de todos, no pertenece a ningún grupo en particular, porque todos pasaron por aquí, porque encontraron prosperidad aquí, todo». Todos los pueblos habían pasado por estos territorios, por lo que todos eran parientes de todos los demás. Si queríamos volver a nuestros orígenes, teníamos que volver a África. Según un equipo conjunto de investigadores estadounidenses y británicos, apenas 70 000 años atrás compartimos un padre común. «Todos somos hermanos», dijo.

«Como Adán y Eva en la Biblia», comenté, mientras los poderosos acordes de un *bağlama*, un popular instrumento de cuerda de la familia del laúd, llenaban la galería arqueada donde compartíamos un té.

«Eso es simbólico, no creo en eso, pero en ese momento había poca gente, teníamos un padre común», dijo. «La humanidad era muy pequeña; un grupo llegó aquí desde África: todos somos los hijos de ese grupo». Tal vez una gran parte de ese grupo se quedó en África y murió, conjeturó, mientras que otro grupo se fue a América. «La humanidad era muy pequeña, solo piénsalo: el Imperio otomano se extendía por la mitad del mundo en su apogeo y su población era de 35 millones», agregó. «Eso es muy poco». Tal vez vino un grupo muy reducido, imaginó. Una familia: un padre, hermanos, hijos y luego otra.

Pero una conversación paralela entre dos jóvenes que se habían unido a nosotros en la mesa me estaba distrayendo. Estaba recogiendo fragmentos de una historia que aparentemente, por lo que podía recabar, estaba relacionada con armenios que vivían en un pueblo cerca de Diyarbakır en la década de 1920. En ese momento en Anatolia, nadie era castigado por matar armenios. Se trataba de dos mujeres armenias que habían ido a visitar a un vecino kurdo, el abuelo de un tal Fatih: estas visitantes pronto se habían peleado entre sí o con sus anfitriones por alguna razón. A continuación transcribo las partes incoherentes que pude rescatar del relato de este crimen, que no tienen mucho sentido excepto por la conclusión:

> Dos mujeres van a visitar al abuelo de Fatih. Pero comienzan a discutir. Y este sale: «¿Qué os dije? Cuando sois los huéspedes de otra persona, no peleáis». Las mujeres discuten con él, por lo que las mata a golpes en la cabeza. Entra en la habitación, donde su amigo suplica: «¡No hice nada! ¡Solo déjame marcharme!». Pero el abuelo de Fatih le dijo: «Acabo de matar a la madre de tus hijos, ¿por qué debería permitir que te vayas?». Y también lo mata de un golpe en la cabeza... A los 15-20 días, ambas mujeres se casan el mismo día... Después de este incidente luchan por tres días y tres noches, el amigo que está luchando codo a codo con él, un musulmán, cae herido. Ambos mueren... Seis meses después, el gobierno desentierra sus tumbas. No entienden. El cadáver del musulmán se había deteriorado, no quedaba nada, pero el del armenio estaba intacto, como el de un mártir, su sangre y su rostro estaban aún rozagantes, como si estuvieran listos para volver a la vida. Uno era musulmán y el otro armenio. Nada le había pasado al armenio. Los mártires no mueren, su alma no se descompone, su cuerpo no se pudre, dicen. Incluso cuando sus ojos ya habían enceguecido, cada vez que pasaba por esa casa con mi abuela en el auto, ella me decía: «Hijo, asesinaron a mi padre aquí; la lucha fue aquí; lucharon durante tres días y tres noches». Y sus ojos ya no veían, pero sentía la casa.

Perwîn todavía estaba en África. «Y todos venimos de ellos», se rio. «No de Adán y Eva, sino de una familia inteligente».

Acabábamos de crear un partido político, dijimos: Los africanos. «¡Los africanos, sí! ¡Queremos que nos devuelvan África!», coincidió. Y acordamos que los armenios y los kurdos deberían unir fuerzas para reclamar nuestro continente original. Las conversaciones a veces fluían con mayor facilidad no necesariamente entre aquellos que compartían ideas, sino entre aquellos que tenían un sentido del humor común.

* * *

Había conocido Sülüklü Han en el verano de 2011 gracias a *Adil* y *Hamdi Akkaya*. Una inscripción del tamaño de un mural tallada en madera en la entrada ofrecía una breve descripción del antiguo caravasar, en turco, kurdo, armenio y siríaco. El armenio, sin embargo, era oriental, y se había utilizado la ortografía soviética reformada de 1923. Perwîn había puesto el cartel, me dijo años después: «Un policía se acercó y señaló la escritura armenia, preguntándome qué era: "arameo", le dije».

Los hermanos Akkaya habían sido mis contactos en Diyarbakır durante mi primera peregrinación desde Dersim hasta el monte Maruta, y el líder de la fraternidad de armenios de Sasún había organizado mi viaje con cuidado paterno, gestionando mi encuentro con sus parientes islamizados para un cambio de autobús en el complicado itinerario. Unas semanas más tarde, en agosto de 2011, los volví a encontrar en Diyarbakır.

Era domingo, y Adil, el hermano mayor, estaba trabajando en su estudio jurídico en un caso de última hora. Tres jóvenes kurdos habían sido arrestados mientras intentaban importar heroína de Irán. El narcotráfico era un problema enorme, me dijo Adil. Turquía era una importante escala en la ruta de narcóticos hacia Europa desde el Este. También había rumores de que parte de ese dinero financiaba las operaciones de la guerrilla kurda, pero también era verdad que el gobierno turco tenía interés en sembrar desinformación.

Armenios por parte paterna y materna, los Akkayas estaban completamente integrados en la sociedad kurda y su unidad central, el *aşiret* (tribu). La familia de su madre provenía de Bitlis y la de su padre de Varto-Mush. Su abuelo paterno Sarkis Vartanian, conocido como «Serkis Ağa», tenía 12 hermanos, quienes sobrevivieron al Genocidio, pero se dispersaron al cabo de las masacres. Los kurdos decapitaron a su padre, y no saben qué le pasó a su madre. Algunos de los hermanos fueron a Malatya, y de allí a Alepo y luego a Estados Unidos. La familia ha perdido los contactos. Sarkis, que tenía 12 años en 1915, y un hermano, Azad, fueron adoptados por un kurdo, Hasan Arkan, quien los crio como parte de su familia. Los dos hermanos, de apellido Vartanian, fueron incorporados a la tribu Salo, de Varto, e islamizados.

Los Akkayas eran 13 hermanos y hermanas, solo dos de los cuales estaban casados con armenios musulmanes: los otros estaban casados con kurdos o zazas. Hamdi todavía era soltero y pensaba en irse de Turquía, al menos por un tiempo, a Alemania, donde tenían parientes. Adil estaba casado con una mujer zaza. Ya no se hacían matrimonios arreglados; sonrió cuando le sugerí si ese había sido el caso. «Fue por amor», dijo. «Ahora nos casamos por amor». Pero, dijo, «estoy criando a mis hijos como armenios: soy su padre». Entendí ello como expresión de conciencia de su identidad, ya que no había otro vehículo para expresarla, aparte de volverse activo dentro de la comunidad que se agrupaba alrededor de Surp Giragos.

Eso era más de lo que Adil y sus hermanos podían permitirse cuando eran pequeños. Adil lo sabía desde que tenía siete u ocho años. Los niños kurdos los llamaban «fîlla» («infiel», en kurmancî). «Lloré la primera vez que me llamaron así», dijo Adil. Corrió a decírselo a sus padres, y dijeron que, en verdad, eran armenios, pero que debían tener cuidado de no reconocerlo en público. «Teníamos que decir que éramos musulmanes». Sin embargo, los kurdos sabían que su abuelo era armenio.

Pero la mayoría de los armenios islamizados en Diyarbakır no querían regresar a la fe cristiana, dijo Adil, y conjeturó que tal vez un tercio de la población local era de origen armenio, la misma proporción que calculaba Sevag: «Todos somos humanos, la religión no importa». Tal vez sí importa, pensé para mis adentros, y por eso la gente no suele convertirse de fe o reconvertirse. También imaginé el efecto conflictivo que un retorno a la Iglesia armenia tendría para una familia como la Akkaya, integrada en la sociedad tribal kurda y sus jerarquías.

Los armenios islamizados se conocían entre sí en Diyarbakır, pero quizás no tanto como el Estado, según Adil: «Ahora somos hablantes del kurdo, pero el Estado sabe que descendemos de conversos». Incluso cuando los descendientes de armenios convertidos finalmente olvidaban de generación en generación su origen, «el Estado lo sabe». Sacó de un cajón un documento del Registro Civil que mostraba el linaje de su familia: fecha de nacimiento y muerte, estado civil, cambios de nombre y otros datos. Debajo del nombre de su abuelo, una nota decía «mühtedi», es decir, «converso», en turco otomano.

La actitud de los kurdos hacia los armenios comenzó a cambiar con el PKK, dijo Hamdi. «Predicaban la fraternidad con los armenios, por sus convicciones marxistas», explicó, sin darse cuenta de cuán improbablemente entretejía sus raíces armenias y convicciones socialistas con su identidad kurda y musulmana. Hamdi pensaba que la madre de Öcalan era de origen armenio y que había combatientes armenios en el PKK. Esos eran rumores de los cuales los armenios se jactaban, fue mi respuesta, pero era propaganda turca para desacreditar tanto a los armenios como a la guerrilla kurda. Era un mito, les dije. No era así, respondieron los hermanos.

* * *

Un amigo común me presentó a *Z.* en un edificio olvidable fuera del perímetro de la muralla norte de Diyarbakır, a pocas cuadras de la sede local del Emniyet Müdürlüğü (Dirección de Seguridad). Para asombro de mis amigos armenios y kurdos, una vez había visitado la Dirección de Seguridad para solicitar una extensión de la visa. Durante la represión del levantamiento kurdo en las décadas de 1980 y 1990, era un agujero negro de disidentes y otros que se habían granjeado la desconfianza o la enemistad del Estado. Un oficial de la policía militar, con casco y chaleco antibalas, y un rifle de asalto colgado sobre su hombro, custodiaba su estrecha entrada, mientras que otro guardia vigilaba la calle de una cabina de seguridad, un poco más grande que una cabina de ducha. Después de atravesar una serie de pasillos y recintos con retratos de Atatürk, entré en otra oficina presidida por una imagen diferente de Atatürk, esta vez con un abrigo de gala y mirando hacia arriba, como si estuviera en la ópera.

Un oficial de policía cortés, pero con los ojos muy abiertos de sorpresa, había tomado mi solicitud. Era de tez oscura y ojos negros. «Pero ¿qué hace usted en Diyarbakır?», había preguntado en inglés, lo cual era inusual en la fuerza policial, especialmente en las provincias orientales. «Este no es un lugar turístico». Mi interés por las murallas romanas no lo había convencido: una semana era más que suficiente para verlas, creía. «¿El amigo con quieres paras es turco?», sondeó. Me negué a dar el nombre y la dirección de Sevag, en gran parte porque no quería llamarlo turco, o decir quién era. «Cuando vienes a visitar a un amigo, no lo retribuyes dando su nombre a la policía», le había dicho, lo cual el oficial se lo tomó a bien y con una carcajada. Para no jugar el papel poco convincente de un turista demasiado tonto, sí insinué que era armenio al decirle que mi madre tenía antepasados de esta ciudad, y él pareció acusar recibo de esta pista con una sonrisa, y no inquirió más. Mientras me aprestaba a irme, un hombre regordete y desaliñado entró apresuradamente, con un arma metida en sus *jeans*. Dos atractivas mujeres jóvenes, vestidas a la moda, con ojos claros y de un aspecto eslavo que llamarían la atención en las calles de esta ciudad, trabajaban a un lado de la oficina, e imaginé que serían agentes encubiertas.

Dos semanas después, la espera en el edificio anodino me ponía un poco nervioso, pues no dejaba de pensar en cuán cerca estaba de la Dirección de Seguridad. Mi amigo salió de la habitación después de presentarme a Z., un hombre afeitado de estatura y aspecto promedio, que podía pasar inadvertido entre la multitud en Diyarbakır o en cualquier otro lugar de Turquía. Como parte del acuerdo, Z. no me diría su nombre, ni me permitiría tomar su foto. Había luchado con el PKK durante 13 años.

Era armenio, nacido en 1976 en un pueblo cerca de la ciudad de Batman, pero sus abuelos eran oriundos de Midyat, una ciudad histórica en la provincia de Mardin, en el sudeste de Turquía. Un antiguo centro hurrita, había sido incorporado al Imperio Asirio en el siglo IX a. C. Los asirios lo llamaban Tur Abdin. Antes del Genocidio, tenía una mayoría asiria y una pequeña población armenia que era en su mayoría católica, pero que también incluía una pequeña congregación protestante.

«Por supuesto que sé sobre el Genocidio», dijo. Los jóvenes de su familia no sabían mucho sobre lo que le había sucedido a su familia. Solo su abuelo, junto con su hermano y su hermana, se salvaron en 1915: los kurdos mataron a su madre y a su padre. En ese momento también había hambruna. Habían sido cristianos y no sabían cuándo su abuelo se había convertido en musulmán, o si fue forzado.

«Existe la dimensión política de 1915, porque los intereses de los rusos, los otomanos y los ingleses coincidieron, y los kurdos se prestaron a ello, y masacraron a los armenios: pero ellos fueron las manos detrás de las masacres, no la mente». Le pregunté si recordaba cómo se sentía cuando se enteró de que era armenio, pero contestó otra cosa: «Solo estoy hablando contigo porque me lo dijo nuestro amigo común, de lo contrario no estaría hablando contigo, ¿entiendes?». Y luego respondió, usando la fórmula local de «ir a las montañas» para indicar que se había unido a la guerrilla kurda:

> Nos llamaban «fîlla» porque éramos armenios... Aprendí primero este concepto, *fîlla* [infiel], mucho antes de saber que era armenio. Eso lo descubrí más tarde, pero recuerdo la primera vez que escuché *fîlla*: tenía cinco o seis años, y lo recuerdo desde entonces. Un día vino de visita un hombre viejo a casa... Yo estaba en mi cuarto, y él se enojó con mi abuelo materno y con mi padre, y llamó «fîllanın oğlunu» [hijo del infiel] a mi padre. Y, cuando éramos niños, los otros niños nos intimidaban; a mi madre también la llamaban «kurre fîlla» [la hija del infiel], y después de crecer descubrí que era armenio. Nací y crecí en Batman. No tenía amigos armenios, y tenía mis primos. Mi primer idioma fue el kurmancî.

Tal vez me fui a las montañas porque crecí escuchando a mis tías y a mi padre y su familia hablando sobre lo que les hicieron a los armenios. No pude superarlo. Todavía me enoja. Una vez un hombre me preguntó: «Hijo, ¿por qué te fuiste a las montañas?». Y le dije: «Estoy vengando a la familia de mi abuelo». No es la única razón, obviamente, pero eso también tuvo un efecto en mí. También fue en rebelión contra mi padre, porque mi padre niega sus propios orígenes. Mi esposa es kurda y juzgo a la persona por sus méritos, pero digo que soy armenio y no niego mis orígenes, y tengo mis sentimientos al respecto. Y cuando me uní al PKK, mi primera declaración a ellos fue que soy de origen armenio. Cuando conocí a Apo, Öcalan, en las montañas en el invierno de 1995, le dije que me uní a la lucha porque soy armenio: «Quizás esa es la razón por la que me fui a las montañas». Apo es diferente: escucha a todos, no es racista, es un pionero, pero es un hombre sencillo... Algunos dicen que su madre es turcomana y que sus abuelos vinieron de Irak, pero nunca he oído que fuera de origen armenio.

En 1994, cuando fui a la universidad para obtener un título en ingeniería eléctrica, descubrí que todas estas ciudades kurdas fueron construidas por armenios. Luego me uní al PKK. Les dije: «Vengo de una familia armenia y no lo niego». En la época del rey asirio Sargón, los armenios y los kurdos eran naciones hermanas, y lo han sido desde entonces. Los protectores del Imperio de Comagene eran kurdos y armenios. Los kurdos y los armenios han vivido como hermanos desde entonces, hasta la masacre de 1915, y en la masacre de 1915 fue en nombre de los intereses políticos de los turcos que actuaron de la manera en que lo hicieron. Tengo amigos armenios que dicen: «Los kurdos nos masacraron». Estaban los intereses políticos de Estados Unidos y Gran Bretaña detrás de esto, y el resultado fueron las masacres armenias.

No había mención de los kurdos en Comagene en los registros históricos del reino. Sin embargo, eso cuadraba con la nueva narrativa nacionalista de los revolucionarios kurdos, que tendían a describir a los kurdos como una de las poblaciones aborígenes, así como a minimizar, si no absolver, su participación en el Genocidio culpando de ello a las potencias externas y a la ingenuidad de los kurdos. Las elaboradas crueldades a gran escala, sin embargo, no fueron pergeñadas por manos ignorantes, si bien eran sofisticadas solamente en su crueldad: en Diyarbakır, «martillaban herraduras al rojo vivo con grandes clavos en los pies descalzos de algunos, como le hicieron a Mihran Bastagian y sus amigos [...] a algunos les amputaron las extremidades, a otros les aplastaron los pulgares con máquinas [...] algunos fueron despellejados (el carnicero Vaho y sus amigos) y sus cuerpos fueron colgados en las carnicerías, donde fueron vendidos sus cortes, y otros fueron crucificados (el policía Ohan y sus amigos)».[9] Las cabras desolladas en los puestos de carnicerías en el mercado de alimentos de la ciudad, con sus ojos redondos aterradoramente saltones, me recordaban ese pasaje de las memorias de Mgrdichian. No había nada de ingenuo en esa perversidad, y nada de eso se podía atribuir a Gran Bretaña o Estados Unidos.

A pesar de su adoctrinamiento en el marxismo de los revolucionarios kurdos, este hombre sin nombre seguía siendo, un siglo después, un *fedayí* como los que a finales del siglo XIX habían comenzado a defender a los armenios de las brutalidades infligidas por las tribus kurdas nómadas. Él era la prueba de lo que Sevag me había dicho: los armenios islamizados habían perdido el idioma, la religión, la cultura, la memoria, pero solo la conciencia de su identidad los mantenía activos. Al mismo tiempo, confirmó lo que decían otros exmilitantes del PKK. Había muy pocos combatientes armenios. Una veterana militante kurda del PKK no recordaba haberse topado con uno solo en una década con la guerrilla. Y el hombre de Midyat había conocido a muy pocos en 13 años:

> En mi batallón del PKK solo había otro armenio de Midyat, llamado Kemal. Era mi amigo íntimo, pero ya no estoy en contacto con él... Cuando me preguntan qué soy, digo que no soy kurdo, soy armenio, esa es mi primera respuesta: soy armenio, pero no sé de religiones ni nada. Tengo muchos amigos armenios. Fui

a las montañas no solo para el pueblo kurdo sino también para los armenios, los asirios, los turcos, eso es lo que me gusta, no son solo los kurdos. Luchamos para establecer un Estado para cada nación.

Nuestro amigo común me acusa de luchar solo por los kurdos, y digo que no: lo hago por los armenios, los asirios, los griegos y cualquier otra minoría.

Como armenio, ya no veía a su propio pueblo como una nación nativa en su tierra natal. Para él, eran una minoría, que se reagrupaba tímidamente, solo que ahora lo hacía como una comunidad. Y entendí la dimensión histórica de lo que Perwîn había etiquetado en su librería como «naciones convertidas en minorías». En las montañas, agregó el exguerrillero, había alemanes, rusos, kazajos, un poco como las brigadas internacionales en la guerra civil española.

Queremos una confederación para cada nación. Nuestra vida era muy difícil en las montañas. Pero te diré esto: el hombre se adapta a todo. El hombre no es consciente de su propia fuerza. Aprendimos solos en la montaña: los lugares, las experiencias, la psicología, las amistades son muy diferentes. Necesitas vivirlo, no podemos expresarnos: vivimos muchas cosas diferentes. Teníamos un dicho en la guerrilla: «Bazen vezirdir; bazen rezildir» [«A veces un visir; a veces un miserable»]. A veces vivías como un general, y a veces tenías hambre, y andabas descalzo, no tenías zapatos. Vi morir a muchos de mis amigos. La primera vez que un hombre ve combate siente miedo, y yo también lo sentí. También he tenido que disparar: era él o yo. Es la guerra, y la guerra es eso: es la muerte. Esa es la realidad: solo una vez fue un combate cara a cara, y le disparé primero. Era un soldado; era alto.

Los armenios llamaban Armenia Occidental a estas tierras, le dije. «Eso no lo sé», respondió, algo tajante. «Mientras los kurdos y los armenios vivan como hermanos, pueden coexistir». Se alzó el tercer *ezán* del día desde los minaretes de la ciudad, un gemido de cinco minutos que llamaba a las oraciones de la tarde, el *Asr*, realizado cuando el sol es brillante o cuando «la sombra de algo tiene el doble de su propia longitud».

Queremos justicia por el Genocidio. Por supuesto, fui a las montañas a buscar justicia por 1915: eso tiene su parte, mis sentimientos sobre eso cuentan. Creo que el reconocimiento del Genocidio llegará. Pero regresé a Diyarbakır porque me lesioné y me cansé. Estuve en las montañas durante 13 años. En el verano, el clima era agradable, teníamos nuestros uniformes militares, no formales y no jerárquicos; comíamos arroz. Y en el invierno se ponía difícil, nos quedábamos donde quiera que estuviéramos, y nos ocupábamos de nuestra educación.

Conocí a otros armenios en las aldeas; también a asirios. En las cercanías de Metin, en Irak, había armenios; tenían aldeas. En Zakho, éramos amigos de una familia armenia. Conocí a muchos. Hablamos de sus problemas: los suyos eran económicos.

Teníamos una amiga armenia en Turquía que trabajaba con mi esposa. Ella era de la zona de Ağrı, y tenía un mapa de su abuelo que mostraba el tesoro que había enterrado al pie del monte Ararat, pero no fui a desenterrarlo.

Una vez entramos en una aldea asiria en Irak, y estábamos sentados tomando el té: un niño se acercó a mí. El niño tenía seis años y su madre era joven, tal vez de 25 años. Entonces le pregunté al niño: «¿Quién fue el más grande emperador de los asirios?». El niño no respondió. Entró en el aula de la escuela y dijo: «Nuestro más grande emperador fue Asurbanipal». Me impresionó, ¿sabes por qué? Porque en estas tierras no sabemos quiénes fueron nuestros antepasados.

Nada... No me arrepiento de nada. Soy miembro del PKK, pero no soy nacionalista kurdo... Los turcos desde la década de 1920 han estado llevando a cabo una doble campaña contra los kurdos, con armas y con políticas de asimilación, y contra los armenios también. Ambas partes se atacan mutuamente, pero en algún momento tiene que haber una solución. La guerra y la paz nunca se separan de sí. Cada una tiene el potencial para la otra.

El tiempo de las fronteras ha terminado. Pero las cuatro partes del Kurdistán tendrán que unirse en una confederación por su propia voluntad. Pero decir que esta es la tierra de los armenios, esta es la de los kurdos, y aquella de los turcos ha terminado. El mundo de las fronteras nacionales está llegando a su fin.

Sobre la religión, digo que no soy ni musulmán ni cristiano, creo en la libertad de religión. Para mí, el hombre, independientemente de su religión, idioma o raza, es hombre. Hay cristianos virtuosos y hay quienes son malas personas. Hay musulmanes que son malos como el infierno, y hay quienes son buenas personas. Es por eso que no voy a la mezquita o a la iglesia. Pero me siento más cerca de la Iglesia, me resulta más cálida, tal vez porque ha sido oprimida y atacada tantas veces. La quiero más. En Irak, fui a una iglesia armenia en un pueblo cerca de Zakho, a la boda de un amigo, y esa fue la única vez que he estado en una casa de culto.

Por su cuenta, armenios y kurdos viven juntos como hermanos. Regresé de las montañas en 2006. Mi esposa es una exguerrillera. Nos conocimos en las montañas en 1999. Nos casamos en Irak, en una pequeña reunión con amigos: no era una ceremonia religiosa. Ella es cien por ciento kurda.

La entrevista con el armenio del PKK había terminado. Había hablado a toda prisa, sin signos de emoción ni pausas para la reflexión. Nunca había estado en Surp Giragos, a pesar de que sabía dónde estaba. Podíamos ir, sugerí. Era una caminata de veinte minutos, dije, pero él se negó. Pero no había terminado su historia, porque decidió repasar su infancia, contando una historia transmitida por su padre, el armenio que se negaba a reconocerse como tal y que lo había movido a rebelarse. Fue el único momento en que noté un esfuerzo por luchar contra sentimientos al rojo vivo que podían vencerlo:

En nuestra aldea en Batman, mi padre decía que el imán solía reunir a los vecinos para arrojar piedras contra nuestra casa, porque éramos armenios. Así, había días en que 40 personas, encabezadas por el imán, arrojaban piedras contra nuestra casa.

* * *

Su madre solía recordar que un sacerdote armenio, mientras lo llevaban a las caravanas de exterminio de 1915, les dijo a sus vecinos kurdos: «Somos el desayuno; vosotros seréis el almuerzo».

Abdullah Demirbaş, el alcalde de Diyarbakır-Sur, el perímetro antiguo de la ciudad, creció en Gâvur Mahallesi (el Barrio de los Infieles), el antiguo vecindario armenio ahora poblado por kurdos que emigraron de las aldeas, especialmente después de que Turquía lanzó una guerra abierta contra el PKK en la década de 1990. «Cuando era pequeño en mi primer día en la escuela, mi maestro me dio una bofetada en la cara porque solo hablaba kurdo: no sabía una sola palabra de turco».

Había seguido el consejo de una amiga de Diyarbakır, quien ahora habita en Nueva York, y me había presentado en el ayuntamiento como periodista armenio de Nueva York. Tardé cinco minutos en ser recibido por el alcalde, que acababa de llegar de Alemania. Hablamos durante una hora y media.

Esto era 2011, y el aire era primaveral, al igual que las esperanzas de una renovación en Turquía, que quebrara de una vez el patrón pendular de reforma y violencia que había definido al país después de la guerra de Crimea de 1853-1856. La clave para resolver los problemas de Turquía era la descentralización, dijo Demirbaş. Él trabajaba para promover los idiomas y los derechos locales. «No solo para los kurdos, sino también para los armenios, los asirios y todas las demás minorías», dijo. «El Estado ha atado demasiadas cosas con su estructura centralizada: necesitamos evolucionar hacia un Estado multicultural y multilingüe». Los kurdos no querían un Estado separado: «Queremos libertad en una Turquía democrática».

Quería nuevamente convertir Diyarbakır en una ciudad multicultural. Demirbaş culpó al Estado de destruir la paz entre las comunidades. La diversidad, dijo, era un jardín: cuantas más flores de diferentes tipos tenía, más rico era. «Podemos ser diferentes, pero podemos vivir juntos». En Diyarbakır, había dado al kurdo, al armenio, al árabe y al asirio el estatus de idioma oficial para ser utilizado junto con el turco. También había ordenado publicaciones en hebreo. Bajo su administración habían publicado obras del autor armenio Mıgırdiç Margosyan, así como de un escritor asirio, Naum Fadik Palak, y un kurdo, Ahmed Arif. Los tres nacieron en Diyarbakır. En armenio, también había publicado «Una gota de miel», un cuento de Hovhannes Toumanian.

En el momento de la entrevista, tenía 27 causas judiciales en su contra por cargos que podían enviarlo a prisión por un total de 232 años. Su hijo menor había ido a las montañas y se había unido al PKK a los 16 años en 2009 —lo había visto por última vez el 24 de diciembre de ese año— y no lo había vuelto a ver en los dos años transcurridos desde entonces.

El Estado turco utilizó al pueblo kurdo contra los armenios, yezidíes, asirios e incluso contra otros kurdos. «Hemos aprendido», dijo. Y mencionó su plan de cambiar el nombre del casco antiguo de la ciudad a Dikran-Amed, en reconocimiento del nombre armenio. Finalmente, hizo público el proyecto, pero quedó en la nada.

Creía que lo perseguían en Turquía porque, como dicen, «la cabeza de la serpiente tiene que ser aplastada cuando es pequeña». Sus experimentos con el multiculturalismo democrático eran un precedente peligroso para el principio de la «Turquía para los turcos», de importancia fundamental para la República. «Muchos creen que mi cabeza tiene que ser golpeada ahora», con el objetivo de diezmar la diversidad.

En 2005 se realizó una encuesta demográfica en Diyarbakır. Comprendió a 8970 familias, un total de 70 000 personas, sobre una encuesta del idioma usado en el hogar. La mayoría, el 72 %, hablaba kurdo en casa; el turco era la lengua materna para el 24 %; el 1 % hablaba árabe; y el 3 % restante estaba dividido entre caldeo, asirio, armenio y otras lenguas de minorías.

Según esta encuesta, 30 familias en ese momento se habían identificado como asirias; cinco, como armenias; y una, como yezidí. También había cuatro judíos, aunque no estaba seguro de si estas personas eran miembros de la misma familia. Aun así, unas 300 familias se han declarado armenias después de eso. Otra información interesante fue que había dos aldeas de alevíes turcos.

Teníamos que creer en nuestras ideas, dijo. Podíamos sacrificar nuestro pan y nuestra agua, pero no podíamos sacrificar nuestras ideas. «Imagínese en qué tipo de mundo viviríamos si Sócrates y Galileo se hubieran retractado».

Después de salir de su oficina, el asistente de Demirbaş, su sobrino, me dijo que tuviera cuidado al ir a Surp Giragos: no era un barrio muy seguro. «Hay muchos niños de la calle», dijo, cuando insistí en saber qué quería decir, pero no fue más explícito que eso. Los hermanos Akkaya también me habían dicho que no fuera al Barrio de los Infieles. «Puede haber niños que se portan mal... ya verás cuando vayas allí», y Hamdi también insinuaba algo que parecía avergonzado de decir.

«Cuidado con los niños gitanos», me dijo un vendedor ambulante frente al Ulu Cami (la Gran Mezquita), de quien compré dulces de camino a la iglesia, después de la entrevista con Demirbaş. Nunca pasó nada las decenas de veces que visité Surp Giragos, aparte de los alegres niños pequeños que jugaban al fútbol o con gatitos, posando con amplias sonrisas para las fotos, excepto a veces por una o dos niñas muy pequeñas, que eran demasiado tímidas y se escondían detrás de las largas faldas de sus madres. Solo una vez un grupo de adolescentes corrió detrás de mí, enojados porque les tomé una foto fumando, pero me dejaron solo cuando les dije, quizás alzando demasiado la voz, que se ocuparan de sus propios asuntos.

* * *

De niño, *Aynur* solía jugar con otros niños en las ruinas de la iglesia de Surp Giragos. «No sabíamos lo que era», me había dicho en nuestras primeras conversaciones. Su familia se había mudado de Mizak, su aldea en la provincia de Diyarbakır, y se había establecido en el antiguo barrio armenio.

Vartan, el ayudante de Surp Giragos, había venido a la oficina de Sevag en busca de documentación para hacer los recados de la iglesia. Sus ojos se posaron en Aynur, la joven asistente de la oficina. Era una figura delicada, vestida de manera islámica sencilla pero exquisita, con una falda negra y un suéter a juego. Los chales de seda sobre la gorra del hiyab, siempre de color liso y muy a menudo rojo o azul, realzaban su presencia. El pañuelo en la cabeza se elevaba ligeramente hacia la parte posterior de la cabeza y se reclinaba hacia el cuello, como la gorra de la corona de Nefertiti: el efecto, visto en el tocado de muchas mujeres jóvenes en Turquía, era causado por su largo cabello, atado en una cola y escondido debajo.

Sin embargo, Vartan no estaba admirando a Aynur. «Eres armenia», le dijo. La había reconocido de la aldea de Mizak, en las cercanías de su ciudad natal de Lice. Su familia era, en verdad, de origen armenio, admitió Aynur. Me había visto hablar con Sevag sobre mi proyecto de libro, que también había discutido brevemente con ella, pero no había dicho nada. A pesar de que yo estaba atónito, me sorprendió aún más que ni siquiera Sevag lo supiera, a pesar de emplearla durante los últimos dos años. Él, sin embargo, lo reconoció con flema: «Oh, ¿es así?», y, mientras tomaba el té, continuó su conversación con Vartan sobre asuntos de la iglesia.

Con renuencia inicial, Aynur accedió a hablar conmigo. Acababa de cumplir 23 años y planeaba casarse en unos meses. Fuera de Diyarbakır, había pasado tres años en la universidad en Urfa, y había estado una vez en Ankara, una ciudad que le había resultado caótica. No tenía prisa por ver Estambul y estaba impaciente por hacer la peregrinación a La Meca. «No puedo pagarlo ahora debido a mi boda, pero no esperaré a la vejez para hacer el *Hajj*; lo haré en mi juventud, *inşallah*». Su voz era diáfana, pero algunos de sus pensamientos, envueltos en el terciopelo de su susurro relajante, habrían sonado muy diferentes en otras bocas, más bruscas.

«Cuando era pequeña, mi familia mencionaba que éramos de origen armenio, pero no entraban en detalles sobre cómo o de dónde veníamos. Mi madre y mi padre no lo sabían. Solo sabían que en el pasado habían llegado fugitivos armenios a nuestra aldea y que luego se convirtieron al islam, ya sea nuestro abuelo o nuestra abuela, no lo sabemos. Nada más. Solo sabemos esto. Tal vez nuestros mayores sabían, pero no hablaban. Mis abuelos paternos están muertos y mi abuelo materno nunca sale del pueblo. Tal vez vino a Diyarbakır una vez para visitar a un pariente enfermo, y quizás otra vez, pero eso fue todo».

Mizak, a unas dos horas en coche de Diyarbakır, era una aldea armenia en el pasado, «en la época de nuestros mayores, pero después obviamente se convirtieron en musulmanes».

Todos estaban emparentados entre sí en Mizak: «Solo nuestro clan y sus ramas son armenios. Las otras familias desconocen su origen. Nadie lo sabe. Hay más de cincuenta casas en Mizak. Más de veinte, quizás 22, son familias de origen armenio, todas relacionadas con nosotros, porque nuestro clan es el más grande allí. No hay aşirets o tribus al estilo kurdo. Solo somos una familia grande».

—¿Sabes cómo te has convertido en musulmana?

—¿Cómo me convertí en musulmán? Nací musulmana. En mi familia, creo que una mujer armenia se casó con un hombre musulmán y así es como nos convertimos en musulmanes. Pero no somos musulmanes en ambos lados. La abuela de mi padre era armenia y la islamización llegó a través del matrimonio. No sé nada sobre los armenios en Turquía.

—¿Qué sabes acerca de 1915?

—Ah, sí, ¿lo llamáis genocidio? Los armenios, por supuesto, lo llaman un genocidio. Así es como se convirtió en musulmana. En el momento de lo que ustedes llaman el genocidio, ella huyó y buscó refugio en nuestro pueblo, y se casó con un hombre musulmán.

—¿No crees que fue un genocidio?

— Puede haberlo sido, pero cuánto de eso es cierto y cuánto es una mentira no lo sé. Hubo algo así. Pero, si fue unilateral o recíproco, eso no lo sé, pero hablan de eso.

—¿Sientes algo que te vincule con los armenios?

—Nunca me mezclé con los armenios. Nunca he estado con ellos.

—¿Te llamarías armenia?

—No lo sé. Yo me siento musulmana.

—Es posible ser armenio y musulmán.

—¿Lo es? Solo digo que soy de origen armenio, porque soy musulmana.

—Hay armenios ateos, pero son armenios.

—No lo sé.

—Cuando eras pequeña, ¿se usaba «armenio» como una mala palabra en la escuela?

—No, nunca. Nunca he escuchado nada malo sobre los armenios. Estudié en la universidad de Haran, en Urfa, por lo que era seguro decir que era de origen armenio. Mi prometido es musulmán propiamente dicho de ambos lados, tanto su madre como su padre. Es zaza y pariente nuestro de Mizak. No es un desconocido. Es un pariente lejano. Sus antepasados eran *hocas*. Amo mucho mi religión, mucho.

—¿Qué sientes acerca de los cristianos y armenios en Turquía?

—En Turquía es posible vivir con una religión diferente. La convivencia es buena, que cada uno pueda hablar de su propia religión y practicarla.

—Hay problemas entre cristianos y musulmanes.

—Pero eso está más relacionado con la política, ¿no? Creo que los cristianos y los musulmanes pueden hablar y ser amigos. No es un problema religioso. Es política.

—¿Cómo te sentirías acerca de tu religión si supieras que eres musulmana debido a una conversión forzada?

—Quiero leer sobre 1915, averiguar los derechos de quién fueron violados. ¿Conversiones forzadas? Nunca había oído hablar de eso. Solo sabemos que somos de origen armenio: solo mi padre, mi madre, a veces mi hermano mayor, dicen que somos de origen armenio, pero eso es todo. No sé nada de eso. Por parte de mi madre no lo sé, no lo sabemos. Ella dice: «Mi abuelo murió, pero no sé de dónde vino, cómo vino aquí». Pueden haber sido convertidos por la fuerza, pero realmente no lo sé.

—¿Sentías miedo cuando eras pequeña acerca de tu origen armenio?

—No, todo el mundo lo sabía y lo decía en la escuela o en la universidad, nunca lo oculté. En Urfa estaba en un distrito que era kurdo, así que nadie me molestaba. Tengo dos hermanas y dos hermanos mayores, soy la menor. Mi hermano mayor sabe un poco más, porque se acuerda de mis abuelos, así que habló con ellos y sabe algunas cosas. Los armenios fueron maltratados; él dijo eso.

Aynur quería saber qué sentía yo por los musulmanes de origen armenio. También tenía curiosidad por los musulmanes que se convirtieron por la fuerza y se preguntaba cómo se sentían respecto al islam. Pero la conversación se interrumpió cuando su jefe, la hija de Sevag, vino con trabajo.

Aynur no me había hablado de la desaparición forzada de personas en su localidad de origen. Algunos lugareños, incluido al menos un miembro de su clan en Mizak, habían sido vistos por última vez en compañía de policías o gendarmes, incluido Mehmet Can Ayşin, un campesino e imán. No se había sabido nada del padre de nueve hijos desde el 8 de mayo de 1994, durante los años de represión del levantamiento kurdo.

* * *

«Mi padre nació en 1910, por lo que tenía cinco años», dijo Vartan. «Mataron a sus tres hermanos y a sus padres ante sus ojos, y lo dejaron vagando, solo en el bazar: una familia musulmana honorable lo acogió y lo escondió. Cuando creció también le dieron una de sus mujeres y lo convirtieron». Su padre, Husep (una forma dialectal de Hovsep, o José, en armenio), había cambiado su nombre a Abdullah. Probablemente por error, fue reclutado para el servicio militar dos veces, una vez con el nombre armenio, luego con el nombre turco.

«Descubrí después de los 25 años que era armenio». Vartan se había enterado después de regresar del servicio militar en Chipre del Norte. «Hasta entonces pensaba que era kurdo». La familia musulmana que había criado a Husep lo llamaban «*filla*», le dijeron a Vartan entonces. «Mi padre no dijo una palabra al respecto para protegernos».

El Año Nuevo, no celebrado en Diyarbakır, había amanecido en medio de una espesa niebla. Ese día, Vartan, el ayudante de la iglesia, estaba muy enfermo.

Como conocía los lugares que yo frecuentaba, pasaba por allí para una charla, a menudo en el café literario, un entresuelo sobre una librería dirigida por un armenio islamizado en el distrito comercial, donde Vartan iba después de la iglesia para tomar un té o, más a menudo, una cerveza danesa. También dejaba en la librería los ejemplares apenas recibidos de *Agos*. Pero en ese día glacial, primero lo encontré en la iglesia, brevemente, donde hiberné delante de la estufa con él y Agop Serkis mientras veíamos alguna banalidad en la televisión turca junto con el oficial de policía; aunque yo no había expresado preocupación, me dijeron que era un kurdo para tranquilizarme, asignado por el municipio para protección. Habían ocurrido algunos incidentes menores en el pasado, entre ellos pedradas, y una vez había visto grafitis ofensivos en una pared adyacente. Vartan más tarde se unió a mí en Sülüklü Han, que se había convertido en una de mis guaridas de escritura, ya que me atraían las conversaciones con Perwîn que fluían como un río profundo, el encanto de su galería de basalto, y el gato negro que se subía a la mesa para inspeccionar mis cuadernos y la pantalla de mi computadora.

Los cafés eran habitualmente su última parada después de la iglesia antes de regresar a casa. Con cierta urgencia, Vartan me dijo que estaba planeando un viaje a Armenia en la primavera. Como solían hacer los armenios de la Diáspora, también él idealizaba Armenia. Nacido y criado en Armenia Occidental, no era diaspórico. Sin embargo, a pesar de ser más indígena que otros en esta tierra, ahora pertenecía a un pueblo que se había reducido a una minoría y, como tal, solo podía comportarse como una comunidad.

En Armenia, planeaba convertirse en ciudadano y comenzar una nueva vida. Su esposa no aceptaba su identidad armenia. Pero ¿no sabía ella que él era armenio antes de casarse? «Biraz», dijo en turco: «Un poco». No estaba seguro de lo que significaba «saber un poco» que era armenio. También estaba angustiado por sus hijos e hijas, e hizo algunos comentarios tristes en armenio, del cual tenía un dominio básico, aún más notable porque había estudiado a una edad avanzada y apenas por poco tiempo. Sus cuatro hijos rechazaban la identidad armenia:

> Dicen: «Ya somos musulmanes», pero mi hija menor es una niña sensible: ha estado aprendiendo palabras armenias, le gusta y su nombre es Miro. Son kurdos musulmanes. Hablamos kurdo en casa. Se consideran kurdos... Por supuesto que me gustaría que se sintieran armenios. Me siento solo y frío.

La madre de sus hijos también se oponía a su bautismo y al de sus hijos. Le pedía a su esposo que dejara su trabajo en la iglesia. «Tomar dinero de la Iglesia es *haram*, me dice», dijo, usando la palabra islámica para algo pecaminoso o prohibido: «Mi esposa es la nieta de la familia que crio a mi padre, la hija de un tío mío».

Esto también era una prueba de que el paternalismo que supuestamente regía la identidad en Turquía admitía excepciones, especialmente cuando pertenecía a grupos menos estigmatizados. Sose, mi amiga sasuntsí en Estambul, me lo había dicho, aconsejándome que no creyera la teoría al pie de la letra. «La mayoría elegirá lo que dicte la conveniencia», dijo. «Cuando viven entre kurdos, dirán que son kurdos: no importa si su padre es armenio».

El suyo no había sido un matrimonio por amor, dijo Vartan. Su madre, que era kurda, había arreglado su boda con una muchacha kurda de la familia con la que eran amigos. La madre de Vartan tampoco había amado a su padre, como una doble maldición prefigurada por Tolstói en el renglón de apertura de Anna Karenina: «Todas las familias felices son parecidas; cada familia infeliz es infeliz a su manera». Se secó el sudor de la frente y se quejó de su dolor de cabeza mientras encendía otro cigarrillo: «El matrimonio es como una sentencia de prisión». Se rio, con los ojos inyectados de sangre después de tomar media pinta de cerveza de una sola vez.

La vida en Armenia que planeaba podría no ser fácil, le dije. ¿Por qué pensaba yo, replicó, que la vida en Diyarbakır era más fácil? Su hogar se había alienado, o él se había convertido en un extraño para ellos. Muy congestionado, ahora miraba la mesa. Sus ojos marinos se habían humedecido. Era el cigarrillo, dijo. El invierno se sentía interminable:

> ¿Es posible ser musulmán y armenio? Es imposible, pero esta es la realidad, desafortunadamente. Para ser armenio debes ser cristiano, pero mi religión es el islam. No me gusta la mezquita; no me ha gustado la mezquita desde que era pequeño. He estado tres veces para la fiesta de *Bayram* cuando era niño, y no he vuelto a una mezquita desde entonces. Soy de izquierdas y no me gustan las religiones, pero me gusta la Iglesia. Me da paz, encuentro todo allí, encuentro a mis amigos allí, encuentro compatriotas allí, nos relacionamos allí. No me gusta el islam.
>
> Somos cinco hermanos y el mayor hace el *namaz*, va a la mezquita todos los viernes, pero todos reconocemos que somos armenios. Él también conoce muy bien la historia. Pero para él la identidad armenia es una etnia. La religión es diferente. Tiene 72 años y vive en Bursa, donde recibe tratamiento contra el cáncer. Y él sabe qué kurdo tomó qué propiedad de nuestra familia después del Genocidio; eso no lo sé. Conozco a estos kurdos, pero cuando crecía en Lice no sabía que se habían apoderado de nuestras propiedades.
>
> En 1975 todavía había tres hogares armenios en Lice: las familias de Dikran Duman, Ares y Ayo, pero dos se fueron después del terremoto de ese año. El último se fue un poco después, cuando intentaron secuestrar a su hija, que era hermosa. Se mudaron a los Países Bajos.
>
> Sabía sobre el Genocidio desde la época de mi juventud; que pasaron cosas. Eso lo sabía. Pero cuando supe que era armenio me afectó profundamente. Lloré para mis adentros: solo mi padre se salvó de toda nuestra familia. No nos dijo una palabra al respecto para protegernos. Temía mucho. Vio cómo asesinaron a su madre, a su padre y a sus tres hermanos. Lo protegió mi abuelo materno, Mehmet Kızılkaya. El nombre de mi abuelo paterno era Dono y el de mi abuela Hanım Demirciyan. Dos de mis tíos se llamaban Davit y Artin, pero no sé el nombre del tercero.

> Me enteré de mis orígenes en el momento de la guerra del PKK. Nunca sentí miedo. Como Lice es pequeña, todos se conocen. Todavía hay muchas familias en Lice que no admiten su origen armenio y tratan de hacerse pasar por kurdos. Todos saben que son armenios.

* * *

La semana antes de Navidad, Perwîn me presentó a una mujer armenia en Sülüklü Han. Había una intensidad en el rostro de *Zuhal* que me recordaba a María en el icono de la Iglesia de Tokalı en Göreme, Capadocia, sosteniendo muy estrechamente al Niño Jesús, sabedora de que su hijo estaba condenado. Pero a diferencia de la Virgen, los ojos de Zuhal entablaban el diálogo con los del espectador como los de una princesa búlgara en la Edad Media, cuya mirada en un concurso de parpadeo con su padre, el rey, había perturbado tanto a los guardias del monarca que habían querido intervenir contra su hija.

Sus antepasados eran sobrevivientes de Erzurum que habían llegado a Diyarbakır en 1915 y habían encontrado refugio. Su tipo facial y otras características —los ojos negros, almendrados y grandes; el copioso cabello negro; su piel más oscura— correspondían a la fisonomía que tres generaciones más tarde en todas partes del mundo y, a pesar de las mezclas con otros grupos (incluidos los armenios de otros lugares), había sobrevivido entre los descendientes de armenios de Erzurum, la antigua Garin.

Zuhal me llevó a visitar a *Damla* y a su esposo *Ümit*, un ingeniero de padre turco y madre georgiana, especializado en el patrimonio arquitectónico de Turquía. Consultor del gobierno para la restauración y preservación de monumentos históricos, era un hombre de complexión voluminosa y humor que se expandía con su risa bulliciosa, que retumbaba desde debajo de sus grandes bigotes con rastros de pelo rojo. Debido a su esposa, buena parte de su vida social transcurría entre armenios y asirios, islamizados o no, ya que Damla estaba inscrita como musulmana, pero era cristiana practicante, y como tal se la encontraba con frecuencia en Surp Giragos o en Maryam Ana, la iglesia asiria.

«Hay ángeles». Zuhal leía la taza de café turco de Ümit: no estaba segura de su interpretación, pero no parecían gustarle las señales. Era una extraña coincidencia, dijo Ümit. Durante una misión en Mardin unos meses antes, había notado ángeles y un Cristo crucificado en el minarete de Şehidiye Cami (Mezquita de los Mártires) construida en el siglo XIII. «Por supuesto», dijo, «los armenios y los cristianos eran los arquitectos y albañiles; los turcos no tenían tiempo: iban de un frente de batalla a otro; así es como los cristianos colaron a su profeta en el minarete», dijo con una risotada. «Ha venido gente de todas partes a Turquía y ha luchado: vinimos y ganamos; y les dijimos a los cristianos: "Quédense aquí: construyan las mezquitas, los caravasares, las iglesias", mientras los turcos iban a defender las fronteras del país, conquistar otros pueblos, y ocupar otros países». Los turcos eran los gobernantes y soldados; los armenios, los albañiles y artesanos.

Independientemente de la fidelidad del comentario, ilustraba, al pasar, la lógica imperial con la que un laico educado en Turquía veía la apropiación de tierras de griegos, armenios y asirios, y cómo interpretaba la historia del país. También era la justificación de los medios militares, el remedio último, pero muy a menudo el primero, a cualquier desafío real o percibido contra el Estado turco, ya sea la existencia de minorías cristianas, exterminadas fuera de una presencia simbólica; las demandas de los kurdos, que regularmente hacían con violencia y a las que respondían con más violencia; o una tendencia a la represión de la disidencia incluso bajo el gobierno constitucional: si las experiencias de decenas de izquierdistas que conocí servían de parangón, las tasas de encarcelamiento en el país tenían que ser muy altas, ya que la gran mayoría de ellos habían cumplido condena en prisión —a veces durante más de una década— incluso si su único delito era militar en grupos marxistas.

Turquía seguía siendo un imperio en todo sentido menos en el nombre, en el significado más estricto de la palabra:

un estado centralizado con una nación dominante que gobernaba sobre otros pueblos en territorios conquistados a ellos. El dominio turco todavía era disputado en el discurso por sus poblaciones originales y, en Anatolia oriental, por las armas, en las periódicas rebeliones kurdas. Desde Atatürk, Turquía trataba de ajustarse al estrecho marco de un Estado-nación: pero no podía, debido a las tendencias centrífugas de los kurdos, un número indeterminado, pero fácilmente el 30 % de los 80 millones de la población del país. Turquía no había encontrado más remedio para sobrevivir a estas demandas que su represión por la fuerza y por la violencia que ha desatado sobre otras nacionalidades que ha considerado una amenaza o que han impugnado la unidad o la naturaleza del Estado.

Ümit asistía a las conmemoraciones del Genocidio armenio por parte de la incipiente comunidad de Diyarbakır, y también honraba la memoria de Hrant Dink en los aniversarios de su asesinato. En su mente, obviamente no había conflicto entre los homenajes que hacía y sus puntos de vista sobre la nacionalidad turca, una consecuencia de los cuales eran estos crímenes. Si era consciente de las contradicciones, las rutinas de la vida las pasaban por alto.

En la víspera de Navidad, Ümit me dio un pequeño crucifijo de plata como regalo. Como era experto, le pregunté si podría darme una estimación aproximada para restaurar el monasterio de Gomk en Sasún. Muy preliminarmente, mirando las fotos, me dijo que costaría al menos tres millones de dólares.

Esa noche estaba molesto por las noticias. Turquía en ese momento estaba dividida por un escándalo de corrupción que implicaba a la familia de Erdoğan. El gobierno acusaba a Fetullah Gülen, un clérigo islámico que vive en Estados Unidos, de orquestar el escándalo movilizando a sus seguidores en la policía y el «Estado profundo». Ümit expresó su apoyo a Erdoğan por omisión, comparando a Gülen, que estaba escondido en un complejo en Pennsylvania, con Hassan al Sabbah. «Un traidor», dijo Ümit. «Turquía está llena de traidores». Sabbah, el líder de un levantamiento contra los turcos selyúcidas en el siglo XI, fue el fundador de la secta de los Hashashin, un grupo de militantes islámicos que se narcotizaban con hachís para asesinar a opositores políticos. Comandaba la rebelión desde la fortaleza de Alamut, en las montañas de Albruz de Persia, que aparentemente solo dejó dos veces en su vida. Presentado a un público más amplio por Marco Polo como el «Viejo de la Montaña», había sobrevivido en la palabra «asesino», cognado del nombre de la milicia.[10]

Una semana más tarde viajábamos en su automóvil por el paisaje polar de Diyarbakır mientras un conductor confundido de la tórrida Urfa nos frenaba más que la nieve, exasperando a Ümit, al volante de un poderoso SUV. Las luces de freno del pequeño coche de Urfa brillaban a través de los pesados copos de nieve que cubrían la carretera. Íbamos a la casa de Zuhal. Se había mudado lejos del centro de la ciudad, me confió más tarde, después de que uno de sus hermanos la amenazara por asumir el indecente trabajo de maestra, en lugar de quedarse en casa para criar a sus hijos. «Me puso una pistola en la cabeza», dijo.

Erzurum era la ciudad natal original de muchos armenios en Diyarbakır, una de las últimas paradas en las rutas de la marcha de la muerte, pero la familia de Zuhal aducía una razón especial de fama. Su bisabuela Sare, dijo, era la mujer que había inspirado *Sarı Gelin*, la canción armenia más popular en Turquía, donde la versión turca (en lugar de una traducción precisa de la letra armenia) es más conocida. El origen de la canción es objeto de mucha disputa, pero se la reconoce como una canción armenia.

Sare era una hermosa joven de 15 años, la única hermana de seis hermanos en la ciudad de Hınıs, anteriormente un importante centro armenio en la provincia de Erzurum. «Un día, Sare había ido al mercado en Garin», dijo Zuhal, refiriéndose a Erzurum por su nombre armenio, «y llamó la atención del hijo del cambista».

> Pero su familia se oponía al noviazgo del joven, que la esperaba día y noche fuera de su casa. Poco después, Sare cayó gravemente

> enferma. En ese momento, la gente en Garin comenzó a hablar de un hombre enfermo de amor que cantaba una melodía triste que se convertiría en *Sari Ağçig* en armenio y *Sarı Gelin* en turco. Finalmente, su familia aceptó su matrimonio.
>
> En 1915, tenían dos niñas y cuatro niños. Su esposo fue reclutado para el servicio militar y asesinado con los armenios reclutados en los batallones de trabajo. Sare perdió a sus hijos en los convoyes de Hınıs: la niña de seis años murió de hambre al comienzo de la deportación. Otros dos, de ocho y diez años, desaparecieron. Más adelante, Sare resultó herida al tratar de defenderse de un intento de violación: su atacante le metió una daga, un *hancar*, en el pecho que pasó por la mano de su hija de dos años, Azniv, que amortiguó el impacto.
>
> Sare, su hija mayor, Shushan, que tenía 12 años, y Azniv, llegaron a Surp Giragos en Diyarbakır. Sare murió en 1918 y unos meses más tarde Shushan también murió, de hambre y enfermedad.

Zuhal mencionó a ASALA, la organización militante armenia que atacó blancos turcos en las décadas de 1970 y 1980. Se vengaban del Genocidio, creía ella, diciendo en voz alta lo que otros todavía susurraban en Turquía: no mucho antes, me había sorprendido escuchar a un turco atribuir a ASALA el mérito de traer del olvido el recuerdo de 1915, que había sido borrado entre la población turca, a excepción de los ancianos. Y brindó por «Ata...», pero sustituyó el sufijo que sigue a «Ata» (padre) por una palabra diferente, en alusión al fundador de la República.

Tenía cinco hermanos, uno de los cuales había muerto luchando para el PKK en 2000, en lo que la familia pensaba que era un ataque químico del ejército turco. Otro todavía estaba en las montañas con los rebeldes kurdos. De los otros tres, uno estaba casado con una mujer kurda, mientras que los otros dos habían tomado a dos hermanas armenias islamizadas como esposas, *Nazli* y *Jalenur*, sus primas lejanas por parte de su madre.

La familia de las hermanas había recomprado las tierras que les fueron arrebatadas durante el Genocidio en la aldea de Norşen, en la provincia de Mush, donde muchos miembros de la familia fueron asesinados. Algunos fueron acorralados y llevados a una cueva en Fîlla Tepe (Cerro de los Infieles), donde fueron masacrados. Jalenur recordaba su antiguo apellido, Hagopian, y a su bisabuelo, Soğo, y su hermano, Sarkis *amca*, que contaban historias del Genocidio y mencionaban su antiguo apellido.

Había varias otras aldeas con armenios islamizados en Mush, dijo Nazli, la otra hermana: Gortaqum, Orginos, Golosik, Muşuni, Muşk, Mışuş y Mikragom. En Norşen, los kurdos y los árabes todavía llamaban a los armenios islamizados *fîlla* hasta el día de hoy. Después del Genocidio, habían traído turcomanos de Bulgaria para reasentarlos en Norşen, pero no pudieron adaptarse, por lo que vendieron sus propiedades y todos se habían ido en 1918. El gobierno turco trajo árabes de Sasún para que tomaran su lugar, pero algunos armenios también regresaron, aunque ya convertidos.

Entre los que regresaron estaba su abuelo, Hacifaykı, cuyo nombre armenio la familia había olvidado. Había recomprado la antigua casa familiar y una parcela adicional. Hacifaykı, junto con su padre Soğo y su tío Sarkis, habían escapado de las masacres en 1915 huyendo a un pueblo cercano donde habían trabajado para un *ağa* kurdo como pastores. Allí, Hacifaykı había conocido a su esposa, una muchacha armenia islamizada llamada Aslıxan.

Dilhan, el hermano al que Zuhal era la más cercana, me había propuesto visitar a la viuda de un primo armenio para ver si podíamos encontrar algo de valor en su tesoro de fotografías y libros antiguos, ya que su esposo había sido un hombre de curiosidad intelectual y autor de un delgado volumen que entretejía memorias e ideología socialista. La visita no había rendido mucho, excepto la sorpresa de Dilhan al descubrir el disgusto de la viuda cuando la había descrito como turca.

«No soy turca: soy macedonia». Dilhan, un poco sorprendido, le preguntó si era musulmana nacida en Turquía. «Tú también», fue su rápida respuesta. «Pero dices que eres kurdo porque tu padre es kurdo y tu madre es armenia», dijo después de estar sentada mayormente en silencio mientras hojeábamos papeles viejos en medio de muebles con un estilo y desgaste que remontaban a la década de 1970. Sus padres habían sido reubicados en Turquía de un pueblo llamado Vranovça en Macedonia, no felizmente para ellos, durante los intercambios de población que siguieron a la Primera Guerra Mundial, y no hablaban turco. Los hostigaba una consigna que odiaban. «¡Vatandaş, Türkçe konuş!» («¡Compatriota, habla turco!»). Primero se habían establecido en Esmirna, en la costa del Egeo, y luego de alguna manera habían terminado en Diyarbakır.

Dilhan me dio su número de teléfono cuando salíamos de la casa de la mujer macedonia. «Nuestro *aşiret* es uno de los más grandes de Diyarbakır», dijo, refiriéndose a los Mandel, la tribu kurda por parte de su padre. Dijo que comprendía más de 1000 hogares en la ciudad. Zuhal también me había prometido el apoyo de la tribu. Si tuviera algún problema en Turquía, y repitió, «cualquier problema», debía llamarlo.

* * *

Nesim Yazar era uno de los que frecuentaban la iglesia.

Era nieto de Simo, un herrero que después del Genocidio se había mudado a Hazro, donde un caudillo kurdo llamado Camil Paşa lo había tomado bajo su protección. En ese momento se convirtió en musulmán. Luego se estableció en Kulp, donde se casó y tuvo dos hijos y dos hijas, todos los cuales eventualmente se casarían con otros armenios islamizados. Alguien llamado Tumo le enseñó el arte de la fabricación de armas.

Simo nunca hablaba de las masacres y se molestaba si alguien lo hacía. Nesim lo recordaba haciendo el *namaz*, las oraciones musulmanas. Su padre, Selahattin, también hacía las postraciones. «Pero no creo en Dios», dijo Nesim, con la risa ahogada de un fumador. «No voy a la iglesia ni a la mezquita». Lo suyo no era el ateísmo, el del marxismo sin complicaciones de Garbed, el tipógrafo: el de Nesim parecía ser un estado diferente del alma. Aun así, iba a Surp Giragos al menos una vez a la semana, observé. «Soy armenio», respondió. «¿Adónde más iría a encontrarme con otros armenios?».

Nesim entonces se casó y se mudó a la aldea de Argint en Sasún, la que había luchado contra los kurdos durante décadas. Desde 1982 hasta 1987, vivió en Argint, donde se casó con la hija de un armero armenio en el pueblo. Armenios cristianos y musulmanes convivían y se casaban entre sí sin discriminación alguna. Y luego mencionó la última batalla de Argint que Seto, mi informante, había omitido mencionarme. En 1987, un *aşiret* kurdo, el Bekira Mahmutka, atacó la aldea y mató al menos a seis personas. Él y su esposa se mudaron a Kulp. A los atacantes kurdos no les importaba que también hubiera musulmanes en Argint. «Musulmanes o no, eran armenios», dijo Nesim. «La religión no hace ninguna diferencia». E hizo alguna broma sarcástica pero oscura que me perdí sobre las esposas, y no pude entender la conexión con la historia de asesinato que acababa de contar, excepto que no era en alabanza del matrimonio.

Un amigo suyo, Gevro, fue expulsado junto con su familia en 1985 de la aldea de Baham porque era armenio, a pesar de que había nacido musulmán, hijo de un hombre convertido. «El islam no hace la diferencia: ser armenio en Turquía es imposiblemente difícil», y tosió o se rio, y encendió otro cigarrillo. Y continuó con su respuesta a la observación de que iba a la Iglesia de Surp Giragos: «Solo voy allí a visitar, no rezo». Tenía los ojos cansados y la elegancia decadente de los jugadores de gustos caros, los que jugaban por apuestas altas que uno encuentra a altas horas de la madrugada en las cafeterías de los casinos, el amargo placer de quienes son conscientes de que la vida terminaba por igual para todos, sin importar cuán buenas o malas hubieran sido nuestras apuestas.

En la víspera de Navidad, Sevag me presentó a un visitante en su oficina: un hombre alto, vestido con un traje hecho a medida y un abrigo de cachemira verde oliva con una boina a juego. Sevag dijo que yo era periodista y escritor. El visitante me preguntó sobre qué estaba escribiendo. «Los armenios de Anatolia», dije. «¿Qué regiones?», quería saber. «Las provincias armenias históricas», dije. «Armenia Occidental», respondió con media sonrisa. «Oh, usted sabe que lo llamamos así», le dije. Antes, este hombre había dicho que esta área se llamaba Kurdistán.

«Van, Garin, Kharpert, Pağeş, Sepasdia y Dikranagerd», enumeró los *vilayets* por su nombre armenio, incluido el de Bitlis, Pağeş, que era poco utilizado incluso entre los armenios. Había sonreído ampliamente cuando llamó Diyarbakır por su nombre armenio. «Soy profesor de historia», dijo. Y luego dijo que era de origen armenio.

Estaba claro que estaba apegado a sus raíces. «Soy de origen armenio», dijo. «Pero ¿qué soy ahora? No soy ni kurdo, ni turco, ni armenio». Era casi una declaración adolescente por la sencillez con que se planteaba un tema complejo, proveniente de un hombre de su edad y de su educación. Sin embargo, el sentimiento de dislocación era claro. Nacido, criado y asentado en sus propias tierras ancestrales, se encontraba desplazado. Solo más tarde me enteré de que era el hermano mayor de Nesim. A pesar de que nunca los había visto, los Yazar parecían familiares, de una manera extraña que atribuía, sin mucha convicción, a su parecido con personas que conocía.

Arqueó las cejas y miró sus zapatos de estilo Oxford, fuertemente atados y de lustrado impecable, increíblemente libres de la nieve fangosa que había por todas partes en esos días en Diyarbakır. Sevag trató de disipar el aire de gravedad, diciendo que *Emin bey* tenía un fino sentido de la ironía: «Es tan armenio como cualquiera de nosotros». Con la cabeza inclinada y la boina de cachemira en sus manos, Emin bey sonreía, un poco incómodo mientras escuchaba a otros armenios reconocerlo como uno de los suyos.

La esposa de Emin era turca. Era suscriptor de *Agos*, que usaba para aprender armenio de manera autodidacta. Se veía en las palabras literarias armenias que era propenso a usar; por sus preguntas se podía decir que era el lenguaje escrito, el del lector solitario, con un conocimiento inusual, aunque un poco incierto, de las inflexiones del armenio clásico que tenían algún uso residual y formal en el idioma moderno y que solo se encontraban hoy en día en la cada vez más exigüe prosa armenia occidental. «Es armenio de la Iglesia», comentó la hija de Sevag, quien dirigía el trabajo diario en la oficina. «Krapar», dijo Emin bey, usando la palabra armenia para armenio clásico. Cuando le pedí su información de contacto, escribió su nombre en armenio con el cuidado de un estudiante que está rindiendo un examen, dibujando la cursiva grande y redondeada del nuevo alumno, una escritura principiante y esperanzada, libre del sesgo de casi siete décadas de vida.

Nesim, su hermano menor, se había convertido en un nihilista. Emin bey, el profesor de historia, todavía estaba en la búsqueda, enseñándose armenio a sí mismo mucho después de su edad de jubilación, leyendo laboriosamente la página armenia de *Agos* en una casa y una ciudad donde no tenía a nadie con quien hablar el idioma. Nesim y Emin bey ahora apenas se hablaban. Habían nacido de los mismos padres en esa casa donde, como dijo Emin bey, «había algo torcido, algo que parecía fuera de lugar, pero yo no podía acertar a saber qué era».

Los hermanos se enterarían de que eran armenios muchos años después. Eran de Silvan, cerca del sitio del verdadero Dikranagerd, construido por Medzn Dikran, o Tigranes el Grande, el nombre por el cual el rey Tigranes II es conocido entre los armenios, bajo cuyo gobierno en el siglo I a. C. Armenia alcanzó su mayor extensión, extendiéndose a través de la meseta armenia y allende, desde el Caspio hasta el mar Negro. Pero Diyarbakır no fue fundada por el «rey de reyes» armenio; debía su nombre homónimo a un Dikran mucho más antiguo, de la dinastía Oróntida, que se cree que erigió la primera fortificación de Diyarbakır alrededor de 560-535 a. C.

* * *

Emin bey y yo nos reencontramos en Sülüklü Han. Vino a la entrevista y aceptó ser fotografiado y grabado con la condición de que su foto y su nombre real no se usaran para la publicación. Estaba molesto porque llegué tarde, y me tomó un poco de persuasión por teléfono para que por favor reprogramara la reunión para media hora después. Como habíamos acordado inicialmente, había llegado a las nueve de la mañana helada. Vestido majestuosamente, incluso para una conversación informal en un fin de semana de invierno, había salido a las calles cubiertas de nieve a medio derretir de Diyarbakır con su mejor atuendo dominical. Éramos los únicos clientes en el caravasar.

«No soy kurdo, ni turco, ni armenio», fue su declaración de apertura, de nuevo. Luego agregó: «Fui criado como un kurdo musulmán».

Nadie sabía cuántas personas como él había en el país, dijo. También era difícil definirlos. ¿Contarían los hijos de matrimonios mixtos? ¿Y aquellos que solo tenían una abuela armenia? Tal vez había hasta dos millones de descendientes de armenios convertidos, conjeturó, pero era una suposición tan buena como cualquiera. «Se requiere tiempo para procesar lo que todo esto significa y sus implicaciones». Para ambas partes, dijo, refiriéndose a los armenios y los turcos. El *derin devleti* (Estado profundo) no quería democracia en el país.

La gente en Turquía todavía vivía con miedo. «Solía sentir miedo, pero durante mi época de docente nadie se me acercó para decirme nada, y mucho menos acosarme, por ser armenio». En ese momento, dijo, era aún más peligroso.

Cuando tenía 30 años había dejado de creer en las religiones. «Pero todavía creo en Dios». Sus hermanos y hermanas pensaban como él sobre la religión, dijo.

Turquía iba a reconocer el Genocidio cuando se convirtiera en un Estado plenamente democrático y reconociera a todas sus minorías. «Todavía no hay lugar para los armenios en Turquía», creía. «Solo cuando el país cambie, puede haberlo, pero apenas ahora el país ha comenzado a cambiar».

Luego invirtió la proposición con la que había comenzado la conversación: se sentía cerca de las tres identidades que podía reclamar: armenia, kurda y turca. Al mismo tiempo, no sentía ningún patriotismo por Turquía: «Eso es una camisa de fuerza, y solo ahora estamos saliendo de ella».

Pero también habló sobre los límites de la amistad kurdo-armenia. «Solo un pequeño grupo de kurdos se siente cerca de los armenios», dijo Emin bey. «La mayoría, no».

* * *

Después de concluir la entrevista con Emin bey, di un corto paseo por Dökmeciler Sokağı, la calle de los soldadores, silenciosa y desierta el domingo por la mañana, para encontrarme con su tío, *Ertem*, en Surp Giragos. Un armenio islamizado, Ertem era un ateo que nunca había puesto un pie en una mezquita a pesar de estar inscrito en el documento de identidad como musulmán.

Sin estar seguro de por qué, había visitado Surp Giragos todos los domingos durante los últimos 20 años, incluso cuando el techo se había derrumbado y la iglesia había sido abandonada a todos los efectos, un lugar donde niños como Aynur iban a jugar al escondite, y los gatos callejeros se habían hecho un hogar. Había una brecha de 30 años entre Ertem y su hermana mayor, la madre de Emin y Nesim Yazar. Esto hacía que Ertem, también maestro, fuera más joven que Emin bey, su sobrino, por más de 20 años.

La esposa kurda de Ertem tenía una abuela armenia, Gilen Xaço, de Kulp. En el momento del Genocidio, Gilen Xaço huyó a las montañas de Kulp con sus dos hermanas y su hermano, que tenía nueve años. Una mujer kurda los vio y les dijo a los hombres de su familia: «Estos armenios son ricos, tienen oro en sus cinturones». De hecho, el joven tenía monedas de oro escondidas dentro de su cinturón, que los hombres kurdos robaron después de matarlo.

Sinan también estaba en Surp Giragos ese día. Nieto de armenios islamizados, había estado casado con una mujer musulmana muy practicante durante 22 años. Aproximadamente un mes antes de la celebración de Navidad de 2013, su esposa había mencionado de pasada que el nombre de su abuelo era Garo. «¿Garo?», Sinan le había preguntado, aturdido. «Pero ¿sabes de dónde viene ese nombre?». Ella sabía: «De Garabed». Sinan aún no había logrado sonsacar de ella por qué no le había contado sobre su origen armenio, sabiendo que él era armenio y que abrazaba su identidad: «Pensaba que mi esposa era kurda». Ella también le había dicho que eran armenios de la aldea de Eremli.

Continué la conversación con Ertem en su casa. Una vez había visto a Aram Tigran, un cantante armenio venerado por los kurdos. Aram Tigran era un ídolo en Dikranagerd, la ciudad natal de su familia. Su imagen era tejida en tapices del tamaño de alfombrillas de oraciones musulmanas y vendidas como recuerdos, junto con las de otros ídolos locales, incluido el líder rebelde kurdo Sheik Said, e internacionales como el Che Guevara, que colgaban en la entrada de las tiendas en el Gâvur Mahalle.

«¿Por qué no compones música armenia?», le había preguntado Ertem a Aram Tigran durante su reunión en Diyarbakır. «Se molestó y sacó un cuaderno gordo con más de 400 canciones en armenio». Cantaba en el dialecto armenio de Diyarbakır, ahora solo hablado por unas pocas familias en la Diáspora, principalmente en los Estados Unidos y Siria. Aram Tigran era quizás un profeta en su propia tierra, pero no para su propio pueblo, ya que nunca ganó entre los armenios el adorador seguimiento que tenía entre los kurdos, y su repertorio armenio permanecía en su mayoría desconocido.

Ertem a veces veía programas de canto o concursos en la televisión. Cuando aparecía una canción armenia (*Sarı Gelin* era popular) o se mencionaban un nombre o palabra armenia, los participantes a menudo comentaban: «Teníamos muy buenos vecinos armenios». Por supuesto, dijo Ertem. ¿Qué más podrían ser los armenios? En Turquía, no podían ser sino buenos. Y, sin embargo, si viviera en Armenia, no sería un nacionalista. Reacio a las comunidades introvertidas, sentía que los armenios de Estambul, los *bolsahays*, despreciaban a sus compatriotas de Dikranagerd.

Luego repitió una frase que yo escucharía en toda Turquía, y no solo de los armenios de cualquier condición: «Hay miedo». Era difuso, como el aire. Hace tres años, en la presentación del libro de Şeyhmus Diken sobre los armenios de Diyarbakır, el escritor Mıgırdiç Margosyan había preguntado si había otros armenios en la sala. Ertem levantó la mano primero, y estuvo solo por un momento. Luego vio subir otras tres manos vacilantes.

El padre de Ertem, Alexander, era conocido como *Fıllıt Goşgar* (zapatero infiel), su identidad religiosa y nacional tipificada en kurdo, y su oficio en armenio, una variante dialectal de *goşgagar*. Décadas atrás, su padre no ocultaba su identidad, pero en la Turquía más democrática de hoy Ertem todavía lo hacía, incluso a sus propios vecinos.

Se nos había unido Udi Manug, el músico de oud que había regresado a su ciudad natal desde Los Ángeles. «Si levantas la voz, te callarán». Udi Manug hablaba por experiencia personal. «Hace veinte años tuve una pelea a puñetazos con los lugareños porque me llamaban "gâvur", porque simplemente no podía soportarlo más», dijo. Una visitante que había venido a verme a Diyarbakır ese invierno había notado en las calles a muchos jóvenes con narices torcidas y tabiques nasales desviados, lo que ella había interpretado como una señal de resolución de conflictos.

En ese momento, un número creciente de armenios de la Diáspora acudían a las tierras históricas y la prensa estaba llena de historias de armenios islamizados de Diyarbakır que salían a reclamar su identidad. Había una impresión general de que Turquía estaba cambiando, pero Udi Manug no se lo creía. «No creo que estas personas hayan cambiado: nunca dejarán en paz a los armenios en Turquía».

Pour la galerie, su regreso a casa había sido elogiado en la prensa local y turca como prueba de que amanecía una nueva era en Diyarbakır: un hijo armenio de la ciudad había dejado las comodidades de la vida estadounidense para regresar a su lugar de nacimiento. No todos estaban contentos, dijo riendo. «Fascistas turcos», como los describió él, habían dejado comentarios debajo de una entrevista publicada en línea por un importante sitio de noticias turco: «Armenio sucio, ¿por qué has vuelto?»; «Vuelve a Los Ángeles».

Pero lo cierto era que Udi Manug había regresado por *Talar*, una mujer de ascendencia mixta armenia y kurda, de la que se había enamorado perdidamente. Ahora estaba angustiado porque habían roto. Malherido en el amor, ahora también extrañaba la vida fácil de California.

Después de eso, entré en una librería no muy lejos de la iglesia asiria para buscar un mapa de Diyarbakır. El hombre, de larga barba y una gorra islámica, me preguntó por qué quería un mapa de la ciudad. «¿Qué estás buscando?», preguntó con una sonrisa cómplice. No entendí. Me llevaría algún tiempo descubrir que los mapas en Turquía, especialmente en las provincias armenias históricas, a menudo se interpretaban como código de mapa del oro de los armenios. El hombre había pensado que yo era musulmán debido a la longitud de mi barba. Fue otro caso, y no el último, en el que me encontré con una lectura religiosa del vello facial. La longitud de mi barba hacía que algunos en el este de Anatolia me preguntaran con entusiasmo si era musulmán.

Cuando se sintió decepcionado al escuchar que yo era cristiano, me invitó a leer el Corán. «El islam es una religión más perfecta que el cristianismo».

* * *

«Hace tres años no había nadie que dijera 'Somos armenios', pero mira ahora: ya nadie tiene miedo», me dijo Sevag al día siguiente. Pero también habló de aquellos que sufren el fanatismo de los conversos. Algunos miembros de Hizbullah, el grupo de extremistas islamistas en Turquía no relacionado con la milicia chiita homónima en el Líbano, eran de ascendencia armenia. «Eran más fanáticos que los musulmanes», dijo Sevag, refiriéndose a aquellos que no descendían de conversos y revelando involuntariamente, como la mayoría de los demás, que no los consideraba musulmanes de verdad. «Todos sabían que eran armenios».

Estaba repasando la vida de los armenios de Diyarbakır con Sevag. Describió a una amiga cercana, activamente involucrada en la comunidad, como un «camaleón» en virtud de la multiplicidad de su herencia, que le permitía reclamar ascendencia según cualquier barrio o casa, ya sea residencial o de culto, en que entrara: «Ella es armenia con los armenios, asiria con los asirios, turca con los turcos, y kurda con los kurdos».

Los hermanos Yazar apenas se hablaban, dijo. Emin, el profesor de historia, era «un gran hombre». Nesim era «un personaje un poco más complejo». Sevag no quiso profundizar demasiado en los detalles, pero trató de disuadirme de conocer a Nesim, a quien iba a ver unas horas más tarde.

Siempre cortés, incluso los comentarios más serios de Nesim estaban marcados por una risa o sonrisa desconcertantes. Veía todo a través de la lente del sarcasmo. Esa noche, Nesim me esperaba en la oficina de otro amigo o pariente suyo, *Raşit*, un hombre kurdo con una abuela armenia islamizada por parte de su padre. Era una oficina de bienes raíces o de importación y exportación, muy elegante y grande, de muebles y paneles de madera pesados, con lujosas sillas de estilo italiano, todo de buen gusto, pero bordeando lo ostentoso. El edificio estaba adyacente a un centro comercial con la forma de una caja enorme fuera del centro de la ciudad. Nesim llevaba un traje de rayas azul marino, siempre con el *tisbeh* ámbar en mano, las cuentas con que los hombres juguetean en el Este. Los suyos eran del mejor tipo. Raşit pidió platos de shish kebab. La comida fue una suculenta invitación a la sociabilidad, que el frío polar de Diyarbakır había adormecido en mí.

Un amigo de Raşit también estaba en la oficina: estaba completamente vestido de negro y llevaba puesta su chaqueta de cuero. Tenía curiosidad por saber en cuántos países había estado yo. No había hecho el servicio militar, por lo que no podía obtener un pasaporte, dijo. «Está condenado a quedarse en Turquía», bromeó Raşit. «O Kurdistán», le dije, lo cual celebraron con una fuerte risotada. Entonces la secretaria de Raşit entró con los cafés, algo relativamente lujoso en Turquía, al menos dos veces más caro que el té. Su apariencia era muy llamativa, con tacones altos y ropa ajustada, y la escena recordaba más a Las Vegas que a Diyarbakır. Cuando servía el café, trabó la mirada de Raşit durante una fracción de segundo, lo cual él reconoció con un asentimiento mínimo, y luego la secretaria dijo que ya se marchaba por el día.

Raşit hizo algunos comentarios sobre la hermandad con los armenios, pero estaba claro que estaba ocupado con su trabajo. Por razones que desconocía, Nesim estaba especialmente interesado en que escuchara la historia de su amigo, que insistió en que valía la pena grabarla, así que acepté la invitación de Raşit a cenar con su familia unas semanas más tarde.

Su esposa era diferente a su secretaria en belleza y comportamiento, de discreto refinamiento y vestida al estilo occidental. Solo ocasionalmente intervenía en la conversación. Ella era su pariente, según la costumbre de la tierra y la tribu.

Su hijo mayor, que tenía 12 años, hablaba inglés con fluidez, notablemente para un niño de su edad en Turquía, donde incluso muchos profesionales no lo dominaban en Estambul, y mucho menos en el sudeste. Quería ser médico. Me presentaron como un escritor que coleccionaba historias para el libro. Mientras esperábamos la comida, Raşit preguntó, con media sonrisa, si me lo llevaría conmigo a Estados Unidos, con un tono que era medio en serio más que medio en broma. Sin bromear, su esposa dijo: «No hay vida en Turquía». Pero, dije, esto no era Turquía: esto era Kurdistán ahora, ¿verdad? La pequeña broma no funcionó tan bien como lo había hecho en la oficina de Raşit; sonrieron un poco nerviosos y Raşit, que había celebrado el mismo comentario con una risa estruendosa unas semanas antes, ahora evitó mirarme a los ojos.

El niño de 12 años me preguntó si me gustaban McDonald's y Burger King. Luego quiso saber si era cierto que en Estados Unidos comían carne de cerdo. Quería saber si alguna vez lo había probado. «Es excelente», le dije, y le expliqué que había un delicioso embutido, una variante de jamón, que me gustaba mucho. Los mejores se hacían en España, donde se le conocía como «jamón serrano», e Italia, donde lo llamaban *prosciutto*. Hizo un gesto y un sonido de arcadas para indicar su disgusto. «Soy cristiano», le dije.

Giró la cabeza hacia la derecha, en busca de los ojos de su padre. La cara de Raşit se había congelado en ese rictus sonriente que había mostrado cuando mencioné el nombre de Kurdistán. El niño se sentía engañado: «¡Pero dijiste que es pariente nuestro!», reprochó a su padre. Ahora era mi turno de mirar con sorpresa en la dirección de su avergonzado padre. «Y come carne de cerdo», se quejó el niño, de mal humor, para confirmar su conmoción y náuseas. Era demasiado para su madre, quien le dijo que cada nación y fe tenían costumbres diferentes.

Le pregunté al niño si sabía que la mayoría de las personas en estas tierras, incluido Diyarbakır, eran armenios y cristianos. Fingió no escuchar. Le había preguntado si sabía que su bisabuela era armenia, como yo. Raşit murmuró que, de hecho, su abuela era armenia. «Soy musulmán», dijo el niño apresuradamente mientras continuaba jugando con su hermano menor, quien a los siete años todavía disfrutaba sin otras distracciones de la emoción de rodar su auto de juguete de fricción con cierta dificultad sobre la alfombra, exclamando «¡Vrraam, vrraam!» en la espaciosa sala de estar. Su hermano mayor había aprendido rápidamente las tradiciones del lugar, pero ahora estaba correteando pesadamente en pantuflas de gran tamaño inspiradas en el gato Garfield.

Cada vez que pronunciaba interjecciones en turco que tenían etimología islámica pero que se empleaban principalmente para banalidades diarias, como *vallah* o *inşallah*, utilizadas para indicar gratitud o esperanza, palabras que los amigos ateos en Turquía me disuadían de decir en su presencia, el niño exclamaba en turco: «¡Dijo *vallah*! ¡Dijo *inşallah*!», volviendo su rostro con gafas hacia mí, con la mirada maliciosa que los niños no ocultan. Si bien no me molestaba en lo más mínimo, la incomodidad de sus padres era reveladora, probablemente porque su sorpresa surgía de escuchar el nombre de su dios de la boca de un armenio. Y el armenio, para los escolares en Turquía, rara vez se usa para denotar o connotar cosas buenas. Cada vez que exclamaba que yo decía «¡Alá!», su madre cansada, con la cabeza descubierta, le decía a su hijo que Dios era uno. Por los intentos avergonzados de sus padres, descontentos y molestos, de que se callara, estaba claro que el niño tenía fuertes convicciones islámicas, tal vez tan fuertes como su dominio del inglés.

Raşit devoró su comida, con una cacofonía manducatoria que llenaba el silencio que había descendido sobre la mesa. Era, de una manera soslayada, una forma de complementar la cocina, sabrosa si bien carente de inspiración. Con una sonrisa un poco tensa, Raşit me preguntó qué pensaba del inglés de su hijo. Era en verdad muy bueno, especialmente para alguien de su edad, y podía sostener conversaciones relativamente complejas. Entonces, finalmente preguntó, ¿había algo que pudiera hacer para tal vez encontrarle un lugar para la educación superior en los Estados Unidos, cuando llegara el momento? ¿Conocería organizaciones que otorgaran becas para personas de ascendencia armenia? Era obvio que mis ojos no eran tan elocuentes como los de su hijo, porque la pátina que viene con la edad, la sociabilidad y el cansancio debe haber disfrazado mi asombro sin gracia. Debe haber interpretado mi sonrisa silenciosa como una respuesta positiva. Raşit me telefoneó un par de veces más para preguntarme al respecto, siempre con urgencia en su voz, y no cedió incluso después de que me había olvidado de él y me preguntaba de quién era esa voz insistente, lo cual una vez me indujo a recorrer todas las tiendas y puestos del bazar en Diyarbakır y hablar con cada comerciante, sastre y anticuario que sabía que tenían antepasados armenios. Luego recordé quién era y traté de aprovecharlo al máximo: tenía curiosidad por la historia de su abuela y cómo había conocido a su esposo musulmán y se había convertido al islam. Raşit no sabía mucho al respecto, excepto que había sido «por amor».

* * *

No es que esta ignorancia fuera demasiado infrecuente: había tantos nietos de mujeres armenias en Turquía, especialmente entre los kurdos, por lo que en algún momento uno dejaba de contar, especialmente porque los recuerdos habían sido borrados. Ese era el caso, también, con *Rahman bey*, el padre de Sevag, que ahora pasaba la vejez en un barrio congestionado en la sección moderna de Diyarbakır, después de toda una vida en su ciudad natal de Çermik.

Tenía cuatro años cuando perdió a su padre, Ibrahim, un sobreviviente islamizado del Genocidio, quien sabía muy poco sobre la historia de la familia, excepto que eran armenios. La familia de su padre fue arrojada desde un puente en Batman en 1915 y solo él y un hermano habían sobrevivido. Sevag me había dicho que los niños se habían alejado de la zona, buscando un tío u otros parientes, pero no sabía nada más.

La madre de Rahman Bey, Hızna, hija de Sarkis hijo de Xaço, era de la aldea de Şedırki, cerca de Kozluk. Ella también era armenia y hablaba el idioma. Sus dos hermanos habían sobrevivido y se mudaron a la ciudad de Qamışli, en el norte de Siria, que los kurdos llamaban Rojava. En el momento de mi visita, estaba asediada por el Estado Islámico y los kurdos habían comenzado una campaña mediática en Turquía: «Rojava'da katliam var» («Hay una masacre en Rojava»).

La vida de los armenios islamizados no era perturbada, dijo Rahman bey. Una vez había visitado a sus familiares en Siria. Su tío quería enviar una cruz armenia de oro, «del tamaño de mi palma», para su hermana, la madre de Rahman. «Pero tenía miedo de traerla a Turquía, así que le traje ropa a ella». En el pasado, sus familiares también le dieron 2000 dólares. «Nuestra familia vivió durante tres años con ese dinero».

Sus hijos, dijo, eran libres de elegir su religión. «Soy musulmán, eso es lo que sé bien: pero sé bien, como lo hicieron y me dijeron nuestros mayores, que 60 000 armenios se vieron obligados a convertirse». Independientemente de su fidelidad, el número era interesante, ya que reflejaba lo que se decía entre los armenios convertidos en Anatolia en la década de 1930. «Amo la Iglesia armenia, y voy a Surp Giragos, y le hago preguntas a Dios: sobre el pasado, sobre el destino de los armenios», dijo. «Pero no he visto el Genocidio». La última frase me hizo preguntarme a qué se refería.

No había más armenios en Diyarbakır, dijo, volviendo al uso otomano de la palabra para indicar tanto la nacionalidad como la fe cristiana. Obviamente, tal vez de manera instintiva, omitía a aquellos que habían regresado del islam a la Iglesia cristiana, entre ellos su propio hijo, Sevag, que estaba sentado a su lado. «Ya no tengo amigos armenios en Diyarbakır», dijo. «Solo quedan kurdos».

* * *

Baydzar Teyzé y su esposo, Sarkis Boğosyan, eran los últimos armenios cristianos que quedaban en Diyarbakır. Eran los dos últimos que pertenecían a la antigua comunidad, la que había sobrevivido milagrosamente de alguna manera hasta principios de la década de 1980 y luego había desaparecido debido a la emigración y a la muerte de los pocos que habían quedado. La falta de medios había dejado varada a esta pareja sin hijos en la ciudad. Habían vivido en una casa en los terrenos de la Iglesia asiria Maryam Ana, desde una tormenta invernal en 1990 que había provocado el derrumbe del techo de Surp Giragos.

Baydzar estaba demasiado enferma como para asistir a la misa de Navidad que había reunido a la mayoría de las cinco o seis familias asirias restantes, así como a algunos armenios, incluido su esposo Sarkis y su hermana, que había venido de visita de Malatya. No habría liturgia en Surp Giragos debido a la falta de un sacerdote.

La feligresía en la misa de Navidad de Maryam Ana estaba compuesta principalmente por mujeres que se habían cubierto la cabeza con chales sueltos. Una hoguera alta hecha de arbustos espinosos ardía en el santuario de la iglesia, en cuyo torno giraban el sacerdote oficiante y los monaguillos y niñas del coro, cantando un himno suave y monofónico. La luz del sol y las sombras creaban un claroscuro viviente que cubría la iglesia en progresión occidental, desde el altar hacia la puerta.

Reconstruida varias veces, Maryam Ana había sido erigida en el sitio de lo que había sido un templo zoroastriano en el siglo I a. C. Se decía que se convirtió en una iglesia en el siglo III, lo que la convertía en una de las iglesias más antiguas del mundo. Junto al campanario, y más alto que él, se levantaba su distintivo hastial, una fachada de ladrillo, con el contorno de una pirámide escalonada que evocaba un zigurat.

Sarkis Boğosyan había sido nominalmente registrado como musulmán, pero todos en su familia eran cristianos practicantes. En 2002, lo formalizó inscribiéndose como cristiano en su identificación también. Su esposa, en cambio, había nacido en un pueblo de kızılbaş, Kadı Köy. Nominalmente seguidores de Ali, el primo del profeta Muhammad, los kızılbaş eran un grupo aleví, una confesión heterodoxa que no llamaba a la observancia de los cinco pilares del islam. «Nadie en su familia tuvo que cambiar su religión», dijo Sarkis. Los alevíes, sin embargo, cambiaron los nombres de los armenios a propósito para encubrir sus identidades: el padre de Baydzar Teyzé era Dono pero lo llamaban Halo; su tío era Artín pero lo llamaban Hamo; su otro tío era Yervant pero lo llamaban Meyvan.

«Permanecieron cristianos bajo los kızılbaş», dijo Sarkis. «Pero los musulmanes sunitas mataban a los armenios dondequiera que los encontraran». Su padre y sus dos hermanos habían sido tomados bajo la protección de Ali Ağa, el jefe kurdo en una aldea de Silvan, que los había inscrito como musulmanes en el Registro Civil para evitarles la muerte. La de su familia había sido una conversión burocrática, pero habían seguido siendo cristianos practicantes.

Baydzar era la última persona que quedaba en la ciudad que hablaba el dialecto armenio de Dikranagerd:

> Քիչ մը գիտեմ ամա մենք հայ չի խըպրինք քի, մենք գիղէ մընծեր ենք... Չեմ գիտնամ ես... Իմ պապան ալ Տօնապետ էր, Գատի Գէոյէն Ալեւիներու գէոյէն... էն խըտըր հայերէն չեմ գիտնայ: Էկանք քաղաք, ամմոներ գացին, Իսթանպուլ գացին: Մարդ չի մնաց քի որ սորվինք... Գիղ մենծեր ենք, էն ատեն աղէտ էր... Մինակ մենք հայ էինք...

Sé un poco pero no hablamos armenio, crecimos en el pueblo... No sé... Mi padre era Donabed, de Kadı Köy, el pueblo de los alevíes... No sé mucho armenio. Llegamos a la ciudad, los tíos se fueron, se fueron a Estambul. No nos quedaba nadie de quien aprender... Crecimos en el pueblo, era la época de la catástrofe... Éramos los únicos armenios...

Amada en la ciudad, Baydzar Teyzé recibía un flujo de visitantes, como las dos jóvenes que vinieron a verla mientras yo estaba allí. Una era una fotógrafa kurda, con quien me encontraría un par de veces más en ocasiones de interés periodístico, y la otra era una maestra turca de Kayseri. «Asonk dacik en, hay çen» («Son musulmanas, no son armenias»), me dijo Baydzar Teyzé. La chica kurda me miró con recelo, tal vez habiendo entendido *dacik*, una palabra un tanto peyorativa en armenio conversacional para designar a los musulmanes.

Baydzar Teyzé estaba en la cama bajo gruesas mantas y apenas había podido alzarse un poco en el lecho para hablar con nosotros. Su hermana estaba al lado de la ventana, preparando té en una estufa antigua, mientras el gato miraba por la ventana hacia el jardín, donde una rosa roja en flor se elevaba desde el montículo de nieve. Sarkis estaba sentado con las manos en el regazo. «Ella nació en 1927 y yo nací en 1930, y nos casamos jóvenes», dijo, señalando las fotos que colgaban en la pared, incluidas algunas de su servicio militar. «Nos quedamos porque es nuestra ciudad natal, no podíamos ir a ningún otro lado: no estaba en nuestras manos». La pobreza los había mantenido en Diyarbakır.

«Somos los últimos armenios en Diyarbakır», dijo Sarkis. «Hay muchos conversos».

Baydzar Teyzé murió en junio de 2014 a los 87 años, dos meses después de su boda en la iglesia en Surp Giragos. Era su último deseo. Sarkis falleció en enero de 2016.

* * *

En la noche de Navidad en Sülüklü Han, entablé una conversación con dos jóvenes kurdos de la región de Ararat. Me dieron el número de teléfono de un armenio islamizado de la zona. La abuela de uno de ellos también era una armenia convertida. Pero dijeron que ellos mismos no usaban teléfonos celulares, no tenían cuentas de correo electrónico o redes sociales, y habían decidido pasar algún tiempo de invierno en Diyarbakır lejos de casa, que llamaban Ağrı.

Más temprano en el día, un periodista me había llevado a un recorrido por los medios kurdos en la ciudad, incluida una parada en un servicio de noticias femenino, dirigido por seis u ocho mujeres jóvenes desde una animada sala de redacción en una de las torres en los bordes exteriores de la ciudad. Las conversaciones habían incluido las referencias rituales a la descentralización democrática y una estructura confederal con representación equitativa para las naciones, pero, mientras caminaba por la oficina de planta abierta, noté una placa decorativa con una imagen del monte Ararat, la montaña que los armenios veían como el símbolo supremo de su nación. En el plato, el Ararat llevaba su nombre turco y kurdo, Ağrı Dağı, y estaba rodeado de un cintillo rojo, amarillo y verde. Era la bandera del Kurdistán. Estos no eran los colores de la confederación democrática que militantes kurdos y progresistas por igual decían que buscaban. Una periodista levantó la vista cuando me vio examinando el estante. «Los armenios lo llaman Ararat», le dije, mientras ella continuaba escribiendo, su mente en otra parte.

La editora en jefe, una mujer de 28 años de Van, donde sus abuelos se habían mudado desde el norte de Irán, me había dicho que hubiera preferido tener esta charla en kurdo. «También habría sido bueno en armenio, ya que vienes de Van», respondí. El periodista que me trajo allí sonrió, pero ella no.

Su servicio de noticias estaba llenando un vacío para una sociedad que experimenta una transformación radical, de las costumbres conservadoras de una sociedad tribal a una progresista. Las mujeres, para ellas y sus hijos, eran fundamentales en esta emancipación hasta que alcanzaran el mismo estatus que los hombres, dijo la mujer de Van. Nuestra primera parada había sido *Azadiye Welat*, donde me habían presentado a un periodista de semblante sombrío de Qamışli (o Rojava, en kurdo), una ciudad siria con una gran comunidad armenia, al menos hasta la actual guerra siria. Este reportero no disimulaba su hostilidad. Puede haber estado relacionado con la aritmética de las lealtades y enemistades comunitarias en Siria en tiempos de guerra, donde la mayoría de los armenios eran vistos como partidarios del gobierno de Bashar Assad. Sin embargo, esa suposición seguramente era errónea, ya que había conocido a un grupo muy agradable de periodistas kurdos de Rojava unos días antes, y los angloparlantes de la delegación —ninguno hablaba turco— me habían dicho que los armenios de la ciudad estaban aliados con los kurdos.

Dimo era el jefe de una asociación de periodistas de Diyarbakır, ubicada en una antigua residencia armenia en el casco antiguo, construida alrededor de un patio interior cuadrado. Antes de la gira por las organizaciones de noticias kurdas que había planeado para mí, Dimo me había llevado a tomar un café a una espaciosa librería kurda. Una de sus ventanas laterales estaba decorada con imágenes del tamaño de póster de hombres de letras kurdos, incluidos el poeta nacionalista Cegerxwîn y Osman Sebrî, sobrino de Mehmet Nurî, el esposo kurdo de Siranush en Adıyaman y vengador de sus tíos.[11]

Dimo estaba hablando de las ideas más recientes de Öcalan sobre la descentralización democrática como un remedio para las insuficiencias del estado nación moderno, en un mundo donde la información y los bienes viajan más libremente que los hombres. Sin embargo, la proximidad de un hombre lo estaba distrayendo. De cara redonda y cabello rojo rizado que era más común entre los laz y georgianos en la costa del mar Negro, el aspecto de esta persona era raro en Diyarbakır. Pero esa no era la razón de su preocupación: el hombre, de impermeable gris, estaba justo a nuestro lado hojeando los textos escolares durante más tiempo de lo que parecía habitual. Lo había visto lanzarnos una mirada de reojo mientras hojeaba una compilación de ejercicios de matemáticas.

Nos mudamos a una mesa diferente, con el estante de poesía detrás de nosotros. Unos minutos más tarde, el hombre del impermeable gris vino a pasear su mirada sobre los poemas. Sostenía en sus manos *Memleketimden İnsan Manzaraları* (*Paisajes humanos de mi país*), los escritos carcelarios del célebre poeta turco Nâzım Hikmet, que había muerto en el exilio en Moscú en 1963. El retrato de Hikmet, con la cabeza ligeramente reclinada, estaba reproducido en la portada. El libro de la década de 1940, quizás su obra maestra, era una novela en verso sobre la transición de Turquía del imperio islámico al secularismo de Atatürk:

«Hay Allahım»,
dedim kendi kendime
«öldüreceksen
beni böyle öldüreydin
elimde silâh diz
çökmüş, yüzüm
gâvura karşı ...»

«Ay, mi Señor»,
Me dije a mí mismo.
«Si me vas a matar
Debería ser así,
Con una pistola en la mano,
De rodillas,
Frente al infiel...».

«¿Quién es este hombre?», preguntó Dimo a las dos chicas que atendían el café de la librería, sin levantar la voz, pero lo suficientemente fuerte como para ser escuchado. El hombre del impermeable gris entendió el mensaje y salió al invierno de Diyarbakır. Era divertido lo caricaturesco de la situación: un hombre con un impermeable gris escuchando a escondidas. La policía no podía ser tan torpe.

Sin embargo, por los accidentes de la libre asociación de ideas, había comprendido de dónde Nesim y Emin bey, los hermanos Yazar, tan diferentes y, a la vez, tan parecidos, me resultaban familiares. Eran estudios de personajes dostoievskianos, que buscaban su lugar en ese espacio de suspensión moral definido por Dios en un extremo del espectro de la fe, y la nada en el otro. En el verano de 2006, había conocido a un exagente de la CIA en Miami, un veterano soviético con una admiración compartida por Dostoievski.

El exagente de inteligencia me había inducido a leer *Los hermanos Karamazov*, al hacerme sentir vergüenza de no haberlo hecho hasta entonces. Ese diciembre monótono de nieve a escala rusa y los personajes que había conocido en Diyarbakır me habían traído de vuelta a Alyosha e Iván, y sus variaciones de la vida real que había encontrado, «esos pozos extremadamente profundos, pero solo en algunos puntos del alma humana», como Marcel Proust había descubierto en el elenco del libro del escritor ruso.[12]

* * *

El 31 de diciembre de 2013, caminaba hacia el casco antiguo, pero a unas cinco cuadras de la Puerta de Urfa vi un par de patrullas policiales y una tienda de teléfonos celulares acordonada, con una multitud congregada afuera. Eran alrededor de las ocho de la mañana y las caras parecían entumecidas por el frío. «¿Ladrones?», pregunté. No, un joven negó con la cabeza, pero no explicó más: «Algo muy triste», dijo, emitiendo nubes de vapor. Una mujer también preguntó, y otro hombre dijo que había habido un suicidio.

Cuando llegué a Sülüklü Han en Dökmeciler Sokağı, el callejón oscuro estaba en silencio. A esa hora, en una mañana de lunes a viernes, las chispas volaban en medio del estruendo de los ruidos que provenían de las pequeñas gradas. Un grupo de soldadores y comerciantes del bazar habían rodeado a un pequeño gatito blanco que estaba de espaldas sobre el suelo, agitando sus pies rápidamente y maullando en voz alta. Todavía era temprano y solo había unos pocos herreros que se aprestaban a un comienzo lento, con cuchillos desenvainados colgados de punta en paneles. Me puse en cuclillas para jugar con el pequeño gato, pero me repulsaba frenéticamente, con los ojos cerrados. Uno de los herreros, de pelo blanco y bigotes negros, parecía triste. «Can çıkır, soğuktan can çıkır», dijo. «Se le va la vida, se le va la vida por el frío», fue la traducción literal. Otros herreros habían dejado su trabajo y se pararon alrededor del gatito mientras se retorcía y luchaba por quedarse. Inexplicablemente, me alejé y también lo hicieron los demás, y todavía me pregunto por qué ninguno de nosotros recogió al animalito, apenas llegado al mundo, y no trató de salvarlo.

Ese día en el caravasar, Perwîn me presentó a su cuñada (llamándola *xınami*, una palabra armenia para «pariente político») de Dersim, cuya abuela era armenia. También había dos mujeres jóvenes con sus hijos. Una era cristiana de Iskenderun, la parte levantina de Turquía, cerca de la frontera con Siria, y su tez confirmaba la geografía de su origen. *Ana* y su familia pensaban que eran griegos hasta hacía poco, cuando fueron contactados por una familia Chuljian que había encontrado un pariente común, su abuelo de Sis, ahora llamado Kozan en turco, la antigua sede del catolicado armenio de Cilicia. La familia de Ana se había olvidado de ese abuelo.

Su amiga, *Selin*, estaba llena de vitalidad y *joie de vivre* que se manifestaba en todo, desde su discurso despreocupado hasta el libre flujo de su cabello, y sus ojos profundos como el mar. Su familia había comenzado recientemente a sospechar que también eran de origen armenio. Lo más inusual es que la persona que dirigía los esfuerzos para averiguarlo era su padre, un oficial de alto rango en el ejército turco: verifiqué dos veces si eso era así; de hecho, dijo, su padre estaba emocionado y esperaba encontrar lo que él creía que eran sus parientes armenios perdidos. No quería estropear el momento expresando mis dudas sobre un oficial turco que abraza cualquier rastro del pasado armenio, lo que podría comprometer su carrera militar en un país donde el racismo está tácitamente institucionalizado. Selin me dijo que había escrito la letra de una canción dedicada a Hrant Dink, inspirada en su última columna, nueve días antes de ser asesinado a tiros el 19 de enero de 2007. «Me siento como una paloma... Como ella, estoy en un estado constante de alerta, mirando a izquierda y derecha, frente a mí y detrás de mí».[13]

El amigo de Selin, *Metin*, compondría la música de la letra. Me pidió que lo tradujera al armenio:

PALOMA

La paloma blanca fue derribada
Vio la persecución de su pueblo, vio masacre
El bebé vino y regresó pronto al suelo
No pudiste cosechar tu sueño
Mi pequeña niña armenia
¿Olvidaste por casualidad las atrocidades?
¡Me rompieron las rodillas, paloma mentirosa!
Esta es mi madre, y este es mi hermano
No hay pasado en mi memoria, le dije a la paloma
Te lo dije, pero el cielo se derrumbó sobre mi cabeza
Las palomas cayeron sobre mi regazo
Los reconocí a todos: mi tío, mi madre, mi hermano
Los recuerdos del pueblo lejano
Vine a sentarme junto a la paloma.
Vuelve a dormir, madre
Seré adoptada, seré tomada como novia
Pero un poema tácito pesa en mi pecho
No me digas que me calle
Ya no sacrifican palomas.

La abuela de Metin por parte de su padre era armenia. Recordaba a miembros de su familia asesinados dentro de un horno de pan. En Hani, un distrito de Diyarbakır, lanzaban bebés al aire para practicar la puntería, dijo Selin.

Diyarbakır fue construido por armenios, dijo *Mevlüt*, el esposo de Selin. Era uno de los socios de la cooperativa que dirigía Sülüklü Han. Él mismo es kurdo, dijo: «Los kurdos han sido una mala nación: no conozco armenios que sean mala gente». Era otro ejemplo del proverbial «buen vecino armenio» del que Ertem había hablado. «Pero ¿quién puede decir que no conoce a personas malas que son kurdas?».

«Lo que sucedió aquí fue culpa nuestra», dijo Mevlüt, y examinó la topografía del casco antiguo. La oficina de correos de

Diyarbakır, en la calle que conduce a la iglesia de Surp Giragos, era anteriormente una sinagoga. La iglesia caldea, la iglesia asiria, la mezquita con el minarete de cuatro patas estaban todas en el mismo barrio, las tres religiones monoteístas juntas, gracias a los armenios, dijo. A todos les fue bien. «¿Conoces algún otro lugar donde tantas religiones coexistieran tan juntas?», me preguntó. «Hemos comido el mismo pan y la misma comida y hemos escuchado las mismas historias desde la infancia; morimos juntos y volveremos a levantarnos juntos». Mevlüt estaba pensando en renovar una casa y devolverla a un armenio como compensación simbólica. No era suficiente que los kurdos se disculparan por lo que hicieron: deben compensar, dijo.

Anatolia oriental se había hundido en la miseria después de la extinción de los armenios. Para una renovación, tenían que regresar.

Hace ciento veinte años, había cuatro rutas principales en Anatolia, dos de las cuales se originaban en Diyarbakır gracias a la riqueza de los armenios. Dijo que los kurdos habían aprendido de sus propios errores para convertirse en buenas personas. «El hombre es el lobo del hombre», citó del *Leviatán* de Hobbes. La codicia era la fuente del mal. «La cabeza de un hombre con el vientre lleno no funciona», dijo Mevlüt. «Por el contrario, el vientre del hombre hambriento está funcionando permanentemente».

2
SIIRT

Perwîn había encontrado el pasaje en las memorias de Mesud Barzani que yo había estado buscando desde que un imán me lo había leído en Siirt, el nombre turco de la provincia armenia de Sığert. Había sido invitado a este rincón del sudeste de Anatolia por un armenio musulmán que había conocido en la conferencia sobre los armenios islamizados en Estambul. Había sido mi primera escala antes de regresar a Diyarbakır. Siirt, la capital de la provincia homónima cerca de la frontera iraquí, prosperaba con el floreciente comercio alimentado por el petróleo de la república autónoma kurda dirigida por Barzani en el norte de Irak en ese entonces, o, como se le llamaba en esta casa y en otros lugares entre los kurdos, «Kurdistán del Sur».

«Mira lo hermosa que era la hermandad entre kurdos y armenios», me había dicho el imán, hijo y padre de imanes, en su espacioso apartamento, un piso más arriba del de mi anfitrión, mientras un canal kurdo que se transmitía desde Erbil, la capital de Kurdistán del Sur, mostraba imágenes de *peshmergas*, los combatientes kurdos, teatralmente vestidos con *keffiyehs* en amplios pliegues y luciendo bigotes de manillar.

En el pasaje leído por el imán, un hombre había reconocido a Mustafa Barzani en un hospital en Washington en 1978, sorprendiendo a Mesud, el hijo de Mustafa. El desconocido era nieto del general Andranik, un líder del movimiento de liberación armenio que más tarde se exilió en los Estados Unidos y murió en California, honrado con el título de «General de los armenios». En sus memorias, Mesud empleó esta anécdota para introducir una breve referencia a la ayuda prestada por el jeque Ahmed Barzani, su tío, al general Andranik. Barzani dijo que 14 *peshmergas* murieron en la operación, pero sus hombres escoltaron a salvo a las fuerzas de Andranik hasta Siria.[14] «¿No ha sido eso noble por parte de los Barzani?», se preguntó el imán.

En verdad fue noble por parte de la familia Barzani. Perwîn, sin embargo, recordó este pasaje de las memorias por otra cosa: al pasar por los territorios controlados por jefes y tribus kurdas dentro de Turquía, los *peshmergas* de Barzani tuvieron que afirmar que se dirigían a «destruir a los armenios», solo entonces recibiendo vía libre de los kurdos de Anatolia, que en ese momento todavía estaban limpiando de restos de sobrevivientes del Genocidio las tierras de las que se estaban apropiando. Era menos halagador que la cita parcial que el imán había leído para mí en Siirt.

Vahid, el armenio musulmán que me había llevado a la provincia, quería que conociera a su tío *Azmi*, la persona más anciana de su familia, que recordaba fragmentos de historias de 1915. Azmi vivía en Eruh, a media hora en coche de Siirt. En horas tempranas de una mañana de noviembre de 2013 partimos de Siirt.

El hermano menor de Vahid, *Behzat*, un economista de unos 30 años y a punto de casarse con una esbelta mujer kurda de ojos color esmeralda, estaba conduciendo, alternando al volante con su primo *Ensar*, el hijo de Azmi. El hijo de Vahid, de 13 años y aficionado a la fotografía, estaba ocupado capturando momentos del paisaje que se movía rápidamente. Un poco después cruzamos la frontera provincial hacia Şırnak. Behzat señaló las montañas a nuestra izquierda, la cordillera sur del sistema Tauro. «El Arca de Noé pasó por aquí», dijo, y dibujé mentalmente la trayectoria peripatética que había seguido hasta el monte Ararat a través de Sasún, donde, en la leyenda, el barrenado habría tenido lugar antes de su paso por Şırnak. «Y en algún lugar por allí», dijo, inclinando la cabeza a las colinas de la derecha, «está la tumba perdida de Alejandro Magno».

Cuando entramos en Eruh, vi a un hombre arrastrándose rápidamente por la plaza. En el centro de la plaza, había una torre del reloj que parecía un obelisco se encontraba en el centro de la plaza. El hombre se arrastraba sobre sus rodillas, reforzado con gruesos parches de cuero, y sus manos estaban calzadas en pantuflas. Se detuvo delante de una tienda y volvió sus ojos hacia el sol que emergía débilmente a través de bancos de nubes cambiantes. En la primavera de 1996, había visto a un hombre cuadrúpedo en el centro de Trebisonda que hacía mandados para los comerciantes locales. Nicholas Humphrey, un experto de la Universidad de Cambridge que había estudiado estos casos de una afección conocida como ataxia, dijo en correspondencia privada que el hombre de Eruh era diferente al de Trebisonda, que se movía sobre sus manos (también calzadas en pantuflas) y pies. En su mensaje, Humphrey dijo que suponía que «la razón principal de su cuadrupedismo puede ser [...] un problema para mantener el equilibrio sobre dos pies». Esta frase aparentemente anodina indicaba una postura sobre la interpretación, ya que Uner Tan, de la Universidad de

Çukurova en Adaná, lo veía como un caso de «evolución regresiva» que arrojaba luz sobre los comienzos de la transición del *Homo sapiens* al bipedismo, mientras que Humphrey y otros lo atribuían a un deterioro cerebral congénito y un aprendizaje condicionado por esta limitación.

En el camino a la casa de su padre, Ensar redujo la velocidad del automóvil para mostrar fragmentos de iglesias armenias o lápidas que recubrían las paredes de una escuela y el perímetro que rodeaba un lote. Había cruces y adornos partidos por la mitad, y un símbolo armenio de la eternidad, trazos radiales en forma de medialuna dispuestos alrededor de un eje, un remanente de los tiempos paganos que solía estar al pie de *khachkars* (cruces de piedra). Si la convexidad de los radios estaba orientada a la izquierda, significaba la repetición del pasado; a la derecha, simbolizaba la inmortalidad de la vida. En uno, «Նա Զօր» («Na Zor») había sobrevivido (por sí solo, significaría «Él Poderoso», pero era un fragmento de una inscripción más grande). En los escalones de entrada de un salón de belleza, había una piedra al revés con las letras «ZAR» con «1884» debajo, con una cruz armenia trifoliada cortada en los brazos y sin la viga inferior. Si estuviera entera, esta cruz invertida sería un símbolo de San Pedro, o de crisis, pero no lo era para la mujer indiferente que la pisó al salir del local.

«Cuando éramos pequeños, no se nos permitía ir al Sıçan Deresi», recordó Azmi, usando el nombre turco para el desfiladero donde los armenios habían sido empujados a la muerte. «Pero en casa hablaban de ello, con mucho miedo y susurros, y de los *çetes* que les deseaban un viaje seguro antes de arrojar a los hombres al abismo». Habían traído a los hombres de la caballería Hamidiye de Urfa, Bursa, y Malatya para el trabajo de exterminio. Su propio padre no sabía de dónde venía ni cómo había sobrevivido, pero la familia de su madre provenía de Bitlis, según solía decir su abuela. «Hagop» era el nombre de uno de sus tatarabuelos.

«Cuando crecí fui con amigos al desfiladero». Azmi tenía casi 80 años, pero su voz tembló: «Esto debe haber sido a fines de la década de 1940 y todavía había huesos; se habían vuelto más delgados, pero había muchos, y los vi». Algunos armenios de Eruh se refugiaron en el pueblo de Kurs, pero su padre y sus hermanas se refugiaron en una cueva. «Una de las hermanas de mi padre fue casada por la fuerza», dijo. «La otra se casó en Eruh». También sabía que un tío había estudiado en la escuela de la iglesia local, Surp Hovhannes. Se había reducido a una pila de escombros, que Ensar me acompañó a inspeccionar. En medio del montón de piedras había restos medio derretidos de velas de cera de abeja, como las empleadas en las iglesias armenias. Ensar era nominalmente musulmán, pero nunca me dijo nada sobre su afiliación religiosa; sus dos hermanas menores habían insinuado que se consideraban cristianas, a pesar de que habían sido criadas como musulmanas y su madre, la esposa de Azmi, era kurda. Una de las chicas había visitado Surp Giragos en Diyarbakır y se había tomado una foto en la iglesia, encendiendo una vela.

La cena de la noche fue en la casa de *Iskender*, un hombre kurdo que había sido compañero de clase de Vahid. Estaba casado con una mujer armenia cristiana, luego convertida, que estaba emparentada con mi amiga sasuntsí Sose. El kurdo no disimuló sus simpatías políticas: «Todos después de cumplir 17 años, o algunos incluso después de los 15, se unen al PKK por estas partes». El Partido de los Trabajadores del Kurdistán había «cambiado las reglas del juego». Había sido gracias a la guerrilla que las relaciones intercomunales habían cambiado: «Los armenios son los señores de esta tierra», dijo el PKK. Y los kurdos habían escuchado, porque era una frase que escucharía textualmente en toda Turquía por parte de los seguidores del PKK y otros kurdos. Puede haber estado perfectamente motivada por razones ideológicas.

Pero el deshielo de los sentimientos kurdos hacia los armenios puede haber tenido una razón táctica o estratégica, incluso si era demasiado poco, demasiado tarde. Con la eliminación de los armenios, se habían quedado solos para enfrentar a los turcos en los territorios históricos armenios que reclamaban como Kurdistán. Una anécdota puede servir para ilustrar el punto: la guerra en el frente oriental había concluido en 1918 con la derrota de las fuerzas armenias, pero el coronel kurdo Khalid Beg Cibran estaba dentro de la tienda de campaña de ánimo sombrío mientras todos los demás en su regimiento celebraban. Khalid Beg, comandante de la brigada Hamidiye, había luchado implacablemente contra los armenios, así como contra rivales kurdos, desde principios de la década de 1890.

Pero Mehdi, el hermano del jeque Saíd, quien siete años más tarde ganaría prominencia como el líder del primer levantamiento kurdo contra la naciente República de Turquía, se sorprendió al encontrarlo taciturno. Después de todo, era un día de alegría para la caballería Hamidiye, ya que los últimos armenios habían sido expulsados de Armenia Occidental o Anatolia Oriental.

> El día de la victoria final sobre los armenios, cuando todos los demás estaban alegres, Khalid Beg parecía muy triste y se sentó a meditar en silencio en su tienda. Mehdi se sentó con él y le preguntó cuál era la razón del estado de ánimo oscuro de Khalid. Después de insistir un poco, el coronel le dijo a Mehdi el pensamiento que había entrado en su mente y que no lo abandonaba: «¡Este día hemos afilado la espada que algún día nos cortará la garganta!».[15]

Khalid Beg había comenzado a pensar en las secuelas demasiado tarde, cuando no quedaban armenios. Su predicción resultó certera porque solo siete años después, en 1925, comenzarían las rebeliones kurdas contra Turquía que el PKK ha extendido hasta el siglo XXI y que se han convertido en un conflicto existencial para el país.

La esposa de Iskender, *Zaruhi*, era una armenia de Sasún cuya familia perdió 45 miembros en el Genocidio. «La mayoría de los sobrevivientes de mi familia fueron a Armenia», dijo, y llamó por teléfono a su madre en Estambul porque quería recordar el precio de su rescate. Mientras tanto, había sacado los viejos cuadernos de su infancia en una escuela armenia en Estambul. Hablaba y escribía armenio con fluidez, tal vez la única persona en toda la provincia que aún podía hacerlo. Mientras yo miraba confundido, puso a su madre en el altavoz. «Nuestra familia había sido secuestrada por un *aşiret* kurdo; también tenían otras familias armenias, pero, en lugar de matarlos, habían decidido venderlos y una organización armenia los compró», dijo la mujer, pero no podía recordar ni el nombre de los captores kurdos ni del grupo armenio que los había rescatado.

Sin embargo, recordó el precio: «Los armenios individuales eran vendidos por una lira de oro turca, pero el precio para toda una familia era de cinco liras de oro turcas». Hubo iniciativas similares después del exterminio, con rescates pagados generalmente por huérfanos y mujeres, más comúnmente en manos de beduinos en el norte de Siria. Un líder *fedayí* armenio, Sepasdatsi Murad, había establecido un grupo con una misión similar durante la breve liberación de Erzincan en 1916 por las fuerzas armenias, con el lema «Meg Hay, Meg Vosgi» («Un armenio, una moneda de oro»).

* * *

Mehmet Esen estaba sentado con las piernas cruzadas en una esquina de su choza de barro y ladrillo en el pueblo de Êrs, sobre un suelo cubierto de alfombras y kilims, coloridos y gruesos, algunos superpuestos; las repisas de las ventanas estaban cubiertas de tapices gruesos y ornamentados. Habíamos venido a verlo a su casa, a 15 minutos en coche de Eruh, porque a la edad de 125 años que afirmaba tener en ese momento y como miembro de la Caballería Hamidiye, había presenciado el Genocidio armenio desde el lado del perpetrador. Esa edad extraordinaria lo convertiría en uno de los hombres más viejos del mundo, lo que era aún más notable por su vigoroso porte. A pesar de las arrugas y el desgaste de un siglo y cuarto de vida, Esen veía y oía bien. También cultivaba su apariencia y aplomo, a juzgar por su ordenado uniforme de tipo militar, el turbante cuidadosamente envuelto y su barba blanca, larga pero arreglada.

Los Regimientos Hamidiye, formaciones de caballería kurda creadas por el sultán Abdül Hamid II en 1890, se convirtieron en el principal instrumento del terrorismo de Estado contra los armenios cuando las masacres se volvieron sistemáticas. Cuando estalló la Primera Guerra Mundial, 400 hombres de la tribu de Esen, los Botan, se unieron a los Hamidiye en masa, incluido el propio Esen, que habría tenido 27 años entonces.

«Los kurdos en el momento del genocidio no querían matar armenios», nos dijo. Azmi y Ensar hablaron en kurdo con él —Esen no hablaba turco— y tradujeron para mí. «Si realmente lo hubieran querido, el pueblo llamado armenio habría desaparecido: nos ordenaron matar a algunos, a otras nos dijeron que no les hiciéramos nada y a otros los deportamos». Dijo que había presenciado masacres, pero no las describió, excepto para decir que «el gobierno trajo bandidos de otros lugares, personas deshonrosas, porque los lugareños protegieron a los armenios: los escondieron debajo de colchones y en cuevas, y luego los pusieron en el camino a Zakho».

En 1915, había sido desplegado con los Hamidiye a Bitlis para luchar contra los rusos y había participado en el asedio del ejército otomano de Van al estallar la resistencia armenia. «Más de 18 000 armenios estaban en armas, bajo Aram Pashá», dijo, refiriéndose a Aram Manoukian, el líder del partido Dashnaktsutyún que organizó la defensa de la ciudad. «Van y sus alrededores eran armenios, todas las aldeas eran armenias».

Los rusos enviaron 8000 hombres con Aram, dijo. «Cada aldea en la que entraba Aram Pashá, les decía a los kurdos que eran hermanos de los armenios, que no serían perjudicados, y que los armenios los protegerían a ellos y a sus aldeas, que vivirían juntos». Los otros líderes armenios eran «Serop y Tuman», dijo, en referencia a los legendarios *fedayís*, Serop Aghpyur y Nigol Tuman, el *nom de guerre* que los propios kurdos habían dado a Nigoghos Ter Hovannisian con asombro por su destreza de lucha, *duman* (en su correcta ortografía) que significa «tormenta». «Por supuesto que recuerdo muy bien a Tuman».

Mehmet Esen habló con respeto por sus adversarios de antaño, como el soldado que reconocía la nobleza de su enemigo, a pesar de que había poco que decir en alabanza de la Caballería Hamidiye, que se agrupó o reagrupó en todo menos de nombre para el Genocidio después de su disolución formal en 1908, pero todavía estaban activos hasta 1918 contra las fuerzas de la naciente república de Armenia.[16]

Había un problema, como se expuso en la prensa turca: el registro de nacimiento de Esen mostraba que nació el 24 de mayo de 1329 en el antiguo calendario Rumi, lo cual correspondía al 6 de junio de 1913 en el calendario gregoriano de hoy. A menos que se tratara de un caso de registros inexactos, como era muy común en el Imperio otomano, Mehmet Esen habría sido un soldado muy precoz en la época de la Primera Guerra Mundial.

3
DIKRANAGERD II

Nos reunimos para la cena de la Nochebuena armenia el 5 de enero en el gran apartamento de Sevag en un nuevo complejo residencial. Estaban su esposa, su hija, Ertem, su esposa y sus hijos: su hija, estudiante de literatura, y su hijo pequeño, así como Udi Manug, todavía enfermo de amor.

Esas primeras semanas de 2014, los armenios hablaban mucho sobre la declaración de Besse Hozat, una comandante del PKK y considerada la número dos dentro del grupo, de que los armenios y los griegos, así como Fetullah Gülen, tenían «estados paralelos» en Turquía que «obstruían» la democratización del país. Sevag estaba estupefacto. La había conocido una vez en las montañas de Dersim, a pesar de que no reveló la naturaleza de la reunión. «¡Estado paralelo! ¿De qué habla? Apenas estamos empezando a atrevernos a decir que somos armenios, y ¿cuántos armenios o griegos quedan en Turquía de todos modos?». Y luego conjeturó: «Están tratando de hacer la pelotilla a los turcos». En ese momento, el PKK y el gobierno turco tenían una tregua en vigor, y parecían estar progresando. Pero Sevag no pensaba que esto fuera meramente táctico: «Esto debe haber estado en el fondo de sus mentes todo este tiempo», reflexionó. Era irónico, dijo, porque creía que la madre de Besse Hozat era de origen armenio, una de las que se convirtieron al alevismo en Dersim.

Udi Manug dijo que sus bisabuelos fueron masacrados. Su hijo, Khachadur, sobrevivió en Diyarbakır, donde se enamoró de una chica armenia con la que se casó. Mientras hablaban de sus padres un día, resultó que ambos eran hijos de Dikran y Arşaluys. Eran hermano y hermana, que habían estado separados durante una década después del Genocidio, dijo Udi, conteniendo las lágrimas. Pero todos sabíamos que también lloraba por Talar. Nadie alrededor de la mesa preguntó si los hermanos permanecieron juntos como cónyuges después.

El amor no correspondido ahora también condicionaba cómo Udi Manug miraba su lugar de nacimiento. Era difícil para él superar la desconfianza que los recién llegados no veían, como visitantes en lugar de residentes. Sin embargo, esa mañana un pequeño ejemplo me había alertado sobre lo que probablemente Udi Manug insinuaba. Un joven panadero kurdo me había dado una porción gratuita de *kadaíf*, un dulce almibarado, negándose a aceptar el pago de un visitante extranjero. Otro cliente, de unos 60 años y de expresión preocupada, fumaba con vigor, como si quisiera despejar sus pesares con las bocanadas de cigarrillo. Estaba sentado con las piernas cruzadas, y miraba el sitio de una excavación arqueológica al otro lado de la calle de la pastelería, cerca de la Gran Mezquita. El fumador, un hombre de mejillas chupadas y bigotes gruesos, volvió su rostro preocupado hacia mí. No debe haber creído que yo era de Nueva York, o Buenos Aires, porque me preguntó si ya había estado en la iglesia armenia, a diez minutos a pie de allí.

Todavía fingía yo que no sabía de qué hablaba, aun cuando era consciente de que este hombre no me creía en absoluto que yo no era armenio. «Sabes», dijo el fumador, «hace 20 años más o menos todavía odiaba a los armenios».

El panadero, visiblemente sacudido, le dijo algo en kurdo. «Pero es la verdad», continuó el hombre en turco, todavía fumando y mirando a la calle. «Me molestaba que trabajaran, y tuvieran dinero, y estas grandes casas», murmuró, mientras paseaba sus ojos distraídos sobre el sitio de excavación. «Pero, Mustafa *ağa*, ¿cómo puedes decir eso?», bromeó suavemente el dueño de la tienda, que estaba tan incómodo como yo, sorprendido por este ejemplo de manual de lo que nosotros en la Diáspora habíamos llegado a creer que eran estereotipos simplistas e injustos. «Ahora es diferente, ya no me siento así...», continuó el hombre, pensativo. «Pero los envidiaba, nunca entendí cómo podían llegar a ser tan ricos...». Y hablaba de los armenios pos-Genocidio, asustados y empobrecidos, que incluso habían librado la iglesia a su suerte, tanto que se había desmoronado, reducida a una ruina destechada.

Ertem había visto el programa *Gamurç* («Puente», en armenio) de Aris Nalcı y había visto a Giro Manoyan, un líder del Dashnaktsutyún, hablando de los armenios islamizados y declarando, como principio general: «Quien se considera armenio es armenio, y la religión no importa». Había cristianos de origen armenio que no se consideran armenios, dijo Ertem. De la misma manera, ¿por qué un musulmán no se consideraría armenio?

Sevag sonreía un poco sarcásticamente: «El Dashnaktsutyún, los socios de los Jóvenes Turcos...». El partido armenio había estado aliado con el Comité de Unión y Progreso hasta poco tiempo antes del Genocidio, por ser de la opinión de que sería más seguro mantener abiertos los canales de diálogo y cooperar con el gobierno otomano. «Nunca aprendemos», agregó, a modo de conclusión de un tren de pensamiento que no reveló: «En el momento del Genocidio había dos millones y medio de armenios en el Imperio otomano y dos millones de kurdos».

Una conversación diferente en la mesa me distrajo, pero solo atrapé su final: «Tres *daciks* masacraron a 100 armenios...». Estábamos bebiendo el vino casero de Ertem, que había aprendido a preparar de su padre y para el que usaba la uva Boğazkere, tradicionalmente cultivada por los armenios. Y entonces capturé otra frase en la conversación paralela: «Tal vez solo quieren proteger la santidad de Dios, pero al fin y al cabo lo veneran porque Él absuelve a los hombres».

* * *

La comunidad organizó una fiesta para celebrar el Año Nuevo y la Navidad armenia en un gran restaurante de propiedad de un armenio islamizado en las afueras de Diyarbakır, con casi 80 invitados presentes. A Udi Manug le había bastado ver un grupo entusiasta para interpretar al son vibrante de su oud algunas canciones revolucionarias armenias, repletas de líneas subversivas cuando se las cantaba en Turquía, pero cuya letra solo él y yo podíamos entender en el restaurante, donde también había otros 100 clientes que no formaban parte del grupo armenio. Como la tradición tácita de no bailar al son de la música revolucionaria era ignorada por los lugareños, la pista de baile fue pronto invadida por armenios y kurdos que bailaban los *horons*, las danzas circulares en las que hombres y mujeres se toman de la mano y mueven rítmicamente la parte superior del cuerpo conforme avanzan con pasos laterales.

La escena se prestaba a excelentes fotografías, oportunidad que no desaproveché. Dos mujeres kurdas, vestidas de fiesta al estilo occidental, se quejaron, diciendo que no querían ser fotografiadas, por lo que apunté mi cámara solo a la multitud armenia, que ahora armaba un nuevo *horon*, y en bailes separados entre algunas parejas y grupos más reducidos. Casi una hora después, dos hombres se acercaron a Sevag y Ertem para preguntar quién era yo: eran los maridos de las dos mujeres kurdas que estaban molestas por las fotos. Ertem hizo un gesto de que todo estaba bien, pero vi que los hombres seguían hablando con ellos, con cortesía y sin alzar la voz, pero claramente haciendo algunas afirmaciones. Sevag, que se había alejado, regresó y pronunció lo que parecía una respuesta más contundente, ya que persuadió a los hombres a abandonar cualquier objeción que aún hacían. Uno de ellos se acercó a mí y me estrechó la mano, diciéndome: «No hay problema», lo cual repitió. Lo que me parecía interesante era cuán lento había sido el aumento de la tensión desde la queja original de las mujeres hasta las explicaciones que los hombres nos exigían. Como esta era una situación típica para una escalada rápida, especialmente dada la sensibilidad de cualquier conducta considerada abusiva de la mujer de otra persona, esta respuesta tardía era curiosa. Deben haber notado que yo era extranjero, por lo que probablemente trataban de calcular un factor desconocido antes de reaccionar. No sería la única vez en que encontraría esta inusual supresión de la impulsividad en circunstancias que, entre los lugareños, podrían haberse desenvuelto de manera rápida y violenta.

Una periodista de Diyarbakır de origen asirio, *Ana*, quería entrevistarnos a Udi Manug y a mí, por lo que fuimos a una oficina en el piso superior del complejo de restaurantes. Dentro de la oficina, cinco hombres jugaban al póquer en una mesa redonda cubierta de paño verde. A excepción de un hombre de complexión más pequeña, con un rostro angular de zorro debajo de una mata de pelo negro y rizado, los demás se parecían mucho, con cabezas grandes de mandíbula cuadrada y bigotes estilizados. Tal vez eran hermanos o parientes, pensé. Todos vestían trajes negros y camisas oscuras a juego, y llevaban las chaquetas puestas. Nadie miraba el partido de fútbol en el enorme televisor de pantalla plana, pero no bajaron el volumen incluso cuando la periodista comenzó a grabar la entrevista. Uno de los hombres, de espaldas a nosotros, permanentemente se daba vuelta para mirarnos mientras Ana le preguntaba a Udi por qué había regresado a Diyarbakır y qué creía sobre la nueva apertura en Turquía para discutir el pasado.

Udi sonreía. La calefacción estaba a temperaturas casi de sauna, pero advertí que esa no era la única, o principal, razón por la que sudábamos. Conscientes de las miradas sobre nosotros, incluso si fingíamos lo contrario, mantuvimos nuestras respuestas dentro de los límites superficiales de lo que era tolerable en un espacio público en Turquía. Ahora el hombre de espaldas a nosotros había dejado su mano de cartas sin girar sobre la mesa y seguía, atentamente y sin sonreír, nuestra conversación, que llevamos a cabo con tonos de susurro para no romper el silencio impío de los hombres y la voz chillona del presentador deportivo. Ana sostenía su grabadora muy cerca de nuestros labios mientras hablábamos.

Levanté mi cámara para tomar una foto de los jugadores, y el hombre con la cara de zorro se echó atrás del cuadro del visor haciendo chirriar la silla. Los otros hombres se rieron. Nos pusimos de pie cuando Ana terminó su entrevista. El hombre que nos había estado observando también se puso de pie. «Ahora nos hemos convertido en kurdos, pero todos somos armenios también», nos dijo, sonriendo. Y me abrazó. Los otros dijeron casi al unísono, con voces graves, esa voz ronca de fumador que suelen tener los hombres en Turquía: «Todos somos armenios, excepto uno de nosotros».

* * *

La pequeña hija de Zuhal me telefoneaba permanentemente. Las primeras veces pensé que Zuhal estaba en problemas y me alarmé, preguntándome si debería llamar a la policía, pero en Diyarbakır esa era una propuesta de doble filo en el mejor de los casos. Entonces imaginé que era su hija menor, que tenía alrededor de diez años y parecía tener alguna forma aguda de autismo. Tenía los rasgos de una criatura frágil y asustada. La había visto en esa noche siberiana cuando habíamos ido a cenar a su casa. Cuando traté de saludarla después de que se acercó a mí, se alejó corriendo, mirándonos en silencio a la distancia. Después de que nos sentamos a cenar, ella permaneció pegada a la computadora, jugando un juego electrónico, moviéndose de un nivel a otro, exterminando monstruos y personajes malvados que llevaban máscaras, rociando fuego de ametralladora a diestra y siniestra, en un entorno que parecía un centro comercial estadounidense. Ni una sola vez emitió un sonido para celebrar la alegría de la victoria o la frustración por la derrota. Pero en el teléfono aullaba, ruidos que nunca terminaban por conformar algún sonido significativo.

Entonces, un día, Zuhal me llamó para disculparse por las llamadas telefónicas, pero terminamos acordando caminar por el Barrio de los Infieles para examinar y fotografiar las puertas. Ella me había intrigado al mencionar que las casas de los armenios en el Gâvur Mahallesi tenían una matrícula roja, mientras que las de los musulmanes eran azules. Lo había notado de niña con sus abuelos un domingo, cuando se dirigían a Surp Giragos, y les había preguntado por qué había dos colores diferentes. No habría sido lo peor a lo que los armenios habrían sido sometidos en Turquía, pero hubiera sido tan flagrante hoy en día que había decidido consultar con el historiador Osman Köker. Su respuesta, sin embargo, no fue inmediata.

Mientras esperaba a que Zuhal apareciera, decidí verlo por mí mismo. Las puertas estaban cerradas: la mayoría eran metálicas, y muchas estaban pintadas de azul, pero también había algunas que eran amarillas y muchas negras, como las enormes puertas de las murallas de la ciudad. Si hubieran estado cerradas, solo la carga de un ejército en estampida montado sobre elefantes podría abrirlas. Desde una calle, vi un tramo de la muralla donde el soldado romano Amiano Marcelino había luchado en el siglo IV de nuestra era:

> Y en ese momento se levantó un grito, y cuando el enemigo se precipitó hacia adelante todos de una vez, se encontraron con una densa lluvia de proyectiles desde las murallas; y como se puede conjeturar, ninguno fue lanzado en vano, cayendo como lo hicieron entre una multitud tan densa. Porque mientras nos rodeaban tantos males, luchamos como he dicho antes, con la esperanza, no de procurar seguridad, sino de morir valientemente; y desde el amanecer hasta el crepúsculo la batalla fue pareja, ambos luchando con más ferocidad que método, y se alzaban los gritos de los hombres que golpeaban y caían, de modo que por el afán de ambas partes apenas había nadie que no diera o recibiera heridas.[17]

Vi un pequeño gatito que se arrastraba casi a ciegas debajo del carro de un vendedor de pescado en la calle que conducía a Surp Giragos. Un anciano kurdo caminaba apoyado en un bastón, con su *şalvar*, los pantalones holgados que eran una interpretación exagerada de los pantalones de montar del ejército británico y que de alguna manera se habían convertido en el uniforme de los kurdos. Su cabeza estaba cubierta con un *keffiyeh*, un accesorio tomado de los árabes. Hete la prueba, pensé fugazmente, de que nuestra evolución aún estaba incompleta, que en el primer año más o menos de nuestra vida, cuando apenas gateábamos, todavía manteníamos los atributos de un pasado en el que no caminábamos erguidos.

Mientras tomaba fotos, se abrió una de las puertas. «¡Çek, çek!», me dijo un niño pequeño con una sonrisa dentada: «¡Dispara, dispara!».

La casa estaba construida alrededor de un patio interior cuadrado. En el medio había una piscina poco profunda, llena de nieve. Una inscripción en el borde de piedra mostraba 1901, una fecha que estaba dividida por un cáliz en el medio. El niño, que yo creía más joven, tenía 11 años y se llamaba *Emin*. Hablaba con elocuencia y era vivaz. Era una vieja casa armenia, me dijo, y la alquilaban. Su hermana menor entró en el patio, *Elif*, de cuatro años, que estaba encantada de posar para la cámara a diferencia de las mujeres mayores de la casa.

El padre de Emin, *Utku*, quien aún no había cumplido 30 años, y su abuelo, *Melikşah*, me invitaron a entrar a tomar un té alrededor del calentador, una estufa centenaria con una chimenea que la conectaba con los pisos superiores. En un momento dado, había al menos diez personas de tres generaciones en la sala azul, la gran mayoría de ellas mujeres, solo las muy jóvenes de las cuales no llevaban un pañuelo en la cabeza. Sentada en la alfombra, la señora de la casa fumaba mientras marinaba carne picada y arroz en extracto de tomate y jugo de limón mezclado con ajo; montones de hojas de vid esperaban a su lado para ser enrolladas en *dolmas*. La mayoría de las adolescentes también fumaba.

Originalmente eran árabes de Mardin, pero el último miembro de su familia que hablaba árabe había sido el padre de Melikşah. La casa, dijo, había sido confiscada a los armenios que fueron «expulsados durante la guerra» y fue empleada por el ejército otomano para el alojamiento de comandantes. No había ninguna inscripción en armenio en la casa, aparte de la fecha y el cáliz. Eso hacía obvio que los propietarios eran armenios, dijo Utku: los musulmanes no hacían vino. Probablemente, la piscina se usaba para triturar uvas. La matrícula de la casa era roja, como lo sería la de los cristianos, según Zuhal, por lo que ahora era cuestión de reunir suficientes muestras para ver si había un patrón.

Acuciado por el hambre, regresé al Hasan Paşa Han. Tres de nosotros estábamos sentados en mesas muy separadas en una casa de té en el caravasar. Envuelto en una gruesa bufanda de lana, un hombre de nariz aguileña sonreía, mientras miraba por la ventana apañada: «En un día como este, nuestros mayores harían *xlorig*». Era una especie de albóndigas. Insistió en que la palabra era kurda, incluso cuando dije que *xlorig* sonaba muy parecido a una variación dialectal de *glorig*, que significaba «redondito» en armenio. Pero él no escuchaba, y explicaba cómo se hacía. Y dijo que sabía muy poco kurdo, de todos modos. «Nos estamos asimilando», dijo *Bülent*. Su lengua materna era el turco.

«Mi abuelo solía decir que los armenios son mejores que nosotros», dijo. «Una vez había vendido una lámpara de querosén a crédito a un hombre armenio; eran tiempos difíciles después de la guerra», dijo, probablemente refiriéndose a la Primera Guerra Mundial. Mientras tanto, su abuelo había sido reclutado en el ejército en Mersin y se había olvidado de todo. A su regreso a Diyarbakır tres años después, había montado un puesto callejero para vender limones. El hombre armenio se había acercado a él, sorprendido: «¿Dónde estabas Abdurrahman? Te hemos estado buscando todo este tiempo, y nos encantó la lámpara». Y le pagó. «Los armenios son tipos honestos, decía mi abuelo».

La familia de Bülent era de Mıstan, un pueblo en Bingöl. Eran en parte armenios por su parte paterna, no estaba seguro en qué medida o en qué parte, una certeza que sus mayores decían haber tenido durante mucho tiempo hasta que en algún momento se desvaneció en la memoria lejana, ese instante en que el conocimiento no corroborado se convertía en un mito. Su padre era zaza y su madre era una kurda de habla kurmancî de Diyarbakır.

Zuhal llegó a Hasan Paşa Han con su hija de 15 años, *Amine*, tímida pero de hablar seguro. «Kurda», respondió a la pregunta de cómo se identificaría, ya sea en términos de nacionalidad o religión. Se sonrojó: «Pero amo a los armenios», dijo con sonrisa culpable. «Tanto a los kurdos como a los armenios, los amo mucho».

El 10 de julio de 1991, Zuhal había estado en la masacre de la Puerta de Mardin, una de las puertas principales de la fortaleza de Diyarbakır, a 15 minutos a pie de donde estábamos. Miles de personas se habían congregado para el funeral del activista de derechos humanos Vedat Aydın, que había sido asesinado por agentes de contrainsurgencia turcos en una operación extrajudicial.

Los tanques habían bloqueado repentinamente la Puerta de Mardin y los soldados desplegados en la parte superior de la muralla romana comenzaron a abrir fuego a la señal de tres disparos de una pistola. Los tanques estaban en la puerta, atrapando a la gente en un estrecho tramo de tierra entre la fortificación y un barranco de cinco metros de profundidad con huertos debajo. «Recuerdo que la gente saltaba o caía en el desfiladero y entonces apareció un helicóptero artillado de la nada, disparando a corta distancia», dijo Zuhal.

Cuándo se había convertido en musulmana la familia de Zuhal, quise saber. «Nunca lo hicieron», dijo. «Solo una persona en mi lado armenio de la familia se ha convertido al islam». ¿Y ella? Ahora estaba confundido. No habló por un minuto, y madre e hija intercambiaban miradas. Su padre era kurdo, dijo después de un minuto.

Eso no respondía a mi pregunta, por lo que insistí. Ella era cristiana, dijo, y su esposo lo sabía y lo aprobaba, a pesar de que era un kurdo sunita. Pero nadie más en su familia lo sabía. Solo lo había compartido con muy pocos amigos. Uno de ellos había insinuado previamente que había algunos cristianos secretos en medio de los armenios islamizados, pero esta persona no había dado nombres. Este amigo común había insinuado que la mejora de las relaciones entre armenios y kurdos no debería engañar a nadie para creer que había libertad para hacer lo que uno sintiera: todos los clanes y aldeas eran hospitalarios, pero no todos eran igualmente tolerantes. Renunciar al islam podría tener un precio muy alto. Y, sin embargo, unos minutos después de proclamar su identidad kurda con una sinceridad que la mortificaba, la hija de Zuhal reconoció con un asentimiento que ella también era cristiana: una cristiana secreta kurda. Pero parecía estar en *shock* y había palidecido, mirando a su alrededor en la sala cavernosa del Han donde bebíamos té mientras afuera nevaba.

«El Dios de los musulmanes es aterrador: es vengativo y temes que te arroje al infierno o te queme dentro de tu casa», dijo Zuhal. «Pero amas al Dios de la Biblia». Al igual que la era temprana cuando el Evangelio comenzó a abrirse camino en la Mesopotamia, el cristianismo regresaba como una secta casi secreta, y principalmente de mujeres, como también lo fue al comienzo de la difusión de la fe.

Salimos para comenzar nuestro recorrido por las puertas y portones. Zuhal estaba convencida de que había un sistema para identificar los hogares de los armenios en Diyarbakır. En el momento en que había señalado esta anomalía, su abuelo había dicho: «El rojo es de Abraham», refiriéndose a un conocido armenio. Mirando alrededor de la cuadra habían identificado un patrón en ese entonces, hacía unos 30 años. Osman Köker finalmente había respondido a mi pregunta, poniendo en duda esto. El gobierno cambiaba la coloración cada tanto, lo que llevaba a esas diferencias en el color de las placas al emitir nuevos lotes. Además, me había enviado una foto de una puerta en Estambul, con una plétora de placas de los más diversos estilos en rojo y azul, una colección del mismo número en todos los tipos que se habían producido durante décadas.

En el casco antiguo de Diyarbakır, algunas placas eran, en verdad, azules y otras rojas. Había muchas flechas pintadas de rojo en las paredes, que apuntaban hacia abajo. En algunos casos, coexistían matrículas en ambos colores: «Debe indicar que un armenio había vivido aquí, pero que un musulmán ha tomado su lugar», conjeturaba Zuhal. Estábamos al este de la imponente torre de Ulu Beden, un majestuoso gigante de enorme vientre que se cernía sobre los coloridos barrios marginales de más abajo. La dinastía Artúquida de turcos selyúcidas la había construido durante su breve reinado sobre Diyarbakır.

Y mientras Zuhal y su hija caminaban enérgicamente sobre las nieves de Diyarbakır, en entusiasta caza de fantasmas que acabábamos de descubrir, mujeres con la cabeza cubierta pasaban a nuestro lado bajo la luz gris del invierno, algunas espiándonos desde debajo de turbantes y bufandas. Un grupo de niños jugaba con pistolas de plástico cerca de un pórtico bajo, con la puerta de metal entreabierta. «PKK» se leía en un grafiti de gruesas pinceladas blancas sobre una pared marrón. En un lote vacío rodeado por las ruinas de un edificio irreconocible, diferentes manos habían pintado «Amed», «Tofan» y «Zaza 21». Mientras Amine o Zuhal gritaban cada vez que detectaban una placa del color correcto que indicaba, en nuestra imaginación en ese día gélido, la presencia de un armenio, recordaba las lecturas de Éxodo de mi abuela. Era su libro favorito de la Biblia, y le encantaba contar historias de allí a mi hermana y a mí en tardes tranquilas después de la escuela. Con su inextinguible capacidad de sorpresa, mi abuela Azniv, sobreviviente del Genocidio, hablaba de los hebreos que habían hecho una marca con la sangre de un cordero sobre su puerta, para que el ángel de la muerte las pasara por alto. El planeta que había pensado que era Venus había aparecido en el bajo horizonte fuera de las murallas romanas, anunciando el anochecer. Pero era Júpiter, resplandeciente sobre la Puerta de Mardin, la deidad romana suprema que regresaba a casa.

Hacía frío y tenía hambre, y sabía que todo esto se basaba en una premisa falsa. Aun si las marcas de color hubieran correspondido a algo semejante a la verdad, nada de esto tenía sentido: no quedaban armenios detrás de estas puertas. Una sensación de presentimiento ominoso y tardío descendió sobre mí en ese día desolado de cielo gris y nieve, que oscurecía bajo pasos y montones de basura sin recoger. Estábamos volviendo sobre los pasos de una Pascua de la muerte con la inútil esperanza de encontrar una señal de vida armenia detrás de cualquiera de esas puertas: una palabra, un recuerdo, el conocimiento de lo que son o fueron. Sin embargo, trataba de caminar a la par de la vigorosa madre y la hija que aún buscaban lo que yo sabía que no encontraríamos, dentro de este laberinto de una fortaleza que ha visto mil ejércitos, vencidos o vencedores, pero todos desaparecidos, como también desaparecerán los actuales. Mientras seguíamos pasando al lado de más paredes con pintadas que decían «Kurdistán» y «Apo» y «PKK», todavía me abría paso por la nieve, como un Quijote llegado cien años tarde a una guerra que ya no era suya, y en una tierra equivocada, donde los monstruos no habían sido molinos de viento sino hombres, hechos a imagen y semejanza de un Dios que nos dicen que compartimos.

IV
DARÓN

1
BITLIS

Bitlis estaba construida en una meseta alta, ceñida contra la fortaleza que se alzaba sobre el casco antiguo desde un promontorio central. Las calles convergían en pendiente ascendiente en torno a la enorme fortificación y luego la bordeaban, como serpientes que circundaban a un gigante. Acentuaban la sensación de vértigo las casas bajas y las tiendas abarrotadas debajo de la ciudadela, que teñía la ciudad otomana con la oscuridad de sus rocas volcánicas y sus sombras. La atmósfera se volvía más misteriosa y opresiva, según el sol descendía en un horizonte bloqueado por las montañas.

«Ahora ya es tarde», dijo el hombre, con los ojos rojos e hinchados de un insomne. «Debería haberme ido hace mucho tiempo: si se nos expone aquí, estamos acabados». Y me miró de nuevo, sin sonreír para las fotos que me había permitido tomar, siempre y cuando no las publicara. «Ahora es tarde; deberíamos habernos ido hace mucho tiempo: aquí estamos acabados».

Era un *ges-ges* (mitad y mitad), como se ha llamado a los armenios de este tipo al menos desde el siglo XIX. Musulmán en Bitlis, asistía a la Iglesia armenia en Estambul. «Esa religión es más verdadera», dijo. «Nos convertimos al islam, pero seguimos siendo cristianos».

Un contacto kurdo de Erzurum me había advertido que tuviera cuidado con los armenios de Bitlis. «Son malos: hay muchos fascistas turcos entre ellos».

De los armenios que conocí aquí, solo las convicciones que profesaba un joven lo colocaban demasiado a la derecha del espectro político local, y ni siquiera eso era exacto: en lugar del nacionalismo extremo turco, los puntos de vista que defendía eran una combinación de conservadurismo islamista y tribalismo kurdo que eran peculiares de Bitlis. La ciudad era singular en formas discretas. La ausencia casi absoluta y extraordinaria de imágenes de Atatürk estaba compensada por la profusión de las de Said Nursî, un teólogo islámico y líder kurdo, militante activo en el movimiento de los Jóvenes Turcos y amigo cercano de algunos de los cerebros del Genocidio. Sin embargo, no encontré información que lo implicara directamente en las masacres de armenios.

Aun así, incluso en el caso de este joven, grabar la conversación puede haberlo hecho recapacitar, a diferencia de la primera vez que hablamos. El día antes de sentarnos para la entrevista, me llevó a la casa de los abuelos del escritor armenio-estadounidense William Saroyan. Ese día era solo un joven que se había entusiasmado al enterarse que había curiosidad por los armenios que todavía vivían en las tierras históricas.

Esto no significaba que no hubiera nacionalistas turcos entre los bitlislís de ascendencia armenia. Simplemente no los conocí, o deben haber dejado de considerarse armenios, a menos que fuera una actitud inducida por el miedo.

* * *

Hazar Saatçi fue el primer armenio que conocí en Bitlis: «¿Eres *hai*?». Este comerciante, de avanzados 40 años, había utilizado el endónimo, «armenio» en armenio, que se había convertido en el código entre los ocultos o islamizados cuando hablaban entre compatriotas. Un conocido kurdo me había llevado a su tienda, de ubicación central cerca de la fortaleza.

Llegar a él había tomado meses de esfuerzo y una ruta improbablemente tortuosa. Bitlis carecía de la atmósfera cargada de Erzurum, donde una búsqueda de armenios podría conllevar peligro. Si Erzurum era impensable para tales pesquisas, Bitlis era impenetrable. Había una opacidad en ella, una impresión reforzada por el paisaje urbano sombrío y los rostros taciturnos, en calles que parecían desiertas y casi sin mujeres a la vista.

Con considerable dificultad, había logrado obtener la información de contacto de dos descendientes de armenios conversos. Sin embargo, un amigo de Ankara que había encontrado esos números de teléfono para mí creía que era una mala inversión de mi tiempo: él no podía responder por ellos, y la actitud que tuvieran podría impedir cualquier conversación significativa. En el peor de los casos, podría desencadenar la paranoia sobre la posibilidad de ser expuestos como armenios, un asunto ruinoso para ellos dentro de su entorno, así como un riesgo para mí.

Una experiencia desagradable en la cercana ciudad de Mutki en 2011 me había hecho desconfiar de Bitlis y sus alrededores. El último cristiano armenio de la zona vivía en la aldea de Niç: había conocido a *Nahabed* en Sasún en la peregrinación del monte Maruta unas semanas antes. Había insistido en que lo visitara. Muy superados los 70 años, vivía la mayor parte del tiempo en su pueblo. En invierno se retiraba a Estambul. Uno de sus amigos en Mutki podría ayudarme para mi transporte a Niç, a unos 25 kilómetros, pero casi dos horas en automóvil, anidada en un valle a una altitud de quizás 2000 metros.

Apenas llegué a Mutki, llevado por un taxista de Bitlis que había adivinado mi nacionalidad y me había hostigado con preguntas sobre mapas del tesoro, tres hombres se acercaron a mí en la calle vacía, a un paso rápido que me había parecido hostil. El más alto, que parecía el cabecilla, vestía una *galabeya* lila y llevaba una gorra islámica. Al parecer, habían salido de la mezquita antes de los demás ese viernes. Me alejé de ellos y, como me recomendó Nahabed, entré en la papelería para pedir la ayuda del dueño para que me consiguiera un coche que me llevara a Niç. El joven que atendía la tienda reaccionó con alarma cuando le pregunté por *Ahmet*: «¿Quién eres?». Minutos después de llamar por teléfono a su padre, una versión mucho más alta de este muchacho, con la misma nariz prominente de halcón y fosas nasales estiradas, llegó apresuradamente: «Preguntó por ti apenas entró», le dijo el hijo, preocupado.

La explicación de que nuestro amigo común Nahabed me había recomendado verlo no venció su hostilidad gélida. La situación empeoró cuando le propuse entrevistarlo, ya que Nahabed me había dicho que era armenio: «tartsug» o «converso», en el lenguaje local. Los labios de Ahmet ahora estaban apretados debajo de sus delgados bigotes mientras sacudía la cabeza con lentitud, observándome fijamente. No podía organizar el transporte, y tenía que salir de su tienda porque ya cerraba. Los tres hombres que se acercaron a mí cuando apenas había llegado a la ciudad se habían quedado delante de la tienda, pero ahora también había una multitud respetable de una veintena de personas afuera, presumiblemente las que ahora también habían salido de la mezquita. El hombre en la *galabeya* repetía las preguntas habituales sobre los mapas del tesoro, en un discurso torpe que a él y su creciente cohorte les resultaba divertido en ese lento día de verano de Ramadán, de personas hambrientas con mentes hiperactivas.

Pronto todo se convirtió en una discusión acalorada, con tres o cuatro de ellos que disparaban ciegamente preguntas enojadas, sin esperar realmente respuestas, y abucheos de algunos en la multitud, incluido el hombre de la *galabeya* que comenzó a empujarme. Las cosas se agitaron y se pusieron lo suficientemente ruidosas como para atraer una patrulla de la policía que vino a alta velocidad hacia la multitud, al son de sirenas y el parpadeo de las luces intermitentes de emergencia, y se detuvo frente a nosotros. Un oficial joven y de muy baja estatura salió del auto y caminó directamente hacia mí, pidiéndome mi pasaporte. Lo hojeó superficialmente, sin examinar ninguna página, y se lo entregó a un hombre con una chaqueta de cuero negro y aspecto desaliñado, que aparentemente sabía qué buscar en él. Enfurecido, traté de arrebatárselo: «¡Quién eres, dame mi pasaporte!», pero este no lo soltaba mientras el policía miraba con pasividad tímida. El hombre desaliñado entonces sacó una insignia de la policía de su chaqueta de cuero. «Trabajo para el Estado», dijo con una sonrisa de dientes podridos. Siempre era el «Estado», considerado sagrado y supremo, no el «gobierno», una diferencia que el laico en Turquía entendía mejor que la gente en otros lugares. Como todavía sostenía mi pasaporte, le pregunté en voz alta qué pretendían hacer y que hablaría con mi consulado. Finalmente devolvió mi pasaporte y sonrió de nuevo, mostrando las hileras de ruinas amarillas y marrones. Pero había sido la primera lección, que no aprendería, de que algunas aldeas en Turquía podían estarme vedadas por tradición consuetudinaria, si no por ley. Desconocidos no invitados llamaban la atención, ocasionalmente de manera hostil.

Fue entonces con cierto recelo que llamé por teléfono a estos dos hombres de origen armenio en Bitlis. El primero al que llamé, *Muttalib*, accedió a reunirse con una rapidez inusual, hasta el punto de ofrecerse a recogerme de mi hotel. Apareció allí a la mañana siguiente, elegantemente vestido, dándome la bienvenida con la etiqueta con que uno comienza una reunión de negocios. Noté una expresión fugaz de sorpresa en él al verme con *jeans* desgastados y un chaleco descolorido y con una cámara sobre el hombro. Nuestro conocido común de Ankara, un iniciado en las artes del señuelo, había conseguido que Muttalib aceptara reunirse conmigo hablándole de «un amigo de Nueva York». Como joyero y proveedor de la fina miel de Bitlis, Muttalib pensó que había venido a conversar sobre posibles acuerdos de exportación. Tenía un extraño parecido con el dueño de la papelería en Mutki, de rostro alargado y nariz ganchuda, con bigotes delgados como dibujados con lápiz sobre los labios.

Durante un desayuno de *avşur*, una sopa local condimentada con carne, escuchó sobre mi proyecto con decepción en lugar de incomodidad, enmascarada detrás de un comportamiento cortés. Estaba claro, sin embargo, que ya había estudiado mi apariencia para deducir mi poder adquisitivo, con conclusiones infelices. Los armenios se habían ido hacía mucho tiempo, pero «no porque les hicieran la vida difícil aquí». La economía estaba mal en Bitlis. La población de la ciudad había caído de 400 000 personas a 48 000, dijo. Había una impresión general de dramática contracción demográfica: otros en la ciudad decían que solo quedaban 33 000 habitantes. Sin embargo, los números no coincidían con las cifras oficiales del censo.[1]

«Muchos de los nuestros también se han ido», agregó Muttalib, adelantándose a cualquier pregunta sobre su origen al identificarse como musulmán, kurdo, lo que fuera que tuviera en mente excepto armenio. La suya era una de las familias más grandes y ricas de la ciudad, su apellido aparecía prominentemente en varios letreros de tiendas en el centro comercial alrededor del fuerte. En lo que respecta a mi proyecto, Muttalib era un callejón sin salida.

La segunda conexión de mi amigo de Ankara, *Ceben*, se había mudado a Antalya y me aconsejó que llamara a su amigo *Mutlu*, un funcionario de la Universidad de Eren, con un impresionante campus fuera de la ciudad, construido por la familia de Bitlis propietaria de uno de los conglomerados más grandes de Turquía. «Cuando era pequeño, tenía amigos armenios, pero todos se han ido, a Estambul y Europa supongo», me dijo Mutlu después de una cálida bienvenida, con el té y los pastelillos habituales en su oficina blanca y austera. «El último armenio debe haberse ido de Bitlis alrededor de 1990, y su nombre era Yervant». Naturalmente, parecía un poco desconcertado cuando repregunté dos veces, hablaba de cristianos. Me había extendido la generosidad que era la costumbre del lugar, y solo entonces entendió lo que buscaba y empezó a hacer llamadas telefónicas.

«Bitlis es ahora una ciudad empobrecida», dijo entre llamadas. «Toda persona inteligente y capaz la ha abandonado y solo quedan personas de mente estrecha». También él quería irse, probablemente a Ankara, mientras era aún joven. Un hombre al que convocó a su oficina resultó tener pistas falsas, pero cuando salía entro un segundo hombre a grandes pasos, jadeando, apenas se sentó para garabatear el nombre de un primo que era dueño de una tienda frente a la Gran Mezquita de la ciudad, antes de apresurarse a salir mientras murmuraba una disculpa.

«No queda ninguno», repitió el primo del hombre apresurado cuando lo encontré en su tienda junto a la mezquita. Todos los armenios se habían convertido en musulmanes y se habían asimilado. «Estos son precisamente con los que quiero hablar», respondí. «Muy bien», dijo con un sarcasmo inofensivo, y entramos en una gran tienda. Y allí me presentó a Hazar como «sizinkilerden» («uno de los vuestros» en turco).

Aturdido por un momento, Hazar comenzó a llamar por teléfono a familiares y amigos que, discretamente, desfilaron por la tienda para tomar el té y hablar. Como la tienda era lo suficientemente grande y la socialización entre los comerciantes era bastante común en Turquía, nuestra conversación pasaba inadvertida para los clientes y otros visitantes, algo que Hazar apreciaba. Los armenios eran conocidos localmente como *müslimin*, me había dicho a los pocos minutos de reunirse. Era uno de los términos peyorativos empleados entre los kurdos en ciertas áreas de Turquía para referirse a los armenios convertidos.

Sin embargo, Hazar, un hombre delgado de frente ancha, se colmó de alegría con mi visita, y pronto me puso al teléfono con un primo que vivía en Estambul, a quien describió como «armenio propiamente dicho», para indicar que era cristiano y dominaba el idioma, segregándose a sí mismo de una manera conmovedora que no advirtió. Había dejado lo que hacía y me hizo sentarme en un rincón discreto de la tienda. La familia llevaba una vida tranquila, dijo Hazar, pero todavía había odio contra los armenios.

A pesar de mi inquietud por la presencia del comerciante kurdo que nos había presentado, Hazar dijo que no importaba que se hubieran convertido al islam. Todavía eran considerados armenios por los lugareños. Uno de sus sobrinos había sido nombrado asistente del alcalde de la ciudad, del islamista Partido de la Justicia y el Desarrollo que gobernaba Turquía, pero uno de los funcionarios del ayuntamiento le había preguntado al alcalde: «¿Por qué hay armenios en el personal municipal?».

Los armenios de Bitlis todavía vivían con miedo y se abstenían del contacto entre ellos, a pesar de que se conocían. También era posible que hubiera armenios que los demás no conocían. Todavía se quedaban en Bitlis, dijo Hazar, gracias a compañeros como el joven turco que me había presentado a ellos. «Pero ¿no es kurdo?», pregunté sorprendido, mirando al comerciante también. «Bueno, sí, pero turquizado, como nuestra familia», dijo Hazar, mientras el otro hombre asentía efusivamente. Los kurdos, o turcos, culparon del odio contra los armenios en Bitlis a los «dincis», un término peyorativo en turco para indicar a personas religiosas conservadoras, y a los «kurdos racistas», de los cuales «todavía había muchos».

Hazar tenía que viajar a Antap por negocios, pero me dejaba en compañía de los miembros de la familia que manejaban la tienda. «Ya es tarde», se lamentó su padre. Debería haberse ido de Bitlis hacía mucho. Desmantelar la tienda ahora y emprender viaje de ida con al clan era una empresa imposible. No tenía miedo de decir que era armenio, a pesar de que sus ojos alarmados que paseaban por la tienda en busca de desconocidos indicaban lo contrario, al igual que su pregunta sobre cómo los había encontrado.

«Si somos expuestos como armenios, estamos acabados». Como alguien con la inteligencia para hacer prosperar los negocios en un ambiente desfavorable, era poco probable que fuera fácilmente intimidado. Sin embargo, por mucho que me retara a mí mismo de no permitir que las ideas preconcebidas interfirieran con mis lecturas, advertía en él y en su familia diferentes grados de aprensión sobre su origen, y ello se veía en los ojos del patriarca Saatçi, la mirada endurecida de quienes se ganaban la vida con el comercio en un lugar truculento, un ámbito en el que el dinero contante en mano era el único valor digno de fe. La confianza se ganaba con esfuerzo; si se daba a la persona o grupo equivocados, podía llevar a la ruina. A pesar de toda esa formación que lo había endurecido, todavía había un aire de tristeza en él, la conciencia de ser armenio que pesaba sobre él, algo tal vez reflejado en sus hombros caídos.

«En las aldeas, los armenios se han convertido en fascistas por miedo, pero ¿puede alguien escapar de su propia identidad real?». Pero no los culpaba, porque conocía las circunstancias en las que vivían. Si bien aún se lamentaba que no se había marchado antes, todavía lo estaba pensando: «Todavía puedo mudarme a Estambul para siempre». De sus nueve hijos, dos vivían en Estambul, uno en Esmirna y el resto en Bitlis. La mayoría se había casado con parientes, armenios islamizados como ellos, pero no Hazar: «Tomé una de afuera; mi esposa es kurda».

El patriarca de la familia hablaba turco con una lengua pesada y localismos que ocasionalmente me resultaban difíciles de entender, tal vez vestigios del otomano en el idioma. Otro armenio local explicó más tarde que en Bitlis, especialmente las personas mayores, todavía hablaban un dialecto del turco otomano, que también incluía restos del armenio, incluido el verbo *apar*, el imperativo de «traer», que un primo de ellos, que estudiaba el armenio, creía que provenía del verbo armenio *per*.

La conversación cesó por un momento cuando notamos a un joven, de rostro muy blanco, parado en el rincón donde hablábamos, una parte de la tienda con apenas un puñado de productos para hurgar. El hermano menor de Hazar, *Gökalp*, lo presentó como un «armenio asirio». En Bitlis, dijo Gökalp, los asirios eran considerados armenios, ya que también eran cristianos, al menos en sus orígenes, pues el último clan asirio en Bitlis, el de este joven, se había convertido al islam en 1915. Pero incluso después de su conversión eran conocidos como «armenios», que en Turquía también se usa como peyorativo, y en su caso era definitivamente esa la intención. Como fiscal adjunto, sus subordinados se habían quejado al fiscal de distrito a sus espaldas, preguntando cómo podía «un armenio» tener autoridad sobre ellos. El asirio dijo que se había enfrentado a ellos, diciéndoles a los empleados que era mejor musulmán, y mejor ciudadano turco, que ellos. Sus abuelos habían sido islamizados por la fuerza, pero las cosas ahora no estaban mucho mejor: «Los kurdos de Bitlis siguen siendo bárbaros». Había vuelto a suceder cuando un nuevo asistente de la fiscalía se había enterado de su origen y lo había denunciado como «armenio».

Solo en los últimos diez años, pensaba, las cosas habían comenzado a cambiar en Turquía:

> Hasta el asesinato de Hrant Dink, nadie admitía la historia en este país. Son bárbaros, por Alá que siguen siendo bárbaros. Es

una sociedad bárbara. Es nuestro destino, vinimos al mundo en esta geografía... Ahora es mejor, Bitlis era mucho peor hace 30 años, ni siquiera sabíamos acerca de nosotros mismos por miedo. Nos considerábamos armenios. No sabemos quiénes éramos nosotros antes de nuestros abuelos. He pedido los registros al Estado y dicen que no están disponibles: se han perdido. El Registro Civil en Mutki fue destruido. Ahora no sé si eso lo hizo el Estado, o si fue un accidente. Hablo kurmancî, zazaki y turco. Mi madre es kurda y mi padre es asirio de habla zazaki. El nuestro es el último clan asirio que queda en Bitlis, y tendemos a casarnos dentro de nuestro clan, pero tomé una esposa kurda de Müşkünüz, una antigua aldea armenia cerca de Hizan. Pero muy rara vez damos o tomamos mujeres fuera del clan.

Este asirio, como Hazar, no era muy tímido a la hora de criticar a los kurdos, pero se sentían más a gusto entre los turcos o los kurdos «turquizados». Me pregunté si la declaración, «convertidos en turcos como nosotros», era tan espontánea como sonaba o si estaba calculada en el entendimiento de que iba a terminar en un libro, a pesar del anonimato asegurado.

Gökalp me propuso visitar la casa de la familia de William Saroyan, a 15 minutos en coche de su tienda, con una inscripción armenia en su pared exterior, cuyas fotos me mostró en su teléfono celular. El taxista al que llamó era un amigo de la familia y miembro del *aşiret* Kirbo: era un raro caso de una familia armenia que aparentemente se había convertido al islam en el siglo XIX y se había organizado como una tribu kurda, la unidad primordial de la sociedad en las montañas de Bitlis.

«¡Nosotros también somos armenios!». El joven taxista, *Hüseyin*, se había enterado de su origen armenio solo unos años antes. No le habían hablado de mí cuando lo llamaron para que me recogiera. Entusiasta como era, estaba claro que no había ninguna contradicción inherente entre su religión islámica y la etnia que reconocía con mayor naturalidad, sin sentirse obligado a ocultarlo: «Nos convertimos en musulmanes o nos habrían masacrado». Saroyan había visitado Bitlis en la década de 1960, buscando una patria que ya no existía, reflexioné en voz alta. Había sido su búsqueda de toda la vida. Hüseyin, tal vez viendo en mi discurso analogías no intencionadas, fue inequívoco: «Hermano, ahora somos musulmanes». Entonces debe haber sentido contradicciones en su propio discurso: «Una parte de mí siente lo que la otra no».

Era una residencia cuadrada de dos pisos con rejas sobre las ventanas; la casa de los antepasados de Saroyan estaba en un barrio alto, con vistas a la ciudad desde una colina. El año en que la casa fue presumiblemente construida estaba esculpida en la cornisa de una pared lateral: 1910, repetida en la notación del alfabeto armenio en el otro lado de la casa, frente al jardín, ՌՇԾ. Sin embargo, la cornisa de la fachada central estaba ornamentada con el año islámico en números arábigos: ١٣٢٦, o año de la Hégira 1326, que correspondía a 1908 de la era cristiana.

«Esta era la casa de los abuelos de William Saroyan, los Karaoğlanian, eso es lo que nos han dicho». La mujer de mediana edad de la familia propietaria dijo que, en los últimos diez años, yo había sido el segundo extranjero en visitar la casa, donde ella y su madre todavía vivían. Solo en el verano de 2012 algunos visitantes le dijeron que era el hogar de los abuelos de Saroyan. Ella no sabía esto antes, ni había oído hablar del escritor armenio-estadounidense o de su fama. Antes se habían alojado soldados allí, y habían roto muebles y pisos de madera para la calefacción. Los inviernos en Bitlis eran brutales. La explicación más extendida para su nombre armenio, Pağeş, era una leyenda sobre un burro que había muerto congelado fuera de las puertas de la ciudad. Si bien no era muy épica, la etimología la avalaba, pues *pağ eş* significaba «burro frío».

El abuelo de la mujer había comprado la casa al Estado poco antes de 1950. Su madre la corrigió: había pasado a la familia en 1910, pero su hija la interrumpió rápidamente cuando la anciana intentaba decir algo: «¡No, madre! Debe haber sido después de la guerra rusa en 1915». Después de un intento fallido en el verano de ese año, las fuerzas rusas compuestas en gran parte de voluntarios armenios habían capturado la ciudad en una ofensiva relámpago en febrero de 1916. Solo habían encontrado 15 mujeres armenias, diez de las cuales eran niñas, de una población que antes había sido un tercio de la ciudad. «Turquía nos ha dejado una Armenia sin armenios», había comentado un oficial ruso.[2]

Al salir, la mujer nos invitó a servirnos frutas del jardín: además de los perales, había un ciruelo, fruta que ella llamaba «salor» por el nombre armenio, pensando que era dialecto local; el nombre turco es «erik». Un primo de Hüseyin me dijo más tarde que los armenios de Bitlis solían tener dos moreras y dos nogales en sus jardines. Las moreras eran para el cultivo de gusanos de seda, una tradición que se remontaba a la época en que Bitlis estaba en la Ruta de la Seda: los armenios exportaban alfombras y telas de seda de Bitlis a Francia e Italia. Y los árboles de nuez moscada estaban allí porque daban frutos en 24 horas, dijo, incluso en invierno.

Cuando regresamos a la tienda, me esperaba un imán. Antes de dirigirse a Antap, Hazar me lo había recomendado especialmente y había organizado su visita: «¿Estás en la mezquita?», le había preguntado al imán por teléfono. «Ven a la tienda: tenemos un invitado».

* * *

Solo unos meses antes, el imán había perdido a su madre, una sobreviviente del Genocidio que se había llevado consigo historias no contadas. Era muy poco probable que hubiera podido sonsacar algo de ella, ya que nunca hablaba de ello. Se aterrorizaba cada vez que veía a un policía o pasaba por delante de una comisaría.

A sus 60 años y afeitado, el imán llevaba una chaqueta y corbata azul marino, así como una gorra de *hajji*. Hablaba con la gramática precisa de un hombre que no solo leía, sino que también escribía regularmente. La familia del imán provenía de Van, donde vivían en los Aykesdanner (el barrio de los huertos), y se habían establecido en el pueblo de Aspincer, en el área de Mutki. «El pueblo era nuestro: nuestra familia vivía en el barrio bajo y nuestros parientes estaban en el barrio alto», dijo. «En la época del *tehcir* [«deportación», en turco] de 80 miembros de nuestra familia, sobrevivieron diez».

Él y su familia habían estado buscando parientes durante años:

> No sabemos mucho; buscamos y buscamos, pero no encontramos nada: en ese momento había *ağas* kurdos que los protegían por amistad con la familia. Los *ağas* eran del pueblo de Civar. ¿A dónde iría nuestra gente? En ese momento, 1915-16, los rusos estaban cerca de Mutki; ellos también estaban masacrando, por lo que nadie sabe qué sucedió. ¿Adónde irían? Después de eso, dos de esos sobrevivientes se establecieron en Bitlis y formaron sus hogares, y los otros dos en Aspincer. Perdieron la pista del resto, que se dispersó. Nuestro antiguo apellido era Urğancıyan: nuestros antepasados hacían cuerdas y telares. Hemos buscado en internet y no hemos encontrado ningún familiar. En el área de Mutki había pueblos que todavía tenían residentes armenios: Niç, Arpi, Şenik, pero todos se han ido ahora a Estambul.

Solo quedaba un cristiano en la zona, Nahabed, de Niç. Nuestro visitante se había convertido en un imán hace 40 años:

> Fui a una madrasa, estudié y estudié, y me convertí en imán. Mi abuelo era Şahin Ağa, que fue muerto en el Genocidio. Entonces mi tío Faris, cuyo nombre anterior era Ari y que crio a mi padre, su hermano menor, se convirtió. Ari en la época del Genocidio era seminarista, era un hombre bien leído, pero se convirtió: no quedaba nadie, no quedaba nada, no quedaba iglesia. Así, en la década de 1920 se convirtió. Vivimos en Aspincer hasta 1977. Así, durante casi 100 años convivimos con los kurdos. Pero habíamos convivido durante 300 años antes de eso. Éramos cinco hermanos y cinco hermanas antes de la muerte de una hermana, que falleció hace poco tiempo a los 67 años. Como éramos pobres, mi padre decidió mudarnos a Bitlis. Así que aun si no éramos ricos, al menos podríamos ganarnos la vida. Mi padre hablaba armenio,

pero mi madre no. Ella era pequeña durante el Genocidio. Era de Arpi. Mi padre hablaba armenio con mujeres que estaban casadas con kurdos, y también con la esposa de mi tío, también armenia. Todo el mundo conocía a mi abuelo, Şahin Ağa: armenios, kurdos, turcos. En la época otomana, mi abuelo vivió en Tiflis durante dos años, de 1910 a 1912. Luego regresó al Imperio otomano cuando estalló la guerra de los Balcanes. Hablaba armenio, ruso, kurdo, árabe, otomano. Escribía un otomano tan hermoso que era invitado por el *vali* a reuniones oficiales. Yo no hablo ni una palabra de armenio. Nada. Nuestra lengua materna fue el zazaki. La nuestra era una aldea zaza. Nosotros en la familia también hablamos kurdo y turco, y yo también hablo árabe. Vivíamos entre zazas. Los *ağas* que nos protegieron también eran zazas, y todavía nos mantenemos en contacto con ellos. Recordamos. Cuando nos hacen el mal, nosotros también lo recordamos, pero nosotros no hacemos el mal. Lanzamos el mal al aire para hacerlo desaparecer.

Los descendientes de las personas que masacraron a nuestra familia todavía están cerca. Los conocemos. Conocemos a los descendientes de las personas que asesinaron a nuestro abuelo Şahin. Vivíamos entre ellos. Los veía todos los días. Veíamos a un hombre deshonroso como el que mató a un hombre como Şahin todos los días. Y, sin embargo, no había nada que pudiéramos hacer.

Le pregunté el nombre del asesino de su abuelo, pero el imán se resistió: «Murió». Luego agregó: «Están sus nietos». Pero presioné y finalmente lo dijo: «Divan». ¿Y el apellido? Vaciló por un segundo: «Erat; Divan Erat». Un hombre que hablaba con aplomo de erudito, era incapaz de expresar ira, y carecía del vocabulario vulgar para expresar los sentimientos en su crudeza. Luego describió cómo había sido asesinado su abuelo:

Un grupo de hombres vino a exigir dinero, y nosotros no teníamos nada: nos habían estado extorsionando durante años, así que hubo una discusión y él sacó un arma y le disparó... Mi abuelo

> estaba en la carretera, viajando entre aldeas... Nosotros, los nietos, lo sabíamos, pero nunca hablamos de ello. Pero sucedieron muchas cosas así. Del lado de los kurdos, personas deshonrosas y pecaminosas mataron a personas por dinero, y de todos modos no había dinero. Mi abuelo lo usaba para comprar tierras, y ya había comprado cinco o seis aldeas. Y sabemos que también éramos los dueños de estas tierras, pero ¿qué puedes hacer? Lo sabemos todo. Ustedes en la Diáspora no sufren presión, pero aquí estamos expuestos a mucha presión. Mucha.

«Hoca, usted conoce sus orígenes, y también sabe que los armenios son cristianos», le dije: «Me disculpo por esta pregunta, pero usted sabe que la mayoría de los conversos fueron islamizados por la fuerza». ¿Cómo se sentía al respecto?

«No, en nuestro caso, no fue forzado: no hubo nada forzado al respecto». Fue el único momento en la conversación que su porte, de autoridad natural, se alteró por un momento. Su voz se elevó ligeramente:

> Si había algo forzado era la situación de mi padre; tenía 15 años en ese momento, y vio que no era posible vivir sin religión.
>
> Y fue así: mi tío Faris le preguntó a mi padre si iba a bautizarse, y mi padre dijo: «Hermano, me estoy convirtiendo en musulmán», y mi tío también se convirtió en musulmán, por lo que no fue forzado. Antes de eso, durante las deportaciones, era forzado, si no lo hacías te mataban.

Y lo vi, con su gorra de *hajji*, y pensé que era heredero de la historia, no creador de ella. Era por consecuencia del Genocidio que se habían convertido en musulmanes, señalé.

«Sí, sí, por supuesto, tal vez si no sucediera no lo seríamos hoy», y su voz había vuelto a su tono natural, lo que me hizo preguntarme qué se había malinterpretado antes: «Sí, sí, eso es cierto».

¿Cómo se sentía al respecto?

«Mal», dijo, encogiéndose de hombros, con el tono de decir lo obvio:

Era el precio de la supervivencia. Pero ahora, lo quieras o no, las cosas son así. Pero ¿cómo crees que hemos permanecido armenios después de 100 años como musulmanes, que 100 años después de la conversión nos consideramos armenios? Abrazamos nuestra nación. La sangre tira. Cuando hice el servicio militar obligatorio, me enviaron a Estambul y me asignaron como guardia a la iglesia armenia de Beyoğlu: estuve allí durante 16 meses. También fui a la iglesia de Kumkapı.

El padre del imán nunca dijo una palabra sobre las cosas que vio en el Genocidio o en su infancia. Ni siquiera dijo cuál era su nombre antes de la conversión. El imán era consciente de lo que había sucedido y se sentía agraviado por ello: «Me siento muy mal por eso», dijo. «No fue justa, y no fue genuina», dijo, con respecto a la conversión de su padre al islam. Pero algo más pesaba sobre su alma: tenía una sobrina con cáncer de páncreas y quería que averiguara sobre un hospital en particular en Estados Unidos que se especializaba en este tipo de cáncer, según su médico en Bitlis. «Es una chica muy joven, por favor averigüe sobre el tratamiento del cáncer de páncreas, es una joven de 18 años, una buena estudiante, pero este dolor del cáncer de páncreas está afectando su estado de ánimo».

A diferencia de tantas personas que había conocido en Turquía, o incluso yo mismo en mis expresiones coloquiales, ni una sola vez al revisar mis notas y grabaciones me encontré con alguna mención de Dios en la entrevista con el imán. No había pronunciado el nombre de Alá ni una sola vez.

* * *

Me encontré con Hüseyin para tener una charla. Dio su consentimiento para grabar la entrevista, pero tan pronto como la lucecilla de grabación del dispositivo comenzó a parpadear sobre la mesa, su comportamiento cambió, apareciendo nervioso y su discurso se volvió algo forzado. A diferencia del día anterior, ya no sonreía y parecía seguir un guion mental. Entonces le dije, como siempre hacía con los entrevistados, que simplemente podía tomar notas, pero él repitió que estaba bien con la grabación:

> Tenemos miedo de publicitar que somos armenios porque nuestros mayores fueron testigos de una masacre. No volveremos a la Iglesia. No siento ningún miedo, no niego mis orígenes, pero creo en el islam y lo sostengo como la verdadera fe. En esta zona, incluso si no hay miedo, entre los kurdos hay miedo, porque a los kurdos no les caemos bien, no saben que somos armenios... pero ahora en Bitlis ya no molestan a los armenios. Como nos mezclamos con ellos, ya no nos molestan; nuestros parientes fuera de Bitlis son ricos, por ejemplo, los Eren, son nuestros parientes, construyeron una universidad: son de origen armenio, son parientes lejanos de los nuestros, no de la misma tribu ...
>
> Me enteré a los 17 años que era armenio, y me sorprendió... No sentía nada diferente acerca de ellos antes de enterarme. Tal vez me sentiría diferente acerca de los que vienen de Estados Unidos o Israel, pero no de Italia o Francia. Los armenios no vienen a visitar aquí porque sienten miedo, pero pueden despreocuparse... Ahora soy musulmán, y me considero así. Me siento conectado con los armenios por su sentido de pertenencia y apreciación de su propia cultura e historia. Me gusta eso, me siento reflejado en eso. Los amo por eso. Pero no me siento armenio. Para mí, la religión viene antes que la raza, y tenemos que vivir nuestras vidas según la religión. Mi abuelo fue al *Hajj* cinco veces.

En caso de guerra entre armenios y turcos, ¿de qué lado tomaría? «Me pongo del lado de los musulmanes», fue la respuesta de inmediato. Hacer estas preguntas siempre era un ejercicio vergonzoso para mí porque, además de su dualismo simplista, las respuestas solían ser predecibles, pero ocasionalmente exponían pensamientos que de otra manera se callarían. Como Arsen en Adıyaman había observado, a pesar de que serían inmediatamente desestimados por la mayoría de la gente en otros lugares o respondidos con cortesías de forma, en Turquía podrían producir comentarios interesantes. Por ello le pregunté a Hüseyin sobre su postura sobre la guerra entre Armenia y Azerbaiyán. Sería menos gravoso para las lealtades de un ciudadano turco que el conflicto armenio-turco:

> Me pongo del lado de Azerbaiyán. Son musulmanes. Vivimos para nuestra religión: hemos aprendido eso. Si se trata de eso, me pongo del lado de Azerbaiyán. Pero, y esto los armenios lo saben bien, si todos los musulmanes se unen, pueden causar mucho daño a los armenios: Turquía, Irán, Azerbaiyán e Irak. Pero no hay necesidad de eso. Es mejor si hay paz. Sería fantástico. Pero si no hay paz... [juntó las manos como para indicar el aplastamiento de algo]. Los armenios no son un pueblo belicoso; les gusta usar la cabeza. Pero se convierten en herramientas a manos de Estados Unidos e Israel.

«No, es que hay una guerra con Azerbaiyán», respondí.

«Pero, ¿por qué hay una guerra con Azerbaiyán? Porque Armenia y los armenios están tratando de recuperar las tierras que están aquí, ¿no es así? Bitlis es una región armenia, por lo que quieren recuperarla. Los kurdos también lo quieren, y Turquía también. No quiero que estas tierras salgan de Turquía, porque si Armenia se lo lleva no tendremos una vida pacífica».

«Estas tierras pueden convertirse en un Kurdistán independiente: hay millones de kurdos», respondí. «Pero no es realista que estas tierras se conviertan en armenias en el corto plazo».

«Pero esos kurdos también están trabajando contra Turquía. Pero soy ciudadano de Turquía. Si hacen algo contra Turquía, me pondré del lado de Turquía y la defenderé. Porque si esto es tomado por los kurdos, dejará de ser turco o armenio».

¿Cómo tomaba que su religión hubiera sido impuesta a sus antepasados durante la aniquilación de los armenios? Por un momento había olvidado que otro miembro del *aşiret* Kirbo, bien versado en la historia de su familia, ya me había dicho que el clan se había convertido antes del Genocidio, en el siglo XIX, pero Hüseyin tampoco se dio cuenta de mi error.[3]

«Y digo, alabado sea Alá que nos hicimos musulmanes, porque el islam es la verdadera religión. Mahoma fue el último Profeta y trajo el último Libro: El cristianismo es verdadero, pero el islam es más verdadero».

* * *

Modesto como era, *Necmettin* era un ávido lector con una amplia gama de intereses, y estaba bien versado en la historia armenia y de la Iglesia. Esto era poco común. Gökalp le había dicho que pasara por la tienda, ya que me había intrigado esta tribu armenia musulmana. Necmettin, me dijo, era la persona que más sabía sobre el *aşiret* Kirbo. Su curiosidad también lo había llevado a incursionar en el periodismo *amateur*.

Ya había un rumor en el barrio comercial de Bitlis sobre un periodista extranjero, dijo Necmettin cuando entró en la tienda de Saatçis. Gökalp se lo tomó con humor ligero: «Cada vez que viene un armenio, los lugareños comienzan a hablar: ¿vino por el oro? ¿Tiene los mapas del tesoro? ¿Es un espía? ¿Está regalando Biblias?».

Hacía siete generaciones, o hace aproximadamente 200 años, dijo Necmettin, un terrateniente armenio en Siirt llamado Kiro *ağa* se había convertido al islam y fundó la tribu que lleva su nombre, a pesar de que también era conocida por variaciones, incluida la más común, Kirbo, así como Kirvo, Kirvan, Kıro y Kırpo.

Kiro, un nombre inusual, podría ser una forma dialectal de Kevork (George); sin embargo, había una intrigante coincidencia con la palabra romaní *kirvo* (padrino). Había viajado al romaní del griego *kyrios* a través del armenio, a pesar de que no ha sobrevivido en el armenio. Sin embargo, Necmettin no mencionó ninguna conexión familiar o tribal con los romaníes, ni con los poshás, los gitanos armenios.

El nombre del abuelo de Necmettin era Puşur, más común como apellido de turcos y kurdos, lo cual aún comulgaba con su fe islámica. Sin embargo, los nombres de los hermanos de Puşur eran definitivamente variaciones de los armenios: Gurgan era una forma de Gurgen o Kurken; y Anto era la abreviatura de Antranig o Andranik. Hubiera sido muy inusual que musulmanes de cuarta generación todavía llevaran nombres armenios.

Más importantes aún, empero, eran las contradicciones en el relato. Uno de los hermanos de Puşur había sido reclutado en el ejército justo antes de las masacres de 1915 y desapareció. El más joven, Anto, encontró la protección de un rico campesino kurdo y, según Necmettin, se convirtió y cambió su nombre a Mehmet. Se quedó en Bitlis y nunca se casó. El otro hermano era Gurgan, que se casó con una armenia islamizada, la hermana del abuelo materno de Necmettin, con quien tuvo un hijo.

En otras palabras, estos hechos sugerirían que el *aşiret* se convirtió después del Genocidio. La tribu como familia y estructura social es generalmente ajena a los armenios y común a los kurdos, incluso si ha habido al menos dos tribus cristianas armenias en otros lugares, en la provincia de Dersim. Pero, si la información brindada por Necmettin fuera precisa, ¿cómo habría sobrevivido la tribu en un número tan grande si hubiera sido cristiana en 1915? «Es por eso que nuestra familia siguió siendo grande durante el Genocidio». Calculó que contaba con más de 2000 miembros. La tribu había acogido a unos 15 huérfanos armenios, diciendo que eran parientes: «Había unas 15 familias que fueron protegidas así por el *aşiret* Kirbo, en el entendimiento de que se convertirían al islam». El apellido de los descendientes de esos niños protegidos es Gökçen.

Durante las masacres y el saqueo en 1915, su abuelo Puşur y un hermano mataron a tres kurdos en circunstancias desconocidas para Necmettin, pero ello indicaba que incluso los armenios islamizados no estaban completamente a salvo de la violencia. Los Kirbo tuvieron que vender tres tiendas que alquilaban en Bitlis y un terreno que tenían en Üsküdar, Estambul, para pagar el dinero de sangre a las familias de los hombres que mataron.

La historia inusual no se correspondía con la experiencia de otros armenios, generalmente deportados, secuestrados o masacrados, lo cual sugería que la conversión de la familia era anterior al Genocidio. Cualquier armenio que matara kurdos en ese momento no tendría otra opción que huir para salvar su pellejo y no se le habría dado la opción de pagar dinero de sangre, una indemnización común en los países musulmanes.

Fuimos a una cantina para *paça*, un guiso con patas y cabeza de cabra hervidas a fuego lento, pero no reconocí el plato que nos sirvieron, que Gökalp y Necmettin me dijeron que era la receta tradicional de Bitlis; la cocina local a menudo divergía del resto de la de Turquía. Mientras conducíamos hacia el restaurante por un tramo de una antigua pared, había visto un gran retrato de Said Nursî con túnica y turbante, con ojos fijados en los del espectador. La ubicuidad de las imágenes de este erudito musulmán hablaba de una popularidad de la cual Atatürk aparentemente no gozaba, me pregunté en voz alta. Ambos se volvieron a mí con la mirada de sorpresa de lugareños que no habían notado una peculiaridad que solo un forastero advertiría: no pudieron explicarlo. «Tal vez sea por la postura de Atatürk contra la religión», supuso Necmettin.

Nursî, un bitlislí, fue uno de los principales intelectuales del islam moderno, agregó. Fetullah Gülen había sido alumno de Nursî y Erdoğan también seguía sus enseñanzas. «Pido disculpas, incluso me han llamado armenio», me burlé de la declaración de Erdoğan durante la campaña electoral, para desestimar los rumores de que sus orígenes eran cualquier cosa menos turcos. Necmettin se lo tomó a mal: «Se disculpaba por el insulto implícito en la palabra, que es, "nacido de esperma armenio", una blasfemia común».

Aunque promovía una escuela de pensamiento islámica que era receptiva al progreso científico y tecnológico, incluso si provenía del Occidente cristiano, la religión no había sido la única ocupación de Nursî. Se había unido al Comité de Unión y Progreso y había participado en su Organización Secreta Especial, la rama que había planeado y ejecutado el Genocidio.[4] Sin embargo, no encontré información que lo implicara directamente en el exterminio. También había participado en la defensa turca de Bitlis durante la ofensiva rusa del invierno de 1916, apoyado por las fuerzas de voluntarios armenios que se acercaban a las aldeas fuera de la ciudad:

> En un momento Nursî recibió noticias de que bandas de armenios estaban atacando el pueblo de İsparıt cerca de su natal Nurs [...]. Sin embargo, de manera ejemplar reunió a todas las mujeres y niños armenios de los alrededores para salvarlos de las acciones de represalia, que según él eran contrarias a la Sharia, y los entregó a las fuerzas armenias. Los armenios quedaron tan impresionados por esta excelente conducta islámica que a partir de entonces ellos mismos se abstuvieron de la matanza bárbara de civiles inocentes.[5]

Caminamos hasta el caravasar donde Necmettin reanudó el trabajo en su sastrería en el tercer piso de la galería interior construida alrededor del patio central, de lámparas apagadas y sombras que dejaban poco espacio para todo sentimiento que no fuera de pesar o tristeza. Era casi medianoche. No había nadie más en el antiguo *han*, fuera de un hombre que bebía el té junto a la entrada sin luz de piedras grises, compartiendo silenciosamente su mesa baja con una anciana encorvada con un pañuelo en la cabeza. Era una de las pocas mujeres que había encontrado durante mi estancia en la ciudad, aparte de la madre y la hija que vivían en la casa de Saroyan. Luego vi a dos mujeres jóvenes, una de ellas la hija o sobrina de Hazar, que se sentó brevemente detrás de la caja de la tienda, y una empleada en la oficina de una compañía de autobuses. Aparte de eso y de algún que otro peatón, Bitlis parecía una ciudad de mujeres escondidas.

Puşur, el abuelo de Necmettin, se había casado con una armenia cristiana, con quien tuvo dos hijos. Después de que tomó a una mujer zaza como consorte, la esposa armenia se fue con sus dos hijos a Estambul, donde todo rastro de ellos se perdió: «La poligamia está permitida en el islam, pero su esposa armenia no lo aceptó», dijo Necmettin, sin quitar los ojos de los dobladillos de los pantalones que cosía. El matrimonio con la mujer zaza fue infeliz:

> Puşur no amaba a su segunda esposa, la zaza, por lo que la mató, para traer de vuelta a la esposa armenia, pero ella no regresó o no la encontró. Se casó por tercera vez, esta vez con la prima de su segunda esposa, la que había asesinado. Tuvo cuatro hijos y dos hijas con la tercera esposa.

De esta tercera unión nació *Melikşah*, el padre de Necmettin y sus otros 12 hermanos. Melikşah no admitía el origen armenio de la familia: «Somos árabes».

Las circunstancias familiares habían privado a Necmettin de la oportunidad de continuar su educación. «Tuve que hacerme aprendiz de sastre para ganarme la vida», dijo con una sonrisa triste, mientras daba los toques finales a los encargos que se recogerían por la mañana. Colgó las chaquetas y los pantalones parcialmente superpuestos en la pared y apoyó las pesadas tijeras sobre la mesa, junto a rollos de tela y otras herramientas sartoriales, y trajo adentro el maniquí de chaquetas antes de cerrar la tienda.

Como esa sería mi última noche en Bitlis, se ofreció a alojarme en su oficina en otro lugar del *han*, que atravesamos por oscuros balcones y pasillos. Un letrero en la puerta anunciaba el Centro de Cultura y Artes de Bitlis. Cuando encendió las luces, lo primero que apareció a la vista eran imágenes de Atatürk: montado en un caballo blanco en Çanakkale; la foto en blanco y negro en traje de cena; mirando hacia abajo desde el extremo alargado de la media luna de la bandera turca. Las imágenes compartían las paredes con la *Oda a la Juventud* del fundador de la República y la *İstiklâl Marşı* (*Marcha de la Independencia*), el himno nacional del país. Había más parafernalia kemalista aquí en la pequeña oficina de lo que había visto en toda la ciudad.

Los manuales de matemáticas y ciencias estaban apilados en un escritorio, junto a un cuaderno con algunos renglones garabateados con letra de niño. A primera vista, la oficina era un *dershane* (escuela intensiva), popular en Anatolia para complementar el plan de estudios oficial que muchos padres creían desfasado con las exigencias de la vida moderna. El nombre en la puerta era algo engañoso, dando la impresión de que hacía trabajo extra como instructor de una escuela intensiva. Turquía había endurecido recientemente las reglas para las actividades de los *dershanes*, en una decisión que se consideraba relacionada con el conflicto de Erdoğan con Gülen, que controlaba una gran red de escuelas intensivas en el país.

«Me dicen: "Eres musulmán, pero no eres kurdo o turco, entonces qué eres", y les digo que no puedo ser tanto armenio como kurdo o turco», dijo Necmettin. «No, no, no, soy armenio». Además de turco y otomano, había aprendido árabe clásico en clases de religión que tomó desde los cinco años. Necmettin dijo que no hablaba kurdo: «Primero aprendería mi lengua materna». Quería decir armenio, dijo. Pero luego agregó: «Nuestros antepasados se sintieron atraídos por el islam y se hicieron musulmanes, *Ellhamdüllillah*, alabado sea Alá, nos convertimos en musulmanes, pero somos armenios, y lo digo en todas partes».

Las restricciones del ayuno me ponían de muy mal humor, dije en respuesta a su pregunta sobre las tradiciones de Pascua. Era, señaló Necmettin, mucho más benigno que el Ramadán, que él observaba rigurosamente. Prefería la ira de Dios y confiaba en Su misericordia por las violaciones de estas prohibiciones, en lugar de observarlas con consecuencias sociales muy adversas. Necmettin había leído en mi respuesta una reprimenda oblicua a las restricciones islámicas. Como había salido el tema, expresé mis reservas sobre los dogmas que subordinaban la libertad individual a la ideología colectiva, y quería escuchar su interpretación de las *fatwas* (edictos religiosos) emitidas por los imanes en 1915, que exhortaban a las matanzas de armenios y que eran recompensadas con promesas de paraíso.

«Fueron utilizados para la política, se prestaron a la política, no observaban las reglas del islam, de la misma manera que ignoras el ayuno de Cuaresma, no eran buenos musulmanes», fue la respuesta truculenta de Necmettin, aún airado por mis comentarios irreverentes sobre la lógica religiosa, o la falta de ella, de la inanición voluntaria. «El Corán dice que, si otros no te están dañando a ti o a tu fe, no puedes causarles ningún daño: no hay una sola mención que autorice matar en el Corán, ni una sola», dijo apasionadamente. Los yihadistas del Estado Islámico seguramente no estuvieran de acuerdo, dije, ahora provocándolo deliberadamente para probar sus límites: «¡Pero ISIS no es islámico, no lo son!», exclamó, enojado, el único momento en el que mostró ira.

Y entonó en árabe melodioso el verso del trono del Corán, *Āyat al-Kursī*: «Dios, no hay más dios que Él, el Viviente, el Eterno. El sueño no se apodera de Él, ni duerme; a Él pertenece todo lo que hay en los cielos y en la tierra…».

Luego me mostró un breve video documental que había preparado sobre Nahabed, de Niç, el último cristiano en el área de Bitlis. En él, Nahabed hablaba de sus mayores y había explicado la antigua receta armenia para el mortero, mezclando yema de huevo, leche y piedra molida. Luego caminaba hacia el cementerio local, una parcela abarrotada de rocas dentadas sin inscripciones ni marcas, y que solo él o los miembros de su familia podrían identificar como lápidas. Una explicación poco convincente de esta costumbre, que había observado entre los bolsones de los cristianos de Sasún, era que disuadía a los ladrones de tumbas.

Después del incidente en Mutki tres años antes, un conductor local de miniván había aceptado llevarme a Niç. Como todavía yo estaba sacudido, me había llevado un tiempo confiar en este chofer, hasta que me di cuenta de que estaba tratando de ponerme en contacto con los armenios convertidos locales, todos los cuales se negaron a hablar conmigo. El conductor me había dicho que de las 400 familias en Mutki, 40 eran armenios islamizados. Y mientras observaba el *oruç* (ayuno de Ramadán), antes de emprender el camino serpenteante por las montañas hacia Niç, se detuvo en una tienda de comestibles para comprarme agua y galletas. «El ayuno es bueno para tu salud, no es solo para Dios», me dijo el chofer zaza. «También vaciamos el tanque de gasolina, es bueno para el auto», dijo, dando una palmada sobre el tablero.

Mientras ascendíamos por las montañas, me mostraba oasis de verde enclavados en valles aislados o en mesetas remotas y me decía: «Estos eran pueblos armenios». También lo era Niç, más un caserío ahora que un pueblo, que se alzaba en medio de un bosque compacto detrás de plantaciones atravesadas por un arroyo. Por respeto a sus vecinos, Nahabed también observaba el ayuno, pero dentro de la casa puso una *şofra* (bandeja grande) en la alfombra, con miel, yogur, nueces y pan para mí, así como agua y té. Su familia había venido de Sasún, al otro lado de las montañas al oeste, hacía unos 500 años. Como lo había hecho con Necmettin, Nahabed también había recitado para mí los nombres de las siete generaciones anteriores de antepasados masculinos:

> Mi nombre es Nahabed; el nombre de mi padre era Murat; el nombre del padre de Murat era Avak; el padre de Avak, Tamur; el padre de Tamur, Murat; el padre de Murat, Kevo; el padre de Kevo, Tato; el padre de Tato, Papaz.

Nahabed hablaba el dialecto de Sasún y solo con gran dificultad podía entender el armenio occidental, a pesar de que yo era capaz de seguir su discurso. Había otra mujer armenia en Niç que no lo hablaba y se había convertido al islam después de casarse con un zaza local. Nahabed me había recibido vestido de traje y corbata, los pliegues de sus pantalones inmaculadamente planchados. Fuera de su bigote blanco y arreglado, su rostro estaba limpio y afeitado y su cabello perfectamente peinado. A excepción de la chaqueta y la corbata, había usado pantalones y camisa de vestir para escalar el Monte Maruta bajo un sol asesino y sin beber una gota de agua por respeto al Ramadán, a pesar de que los musulmanes permitían excepciones al ayuno en los viajes o la necesidad extrema.

«Mi padre era como un dictador, todo el mundo le temía en todas las aldeas de aquí», dijo Nahabed con un amplio arco de su mano que abarcaba las montañas circundantes, explicando cómo habían logrado pasar 1915 quedándose en su ciudad natal. «Nuestra familia ha vivido en esta casa durante 500 años», reconstruyéndola varias veces en el mismo lugar. «Nadie se atrevía a tocar un pelo de la cabeza de mi padre». Había habido combates durante las masacres, pero Murat y su grupo habían derrotado a los *çetes*.

En nuestro camino de regreso, mientras intentábamos seguir a un águila real que volaba bajo delante de nosotros, el conductor me advirtió que no mostrara mi cámara fotográfica —un aparato grande— de manera demasiado prominente. Había una base militar en la distancia, pero temía que pudieran vernos tomando fotos, lo que estaba prohibido cerca de las instalaciones militares. Fue entonces cuando me di cuenta de que habíamos visto al menos tres guarniciones fortificadas en valles perdidos en medio de montañas que estaban vacías de gente que no fueran las pequeñas aldeas. A diferencia de los antiguos castillos que había por doquier en esta tierra para protegerla de los invasores, estas fortalezas modernas estaban construidas para proteger al Estado de su propia gente.

A Necmettin no le gustaba que lo llamaran converso, como lo había hecho una vez un armenio de Estambul que había conocido en Bitlis, refiriéndose a él como un *dönme*. Era cierto que se habían convertido, pero él negaba que hubiera sido forzado: «Ya éramos musulmanes un siglo antes del Genocidio». Habían permanecido armenios, había respondido al visitante de Estambul, «y en nuestras tierras históricas».

Debería ponerme en sus zapatos. «¿Vivirías en Bitlis como cristiano?», me preguntó, y apreció mi respuesta honesta. «La iglesia más cercana aquí está en Mardin y es católica, y tú eres gregoriano», dijo refiriéndose a la Iglesia armenia por un nombre coloquial, en referencia a San Gregorio el Iluminador, su santo patrón. «Los cristianos y los musulmanes son hermanos en la fe como está escrito en el Libro, pero aquí no podrías vivir como cristiano».

* * *

Hice una última visita a Hazar temprano en la mañana antes de dirigirme a Mush. Ya estaba en la tienda, apenas llegado de Antap. No parecía tan entusiasmado de verme como la primera vez. El hombre kurdo que me había presentado, el que estaba «turquizado» como ellos, había estado difundiendo las noticias en el distrito de negocios de Bitlis sobre el armenio llegado de Estados Unidos que estaba escribiendo sobre los armenios ocultos y que era el invitado de los Saatçis. El kurdo turquizado había dicho que yo sabía «muchas cosas». ¿Qué cosas?, pregunté intrigado. «Oh, no importa, son tonterías», dijo. Sentí que los había expuesto y me disculpé. «No importa, esto es algo que podemos sobrellevar». Expresé mi esperanza de que algún día nos veríamos en Nueva York. «Es imposible», dijo. Esa gran tienda que veía, dijo, solo rendía lo suficiente para llegar a fin de mes. Ni siquiera podían visitar Estambul con toda su familia. Todos los hermanos vivían de esa tienda, y cada uno tenía una familia con tres hijos.

Anteriormente, mientras caminábamos hacia la tienda, le había preguntado a Necmettin de qué lado estaba en el conflicto entre Armenia y Azerbaiyán, o si estallaba la guerra entre Armenia y Turquía. Era la pregunta deliberadamente infantil que le había hecho a su primo unos días antes. Caminábamos por una plaza y Necmettin se había apoyado contra un muro para pensar en ello, y me quedé allí, tranquilamente —era un día soleado— observando a la gente que pasaba. Ni siquiera para las apariencias, estaba claro, respondería con lugares comunes, y su honestidad inspiró en mí un respeto que no sentía por el dilema teórico simplista que había propuesto.

Estaba profundamente pensativo, silencioso, sorprendido. Se tomó varios minutos para pensarlo. «La guerra va en contra de los principios del islam», dijo. «Pero los azeríes son chiitas, ¿verdad?». Él era un musulmán sunita. Entonces, todavía pensativo, mirándome a los ojos, dijo: «Pero sigo pensando que me pondría del lado de mi pueblo», en lo que interpreté se refería a los armenios, pero no dio más detalles. Todavía no había decidido si había algo presuntuoso en él o si era un hombre genuinamente limpio de corazón, y triste, como parecía serlo. Como si leyera mi mente, me dijo que su madre había muerto cuando él aún era adolescente y que su familia había caído en un estado de confusión, sin timón en su ausencia. Se había visto obligado a truncar sus sueños profesionales, que no detalló, y aprender el oficio de la sastrería para conseguir un trabajo inmediato.

En la tienda, después de contarme la historia de su conocido parlanchín, Hazar había decidido: «Voy a hablar abiertamente y voy a proclamar que somos armenios; el Estado sabe que somos armenios y es el Estado que nos protege, si no fuera por el Estado estaríamos indefensos». Podría haber sido otra declaración pensada para los lectores del libro, pero entendía el dilema y estaba abochornado de mí mismo por exponer a estos hombres a riesgos.

Mientras Necmettin y los Saatçis se despedían de mí, Gökalp salió de detrás del mostrador y recogió una bolsa llena de mercancía que puso en mi mano, sin tomar un no como respuesta, como lo hacen las familias cuando uno de ellos emprende un largo viaje.

2
MUSH

«¡Aaayyy, *bro*... Aaayyy, *bro*...! ¡Ay, hermano...! ¡Mis ojos no deberían ver este día...!». Medio dormidos antes del amanecer, los pasajeros se volvieron alarmados hacia la mujer que lloraba. Acababa de recibir una llamada telefónica mientras el autobús se dirigía a toda velocidad a Mush a través de una topografía que la noche había oscurecido, excepto por los faros de los automóviles que iban en la dirección opuesta y los anillos intensamente iluminados de neón verde alrededor de minaretes, fantasmagóricos en el resplandor. El acompañante de la mujer trataba de silenciarla, al principio entre susurros, pero luego con impaciencia, pasando del turco al kurdo, mientras ella seguía sollozando. El autobús aceleraba al máximo. En cuestión de minutos se bajaron delante de un hospital, al final de un largo camino de acceso.

Hablaban con el acento fuerte y gutural de Mush. Ella seguía lamentándose con repeticiones de «la'o, la'o», un vocativo local del kurmancî para hombres, también empleado en dialectos armenios de Daron: «Ey, muchacho... Ey, muchacho...», como Nahabed me llamaba, también, cuando hablamos en Niç. Tres años antes en Mush había conocido a *Goryún*, que tenía 45 años y era el último hablante de armenio que quedaba en la ciudad y posiblemente en el resto de las tierras históricas. Además del dialecto regional, tenía un excelente dominio del idioma regular, pero con algunas inflexiones y valores extraños que recordaban al armenio oriental, la variante hablada en Irán y Armenia, al otro lado del Ararat. Inicialmente, lo había atribuido a su contacto frecuente con visitantes de Armenia, descendientes de sobrevivientes del Genocidio de Mush para quienes Goryún organizaba excursiones. Solamente años después me daría cuenta de que hablaba una variante casi olvidada hoy, conocida como armenio central según Ghevont Alishan, un monje y escritor de la Congregación Mekhitarista de Venecia.[6] Goryún había aprendido armenio central de su abuelo, y tal vez no sabía que hablaba una variante del armenio cuya existencia misma había sido olvidada. Según un informe, en la década de 1950 todavía había unos 100 armenios en Mush que todavía lo hablaban como lengua materna.

Un contacto en California me había dicho que uno de los restaurantes más conocidos de Mush era propiedad de armenios ocultos, los *Taşoğlu*, a quienes visité poco después de mi llegada en el verano de 2011. Eran tres hombres, dos primos de unos 60 años y el hijo de uno de ellos, desconcertados por el saludo de que venía recomendado por su «primo de Los Ángeles». Uno de ellos se preguntaba con los ojos muy abiertos: «¿Qué primo?»; y le preguntaba al otro: «¿Tenemos algún primo en Estados Unidos?». Pero el otro le decía: «Sí, sí...», y me guiñó un ojo, perdonándome por la mentira piadosa, mientras el más joven me observaba con desconfianza. Entonces el más amable se me acercó y me susurró al oído: «¿Siz de 'Hai' misiniz?» («¿Tú también eres *hai*?»). Se hacían pasar por kurdos, dijo con la misma voz tranquila mientras jugueteaba con un gran *tisbeh* de cuentas de ámbar, y me pidió que me quedara para la cena de *iftar*, la del fin del ayuno.

Los clientes estaban sentados alrededor de las mesas, esperando solemnemente lo que parecía una especie de señal que escapaba a mi atención, porque comencé a servirme las entradas y el pan que ya estaban dispuestos sobre la mesa. El joven Taşoğlu vino corriendo hacia mí con una sonrisa avergonzada, avisándome que tenía que esperar hasta la llamada del minarete. Habían sentado a un hombre frente a mí, a quien los tres Taşoğlu habían recibido con reverencia y me habían presentado como un huésped de Estados Unidos. «Debes ser musulmán», me dijo mi vecino de mesa, lo que tomé como una broma por el desplante en época de Ramadán que acababa de cometer.

No era así. Nuestro comensal era el principal imán de la mezquita del barrio. Afeitado al ras, él había interpretado mi barba como una señal de fe. Una vez más, mi barba había sido malinterpretada como cualquier cosa menos que una elección estética, en vez del simbolismo religioso que algunos veían en Turquía. Me había sucedido en un centro de internet en Estambul, atendido por un joven de barba tupida y el bigote recortado de los musulmanes más observantes. En un segundo examen más cuidadoso, había adivinado que yo era armenio, diciendo que mis ojos estaban muy juntos. «Sabes», me había dicho, «los armenios dicen que hubo un genocidio, pero el Estado dice que no lo hubo». Como no estaba seguro de si era una provocación, solo dije que mi abuela era de Urfa y había visto el Genocidio. «Por supuesto que existió», había reconocido, aludiendo a su primera afirmación: «Elbet vardı».

Me había abierto los ojos a la transformación que Turquía parecía estar experimentando, que un hombre de unos 20 años discutiera abiertamente en presencia de otros clientes algo que apenas unos años antes cualquier persona en su sano juicio hubiera temido mencionar a un desconocido. El imán del restaurante en Mush insistió en que debía visitar la mezquita, lamentando que yo no fuera musulmán:

«Tienes una barba tan hermosa». Ahora se estaba volviendo una situación incómoda para mí, pero era un comentario respetuoso que correspondía a una escala paralela de valores. A partir de entonces, la conversación tomó un curso predecible sobre la unidad y universalidad de Dios y la hermandad de la humanidad, estropeada por la política y la codicia. Antes de ponerme de pie para irme, me dijo de nuevo que viniera a rezar a la mezquita.

Entonces los Taşoğlu me llevaron a una larga mesa alrededor de la cual una docena de hombres y mujeres hablaban en armenio y ruso. Eran descendientes de armenios de Mush que habían venido de Ereván y Moscú, incluido un exjefe de policía que había venido con su padre, hijo de sobrevivientes del Genocidio, y su hijo. El grupo estaba presidido por un hombre corpulento: era Goryún. Escuchar el coro de voces armenias despreocupadas en medio de Mush parecía irreal en ese momento, pero menos que el habla fluida de Goryún.

Un minibús los llevaría en un recorrido por el antiguo barrio armenio, destinado a una demolición inminente como parte de un plan de renovación urbana para la zona. Acabaría con los últimos vestigios de presencia armenia en la ciudad. Goryún señaló algunas casas, identificando a sus últimos propietarios antes de 1915, apellidos con los que los visitantes estaban familiarizados. El padre del jefe de policía, que tenía 88 años y era tan robusto como el roble de su bastón, de repente se enfureció al ver una mezquita de la cual salía una multitud de hombres tras el último servicio de oración. Furioso al ver el vecindario de sus padres colmado de la gente dominante de la tierra, el anciano comenzó a agitar su bastón hacia los fieles, expresando pensamientos viles. Sin embargo, los hombres de la calle confundieron su gesto con un saludo y agitaban las manos y los pañuelos, todos sonriendo.

El anciano ahora estaba pronunciando maldiciones contra Lenin, con el acompañamiento de su hijo y su nieto, que se superaban mutuamente en la avalancha de insultos que no perdonó ni siquiera el mausoleo del revolucionario ruso en la plaza Roja. Nadie en el minibús necesitaba una explicación:

todos nacidos y criados en la Armenia soviética, entendían el tren de pensamientos que había transportado mentalmente a estos hombres desde el antiguo barrio armenio de Mush hasta el Kremlin, y les había hecho mancillar el nombre de Lenin. Mush había sido capturado por el ejército ruso en febrero de 1916; pero, con los tratados de Brest-Litovsk en 1918 y Kars en 1921, la Rusia de Lenin renunció a los territorios armenios que había tomado del Imperio otomano en Anatolia Oriental, que estaban en su mayoría bajo el control de las fuerzas de voluntarios armenios.

Todavía había un núcleo de unos 350 armenios en la ciudad de Mush, al menos nominalmente convertidos, que se reunían en ocasiones sociales como bodas, dijo Goryún. En 1915, solo su abuelo Apkar y sus hermanos Aram y Kalusd sobrevivieron de 38 miembros de la familia. Los 35 restantes fueron arrojados desde el puente de Meğraked, conocido en turco como el puente de Suluk, donde fueron asesinadas otras 114 personas. A la cabeza de ese puente, el *fedayí* Kevork Chavush, una figura de leyenda en el movimiento revolucionario armenio, había muerto a causa de las heridas sufridas en los enfrentamientos con las fuerzas combinadas turco-kurdas el 27 de mayo de 1907.

Los niños huyeron a la aldea de Semal, donde habían buscado la protección de un amigo kurdo de su familia, pero el hermano menor de este hombre, al ver a Apkar y sus dos hermanos, corrió hacia ellos blandiendo un hacha, con la que mató a Kalusd. El abuelo de Goryún y Aram terminaron como labriegos, o esclavos, de un *ağa* kurdo. Fueron encontrados por un tío joyero de Alepo, que pagó 120 libras de oro para su liberación. Sin embargo, los *ağa* no liberaron a los niños, que escaparon después de arrojar carbón ardiente de la parrilla sobre su amo, y huyeron en diferentes direcciones, aceptando encontrarse junto a la roca negra de la fortaleza de Mush, sobre el barrio armenio de la ciudad.

Aram misteriosamente desapareció del relato que Goryún contaba, pero Apkar aún estaba huyendo. Encontró refugio en la casa de una mujer llamada Emine en el casco antiguo, presentándose como «el hijo de Eva». Acogió al hijo de su amiga asesinada y junto con su marido decidieron mudarse a Hazro, en Diyarbakır, que aparentemente era más seguro para esconder al niño. Se quedaron allí al menos un año antes de regresar a Mush.

Su abuelo pensaba que los armenios como nación habían dejado de existir hasta un viaje que hizo a Alepo en la década de 1920, donde encontró un tío y una comunidad de sobrevivientes, con iglesias y escuelas en funcionamiento. A pesar de la insistencia de su tío de que se quedara en Alepo, el abuelo de Goryún regresó a Mush para casarse con su novia armenia.

Si no tan letal como lo había sido un siglo antes, Mush seguía siendo un territorio inseguro para los armenios. Unos meses antes de que nos conociéramos en el verano de 2011, el hermano de Goryún había estado involucrado en un tiroteo con sus vecinos kurdos en la aldea familiar en las afueras de la ciudad. El detonante del conflicto había sido una cruz que el hijo de Goryún había usado para ir a la escuela, lo que había enfurecido al abuelo de su compañero de clase kurdo, y la discusión se había salido de control. «Y esto sucede con quienes nos llevamos bien», había murmurado Goryún. Estaba fuera del país en el momento del enfrentamiento, en el que aparentemente también se utilizaron fusiles AK-47. Los tiroteos intermitentes habían durado dos días.

La anécdota no solo ilustraba los límites de la mejora de las relaciones entre armenios y kurdos, sino que era otro ejemplo del control limitado que el Estado tenía o reclamaba en las zonas montañosas del este y sudeste de Anatolia. Turquía parecía tener una mayor tolerancia que otros países a la violencia, siempre y cuando no subvirtiera el orden político.

Una sobreviviente del Genocidio todavía estaba viva en la aldea de Dalvorig, había dicho Goryún, posiblemente una de los últimas que quedaban en el mundo. Curiosamente llamada Aram, un nombre que los armenios usaban exclusivamente para los hombres, se creía que esta mujer tenía 103 años en ese momento, en el verano de 2011. «Tiene problemas para oír y ahora está ciega, pero su mente todavía está lúcida y recuerda los nombres de todos los que cayeron en combates y masacres».

Sin embargo, para mi angustia infinita, Goryún no me dejaba viajar solo a la zona sin que un lugareño me acompañara. En mi hotel, un empleado de un pueblo vecino a Dalvorig estaba de acuerdo: sería peligroso. La zona se había convertido en un bastión de la resistencia armenia a finales del siglo XIX mientras el gobierno otomano organizaba las primeras oleadas de masacres sistemáticas contra ellos. Aun así, convencí al empleado del hotel que buscara un conductor de su ciudad natal que me llevara a ver a Aram. Pero el chofer le dijo que Aram había muerto unos meses antes.

Para compensar ello, Goryún gestionó que un converso que se hacía llamar por un nombre armenio me llevara en su auto a hablar con un jefe de una tribu kurda. A pesar de que había algunas incoherencias biográficas, este hombre se presentaba como el nieto de otro *fedayí* armenio de fama, Serop Aghpyur, un líder de la resistencia en la era anterior al Genocidio. Nos dirigimos a la *yayla* (cumbres de pastoreo) donde este kurdo pasaba el verano en una carpa. Mush estaba tendida al pie de la montaña, bajo una delgada capa de *smog*.

Si bien pobre en información, el encuentro con el *reis* kurdo fue interesante por su perspectiva sobre las masacres de 1915. «Los nuestros no causaron ningún daño a los suyos», me dijo. Hablaba de su *aşiret*, no de los kurdos. Sin dar el nombre de una tribu grande que había participado en la matanza, insinuó que todavía era influyente. Puede haberse referido al *aşiret* Kotan, que lideraba el capítulo de Mush de los Jóvenes Turcos en la época del Genocidio.[7] Sin embargo, su marco de referencia no era el pueblo kurdo, sino la tribu.

«Ese es un guardia rural», agregó mirando con desprecio en dirección a un puesto de vigilancia a menos de dos kilómetros de su carpa. El *korucu* estaba inspeccionando la ciudad desde su torre de observación o tal vez a nosotros, mientras el sol ocasionalmente se reflejaba en sus lentes binoculares. «No me gustan».

El dueño del hotel donde me alojaba era un armenio islamizado, me dijo Goryún, uno de los que ocultaba su origen: estar expuesto podía ser malo para los negocios, o peor. «No temo en mi propia tierra», dijo Goryún, un hombre del tamaño de un oso. «Tal vez en Ankara temería a la policía, pero en mi tierra, en Mush, no tengo miedo». Otro descendiente de conversos, amigo de Goryún, había convertido una trastienda de su tienda en un santuario personal, con una pequeña cruz armenia y un retrato de la Virgen María, pero no quería que se revelara su secreto porque vivía con miedo, incluso en su propia tierra.

* * *

Comenzamos el descenso en el temprano anochecer, mientras la colina se desvanecía en tonos de negro. La oscuridad era rota por la lámpara de una familia de campesinos, que acampaban en la ladera de las ruinas de la Santa Madre de Dios, en el pueblo de Suluca. Maryam Asdvadzadzin, su nombre en armenio, era conocido por los lugareños como Kızıl Tepe Manastır (Monasterio de la Colina Roja). Sus ladrillos tenían una tonalidad que oscilaba entre marrones y rojos, según la luz y el observador. La ciudad de Mush era una vasta planicie de cúmulos brillantes a la distancia, con destellos de vida bajo un cielo aún pobre en estrellas.

Postrado en cama debido a una gripe grave, Goryún no podía verme: habían pasado tres años desde mi primera visita. Estaba en el restaurante donde nos habíamos conocido. El primo Taşoğlu que había sorprendido con los saludos de su pariente en California ya no recordaba la historia y se aprestaba a ir a un funeral.

Cerca de allí, la demolición del antiguo barrio armenio avanzaba a paso veloz. Los obreros de la construcción me impidieron entrar en una iglesia armenia donde realizaban las mutilaciones y amputaciones que la convertirían en una mezquita. Un olor acre a sangre emanaba de una esquina de la sinuosa calle: una docena de cabezas de cabra estaban apiladas dentro de un lavabo de plástico en la acera delante de una carnicería, y una nube de moscas danzaba a su alrededor. Era la fiesta islámica de Kurban Bayramı, que celebra la voluntad de Abraham de inmolar a su hijo en obediencia a Dios. Los pastores desfilaban sus rebaños por pueblos y ciudades de Anatolia. En el pasado, la sangre se derramaba sobre adoquines y pavimentos mientras los animales eran sacrificados en la calle. Vedado desde hace años, la prohibición era burlada ocasionalmente en algunas ciudades y pueblos más pequeños, especialmente tierra adentro en el Este.

Goryún me llamó por teléfono: me enviaría al nieto del *fedayí* Serop Aghpyur para organizar mis planes con él. No logramos ponernos de acuerdo sobre una tarifa razonable para un viaje al terreno vacío donde una vez estaba erigido el Monasterio de Surp Garabed, y sería incluso más caro hacer un viaje a través de las aldeas de armenios islamizados.

Dos jóvenes kurdos habían presenciado la conversación delante de un parque y me dijeron que podían organizar la visita de forma gratuita con un amigo. Me invitaron a unirme a ellos para un almuerzo tardío con amigos en un restaurante cercano. En la mesa estaba *Candan*, una muchacha kurda, de cara redonda y ojos del color del mar, redondos y verdes, con un pañuelo blanco de algodón en la cabeza, y *Katharina*, una antropóloga alemana cuyo nombre conocía por su trabajo académico. Llevaba a cabo una investigación sobre el barrio armenio de Mush. Su objeto de estudio era una iglesia sin techo que era de propiedad privada, vendida por el Estado como «bienes raíces abandonados», una ocurrencia común con las propiedades armenias, independientemente de su uso sagrado o de otro tipo. La familia propietaria lo había convertido en un espacio de almacenamiento y un vertedero de basura, lleno de cráteres excavados en busca de oro que ahora estaban llenos de botellas de plástico y desperdicios. Sus propietarios querían demolerla, pero el gobierno local no lo permitía, argumentando que formaba parte del patrimonio cultural.

Uno de los kurdos, originario de Lice, cerca de Diyarbakır, me regaló un libro de Öcalan, el líder del PKK, su portada en verde, amarillo y rojo de la bandera kurda: *Kürt Sorunu ve Demokratik Ulus Çözümü* (*La cuestión kurda y la solución nacional democrática*). Solo unos años antes esto hubiera sido impensable, pero ahora las banderas kurdas y las fotos de Öcalan y militantes caídos eran comunes en el Este y ya no molestaban a nadie. Aun así, unas semanas más tarde lo tiré en el cesto de una estación de autobuses en Yozgat: los controles de carretera militares y policiales eran frecuentes en el este de Anatolia, en ese entonces principalmente en busca de drogas. Sin embargo, un conductor de autobús me había dicho que la policía se había demorado demasiado tiempo en mi equipaje en un puesto de control, mirando cada artículo uno por uno. Ese libro podría ser comprometedor si la policía lo encontraba.

Después del almuerzo, los hombres kurdos partieron y las dos mujeres y yo caminamos a una oficina del BDP, el Partido Paz y Democracia que se consideraba el brazo político del PKK. Candan consiguió que un amigo de la oficina del partido nos llevara. Su amigo accedió ya que ambos éramos invitados y se atuvo a las reglas de hospitalidad de la tierra, pero no estaba muy contento. Incluso si conducir muy por encima del límite de velocidad era la norma en Mush, su prisa o disgusto probablemente agregaban otros 30 kilómetros por hora a las velocidades normales, por lo que Katharina había palidecido en el asiento trasero y le rogaba al hombre, con pobres resultados, que disminuyera la velocidad. La chica kurda también se burlaba de Katharina por su miedo, que yo compartía en secreto al ver los autos que nos pasaban fugazmente.

Cuando comenzamos el ascenso vi un pájaro raro y crestado, del tamaño de un pollo forrajero, pero detecté colores marrones y lo que me pareció una mota de rojo a la luz del anochecer. Le dije al conductor que, por favor, se detuviera suavemente porque creía haber visto una abubilla, y el hombre dio marcha atrás tan violentamente que no solo asustamos al pájaro, sino también a las mujeres. «¡Dijo suavemente!». «¡Suavemente!», gritaban Candan y Katharina. Al menos pude confirmar que era una abubilla mientras volaba con su prominente corona, semejante a una antena, aunque no haya podido capturar su imagen.

Del monasterio, quedaban fragmentos de paredes de ladrillo marrón, incluida una larga pared con tres arcos sobrevivientes. Una familia había instalado una tienda de campaña cerca de las ruinas y disfrutaba de los últimos días de sus vacaciones en la *yayla*, un descanso de verano en los campos de pastoreo. Pasamos junto a la tienda y dos mujeres que pasaban el tiempo cerca de ella, una que parecía tener más de 50 años y la otra de unos 20.

Katharina y Candan entablaron una conversación con la mujer mayor, quien les preguntó de dónde éramos. «Yo también soy armenia», dijo la mujer, cuando Katharina me presentó. Sus abuelos eran sobrevivientes islamizados del Genocidio. «Somos musulmanes, pero admitimos que somos de origen armenio». Nos invitaron a la tienda, cubierta de alfombras superpuestas, y nos sentamos alrededor de la lámpara de gas mientras bebíamos té. «Por supuesto, había miedo, temíamos mucho», continuó. «Muchos lo ocultaban, pero siempre he dicho que soy armenia, incluso hace 40 años».

La mujer solo hablaba kurdo, y Candan tradujo para nosotros. La mujer era armenia tanto por parte de su padre como por parte de su madre. Su hija y su hijo, gemelos de 21 años, se habían unido a nosotros en la conversación, ocasionalmente traduciendo los comentarios de su madre al turco. El esposo de esta mujer, que conducía a los animales de regreso al corral, también era de origen armenio y pariente. Las razones de esta costumbre, que no solo los armenios islamizados en Anatolia, sino también los cristianos habían copiado de los musulmanes, eran dobles: puesto que quedaban muy pocos o ningún armenio en sus aldeas después del Genocidio, especialmente hombres, comenzaron a casarse con primos; la otra razón por la cual se casaban con parientes era para retener las propiedades dentro de la familia según ambas se expandían. Esto les ayudaba a resistir mejor las presiones que los vecinos musulmanes, especialmente las tribus kurdas, ejercían sobre los armenios, islamizados o no, para que se fueran.

«Eran una familia de 20 personas, solo se salvaron dos hermanos: uno fue a Ereván y se perdió todo rastro de él; el otro se quedó aquí», dijo la mujer sobre su abuelo. Los hermanos eran los hijos de Torkom. Su abuelo en ese momento tenía siete años y el otro hermano tenía cuatro, y ella no sabía su nombre, y mucho menos cómo había terminado en Armenia. Los niños huyeron juntos de las masacres, pero en algún momento los hermanos se separaron. El hermano mayor fue tomado por un *ağa* kurdo en el pueblo de Civar, con quien se quedó y se convirtió, finalmente haciendo la peregrinación de La Meca dos veces.

El abuelo de la mujer finalmente se mudó a Kavar, un pueblo en la provincia de Malatya, donde se casó con una mujer kurda. Katharina le preguntó por qué no había tomado una esposa armenia. «Porque en Kavar no quedaban mujeres armenias», respondió la mujer. «En Kavar solo quedaban mujeres kurdas». Civar, en cambio, después del Genocidio estaba llena de niñas y mujeres armenias que habían estado casadas con hombres musulmanes: «A veces mataban a los hijos de estas mujeres y las tomaban como esposas».

Mientras Candan seguía traduciendo, agregó:

> Pero no me casé con un kurdo, me casé con alguien de mi nación, un armenio. Nunca quise casarme con un kurdo, debido a las masacres, así que me casé con un armenio. Por las masacres. Los *aşirets* de Xian y Badıkan mataron a muchos armenios. Nos hicimos musulmanes, pero somos armenios.

Con una declaración de este tipo en presencia de extraños, dos de ellos kurdos, incluido el miembro del BDP que nos había traído, estaba claro que esta mujer no se dejaba intimidar por el discurso falso. ¿No era una fe impuesta por el terror una aberración para ella? «No sabemos que el islam haya sido impuesto a nosotros: fue la elección de mi abuelo».

El hijo dijo que en esta geografía se reconocería a sí mismo como un musulmán de origen armenio, pero en el oeste de Turquía diría que era kurdo. «Desde tu punto de vista, ¿te identificarías primero como musulmán o armenio?». El muchacho respondió que eran musulmanes antes que armenios, y su hermana gemela y su madre coincidieron.

Katharina me había estado ayudando en la entrevista, pero noté su perturbación mientras yo trataba de determinar dónde se encontraba esta familia en la novedosa y desconcertante intersección de la fe islámica y el origen armenio. Estos armenios estaban tratando de reclamar su identidad nacional sin necesariamente volver a la Iglesia. Katharina puede haber estado incomodada por la naturaleza elemental de mi investigación sobre la nacionalidad y la religión, construcciones que los antropólogos dilucidaban con matices que escapaban al ojo del profano.

Cuando les pregunté qué sentían en términos de identidad, a falta de una fórmula mejor, Katharina y la hija de la mujer comenzaron a burlarse de mí, en una especie de complicidad: «Ja, ja, ho, ho, ¿qué sentimos?». Ambas comenzaron a pellizcarse. «¿Qué siento?», dijo la muchacha con cierto desdén, siguiendo el ejemplo de la visitante occidental en medio de nosotros: «Me siento humana». Se pellizcó en el brazo: «Oh, ¿qué sale de aquí? ¡Sale sangre de aquí!». Katharina acompañaba, con breves risitas, de vanidad o inseguridad, que unas décadas antes había escuchado ocasionalmente en la universidad de Inglaterra donde ella completaba su carrera. «No seas pedante», le dije, tal vez levantando la voz un poco más de lo que quería, frustrado al ver que una entrevista con campesinos armenios en un campo de pastoreo en una montaña de Mush se descalabraba por el comportamiento importado de aulas y pasillos «hechas famosas por otras personas», como lo había dicho una vez un compañero graduado de la misma universidad. O tal vez ella estaba importando las lecciones de la historia alemana a esta conversación. En cualquier caso, mi comentario sorprendió a Katharina y la conversación con la familia ahora se había echado a perder. La mujer armenia se había quedado en silencio, con un rostro que se veía inescrutable a la luz de la linterna.

* * *

«¡Anne... Anne... Anne! ¡Aaanneee! ¡Anne!». Una amiga mía de Estambul que había crecido en la ciudad en la década de 1970 odiaba la palabra *mamá* en turco, porque su madre le decía a ella y a sus hermanos que en la calle ya no era «mamá», en armenio, y que debían dirigirse a ella por el vocativo turco. Este niño en Mush estaba gritando tan fuerte, y continuó durante 20 minutos, que se había vuelto imposible continuar mi conversación con el jefe de la Unión de los Armenios de Darón. La asociación apenas se había conformado unas semanas antes para representar a una comunidad que decidía salir de un siglo de silencio. El antiguo nombre de esta región armenia era Daroni Aşxarh («País de Daron» en el idioma clásico), pero en el idioma moderno *aşxarh* significaba «mundo». El mundo de Darón.

Diyadin levantó la vista con preocupación cuando me alcé y caminé hacia la entrada para pedirle al niño que se callara. «Es solo un niño», me dijo. «Déjalo en paz». Sin embargo, se había vuelto imposible entender las palabras que Diyadin decía casi entre susurros por debajo de la cortina de su bigote, por lo que le dije al niño en tonos no muy paternales que se calmara o se fuera.

«Hermano, este es un vecindario de familias», dijo Diyadin, tan molesto que canceló la entrevista. «No es así como hacemos las cosas aquí». Deberíamos ponernos en marcha, ya que él estaba ocupado con otras tareas, dijo, sin molestarse en disfrazar que me estaba pidiendo que me fuera.

Ni siquiera había levantado la voz al niño. Solo más tarde me di cuenta de la razón de la reacción exagerada de Diyadin. Aun así, como me enteraría durante la entrevista, una nimiedad como esa podría terminar con consecuencias impredecibles. Una leve reprimenda al pequeño hijo de un musulmán por parte de un armenio de la Diáspora podría convertirse en una disputa intercomunal, justo frente a las oficinas de una unión comunitaria de armenios que acababa de abrir sus puertas después de un siglo de miedo y ocultación en Mush. Diyadin ahora me quería fuera de la oficina.

Le tomó media hora ablandarse un poco, y la llegada de visitantes no anunciados que lo pusieron de mejor humor. Luego continuamos la conversación, no antes de otra advertencia sobre las reglas locales de vecindad. Los tres visitantes eran de la aldea de Yağnik, armenios por parte de su madre, dijo Diyadin: «La mitad de Mush es armenia por parte de su madre». Los visitantes se rieron, pero Diyadin y yo no, porque obviamente nuestra sensibilidad hacia la historia era diferente. Eran fornidos y rubios, con caras muy blancas y narices pequeñas.

Alto y taciturno, Diyadin era uno de los fundadores de la asociación. Tenía un conocimiento fragmentario del armenio, como un libro de páginas hechas jirones: hablaba vacilantemente una variante del dialecto de Sasún, con palabras que pescaba una por una de recuerdos borrosos. Esta instancia de diplomacia infantil era aún más conmovedora debido a los orígenes de Diyadin en una región que había opuesto resistencia durante siglos a oleadas de invasores. Ahora ni siquiera se atrevían a decirle a un niño que se comportara, porque era un kurdo musulmán. «Nadie te lo hará sentir en la calle si te quedas callado, pero el Estado lo sabe», me había dicho después de que finalmente se había reconciliado conmigo. «Hay códigos secretos en nuestros archivos del Registro Civil que le dicen al Estado quiénes son los armenios».

La comunidad armenia estaba compuesta principalmente por los descendientes de las mujeres y los niños locales que sobrevivieron al Genocidio, así como por aquellos que a principios de la década de 1940 se habían mudado a Mush de Sasún, al otro lado de las montañas, una migración más grande impulsada por la violencia persistente de las tribus kurdas y las pésimas condiciones materiales.

> Mi abuelo vino de Sasún. Estaba ciego: perdió los ojos en las masacres. Su primera esposa fue asesinada en el Genocidio y él tomó una segunda esposa. Trabajó para un *ağa* del *aşiret* Şigo. Algunos de los nuestros sobrevivieron bajo una pila de cadáveres y otros porque fueron escondidos por los vecinos o, en el caso de las mujeres, porque fueron tomadas como esposas o sirvientas. Algunos se han asimilado, después de 100 años en el islam.

Algunos no se están convirtiendo de nuevo del islam. Fueron forzados a hacerlo, pero no están regresando a la Iglesia.

Por ejemplo, los nuestros vivían en el pueblo de Mongok, el más cercano a Mush. Nos quedamos; después de un tiempo, la presión disminuyó, pero nuestros mayores sufrieron una violencia y un hostigamiento increíbles durante décadas después del Genocidio: era increíble, mucho. En el pasado, no había computadoras, ni internet, y estábamos solos y sentíamos miedo. Hace 10, 20 años, mucha gente no decía: somos armenios, somos *hai*. Si lo hubieran hecho, no hubieran podido quedarse.

Su abuela lo llevaba cuando iba con sus amigas armenias a rezar al Monasterio de Arakelots, que hace 50 años todavía estaba en pie: lo volaron en pedazos en 1960, pero sus ruinas sobreviven hasta nuestros días. Diyadin tenía nueve años en ese momento. Había aprendido algo de armenio durante esos viajes, pero no entendía lo que recitaban esas ancianas armenias. «No sabíamos cómo orar», dijo.

Iba con mi abuela a rezar a la iglesia todos los domingos, pero ella se había convertido en musulmana alrededor de 1935. Se casó con mi abuelo en el pueblo de Ağpik y algún tiempo después ambos se convirtieron. Su nombre era Avedis y se convirtió en Ali, y el nombre de mi abuela era Nurhan y ella se convirtió en Nurheddin. Eso debe haber sido alrededor de 1935.

Hablaban de las masacres, entre murmullos, a puertas cerradas o en medio de un bosque. En ese momento había cuatro familias armenias en nuestra aldea: Sulul, Haci, Ömer y Ferman. Todas estas eran personas que habían venido de Sasún y hablaban en armenio. Mi padre también lo hacía, hasta su muerte en 1986.

Temíamos ser armenios, pero también éramos locales, nacidos y criados aquí, así que nos conocían: éramos vecinos. Hablaba algo de armenio cuando era chico, pero luego para integrarnos aprendimos turco y kurdo, ya que no había nadie con quien hablar armenio. También aprendí algunos insultos en armenio de mi abuela, que se molestaba cuando le preguntábamos por qué rezaba.

No recordaba las plegarias, pero «nunca olvidó» las malas palabras.

El miedo no era algo del pasado. «La mayoría de las personas de origen armenio están demasiado asustadas para reconocer su identidad en Mush», dijo. «Al menos un tercio de la población es probablemente de ascendencia armenia, tal vez haya hasta 40 000 de ellos, pero no lo dirán, también porque creen que es una religión, en lugar de una nacionalidad». Era la primera vez que se revelaban en 100 años en Mush y la gente estaba «aturdida» por su audacia. «Recibimos amenazas en internet: "Ustedes mataron a nuestros abuelos, sabemos quiénes sois", ese tipo de cosas».

Sin embargo, deseaba que hubieran abierto la unión compatriótica 20 años antes. «Había muchos más *hai* en ese momento en Mush», dijo. «Por ejemplo, en nuestra aldea hace 20 o 25 años había al menos 100 armenios, pero ahora todos han hecho las maletas y se han ido, y nos quedamos solos aquí, los descendientes de los sobrevivientes: necesitamos escuelas; necesitamos aprender el idioma». El Estado no lo quería. Tenían que resolverlo por su cuenta, sin el apoyo de personas u organizaciones con las que otras comunidades podían contar. En Estambul hay uniones comunitarias, iglesias y escuelas, pero esta parte de Turquía era diferente. «Este es el Este», dijo. «Vimos masacres aquí». Se atreverían a reconocer la ascendencia por parte de la madre, a lo sumo. «Somos la abuela de todos, pero el abuelo de nadie», comentó, con una reflexión sarcástica sobre la sociedad paternalista. «Todos conocemos a sus abuelos también, pero no lo dirán».

Un hombre había entrado y se había sentado en silencio cerca de Diyadin, en silencio hasta que le pedí ejemplos que justificaran estas vagas referencias al «miedo» como el clima o una enfermedad de causas inciertas. ¿A qué temían?

«A los musulmanes», dijo el nuevo invitado. Diyadin intervino en ese momento para decir que no era ni historiador ni imán, por lo que no sabía nada de religión. Al igual que la mujer y sus hijos en la *yayla* junto a las ruinas del monasterio, no tenía reparos en discutir el Genocidio y llamarlo por su nombre, así como para hablar abiertamente sobre sus perpetradores kurdos. El islam, sin embargo, era donde trazaba la línea. El conservadurismo religioso era mucho más fuerte en Mush que el nacionalismo kurdo, como me diría un armenio de Sasún más tarde. Y recordé el tiroteo por el crucifijo que el hijo de Goryún había llevado a la escuela.

«¿Es usted musulmán?», le pregunté al nuevo visitante.

«Esa pregunta es irrelevante», respondió Diyadin por él. «Todos somos locales aquí, y todos aquí son musulmanes...», pero entonces el nuevo visitante lo interrumpió: «Somos musulmanes, pero no practicamos y no sabemos nada de religión». Uno de los visitantes de Yağnik, los de origen armenio por parte de madre, unió su voz: «Aquí en Turquía, la religión, el idioma, la raza no importan: todos somos personas; asirios, judíos, armenios tienen la libertad de practicar su fe». ¿Cómo se relacionaba con el Genocidio, especialmente como kurdo de madre armenia? «No lo vi», fue su único comentario. Solamente la voluntad de no crear malestar, especialmente después del incidente con el niño, me impedía preguntar más sobre su historia familiar, incluida la forma en que sus padres se habían conocido. Con la expresividad de una esfinge, Diyadin ahora tenía su mirada fija en la pared blanca frente a él.

«La nación es lo primero», dijo:

> Por ejemplo, mi hermano es musulmán, pero es armenio. Él es ambas cosas. ¿Cómo puede ocurrir? Eso también existe. Ahora en la Diáspora están diciendo que todo esto está surgiendo después de Hrant Dink, pero mi abuela incluso antes había seguido siendo cristiana, a pesar de haberse convertido. Pero nadie hablaba de eso, casi no quedaban cristianos con ellos, no había sacerdote. ¿Qué harían en estas partes? Estamos en el Este.

Esto era el Oriente Medio, agregó. «Tenemos que lidiar con fascistas, fanáticos religiosos, gente peligrosa... podemos ser asesinados aquí». Estas cosas no eran conocidas por los armenios en el extranjero, dijo. Solo habían visto los carteles con los que la multitud había salido a las calles de Estambul después del asesinato de Hrant Dink. «Todos somos armenios; todos somos Hrant Dink». Pero también tenían que recordar que, en primer lugar, Dink había sido asesinado. «En el Este y en Oriente Medio, la democracia no está funcionando», dijo. «La historia lo enseña, es imposible». Cualquier rigidez había desaparecido de su actitud y voz, ahora que su molestia por mi reacción hacia el niño había cedido por completo y todos los visitantes se habían ido, lo que le permitía adentrarse en territorio que probablemente consideraba demasiado cargado como para discutir en su presencia:

> No conoces a la gente de aquí. Ese hombre antes decía que todas las razas, idiomas y religiones pueden vivir aquí, pero eso no se ve en estas partes. Es religión cuando te despiertas y religión cuando te acuestas, y eso es todo lo que importa. Déjame decirte algo: soy cristiano. No en mi documento de identidad, pero soy cristiano. Son kurdos con una madre o abuela armenia; se han asimilado por completo.
>
> Necesitamos ganarnos a la gente progresista. Hay kurdos que se disculpan: esos sí existen; pero hay 30 millones de kurdos en este país. Los primeros son minoría. Aun así, sí, están más cerca de los armenios. Viví en Estambul durante 25 años, y tenía muchos amigos kurdos, pero no tuve uno solo turco. Ni uno solo en 25 años. Pero para los kurdos tribales, el cristianismo ha acabado en estas tierras, y no quieren verlo de vuelta. Hace solo unas décadas, la vida de un armenio valía menos que la de un perro o una gallina: podían salirse con la suya con el asesinato. No nos quieren aquí.

V

GARÍN

1
ERZURUM

El grafiti rayado sobre la pared del altar era errático, excepto por algunos nombres y palabras:

Մովսէս
Բէյի այս գիր
Ռուբէն կիսսցօտո
Իգ
ԵԿի ես մարքար
Առստաւմեաց ի գիւղն
Խօմապերտրիրացու
Չոր մն Ա Ռուսին ծեռնին ես
պէտք է
Աայասայ կէնիի էս ժամի
մսօվ՝
ի 1917ի ի օկօստօսի Գէին
Գրիգորի նեանց
Գուղ ուզուլարցի եմ

Movses
Peyi ays gir
Ruben kisstsoto
Ig
YEKi yes markar
Arrstavmyats i gyuğn
Xomapertriratsu
Çor mn A Rusin dzerrnin yes
betk e
Aayasay kenii es jami
msov`
i 1917i i okostosi Gein
Grigrori nyants
Guğ uzulartsi em

Solo las líneas superiores y las inferiores tenían algún sentido, incluidos los nombres de personas y pueblos y la mención de «los rusos»: sus fuerzas habían tomado la ciudad en su ofensiva del 16 de febrero de 1916. Pasaría por galimatías si no fuera por las circunstancias históricas; la claridad de los caracteres armenios, si no de las palabras; y lo más fundamental, un sentido de urgencia en la inscripción apresurada, para comunicar algo sobre los armenios que estaban en esta iglesia ese día de agosto (quizás el tercero, como lo indica la tercera letra del alfabeto armenio) en 1917, antes de la recaptura de la ciudad por los otomanos, ayudados por los kurdos, el 12 de marzo de 1918. Las masacres en estas tierras continuarían durante otros tres años después del Genocidio. Las líneas apenas inteligibles dentro de la iglesia de Surp Minás, en el pueblo de Gez, en las afueras de Erzurum, transmitían angustia, tal vez debido a los agujeros de bala visibles en la entrada, una marca de un incidente desconocido de esos tiempos agitados en Garín, la ciudad y provincia armenia que los turcos y los kurdos llaman Erzurum. O quizás era el dolor de ver una última inscripción armenia en una iglesia en ruinas, profanada múltiples veces por vándalos, y su superficie lunar que era típica en Turquía. Los fantasmas de algunos frescos sobrevivían: una cabeza envuelta en un halo con una mano que daba una bendición; los contornos de un dragón; las patas y cascos de un caballo rojo. Había blasfemias pintadas en rojo. El entorno era igual de sombrío: la iglesia se había convertido en extraña en su propia tierra, rodeada de edificios bajos de hormigón, de construcción y estilo desordenados. Y Surp Minás era un vertedero frecuentado por moscas que zumbaban con hambre sobre montones de suciedad, mientras algunos buitres circulaban sobre ella en vuelo perezoso, con la expectativa de encontrar algo que valiera la pena en una tierra que ahora producía nada más que basura.

La proximidad de un automóvil que se detuvo ruidosamente delante de la iglesia rompió el hechizo en que me había sumido el grafiti centenario, mientras trataba de descifrar el mensaje dejado por un hombre, o un grupo de ellos —al menos Movsés, Rupén y Grigor, los nombres enumerados allí— en los últimos días de la efímera liberación de Armenia

Occidental. Una sensación inicial de alarma se confirmó cuando tres hombres con semblante amenazante entraron apresuradamente en la iglesia, evitando los agujeros abiertos con la agilidad de lagartijas. Obviamente estaban familiarizados con el terreno cuando se me acercaron delante del altar sin siquiera mirar los cráteres.

«¿Quién eres?», exigió el de aspecto más enojado, un joven de ojos azules de cara angular. Se hacía el duro, pero era claramente el compinche del jefe, que parecía ser el hombre al que llamaban «hoca», tal vez un maestro o un imán, con la larga barba sin bigote típico de los musulmanes conservadores, y con una gorra verde y una túnica blanca y suelta llamada *kurta*. La boca del *hoca* estaba entreabierta, mostrando dientes apretados y marrones. El número tres era el más grande de ellos, un hombre sonriente, regordete, de perfil acampanado de unos 20 años, de pequeños ojos perdidos bajo las cejas gruesas y que siempre miraba hacia abajo, como si quisiera volver al sueño agradable del que había sido arrancado por los otros dos aspirantes de matones. El de ojos azules, de ojos tan grandes o inmóviles que parecían carecer de párpados, disparaba preguntas en turco a las que respondía en inglés y español. Ello los frustró, pero también les hizo bajar la guardia e intercambiaron miradas de «no era lo que pensábamos». Querían saber qué decía la inscripción, pero su amigo grandulón, y el de aspecto más inofensivo, tradujo a un inglés accidentado lo que decían sus compañeros mientras yo continuaba con mi actuación y me decía algo sobre «armenio». Le pregunté si era armenio porque realmente parecía uno. «No, no, soy árabe», y el espectáculo continuó, mientras le preguntaba si las letras rayadas eran árabes. Debe haber sido una parodia no muy convincente de turista tonto, pero los tres pronto perdieron interés, especialmente cuando dije: «¡Sonrían!», y tomé su foto, mientras el imán y el hombre de ojos azules se cubrían la cara con las manos y sin sonreír, a pesar de que la mueca enojada del clérigo de dientes de fumador podía pasar por una sonrisa. El árabe, sin embargo, si bien parecía estar mirando uno de los cráteres, cumplió con una sonrisa, pero ya tenía una congelada en su rostro somnoliento. Pronto salieron de la iglesia, liderados por el segundo al mando, que se escabulló como una culebra a través de la estrecha puerta.

Era obvio que pensaban que había venido a recuperar los «oros» de mis antepasados —«Ermenilerin altınları», como dicen en turco, en plural— y que había sido delatado por mi taxista, a quien encontré tomando una siesta en el coche, con los pies descalzos posados sobre la ventanilla del lado del conductor. «İçinde hiç bir şey yok mu?», preguntó, sorprendido de verme de vuelta tan pronto: «¿No había nada dentro?». Era una iglesia en ruinas, murmuré, fingiendo indiferencia. Probablemente ya había hecho planes con sus cómplices de la hermandad de cazadores de tesoros y profanadores de tumbas para dividir el botín; había páginas web donde aficionados intercambiaban «información» sobre sitios de tesoros. También había algunas casas en ruinas cerca de la iglesia, abandonadas a su suerte, muriendo la muerte lenta de los edificios. Solo un lado del ecosistema, el que vivía del trabajo de los constructores de esta tierra —los civilizadores en el sentido más estricto de la palabra, porque habían construido esta ciudad—, había sobrevivido, mientras que los conquistadores no habían abandonado la costumbre de vivir de los tesoros enterrados bajo tierra, los beneficios del derecho que da el poder. La violencia no requiere justificación ni explicación, y había sido extremadamente beneficiosa para la nación de los gobernantes, como todavía lo era, incluso cuando el suelo removido con las palas estériles de quienes toman sin sembrar no tenía nada más para dar. Los buitres estaban encaramados en lo alto de la iglesia cuando me fui.

Kirkor Menaf me había advertido que fuera extremadamente cuidadoso en Erzurum una ciudad que conocía bien como estudiante allí. Por lo general, era una persona contenida, que rara vez usaba demasiadas palabras. Pero cuando le dije que estaba en Erzurum, me desalentó de buscar armenios y se negó a darme los datos de contacto de aquellos que conocía, porque le parecía demasiado arriesgado. Musulmán devoto, y reacio a hablar de política turca conmigo —tal vez porque creía que podríamos no estar de acuerdo en eso, ya que yo sospechaba que él simpatizaba con el Partido de la Justicia y Desarrollo de Erdoğan en virtud de su orientación islamista—, me había sorprendido al etiquetar la ciudad, que yo sabía que amaba como centro de aprendizaje islámico, como «un nido de fascistas». Kirkor Menaf fue el primer armenio islamizado que conocí en una red social, y en ese momento ocultaba su nacionalidad a sus compañeros de clase y colegas.

Había pequeños indicios de eso, así como la codicia, lo que hacía más seguro no hurgar mucho. El conductor del primer taxi que había tomado desde la terminal de autobuses a la ciudad me había parecido lo suficientemente agradable como para confiarle mi identidad armenia. ¿Había armenios en la ciudad? Sí, pero no conocía a nadie. ¿Estaban asustados? «No, simplemente no dicen que son armenios». Mientras conducíamos habíamos hablado de los apellidos de mi familia. Solo una vez apartó los ojos de la carretera, cuando dije el apellido de soltera de mi abuela, «Kuyumjian», el oficio de su padre: *kuyumcu*, «joyero» en turco. El conductor me pidió que repitiera: «¿Kuyumjian o Koyunjian?». La segunda opción, *koyuncu* («granjero de ovejas»), era una opción más segura que él ofrecía, y no la dejé pasar. Me llevó a una antigua iglesia armenia, probablemente la de Santa María, que se había convertido en mezquita apenas en 1998.[1] Había ocurrido durante un breve interludio de un gobierno islamista en Turquía, ya que la solicitud había sido rechazada previamente. Pero, cuando el alcalde Muhyettin Aksak del municipio de Yakutiye, donde estaba la iglesia profanada, finalmente obtuvo el permiso, organizó una campaña de recaudación de fondos para el trabajo de conversión, que implicaba el blanqueo de frescos de Cristo y la Virgen María, así como la demolición del ábside para redirigirlo hacia la *qibla*, o la dirección a la que los musulmanes debían mirar durante las oraciones: «*Bir taş da kibleye sen dönder*» («Tú también puedes orientar una piedra hacia la *qibla*»), invitando así a su piadoso electorado al esfuerzo edificante de desfigurar una iglesia. Para no dejar dudas sobre las intenciones que animaban a este político fervientemente religioso, la iglesia pasó a llamarse Fetih Cami (Mezquita de la Conquista), tal vez en vista de la tenaz burocracia con que se había topado en sus gestiones por apropiarse de ella, después de que sus legítimos propietarios habían sido enviados a marchas de la muerte un siglo antes.

Luego examinamos el antiguo barrio armenio. Casas antiguas con primeros pisos voladizos estaban en avanzado estado de deterioro, lo cual sugería que apenas las habían tocado desde 1915. Dos ancianos sentados a la sombra de una, jugando con sus cuentas, nos detuvieron. «¿Estás bebiendo agua, hijo?», me preguntó el más pequeño de los dos, con expresión estupefacta mientras el otro miraba con desaprobación. «Es extranjero», dijo el taxista. «¿Extranjero, él?», se preguntó el anciano en voz alta, a quien mis rasgos no le resultaban lo suficientemente extranjeros. El Ramadán había comenzado ese día. Los rigores del islam no se observaban uniformemente en Turquía, pero al este de Sepasdia, o Sivas, el número de cabezas femeninas descubiertas disminuía, mientras que los de hombres coronados con la gorra blanca de peregrino a La Meca se multiplicaban. En Erzurum, el nacionalismo turco había desarrollado una simbiosis con el celo islamista como en la época otomana, cuando ambos se alimentaban el uno al otro hasta ser lo mismo, hasta el punto de que la identidad de la población kurda local gravitaba hacia esta peculiar dinámica de territorio fronterizo y se diluía en ella.

Un día fue suficiente para ver indicios de lo que Kirkor Menaf había advertido. En la oficina de correos por la mañana, el gerente de la división de filatelia me había gritado enfurecido, mientras los otros clientes que colmaban la oficina seguían el monólogo con gran curiosidad: todo comenzó porque la primera página de la carpeta de sellos postales era una emisión con la imagen de la Iglesia de Aghtamar en Van. «¿Entonces quieres iglesias?». Respondí que sí y también a la pregunta que siguió, si yo era cristiano. «Aquí hay iglesias, pero en Europa no hay mezquitas, y matan a los musulmanes». Luego lanzó una furiosa diatriba contra los cristianos que masacraban a los musulmanes en Occidente, mientras que los musulmanes, los cristianos y los judíos vivían «como hermanos» en Turquía; y desfiló en voz alta el ejemplo de su hermano, que había «conocido» en un sitio de citas por internet a una mujer católica filipina, con quien había decidido casarse, y la había llevado a Erzurum, donde había abandonado su fe al descubrir las maravillas del islam gracias a su nuevo marido. La espera generalmente aburrida para los otros clientes se animó así con pormenores de la vida romántica cibernética del hermano del jefe de división de filatelia, que tal vez para la mayoría de ellos era más interesante que el resto de su odiosa diatriba política y religiosa, seguramente más familiar para sus oídos y mentes, mientras que la procedencia de su cuñada habrá hecho que las personas en la larga fila se preguntaran qué tenían de malo las hermosas mujeres de Erzurum, la más tradicional de las ciudades, donde casarse con alguien de la tribu todavía era apreciado.

Resultó que este vendedor de sellos estaba enojado por los ataques terroristas en Noruega unas semanas antes, en julio de 2011, en la que un extremista había matado a 77 personas. Anders Behring Breivik había atacado un edificio frente a la oficina del primer ministro y luego un campamento de verano juvenil organizado por el partido gobernante. Había expresado sentimientos antimusulmanes, a pesar de que ninguna de sus víctimas tenía conexiones islámicas obvias. Comprensiblemente, un armenio que visitaba de Nueva York era un blanco legítimo de frustración e ira en Erzurum por un crimen de odio perpetrado en Escandinavia por un supremacista blanco.

La cara del trabajador postal todavía estaba roja de ira, pero ahora causaba vergüenza ajena mientras me miraba con ojos inyectados de sangre y una sonrisa que pensaba sádica mientras seguía hojeando páginas de sellos que sospechaba, con razón, que me resultarían ofensivos, incluidos muchos de Atatürk en todos los colores y precios en centavos; insistía en que tomara uno por valor de 1 lira y 30 centavos, pero eso era más de lo que pagaría por la cara del padre de Turquía; tanques que rodaban desde una luz roja difusa; un desfile de tropas turcas; banderas turcas, rectas y ondulantes. Ahora que tenía la satisfacción de haber sido descubierto como armenio, compré uno de los aviones de combate turcos para apaciguar un poco al hombre y el sello de la Iglesia de Aghtamar, así como una serie ilustrada con aves locales y una serie de monumentos arquitectónicos de Van. Antes de irme lo confundí al estrecharle la mano con una sonrisa, diciéndole lo agradable que había sido intercambiar ideas con él, y por primera vez me quitó sus ojos de odio.

El entretenimiento nocturno se lo debía al gestor de un café, un tipo bastante agradable a pesar de su odio hacia los armenios. Aun así, dijo que Erzurum era anteriormente una ciudad armenia, pero que se habían «ido» debido a la «guerra». Ahora sus descendientes venían «en autobuses» para desenterrar los tesoros de sus abuelos. Qué sería eso, fingí interés. Pretendí no entender cuando dijo «altınları». No podía recordar la palabra inglesa para «oro», así que le ofrecí mi diccionario de bolsillo. Con ojos pegados al pequeño librillo, recorrió con paciencia monástica cada palabra, impresa en fuentes del tamaño de una pulga, desde la primera *a*, mientras tomaba el té. «¡Ha, altın işte!», exclamó dos tazas de té más tarde: «¡Oro!». Todo lo que necesitaba era un detector de metales, pero eran muy caros en Turquía. ¿Cuánto costaban en Estados Unidos? Posiblemente el asistente adolescente en el cibercafé que había visitado anteriormente tenía algo similar en mente, ya que había tenido que confrontarlo cuando vi su rostro reflejado en el viejo monitor, de pie detrás de mí mientras yo navegaba por los sitios web dedicados a la Iglesia de Surp Minás en Gez. La palabra turca original para «oro» era aparentemente algo así como *ık*, pero era un tabú cuando la primera ola de hordas turcas invadió Armenia en el siglo XI, y a partir de entonces empezó a llamársele «metal amarillo», la etimología de *altın*.

La última noche en Erzurum la pasamos en el café Eski Evler, una antigua mansión restaurada con un patio cerrado, donde la vista de un pavo real que paseaba altaneramente entre las mesas había atraído mi atención. Pero había sido la música que venía de allí la que había encaminado mis pasos en esa dirección. El cantante de una pequeña banda de músicos con guitarras y oud tomó el micrófono para decir que la siguiente canción era parte de la herencia de la ciudad dejada por los armenios, «sus antiguos propietarios», antes de ofrecer una aterciopelada interpretación de *Sarı Gelin*, la versión turca de la canción armenia *Sari Ağçig*. Muy a regañadientes, el vocalista aceptó tener una charla después del concierto. No era armenio, pero el intérprete de oud insistía burlonamente en que lo era, pues la broma era que en Erzurum «armenio» es sinónimo de un insulto y el músico obviamente pensaba que era apropiado compartir el chiste en presencia de uno. Varios clientes ya se habían reunido alrededor de mi mesa, incluidos algunos con *kurtas* blancas y gorras *de hajji*, que se acercaban para echar un vistazo a «el armenio», mientras escuchaba los susurros que circulaban entre ellos. «¿Eres musulmán?».

La pregunta había venido de un hombre cuyo atuendo y comportamiento me recordaban al imán que había venido con los otros buscadores de oro a Surp Minás. ¿Por qué pensaría eso?, le pregunté. «Tu barba». Jesús también tenía barba, respondí, lo cual fue celebrado con risotadas por todos, excepto este hombre; se alejó sin sonreír. Era una noche clara de verano y no había ninguna amenaza en el aire, pero todo era extraño, con estos músicos que había pensado que al menos eran lo suficientemente decentes como para reconocer la historia armenia. Sin embargo, compartían el racismo casual que podría ser un insulto o una broma en Turquía. Aun así, los tenues hilos de humor, incluso si estaban retorcidos, sostenían una atmósfera amistosa en un ambiente que de otra manera sería hostil. Los demás miraban con inquietante curiosidad, como solían hacerlo las personas en rincones lejanos del mundo en el pasado de los viajes raros, cuando veían a alguien con diferentes rasgos o prendas. Ningún atributo externo me distinguiría de ellos en mi caso, excepto un concepto, y el mundo encerrado en él, que nos diferenciaba: armenio. Dejaba la sensación de un pantano, ni agua ni barro, fascinante y portentoso, y recordaba una escena surrealista del *Diccionario jázaro de* Milorad Pavić, en la que un príncipe serbio en su último día en un palacio en Constantinopla en 1689 hablaba con su valet, Nikon Sevast, y Masudi, un intérprete de los sueños de otros que, en un destello de odio, acababa de exponer a Sevast como una encarnación de un demonio. Lo metafísico se mezclaba con lo mundano en la conversación, de la misma manera que lo hacían la ironía y los presagios: «Míralo, Señor. Solo tiene una fosa nasal. Y mea por la cola, como todos los satanás».[2]

Un debate sobre la teología y el ocultismo seguía en la novela, mezclado con una mención de la guerra entre turcos y austriacos, y el príncipe serbio dijo que su casa en Valaquia «siempre tuvo sus propias pequeñas brujas, pequeños satanás y vampiros, con quienes cenábamos». Sevast, a su vez, había admitido ser Satanás:

> «En cuanto al resto, Señor», concluyó Sevast, «puedes, por supuesto, entregarme a las autoridades espirituales cristianas y dejar que la corte de demonios y brujas se ocupe del asunto. Pero, antes de hacerlo, permíteme hacerte una sola pregunta. ¿Crees que tu iglesia existirá y será capaz de emitir juicios en trescientos años, como lo hace hoy?».
>
> «Por supuesto que sí», respondió Papas Avram.
>
> «Entonces demuéstralo: exactamente dentro de doscientos noventa y tres años, nos volveremos a encontrar, en esta misma época del año, para desayunar aquí en Constantinopla, y luego me juzgarás tal como lo harías hoy...».
>
> Papas Avram se rio, dio su consentimiento y mató otra mosca con la punta de su látigo.[3]

En la ficción del *Diccionario jázaro*, esa segunda cita entre el aristócrata serbio y Satanás tuvo lugar en Estambul en 1982. Dos años antes, en este lado de la realidad, en su conferencia en el Patriarcado de Jerusalén sobre los cuatro tipos de armenios de Anatolia, el Patriarca Shnorhk de Constantinopla había hablado de «100 familias islamizadas de Hınıs, en la provincia de Erzurum, que estaban esperando el momento oportuno para regresar a la Iglesia armenia». Había sido imposible encontrar una pista sobre ellos, por lo cual había decidido tomar el toro por las astas aventurándome a venir a estas tierras. Pero no era el momento adecuado para ir por ahí buscándolos, y mucho menos para que alguien se revelara como un armenio islamizado.

2
HINIS

Por casualidad regresé a Erzurum para el Ramadán de nuevo tres años después. Sin preguntar, un lugareño tomó mi pesado bolso de mis manos y lo cargó por mí mientras caminábamos por delante de la Gran Mezquita y pasamos por la Madrasa de los Minaretes Gemelos, con su cúpula cónica que recuerda de manera intrigante a una iglesia armenia, construida en 1271 y que supuestamente era un magnífico ejemplo de arquitectura selyúcida.[4] Colocó el bolso en el café donde esperaría a un contacto local que me llevaría a Hınıs, y se despidió de mí con un apretón de manos y palabras de bienvenida con espíritu jovial, que además de ser amable era notable para alguien que, supuse, ayunaba desde aproximadamente las tres de la mañana.

Los ánimos podían caldearse rápidamente durante el Ramadán. Estalló una pelea a puñetazos entre los camareros ociosos del café hasta que otro colega los separó, más o menos violentamente, a pesar de que uno de ellos había resultado victorioso, quien se unió a sus amigos con una sonrisa desafiante, mientras que el otro se retiró al rincón más oscuro del lugar, más cerca de mí, murmurando para sí amenazas e insultos. El café estaba abierto solo para recibir encargos que podían ser recogidos después de que el último *ezán* del día, hacia las ocho de la noche, anunciara el fin del ayuno. La sala estaba fresca y al menos el wifi funcionaba, pero mirar los dulces exhibidos que estaban vedados hasta la noche lejana ponía a prueba el temple de cualquiera, excepto el de aquellos de voluntad férrea.

Un compañero periodista que había contactado a través de una red social había aceptado recibirme y ayudarme en mi búsqueda. *Özkan* era kurdo. Cerca del día de Navidad me había enviado un video de él tocando *Sarı Gelin* en su guitarra, con sus hijas a su lado. En una imagen aparecía dentro de las ruinas de una iglesia armenia, posiblemente Surp Asdvadzadzin. Tenía que venir a Erzurum a recoger a su hermana y a su hijo que llegaban ese día de Alemania, donde vivían. Luego condujimos durante casi dos horas hasta Hınıs, a través de las montañas que se volvían misteriosas según descendía la oscuridad. Todavía había luz cuando pasamos por el puente Meğraked, o Suluk en turco, donde Kevork Chavush había muerto desangrado en 1907 y donde 149 armenios fueron arrojados a la muerte en 1915, incluidos los 38 familiares de Goryún, de Mush.

Me uní a la bienvenida para la hija en el hogar paterno. Tan pronto como entramos en el patio, me inundó una poderosa sensación de familiaridad que ni siquiera había sentido en las casas de algunos armenios islamizados: quizás era la forma en que estaba dispuesta la mesa y con platos con los que estaba familiarizado; el padre mayormente silencioso a la cabeza; la madre de mi contacto al servir o traer más comida de la cocina tan imperceptiblemente como una brisa, que en apariencia y modales me recordaba a mi propia abuela. Luego, cuando escuché que la hermana llegada de Alemania llamaba a su hijo «Mihrán», no tuve dudas.

«¡Mihrán! ¿Entonces sois armenio?».

«Los kurdos también lo usan», respondió Özkan, un poco intrigado. Por lo general, vestía una camisa polo, era delgado y su cabello era áspero, con aspecto de reportero descuidado, una profesión que no asumía. «Soy un reportero aficionado», insistía, a pesar de que hacía su trabajo de manera más que competente.

Era tiempo de elecciones en Turquía, y Özkan era el director de campaña del Partido Democrático de los Pueblos, prokurdo, o HDP, en Hınıs.

En la oficina de campaña, me presentó al bisnieto del jeque Saíd, el alcalde de Hınıs, y a su tataranieta, vestida con un hiyab de cuerpo entero, pero con la cara descubierta. Una figura seminal en la historia del nacionalismo kurdo, su antepasado había liderado una rebelión kurda en 1925, la primera contra la República de Atatürk. La religión, sin embargo, había jugado un papel prominente en el levantamiento, ya que el jeque Saíd y los otros jefes tribales estaban molestos por la abolición del califato por parte de Atatürk. Tras un guiño de Özkan, quien presentó al jeque Saíd como un defensor de los derechos de los armenios en la era otomana, sus dos descendientes dijeron que se había opuesto a su exterminio. Hınıs y sus aldeas circundantes tenían una población de más de 21 000 armenios antes del Genocidio. La mayoría de ellos fueron liquidados por los 600-700 bandidos reclutados por el comité de deportación encabezado por el jeque Saíd en 1915.[5] A pesar del nuevo discurso revisionista, el jeque Saíd había sido el jefe de la filial de Hınıs del Comité de Unión y Progreso, encargado del trabajo local del exterminio y la deportación de armenios.

La actual desconfianza y hostilidad que signaba las relaciones entre kurdos y turcos era una relativa novedad en la historia que se remonta al establecimiento de un Estado laico por parte de Atatürk. La República Turca eliminó, al menos en teoría, las leyes y privilegios islámicos el 3 de marzo de 1924. Hasta entonces, un pacto había unido a kurdos y turcos como hermanos en el islam desde la batalla de Chaldiran en 1514, en la que los emires (príncipes) kurdos dieron su apoyo a los otomanos sunitas contra los safávidas chiitas de Persia. Los kurdos recibieron un gobierno autónomo y el dominio sobre los armenios y otros cristianos en los territorios de Anatolia Oriental, además de los privilegios que los musulmanes disfrutaban dentro del imperio y que el jeque Saíd y sus seguidores no querían perder. A pesar del revisionismo oral practicado 100 años después para los visitantes, el antepasado de nuestros anfitriones era el último eslabón en los cinco siglos de alianza kurdo-turca. Al mismo tiempo, el jeque Saíd era el primer eslabón en el surgimiento del nacionalismo kurdo moderno, nacido de la reacción violenta, de inspiración islámica, de las tribus y sus temores sobre la creación de un Estado armenio en las provincias históricas, que en gran medida los había llevado a participar en el Genocidio, así como el botín de las propiedades y la riqueza de los armenios.[6] La eliminación de armenios de las provincias armenias occidentales y Cilicia fue la condición previa para la expansión del territorio de fronteras indefinidas que los kurdos en Turquía hoy llaman Kurdistán.

En la oficina del HDP había un joven líder del partido, con los ojos rojos de los insomnes y la expresión adusta de todos los que ayunaban durante el Ramadán. Su día había comenzado alrededor de las tres de la mañana para desayunar y luego se había dirigido a la mezquita para la primera oración durante el ayuno de un día, el *oruç*. Le frustraba que tomara notas en un alfabeto que no podía leer y lo dijo en voz alta, en mi presencia, a Özkan y a los otros miembros del partido sentados con nosotros, porque debían tener cuidado con las cosas que escribía y que ellos no podían leer. No hubiera hecho mucha diferencia si hubiera escrito en escritura latina en cualquier idioma que no fuera el turco. Su hambre y sed deben haber sido agudas en ese día de verano, pero el letargo resultante, como la embriaguez hosca, con una media sonrisa permanente, estaba poniendo a prueba la cordialidad. «Los kurdos masacraron a muchos armenios en 1915, ¿no?», preguntó, una apertura inusual de la conversación si uno quería hacer buenas migas. «Sí», respondí, esperando los lugares comunes habituales sobre la hermandad, arruinados por la política y los turcos maquiavélicos. En cambio, todavía con su media sonrisa, buscaba las expresiones de los demás, lo que me hizo preguntarme qué tipo de reacciones esperaba de ellos.

Un viajero armenio de Constantinopla había pasado por Hınıs en 1885. Manuel Mirakhorian la había llamado una ciudad convertida en un pueblo de 300 viviendas, atravesada por el río Aradzani. «En sus horas ociosas, los residentes pescan pescados de buen tamaño en el río antes mencionado, y a veces se los envían como regalos entre sí», había escrito. «Todo su comercio es con Garín, que está a dos días y medio o tres días de distancia hacia el noroeste».[7] Los tiempos de viaje se indicaban para la marcha a pie, que era habitual para los armenios en el Imperio otomano en los *vilayatos* orientales, e incluso hasta la década de 1960 en lugares como Sasún.

Fuimos a una cena del *iftar*, de ruptura del ayuno, organizada por el HDP para todo el pueblo de Xas. «El socialismo no nos ganaría un solo voto aquí, por lo que nuestros actos de campaña en estas tierras tienen que ser de este tipo», explicó Özkan sobre el proselitismo basado en la religión. Hasta el Genocidio, Xas era el pueblo armenio más grande en la llanura de Mush, con 300 familias y una minoría de musulmanes. Era tan atrasado en su día que, según Mirakhorian, «tenían una escuela que casi no tenían». Los tres barrios armenios de la aldea tenían cada uno una iglesia —Surp Sdepannos, Surp Talita, y Surp Yerrortutyun— y eran servidas por siete sacerdotes, «ninguno de los cuales ha admitido inspiración del presente siglo». Las mujeres del pueblo tenían una propensión a las artes de la adivinación, lo que al autor le resultaba lamentable, buscando averiguar las noticias y el futuro en el juego de cartas. Pero reconocía que tenían poco más para hacer, ya que rara vez escuchaban de sus esposos que habían estado emigrando en gran número a Constantinopla para mantener a sus familias en su ciudad natal.[8]

Özkan me presentó a un hombre de tres abuelos armenios, pero él no sabía nada de ellos aparte de eso. «No contaban y no les preguntábamos», dijo el hombre, que había conocido a dos de ellos: un abuelo que había muerto en 1967 y su esposa, que había fallecido unos años antes. «Cuando era niño, me enteré de mi origen armenio durante las peleas con los otros niños». Lo llamaban «*Ermeni pici*» («bastardo armenio»). Hace cuarenta años, en el pueblo, todavía usaban *ağçig* (la palabra armenia para «niña») como palabrota. «Nosotros, los kurdos», dijo el nieto de tres abuelos armenios, «usamos *ağçig* como insulto, pero eso es todo lo que sé». La etimología nos lleva a *ağiç*, que en armenio clásico significaba «virgen» y se usaba para la Santa Madre de Dios; en su cuarta acepción, significaba «diosa». También tenía sus variaciones corrompidas de significado, como la única que conservaban los ocupantes actuales de las antiguas tierras armenias, que usaban la palabra para describir a las mujeres ligeras.[9]

Otro lugareño de Xas cuya abuela era armenia intervino con una historia de una orden que atribuyó a Atatürk: todos los que sabían de los armenios restantes tenían que denunciarlos a las autoridades o disponer de ellos, bajo pena de prisión o algo peor. «Un gran *ağa* aquí conocía a un armenio que se había convertido en 1915, con quien se había hecho amigo e iban a cazar juntos a las montañas», dijo. «Este kurdo sintió miedo de conocer a este armenio y de no haberlo denunciado. En su siguiente salida fueron juntos a la montaña e hicieron el *namaz*, pero apenas terminaron la oración, el kurdo mató al converso». Luego, el hombre de Xas agregó: «Así era la vida de nuestros abuelos... Temían mucho». También dijo que Atatürk había sembrado la discordia entre armenios y kurdos.

El hombre también cuestionó las leyendas de que el jeque Saíd había protegido a los armenios: «No es cierto». Ahora un poco avergonzado, Özkan de alguna manera matizó el apoyo que el líder kurdo había dado a los armenios: «En realidad no protegió a nadie; no podía, pero dijo que las deportaciones debido a la religión de los armenios iban en contra de los principios del islam». El hombre de Xas refutó a Özkan, mencionando un incidente entre su familia y la del jeque:

«Uno de los hijos del jeque Saíd, Selahaddin Fırat, vino a nuestra aldea y se comportó de manera abusiva con mi abuela, quien le dijo a mi abuelo: "Me está insultando", por lo que mi abuelo fue a hablar en defensa de su honor, pero la encerraron». ¿Selahaddin la había insultado por mujer o por armenia?, preguntó Özkan. «Por armenia, hombre, por armenia», dijo. «La encerraron por ser armenia».

Pero entonces este hombre de Xas de lealtades inciertas me preguntó si los armenios tenían demandas territoriales de los kurdos. Me salvó la campana: «Es Aram Ararat», dijo Özkan, mirando su teléfono sonando. Aram Ararat era «un amigo kurdo que usa un nombre armenio». El kurdo de la abuela armenia partió, sin que hubiera respondido a su pregunta sobre las demandas territoriales superpuestas de kurdos y armenios.

Luego sentí escalofríos en mi columna vertebral cuando escuché anunciar mi nombre por los altavoces y me volví alarmado a Özkan, con mis latidos de corazón acelerados, mientras él hablaba por teléfono. Había visto hombres sin sonreír con las gorras blancas de *hajji* y su vista me resultaba tan ominosa como la de la policía, especialmente en el interior de Turquía. Özkan señaló que no había nada de qué alarmarse: mi nombre había sido leído por los altavoces por huésped de honor.

Regresamos a Hınıs flanqueados por montañas que oscurecían, al son de los jingles electorales de Selahattin Demirtaş a todo volumen durante dos horas en el coche. Venían en cuatro idiomas: turco, kurmancî, zazaki y armenio, así como aquellos dirigidos a diferentes grupos de votantes, incluido uno de una voz femenina seductora que entonaba el nombre del candidato presidencial del HDP. El coche ahora se adentraba en la oscuridad total a velocidades lunáticas que yo atribuía a la tortura musical, pero seguramente llegaríamos antes de lo esperado a Hınıs o a otro lugar. Las ventanas laterales de la parte trasera habían sido cubiertas con carteles de Demirtaş, así que no tenía más remedio que mirar a través del parabrisas los faros de los vehículos que se acercaban a nosotros y volaban a nuestro lado en segundos.

Después de regresar de Xas nos sentamos a tomar un té en una mesa en la calle, delante de una casa de té con ventanas revestidas de carteles de Demirtaş. Halk Kasabı (El carnicero del pueblo) estaba al lado de la casa de té. Una cabra inmaculadamente despellejada colgaba en la vidriera, su carne roja y su grasa blanca realzadas en el blanco muerto de la iluminación fluorescente, con ojos congelados en orbes aterrorizados. Delante de la carnicería, brillante e higiénica como una morgue, tres hombres bebían el té, sentados en pequeños taburetes bajos. Dos de ellos eran padre e hijo, y lo parecían. Muchos transeúntes se detenían para saludar al padre, algunos de ellos besando su mano y todos llamándolo por el título honorífico de «Hoca», porque había sido maestro. Eran los carniceros, y armenios, pero no eran accesibles, dijo el conductor.

Le pedí a Özkan que me confirmara: «¿Es un fascista?». No lo diría. «Es un pragmático». ¿En qué sentido? «No es una buena persona». Pero, como me interesaba hablar con él, Özkan se acercó al hombre y le besó la mano. Audiblemente para mí, dijo: «Hoca, un amigo mío está de visita de Nueva York, es de origen armenio y está escribiendo un libro sobre los armenios en Turquía». El hombre armenio y, un poco más perezosamente, su hijo se volvieron para mirarme, examinándome con ojos pequeños a través de anteojos gruesos, versiones recíprocas uno del otro, uno de la juventud y el otro de la vejez.

El conductor kurdo, que me había devuelto a la vida, me había dicho que el maestro-carnicero era un armenio convertido, y por esta pequeña pepita le perdoné mentalmente por su velocidad criminal al volante. Mientras Özkan hablaba con el maestro-carnicero, el conductor me dijo que Özkan también era armenio. «Me dijo que es kurdo», respondí. ¿Tal vez su abuela era armenia? No, no, él era armenio por parte de su padre.

«¿Estás seguro?».

«Cien por ciento: todos nos conocemos en Hınıs».

Me quedé atónito: Özkan me había acogido, me había presentado a sus padres, hermanas e hijos, pero no había habido ningún indicio de ello, excepto por una vaga sensación de familiaridad en la mesa, la composición indefinible de personas y objetos, una cierta forma de ordenar las cosas y el lenguaje corporal que podíamos reconocer sin estar seguros por qué. Tal vez era cómo las costumbres habían viajado a través del tiempo y el espacio, como era el caso de la casa del *danuder*, el paterfamilias armenio, como tantos que había visto. Ahora los otros dos miembros del HDP se reían. Özkan regresó y me dijo que me olvidara del maestro-carnicero, y el conductor le dijo a Özkan que lo compensara y me diera más información «más cerca de casa». Özkan se prestó a la broma y se echó a reír, y no lo negó ni lo confirmó. No pronunció palabra. Inicialmente había atribuido el aire de misterio que lo rodeaba a un rasgo de personalidad, de un hombre que era introvertido. Sin embargo, ahora sospechaba que respondía a una decisión calculada. Nada hubiera sido más lógico que negar que era de origen armenio, aunque solo fuera por mi bien. ¿Por qué no lo refutaría, después de que pasara la broma, si en verdad era una broma? No podía, si sus amigos alrededor de la mesa sabían la verdad: era la única explicación que encontraba ligeramente plausible, descartando las demás como aun menos convincentes. Y, de hecho, no lo refutó, después de que la broma y las risas habían pasado.

Un hombre barbudo con una cabellera entrecana de Beethoven, de elegante traje *beige*, se acercó a nuestra mesa. Después de un saludo algo ceremonioso, se sentó a mi lado. Sus dos abuelas eran armenias. Me estrechó la mano sin presentarse. «Özkan me dijo que usted está escribiendo sobre los armenios ocultos». Él no sabía mucho, y probablemente yo podía suponer por qué, dijo: el miedo, la renuencia a hablar y, agregó un factor novedoso, la indiferencia de los turcos se les había contagiado: «Nos hemos vuelto semejantes a los turcos». No lo sabían y no les importaba.

«Mi abuela paterna se casó con su salvador kurdo», dijo. «Nunca dijo una palabra: había visto a sus tres hijos asesinados en el Genocidio». Eso era todo lo que sabía de ella. Luego recordó a un vecino armenio de la década de 1960, llamado Avedis Komu.

También sabía de un kurdo local llamado Mahmut Kalé. Todos en la mesa asintieron a sabiendas, incluso Özkan, con una expresión inusualmente sombría. Algunos pensaban que se llamaba Ahmet, pero finalmente todos coincidieron en que era Mahmut. Özkan lo recordaba como un hombre alto de barba tupida

«Cuando éramos pequeños, Mahmut Kalé nos contaba historias de cómo había masacrado a los armenios», dijo el maestro de cabellera de Beethoven. «No me malentiendan, pero no era un hombre malvado: hizo lo que pensó que era su deber; eran tiempos de guerra». El maestro no se refería al exterminio de 1915, sino a la guerra ruso-turca de 1915-1917 justo después de que los armenios de estas tierras fueron exterminados, combinando eventos y fechas. Este equívoco, dicen mis notas, me molestó. Pero le había rogado al maestro, que estaba cargado de energía nerviosa, que siguiera contándome la historia de Mahmut Kalé; su mote de *Kalé* era un título honorífico que significaba «Grande».

Mahmut Kalé contaba a los niños de Hınıs que había matado a armenios con su espada y que había abierto el vientre de una mujer armenia embarazada, matando tanto al bebé por nacer como a la madre. Los pequeños también escuchaban cómo había empujado a hombres, mujeres y niños armenios a las gargantas de las montañas de Erzurum. «Estos acantilados eran tan altos que no oíamos el sonido de los cuerpos que golpeaban el suelo; tan altos, que no veíamos la sangre derramada de los cadáveres», relataba a los niños.

«Ese es el tipo de personas que somos», dijo el maestro, mientras la rabia se acumulaba lentamente en él. Se negó varias veces a decirme su nombre a pesar de las garantías de anonimato. Le gustaría presentarme al maestro-carnicero armenio que continuaba charlando con su hijo, mientras la procesión de residentes de Hınıs presentaba sus respetos. «Pero no me atrevo a hacerlo», explicó el maestro: «No me gustaría intercambiar ni una sola palabra con ese armenio que se ha convertido en kurdo, y un kurdo que se ha convertido en turco, que es más fanático que los turcos y más fascista que los fascistas, y si vamos a hablar con él nos denunciará a la policía».

Esa noche en la casa de Özkan le dije que yo actuaba con la premisa de que respetaría el anonimato de todos, que se podía confiar en mí. «Pero ahora entiendo por qué sentí una familiaridad instantánea cuando entré en el patio de vuestro hogar paterno, por qué me recordaba mi propia casa y por qué su madre me recordaba a mi abuela». Eran las dos de la mañana pasadas y Özkan estaba actualizando su sitio web de noticias desde su escritorio en la habitación de sus hijas. Sus ojos, bajo gruesas cejas y una gran frente, se llenaron. Lloró en silencio, sin limpiarse los ojos, durante cinco largos minutos de dolor mudo.

Y luego se puso de pie y regresó a la computadora para continuar su trabajo: «Está bien, hablaremos». Una hora más tarde reanudamos la conversación, en medio de paredes rosas y los sonrientes personajes de Disney en los estantes y sábanas de la habitación de sus hijas. Pensaban que eran kurdos que originalmente habían venido de Irán, y el nombre de su abuelo era Esad. «Soy kurdo, y lo que nuestro pueblo hizo al vuestro es imperdonable». La hermana de su padre estaba casada con un armenio, pero sería imposible hacerlo hablar. Él también, como el maestro-carnicero armenio, era lo que Özkan llamaba un «pragmático». Este hombre no admitía que fuera de origen armenio. También insinuó que el hombre estaba a la derecha de la política en Turquía, cerca de los extremos más lejanos del islamismo y del nacionalismo.

A juzgar por el estado de los zapatos de Özkan, tenía una vida social muy activa. Los zapatos se parecían más a zapatillas con los talones muy arrugados de quitárselos y ponérselos de nuevo, como indicio de las muchas casas que visitaba. Todos, incluidos los invitados, se quitan los zapatos, porque el piso de la casa en Turquía es casi tan sagrado como el de una mezquita, especialmente en el Este. «La gente dice todo tipo de cosas sobre mí, que soy armenio, que soy aleví, porque soy un hombre de izquierdas y tolerante». Parecía creíble y le creí.

Entonces me desperté sin estar convencido. A la luz del día, su moderno apartamento en las afueras de la ciudad era desconcertante en el sincretismo de su decoración sacra. Las paredes estaban compartidas por una *sura* enmarcada en letras doradas, como las que se encuentran en los hogares sunitas, y un retrato de Ali, el imán más venerado de los alevíes, pero no había ningún icono del socialismo que profesaba. Tenía la atención curada de una oficina pública en lugar de un hogar, especialmente los que había visto en Turquía, donde las fotos familiares abarrotaban todos los estantes posibles. Ni siquiera había un retrato del poeta Nâzım Hikmet o una cita suya, un elemento obligatorio en las casas de izquierdistas en Turquía.

Había algo indefinible que diferenciaba a Özkan del resto de la población kurda de Hınıs, y ello lo hacía más familiar para mí. Parecía estar ocultando algo, una impresión que tal vez era reforzada por sus ojos hundidos en cuencas profundas. O tal vez era su estilo neutral de conversación. Incluso para un operador político, había un manto de enigma sobre él. Entonces recordé que en las paredes blancas del patio de su casa paterna había un martillo y una hoz cuidadosamente pintados en rojo. No probaba que fueran armenios, pero en el sincretismo ecléctico de todo «había algo torcido», como Emin bey había dicho de su casa familiar en Diyarbakır, creciendo sin saber que eran armenios.

No parecía haber ninguna razón para refutar que era armenio. Sin embargo, una amiga de Estambul a quien le conté sobre el enigma de Özkan preguntó, sin conocerlo, si estaba en política. «En verdad, pero está en el HDP», dije, que era un partido en el que esta amiga también militaba. «Entonces, por supuesto, negará que es armenio en un lugar como Erzurum». El conocimiento público de su origen armenio arruinaría la carrera de un político. Esta amiga me contó el caso de un político muy conocido con rumores en torno a su identidad, hasta el punto de que en una recepción la esposa de Erdoğan no había podido resistirse a preguntarle por su *memleket* (ciudad natal). Era un eufemismo para preguntar sobre la nacionalidad, ya que ella sabía perfectamente de dónde era este político en Turquía. «Disculpas, soy turco», había respondido este político, parodiando la negación del entonces primer ministro Erdoğan de que era de origen armenio, disculpándose por ello. Los Erdoğan habían celebrado la ocurrencia. Pero este político había admitido a un estrecho círculo de miembros del partido que de hecho era de origen armenio.

En el desayuno, conocí a la joven esposa de Özkan, el único pañuelo en la cabeza echado atrás y atado libremente al final, con los mechones libres, como había visto entre las mujeres alevíes en Dersim y las armenias en Sasún. En su conversación y modales despreocupados, carecía del rigor que era más común entre las mujeres sunitas en el este profundo de Turquía, especialmente en presencia de un hombre desconocido.

El apartamento de Özkan y las breves instancias que había visto de su vida pública tenían las apariencias de un disfraz. ¿Había cambiado algo desde la alentadora correlación que siguió a mi primer contacto con él un año antes? Seguramente podríamos hacer cosas en Hınıs, había dicho. Tal vez era, en verdad, un kurdo que amaba las ruinas de las iglesias armenias, a juzgar por sus fotos dentro de ellas. O tal vez el camuflaje era una costra externa del miedo, nuestro sentimiento primigenio, nuestra primera sensación cuando llegamos a la vida, alertándonos sobre los depredadores, reales o potenciales, que nos rodean.

3
BAYAZET

Los dos jóvenes de Sülüklü Han en Diyarbakır que no tenían dirección de correo electrónico, teléfonos celulares ni cuentas de Facebook me habían dado la información de contacto de un guía turístico en Bayazet, a quien creían armenio. Así era como se recogía información para las partes más remotas de Turquía, como los observadores de aves que intercambiaban informes de avistamientos de ejemplares que podrían, o no, ser de una especie rara.

Me reuniría con *Melih* en el Hotel Ararat, un alojamiento con sencillez hogareña propiciada por las alfombras, el té negro vertido en vasos de lágrima y las voces de montañistas que hablaban en inglés nativo o adquirido, en una babel de acentos y melodías. Una pequeña bandera armenia, la única que había visto en un espacio público en Turquía, estaba en el estante superior de un gabinete en la parte posterior del vestíbulo, la tercera desde la izquierda después de las banderas de Estados Unidos y Eslovaquia. Bayazet, o Doğubeyazıt como se la llama en Turquía, era una ciudad estéril y fría, una paleta de pasteles que a menudo se difuminaba en grises, como la mayor parte de la geografía a lo largo de la frontera con Armenia.

Jérôme, un viajero francés con el que había compartido un par de viajes por el Este, se unió a mí para la entrevista con Melih, quien, en verdad, sospechaba que era de origen armenio, a pesar de que no logró recordar quiénes podrían haber sido los dos jóvenes de Diyarbakır. La corazonada de Melih había ido creciendo durante años de viaje entre la ciudad y las montañas, guiando a grupos de escaladores. «En este momento, esto es territorio kurdo», dijo, pero observó que lo único común entre la ciudad y la montaña era el idioma:

> Lo que descubrí es que la gente que vivía en la ciudad de Bayazet se veía diferente a la que uno conoce en los pueblos de montaña: en fisonomía, tradiciones y vida doméstica, las familias son completamente diferentes; en todos los sentidos, estilo de vida, ropa, tez. Por ejemplo, la comida que tenemos en Bayazet. Existe este *köfte*, un tipo de albóndiga, que se encuentra en Ereván y que ahora todo el mundo aquí afirma que es kurdo, pero no lo es. Su nombre es *abdigör* aquí. Inventaron una historia de que un cocinero preparó este *köfte* para el pachá, y su nombre era Abdi, y su esposa dijo: «Mira Abdi —*Abdi gör*, en turco— qué sabroso», y lo llaman *abdigör*. Pero solo digo esto para señalar que todo el mundo aquí ahora está tratando de pasar por kurdo porque esto es Kurdistán. Los habitantes de la ciudad de las familias más antiguas se llaman *vayizdi*, que en kurdo significa «la gente de Bayazet». Mi familia es *vayizdi*. Muchos *vayizdis* dicen que son kurdos, pero los kurdos dicen: «Ustedes no son de los nuestros». Pero tampoco somos turcos, o eso dicen los turcomanos de Bayazet: «Ustedes no son de nuestro pueblo».
>
> Cuando entré en Armenia desde Georgia, en mi viaje por tierra, me invadió una sensación de expectativa. Pero me impresionaron tres aspectos de la vida allí: las relaciones familiares y cómo se tratan entre sí; las casas, y la forma en que están dispuestas; y la comida. Entre los kurdos es diferente: no puedo explicarlo, pero es diferente. En Ereván, la casa estaba más prolija y ordenada; había libros en la casa y cosas para leer; nosotros, los *vayizdis*, somos exquisitos con la comida como lo son los armenios; como ellos, en nuestras familias siempre tratamos de poner la comida

más selecta en la mesa, comiendo platos diferentes todos los días. Entre los kurdos no es así. La otra cosa era la ropa: su estilo es diferente. En Ereván, vi a hombres trabajando en una calle, una de esas calles laterales cerca de Mashtots, y este grupo de trabajadores se parecía a los hombres aquí en Bayazet; la forma en que se veían y hablaban, sus acentos; puedo decir en un 70 u 80 por ciento que mi familia es armenia.

Melih y yo habíamos discutido la posibilidad de una prueba de ADN, que él había acogido con agrado; pero, mientras sacaba los juegos del examen y los hisopos, Jérôme y yo intercambiamos miradas que nuestro interlocutor debe haber notado: «Si todo lo que estoy diciendo no es convincente, todavía estoy pensando por qué nadie nos acepta, a los *vayizdis*, como parte de ellos: no sé qué pasará si la lucha entre kurdos y turcos llega aquí, porque diría que a pesar de que muchos se han ido, todavía alrededor del 20 por ciento de la población aquí en Bayazet son personas como yo, *vayizdis*». Había un ligero desfase entre la entonación y el énfasis que pretendía darle, algo a lo que estamos expuestos cuando hablamos un idioma aprendido, pero debajo de su monótono fluido en inglés se agitaba el ansia. En toda Anatolia, la guerra en Siria y la barbarie del Estado Islámico eran vistas como portentos de lo que esperaba a Turquía. Si no abordaba las demandas kurdas, el país podría descomponerse.

En Noyan Tapan, una de las librerías más grandes de Ereván, Melih había comprado un diccionario para aprender armenio, o al menos algunas palabras: «Cuando salí de la tienda, una anciana se acercó a mí y me dijo: '*dığa jan*', y quedé completamente sacudido».

¿Qué sería impactante de «querido muchacho»?, le pregunté, sospechando que la conversación estaba tomando un curso errático.

«Bueno, estaba completamente sacudido porque siempre escuché eso de mi abuelo».

Entonces era probable, estuve de acuerdo, que su abuelo fuera realmente armenio.

Lo metafísico se mezclaba con lo mundano en la conversación, de la misma manera que lo hacían la ironía y los presagios:

> Siempre decía esto, «dığa jan», y luego escuché a la gente usar otras palabras que me recordaban el habla de mi abuelo, pero me había olvidado de eso y, sin embargo, tenían un timbre familiar, porque mi abuelo usaba estas palabras extrañas todo el tiempo. Solo cuando esta anciana se dirigió a mí así, finalmente lo recordé. Había estado buscando el significado de esta palabra, «dığa jan». Pensé que era una palabra.
>
> Mi abuelo tenía un nombre islámico, Mahmut. Pero hay un truco en la ciudad para distinguir a los kurdos de las generaciones anteriores de los que no lo son. En la tradición kurda, hay que recitar los nombres de 15 generaciones de linaje paterno. ¿Sabes cuántos siglos suman 15 antepasados? Pero, mira, la gente en la ciudad de Bayazet no puede ir más allá de seis o siete generaciones y luego paran. Lo más que he escuchado a lo que pueden remontarse es a siete. Yo solo conozco cuatro. Siempre es algo así como «Mahmut, Abdullah, Ahmet, Mehmet». Ese es el caso de mi familia, también: pero siempre son los mismos nombres musulmanes comunes entre los *vayizdis*, y rara vez va más de cuatro generaciones atrás. Este tipo de cosas me hacen pensar.
>
> Había un tiempo en que nos enojábamos, porque mientras crecíamos los aldeanos, los kurdos, nos decían: «No sabéis de dónde sois». Preguntábamos a los mayores, y mi padre nos decía que veníamos de Konya, pero mi tío decía que veníamos de Esmirna, y mi abuelo decía que veníamos de Irán.
>
> Esta es mi creencia: después de todas estas cosas que veo, nuestras familias, nuestros abuelos sabían que éramos armenios. Lo *siento*. Tenían demasiado miedo de decirlo. Tenían miedo de que los niños salieran y lo repitieran, y que sus vidas fueran destruidas. Como hablaban turco, kurdo fácilmente, protegían a sus familias de esta manera. Cambiaron su religión al islam y veíamos que lo practicaban. Pero ni siquiera les contaron a sus hijos sobre su origen, y por eso no sabemos quiénes somos.

Los *vayizdis* de la generación de mi abuelo eran en su mayoría comerciantes y artesanos, pero si tenían algún rancho, criaban ganado, vacas, mientras que los kurdos pastoreaban cabras y ovejas, como todavía lo hacen.

Algunas personas dicen que el Genocidio fue motivado étnica o racialmente, pero no creo eso. Era religioso. Exterminaron a los armenios porque eran cristianos, porque no eran musulmanes. Escuché esto de personas mayores en Bayazet, que tenían 70 u 80 años, hace unos 20 años. Me dijeron que en ese momento los mulás decían que si decapitabas a siete armenios irías al cielo. La gente corría para hacer esto: estaban tan locos que hacían todo lo posible para matar armenios, corriendo por las calles con cuchillos y hachas.

También recordó una palabra que sonaba como *tovarishch*, o «camarada» en ruso. Era «el idioma extraño» que hablaba su tío, generalmente el segundo idioma de los armenios de la República, pero muy raramente el de los kurdos en esta zona. «Mi tío y mi padre son hermanos de sangre nacidos de los mismos padres, pero tienen apellidos diferentes», una anomalía que no explicó.

Se trata del nuevo Bayazet; la ciudad vieja estaba en algún lugar cerca, pero ya no existe. En mi familia se cuenta la historia de que siempre hemos vivido en la ciudad y que no teníamos problemas, que los kurdos estaban en los pueblos de montaña; que en la ciudad había armenios, algunos azeríes y muy pocos turcomanos. La mayoría eran armenios en el centro de la antigua Bayazet. Todavía tenemos un pueblo llamado Noraşen, y ahora tenemos un pueblo aquí llamado Zengezur, e incluso pusieron el letrero, y sabemos que la gente allí es como yo, como los *vayizdis*. Su estilo de vida es urbano. Aquí en la ciudad llamaron una calle Zengezur, también, después de que el partido BDP ganara las elecciones, porque los kurdos también usan ese nombre armenio.

Reconozco a los *vayizdis* con solo mirarlos en la calle. Algunos pueden pensar que son de origen armenio. Pero la mayoría son asimilados. Puedo decir que soy el único cristiano en mi familia. Me bauticé en Estambul en la Iglesia Adventista del Séptimo Día, una denominación evangélica. Lo elegí. Leí sobre la Biblia, hace 15 años, cuando tenía 22 años, estaba tratando de encontrar mi camino, tratando de encontrar a Dios: a veces eres elegido por Dios y Él envía la inspiración del Espíritu Santo a su manera. A veces, vienen extranjeros aquí: era difícil encontrar este tipo de libros aquí en Bayazet. Solo encuentras libros del islam y sobre el islam. Así que les pedí que enviaran estos libros desde el extranjero, o también desde ciudades más grandes como Estambul o Antalya. He conocido a personas de las iglesias, misioneros que estaban en gira. Realmente leí y descubrí que esta es la verdad. Y decidí la Iglesia Adventista del Séptimo Día porque era mucho más fácil de explicar a mi familia. Porque los cristianos comen carne de cerdo, y los adventistas del séptimo día ni siquiera comen carne. No es un requisito, pero es la idea de Ellen White.

En su mayoría lo mantengo en secreto. Nadie sabe aquí cuál es mi religión. Lo mantengo en secreto por mi seguridad. No es realmente algo que quieras proclamar desde todas las ventanas por aquí. Mi familia ahora lo acepta; al principio estaba realmente molesta, pero ahora lo acepta. Mi hermano mayor es ateo. Antes de eso, era un islamista radical, pero luego cambió por completo: conoció a una mujer japonesa, se casó con ella y se mudó a Japón. Estoy feliz por él, y también por mi familia, de que se haya ido, porque era un alborotador. Nació después de seis años de matrimonio, por lo que mi familia era muy cariñosa con él. Luego nací cuatro años después. No estoy en contacto con él. Somos cuatro hermanos.

Mi hermano menor tiene 31 años y tiene problemas psicológicos, por lo que realmente no puedo hablar de religión o de los orígenes de nuestra familia con él. El tercer hermano es un espíritu libre, y lo abraza todo, una persona muy liberal, y nos la pasamos bromeando. Tenemos una buena relación. A veces bromeamos, me llama: «¡Oye, mi hermano armenio!», y nos reímos mucho, porque mi padre se enfurece cuando me escucha conjeturar sobre eso. Ya sabes, en esta ciudad es malo ser armenio o decir que lo eres. Es una mala palabra.

«¿Incluso entre los kurdos?», pregunté.

«Entre todos, incluso entre los armenios que no saben que son armenios...». El futuro era sombrío si sus presagios se volvían proféticos y se realizaban:

> Si ISIS llega aquí, llevaré mi familia a Ereván. Solo espero y rezo para que la frontera se abra, así compro una casa allí. Mi esposa no es cristiana: su padre es de Kars, una mezcla de azeríes y turcomanos, y la madre es kurda de Bayazet. Se enfureció cuando se enteró de que me había hecho cristiano, pero ahora está en el término medio, camino a convertirse en una. Solo se lo dije seis o siete años después de bautizarme. Le leo la Biblia a mi familia, tengo libros sobre la fe que ella hojea cuando está aburrida, cantamos himnos junto con mis dos hijos. Mi hijo tiene 12 años, y mi hija, diez. Sé que, cuando crezcan, estas enseñanzas dejarán una marca en ellos. No he discutido nuestro posible origen armenio con ellos porque tenemos este problema turco-kurdo aquí, y no quiero involucrarlos en problemas raciales diciéndoles que son armenios. Necesitamos más tiempo para explicar esto.
>
> «Armenio» aquí sigue siendo un insulto, pero algunas cosas han comenzado a cambiar un poco. Los jóvenes no usan ese lenguaje y tampoco se molestan. Pero la generación anterior todavía lo hace. Es una especie de tradición. Aquí no lo es tanto. Pero si vas a las ciudades turcas es peor. Guío a muchos grupos de montañismo, al Ararat y otras montañas. Estábamos escalando las montañas Kaçkar en el mar Negro, yo guiaba a un grupo de 16 personas de Francia, y estábamos hablando en inglés. Finalmente llegamos a la cumbre y el clima era tan agradable que algunos venían conmigo, otros eran más lentos, y en nuestro descenso había un lago a una altitud de 3200 metros llamado Deniz Gölü. Antes de llegar allí, le dije a la gente que esto era fácil y que no me necesitaban, e iría al campamento a preparar sopa y algo de comida. Cuando llegué allí, un grupo de escaladores turcos estaba comiendo y me invitó a tomar una copa, y compartió su comida y bocadillos. Había seis personas, y una era muy agradable. Había un tipo en un rincón que me preguntó de dónde era. Un sentimiento poderoso me venció, no sé por qué ni de dónde, y

> dije: «Soy de Ararat». Nunca me había pasado antes. Eso destruyó todo: el estado de ánimo, la camaradería. «¿Eres armenio?», me preguntó de una manera que parecía que me iba a golpear. Y dije: «Podría serlo». Pero siempre necesitas usar muy bien tu cerebro. Hay una razón por la que Dios te lo dio. Y ellos son seis y tú eres uno, y tienes un grupo de franceses contigo.

Jérôme, el francés, intervino: «Los franceses eran 16, podías ganar la batalla». El guía sonrió:

> No creo que lo entiendas. Luego me reí y pregunté: «¿Cuál es la diferencia entre armenios y turcos?». El bueno entre ellos estaba tratando de calmar a todos, pero el otro seguía siendo desagradable, haciendo preguntas para ponerme a prueba. Estos tipos eran de Ankara. Dejé mi té sobre la mesa y dije que tenía que verme con los franceses. Un tipo entre ellos lamentaba que hubiera terminado así, pero algunos de los otros estaban felices por la maldad, y cuando los visitantes franceses se acercaron, me vieron con la moral destrozada y me preguntaron qué había pasado. Les expliqué: «Hay gente estúpida que por este nombre, Ararat, te odiaría». Puedes ser asesinado por una palabra aquí.

Interesante y a veces fascinante por los datos sobre la composición de la población de Bayazet, incluidos los intrigantes *vayizdis*, la conversación con Melih me había dejado intrigado sobre sus orígenes. Algunas personas, me habían advertido en Turquía, contaban lo que pensaban que su interlocutor quería escuchar, no tanto con la intención de mentir como para complacer a un invitado. Este parecía ser uno de esos casos. Jérôme tampoco había estado inicialmente convencido, pero sentía que la credibilidad de Melih había aumentado conforme progresaba la historia, incluso si para mí el punto culminante había sido el vocativo de *dığa jan*, o «querido muchacho» con el cual su abuelo se dirigía a él. Pero la historia sobre el Ararat y el turco malvado era demasiado típicamente estereotípica como para ser tomada al pie de la letra. Los resultados de las pruebas de ADN se conocieron casi medio año después, mostrando que Melih era de origen armenio.

4
SARIKAMIŞ, KARS Y ANI

Un amigo de Ankara me había presentado a una exnovia, de cabello negro que fluía libremente y pestañas largas que suavizaban sus ojos. La pareja todavía estaba en buenos términos, pero una de las razones que habían causado su ruptura había sido un viaje a Mardin, la ciudad ancestral de la familia de mi amigo, donde su obsesión con la arquitectura de las antiguas casas armenias la había aburrido hasta enfurecerse. Antropóloga, *Ariya* estaba interesada en la gente viva, que respiraba: «Las piedras no hablan». Las piedras también hablaban, su entonces novio había respondido. También habían tenido una discusión más seria: «Esto puede ser Armenia Occidental», dijo ella, «pero ahora es Kurdistán». Era así, su novio había respondido, porque los armenios habían sido exterminados. Si los kurdos fueran aniquilados, Kurdistán también desaparecería.

Sin decírselo a mi amigo, también yo me había embarcado en este proyecto movido por un espíritu similar al de Ariya, buscando los restos vivos de los armenios en lugar de hundirme en la melancolía de contemplar ruinas o propiedades saqueadas. Un comentario en este sentido me había valido una vez una amarga reprimenda del editor de *Agos*, Sarkis Seropyan, a quien me había acercado en busca de contactos en las provincias armenias occidentales.

Seropyan había comenzado a escribir una lista de iglesias y sitios históricos, explicándome los detalles de la construcción tradicional armenia, sobre la cual abundó con meticulosidad abnegada, con adenda verbales, por así decirlo, refiriéndome a bibliografía o autores para cada iglesia o región. «No, quiero escuchar las historias de la gente, no vine por ruinas y piedras». Enfurecido, algo que le ocurría a menudo cuando hablábamos, se había puesto colorado y había levantado la voz, una sucesión de etapas que había llegado a conocer bien, mientras sacaba su libreta de bolsillo llena de pequeños memorandos y tarjetas que llovían sobre su escritorio: las «piedras» en Turquía a menudo tenían más historias que contar que la gente, pero hacía falta un alma fina y una mente aguda para escucharlas, me había dicho con su voz de bajo, con esa mezcla de sarcasmo y frustración paterna que suscitaba en él cada vez que no estábamos de acuerdo, tras lo cual naturalmente me prestaba el apoyo que había buscado.

Muy a mi pesar, apenas tenía tiempo limitado y menos recursos, y para mi proyecto necesitaba entablar largas conversaciones que con gran frecuencia producían poco o nada. Sin embargo, valoraba los fragmentos de testimonios que rescataba como equivalentes a fragmentos de inscripciones. Ariya tenía una pequeña historia de este tipo y yo quería ver si la podía reconstruir.

En el verano, su familia solía acampar en los campos de pastoreo del monte Ararat. La primera semana de julio jugaban juegos que consistían en mojarse unos a otros con cubos de agua. Las vacaciones familiares en la *yayla* habían menguado a mediados de la década de 1960 y también lo había hecho esta costumbre, desconocida para turcos y kurdos, pero que era una parte central de la celebración armenia de Vartavar, una tradición pagana que ha sobrevivido hasta el segundo milenio de la era cristiana. De hecho, Ariya, con quien me reuní en Ankara, sabía que su familia había venido al menos dos siglos antes de lo que ahora es la capital de Armenia. La mayor parte de su familia era kurda, pero no descartaban un posible origen armenio: habían emigrado de Ereván en la década de 1870 a la aldea de Alakilise, cerca de Sarıkamış, en la provincia de Kars. Las escasas menciones de este pueblo se refieren a los enfrentamientos durante la guerra turco-armenia de 1918: los ultranacionalistas turcos acusaban a los armenios de masacres y saqueos. Parte de la familia de Ariya que se había ido de Kars estaba en el ala de extrema derecha de la política turca.

Alakilise había sido fundada por cinco de sus antepasados, después de haber emigrado de Ereván. El apellido de uno de los cinco fundadores era Kazanjian, un pariente de Ariya por parte de su madre. En nuestra conversación, dijo que su abuela solía decir que los rusos y los armenios habían entrado en la aldea en la guerra, y que había habido «muertes». No dijo con palabras lo que estaba diciendo con sus ojos, una alusión oblicua a las atrocidades contra los musulmanes. Aun así, Ariya accedió a ponerme en contacto con un primo que todavía vivía en Sarıkamış.

En una curva del autobús en una mañana fresca, el monte Ararat apareció de pronto como una visión a la izquierda, sobre una llanura ancha y verde, bañada por el resplandor del sol naciente, en colores brillantes como la laca. La aparición duró segundos, pronto extinguida detrás de los riscos que flanqueaban el camino. La geografía se sentía familiar para cualquiera que hubiera estado en la República de Armenia, a solo una hora en coche a través de la frontera cerrada. Había sido bloqueada por Turquía en solidaridad con Azerbaiyán por el conflicto por el enclave de Nagorno Karabaj.[10]

El otoño acababa de comenzar, pero la débil luz del día y el frío de Sarıkamış sugerían el inicio del invierno. Los transeúntes eran pocos y apenas aparecían uno o dos cada tanto, envueltos en abrigos. Los edificios de apartamentos modulares estaban separados entre sí por filas de tiendas a nivel de la calle, en verdes pálidos y marrones como vegetación marchita, en calles azotadas por el viento. Por alguna razón, todas las ciudades fronterizas se asemejaban. Pasaron una decena de escolares sosteniendo una enorme bandera turca desplegada, animando la escena con colores que no enternecían mi corazón. La precursora de la bandera turca moderna puede haber sido una bandera blanca empapada en sangre que el sultán Murad I dio a sus hombres tras la conquista de Adrianópolis en el siglo XIV. Los otomanos habían puesto fin a la eritrofobia, un miedo al rojo, en el islam.[11] Hasta entonces, el rojo tenía principalmente un valor negativo entre los musulmanes, ya que estaba asociado con la sangre y el Imperio bizantino cristiano, donde solo los emperadores tenían derecho a usar zapatos rojos: el cadáver del último, Constantino XI, fue reconocido delante de una puerta de la ciudad por su calzado distintivo cuando Constantinopla cayó en manos de los turcos en 1453.[12]

Los abanderados estaban seguidos por la banda de la escuela, con tambores e instrumentos de viento, vestidos como porristas estadounidenses. Marcharon frente a la casa de té donde esperaba a mi contacto. Había wifi en este lugar, pero por lo demás había sido olvidado por la modernidad y era tradicional hasta el más mínimo detalle del retrato amarillento de Atatürk y una estufa que irradiaba su calor centenario, con un tubo que atravesaba el techo y, presumiblemente, terminaba en una chimenea. A pesar de la sombría tristeza de las paredes y las calles de esta ciudad, la gente era vivaz y amistosa incluso con los visitantes armenios, no incuriosa, pero sin la curiosidad agresiva que era común en Erzurum.

Ildir, el primo de Ariya, aún se demoraba, por lo que salí a hacer una llamada telefónica. «¿Ildir bey?», grité por teléfono porque la señal era mala. «¿Sí?», vino la respuesta del dispositivo y de un hombre que caminaba hacia mí, con una sonrisa debajo de sus bigotes envolventes. Era un hombre de la más amigable predisposición y se quedó estupefacto al escuchar que tenían origen armenio. No tenía idea de la rama Kazanjian, y mucho menos de los juegos de agua en sus salidas de campamento, a pesar de que confirmó que la familia había dejado de veranear en la *yayla* del monte Ararat alrededor de la década de 1960. La familia se había dispersado: algunos se habían mudado a Ankara, Estambul o a otros lugares, incluido un número que se había establecido en Alemania.

Como ya estaba acostumbrado, ignoré la pregunta obligatoria sobre los mapas del tesoro, incluso si era medio en broma, y pronto nos subimos a su *jeep* Niva para dar una vuelta por la ciudad. Nos detuvimos ante el esqueleto de un edificio de estilo báltico, un laberinto de arcos entrelazados coronados con almenas: era la cáscara de ladrillo de un almacén ferroviario dejado por los rusos. Luego fuimos a un sanatorio abandonado que había sido un complejo imperial ruso, una construcción austera de un piso, estrecha y larga como una estación de tren. En el medio, sobre una escalera de escalones bajos, la entrada arqueada parecía el nártex de una iglesia.

Tomamos el té en la extraña cabaña de un coleccionista azerí de antigüedades, que había extendido alfombras de todos los tamaños dentro del pequeño lugar. Antiguas dagas e implementos agrícolas abarrotaban paredes y repisas. El hombre pensó que yo era de Armenia, una impresión que no corregí ya que sería una visita corta: «Es un país muy pobre, ¿no?». Nada en exhibición estaba a la venta, pero le pregunté si tenía algún *khanjar* armenio, las dagas orientales, para agregar a mi pequeña colección. Serían muy difíciles de encontrar, sugirió, sin decir imposibles. Como cristianos, los armenios no tenían derecho a portar armas en el Imperio otomano. Por un instante, fantaseé con que las pruebas de ADN aún podrían generar una idea de las historias de esas dagas y *yatağans*, las espadas curvas con las iniciales de sus propietarios grabadas en escritura otomana en la vaina y una cita del Corán en la hoja.

Ildir sabía de poshás o boshás, el nombre de los gitanos de Armenia, pero se sorprendió enormemente por mi solicitud. Las poshás tendían a ser doblemente discretos, debido al racismo existente contra ellos como gitanos y sus conexiones armenias, que solían negar. Hablaban un dialecto extraño y ahora en vías de extinción llamado lomavrén. El único en la ciudad, dijo Ildir, era un maestro talabartero, lo que me confirmó que probablemente era genuinamente un poshá, ya que este oficio históricamente tendía a ser de su especialidad. El hombre, de unos 60 años, tenía la elegancia discreta y las mejillas llenas que sugerían una vida cómoda. Saludó felizmente a Ildir en su tienda, una habitación de techo bajo con coloridos cinturones entrelazados que colgaban de sus ventanas. Su mirada interrogante cambió a un miedo mudo cuando dije algunas palabras en lomavrén. No entendía nada de eso y no tenía ni idea de lo que estaba murmurando. Ildir sonreía incómodamente, sin atreverse a decirle al fabricante de monturas que yo había pedido conocer a un poshá, así que me abstuve de hacer la pregunta directamente. «Soy turco y solo hablo turco», murmuró el hombre con voz asustada.

Nada distaba a más de 15 minutos en coche en Sarıkamış. Recogimos al padre de Ildir, un hombre gregario con ropa anticuada pero elegante a su manera, con combinaciones inusualmente armónicas de marrón, verde y azul. El hombre también lucía anteojos grandes con monturas negras gruesas, como las que eran populares en la década de 1960 y ahora estaban nuevamente de moda. Su aspecto me recordaba a ciertos personajes de películas neorrealistas italianas. Después de saludarme con una voz tan feliz como nostálgica, trató de cristalizar una idea sobre los armenios, pero no pudo completarla después de un par de falsos comienzos, y finalmente solo se contentó con evocar a su amigo más querido, que se había ido a la Armenia soviética alrededor de 1965 y cuyo rastro había perdido desde entonces. «Este lugar no ha sido el mismo desde que los armenios se fueron, y lamentamos mucho que lo hayan hecho», dijo y no agregó nada más, mientras Ildir miraba hacia otro lado.

Nos detuvimos en el sitio de *camping* que era propiedad de Ildir, una vasta parcela boscosa con eucaliptos, donde había dispuesto una serie de lápidas armenias del siglo XIX, en su mayoría ilegibles debido al desgaste. La losa más grande estaba en piedra caliza, y la escritura en ella había sido tallada de manera cruda, con un par de intentos de cruces en bajorrelieve. Databa de la década de 1870, pero la última cifra no era lo suficientemente inteligible como para determinar el año exacto.

Luego fuimos a un monumento conmemorativo de la guerra, porque a ello se debía la fama de esta ciudad. Como campo de batalla en el frente caucásico en la lucha contra los rusos, de diciembre de 1914 a enero de 1915, el Tercer Ejército otomano perdió 60 000 hombres en un invierno asesino y no en combate, ya que estaban inadecuadamente vestidos y alimentados. Incluso Enver Paşa, el comandante del Tercer Ejército y uno de los cerebros del Genocidio que comenzaría solo unos meses después de esta derrota, reconoció públicamente la valiente conducta de los soldados armenios otomanos en combate. Uno de ellos, el sargento mayor Hovhannes, lo había salvado de la captura.[13] Fiel a su personalidad, sin embargo, Enver culpó de la derrota a la deserción de los reclutas armenios (omitiendo mencionar las deserciones mucho más numerosas de soldados turcos y kurdos). Además, dos batallones de voluntarios armenios habían luchado junto a los rusos, lo que se convertiría en otra excusa para llevar a cabo el plan de exterminio.

Ninguno de los nombres inscritos en el mármol que enumeraba «una parte de los 60 000» incluía los de los numerosos armenios caídos aquí para el Imperio otomano. Había una estatua de un soldado herido apoyado en un camarada que se lo lleva, ambos mirando hacia abajo. Otro monumento más moderno, junto a la entrada del monumento, había sido erigido a un tal Mehmet. Era una estatua de tamaño natural de un soldado turco con boina, sosteniendo un rifle de asalto inspirado en el G3 (un arma de la década de 1950) apuntando al cielo, y dos granadas que colgaban de los bolsillos de su pecho. El soldado miraba en dirección a una colina baja, ahora convertida en un vertedero al aire libre: por la noche, osos pardos y sus cachorros venían a buscar alimento aquí en medio de la basura.

Antes de dejarlo en la ciudad, el padre de Ildir mencionó de nuevo a su amigo armenio, «un buen hombre», sin preguntarme si todavía podía encontrarlo. Un pastor cruzó la calle seguido de cinco o seis ovejas grandes cubiertas de tal abundancia de vellón que estaban maduras para la esquila. Se dice que, cuando el jefe visigodo Alarico puso sitio a Roma en el siglo v, los romanos le enviaron una embajada, pidiendo la paz. De lo contrario, advirtieron, un gran ejército se abatiría sobre él. El bárbaro había acogido con satisfacción la amenaza: «La hierba gruesa se corta más fácilmente que la delgada».

* * *

El cuchillo de hoja plegable costaba 25 liras turcas y había sido hecho por artesanos de Kars, me dijeron en la tienda de equipos de caza frente a la Catedral Armenia de Srpots Arakelots

(Santos Apóstoles). Un historiador del siglo x había comparado su cúpula circular con «la bóveda del cielo». La iglesia había sido profanada en el siglo XVI con su conversión en mezquita. Se había utilizado como iglesia rusa después de que Kars fuera capturada por el Imperio ruso, pero luego se convirtió en una mezquita nuevamente cuando la ciudad cayó en manos de los turcos en 1918, solo para volver a ser una iglesia armenia un año después durante la breve liberación de la ciudad, hasta que fue conquistada nuevamente por los turcos en 1920.

Era un día glorioso para hacer un picnic en el parque de la catedral y las tiendas que exhibían filas del famoso queso local daban la excusa para comprar uno, junto con una gran hogaza de pan. Bandadas de cuervos sobrevolaban pacientemente a gran altura sobre las copas de los árboles. Kars no era tan triste como Sarıkamış, en parte gracias a las mansiones y edificios señoriales de su rico pasado armenio, y también a los comerciantes del *kaşar*, una variante del Gruyère.

El único contacto local que tenía había resultado ser un profesional que se había mudado de Diyarbakır debido al trabajo. Ambos teníamos curiosidad por averiguar quién nos había puesto en contacto inicialmente, pero no acertamos a saberlo, fuera de conjeturar que debía haber sido alguien de su ciudad natal, donde había pasado una buena parte del invierno anterior. Su conexión armenia era su abuela paterna, de quien todo lo que sabía era que era una sobreviviente del Genocidio y se había casado con su abuelo, un kurdo y su protector según él, convirtiéndose luego al islam.

Nuestro encuentro era inoportuno, porque tenía una emergencia médica. Me recogió a toda prisa mientras conducía por las calles de Kars en su camioneta todoterreno a la velocidad de un camión de bomberos. Un niño, a quien supuse su hijo, había estirado su pierna rota en el asiento trasero. El niño había resultado herido en un partido de fútbol. El hospital era un complejo de dos torres altas y anchas que se cernían sombríamente sobre un estrecho pasaje entre ellas. El personal del hospital corrió a recoger al niño con una camilla y nos dirigimos para estacionar y matar el tiempo en el café.

Hasan me dijo que él era solamente el mentor del niño. Participaba en un programa de tutoría para ayudar a niños desfavorecidos. Algo en las palabras que usaba insinuaba un vínculo islámico en esta iniciativa, a pesar de que en ningún momento mencionó la religión. Su inglés era impecable: había estudiado y trabajado durante varios años en Estados Unidos que, dijo, no extrañaba, si bien no descartaba la posibilidad de regresar, tal vez a Texas.

En cuanto a los armenios, no era un lugareño y no conocía a ninguno en la ciudad. No tenía ninguna conexión con los armenios ni fingía ningún apego a ese cuarto de su ascendencia. Los asuntos kurdos le interesaban más intensamente, pero había una especie de ambigüedad que incluso los apolíticos de su ciudad natal de Diyarbakır no mostraban: todos estaban fervientemente comprometidos con la causa del Kurdistán. Esto también reforzó mi impresión de que había un trasfondo islámico que lo unía a los turcos o a Turquía. Ciertamente no estaba entre el núcleo duro de los simpatizantes del PKK.

Llevamos al niño de regreso a su casa. «No tires basura a la calle», advirtió Hasan, mirando con severidad al joven jugador de fútbol en el espejo, mientras el niño bajaba la ventanilla después de beber su lata de Coca-Cola. El niño vivía en las afueras de Kars. Su madre viuda agradeció profusamente a Hasan con una voz melodiosa a la vez alegre y quejumbrosa, insistiendo en vano en que nos quedáramos a tomar té y comer dulces. Vivían en un pequeño apartamento en planta baja, de piso inacabado y paredes pintadas de naranja. Sus muebles eran una colección abigarrada de un gabinete, un televisor y algunas sillas desiguales, esperando torpemente en una esquina su papel y lugar, porque la alfombra y los cojines sugerían que el niño y su madre comían de un *şofra*, como en las aldeas, sentados en el suelo.

Hasan me llevó a su casa para una cena preparada por su esposa, vestida con estilo secular y la cabeza descubierta. Una inscripción caligráfica de una *sura* se destacaba como el único adorno enmarcado, y un Corán compartía un modesto estante con algunos otros libros de naturaleza religiosa. Esa noche esperaban a una chica ucraniana y su novio, que se habían inscrito para una estancia de una semana como parte de una comunidad de *couch-surfing*. Tenía tanta curiosidad como los anfitriones por conocer a esta pareja, ya que yo había regresado apenas unos meses antes de una misión de corresponsalía en Ucrania (en 2014), cubriendo la secesión de Crimea y el conflicto con los separatistas prorrusos en el este del país. Sin embargo, cualesquiera que fueran sus otras virtudes, las gracias de la vida social no eran el fuerte de esta joven pareja, que apenas llegados se acomodaron en el espacio asignado. Infalibles en su hospitalidad, según las costumbres locales, Hasan y su esposa estaban decepcionados con los mochileros para quienes, claramente, el arreglo era un medio de viajar barato, y no pretendían comportarse como invitados en la casa de otra persona. Tampoco podrían haber sido más indiferentes a la agitación en su tierra natal. Habría sido una oportunidad para comparar y contrastar impresiones acerca de los colapsos aún en curso de los imperios otomano y ruso. Tanto Turquía como Rusia se estaban descomponiendo constantemente, como glaciares que arrojan bloques en medio de truenos, pero nunca se desmoronan por completo, si es que lo hacen.

Salimos a caminar, y en cada cuadra había una antigua mansión en piedra gris o alguna obra de mampostería que los armenios habían dejado atrás, como señaló Hasan, cargando a su hijo de dos años sobre sus hombros. Mientras estaba distraído examinando una vieja casa tapiada, él se había trabado en conversación con dos jóvenes: al poco tiempo me estaban hablando del oro enterrado en los cementerios armenios. Hasan escuchaba con indiferencia, y yo resentía su silencio. Los armenios, dije, generalmente enterraban sus tesoros en cementerios musulmanes porque sabían que los lugareños no los profanarían. Los jóvenes estaban desconcertados por esta inesperada novedad, pero tardaron segundos en bromear de nuevo sobre las tumbas armenias. «¿No tenéis ningún sentido de decencia?», les dije claramente por fin. «¿Desenterraríais los restos de tus abuelos para buscar tesoros?». Estaban asombrados, asumiendo que no había entendido: «Pero *realmente* hay oro en sus tumbas».

No había más tiempo que perder en esta empresa. Sin embargo, había algo que Hasan quería que viera: la casa familiar del poeta armenio Yeghishé Charents, que vivió allí hasta 1915. Me sorprendió que supiera de él. «Yeghishé Charents es dios, y Paruyr Sevak es su templo», según un dicho que habla de su estatura en la literatura armenia, y Sevak era el segundo más venerado después del escritor armenio más importante del siglo XX.[14] Charents había participado de la breve liberación de Armenia Occidental a finales de 1915, luchando junto al ejército ruso contra los turcos en la Campaña del Cáucaso. La experiencia traumática lo empujó a abrazar el futurismo de la revolución bolchevique:

> Miramos hacia atrás por última vez,
> No había nada que nos llamara,
> El pasado estaba perdido, se había desvanecido sin dejar rastro
> Como un grito lanzado en un sueño.
> No crecía la tristeza en nosotros,
> La mañana brillante nos había encantado.[15]

Los escombros se habían posado sobre las costas de Utopía, y el nuevo mundo tenía que ser construido con él. Las calles de Kars oscurecían conforme avanzábamos. Nos detuvimos en algún lugar cerca del borde de la ciudad. Los cuervos habían desaparecido de la oscuridad estéril, y el silencio cubría el barrio. Nos detuvimos frente a las ruinas de una casa, de piedras desiguales y tres aperturas de ventanas, desprovistas de marcos y vidrios, que se abrían un vacío negro. El techo estaba parcialmente derrumbado. En las luces altas del Toyota de Hasan, las piedras parecían amarillas. Una sola palabra mal escrita pintada en la pared anunciaba su venta, con un número de teléfono celular escrito cerca de ella. En un momento dado, el precio de venta había aumentado a dos millones de euros: aquellos que reclamaban su propiedad habían descubierto quién había sido el ilustre ocupante anterior. Shareen

Anderson, una estudiante estadounidense-sudafricana en San Petersburgo, había caído bajo el hechizo del poeta mientras escribía su estudio comparativo de los simbolistas rusos y su par armenio. En 2009, había presentado un documental, *Charents: In Search of My Armenian Poet* (*Charents: en busca de mi poeta armenio*), en el cual ella y a un equipo de expertos armenios hacían un tortuoso viaje por carretera desde Ereván a través de aldeas armenias en Georgia hasta Kars, donde habían identificado tentativamente la casa.

En *La tierra de Nayri*, un poema en prosa y una tragedia en lenguaje de sátira, Charents describía elípticamente Kars como «una ciudad antigua que se parecía en todo a todas las otras ciudades antiguas y nuevas de Nayirí: era pequeña, no densamente poblada, decrépita y polvorienta; en el lenguaje contemporáneo, las ciudades como esa se llaman "ciudad provincial atrasada"».[16] Sin embargo, mientras estábamos de pie en la noche helada en medio de este lugar en ruinas que puede haber sido el hogar del poeta o no, esta parte de Kars a la sombra de la fortaleza invisible todavía se hacía eco de la devastación que Charents había presenciado. Su batallón de voluntarios había penetrado en Armenia Occidental inmediatamente después del Genocidio. Dejó su testimonio en *Leyenda dantesca*, su primera obra maestra escrita en 1915 a los 18 años, que dedicó a sus «amigos mártires Mihran Sargsyan, Stepan Ghazaryan y Ashot Milionchyan, que cayeron en el campo de Sulduz el 25 de diciembre de 1915», luchando contra los bandidos y soldados kurdos y turcos que meses antes habían exterminado a la población armenia:

> Y un día del camino cansado
> Agotados y débiles, necesitados de [descanso
> Cruzamos el umbral de la Ciudad Muerta
> Entramos en las calles brumosas de la Ciudad [Muerta...
> No había nadie en la Ciudad Muerta.
> Y los edificios abandonados en ruinas,
> Como multitudes oscuras que tenían visiones de la muerte
> [Miraban al cielo con ojos ahuecados.[17]

* * *

Un viernes de 1033 el sol se oscureció sobre Armenia, según un cronista que no escribió ni la fecha ni el mes, aparte del año armenio de ՆՁԲ (482). Nueve siglos más tarde, el padre Ghevont Alishan de la Congregación Mekhitarista en San Lázaro, en Venecia, calculó que debía haber sido el 29 de junio. La información facilitada por la NASA confirma la fecha. También muestra que fue un eclipse total, con un oscurecimiento del disco solar de casi el 98 %.

El pánico se propagó por el país. Los antiguos caldeos habían calculado la recurrencia de los eclipses, con una medida llamada *saros*, según un léxico bizantino del siglo XI. El *saros* equivalía a dieciocho años, once días y ocho horas. Pero, tanto para los reyes como para los laicos en Armenia, este eclipse era un presagio: un terremoto destruyó Jerusalén, entonces bajo el dominio islámico de los fatimíes, en diciembre de 1033, confirmando sus peores temores. Según un cronista armenio del eclipse, casi al mismo tiempo:

> Apareció un desconocido en Armenia, que viniendo de los distritos orientales marchaba hacia el oeste, desde las orillas del norte del mar de Van hasta Erzincan, exclamando incesantemente: «¡Ay de mí! ¡Ay de mí!» y la gente le preguntaba: «¿Quién eres? ¿De dónde vienes? ¿Por qué dices eso?», pero no daba otra respuesta que la misma lamentación. Mientras que algunos (a quienes el cronista llama tontos) consideraban al hombre un lunático, «los sabios dijeron que el país caería en desgracia».[18]

Tenía sentido, porque 1033 marcaba el milenio después de la crucifixión de Cristo, que para algunos era la verdadera fecha del apocalipsis profetizado en el Libro de Apocalipsis:

> Cuando los mil años se cumplan, Satanás será suelto de su prisión, y saldrá a engañar a las naciones que están en los cuatro ángulos de la tierra, a Gog y a Magog, a fin de reunirlos para la batalla; el número de los cuales es como la arena del mar.

> Y subieron sobre la anchura de la tierra, y rodearon el campamento de los santos y la ciudad amada; y de Dios descendió fuego del cielo, y los consumió. (Apocalipsis 20:7-9)

En su *Historia*, una crónica de 72 años de vida en Armenia a partir de 1001, Aristakes Lastivertsi dijo que la gente vio el eclipse como el signo del nacimiento del Anticristo. Los acontecimientos se habían venido desarrollando en consecuencia. «Nos llegaron días de sufrimiento, y nos encontraron dolores que no conocían ningún remedio... de los cuatro lados, la espada al Este, el asesinato al Oeste, el fuego al Norte y al Sur, la muerte».[19]

El 1 de junio de 1019, Armenia había sido atacada por primera vez por hordas bárbaras, de un salvajismo nunca visto por sus habitantes. Inicialmente, llamaron a los invasores «la nación de los arqueros», en virtud de su destreza con el arco y la flecha. Estas fueron las primeras tribus turcas a las que se enfrentaron, y sus ataques contra los reinos de Ani, Kars y Vasburakán se volverían más audaces. Las suyas fueron las últimas oleadas de migraciones hacia el oeste desde Asia Central y allende que habían comenzado seis siglos antes. Es posible que una devastadora instancia de cambio climático haya causado angustia económica y hambruna, empujando a los pueblos nómadas al oeste desde el siglo IV de la era cristiana. Una sequía de 40 años que comenzó en el Lejano Oriente en el año 338 d. C. impulsó a la federación pastoral conocida como los hunos al oeste del río Don, con consecuencias catastróficas para el Imperio romano.[20] La correspondencia entre el calendario, las Sagradas Escrituras y las invasiones turcas también resultó fatídica para la resolución de los armenios contra las hordas bárbaras.

A una hora en coche de Kars, Ani era una ciudad fantasma de iglesias medievales que había muerto de pie. En su apogeo en el siglo XII, rivalizaba con Constantinopla con una población de 200 000 personas y el esplendor que le había dado la fama de «la ciudad de las mil y una iglesias». Un taxista me llevaría allí esa mañana, en mi último día en Kars.

En el hotel de Kars, un hombre voluminoso y su delicada novia se habían sentado en la desgastada alfombra roja de las escaleras de madera, fumando en cadena con el desenfreno acumulado por las libertades perdidas de su país occidental. Ellos también esperaban al chofer que nos llevaría a Ani: además de una decena de iglesias, secciones del muro de la ciudad aún estaban en pie. Habían hecho un buen trabajo protegiendo la ciudad hasta el siglo XI, pero las divisiones políticas internas habían roto la moral de los residentes. Ani sucumbió a un asalto combinado de selyúcidas y bizantinos, cuyos ejércitos envolvieron la ciudad fortaleza en un movimiento de pinzas.

Gilbert, un trabajador ferroviario en Sídney, y su novia *Naomi* estaban haciendo un recorrido lento por el este de Turquía, y habían planeado el viaje con precisión minuciosa. Jérôme se unió a nosotros: un estudiante muy leído de un pueblo cerca de Calais, me había acompañado para entrevistar a Melih en Bayazet.[21] Desde su cabellera menguante hasta sus zapatos, nuestro conductor estaba de negro. En el inglés pidgin que ahora une al mundo, nos entretuvo con un ácido sentido del humor que no nos parecía ni ofensivo ni molesto a esa hora temprana de la mañana, cuando el silencio nos ayuda a encarar con tranquilidad el día todavía desconocido.

En un abrir y cerrar de ojos, estábamos acelerando por la carretera desierta que salía de Kars, hasta que vimos un águila real encaramada en un poste de electricidad. El conductor se detuvo para dejarnos tomar fotos antes de que el pájaro volara. Después de una breve aparición, el sol se había escondido detrás de un cielo plateado, y el estado de ánimo del chofer también había comenzado a agriarse al ver, solo con el mayor esfuerzo y confiando en su palabra, el alambrado de púas de la frontera turco-armenia. Quienes odian a los armenios en Turquía apenas necesitan excusas para desatar diatribas, y este era un pretexto tan bueno como cualquiera.[22]

El «genocidio de musulmanes por armenios de 1915», en el que el conductor dijo que había perdido a su bisabuelo, dio paso a ASALA, las siglas del Ejército Secreto Armenio para la Liberación de Armenia, un grupo extremista que lanzó una campaña terrorista en la década de 1970. Me había limitado a mirar por la ventanilla la frontera distante que corría persistentemente paralela a la carretera. En un tramo, un grupo de tanques se veía a la distancia: eran las fuerzas terrestres de Turquía justo enfrente de Armenia. Era otra oportunidad para criticar a los armenios como lacayos de Rusia y reprenderlos por el «genocidio de los azerbaiyanos» en Nagorno Karabaj.

«¿Quieres tomar más fotos de águilas?», me preguntó, mirándome por el espejo, después de haber notado la profusión de fotos que había tomado de la primera. «Habrá otra en un poste en el lado izquierdo, a un kilómetro de aquí». Sabía dónde estaban todas. De hecho, había otra águila real que emprendió vuelo tan pronto como nos detuvimos, una cinta amarilla atada a su tarso, probablemente etiquetada como parte de un programa de conservación.

Nos sentamos a tomar un café en un espacioso restaurante y albergue frente a Ani. Mientras tomábamos café turco, el conductor, frente a mí, comenzó a examinarme más de cerca y me preguntó en turco de dónde era. «¡Seguimos haciendo genocidio contra este pueblo y todavía existen!», exclamó con una risa, correspondido con una estúpida risita de Naomi, a quien me volví desilusionado y vi que sus ojos azules, comprensivos, desmentían sus labios. El conductor tampoco parecía turco, y así se lo dije. No lo era. Por parte de su padre era lezguino, y circasiano por parte de su madre. Los lezguinos en el Cáucaso generalmente tenía relaciones cordiales con los armenios, le dije. «No en Turquía», respondió en turco. Entramos en la ciudad fantasma por la Puerta del León, y caminamos hacia el sur hasta la ciudadela justo al borde de la meseta con vistas al río Akhurian. Armenia estaba al otro lado del río, a tiro de piedra. Durante décadas, los viajeros que no visitaban Turquía contemplaban las ruinas de Ani desde la frontera armenia, cerca de la ciudad de Gyumri. Se ha observado que la mayoría de las iglesias en la ciudad fortificada se han construido a lo largo de la cresta, como para hacerlas deliberadamente visibles a través del río y más allá.

Sin embargo, el campo de visión estaba dominado por la catedral construida en 1001, una enorme construcción que perdió su cúpula por el terremoto de 1319 y el resto de su tambor por otro sismo en el siglo XIX. En su forma actual, sin embargo, la basílica ha adquirido la majestuosidad de un antiguo templo, lo que la distingue aún más de las otras iglesias sobrevivientes y sus cimas cónicas que las distinguen como armenias. La cúpula, introducida en la arquitectura cristiana oriental en el siglo VI con la catedral asiria de Edesa, estaba destinada a simbolizar el cielo y los cuatro lados del mundo.

La luz del sol entraba por las estrechas ventanas de la catedral, ranuras altas que eventualmente se convirtieron en decorativas pero que originalmente servían para fines defensivos, como ideales para la visión de los arqueros al tiempo que les brindaban protección. El hueco redondo y abierto en el medio de la basílica se había convertido en un ojo hacia el cielo. La primera vez que entré en su sombrío interior en el verano de 1996 había asustado a una colonia de murciélagos que dormían a la luz del día en un nicho aislado. La iglesia se convirtió en una cámara de eco que magnificaba mis gritos y los alaridos estridentes de los murciélagos y el sonido de su aleteo. Los animales se dispersaron a través del agujero de la cúpula hacia el cielo azul como una nube de mariposas grandes, aterrorizadas y negras.

Jérôme me alcanzó cuando seguía mi camino a Tigran Honents, una iglesia del siglo XIII. Mientras examinábamos los frescos de colores brillantes pero dañados —la mayor parte del vandalismo dirigido a los rostros de Jesús y la Virgen, apóstoles y santos—, me dijo que se había dado cuenta de que era armenio en el auto: «Te pusiste pálido cuando el conductor comenzó a insultar a los armenios». Qué miserable fracaso en la circunspección había demostrado ser, comenté. «No, no, pero tu cara palideció», insistió, algo que no había advertido ni recordaba, pero me llamó la atención la simetría del encalado que los turcos habían salpicado en paredes y frescos para cubrir grafitis ofensivos o daños, en lugar de restaurar las obras de arte. Gilbert y Naomi estaban consternados, me dijo: cuando nos detuvimos a fotografiar el segundo águila, se habían hecho a un lado para hablar de ello, y los tres habían adivinado mi nacionalidad.

Continuamos nuestro paseo por la ciudad fantasma. Con su planta hexagonal, la iglesia Abughamrents Surp Krikor, construida en 1040, era un ejemplo clásico de la arquitectura armenia medieval. Aparte de las tumbas que los ladrones habían profanado en su perímetro exterior, y el tratamiento de encalado que había cubierto sus frescos, la iglesia se mantenía firme. Había sido encargada por la familia Pahlavuni durante los últimos años de la independencia de Ani. Según una inscripción en la iglesia, entre los donantes estaba el príncipe Vahram Pahlavuni, uno de los miembros más prominentes del clan aristocrático y líder de la facción independentista de Ani, a la que se oponían los armenios probizantinos. El príncipe Vahram murió luchando contra los turcos selyúcidas en 1047, después de lo cual la ciudad-estado cayó en manos de los conquistadores extranjeros.

Un gran número de grafitis en las paredes atestiguaban una afluencia de visitantes, en su mayoría armenios, desde el siglo XIX, a pesar de que había uno largo en lo que parecía ser la caligrafía árabe altamente estilizada del turco otomano. Uno fechado el 13 de julio de 1903 había sido firmado en la parte superior por Shmavon Altunyants y Karapet Polatyants, que se identificaban como «garnetsí», o de Garín, llamado Erzurum en turco. A pesar de su ortografía defectuosa y su falta de puntuación, el párrafo tenía un curioso toque poético:

Մտքից չանցած յանտիպել
յաջողցրէց բաղտը մեզ տեսանել
գնում էնք տրտում թողնելով
կայծեր հայերիս սրտին մնաս
բարեաւ ախ տու անի
քանթողի տունը քանտուի

No se nos pasó por la cabeza
tuvimos la fortuna de verte
partimos tristes dejando
truenos permanecerás bendecida en los
corazones de los armenios, oh, tú, Ani
que se destruya el hogar de quien te ha destruido.

El sol brillaba en la iglesia desde la ventana oriental, como un telar inclinado hecho de hilos brumosos de luz. Entonces me quedé paralizado: *Keghani*, una amiga de mi juventud que en ese mismo momento debería haber estado a siete mares y un océano de distancia, me miraba, con sus grandes ojos en forma de hojas entornadas. Tenía esa sonrisa que invitaba al amor a primera vista. Había una cualidad onírica en la luz en la que estaba bañada, pero me sorprendió reconocer detalles que nunca pensé que había registrado, como la pequeña punta astillada de un diente frontal y el azul de la chaqueta de esquí que usó en un viaje escolar hacía tres décadas. Seguramente algo no estaba bien, pero no quería que la visión desapareciera.

«¿Por qué me miras así?». Era Naomi, tan pequeña como mi amiga de la escuela, y también ella sonreía, a lo cual correspondí. Pero no describí la transposición, ilusoria y hermosa, que me había ofrecido. Hacía unos años, había hablado con Keghani de un artículo que decía que la mayoría de los nervios ópticos estaban conectados a los centros de la memoria de nuestro cerebro, por lo que asociamos las cosas nuevas que veíamos a formas que ya habíamos almacenado en nuestras mentes. Y todavía me pregunto hasta el día de hoy qué pequeño corto circuito en mi mente había causado esa visión de Keghani. Había nacido en Estambul de padres armenios de Sepasdia y Cesarea. En el siglo XI, los reyes Bagratuní se habían replegado de Ani a esas provincias, seguidos por miles de sus súbditos. Habían cedido sus coronas a los soberanos bizantinos mientras las hordas turcas avanzaban hacia el oeste. Tal vez un antepasado de ella había orado en esta iglesia hacía 1000 años, antes de que los bandidos turcos y kurdos hicieran inhabitable Ani, empujando a miles de armenios más al oeste, incluidos los antepasados de Keghani. Ella fue la única armenia que vi en la ciudad fantasma, una ilusión que duró menos de diez segundos.

VI

SEPASDIA Y ASIA MENOR

1
SEPASDIA

La asamblea de buitres se había congregado en un círculo apretado y asomaban sus pequeñas cabezas al centro, como si deliberaran o tal vez recogieran bocadillos de algo, discretamente. Estaban delante de una iglesia mutilada a la que le faltaba su pared frontal y la mayor parte del techo, excepto por una concavidad sobreviviente en la parte posterior, que le daba la apariencia de una boca abierta en grito. No había señales de basura en sus inmediaciones, pero el borde de la carretera estaba lleno de los desechos habituales, en su mayoría colillas de cigarrillos y botellas de plástico. Las aves de carroña brindaban a la escena algo de dignidad con su silencio y alas plegadas, negras y amplias como sotanas.

Las ruinas estaban al otro lado de una carretera de doble sentido. El tráfico no era malo; pero, cuando decidí cruzar al otro lado y correr hacia las ruinas, un autobús se avecinó a toda velocidad, por lo que desistí, ya que en todo caso tenía poco tiempo.

Esta era la puerta de entrada a Sepasdia, casi un milenio después de que los reyes armenios se retiraran aquí tras las conspiraciones y los ataques de la corte del emperador bizantino Basilio, él mismo de origen armenio, y el avance de las hordas turcas lideradas por Alp Arslán. Un poco más tarde, sin embargo, las alianzas habían cambiado. En la batalla de Manazgerd en 1071, un ejército combinado bizantino-armenio fue derrotado por Alp Arslán, que selló así el destino de los armenios, griegos y, en general, la cristiandad en el Este.

El declive de los reinos armenios más orientales había comenzado algunas décadas antes: el rey Senekerim cedió su corona de Van al emperador Basilio en 1021, el año en que se retiró a Sepasdia, otrora capital provincial de Armenia, y ahora del reino, con otros 100 000 armenios que se establecieron en sus nuevas tierras. El rey Hovhannes-Smpad siguió su ejemplo, legando su reino de Ani a la corte de Constantinopla después de su muerte en 1045. Su sucesor, el rey Gagik, también se estableció con su séquito en Sepasdia. El rey Vananta de Kars hizo lo mismo poco después.

El taxista había acordado detenerse por un minuto frente a las ruinas de la iglesia mientras bajábamos a toda velocidad hacia la ciudad desde el aeropuerto. Joven y antipático, había dicho «Olmaz» con un semblante de disgusto cuando le dije que me llevara al Hotel Madımak: «No es posible». Como un *yatağan* verde con un verso coránico colgaba del espejo, supuse que se estaba permitiendo una licencia ideológica para objetar el destino de su pasajero. «Ha cerrado», agregó tras unos segundos de silencio.

El hotel había sido escenario de un incendio iniciado por una turba islamista el 2 de julio de 1993, poco después de las oraciones del viernes. El Madımak era el sitio de un festival cultural aleví al que habían asistido artistas e intelectuales de esa fe, entre ellos Aziz Nesin, un escritor odiado por los islamistas por publicar extractos de *Los versos satánicos* de Salman Rushdie, en su intento de imprimir una traducción de la novela en turco. Nesin había podido escapar porque los atacantes no lo reconocieron, pero 37 personas murieron en el incendio intencional. El hotel no estaba lejos del lugar que yo planeaba visitar. Meses antes de viajar a Turquía, había conocido por casualidad en Nueva York a un grabador de joyas sepasdatsí, que había dibujado minuciosamente el mapa de su ciudad natal, describiendo cada hito arquitectónico que no había visto en más de 30 años con tal precisión de relojero que los reconocí en mi primer paseo. Sin embargo, antes y después de escribir las instrucciones, había expresado su sorpresa y preocupación de que quisiera aventurarme en el interior de Anatolia, y especialmente en su ciudad natal, Sivas, como la llaman en turco. «No hables con todos y no supongas que han cambiado», me dijo. «No lo han hecho». No mencionó el ataque al hotel, tal vez porque entre los armenios el umbral de alarma es, instintivamente, la violencia en un orden de magnitud diferente.

La familia estaba en el negocio de la precisión: su primo tenía una óptica en Dörtyol (Cuatro Caminos) en el centro de Sepasdia. La tienda ocupaba un ala de un antiguo edificio restaurado. Pero el comerciante que encontré no era el primo del grabador, que estaba fuera de la ciudad. Podía pedirle a su esposa que bajara a mi encuentro. El empleado hizo una llamada telefónica que comenzó con una sonrisa y una voz alegre, luego el semblante se puso serio y respondía en susurros. Después de la llamada telefónica, resultaba que la esposa y toda la familia también habían ido a Estambul durante toda la semana.

El empleado cerró la tienda. Había otro armenio cerca al que me llevaría. Lo seguí por menos de una cuadra y entré en una galería estrecha, de techo bajo y oscuro, al final de la cual había una pequeña tienda, con platería y joyas de plata en filigrana desplegadas en la vitrina. En el exhibidor interior, había un compartimento con algunas cruces en una esquina discreta.

El joyero, bigotudo como cada segundo hombre en Sepasdia, y también en Turquía, llevaba una camisa de cuello abierto que revelaba una gruesa cadena en oro y la punta superior de una cruz, y un brazalete de cadena más gruesa en su muñeca. No era renuente a hablar, pero estaba nervioso, sus pupilas saltaban a izquierda y derecha cada vez que hablaba a intervalos, porque la pequeña tienda en una galería discreta tenía un tráfico constante de clientes, exclusivamente mujeres de cierta edad.

Quedaban aproximadamente diez familias armenias en Sepasdia, sin un lugar donde pudieran congregarse, y solo se reunían en casas privadas con motivo de bautizos, bodas y funerales, así como ocasiones sociales y algunas fiestas como Pascua y Año Nuevo (Gağant, en armenio). «Las iglesias habían estado cerradas durante años cuando nací», dijo. «No es mucho mejor en Estados Unidos: tengo parientes allí, y dicen que tienen una pequeña capilla con una asistencia lamentable».

Era hijo de Surén, hijo de Antranig. Su madre, de Tokat, hablaba armenio con fluidez, que también leía y escribía.

Cada vez que en el curso de la conversación mencionaba la palabra turca *soykırım* (genocidio), se daba la vuelta y de una pequeñísima trastienda surgía un hombre con una camisa rosa, también de cuello abierto y con una gruesa cadena de oro, pero de una fisonomía diferente, con el pelo largo y lacio y una nariz ganchuda y tez aceitunada. La familiaridad que encontraba en su fisonomía probablemente se debía a la tendencia a la vestimenta llamativa entre bastantes joyeros que había visto en la calle 47 de Nueva York y la calle Libertad en Buenos Aires, que tenían grandes concentraciones de orfebres armenios, incluidos algunos nacidos en Sepasdia. Hasta la década de 1980, Sepasdia todavía nutría a las comunidades de Estambul y la Diáspora como uno de los últimos focos de una presencia armenia cristiana en Anatolia después de 1915.

El hombre de camisa rosa parecía más sorprendido que molesto; pero, como no podía adivinar su nacionalidad, cambié al armenio, que el platero dijo que no hablaba, pero que entendía perfectamente. Empecé a sospechar que en efecto lo hablaba, porque deliberadamente comencé a usar palabras más complicadas, pero la conversación no se trabó por ello; pertenecía a la generación de armenios que se abstenían de hablar el idioma en público. Apenas unos meses antes, en diciembre de 2013, mientras compraba ropa de invierno en una tienda en el Gran Bazar de Estambul, el comerciante se esforzaba por comunicarse con dos clientes de Tayikistán. Instintivamente pasaba al armenio cada vez que el turco resultaba insuficiente. Pero, cuando traté de hablar con él en armenio, respondió en turco, mientras insistía inconscientemente en su idioma extranjero, el armenio, con los tayikos perplejos.

Esa había sido también la primera reacción de Ara Güler, uno de los fotógrafos más destacados del mundo y conocido como el «Ojo de Estambul», cuando lo vi caminando apresuradamente hacia Ara's Café, la última encarnación de la farmacia de su padre justo al lado de la calle Istiklal, frente al magnífico edificio del Liceo Galatasaray. Ara venía al café por las tardes después de las 14:30, una hora de audiencia informal para quien quisiera pasar e intercambiar algunas palabras con él. Solo había aceptado hablar conmigo en armenio, que hablaba perfectamente, después de expresar cierta reticencia. Discutimos algunas de sus fotos más famosas, incluida la serie sobre los pescadores armenios de Kumkapı publicada en

1952 en el periódico armenio *Jamanak*. «Me acompañó Cartier-Bresson», dijo. Ara documentó una generación que estaba desapareciendo, la de los armenios que seguían llegando a Estambul desde el interior de Anatolia, incluidos muchos de Sepasdia. Los más jóvenes abandonaron este oficio. Ahora todos los pescadores eran laz, un pueblo del mar Negro. El padre de Ara era oriundo del distrito de Şabin-Karahisar de Sepasdia, y se había establecido en Estambul cuando era niño.

Entró una llamada al teléfono celular de Ara, que recogió su chofer y ayudante: «Es Bertolucci», dijo el hombre, impasible. El cineasta italiano buscaba unos viejos rollos de película, que Ara hizo que su asistente buscara, pero no interrumpió nuestra conversación para hablar con Bernardo Bertolucci. A pesar de que Ara insistía en que era un reportero más que un fotógrafo —apenas aceptaría «fotoperiodista» y agregó que era el corresponsal más longevo de *Time Life*, con una carrera de 55 años en el momento de la entrevista en 2011—, debía su fama a sus fotos: Picasso había sido su tema favorito para los retratos y Birmania para los paisajes. Pero nunca se iría de Estambul, especialmente porque había contraído miedo a volar el año anterior: «Me encanta trabajar en Bolis, porque aquí pasan cosas, la gente va y viene, hace cosas; voy a París, me quedo allí un mes y no pasa nada».

Su padre se había convertido en farmacéutico y en un hombre rico en Estambul, lo que Ara dijo que lo había ayudado en su carrera, al permitirle comprar la mejor cámara de la época. Sin embargo, un periodista lo enfureció una vez al sugerir que la calidad de su fotografía se debía a su equipo: «Le pregunté al idiota si su escritura mejoraría con una mejor computadora». El padre de Ara provenía de una familia acomodada en Sepasdia: «Cuando cumplió seis años, su familia lo envió a un internado en Bolis», dijo, llamando nuevamente a Estambul por su nombre armenio. «Eso fue en 1915, y tuvo que quedarse para siempre».

En Sepasdia, el padre y la familia del platero habían sobrevivido al exterminio y lograron permanecer en la ciudad después de 1915 pagando grandes sumas extorsionadas por la policía local y el gobierno. «Se fueron grandes sacos de oro», dijo frotando el índice contra el pulgar. «Regalamos un flujo interminable de Napoleones».

Todo el oro debe haberse ido, de modo que solo quedó la plata. Pero se volvió nerviosamente hacia la cabina de atrás, de donde el hombre de camisa rosa había salido de nuevo. Ahora que había cambiado al armenio, cuando usé la palabra de ese idioma para decir genocidio, *tseghasbanutyun*, apareció otra persona por detrás de la puerta de vidrio espejado: esta era de más baja estatura y lucía gruesos bigotes, con una camisa con anchas rayas grises y negras. Me examinó con curiosidad antes de volver a la trastienda.

Una gran foto en blanco y negro en la parte superior de la pared mostraba al padre y al abuelo del platero con tres o cuatro aprendices en un taller de joyería. Estaba fechada el 6 de abril de 1935. Los aprendices eran *dacik*, dijo, usando la palabra armenia para «turco» o «musulmán». Y luego dijo: «Esto tampoco está mal», describiendo un arco con su mano para mostrar la tienda. «Es algo», dijo, mostrando la fracción restante de una fortuna mucho mayor. La transferencia de riqueza había sido un componente central del Genocidio.

«Todos los armenios son cristianos aquí», dijo con el tono de alguien que responde a lo obvio, un poco irritado. Los conversos ya no eran armenios. Y me despidió en armenio.

Una visita que había hecho a un *cem evi*, una casa de culto aleví en el centro de Sepasdia, fue infructuosa. Desde el exterior se parecía más a una sala de teatro anodina, cuadrada y aburrida, en lugar de un templo. No solo los dos hombres que encontré en su entrada no me permitieron entrar, sino que sus expresiones iniciales de sospecha se convirtieron en alarma cuando les conté sobre mi búsqueda de armenios que ocultaban sus orígenes detrás de una identidad aleví. Me dijeron que debía irme, porque el sitio estaba cerrado por reparaciones. Mientras salía, eché un vistazo a un mural en la pared posterior. El Imán Ali estaba a la derecha, o al Este, mirando hacia el Oeste; y encaraba a Atatürk a la izquierda, mirando hacia el Este. Pero sus miradas no se cruzaban.

Lo que era notable, sin embargo, era el parecido del Imam Ali con Jesucristo, con quien lo había confundido para mi asombro. Fueron los asustados porteros los que me dijeron quién era. Y entonces entendí que los retratos que había visto entre la mercancía de los vendedores ambulantes no tenían por intención enternecer a los cristianos y aflojar las billeteras de los turistas. Era el profeta supremo de los alevíes, seguido de doce imanes, como doce son los apóstoles de Cristo.

2
ANKARA

Estábamos en un bar de moda en Ankara: dos alevíes, tres armenios y *Nigoğos*, un aleví convertido en católico, originario de un distrito zaza en la provincia de Sepasdia. También se destacaba del resto físicamente en virtud de su altura, a pesar de que compartía la nariz aguileña y la tez clara de los armenios. Todos en la mesa eran ciudadanos turcos, excepto yo, pero ninguno turco ni musulmán. Hubiera sido una reunión común en la pluralidad otomana, lo cual no necesariamente equivalía a la tolerancia.[1]

Pero, dentro de las muchas minorías de las que formaba parte, Nigoğos era una minoría de uno. Solo podía definirse por aproximaciones: era ciudadano turco, pero no turco; y, aunque era católico, sentía una fuerte afinidad por la Iglesia armenia. Nuestros amigos armenios comunes me dijeron que «él tampoco sabe lo que es», cuando había buscado más información biográfica sobre Nigoğos, y lo daban por uno de los muchos turcos que querían averiguar sobre sus orígenes. El proyecto nacionalista de Atatürk basado en el modelo francés, de un Estado unitario que equiparaba la ciudadanía con la identidad nacional, había creado una identidad frágil. Las minorías quedaban afuera. Las generaciones mayores, especialmente de los grupos perseguidos, habían guardado silencio sobre la historia o incluso sobre su propia identidad, para no exponer a sus descendientes a los sufrimientos que habían soportado. Pero, con la difusión de la información a través de internet y las redes sociales, las pretensiones sobre las cuales estaba fundada la identidad turca se desmoronaban y era común encontrar personas sin miedo que buscaban averiguar más sobre sus propias raíces.

El fundador de la república había encontrado un aliado en los alevíes, que apoyaban su proyecto secularista que restringiría el islam. *Baydar*, aleví e izquierdista, también era kemalista. También lo era el presentador de la estación de radio a quien Nigoğos me había presentado el día anterior. Interesado en mi proyecto, me había invitado a ir a su programa. A pesar de mi fuerte renuencia, finalmente había aceptado, especialmente porque Nigoğos me dijo que eran buenos amigos.

Sin embargo, su amistad había terminado de la noche a la mañana, y por las malas, cuando Nigoğos cambió de opinión y me dijo que no sería una buena idea que yo hablara por una estación radial y me revelara como un periodista armenio en Turquía en busca de compatriotas ocultos: «Puede ser arriesgado, y mi amigo también es kemalista». Esa había sido también mi impresión inicial, por lo que esa noche no hice nada (y dejé para una fecha posterior mis preguntas sobre los propios tributos que Nigoğos rendía a Atatürk en las redes sociales, lo cual yo atribuía a su fino sentido de la ironía). Cuando no me presenté en la estación de radio esa noche, el presentador me llamó por teléfono hecho una furia; tuve la integridad de sugerirle que hablara con Nigoğos. No fue mi mejor momento. Nigoğos más tarde me dijo que se habían dicho algunas cosas fuertes y que también habían intercambiado opiniones sobre sus familias.

A pesar de todas sus certezas sobre su filiación religiosa y su orientación política, Baydar y otro amigo aleví, que se había unido a nosotros en el bar, estaban menos seguros sobre su propio origen étnico. La regla general era que quienes se identificaban como alevíes propiamente dichos eran de ascendencia turcomana; Baydar y su amigo pensaban que pertenecían a este grupo. Antes de convertirse a la Iglesia católica, Nigoğos era un aleví de la rama kızılbaş. La mayoría de los kızılbaş de Zara, el distrito de Sepasdia del que procedía, eran de etnia zaza o hablantes de zazaki.

Ojalá fuera así de simple: estaba «la complicación zaza». Al ser zazas, los kızılbaş generalmente se consideraban de origen *kurdo* en Turquía: de hecho, a pesar de que los lingüistas establecieron ya en 1932 que el idioma zaza, el zazaki, no solo no es kurdo, sino que de hecho es un idioma distinto por derecho propio, relacionado con los dialectos gorani y azerí iranio, la mayoría de las personas en Turquía hoy en día aún consideran que el zazaki es un extraño dialecto kurdo. Esto se ve reforzado por el hecho de que los zazas que son musulmanes sunitas pueden estar más inclinados a considerarse kurdos.

Muchos kızılbaş, sin embargo, disputan esto: dicen que los zazas no son kurdos. Además de estar respaldados por la ciencia, su actitud tiene raíces históricas: recuerdan el sufrimiento que les infligieron otros musulmanes, incluidos sus compatriotas sunitas, así como los kurdos kurmancî y turcos en sucesivas oleadas de rebeliones desde principios del siglo XVI.

Sin embargo, también hay más excepciones a esto: tanto los zazas sunitas como los alevíes que están políticamente alineados con el PKK o el movimiento revolucionario kurdo tienden a abrazar una identidad kurda, independientemente de lo que muestren la lingüística y los estudios etnográficos.

Y, para el colmo de la complicación zaza, debemos señalar que este es un exotérmino, o un nombre que les dan los demás: los zazas se llaman a sí mismos dimi y su idioma, dimli. De hecho, *zaza* era originalmente una palabra de connotación peyorativa, que ahora ha perdido.[2] Sin embargo, los zazas siguen siendo objeto de bromas maliciosas entre los kurdos kurmancî, cuyas variantes todavía circulaban en la década de 1950 en las comunidades armenias de Alepo y Qamışli en Siria, transmitidas por sobrevivientes del Genocidio. En mi experiencia, incluso los zazas sunitas decían que eran kurdos sin convicción, y solo en respuesta a mis preguntas, mientras que los hablantes de kurmancî también dudaban en considerar los zazas como parte de la nación kurda, y también ellos, solo lo decían en respuesta a una pregunta específica.

Pero Nigoğos no era como el resto de estas personas huérfanas de pasado. Aducía un alegato fascinante de identidad armenia, si bien ello requería de generosos votos de confianza.

Me había pedido que lo llamara por ese seudónimo armenio en este libro. Había una razón para ello que no quiso revelar. Había sido bautizado católico por un enviado papal de ascendencia irlandesa que más tarde pasó a servir como nuncio en Madagascar. Nigoğos había divulgado la razón de su conversión a nuestros amigos armenios comunes, *Karekin* y *Badrik*, pero no la quiso compartir conmigo.

Antes de convertirse al catolicismo, Nigoğos era un kızılbaş, o «cabeza roja». «Se atan una vincha roja, porque dicen que el rey de los griegos regaló una corona roja a su líder». El escritor armenio Nazaret Daghavarian, que había viajado por las provincias de Sepasdia y Dersim en 1913 para familiarizarse con los seguidores de esta fe, suponía que podría haber sido una muestra de buena voluntad de algún emperador bizantino.[3] Sin embargo, según otra explicación, el nombre se debía a un tipo diferente de tocado: un bonete rojo con doce facetas, de procedencia safávida irania.

Algunos alevíes con los que hablé en Turquía se describieron a sí mismos como musulmanes, pero la mayoría confiaba que no lo eran, ya que respetaban solo uno de los cinco pilares del islam: la limosna para los pobres.[4] Debido a su reverencia por el Imán Ali, eran llamados chiitas. Eso era inexacto, en el mejor de los casos: además de los cinco pilares, los chiitas observaban otros cuatro, comprendida la yihad (guerra santa) y la prevención del mal. En Turquía, los alevíes han sido perseguidos tanto por musulmanes sunitas como por ultranacionalistas, y aún enfrentan discriminación a pesar de ser el segundo grupo religioso más grande del país.

La identidad aleví es religiosa, no étnica. En particular, la familia de Nigoğos nunca ha aducido ninguna identidad étnica. Todo se hizo más claro el día de su bautismo, a los 19 años.

«Sé por qué estás haciendo esto», le había dicho su tío con aprobación, delante de la iglesia el día en que su sobrino se convertiría al cristianismo, para ser ungido por el enviado papal. «Estás regresando a la religión de nuestros antepasados». Nigoğos no entendió: «No tenía idea de lo que estaba hablando». Pero su historia se remontaba a mucho antes de 1915.

La familia, le dijo su tío, era descendiente de paulicianos, una secta maniquea armenia que era perseguida por el Imperio bizantino y la Iglesia apostólica armenia, que los consideraba herejes.

Los paulicianos se extendieron por toda Asia Menor alrededor del año 650 d. C. En su credo, había una deidad del bien y una deidad del mal; Dios era bueno y reinaba en el reino espiritual, pero el mundo estaba bajo el mando del dios malo del Antiguo Testamento; el Nuevo Testamento era su único libro verdadero, especialmente la palabra de Pablo, la devoción a quien había dado el nombre a la secta. No creían en la santidad de la cruz ni de las imágenes, ni en la virginidad de María. Los paulicianos parecen haber engendrado la secta bogomil en Bulgaria, que más tarde ganó un gran número de adeptos en Bosnia.[5] Los bogomiles bosnios finalmente se convirtieron al islam después de la conquista de estos territorios por los otomanos, lo que les permitió alcanzar posiciones de poder. Los musulmanes de hoy de Bosnia-Herzegovina son sus descendientes.

La familia de Nigoğos no recordaba nada de eso. Pero habían conservado la memoria de ser «paulicianos armenios», las dos únicas palabras rescatadas del muy intenso último milenio. Inusualmente en Turquía, contó las historias de sus abuelas como una breve introducción a su familia: su abuela paterna se había casado dos veces, ambas veces con hombres de origen armenio; su segundo marido, Deli Huso («El Loco Huso», abreviatura de Hüseyin), había dado refugio a dos hermanas armenias durante el Genocidio. Estas mujeres se fueron tres años después, en 1918, cuando encontraron a un tío sobreviviente en Zara. Su abuela materna, Sosun, se había casado tres veces, siempre con *fedayis* kızılbaş, que habían librado una breve rebelión contra el gobierno turco en 1920. Sus dos primeros maridos murieron en combate. La tercera vez, se casó con un pariente de su clan, que también se llamaba Sosun.

Según el relato familiar, los antepasados de Nigoğos se habían convertido del paulicianismo al alevismo Kızılbaş hacía unos 400 años. Las fechas podrían cuadrar históricamente: la primera mención conocida del nombre «kızılbaş» se remonta a la segunda mitad del siglo xv. Y eran de Zara, un distrito de Sepasdia que tenía una fuerte presencia pauliciana y estaba a solo 100 kilómetros de Divriği, anteriormente Tephrice, el bastión fortificado que habían construido en el año 850 d. C.

Los paulicianos, una secta ascética, evolucionaron hasta convertirse en una sociedad marcial como resultado de la violencia que enfrentaban. Se atrincheraron en fortalezas en las provincias de Sepasdia y Cesarea, demostrando ser combatientes formidables, y también abrieron un nuevo frente contra el ejército bizantino, que ya estaba ocupado en otros lugares repeliendo los ataques de los árabes:

> Una llama más peligrosa y consumidora fue encendida por la persecución de Teodora, y la revuelta de Carbeas, un valiente pauliciano, que comandaba las guardias de los generales de Oriente. Su padre había sido empalado por los inquisidores católicos; y la religión, o al menos la naturaleza, podría justificar su deserción y venganza. Cinco mil de sus hermanos estaban unidos por los mismos motivos; renunciaron a la lealtad a la Roma anticristiana; un emir sarraceno presentó Carbeas al califa; y el comandante de los fieles extendió su cetro al implacable enemigo de los griegos. En las montañas entre Siwas y Trebisonda fundó o fortificó la ciudad de Tephrice, que todavía está ocupada por un feroz pueblo licencioso, y las colinas vecinas estaban cubiertas con los fugitivos paulicianos, que ahora reconciliaban el uso de la Biblia y la espada.[6]

Así describía Gibbon el bastión donde los paulicianos resistieron a los bizantinos desde 850 hasta la caída de la ciudad en 872 ante las tropas enviadas por el emperador Basilio I.

Sin embargo, incluso después de que perdieron Tephrice, los paulicianos en los confines orientales y Armenia siguieron siendo una amenaza constante para el Imperio bizantino. Las menciones finales de la secta los señalan luchando en la Primera Cruzada (1096-1099) para los ejércitos islámicos.

Para entonces, también, bizantinos y armenios habían comenzado a perder territorios ante el avance de los turcos selyúcidas, que algunos historiadores asumen que pueden haber sido bienvenidos como libertadores por los perseguidos paulicianos. Todos los rastros del culto desaparecieron después del siglo XI, lo que invitaba a la especulación sobre su eventual conversión al sufismo de las hordas invasoras, que finalmente evolucionó a la forma actual del alevismo kızılbaş. Los rasgos cristianos detectados en el alevismo, ha señalado un historiador, se ajustaban a la práctica pauliciana en «un grado sorprendente», incluida la iniciación adulta, la penitencia y la asamblea privada nocturna.[7]

Los viajeros occidentales también habían notado las afinidades de los kızılbaş con los cristianos. En 1908, el arqueólogo e historiador británico David George Hogarth, compañero de T. E. Lawrence, había observado que los kızılbaş simpatizaban «más con los cristianos armenios que con los otomanos», y que se decía que eran «criptocristianos de sangre armenia».[8] En esos años de intensa actividad misionera estadounidense y europea en Anatolia Oriental, muchos kızılbaş habían expresado interés en convertirse al cristianismo protestante: en 1881, dos aldeas kızılbaş habían hecho una petición infructuosa a la misión estadounidense para ser reconocidos como protestantes. La correspondencia oficial otomana de 1893 documentaba la existencia de «musulmanes ignorantes» entre los kızılbaş de Dersim que estaban inclinados a abrazar el protestantismo. Otro viajero británico señalaba (describiéndolos erróneamente como chiitas alevíes): «Hay más verdad [...] de lo que a veces se advierte en la afirmación de los turcos chiitas de que aquello que los separa de los cristianos es más delgado que la piel de una cebolla».[9]

Ya en el siglo XVIII, un monje de la Congregación Mekhitarista había informado de un vínculo directo entre los kızılbaş y los armenios. En 1773, el padre Boghos Meherian se había encontrado con los kızılbaş en sus viajes por la región de Sepasdia, describiéndolos como los maniqueos convertidos, enemigos de los kurdos y amigos de los armenios. Eran diferentes a cualquier otro grupo religioso que conociera, por lo que la primera vez que el padre Meherian vio a «los maniqueos», le preguntó a uno de ellos a qué nación pertenecían. «Somos armenios y hablamos armenio», fue la respuesta.[10] Su presencia era fuerte en Tephrice, Zara y en otras partes de las provincias, y vivían en zonas aisladas debido a la persecución que habían experimentado en el pasado. «La Pascua armenia es una fiesta para ellos y marcan la Fiesta de la Ascensión a la manera de los armenios». Curiosamente, el padre Meherian señalaba que también había una concentración de esta secta en Hınıs. Me preguntaba si las ambigüedades de nacionalidad y religión que rodeaban a Özkan, mi enigmático anfitrión en Hınıs, podrían tener raíces mucho más antiguas.[11] A pesar de que la decoración devocional en su casa era un ejercicio de equilibrio sincrético —tanto sunita como aleví, pero ninguno de los dos, aunque era propenso a publicar en las redes sociales fotos de iglesias armenias y videos de canciones armenias, algunas interpretadas por él mismo en la guitarra— nunca había explicado cuál era su religión. Decía que era kurdo, lo que hoy en el este de Anatolia se había convertido en una expresión general menos cargada que decir musulmán, pero los otros kurdos de la ciudad decían que era armenio. Era perfectamente posible que estaba leyendo demasiado entre líneas, pero si mis suposiciones fueran correctas sobre su ascendencia —de apostólico armenio a pauliciano a kızılbaş a comunista «kurdo», si la hoz y el martillo en la casa de su padre significaban algo— a Özkan podría perdonársele todo el misterio que lo rodeaba. Había heredado un milenio de disfrazar la identidad propia.

De hecho, la enemistad que el padre Meherian describía entre los kızılbaş y los kurdos sunitas ha continuado en el siglo XX. Tan profundo era el odio que el autor aleví Şerif Fırat desestimaba las afirmaciones de singularidad de los kurdos, diciendo que todos eran de origen turco: atribuía el desarrollo de una identidad kurda separada a las políticas otomanas de usar a los kurdos contra las minorías no islámicas.[12]

El arqueólogo británico Theodore Bent sugería un origen no musulmán para los kızılbaş, en cuya religión veía «la supervivencia de algún culto pagano, tal vez... una forma inacabada o decadente de cristianismo».[13]

En cualquier caso, tal era la huella que los paulicianos habían dejado en su antiguo territorio que los cristianos hasta la fecha se llamaban pavlükalar (paulicianos) en el dialecto kurmancî hablado en Zara. Nigoğos tarareó algunas líneas de una canción de la década de 1920 de su ciudad natal:

Pavlükalar yandı, gel sen de dayan...
Çifte çifte Pavlükalar dönerdi
Şişeler kurulup, bade sunardı

Los paulicianos ardieron, tú también quédate ahí...
Los paulicianos regresaron en parejas
Alistaron las botellas para ofrecer amor encarnado en vino

Los paulicianos mencionados aquí son los armenios, y la primera línea puede tener un doble significado histórico: en referencia a los sectarios propiamente dichos, derrotados por los bizantinos en ese mismo territorio; y a los armenios masacrados en 1915.

La letra era de *Koçgiri Ağıt*, o *Lamento de Koçgiri*, el antiguo nombre de Zara. Koçgiri fue el sitio de un sangriento levantamiento de los kızılbaş en noviembre de 1920, pocos meses después de la firma del Tratado de Sèvres, que estableció las condiciones para la autonomía y la eventual independencia del Kurdistán. Pero Atatürk, al frente del ejército, ya se había propuesto evitar la pérdida de territorios otomanos. En abril de 1921, la rebelión de Koçgiri había sido aplastada.

De 2003 a 2006, Nigoğos trabajó en el proyecto de oleoductos Bakú-Tbilisi-Ceyhan para bombear petróleo desde el sector azerbaiyano del mar Caspio hasta el Mediterráneo de Turquía. Como graduado de la Universidad Patrice Lumumba de Moscú, hablaba ruso e inglés con fluidez, por lo que fue contratado como intérprete en el tramo de Refahiye, en la provincia turca de Erzincan: «Todos los días en estos tres años, los trabajadores que cavaban las zanjas para colocar las tuberías llamaban a la gerencia para informar que habían encontrado huesos y botones». Durante un macabro instante, sonó como una prueba del principio pauliciano de la inexistencia de la vida en el más allá.

Refahiye había sido escenario de conflicto durante la rebelión de 1920. Pero lo más probable era que esos restos se remontaran a 1915. El exterminio de armenios en ese distrito comenzó el 3 de junio de ese año: grupos de bandidos rodearon tres aldeas armenias con una población de 1570 habitantes y mataron a sus habitantes *in situ*.[14]

La rebelión de Koçgiri también fracasó porque los kurdos sunitas no la apoyaron: desconfiaban de los kızılbaş por su religión heterodoxa y apoyaron a Atatürk contra los rebeldes kızılbaş.

Pero en 1925 el tablero se dio vuelta con la rebelión del jeque Saíd, cuando los kurdos musulmanes se levantaron contra la recién fundada república secular de Atatürk. Los kızılbaş no habían olvidado, y perdonaron a Atatürk por su represión de la rebelión de Koçgiri, uniéndose a él en su batalla contra el movimiento islámico kurdo del jeque Saíd. Con su abolición del califato islámico en 1924 y su guerra contra los kurdos islamistas, Atatürk se ganó la lealtad inquebrantable de los kızılbaş.

En esto, Baydar, el dueño del bar en un distrito de movida de Ankara, era como los otros alevíes: kemalista. Una colega periodista y amiga mía también era aleví. Sus padres habían huido de Marash después de una masacre de alevíes por el grupo de extrema derecha de los Lobos Grises en diciembre de 1978 que dejó unos 100 muertos. Pero nunca había sido capaz de entender yo cómo podía ser una turca nacionalista, ni había sido capaz de explicarlo. «¿Nacionalista o kemalista?», preguntó Baydar cuando le conté sobre mi perplejidad. ¿No era lo mismo? «La mayoría de los alevíes veneran a Atatürk», se encogió de hombros.

Nos topamos con el presentador de radio kemalista en el café que era nuestro lugar de reunión habitual en Ankara. Todavía estaba molesto, y se notaba en la mueca enojada de sus labios debajo de su bigote nietzscheano. «¡Pero no iba a hablar de política!», reprendió a Nigoğos en lugar de a mí. «Iba a preguntarle de dónde venían sus abuelos, si cocinaban *dolma*, ¡ese tipo de cosas!». Nos reconciliamos y volvimos a ser amigos, hasta la mañana siguiente, cuando Nigoğos y el periodista se pelearon de nuevo. No era solo porque no me presenté a la entrevista, me aseguró Nigoğos. «Es por otros desacuerdos», dijo, insinuando discrepancias políticas. Sin embargo, no tenía nada que ver con Atatürk.

* * *

Profundamente prosoviético y ahora prorruso como mejor alternativa, *Donat* también era kemalista. Si Turquía estaba por meterse en problemas, era porque el país se había desviado del camino de Atatürk. Multifacético y un hombre de muchos talentos, Donat nunca parecía tener un trabajo permanente. Sin embargo, para alguien que además del turco hablaba inglés, ruso y checo, así como algo de georgiano y armenio, que se entretenía, como también a sus amigos y al público, interpretando *jazz* con su saxofón, había algo que no cuadraba en su actitud desinteresada hacia las necesidades de la vida, ya que no parecía ser rico. Sin embargo, mi incógnita trascendía el dinero, porque alguien de su capacidad naturalmente querría darle un buen uso.

No él. Parecía carecer de la necesidad de trabajar. Se me pasó por la cabeza la idea de que podría ser empleado por el Estado turco, pero aun así era un placer hablar con él. No obstante, la suma de las partes no daba. De ascendencia mixta que incluía orígenes macedonios y cretenses, se identificaba como chveneburi, una minoría georgiana islamizada que comenzó a establecerse en Turquía después de la guerra ruso-turca de 1828. Su padre había estudiado en la Escuela St. Georg's, una institución austriaca en Estambul, y hablaba un alemán perfecto. Donat se había convertido en un cristiano ortodoxo, pero mantenía su fe en secreto.

Donat me presentó a un amigo armenio, *Eren*, quien también evitaba revelar su origen fuera del círculo más cercano de amigos. Ahora tenía miedo de ser armenio en Turquía, a pesar de que era ateo y camarada de Donat en un partido de izquierda. Osman Köker había visitado el pueblo de la madre de Eren, Zir, en las afueras de Ankara, para ver las ruinas de la iglesia armenia. «El piso de la iglesia había sido completamente excavado... Escuchamos un ruido que nos asustó: dos hombres nos habían estado siguiendo», dijo Eren. «Habéis venido por el oro, ¿no?», habían preguntado estos hombres. Y propusieron un plan para dividírselo.

A Eren le dolía ser identificado como musulmán en su documento de identidad. Había sido enviado a Sivas (el nombre turco de Sepasdia) para el servicio militar, por lo que antes de dirigirse allí pensó que era más seguro convertirse. Junto con su padre, tío y hermano, fueron a la oficina del Registro Civil para cambiar su religión y nombre. «Es muy doloroso», dijo. «Entonces cambiamos el nombre, pero luego el funcionario nos dice: "Está bien, ahora tenemos que circuncidaros". Su tío y su padre se alarmaron y dijeron: "¡No, no, somos alevíes!". Y habían escapado ilesos. "La conversión fue dolorosa, pero tuvimos que hacerlo, de lo contrario nuestra vida en el servicio militar habría sido muy dura"».

Pero Eren no había tenido ningún problema en el servicio militar. «Por el contrario, cada vez que los turcos peleaban entre sí, mi superior venía a mí y me decía: "Eres armenio, eres honesto", y me habían asignado como secretario del comandante: solo más tarde vieron que era armenio».

En el pasado, estaban más seguros. «Teñíamos los huevos de rojo para Pascuas». Había miedo entonces, pero ahora era peor. Tenía miedo. ¿De qué? Que era armenio. ¿Todavía? Parecía increíble, en medio de las mujeres descubiertas que vestían al último grito de la moda en el entorno moderno de

Ankara. Le pregunté dos veces más si realmente sentía miedo como armenio, y respondió que sí ambas veces:

> No te dejes engañar por las apariencias y el discurso de la democracia. Este es un lugar aterrador: es un país muy fascista. Este gobierno es terrible. En el pasado estaba bien, incluso repartíamos huevos de Pascua a nuestros vecinos musulmanes. En la década de 1950 estaba el barrio de Hacı Doğan, donde vivían todos los armenios de Ankara. Ahora no hay más armenios. En aquel entonces, la mitad de los residentes eran armenios, la mitad eran kurdos. Celebrábamos las Pascuas y el Kurban Bayramı juntos. Pero ahora que el país está asumiendo este carácter sunita y neo-otomano, es mucho peor.

Eren tenía un «amigo», un buen tipo, pero había descubierto que era un agente del MİT, la organización de inteligencia nacional, y lo seguían. La policía no lo molestaba directamente, pero tampoco ocultaba que los armenios estaban bajo vigilancia. Si algo sucedía, sabían de inmediato dónde encontrar a los armenios. «Nos quedamos en Ankara porque nos gusta». Tenía un hermano que vivía en Bodrum, en la costa. «Todos los familiares de mi madre fueron a Australia hace 20 años». Su madre hablaba armenio, pero él no. La familia de su esposa eran musulmanes de Grecia que se habían establecido en Turquía durante los intercambios de población de 1922, pero ella también era atea.

Una columna de comunistas marchó junto a nosotros, cantando consignas y agitando banderas rojas. Eren quería ilustrar por qué no revelaba su identidad armenia:

> «Armenio» aquí sigue siendo un insulto. Déjame contarte una historia. Hubo un gran terremoto aquí en 1999. Murieron treinta y cinco mil personas.[15] Fuimos con un amigo a ayudar a construir una casa para aquellos que las habían perdido. El sol era fuerte y estaba construyendo una pared, luego construí un baño. Fui a comprar una camiseta, una roja. El tipo que la vendía me preguntó si yo era armenio. «¿Por qué?», respondí. «Lo dijo nuestro

> vecino». Su vecino era un policía al que no le gustaban los armenios, por lo que había dicho: «Es armenio, cóbrale más». Y estábamos allí para construir casas para esta gente. Fui a ayudar a estos turcos, a protegerlos. Construí más pisos para esa casa. Lo hago porque amo este país y a esta gente. Pero así es como vivimos los armenios aquí en Turquía.

Su abuelo había luchado para Turquía en 1923, la llamada «Guerra de la Independencia» en la historiografía oficial. «La prensa nos encontró porque querían escribir un artículo sobre los armenios que lucharon en la guerra de independencia». Pero Eren se negó a hablar sobre su abuelo, lo que llevó a los periodistas a preguntar si podían saber por qué. No, había respondido. «Mencionaron el nombre de mi abuelo, Kevork Gülsöken, de Tokat».

Una amiga cercana de Donat estaba casado con una chica de Tomarza, Kayseri. Cuando se casó, trajo viejos objetos de plata a Donat para su restauración. «Tenían iniciales e inscripciones armenias, por lo que le pregunté dónde lo había obtenido». Dijo que sus abuelos habían matado a vecinos armenios y saqueado sus casas. «Y se llevaron todas sus pertenencias».

* * *

Más tarde en la semana, Nigoğos me llevó a dar un paseo por el barrio de los anticuarios en el casco antiguo de Ankara. Uno tenía varios objetos armenios, incluido el artículo preferencial de su colección: un apagador grande de velas en forma de campana, con la inscripción de «Surp Garabed» en armenio. Era del monasterio completamente demolido en Mush.

En un negocio, había un nervioso fabricante de cuchillos y cuentas. Para mi asombro, había colocado una postal con la foto de un *fedayí* armenio de Sasún en el mostrador, con una inscripción en armenio e inglés. El combatiente de la foto en blanco y negro sostenía un rifle largo, y llevaba un elaborado traje y turbante al estilo kurdo con pantalones de pierna ancha, una variante del *şalvar*, con un patrón de rayas gruesas con motivos romboidales. El fabricante de cuchillos no me decía si era armenio, y se lanzó a un relato agitado sobre la muerte del *fedayí* Kevork Chavush sin pausa para el aliento.[16] El fabricante de cuchillos era de Varto, un distrito históricamente armenio de Mush, pero no daba más detalles sobre sus orígenes. «Está un poco alterado debido a los dolores del *oruç*», me susurró Nigoğos en inglés, refiriéndose al ayuno de Ramadán. También era un día caluroso. Tal vez el ayuno prolongado bajo la tensión del trabajo y el clima tenía un efecto similar al alcohol. La historia que contó este maestro artesano se correspondía con mayor o menor precisión a la muerte de Kevork Chavush narrada por el camarada de los *fedayíes*, Vahan Papazian. El fabricante de cuchillos nunca reconoció que era armenio. Pero una vez en su red social publicó una foto de niños armenios indigentes, en coincidencia con un aniversario del Genocidio. Uno de sus contactos había hecho un comentario burlón sobre el parecido de estos niños a Tarzán. «Estos son niños armenios, hermano», había respondido. Y había compartido la foto de un mapa de Armenia Occidental.

Un par de años antes yo había entrevistado a Yusuf Halaçoğlu, un expresidente de la Sociedad Histórica Turca. Había aceptado de inmediato ser entrevistado. Halaçoğlu era, quizás, el principal negacionista del Genocidio. En 2007, causó conmoción cuando dijo que poseía listas de «armenios ocultos», insinuando que constituían una buena proporción de militantes del PKK y del grupo guerrillero maoísta TİKKO (Türkiye İşçi ve Köylü Kurtuluş Ordusu, o Ejército de Liberación de Trabajadores y Campesinos turcos). Poco después, fue destituido de la presidencia de la Sociedad Histórica. Me recibió en su oficina en la Universidad Gazi de Ankara, grande y austera a excepción de dos grandes pinturas épicas de Atatürk, una de ellas ecuestre. Era verano y el edificio estaba vacío a excepción del amable personal de seguridad. Cuando nos sentamos para la entrevista en su oficina, Halaçoğlu dejó la puerta abierta.

«Calculo que hay medio millón de armenios ocultos ahora en Turquía», respondió a mi pregunta sobre su número, después de una larga introducción según la cual no más de 10 000 armenios habían muerto en los convoyes de deportación, mientras que cientos de miles habían muerto de hambre y enfermedades detrás de las líneas rusas, en Ereván y en otros lugares de lo que ahora es la República de Armenia. «La mayoría ahora vive bajo el disfraz de kurdos, por ejemplo, los Raştonik y otras tribus kurdas». Una parte importante de ellos se había reasentado en las grandes ciudades y algunos se habían unido a las filas del PKK, dijo, pero no podía conjeturar el número de militantes kurdos de origen armenio. También creía, «con un 90 por ciento de certeza», que Abdullah Öcalan, el líder del PKK, era descendiente de armenios ocultos.

¿Por qué estos armenios habían pasado a la clandestinidad? ¿Por qué estaban asustados y por qué se habían convertido al islam?

«Algunas mujeres y niñas armenias se casaron con musulmanes, se mezclaron con musulmanes y ahora están asimilados», respondió. «Pero algunos actuaron por miedo a los kurdos». Después de haber hablado de ellos en 2007, dijo, algunos que aún conservaban la memoria de su identidad habían comenzado a surgir, expresando el deseo de volver a unirse a la comunidad armenia y a la Iglesia. «Más de 1000 regresaron a su antigua religión, fueron bautizados de nuevo, y no les pasó nada, porque en Turquía la identidad armenia no está reprimida, porque tenemos tantos amigos armenios y porque los armenios por su condición de minoría están bajo protección».

Halaçoğlu dijo que la declaración que se le atribuye sobre los armenios ocultos había sido una consecuencia de un malentendido por parte de los periodistas: «Estaba hablando de las listas de armenios que salieron del Imperio otomano y se fueron a los Estados Unidos». Entonces le pregunté sobre el asesinato de Hrant Dink: «¡Ah, Hrant Dink! El asesinato de Hrant Dink es algo misterioso». Su asesino era un turco, dijo. «Pero ¿quién le brindó el apoyo logístico? ¿Quién lo encaminó a cometer el asesinato?». Halaçoğlu dijo que había enviado su información a un estudioso armenio en Los Ángeles, quien «tuvo la misma reacción». Este autor ideológico anónimo del asesinato de Dink ahora usaba un nombre musulmán, pero por origen era un armenio de Elazığ. «Es difícil tener una idea de las cosas que hemos expuesto», agregó. «Necesitamos investigar esto».

* * *

Tres años más tarde, en 2014, Nigoğos y yo estábamos en el bar de Baydar en Ankara, hablando sobre el paulicianismo y su familia, mientras que los demás miraban un videoclip de una canción sufí. Era interpretada por Hayko Cepkin, un cantante armenio de Estambul que había sido compañero de clase de uno de los armenios en nuestra mesa en la Escuela Getronagán, la institución educativa más prestigiosa de la comunidad en Estambul. Sus graduados incluían a muchos de los intelectuales que iniciaron el Zartonk, el movimiento renacentista que renovó la literatura y el arte armenios a fines del siglo XIX, solo para ser interrumpido por el Genocidio. En el video, dos derviches giradores vestidos de blanco, rotaban sobre sí mismos en un antiguo puente en algún lugar del este de Anatolia mientras Hayko cantaba *Demedim Mi* (*¿No lo dije?*), un tema triste, con una percusión pensada para producir éxtasis.

Los derviches eran una expresión ampliamente conocida de los sufíes mevlevíes, una orden que tenía estrechas relaciones con el movimiento sabático, uno de los episodios más extraños de la historia otomana. Sabbatai Zevi, rabino de Salónica, se había proclamado mesías en 1665, y ganó un inmenso número de seguidores entre los judíos europeos hasta el punto de generar alarma en el gobierno otomano. Fue arrestado y se le dio la opción de convertirse al islam o ser ejecutado. Eligió lo primero, adoptando el nombre de Aziz Mehmed Efendi. Doscientas familias judías que permanecieron leales a él, unas 1500 personas, también se convirtieron en musulmanas. Formaron una agrupación separada dentro de la comunidad islámica de Turquía que sobrevivió hasta nuestros días, aunque muy expuesta a la asimilación progresiva. Si bien se llamaban a sí mismos *ma'min* (creyentes), entre los turcos llegaron a ser conocidos por un nombre diferente: «conversos».

Eran los *dönmes* originales, una designación extendida en Turquía a cualquier persona que se convirtiera al islam.

Las 200 familias que habían seguido a su mesías al islam en 1666 habían aceptado su explicación de que «la conversión era un castigo temporal para los judíos porque no habían reconocido al verdadero Dios que él había descubierto». El Imperio otomano era la tierra del disimulo.

En una reunión secreta de paulicianos en Gyumrí (en lo que hoy es la República de Armenia) en 1837, posiblemente la última reunión de este tipo que se documentó tras una brecha de ocho siglos desde la participación de los paulicianos en la Primera Cruzada, se había declarado una retractación, instando a los seguidores de la secta a ocultar su verdadera creencia a la Iglesia apostólica armenia:

> Id siempre a la iglesia, no es que los de nuestra estirpe la consideren real; pero externamente realizaréis todo, y manteneos ocultos, hasta que encontremos una oportunidad; y entonces, si podemos, todos volveremos a esta fe nuestra. Y juramos, aunque nos hagan pedazos, que no lo revelaremos.[17]

A diferencia de estos paulicianos, los judíos *dönme*, los armenios ocultos y personas como Nigoğos nacieron en esta psicología del disimulo y el miedo que conllevaba. Esta doble vida de falsas apariencias y realidades encubiertas a veces se prolongaba durante generaciones, siglos después de que el secreto original ya hubiera sido olvidado por mucho tiempo y no quedara casi nada que ocultar.

3
CESAREA

El autobús me dejó frente a la iglesia armenia de Kayserí, Surp Krikor Lusavorich (San Gregorio el Iluminador). Estaba cerrada. Llamé a Marzbed, el jefe de la Unión Compatriota de Kayseri Armenios en Estambul, y me dijo que llamaría por teléfono al portero para que me lo abriera. La hija del portero estaba enferma, me dijo Marzbed después de haberlo encontrado, y la había llevado a un hospital en Estambul. Dondequiera que iba en Turquía en un momento dado, las personas que conocía estaban enfermas o tenían algún allegado afectado por alguna enfermedad. A veces puede haber sido una excusa para el ausentismo o una manera educada de evitar una reunión, pero presencié muchos casos con mis propios ojos. En cuanto a la iglesia, me sería imposible entrar. Solo había una llave en posesión del portero por razones de seguridad, dijo Marzbed.

Durante la hora que esperé la llamada telefónica de Marzbed, se me acercó un hombre bigotudo para decirme que a veces había un portero. Este hombre era un aleví: «Nuestro pueblo ama al vuestro». Se refería a los armenios. Le dije si alguna vez había estado en *cem evis*, las casas de oración de los alevíes. «No», dijo, pero aun así dijo que «nuestros ritos son muy similares a los vuestros». Poco después pasó otro grupo de personas en bicicleta por allí y se detuvo delante de la entrada principal de Surp Krikor. Tenían entre 30 y 40 años, de piel clara, rubios o pelirrojos, y sus ojos eran de color claro. Hablaban árabe, pero el más joven de ellos sabía algo de turco básico. Eran refugiados caldeos (asirios católicos) de Mosul, llegados hacía apenas unos meses. El Estado Islámico había capturado su ciudad natal, en el norte de Irak.

Entonces el mayor de ellos me preguntó en árabe —pero logré entender— si era armenio o turco. Querían saber si la iglesia tenía más de 100 años. Uno de los hombres caldeos frotó la pared de la iglesia con su mano derecha, se la puso en la frente e hizo la señal de la cruz, aunque luego me saludó con el saludo islámico, «Selâmün aleyküm» («La paz sea contigo»). Pero repitió que eran caldeos católicos. La suya era una rama de la Iglesia ortodoxa siriaca que se había separado de la Iglesia madre y había proclamado su lealtad al papa. El Vaticano había decidido llamarlos caldeos, pero étnicamente no había nada caldeo en ellos: eran asirios.

Como ver la iglesia no era posible, decidí conocer al último armenio de Talas, un distrito cerca de Kayseri que tenía una concentración de armenios ricos antes del Genocidio. Marzbed me había advertido que *Jirayr* podía ser pendenciero y me dijo que no tenía su información de contacto. Encontrarlo, sin embargo, fue tan fácil como tomar un taxi y decirle al conductor que buscaba al último armenio de Talas. En una de las mayores ciudades de Turquía, con alrededor de un millón de habitantes, Jirayr era un hombre muy visible que daba muchas entrevistas a periódicos y canales de televisión turcos. «No tiene nada de armenio oculto o secreto», me había dicho un amigo de Denver que lo había conocido poco antes en Kayserí, durante una misa especial en la iglesia Surp Krikor: «Lleva una cruz de oro muy prominente». Tal como me lo había descrito, la cruz estaba allí, refulgente debajo de su cuello abierto, mientras nos esperaba delante de su casa, con anteojos de sol. Nos habíamos detenido dos veces para preguntar cómo llegar y los vecinos ya le habían hablado de nosotros.

Vivía en el barrio de Gulbenk de Talas, de donde procedía la familia de Calouste Gulbenkian, que durante algún tiempo en el siglo XX fue el hombre más rico del mundo. Jirayr habló conmigo mientras jugaba *tavlo* con sus amigos. Dijo que era rico, con una fortuna de un millón de dólares, que atribuía a su fe cristiana. A pesar de sus 75 años, Jirayr creía que se veía más joven por al menos una década porque no fumaba.

Ya nadie molestaba a los armenios en Turquía, según él. Jirayr había trabajado en el barrio de Beyoğlu en Estambul, pero ahora que había ganado «mucho dinero» había decidido regresar a Talas. Las otras casas de armenios habían sido confiscadas por el Estado turco, que las había entregado a refugiados musulmanes de Bulgaria. La suya había sido construida hacía 300 años, y su tatarabuelo había nacido en la misma casa, que tenía un patio amurallado.

Su familia estaba emparentada con los Gulbenkian. Junto a la entrada, había una estela de mármol de una escuela armenia que había sido donada por Gulbenkian en 1847. La escuela había sido volada con dinamita durante el Genocidio, pero el abuelo de Jirayr había rescatado la inscripción de mármol sobornando a funcionarios. También tenía otros dos artefactos históricos con inscripciones en armenio sobre ellos.

Había dos mansiones en la calle de su casa que habían pertenecido a las dos familias más prominentes de Talas: los Karamanian y los Gulbenkian. Sus casas estaban separadas por una senda muy estrecha.

Ambas mansiones se alzaban sobre grandes lotes. La casa de los Karamanian era más bella al menos desde el exterior y el arco de entrada parecía el nártex de una iglesia armenia. Ahora propiedad de turcos, ambas mansiones estaban deterioradas, y partes de la residencia de los Gulbenkian se habían desmoronado. Jirayr señalaba efusivamente diferentes partes de las propiedades con dedos cargados de anillos adornados con monedas de oro.

Regresamos a su casa, ya que esperaba la visita de sus vecinos, una familia turca que vino con un plato lleno de *dolmas* para darme la bienvenida al barrio, uno de esos pequeños gestos que tendían puentes muy frágiles a través de los abismos de la historia. Jirayr se quitó sus grandes gafas de sol de marco rojo por primera vez. Tenía ojos pequeños. La familia turca había venido a usar la casa para la fiesta de compromiso de su hijo. A pesar de todos los alardes en su charla conmigo, Jirayr también era «el buen vecino armenio». Era una póliza de seguro, tal vez algo que iba en contra de sus instintos. Sin embargo, su familia había conservado sus propiedades.

Me dijo que había *badarak* (misa) solo tres veces al año en Surp Krikor Lusavorich, a la que asistía cuando estaba en la ciudad, ya que pasaba los inviernos en un hotel de lujo de Estambul. Su dirección anterior en Estambul era el Hotel London. Unos recortes de entrevistas con él, publicados en un periódico de Kayserí y en *Hürriyet*, un diario de circulación nacional, estaban enmarcados y colgaban de la pared del patio.

Su casa era muy antigua, dijo, por lo cual había debido gastar unos 100 000 dólares en renovaciones, pero había valido la pena, ya que allí habían nacido el abuelo de su abuelo y también él. Tenía una fortuna de un millón de dólares, me recordó de nuevo. «Siempre deberías tener dinero», fueron sus palabras de despedida para mí. «Sin dinero nunca tendrás una mujer ni amigos». Era soltero, pero sabía que tenía un hijo de una breve relación con una mujer croata que había conocido en Estambul. Ella se había ido a Croacia con el niño poco después de su nacimiento. Jirayr nunca había conocido a su hijo.

4
AMASIA Y GÜMÜŞHACIKÖY

Un amigo periodista había dicho que el propietario de Emin Efendi Konağı, un hotel en el casco antiguo de Amasia al otro lado del río Iris, tenía información sobre las familias armenias de la ciudad. El hombre nos esperaba a mi compañera de viaje y a mí con una amplia sonrisa en su oficina. Mi acompañante buscaba pistas o parientes sobre la familia de su abuelo, que era de Amasia. Nos ofrecieron té a pesar del ayuno de Ramadán. ¿Cuándo se había ido de la ciudad la familia sobre la que preguntábamos? «En 1915», dijimos. Se volvió con una mirada confusa a su hija, la gerente del hotel, quien había organizado la entrevista, arqueando las cejas. El nombre que le dijimos no le sonaba familiar y preguntaría a sus amigos armenios en la ciudad. «¿Quedan armenios?», pregunté. Me gustaría que me presentara a ellos. «Ahora están todos turquizados, se han asimilado», dijo, prometiendo que les preguntaría si aceptarían reunirse. Estaba claro que no haría ninguna de las dos cosas, y no lo hizo. Un empleado del hotel, bisnieto de macedonios que habían sido reasentados aquí en 1918, nos llevó a las ruinas de una capilla que dijo que era armenia en su aldea de origen, cerca de la ciudad. Había sido invadida por una espesa vegetación, con árboles que crecían desde su interior, y era mucho más baja que el suelo circundante, como si se estuviera hundida en una exuberante depresión. Había varias casas antiguas cerca, que el joven nos dijo que eran de armenios. Estaban abandonadas.

Al regresar a la ciudad salimos a caminar por el paseo del río. Mientras curioseábamos en los trabajos de renovación de un viejo edificio, se nos acercó un hombre. Era el capataz de un equipo de trabajadores de la construcción en el sitio, una antigua caravasar, Taş Han. Ahora es un hotel de lujo. Era un hombre blanco con anteojos de lentes color marrón. «¿Sois armenios?», preguntó, reconociendo el idioma que hablábamos con mi compañera. «Yo también soy armenio», nos dijo. Había venido aquí de su ciudad natal de Diyarbakır por esta obra. Sus parientes se habían ido del pueblo de Duman cerca de Hınıs, en Erzurum, durante el Genocidio. Su abuelo, de 12 años en ese momento, había partido en el convoy de deportación con dos hermanos, que tenían siete y cinco años. Un hermano mayor logró quedarse en Hınıs, después de convertirse y casarse con una mujer musulmana. El más joven murió de hambre durante la marcha, cerca de Mush. Los otros hermanos continuaron hacia Alepo desde Diyarbakır, y a partir de entonces se perdieron el rastro.

«Eso es todo lo que sé», dijo. No había nadie a nuestro alrededor, pero sus pupilas se movían inquietas detrás de las gafas marrones.

Este albañil había sido encarcelado en 1980 durante 12 años por su militancia en TİKKO. Se había unido al grupo armado como kurdo. «Mi pueblo es el armenio, pero ahora soy kurdo», dijo, una idea que había escuchado antes de otros descendientes de armenios convertidos. «Esto es Armenia, pero ahora en estas tierras viven kurdos: yo soy armenio, pero los armenios se han ido, y todos somos kurdos ahora». No tenía ninguna relación con armenios que no fueran «armenios kurdos como yo». Había muchos de su tipo en Diyarbakır, «unos 50 000, calculo, o tal vez más».

Continuamos con nuestra búsqueda. Mientras hojeábamos libros viejos en la librería subterránea de una galería sobre la periferia de la ciudad, trabamos conversación con el comerciante, un hombre de unos 40 años. Todavía había armenios en su juventud. Tenía buenos recuerdos de una llamada Mari, una compañera de clase de quien había perdido el rastro tras terminar la escuela. Quizás quedaban uno o dos armenios en la ciudad. Deberíamos volver por la tarde.

Cuando regresamos, nos esperaba un amigo bigotudo del librero. Un anciano que tenía una ferretería sería nuestro contacto. Quería ver la foto del abuelo de mi compañera de viaje. «¡Oh, sí!», exclamó. «Tu primo vendrá en breve».

Unos 20 minutos más tarde entró un hombre delgado y encorvado, con expresión muy preocupada. Era el único que no sonreía. Nos estrechó la mano y nos hizo subir a un taxi. El viejo comerciante, Haci Şukru, estaba feliz por lo que él creía que era un reencuentro familiar.

Abel era el último armenio que quedaba en Amasia. Era zapatero, de 57 años, casado y con una hija. Originalmente era cristiano, pero se había convertido en musulmán por costumbre, y era conocido por un nombre turco por todos en la ciudad. Tenía un amigo armenio llamado Hrant, que vivía en un pueblo a unos 60 kilómetros de distancia, pero no sabía de ningún otro en los alrededores.

Todos los demás armenios que de alguna manera habían permanecido después del Genocidio se habían ido de Amasia cuando ASALA había comenzado una campaña terrorista contra objetivos turcos en 1975. En esa época habían asesinado a una mujer armenia en Amasia, dijo Abel.

Solo pronunció algunas frases en armenio con fluidez, pero dijo, de nuevo en armenio, que no hablaba el idioma, a pesar de que lo entendía perfectamente, hasta el punto de que yo hablaba en armenio y él respondía en turco. A comienzos de la década de 1960, el arzobispo Shnorhk, el patriarca armenio de Constantinopla, había reclutado a Abel y su hermano como estudiantes para Surp Haç Tıbrevank en Estambul, el seminario que dependía de la Iglesia. El patriarca Shnorhk había continuado el trabajo de su predecesor, el patriarca Karekin, de traer jóvenes de las comunidades dispersas de Anatolia para darles una educación armenia. Sus compañeros de clase eran de Dikranagerd, Cesarea, Malatya y otras provincias del interior.

En Surp Haç, Abel había coincidido con Hrant Dink, también estudiante allí en ese momento. Pero Abel extrañaba su casa y regresó a vivir con su familia en Amasia un par de años después. Su hermano *Gosdan* se quedó, continuando sus estudios en la Universidad Boğaziçi en una carrera que lo llevaría a prisión: como descubriría yo tres años más tarde, Gosdan se convirtió en un ideólogo marxista-leninista. Después de su arresto tras el golpe de Estado de 1980 por el general Kenan Evren, el fiscal adjunto Selahattin Karagöz comenzó la acusación de Gosdan leyendo: «De alguna manera nacido en Turquía, habiendo estudiado como ciudadano turco en instituciones de educación superior para beneficio de la comunidad, educado en la Universidad Boğaziçi, viviendo gracias a las más altas bendiciones que le han otorgado el Estado y el pueblo, este armenio hijo de un armenio...».

Abel había compensado la prominencia de su hermano en el movimiento revolucionario condenándose al ostracismo casi por completo, mezclándose de la manera más anónima posible con la población de Amasia. Abel nos puso brevemente al teléfono con Gosdan, llamándolo a algún lugar de Europa, donde vivía. Me sorprendió en ese momento que no supiera de memoria el número de teléfono de su hermano, que marcó después de buscarlo en su cuaderno. Hablamos brevemente, principalmente inquiriendo sobre parentescos. Resultó, como sospechábamos, que el abuelo de mi compañera de viaje y Abel no estaban emparentados.

Entró una mujer corpulenta con una cara redonda, acompañada por otra que se parecía a ella en el atuendo islámico de pañuelos en la cabeza y faldas hasta el tobillo en los colores claros de la vestimenta estival. También se parecían, diferenciándose solo en edad (pero no por mucho) y los ojos, azul profundo y grandes para la mujer más joven, que era la esposa de Abel. Parecía cansada, lo que atribuía a su diabetes. La otra mujer era su suegra. Ambas mujeres se presentaron como turcas. Años más tarde descubrí que eran armenias islamizadas de Tokat.

Abel se puso una gorra y nos guio por calles secundarias vacías hasta el centro de la ciudad y se volvió, después de un tímido abrazo. Se acercaba el tiempo del *iftar*, a pesar de que las alegres multitudes que caminaban por el paseo del río de

Amasia no eran particularmente observadoras y, aparte de cierta resistencia a ofrecer alcohol, los restaurantes alineados a lo largo del bulevar estaban ocupados todo el día. Las luces titilaban a través del río Iris en las mansiones de entramado de madera y las casas dispuestas escalonadamente sobre el peñasco. Entonces las llamadas de los minaretes anunciaron la ruptura del ayuno de Ramadán, resonando en el aire de Amasia, la ciudad que Julio César había capturado con la afirmación «Veni, vidi, vici» («Vine, vi, vencí»). Dos mil años después, los muecines anunciaban en árabe una variación de esa frase e invocando a Alá, en la antigua ciudad griega bajo bandera turca.

* * *

El baño, o *hammam*, de Gümüşhacıköy inspiraba reverencia al entrar en él. Esto estaba acompañado por una sensación de algo profano y fuera de lugar dentro del edificio. La piscina en su centro no parecía ajena al sitio y guardaba correlación con las paredes octogonales que la encerraban. Pero al levantar la cabeza y ver la cúpula redonda, uno advertía que no era una casa de culto. La cúpula estaba disminuida, como si se hubiera encogido cual cabeza de jíbaro. Sin embargo, aun fuera por la salvación del cuerpo, el baño turco imitaba la arquitectura sagrada, o al menos la que evocaba el plano de una iglesia armenia con sus tradicionales ocho lados.

Los hermanos *Megerian* y yo inspeccionábamos el trabajo de renovación en el hammam que su padre había donado a la ciudad unos años antes del Genocidio. Eran dos de los últimos seis armenios en Gümüşhacıköy, cerca de Amasia.

Había encontrado su casa después de preguntar en *Şahnur Giyim*, la tienda de ropa donde me habían dicho que hiciera mi primera parada. Şahnur, dueño de la tienda, me dio las indicaciones para llegar a *Soghomón* y su hermana *Nazelí*. No encontré su casa la primera vez, por lo que regresé a la tienda. Esta vez, Şahnur repitió las instrucciones con más detalle, diciéndome que los encontraría: «Nunca salen de casa». Şahnur parecía amable, pero noté un rasgo en él que había observado entre los comerciantes armenios en Turquía de su edad, mayores de 60 años: eran reacios a hablar en armenio en la tienda o en lugares públicos, incluso si no había nadie alrededor.

A medida que me acercaba, le pregunté a un transeúnte dónde estaba la casa de Soghomón y Nazelí. El anciano levantó la vista con curiosidad y señaló una casa de entramado de madera en el estilo antiguo de la arquitectura del mar Negro, los ladrillos dispuestos diagonalmente en la fachada del piso superior. La puerta estaba abierta. Con cierta vacilación, entré en la casa, majestuosa y sombría por partes iguales en su interior, donde se volvía fantásticamente inquietante. Había una bicicleta clásica, una Raleigh negra de la década de 1950 en estado casi inmaculado, cubierta de polvo, con pan petrificado y grisáceo en la canasta detrás de ella. Grandes bolsas de basura, llenas de contenido indiscernible, colgaban de las altas paredes de la cochera, la cavernosa entrada a la casa: estaba cubierta de un extremo a otro con hileras sobre hileras de estas abultadas bolsas. Era como si las paredes dieran frutos enormes o estuvieran embarazadas, cubiertas de vientres monstruosos.

La cochera conducía a un patio interior, muy reducido por más desorden y bolsas de basura de contenido misterioso, esparcidas por el suelo. Habían acumulado polvo, como artículos acaparados hacía mucho tiempo para una catástrofe que aún no había sucedido. «Barón Soghomón... Barón Soghomón...», llamaba, usando la fórmula educada de vocativo en armenio. Un largo minuto después, se abrió una puerta crujiente en el patio cuadrado y un hombre viejo y pálido, de cabello plateado y ojos inquisitivos, salió mirándome, respondiendo clara pero vacilantemente: «Evet...» en turco: «Sí...». De inmediato, le dije en armenio que venía de parte de la señorita *Sonia*, la directora de la escuela armenia más importante de Estambul. «¡Oh, nuestra Sonia!», dijo, iluminándosele el rostro. Sus manos y labios inferiores temblaban, al igual que su cabeza. Con preocupación evidente, quería saber cómo había encontrado su casa: le hablé de Şahnur, el comerciante de ropa armenio. No le dije que otro vecino también me había señalado su casa. «Son personas muy malas: asesinaron a muchos de los nuestros». Pensé que era prudente decirle que identificaría a los entrevistados con seudónimos, pero dijo: «Hablo abiertamente: no le tengo miedo a nadie». Un poco más tarde llegó su hermana Nazelí, con la cabeza cubierta al estilo islámico. Era pequeña, pero su andar y su discurso revelaban que dirigía la casa.

La mayor de los dos, hablaba excelente armenio. También lo hacía Soghomón, aunque de manera más vacilante. Nazelí había sido enviada a Estambul a una escuela armenia y había regresado a casa después de graduarse. Su hermano solo pasó uno o dos años en Estambul, pero luego decidió regresar a casa con su madre en Gümüşhacıköy. A pesar de que Nazelí estaba vestida prolijamente, por alguna razón su hermano insistió en que se quitara la ropa cotidiana de trabajo. La hermana parecía un poco avergonzada de que un desconocido viera el estado de su casa, como si fuera un secreto. Pueden haber estado acaparando todo, tal vez durante décadas. Ambos eran solteros y se cuidaban el uno al otro como si se estuvieran solos en el mundo. Tal vez estar juntos todo el tiempo les impedía darse cuenta de cómo envejecían, o sus propias peculiaridades pues, solteros y sin hijos, no tenían otro referente que ellos mismos y sus recuerdos de infancia de la misma casa. Su tío abuelo había estudiado arquitectura en el Colegio Americano en la cercana Merzifon: fue asesinado en el Genocidio. Soghomón se emocionaba mucho cuando recordaba al tío abuelo que no conocía. Recordaban muy bien la visita del patriarca Shnorhk de Constantinopla en 1989: calcularon que en el momento de su visita todavía había 20 o 25 armenios en Gümüşhacıköy. Su casa había sido construida por su abuelo Hagop Ağa quizás hacía 150 años.

La hermana insistió en que nos mudáramos al jardín para tomar té y galletas. El jardín estaba separado de su hogar por otra casa que había pertenecido a un armenio. Pero la había vendido a un turco, y ahora estaba vacía. Había platos de hojalata esparcidos por el jardín, medio llenos de comida para una decena de gatos y gatitos que deambulaban por el lote.

Su madre, Hayganush, había sido deportada durante el Genocidio a Der Zor, en el desierto sirio, pero había regresado después. Habían viajado en un carruaje hasta la frontera con Siria. En Siria, los huérfanos fueron agrupados y atendidos por la Sociedad de Socorro del Cercano Oriente: a estos huérfanos se les daba un plato de comida por día, pero algunos de ellos estaban gravemente afectados o enfermos tras la caminata a través del desierto y morían. Hayganush había perdido a su hermana menor. «Mi madre me contaba que los cadáveres de los huérfanos se amontonaban de a cientos y se los llevaban todos los días». Entonces Nazelí sorprendió a su hermano diciendo que tenían una foto de su madre vestida de árabe de la época del Genocidio.

Nazelí había visto la foto hacía décadas. Ella la había guardado porque su madre se había molestado mucho cuando Nazelí le había mostrado la foto, recordándole algo que no quería discutir.[18] A pesar de mi insistencia, me dijeron que sería casi imposible encontrar la foto. «Realmente, será imposible», dijo Soghomón. Estas grandes bolsas de plástico, entonces, probablemente contenían el equivalente de un siglo de objetos.

Mientras Soghomón y yo esperábamos a que Nazelí volviera al jardín con el té y las galletas, una mujer con la cabeza cubierta al estilo musulmán se inclinó, diciendo en turco que había oído que alguien había venido por la ciudad ese día en busca de armenios. Soghomón se dio cuenta de mi suspicacia. «Esta señora también es armenia», dijo. La señora, *Margo*, lo confirmó en armenio. Lo hablaba a la perfección, pero su discurso era inseguro.

Mientras Soghomón hablaba, Margo tenía la costumbre de interrumpirlo, pero después de un tiempo ambos estaban hablando conmigo, sin escucharse, como pueden tender a hacer las personas que siempre han estado juntas durante años, porque ya sabían lo que diría el otro.

Ambos decían lo mismo: Soghomón en armenio y esta señora ahora en turco. De vez en cuando, los lugareños los hacían sentir incómodos; podían ser hostiles con ellos, y les preguntaban por qué no se iban. Ya no quedaban armenios: ¿qué seguían haciendo en Gümüşhacıköy?

En otras palabras, sus vecinos les sugerían, o a veces les pedían abiertamente, que vendieran sus propiedades y se fueran. Le pregunté a Soghomón por qué habían decidido quedarse solos en Gümüşhacıköy. «¿Cómo podría dejar la casa construida por mis antepasados?». Su rostro estaba rojo de ira: «Las tumbas de mis padres están aquí, he crecido aquí, y no me iré; ¿adónde iría?». Durante su servicio militar, su superior le había preguntado si era «un infiel», pero él había respondido: «No, mi capitán, no soy un infiel, soy un armenio».

Turquía era un estado policial encubierto y se le estaban saltando las costuras, mientras que el descontento político se sumaba a la tensión sobre las personas que apenas podían llegar a fin de mes. La culpa era del gobierno, dijo Soghomón, y de sus políticas islamistas que añadían combustible al fuego, apoyando al Estado Islámico. «El Estado Islámico continúa en Siria lo que los Jóvenes Turcos comenzaron aquí en 1915», comentó. En ese momento, Nazelí entró con una bandeja de galletas y el té, diciéndonos que habláramos en voz baja porque los vecinos estaban sentados al otro lado de la pared del jardín, y podían escuchar. A Soghomón no le importaba en absoluto. Hablaría libremente, porque no temía. ¿Por qué no?, le pregunté. «Soy miembro de una minoría y la policía tiene que defenderme». Los armenios, y posiblemente otras minorías, habían desarrollado una relación contradictoria con el Estado turco, por un lado, odiándolo o temiéndolo, pero por el otro, confiando en él contra la intolerancia de vecinos o extraños. Extranjeros en su propia tierra, no confiaban en su entorno. Soghomón invocó su condición de minoría con instintiva confianza en sí mismo, casi con orgullo, tal vez olvidando por un momento que se veía obligado a contar para su propia protección con un Estado que había aniquilado a su pueblo.

Margo dijo que su hija se había quedado en esta localidad y se había casado con un turco musulmán, pero que no se había convertido al islam. Su hija no quería vivir en ningún otro lugar. Margo había vivido en Estambul, pero no se había integrado en la comunidad armenia, insinuó, y había regresado a Gümüşhacıköy después de la muerte de su esposo.

Al final de la calle de su casa había una fuente de agua con una inscripción en armenio, ante la cual Nazelí, Soghomón y Margo posaron para una foto. Era el fragmento sobreviviente de la iglesia y escuela armenias que el nuevo *kaymakam* (gobernador de distrito), llegado de Erzurum, había ordenado volar en 1941. Un edificio escolar había sido erigido en su lugar, en el estilo anodino que marcó el advenimiento de la modernidad en las ciudades y localidades turcas. Dos años más tarde, mientras el *kaymakam* podaba un árbol en el patio de su casa, una rama cayó sobre su cabeza y lo mató. «Dios lo castigó por destruir Su casa», dijo Soghomón con satisfacción mientras pasábamos por la casa del difunto *kaymakam* camino al cementerio armenio. El árbol asesino estaba justo en medio del jardín.

Una valla alta rodeaba el cementerio, en la periferia de la localidad. Todas las lápidas estaban escritas en turco, excepto una con una inscripción en armenio que precedía al Genocidio. Los lugareños la habían encontrado en otro lugar, pero la trasladaron al cementerio para su preservación. Después de una oración por los muertos, Soghomón y Nazelí me acompañaron a la estación de autobuses. Se tomaban de la mano al cruzar las calles de la ciudad donde habían crecido. Sus voces se elevaban al preguntar en turco a los vendedores ambulantes sobre sus productos, pero se apagaban a murmullos cuando se hablaban en armenio, los susurros de las dos últimas hojas de un árbol muy viejo que caería con ellos, solos en el mundo, o en un mundo que los había dejado solos.

5
KASTAMONU

Hasta la década de 1970, aproximadamente 250 armenios vivían en Tütenli, en la provincia de Kastamonu. Ahora quedaban como máximo diez si contábamos la población estacional, los que pasaban el invierno en Estambul y venían al pueblo para el verano o las estaciones cálidas. Antes del Genocidio, Tütenli, o Tuhtenli, era un distrito separado, pero ahora se había reducido a una cuarta parte, aunque aislada, de la aldea de Kapaklı. Sin embargo, si todavía lo contáramos como una unidad administrativa individual, junto con Vakıf, en Cilicia, posiblemente era la segunda localidad completamente armenia y cristiana que quedaba en Turquía, aun si una pareja mayor se había convertido al islam en 2012.

También había tres aldeas de armenios islamizados en Kastamonu: Gökağaç, Yazı y Masıroluk, donde los armenios habían comenzado a convertirse hacía aproximadamente 30 años. En la ciudad de Kastamonu, quedaban aproximadamente 30 armenios.

Después de escuchar que Tütenli era mi destino, el taxista comenzó a hablarme de los armenios, nunca llamándolos por su nombre, sino solo refiriéndose a ellos como «vuestro pueblo», mientras conducíamos a través de colinas cubiertas de vegetación y coníferas de lo más alegres. Llegamos a un pueblo pintoresco donde las persianas y las ventanas se batían al compás de un fuerte viento. Todas las casas, hechas en el estilo de entramado de madera de los griegos pónticos, estaban vacías, excepto por una vaca quejosa que se asomaba por la entrada de un establo. Un rebaño de vacas pastaba a la distancia. Decidimos regresar a Taşköprü, el pueblo más grande de la zona.

Nos detuvimos frente a una casa donde un hombre cortaba madera. Este hombre, que lucía los bigotes recortados y la larga barba de los musulmanes conservadores, llamó a un armenio local, *Papkén*, que en ese momento estaba en Estambul. Papkén nos instó a visitar Tütenli, donde encontraríamos a su madre y sus parientes, que estarían muy contentos de recibirme. El hombre barbudo había sido el jefe de la aldea en el pasado y, después de cuatro décadas en Estambul, había decidido pasar la jubilación en su aldea. Nos dio las instrucciones correctas a Tütenli: nos habíamos detenido en otro lugar la primera vez.

Tütenli era un barrio compacto y aislado, completamente alejado del núcleo del pueblo de Kapaklı, a unos 20 minutos en coche de allí. No se escuchaba el llamado a las oraciones de la mezquita. Cuando entramos en el barrio armenio, un hombre alto con ropa informal elegante nos esperaba, parado en medio de la carretera delante de una casa de estilo griego. *Taniel* me sonrió nerviosamente e interpreté su sugerencia de que el taxista se quedara como una garantía para todos, de que un musulmán local estuviera presente y que los armenios no tenían nada que ocultar a los turcos. Tal vez era simplemente un gesto de hospitalidad entre los lugareños, pero la presencia del conductor musulmán inevitablemente distorsionaría y trabaría nuestra conversación, y tal vez ese era el objetivo que Taniel buscaba. Sin embargo, el taxista declinó la invitación a quedarse.

Allí estaba *Baydzar*, la madre de Papkén, y su hermano, *Simón*. Baydzar dijo que tenía 100 años, pero Taniel me dijo que tenía aproximadamente 85. Simón nació en 1937. La casa estaba completamente cubierta en madera en el interior y tenía techos bajos, las habitaciones parecían mucho más pequeñas de lo que se podría pensar desde el exterior, lo que contribuía a que fuera acogedora, realzada por los colores burdeos de las alfombras. El otoño daba paso al invierno con un tiempo frío a pesar de que el pueblo no era muy alto. Los inviernos no eran lo que solían ser, dijo Simón. No nevaba tanto como antes desde la construcción de enormes presas.

Baydzar hablaba en el dialecto local del armenio sin mezclar una sola palabra turca, lo que incluso los hablantes fluidos entre los armenios de la Diáspora rara vez hacían en el uso conversacional. Solo algunos tiempos verbales y declinaciones se usaban de manera diferente en el discurso de Baydzar, pero era perfectamente comprensible para un hablante de la variante regular. «Aquí han pasado muchas cosas malas: estas son personas muy malas», dijo apenas me vio, y sin mucha presentación de mi parte. «Las atrocidades que han cometido no tienen nombre: son bárbaros». Luego bajó la voz: «Han matado a muchos de los nuestros», dijo, y describió un arco grande con su mano. «Dicen que no ocurrieron las masacres, pero mienten, han masacrado a muchos armenios, los han empujado por los desfiladeros y los han cortado con sus cuchillos en pedazos pequeños».

Repitió que tenía aproximadamente 100 años. «Vimos las masacres para que vosotros no las veáis», decían sus padres. Baydzar hablaba sin miedo, pero Taniel no dijo una palabra en la conversación, y podía sentir su inquietud. También estaba claro que sabía o entendía muy bien el armenio, pero no lo habló ni una sola vez. En la casa también estaba la esposa de Taniel, que tenía 45 años y hablaba dulcemente el dialecto local, disculpándose por no hablar armenio occidental regular. El desprecio, si no la discriminación por parte de los armenios de Estambul hacia los de Kastamonu y el mar Negro, llamándolos poshás (gitanos), podría haber afectado su autopercepción. Inicialmente, en realidad me había engañado haciéndome creer que estos armenios de Kastamonu eran realmente poshas, un grupo huidizo que había estado tratando de localizar para ver hasta qué punto se habían conservado su dialecto y tradiciones basados en el armenio.

Entró una joven mujer en el salón principal con té y galletas. Recordó que tal vez hasta hacía 30 años celebraban la Pascua, tiñendo los huevos de rojo, y el Año Nuevo Armenio (Gağant), que recibían con abundantes mesas dispuestas en el pueblo.

Quería ver a los otros armenios en el pueblo, especialmente a *Emmanuel* y *Lydia*, una pareja recién islamizada. La esposa de Taniel había sugerido que Emmanuel se había convertido al islam principalmente porque los musulmanes locales lo habían ayudado con problemas de dinero.

Salimos con Taniel para visitar a Emmanuel y Lydia. Simón también se dirigía a casa, al otro lado de la carretera. Justo en ese momento, la esposa de Simón también regresaba a casa, apoyada en un bastón, y habló con su esposo en armenio. Me sorprendió que el hombre hablara armenio con fluidez. Durante nuestra conversación, solo había usado turco.

Emmanuel y Lydia se habían convertido hacía dos años. Hacían el *namaz* cinco veces al día y asistían a la mezquita todos los viernes. Ambos habían adoptado nombres islámicos después de la conversión, pero ninguno de sus vecinos los usaba.

Su casa era bella, inmaculadamente amueblada y decorada en el estilo occidental. Emmanuel llevaba una gorra blanca de *hajji*. Antes de su conversión, Lydia era una feligresa regular como cristiana en Estambul. Emmanuel era su segundo marido. Su primer marido, *Garabed*, era de Belançağır, un pueblo armenio en Kastamonu que tenía unos 40 habitantes armenios, pero que ahora había sido abandonado por completo.

Emmanuel era bajo, de ojos claros e ingenuos en una cara pequeña. Incurioso y de mente simple, hablaba muy poco, no por miedo, sino porque no tenía mucho que decir. El trabajo, el hogar y la familia eran los límites de su vida. Ahora que se había convertido en musulmán, iba a la mezquita todos los viernes, aunque sería muy sorprendente si conociera las oraciones de su nueva religión. Su esposa dijo que estaban aprendiendo árabe para leer el Corán. «Öyle» —«porque sí» o «sin ninguna razón en particular»—, respondió cuando le pregunté por qué se había convertido al islam. Desde la conversión ya no se consideraba armenio. Pero ahora había descendientes de sobrevivientes islamizados del Genocidio que se llamaban a sí mismos armenios, observé. Él no, replicó Emmanuel.

Al igual que las otras mujeres armenias de la aldea, Lydia también llevaba un pañuelo en la cabeza, pero el suyo estaba atado más como una vincha. Me tomó un tiempo darme cuenta de que era la esposa de Emmanuel, porque Taniel seguía llamándola Lydia, por su nombre preislámico. Solo cuando le pregunté mencionó su nombre islámico, *Leyla*. «Ya no soy Lydia», dijo con una sonrisa amarga. Su decisión de convertirse había venido del fondo de su corazón. Fue una experiencia mística. Una noche en su sueño había visto a un grupo de hadas reunidas junto a un árbol en el otro extremo de su huerto. Las hadas tocaban el *saz* y recitaban oraciones islámicas. Una de las hadas se había vuelto hacia ella y le dijo que ahora se llamaba Leyla. A la mañana siguiente, fue al *müftülük* local, un organismo que nombra imanes y emite decisiones sobre asuntos civiles de naturaleza religiosa, incluidos matrimonios y conversiones, y dejó la Iglesia armenia para convertirse en musulmana, adoptando el nombre que le dio el hada a Lydia, la nieta de los sobrevivientes del Genocidio.

Emmanuel había dicho que había elegido su propio nombre islámico. ¿Sabía lo que significaba su nuevo nombre? ¿Por qué lo había elegido? No sabía lo que significaba su nuevo nombre. Con una sonrisa maternal, su esposa dijo que probablemente el imán había sugerido este nombre porque fonéticamente se parecía a su nombre original, que era lo que yo también pensaba.

Le pregunté a Lydia si alguna vez había sentido una sensación de traición a su pueblo y antepasados al convertirse. «No, nunca, ya no soy armenia», dijo con una mueca amarga, a diferencia de su expresión alegre cuando había hablado sobre el *Hajj* dos años antes. Recordó su peregrinación con una sonrisa diferente, pacífica, amable, incierta. O tal vez actuaba. «Estoy muy feliz de haberme convertido en musulmana, es la verdadera religión de mi alma, y ahora soy una mujer nueva». Había muchos armenios islamizados, que independientemente de su religión se consideraban armenios, por ejemplo en Diyarbakır, dije. «Ahora soy musulmana, ya no soy armenia», repitió, y sacudió la mano, como si se hubiera librado de una enfermedad.

«Quiero hablar abiertamente», dijo finalmente. Ella había vivido durante muchos años en Estambul, un miembro activo de la comunidad armenia junto con su difunto esposo, que murió de cáncer. Todos los domingos iba a Surp Harutyun, la iglesia de pescadores en Kumkapı, donde recibían un apoyo semanal de cinco liras turcas cada fin de semana después de la misa. Pero cuando su esposo murió, Lydia, sin hijos, se quedó sola. Nadie en la comunidad armenia la ayudó, o la ignoraron. Regresó a su pueblo, donde sus vecinos musulmanes la ayudaron a rehacer su vida: los armenios viven en su mayor parte en Estambul en el invierno. Unos años más tarde se había casado con Emmanuel, que también había enviudado, y ambos se convirtieron.

Cuando salimos de su casa, un hombre de expresión afable nos saludó en armenio, «Parev». Taniel dijo que era hijo de Emmanuel, quien tenía tres hijos y una hija de su primer matrimonio. Este hijo, de unos 30 años, vivía en Tütenli durante todo el año. Le pregunté si este hijo también se había convertido al islam. Taniel me miró como si estuviera bromeando: «No, cómo crees», dijo. Eso era algo que solo Emmanuel haría, sugirió, como si fuera una chascarrillo entre ellos.

Esperaba con Taniel a la entrada de la aldea armenia en el aire frío del otoño, junto a la casa armenia más antigua de la aldea, construida hacía un siglo y medio. Había llamado al mismo taxista para que viniera a recogerme.

En el camino, expresé mi deseo de ver Masıroluk. Era el pueblo donde los armenios habían decidido convertirse hace 30 años, según Baydzar, pero no se lo dije al conductor. El hombre se volvió hacia mí sorprendido: «¿No te dije que yo era de ese pueblo?».

Le pregunté sobre sus orígenes. Un pueblo diferente vivía en su pueblo antes, dijo, pero se habían ido. No dijo que fueran de origen armenio, ni lo negó, ni dijo que no fueran de origen armenio. «Nuestros mayores hablaban un idioma diferente», dijo. «Mi abuelo decía: "İnç g'anes" para saludar a sus amigos», dijo como ejemplo. Le rogué que lo repitiera para poder grabarlo. Lo hizo, pero no sabía lo que significaba. ¿Era griego? Le pregunté, pero él tampoco lo sabía. Eso era todo lo que sabía sobre «el idioma de su abuelo».

Comencé a recitar palabras básicas en armenio: *hats* (pan), *vosgi* (oro), *arev* (sol), *dzarr* (árbol), *gov* (vaca), *chur* (agua). «Conozco *chur*», dijo, volviéndose hacia mí con una amplia sonrisa: «Es agua». No conocía *dığa* (muchacho). Entonces dije *ağçig*: «¡Muchacha!», exclamó.

Parecía tranquilo y feliz. Decidí sincerarme: «Lo que tu abuelo decía era "¿Cómo estás?" en armenio, en una variante conversacional». Y agregué: «Todas estas palabras que usas son armenias», por lo que, si su abuelo hablaba el idioma, era armenio y también lo era él, dije. «¿No lo sabías?», le pregunté. «No, no lo sabía», dijo mientras conducíamos a través de un espeso bosque. Baydzar me había dicho que había un taxista de Masıroluk que no hablaba armenio, pero recordaba sus orígenes de cuando era niño y trataba de rescatar lo que podía de su memoria. De vez en cuando hablaba con ella, en un esfuerzo por salvar estos fragmentos del pasado. Este taxista, sin embargo, insistió en que sinceramente no sabía que el idioma de su abuelo era el armenio. Después de que le dije que sí, palideció y se sumió en un silencio sombrío.

Con alarma que crecía lentamente en él, suplicó mil veces que le prometiera que no usaría las imágenes de él diciendo estas palabras. «Qué país tan aterrador debe ser Turquía, y qué racista», le dije. «Tanto que temes que se sepa que eres armenio y que temes que yo pueda mostrar en internet videos en los que tú dices "hola, cómo estás", "muchacha" y "agua", sin siquiera saber que estas eran palabras armenias». Escuchó en silencio estupefacto mientras oscurecía el bosque. «¿Por qué?», dije. «¿No somos humanos los armenios?». No era eso, dijo. No tenía sentido visitar su pueblo, me dijo. «Hay veinte almas en pena que no tienen nada para decir y que no recuerdan nada». Antes de dejarme, me imploró un par de veces más que no publicaría los videos de él diciendo estas pocas palabras en armenio. Por supuesto que no, le dije. A pesar de una sonrisa lista en su rostro, lo que delataba su tristeza era la voz. Eso no lo podía disimular.

Habíamos llegado a Taşköprü. Le dije que pertenecía a una nación más antigua que las ruinas de Pompeiópolis cercanas, del siglo I a. C. Escuchó callado cuando le dije que él también era armenio. Si volviera, me dijo, debería llamarlo para viajar por Kastamonu. Escribí su nombre como el taxista armenio de Taşköprü. Era un trabajo tradicional entre los armenios en Uruguay. Tantos eran taxistas en el país sudamericano que hacía unas décadas no era raro parar uno en Montevideo al grito de «¡Armenio!». El taxista de Kastamonu se rio y se despidió de mí con la expresión turca: «Que tu camino esté siempre abierto».

6
YOZGAT

El golpe en la puerta era perentorio, muy diferente al del personal del hotel: «¡Policía!». Había tres agentes: dos eran buenos, incluso me saludaron con una sonrisa. El otro interpretaba el papel de policía malo de manera convincente, pero no sobreactuaba. El trípode de la cámara había atraído su atención, afortunadamente pasando por encima de los cuadernos, que hojeó superficialmente y guardó cuando cayeron las primeras muestras de flores y hojas. Después de que el malo terminó de examinar mi equipaje, los policías buenos me dieron las gracias y me desearon una buena estadía en Yozgat.

El balcón de mi habitación de hotel se abría a la plaza principal de la ciudad. Por la noche, el primer ministro Erdoğan hablaría desde el podio instalado allí como parte de su campaña para presidente. Una visita que había planeado al pueblo de Bebek me ahorraría su voz enojada, magnificada mil veces.

Una joven madre y su hija adolescente trabajaban como sirvientas en el hotel donde me alojé en Yozgat, y me miraban con curiosidad. Ambas llevaban cruces, lo que era de lo más inusual en el interior de Anatolia. Parecían armenias, pero cuando les pregunté si eso era así, sacudieron la cabeza. ¿Eran por casualidad caldeas? La joven asintió con entusiasmo, «¡Sí, sí, eso!», dijo en turco. Para comprobar si mentía, le sugerí si eran ortodoxos griegos, y también lo reconoció. En otras palabras, eran cualquier cosa menos armenios. Solo más tarde me enteré de que Turquía había reasentado a refugiados armenios del norte de Irak, que tendían a ser hablantes del kurdo, en Yozgat.

Dos armenios de Yozgat que conocí en Estambul suponían que no quedaría más que un puñado de armenios en la provincia, que tenía la reputación de ser un bastión nacionalista. Ambos eran joyeros en el Gran Bazar. La familia de uno de ellos había sido deportada para dar lugar a refugiados musulmanes de Bulgaria y Macedonia en 1933. La familia del otro había emigrado en 1950 porque sus vecinos musulmanes les habían hecho la vida imposible, quemando sus cosechas y matando sus animales.

Un amigo de Ankara, pariente lejano del difunto patriarca Shnorhk por parte de madre, tenía un pariente islamizado en Yozgat, *Mustafa Oğuzhan*, nacido en 1933. Vivía en una granja con su segunda esposa, a quien había traído de Marash después de la muerte de su primera esposa, y con sus cuatro hijos, la menor de los cuales tenía diez años. Una bandera turca ondeaba delante de su casa y había otra en la sala de estar, que Mustafa usaba para hacer el *namaz*.

Dilşad, su hija mayor del segundo matrimonio, disimuló el disgusto, que brilló por un segundo en sus ojos, cuando le dije que tenía un parecido sorprendente con una vieja amiga, nieta de armenios de Marash: «Eso puede venir por mi lado de Marash», dijo. «Mi padre es armenio solo por parte de su madre». Se expresaba con elocuencia y hablaba inglés con fluidez. Musulmana observante que siempre llevaba la cabeza cubierta, era estudiante de Economía en la Universidad de Bilgi en Ankara. En ese momento, ayudaba a su hermana menor con sus lecciones de árabe, que tomaba en privado en una escuela coránica.

La madre armenia de Mustafa tenía 16 o 17 años cuando se casó con un musulmán y se convirtió. Nació en 1910, «pero no había visto masacres ni nada por el estilo». Sin embargo, «ella había sufrido mucho», dijo él, sin dar más detalles. Su hermana *Lusiné* había continuado siendo cristiana y se mudó a Estambul. Las hermanas nunca habían hablado ni se habían vuelto a encontrar. En ese momento no había suficiente dinero para ir y venir. Por eso se habían perdido los vínculos, sugirió. Tal vez la islamización de su madre también había afectado las relaciones, se preguntaba, pero, si hubiera sido así, no habría sido bienvenido por su tía y primos armenios, en cuya casa Mustafa había vivido durante años mientras trabajaba en Estambul. Sentía gran afecto por el lado armenio de su familia, incluso si los contactos se habían ido apagando en el curso de los años. Por parte de su padre, intuí que era kurdo y así resultó, aunque turquizado.

Todos los armenios sobrevivientes se habían ido de Bebek en 1946 «porque no había trabajo». Había hambruna en el pueblo. Yozgat era la provincia más pobre de Turquía. «Fuimos a Estambul para aprender a ganar dinero, pero seguimos siendo pobres». Hablaba algo de armenio. Una vez lo habían llamado «perro» en armenio en Estambul y lo había entendido, para consternación de las personas que lo habían insultado. «Şun», dijo la palabra en armenio, sonriendo. Como mi tren de pensamiento corría de manera errática, le pregunté si había lobos en las cercanías de la granja. «Sí, pero no son una amenaza para los humanos», respondió Mustafa. «Si los humanos cuidan de los lobos y los aman, protegen a los humanos, y los recompensan con su lealtad».

En el pasado, hubo muchos inmigrantes de los Balcanes: Yugoslavia, Rumania, Bulgaria, Macedonia, Bosnia. «Los buenos entre estos nuevos refugiados se mezclaron con los turcos y los kurdos, y el resto se fue en 1948». Se habían trabado en pequeñas riñas, pero se habían dado por vencidos, viendo que no podían superar a los musulmanes locales. «Los kurdos y los turcos no estaban contentos con estos refugiados que venían de los Balcanes, porque no querían compartir con ellos las propiedades dejadas por los armenios».

Dilşad me preguntó si había iglesias que funcionaran en Turquía. Tan disminuida y discreta era la presencia cristiana en Turquía que incluso una estudiante bilingüe bien leída, que se sentía cómoda hablando de asuntos exteriores y acerca de estudiar en el extranjero, no sabía que había una comunidad cristiana activa en el país, concentrada en Estambul.

Una buena parte de Anatolia Oriental era Armenia, mucho antes de la llegada de los turcos, le dije. ¿Conocía la historia? «Un poco», respondió y miró hacia otro lado, y entendí inmediatamente por sus ojos evasivos que sabía mejor de lo que admitía. «Este pueblo era armenio», continué, «pero todo terminó en 1915».

Luego me preguntó por mis viajes por China y le conté una pequeña anécdota sobre el primer restaurante en Beijing al que había entrado a cenar después de llegar tarde en la noche en mi primer viaje, en el verano de 1993. Había dibujado un cerdo en una servilleta para pedir comida, pero las camareras sonreían, un poco avergonzadas, y decían: «¡Méyio, méyio!» («¡No, no!»), una de las tres palabras en chino que conocía. Resultó ser un restaurante de los hui, musulmanes mandarines. Pero los hui, cuyo vecindario también había visitado en Xian, eran diferentes a los uigures, un pueblo turco musulmán en las áreas más occidentales de China, principalmente en la provincia de Uighur Xinjiang. Ahora el rostro de Dilşad se iluminó, con ojos brillantes y una amplia sonrisa: «¡Qué suerte tienes de haber visitado esas tierras!», exclamó. «Las primeras razas turcas vinieron de allí». La génesis de su nación había marcado la desaparición de la mía.

El hijo de 15 años de Mustafa me llevó en el tractor al cementerio para visitar la tumba de su abuela. Era un campo grande de contornos indeterminados, con estelas rotas y algunas losas grabadas con una cruz, pero no vi ninguna con inscripciones armenias o griegas, o cualquier alfabeto no latino, aparte de las antiguas lápidas islámicas en árabe ornamentado. Algunas tumbas viejas parecían profanadas. Los vecinos lo habían denunciado repetidamente a los gendarmes, pero no hacían nada contra los buscadores de oro, dijo el muchacho. Un halcón volaba sobre el cementerio en amplios círculos, pacientemente.

Había visitado a Mustafa con la esperanza de que me pudiera dar alguna idea de vida armenia en Yozgat, pero no quedaba nada según supiera. La madre del patriarca Shnorhk también había nacido en la aldea de Bebek, y estaba emparentada con la madre de Mustafa, pero él no lo sabía: solo que ella se había casado en İğdeli, donde nació el eclesiástico, y nada más.

* * *

Aziz, el nieto de la madre del patriarca Shnorhk de su segundo matrimonio, trabajaba en su campo, pero vendría a verme, me dijo su esposa, invitándome a esperarlo en el patio. Poco después de llegar en su tractor, Aziz me invitó a entrar y me preparó una mesa abundante de comida y frutas en la cocina, a pesar de que era Ramadán. El imán de İğdeli, un joven de la región del mar Negro, también había venido, y acepté la hospitalidad con su sanción. Era *halal*, dijo. Los viajeros estaban exentos del ayuno, dijo, sin servirse del queso, la miel, la sandía o el pan, con colores y perfumes que invitaban a un festín desenfrenado.

Había tenido la suerte de encontrar a Aziz, ya que generalmente residía en Kayseri y solo veraneaba en İğdeli, que coincidía con la temporada de cosecha. Había hablado públicamente sobre una controversia acerca del supuesto parentesco del patriarca Shnorhk Kalustyan —quien sirvió de 1961 a 1990— con la máxima autoridad islámica de Turquía.

Nacido en este pueblo en 1913, la vida del patriarca Shnorhk encarnaba las penas y tribulaciones de los armenios en Turquía en el siglo XX. «Solo quedamos mi madre y yo de nuestro clan de 70 personas», había dicho. Un tenaz defensor de las comunidades armenias que quedaron en Anatolia después del Genocidio, el patriarca Shnorhk también fue objeto de mucha atención pública en Turquía por las insistentes afirmaciones de que él y el imán Lütfi Doğan, el titular de la Dirección de Asuntos Religiosos de Turquía, eran medio hermanos.

Durante el Genocidio, la madre del patriarca Shnorhk, Shushan Gültane, había perdido a su esposo, el padre del prelado. Después se había casado con un hombre turco cuyo apellido era Doğan y con quien tuvo hijos, incluida la madre de Aziz. Le pregunté a Aziz sobre el matrimonio de Shushan Gültane con Hacı Ali Doğan, su abuelo. Hasta donde él sabía, no había habido nada fuera de lo común, aparte de una viuda que tomaba un segundo marido y se convertía a su religión, descartando implícitamente cualquiera de las sórdidas características implícitas en las uniones de niñas y mujeres armenias sobrevivientes con hombres musulmanes después de 1915. No tenía sentido que siguiera indagando, calculé, ya que Aziz difícilmente lo sabría, o no lo revelaría incluso si lo supiera. Había al menos una mención en la literatura de que el segundo esposo de Shushan la había secuestrado.[19]

Pero aparte de la coincidencia del apellido Doğan, muy común en el país, esa versión carecía de fundamento, como Aziz había dicho repetidamente en varias entrevistas, descartando estos informes como infundados. Sin embargo, solo había avivado el fuego en un país donde las teorías de conspiración eran moneda más aceptada que las historias oficiales, tal vez a causa de las falsedades comunes.

Para complicar las cosas, dos imanes no emparentados, idénticamente llamados Lütfi Doğan, se habían sucedido al frente de la Dirección de Asuntos Religiosos, uno de 1968 a 1972, y el otro había desempeñado el cargo hasta 1976. Como ambos Lütfi Doğan se caían mal entre sí, usaban estas historias sobre el parentesco de cualquiera de los dos con el patriarca Shnorhk para difamarse mutuamente, intercambiando acusaciones de ocultar un origen armenio. Más importante aún, los imanes habían nacido en las provincias de Gümüşhane y Ermenek, ambas lejos de Yozgat.[20]

«El patriarca Shnorhk no estaba emparentado con Lütfi Doğan», dijo Aziz, mientras difundía sobre la mesa recortes de artículos en los que negaba cualquier parentesco, al igual que las familias de los imanes.

La controversia se había reavivado en 2005, cuando el primado de la Iglesia armenia de Alemania, el arzobispo Karekin Bekdjian, dijo en comentarios publicados en la prensa turca que el patriarca Shnorhk le había dicho que Lütfi Doğan, exjefe de la Dirección de Asuntos Religiosos de Turquía, era su medio hermano. Llamé por teléfono al arzobispo Karekin en octubre de 2013 y ratificó que el patriarca Shnorhk le había dicho que era hermano de Doğan. Su conversación había tenido lugar después de la clase en el seminario en 1961 o 1962. «El Patriarca me lo dijo él mismo», dijo el arzobispo Karekin. «Ahora, los Doğan y otros lo han refutado, la hermana del Patriarca lo niega y guarda silencio, así que no puedo agregar nada más, pero puedo confirmar que el propio Patriarca lo dijo». Creía que el patriarca se refería al segundo Lütfi Doğan, que había nacido en Ermenek en 1927.

Una periodista que en 1998 había tenido la oportunidad de leer los diarios privados del patriarca Shnorhk no recordaba mención de ningún parentesco con Lütfi Doğan. El patriarcado armenio de Constantinopla no respondió a mi solicitud de ver los diarios.

Un sacerdote armenio en Estambul también me dijo que el rumor circulaba entre los seminaristas en la década de 1960. Sin embargo, un exalumno del Tıbrevank, el seminario en Estambul donde los seminaristas estudiaban entonces, dijo que era una broma interna. Este exalumno, y ahora editor retirado de la editorial Aras, se sorprendió al escuchar la historia que transmití del arzobispo Karekin. Poco después de la conferencia de noviembre de 2013 sobre armenios islamizados en la Universidad Boğaziçi, una estudiosa armenia nacida en Estambul luego establecida en París me habló de un miembro de la familia inmediata de quien el patriarca Shnorhk había sido mentor. Este pariente, dijo la estudiosa de París, recordaba que el difunto prelado hablaba con Lütfi Doğan por teléfono todos los días.

Aziz sacudía la cabeza cuando le dije esto, insistiendo en que nada de eso podía ser cierto y que no había absolutamente ningún parentesco. Incluso si lo hubiera, habría importado menos de lo que ambos hombres dejaron atrás, por lo que le pregunté a Aziz qué sentía por su origen armenio. Porque, como Hrant Dink había observado, lo que importaba era que el patriarca Shnorhk tenía parientes musulmanes.

«*Ellhamdüllillah* nacimos musulmanes». A pesar de que el espíritu de mi pregunta era sobre la tragedia de la familia del patriarca Shnorhk, Aziz había interpretado primero la pregunta a través de la religión. Esa era la reacción por descarte en Turquía. Según Aziz, la madre del Patriarca, Shushan Gültane, le había dicho a la madre de Aziz —Hanımkız, su hija de su esposo turco— que secretamente seguía siendo musulmana. Sin embargo, desde 1959, Shushan se había unido a su hijo primero en el monasterio armenio de Jerusalén y luego en Estambul, donde falleció el 1 de noviembre de 1969, oportunidad en la cual el entonces director de Asuntos Religiosos

Lütfi Doğan había rezado junto con el Patriarca Shnorhk durante su ceremonia de entierro en el Cementerio Armenio de Balıklı, alimentando así aún más los rumores. El entierro cristiano de su abuela había causado consternación a Aziz. Sin embargo, como el patriarca Mesrob Mutafyan había observado décadas más tarde, no se habría permitido si Shushan hubiera sido musulmana. Además, su asistencia a misa en la iglesia siempre que su salud se lo permitía estaba bien documentada.

Los ojos de Aziz se llenaron cuando recordó al Patriarca y a su abuela, y me abrazó: «Todos somos parientes». Como regalo de despedida, me dio un bolígrafo y una gorra roja con el logotipo blanco de una compañía de seguros. Era uno de esos regalos simples que tenían un valor mucho mayor. Como llevaba los colores de la bandera turca, el sombrero era el artículo de camuflaje más efectivo para mezclarse con la multitud. John McPhee recibía «miradas perplejas» en cada parada de camiones en la que entraba en los Estados Unidos mientras viajaba en grandes camiones para escribir *Uncommon Carriers* («Medios de transportes inusuales»), una crónica de viajes. Una gorra de béisbol que compró en una gasolinera en las afueras de Atlanta, con una bandera estadounidense y un águila con las alas abiertas estampada en colores primarios más el dorado, lo hizo invisible: «Las miradas murieron como moscas».[21] Mi gorro rojiblanco hizo el truco la mayor parte del tiempo. Incluso en Turquía, empero, no escapó a la atención de algunos. Un amigo izquierdista en la región del mar Negro me preguntó medio en serio sobre la elección de los colores. La respuesta de que era un regalo del sobrino nieto del patriarca Shnorhk no lo convenció. Era un amigo, pero el sombrero no era infalible.

VII

KHARPERT

1
ARGAT

La mujer de *niqab* negro caminaba penosamente por la nieve. Solo sus ojos eran visibles a través del velo, pero tenía la mirada puesta sobre el sendero, más complicado en los tramos cubiertos del barro de nieve y agua, el residuo del hielo derretido a los lados. Llevaba a su aldea natal en las montañas de Kharpert, la provincia turca llamada Elazığ. Iba a la casa de su primo, Kirkor Menaf, el primer «armenio oculto» que había conocido. Me había reunido con él y a sus dos primos en el verano de 2011 en su aldea, donde había otras cuatro familias armenias secretas, de un total de 20 hogares.

Argat era el pueblo armenio arquetípico anidado en un valle inalcanzable, compuesto por casas que desde la distancia parecían apretadas unas contra otras, acurrucadas en medio de la inmensidad de las crestas circundantes, «donde incluso el camino se asusta y se encoge», como había escrito Hagop Oshagan en su novela *El Remanente*, el apogeo de la literatura de la catástrofe engendrada por el Genocidio.[1]

La familia *Sönmez* no revelaba su identidad en las ciudades donde vivían y trabajaban durante el invierno. Pero, en los últimos años de su vida, Kirkor Menaf había comenzado a decirles a sus amigos más cercanos que era armenio. Sin embargo, en nuestras conversaciones posteriores, estaba desilusionado por la renuencia de los armenios cristianos a aceptar a sus compatriotas musulmanes. Porque en su caso, la conversión había sido completa. Había sido la voluntad de Dios que hubieran encontrado el islam, el verdadero camino, a través de las exacciones del Genocidio y de misterios que no era asunto de los hombres entender. Sin embargo, ocultaban sus orígenes porque «cada vez que algo sale mal en Turquía, culpan a los armenios», había explicado Kirkor Menaf.

Nuestro primer contacto había sido a través de una red social. Era el administrador de una página de internet dedicada a Armenia Occidental. El interés por su origen armenio había despertado en su adolescencia tardía, y había ido creciendo. Nada armenio le era ajeno; ni la literatura ni la música, pero, sobre todo, la historia. Un intento por aprender armenio por sí solo se había visto truncado por todas las razones que condenaban el idioma: la falta de interlocutores y de aplicación práctica; un alfabeto singular y una gramática arcana, con un rico léxico en el que las palabras importadas del parto, el asirio o el árabe habían sido asimiladas y transformadas hasta volverse irreconocibles. Nadie más en su familia compartía su curiosidad, aunque todos reconocieran sus orígenes. Para ellos, el islam relegaba a importancia secundaria cualquier otra afiliación.

Describía la geografía de la patria en sus nombres originales, en lugar de los turcos, y le encantaba la arquitectura circunspecta de las iglesias armenias, en una de las cuales un antepasado había servido como sacerdote. Sin embargo, durante los largos silencios en nuestras conversaciones en el Ramadán del verano de 2011, cuando nos conocimos por primera vez, se lanzaba a postraciones improvisadas, susurrando versos en árabe a Alá. Dos personas separadas coexistían en él: una que llamaba al río Murat por su nombre armenio, Aradzani, y la provincia donde vivía Kharpert, y la otra que veneraba a Dios con oraciones aprendidas de memoria en un idioma que no entendía. Tal vez el nombre que había elegido para sí mismo, eliminando el Abdul islámico a favor del armenio Kirkor, el nombre original de su abuelo antes de su conversión, y manteniendo un segundo nombre musulmán, Menaf, era un reflejo involuntario de la dualidad que trataba de reconciliar dentro de sí mismo.

Tan versado en la historia y la cultura armenias, Kirkor Menaf representaba un ejemplo a favor de la aceptación de los conversos en el núcleo principal de los armenios, o eso pensaba yo. Sin embargo, la mayoría de los armenios probablemente carecían de los referentes para relacionarse con él a nivel religioso. La vista de él haciendo el *namaz* y recitando líneas de las escrituras árabes había mostrado los límites del acercamiento. Pertenecía a una comunidad religiosa ajena a los hitos fundamentales de la identidad armenia: la lengua;

la Iglesia; la tierra (que una nación islámica, si no el propio islam, había conquistado y vaciado de sus armenios); y la historia, que todavía encontraba a armenios y musulmanes en campos separados, a menudo enemigos. La religión puede no haber sido el principal desencadenante de la rivalidad, aunque eso también era discutible, pues desde el colapso del Imperio Bizantino en el siglo XV los conflictos de Armenia han sido con naciones musulmanas, hasta la actual disputa con Azerbaiyán por el enclave de Nagorno Karabaj. Todo había comenzado con la invasión árabe, que había dañado el Estado armenio de manera irreparable.

«Ella también es armenia», me había dicho uno de los primos del clan cuando pregunté por la mujer del *niqab* negro, ya que vestía el atuendo islámico más estricto que parecía poco común entre las mujeres de Argat, cuyos coloridos trajes y chales había notado en el más breve de los vistazos, pues desaparecían detrás de las puertas ante la aparición de un hombre desconocido como yo. No solo por religión, sino incluso en su vestimenta, estaba cerca del final del espectro de identidad armenia, la más alejada del núcleo. Si se representara como una escala cromática, el negro de sus prendas marcaría ese extremo. Sin embargo, curiosamente, el mismo color también podría simbolizar el otro extremo del continuo, los armenios más profundamente enredados en las tramas de la nación, y nadie lo era más que el clero en sus sotanas negras. La poderosa impresión de verla abriéndose paso en la nieve en medio de las montañas me había traído de vuelta a su pariente en Nueva York, el arzobispo Oshagan Tcholoyan, de la Prelatura Armenia. El clan era un microcosmos que comprendía la diversidad de una nación que en su mayoría desconoce.

La mujer de negro iba al funeral de su primo, que las mujeres del clan observarían en casa mientras los hombres rezaban por él en la mezquita. Kirkor Menaf había regresado a la tierra en la que nació y creció, una parte de una patria histórica donde se pensaba que hasta el último armenio había sido exterminado, o asimilado. Había muerto de cáncer de estómago dos días antes a los 26 años.

Un primo me había dicho que sus últimas palabras a su madre fueron en zazaki: «Ez ho mırim», que sonaba escalofriantemente similar al armenio «Yes gı merrnim» («Estoy muriendo»). Una foto capturada en sus últimas horas lo mostraba extendido en una cama junto a una ventana con cortinas, con los ojos negros muy abiertos en su rostro demacrado. Su piel cetrina se había tornado amarillenta y brillante, y se había vuelto hacia su hermano mayor, un imán con una gorra, quien leía el Corán. El hermano menor y su hermana, con un hiyab de color púrpura, estaban en la cabecera de la cama, mirando a Kirkor Menaf. Otra foto, de unos meses antes, lo mostraba sentado junto a su padre, ya esquelético, pero con un gran bulto que había crecido en el costado de su vientre donde el cáncer destruía su estómago.

Su otro hermano, también imán, me había mostrado la lista de las 25 canciones más reproducidas en el teléfono inteligente de Kirkor Menaf. Las primeras cinco eran de Ara Dinkjian, un músico armenio de oud de Estambul, liderado por su *Bu Akşam* (*Esta noche*) en turco, y la sexta era *Cano*, de Aram Tigran. El conductor Robert Spano ha dicho que la música no es necesariamente universal: puede ser ante todo local, ya que se relaciona con el alma de un pueblo de la misma manera que un idioma lo hace con sus hablantes. Si la música es un punto de referencia tan válido como cualquier otro para determinar la identidad, entonces Kirkor Menaf murió tan armenio como cualquiera, aun si fue enterrado en un sudario islámico.

Hasta solo dos días antes de su partida, Kirkor Menaf confiaba en que sanaría, lo que era aún más conmovedor para sus familiares que habían visto morir a una hermana mayor del mismo cáncer intratable algunos años antes. Sus últimos mensajes mostraban una esperanza menguante: «*Ahpar*, estoy enfermo», fue el último, llamándome «hermano» con un vocativo coloquial en armenio. Había insistido con creciente urgencia en que viniera a Kharpert. Sin embargo, solo pude ver el pequeño montículo en la parcela donde estaba enterrado, aún sin la lápida. Kirkor Menaf murió el día que tomé el autobús desde Dikranagerd.

* * *

Los dedos de una mano no eran suficientes para que *Şefik*, el hermano menor de Kirkor Menaf, contara a los imanes de la familia Sönmez. La inclinación por servir a Dios estaba tan fuertemente arraigada en el clan que había sobrevivido a las conversiones religiosas. Hablaban de un anciano que había sido pastor de una iglesia armenia junto al río Aradzani, pero los detalles se habían perdido. Şefik había sido el imán de la Gran Mezquita de Harput, una construcción del siglo XII con un minarete torcido, corto y de una ligera curvatura cóncava que se angostaba más cerca del tope, como un faro.

Eran los descendientes de Kirkor Ogasian, originario de Bağin, un pueblo armenio a dos horas de marcha a través de las montañas desde Argat. Después de la destrucción de Bağin en el Genocidio, los dos hermanos mayores de Kirkor se fueron a Rhode Island. Por razones desconocidas tanto para los Ogasian de Providence como para los Sönmez de Kharpert, Kirkor permaneció bajo la protección de un *ağa* kurdo y se casó con Zerman, una huérfana armenia. Ambos se convirtieron alrededor de 1925.

Kirkor se negó a unirse a sus hermanos en Estados Unidos a pesar de que habían prometido darle, dicen los Sönmez, «su propio peso en oro». Todavía se correspondían en armenio hasta 1964, cuando una última carta timbrada en Providence llegó de Melkon Ogasian, quien en la letra enjuta de una mano temblorosa hablaba de su enfermedad y vejez, y suplicaba por noticias de Kirkor y su familia.

Luego me mostraron una hoja de papel amarillenta con letra manuscrita en escritura armenia en ambos lados, pero las palabras bellamente escritas eran ininteligibles desde el principio:

յասին վալքորանիլհաքիմ իննըքը լըմինալ
մորսըլիմ ալա սիրաթին մոսթաքիյմ...

yasin valkoranilhakim innıkı lıminal
morsılim ala siratin mostakiym...

El alfabeto era armenio, pero el idioma era árabe. Era una transcripción de la década de 1920 que había hecho el abuelo Kirkor de la Sura 36, que alguien le había dictado: «Ya' Sin. Por el Sabio Corán, eres de hecho uno de los Mensajeros en un camino recto». El capítulo, conocido por sus primeras y misteriosas dos palabras, descritas de diversas maneras por los expertos islámicos como uno de los nombres del Profeta Muhammad o un milagro solo conocido por Alá, se considera «el corazón del Corán». Es posible que el hermano imán de Kirkor Menaf haya estado leyendo de este capítulo, como es costumbre en el lecho de muerte de los musulmanes, cuando se tomó su última foto.

La caligrafía armenia no solo mostraba una mano educada, sino que las limitaciones de pronunciación de un hablante nativo de armenio también eran evidentes, incluida la dificultad para pronunciar la *w* al comienzo de una palabra. A pesar de que ya nadie en la familia podía leer el documento, eran conscientes de su valor seminal como testimonio que marcaba su transición al islam. Kirkor Menaf era consciente de que su abuelo era un sobreviviente del Genocidio sin más remedio que convertirse para sobrevivir. ¿No atenuaba eso su devoción islámica? «Tal vez nuestros mayores lamentaban su conversión, pero no sabemos nada de eso», dijo. «Recordamos y lloramos por las penas, pero no nos arrepentimos de haber cambiado nuestra religión». Como para reprenderme, más tarde me mostraron una vieja foto de la Kaaba que un *hajji* había traído en la década de 1970 para el abuelo Kirkor, quien tenía muchas ganas de viajar a La Meca pero había muerto en 1981 sin poder pagar por la peregrinación.

Como nadie más que Kirkor Menaf estaba apegado a su pasado armenio con tanta pasión, la familia probablemente se hubiera asimilado antes, si no fuera por una costumbre generalizada en Anatolia, incluso entre los armenios islamizados: se casaban con otros miembros del clan, probablemente siguiendo una lógica económica para evitar la partición de sus propiedades. Pero al hacerlo habían preservado su identidad armenia en su expresión más básica, el origen étnico, y la memoria de sus orígenes. Solo eso los vinculaba con su pasado ya que, además del islam, eran hablantes de zazaki y no solo ciudadanos turcos, sino que también tendían a simpatizar con Erdoğan y la derecha islamista.

Sus dos hermanos imanes eran diferentes a él, no solo por la ausencia de devoción a todo lo que fuera armenio, sino también por una falta general de curiosidad, excepto por el más joven, que compartía la fascinación de Kirkor Menaf por los aparatos electrónicos, que no se extendía a ningún otro interés por el mundo exterior. Mientras me preguntaba si este rasgo podría atribuirse al inmanentismo inherente a su vocación religiosa, Kirkor Menaf había observado que los jóvenes se volvían más indiferentes a la historia y a su propio pasado según se mudaban de la aldea a las ciudades. El imán mayor entre los hermanos Sönmez había respondido a las historias de masacres que salían en la conversación diciendo que la toma de vidas inocentes iba en contra de los preceptos del islam y que era injustificable bajo el Corán. Sin embargo, juzgaba el Genocidio como un clérigo musulmán en vez de hacerlo como un armenio, como si fuera la historia de otro en vez de la suya propia.

Mujeres y hombres vivían en ambientes separados en la casa de los Sönmez, y nunca los vi interactuar. Las mujeres dejaban la comida delante de la puerta del salón donde estaban los hombres, decorada con grandes rosarios de madera y recuerdos de la peregrinación a La Meca del padre de Kirkor Menaf, que le había costado 5000 dólares. Pero un día tenía que sacar la cámara fotográfica de mi bolso, que había dejado en la cocina, al lado de nuestra habitación. Una de las mujeres más jóvenes de la casa, de unos 20 años, estaba allí haciendo sus tareas, descalza y con un vestido colorido que sugería sus curvas. Su cabeza estaba descubierta y su cabello caía sobre sus hombros. Nunca antes había advertido cuanto más sensual podría realmente ser el cabello de una mujer si no lo hubieras visto antes. Ella no se marchó, burlando la costumbre. Ambos nos observamos en completo silencio, un pequeño acto de subversión que nos permitimos en el hogar segregado.

Un poco después me uní a Kirkor Menaf y su primo *Şenol* en una excursión a la cima de la montaña, una escalada de una hora de duración. Estaban las ruinas de la primera casa que su abuelo había construido, justo después de casarse con Zerman; era todo lo que quedaba de la aldea de Mezreh. Şenol se puso su uniforme camuflado de guardia rural e iba delante, montado en su burro a través de la exuberante vegetación, a lo largo de un arroyo que a veces se cruzaba por nuestro camino. Ni siquiera bajo el sol de verano mientras escalaba la montaña Kirkor Menaf rompió el ayuno, y solo una vez se inclinó ante el arroyo para mojarse los labios. Como tenía un trastorno neurológico, Şenol estaba exento de las restricciones del Ramadán junto conmigo, así que nos servimos del agua fría en nuestras manos ahuecadas. En casa en la aldea, sus hermanos y primos se reían cuando el *şofra*, la gran bandeja de comida, llegaba para mí y Şenol se unía a mí, diciendo, sin ignorar el efecto cómico: «Tengo problemas psicológicos, así que también puedo comer».

Estaba bien informado. Un día se trabó en discusión con Kirkor Menaf sobre cuántos armenios había en Turquía, citando con precisión los artículos de Hrant Dink y otras noticias que había leído en *Agos*. Una vez comenzó a hablar frenéticamente sobre guerrilleros y el PKK, pero los demás lo silenciaron antes de que yo pudiera entender nada. La última noche en Argat en mi primer viaje, mientras todos estábamos sentados alrededor de una fogata, volví los ojos hacia arriba. «¿Estás mirando las estrellas?», me preguntó Şenol, provocando la risa de los Sönmez. «Hay siete estrellas en forma de trapezoide en el cielo», dijo, mientras todos nos sumimos en el silencio. «Soy una de esas siete estrellas, y estoy mirando al mundo con tristeza».

Su vena melancólica se había mostrado en la excursión a Mezreh. Şenol cantaba tristes canciones turcas a la distancia, mientras Kirkor Menaf y yo estábamos sentados en silencio bajo la sombra de un antiguo roble, con enormes raíces que se aferraban a la tierra alrededor de las paredes en ruinas. En nuestro camino a las ruinas de Mezreh, Kirkor Menaf me había mostrado una pared casi vertical de una montaña. «Esa es la Garganta de los Armenios». Los armenios habían sido arrojados a sus muertes de allí en 1915.

No quedaban más huesos, me había dicho incluso antes de que yo hubiera logrado preguntar: «¿Hay ...?». Era un camino que volvería a recorrer tres años después cuando regresé para su funeral. Vinimos a dar un paseo con *Ibrahim*, uno de los primos, en medio de montañas que mostraban sus dientes en medio del invierno, con árboles desnudos y buena parte de la vida a nuestro alrededor congelada. Me habían presentado a Ibrahim en el funeral en la mezquita esa mañana, después de que el hermano menor de Kirkor Menaf, el otro imán, había dado el *ezán* a través de los altavoces del minarete. *Kemal*, el más cercano a Kirkor Menaf entre los primos y todavía el más sacudido por su muerte, también se había unido a nosotros. Conocía a Kemal de la visita en el verano de 2011, y nos habíamos vuelto más cercanos porque hablaba inglés: «Ahora somos zazas», había dicho con una sonrisa contenta, para explicar cómo su identidad armenia ya no era una fuente de angustia para ellos, pero inmediatamente reformuló su definición como «hablantes de zazaki», después de haberme mirado por segunda vez.

De 40 años pasados, Ibrahim tenía el doble de la edad de Kemal y recordaba al abuelo Kirkor, así como lo que sus padres decían de la bisabuela Zara, quien hasta el final de su vida lloraba todos los días al compás del lamento, «Zazas salvajes, ¿cómo pudieron hacerlo?». Los nietos de Zara, los padres de la generación más joven de los Sönmez, la recordaban por sus lamentaciones de «*Vahşi Zazalar*» («Zazas salvajes»). Tenía cinco años cuando vio cómo bandidos decapitaron a sus padres y a sus siete hermanos. Zara había huido a través de las montañas desde su pueblo, Sığek, a otro llamado Bahro, viendo enormes pilas de cadáveres en el camino.

Ibrahim tenía en común con Kirkor Menaf el apego a sus raíces. Incluso había aprendido algunas letras del alfabeto armenio antes de que su entusiasmo disminuyera bajo las pesadas exigencias de la vida adulta. En un folleto que sacó de su bolsillo escribió «պապա», o «baba» —«papá», en armenio—, pero quería tirar el papel, avergonzado. Finalmente, lo persuadí de que no lo hiciera y caminamos por el sendero de barro hasta el borde del pueblo y seguimos la senda hacia la Garganta de los Armenios («Ermeni Deresi» en turco), en la Colina Roja («Kızıl Tepe» en turco), que me habían pedido que tradujera al armenio: «Garmir Pılur», un nombre que algunos en la familia empezaron a usar, si bien no podía confirmar que fuera el nombre histórico.

«Habían matado a tanta gente que un año después de 1915 todavía podían sentir el olor a sangre que provenía de las montañas de Argat», dijo Ibrahim, citando el recuerdo de su abuelo mientras estábamos parados en el borde del desfiladero en la mañana helada. «Salvajes», agregó. La historia desenrolló la madeja de los recuerdos, transmitida por sus mayores:

> En 1925 o 1926, tres jóvenes armenias llegaron a Argat pidiendo comida. Una de ellas tenía un bebé. Eran mendigas. Los zazas les pidieron oro, pero estas mujeres no hablaban zazaki y no entendían, pero finalmente comprendieron lo que estos zazas querían. Pero no tenían oro: eran mendigas. Decían que no tenían oro y que habían venido a pedir algo de comida. En ese momento existían estas *fatwas* de que quien matara a siete armenios iría al cielo y estos zazas estaban tratando de conseguir dinero para la peregrinación a La Meca, por lo que amenazaron a las mujeres con matarlas si no les decían dónde estaba el oro. Y arrojaron a estas tres mujeres y a su bebé a este desfiladero, el mismo donde habían matado a muchos armenios en 1915.
>
> Mi padre nació en 1921. Solía contar que después de que los armenios fueron liquidados, la gente comenzó a morir de hambre, porque no quedaba más comida ni trabajo. Los armenios horneaban panes tan largos como la calle, dijo mi padre. Pero los zazas no sabían cómo hacer que las cosas funcionaran. Mis abuelos, Kirkor y Zerman, habían cubierto la cerca de su casa con espinas y vidrios rotos, y se despertaban por los gritos de ladrones zazas cuando intentaban invadir su casa.

A otro hombre zaza le gustaba una hermosa mujer armenia, por lo que la secuestró, pero mató a su hijo, rompiendo el cuello del niño como el de un pájaro y destrozándolo. Simplemente lo hizo pedazos como un pollo ante su madre y se la llevó. Después de las masacres habían quedado muchos huérfanos en las calles de Palú. Había un grupo de niños muy pequeños, cuyos padres y hermanos mayores habían sido deportados. Los niños habían sido dejados en la plaza de la ciudad para ser recogidos por las familias musulmanas que los quisieran. Un zaza reunió a nueve de estos huérfanos y los puso en un carro que llevó a un bosque, donde decapitó a los niños y luego empujó el carro con los cuerpos a un lago. Contaba la historia durante décadas, riendo. En su lecho de muerte en 1960 ladraba como un perro y rebuznaba como un asno.

En su propio idioma, dijo Ibrahim, el nombre que los zazas daban a las masacres de 1915 era *tertele* (pillaje).

Kemal no había dicho una palabra, todavía parecía abatido y tenía los ojos secos, mientras los tres mirábamos la Garganta de los Armenios desde el camino cubierto de nieve. Pateó una roca del tamaño de una sandía por el barranco. Rodó violentamente por la pendiente, arrastrando piedras más pequeñas con ella, y se estrelló contra el fondo dentado, partiéndose en dos. Era roja por dentro.

2
DERSIM

«Son los turcos los que tienen miedo», dijo, alzando el pie y plantándolo con fuerza en el suelo: «Esta es tierra armenia». El estudiante de Economía en Utrecht vivía en los Países Bajos desde la infancia, pero regresaba a Dersim con su familia y su novia holandesa todos los veranos para largas estancias. Hablaba con calma, sin hacer ningún esfuerzo por ser escuchado en medio del ruido ensordecedor que nos rodeaba, como un médico que pronunciaba un pronóstico irreversible, y en verdad parecía uno, con sus anteojos sin montura y camisa blanca.

En ningún momento dijo que era armenio. Puede que no lo haya sido, ya que probablemente la mayoría de la multitud en el estadio no lo era. La juerga seguía siendo fuerte pasada la medianoche en el festival de música de verano. Los bailes de *halay* surgían espontáneamente en todo el estadio: hombres y mujeres entrelazaban los brazos, tomándose del dedo meñique y dando tres pasos laterales a la derecha, seguidos de uno a la izquierda. El estudiante de Utrecht estaba acompañado por un amigo aleví local: «Los armenios son los dueños de estas tierras», dijo, también plantando su pie en el suelo. Su abuela era de un pueblo que se negó a nombrar, donde todos eran armenios convertidos al alevismo.

Entonces las caras comenzaron a girar hacia la fuente de rugidos crecientes, como una tormenta eléctrica que se acercaba. Una gruesa columna de personas que blandían grandes banderas rojas irrumpió en el estadio de Tunceli, cantando consignas al unísono y golpeando en el aire sus puños izquierdos alzados:

Savaş, arın, kazan!
İbo yaşıyor, TİKKO savaşıyor!
Savaş, arın, kazan!
İbo yaşıyor, TİKKO savaşıyor!

¡Guerra, purificación, victoria!
¡Ibo está vivo, TİKKO está luchando!
¡Guerra, purificación, victoria!
¡Ibo está vivo, TİKKO está luchando!

Lo que de lejos parecían banderas eran estandartes rojos verticales, como los que se veían en las manifestaciones durante la Revolución Cultural en China. No solo la forma, sino también la sustancia tenía inspiración china, ya que los estandartes llevaban las imágenes de Mao y de otro hombre con los rasgos de una persona blanca, con una gorra y lo que parecía el cuello de un traje de estilo Mao, el uniforme de los chinos en la República Popular hasta bien entrada la década de 1980. Era el fundador de TİKKO, İbrahim Kaypakkaya, conocido por sus seguidores por la forma abreviada «Ibo».

Los manifestantes eran miembros de la Federación de Derechos Democráticos de Dersim. Fue en esta provincia donde Kaypakkaya había sido gravemente herido durante combates contra el ejército turco en 1973. Fue capturado y ejecutado en prisión unos meses más tarde. Al otro lado del campo, Atatürk miraba a la multitud desde un retrato dibujado a lápiz, agrandado a las dimensiones de un gigantesco mural.

Pero el desfile de los revolucionarios era una distracción secundaria en el festival de música. Un espectáculo aún más subversivo ocurriría unos minutos más tarde:

> Թշնամին պարտած է, կեցցէ՛ Հայաստան,
> Կեցցէ՛ Հայաստան եւ ազատութիւն...

> El enemigo está derrotado, viva Armenia,
> Viva Armenia y la libertad...

La mayoría del público no entendía el armenio, ni eran conscientes de que se trataba de una canción revolucionaria, una de las cantadas por los *fedayíes* que lucharon contra los soldados turcos y los bandidos kurdos desde finales del siglo XIX hasta 1915. El hecho de que las canciones del conjunto Maratug no alborotaran a nadie era testimonio de una nueva era de libertad que amanecía en Turquía. El vocalista principal de Maratug, Ardashes Darontsi, más tarde actuó en el escenario con Mikail Aslan, el músico más conocido de Dersim, cuya propia interpretación de canciones armenias de la provincia había sido compilada en un disco compacto llamado *Petak* («colmena», en armenio).

Todos en la ciudad decían que Mikail Aslan era uno de los armenios ocultos de la provincia. Entre bastidores después de que terminó el espectáculo, el cantante me miró con una expresión grave cuando se lo mencioné. Me examinó en silencio durante unos segundos con una curiosidad que parecía hostil: «Nosotros en Dersim sabemos muy bien quiénes de nosotros son armenios, y los protegemos, y no dejaremos que les pase nada malo».

Probablemente era la primera vez en un siglo que un grupo de música de Armenia actuaba en las tierras históricas. La participación de la banda Maratug había sido concebida y organizada por *Mardiros Azad*, el fundador del Centro de Armenios de Dersim apenas un año antes, en 2010, poco después de decidir convertirse al cristianismo y abandonar el nombre que había recibido cuando nació aleví, Selahettin, para adoptar uno armenio. Para admiración de los armenios de la Diáspora y el disgusto de muchos de los que todavía están en Dersim que preferían ocultar su identidad, dijo que la mayoría de la población rural de la provincia era de origen armenio.

Dersim había sido un refugio para los sobrevivientes del Genocidio que habían logrado llegar allí.[2] Encerrada en las montañas del mismo nombre, era una isla demográfica dentro de Turquía. La única provincia con una abrumadora mayoría de alevíes, había sido durante mucho tiempo una espina en el costado del Imperio otomano en virtud de su autonomía. Fue el epicentro de dos grandes levantamientos contra el poder central: la rebelión de Koçgiri de 1921, llamada así por la tribu que la dirigió, y la revuelta de 1937, encabezada por un jefe religioso aleví, Seyid Rıza.[3]

La mayor parte de la literatura se refiere a estas rebeliones como levantamientos kurdos, pero sería más exacto llamarlos alevíes. La hostilidad entre los alevíes de Dersim, por un lado, y los kurdos musulmanes sunitas y zazas, por el otro, con frecuencia se tradujo en combates en las primeras décadas del siglo XX. Los sunitas a menudo atacaban a los alevíes a instancias del poder central de Turquía: inmediatamente después del Genocidio Armenio, el gobierno turco se granjeó el apoyo de muchos *ağas* con su sistema de patrocinio, distribuyendo las propiedades y la riqueza que habían pertenecido a los armenios.[4] El alevismo es una religión sincrética que profesa la adoración del Imán Ali, pero ignora principios básicos del islam, una heterodoxia que se ha ganado los recelos, si no directamente la enemistad, de los musulmanes más conservadores.

* * *

El taxista de Estambul parecía extremadamente cansado, sus ojos inyectados de sangre fijos en el tráfico enloquecedor de la hora punta de la tarde. Aparte del tráfico, que había empeorado, esta no era la Turquía que había visitado por última vez 15 años antes, en 1996. En aquel entonces, la presencia de los armenios era tan discreta que los guías turísticos turcos suponían que quedaban 1000, o a lo sumo 2000 en todo el país, a pesar de que la comunidad armenia de Estambul se estimaba en unas 50 000 personas.

Pero ahora la música armenia sonaba desde los altavoces de la calle Istiklal, la antigua Pera, desde la Librería Mephisto, o una pequeña tienda que vendía discos compactos. Una multitud se reunía los 24 de abril para conmemorar el Genocidio y también lo hacía otra frente a las oficinas de *Agos* en el aniversario del asesinato de Hrant Dink. Había una sensación de falsa primavera en todo ello. Aun así, era un período de libertad asombrosa, cuando solo las personas mayores todavía tenían miedo de las cámaras fotográficas y del vídeo. Le pregunté al taxista de dónde era, como lo había estado haciendo durante unos días, deteniendo a personas al azar bajo el pretexto de preguntarles direcciones, y trababa conversación con ellas para enterarme de sus orígenes.

«Tunceli», dijo, o «Mano de Bronce» en turco, el nombre oficial de Dersim después de la operación militar concebida para someter la provincia en 1935. El conductor se despertó de su agotamiento insomne con los ojos muy abiertos cuando llamé a la provincia por su antiguo nombre, probablemente algo que no esperaba de un pasajero extranjero, y se detuvo cuando le pregunté si era armenio. En verdad, lo era, y el nombre de su abuelo era Agop, pero no recordaba nada más y hablaba como si estuviera adormentado.

Era una coincidencia extraordinaria, pues una hora más tarde estaría abordando el autobús hacia su ciudad natal, en un viaje organizado por *Agos* para el festival de música. Unos días antes, después de humillarme durante interminables diez minutos por mi ignorancia sobre Dersim con un viejo mapa armenio desplegado sobre su escritorio, el editor del periódico, Sarkis Seropyan, me había dicho que sería bienvenido a unirme a ellos en el viaje. El municipio de Şişli, donde se encontraban las oficinas del periódico, proporcionaría un autobús. El humillante encuentro con Seropyan me dejó el deseo urgente de obtener un mapa completo de Dersim: había resultado imposible encontrar uno en Estambul.

El grupo reunido frente al edificio de *Agos* incluía a los editores del periódico, *Manuel*, un arquitecto que había colaborado en la restauración de la iglesia Surp Khach en Van, así como varios jóvenes y un grupo de armenios de Cesarea. También había dos jóvenes alevíes. Una era maestra, nacida en Dersim, y la otra era una cineasta nacida en Erzurum, pero también radicada en Estambul desde hacía 20 años. Los tres hablamos toda la noche hasta el amanecer, cuando desayunamos por primera vez en un gran jardín de té en las afueras de Amasia. Ambas tenían abuelas armenias de las que solo sabían eso y poco más, aparte de una suposición de que eran huérfanas de 1915.

Pelin, la maestra, hablaba un inglés perfecto después de una temporada como niñera en Connecticut. Una mujer pequeña con ojos color esmeralda, tenía un sentido del humor acerbo. Ahora recién casada, tenía la intención de pasar algún tiempo en su ciudad natal en Dersim después de vivir la mayor parte de su juventud en Estambul. La cineasta, *Esra*, era de una disposición más melancólica y de voz suave, de piel de olivo y esbelta.

Se describían a sí mismas como kurdas, a pesar de que su identidad religiosa aleví era su primer referente de identidad. «Los alevíes no son musulmanes», dijo Pelin. No estaban obligados a observar ninguno de los cinco pilares del islam, a pesar de que la mayoría estaban de acuerdo con el *zakat* (limosna para los pobres). Pero no tenían que proclamar la *Shahada* («No hay más dios que Dios, y Mahoma es el mensajero de Dios»), observar el Ramadán, hacer las cinco oraciones al día o hacer la peregrinación a La Meca. «Si haces solo uno o no haces ninguno de ellos, entonces no eres musulmán». Los alevíes que sostenían que eran parte de la comunidad islámica estaban errados o temían ser perseguidos.

Esra dijo que su madre creía que su esposo era probablemente de origen armenio. Pero el padre de Esra lo negaba, aunque también insistía con vehemencia que no eran kurdos. La animosidad hacia los kurdos no era infrecuente entre descendientes de sobrevivientes de la masacre de Dersim de 1938, pero también se encontraba entre los alevíes, a pesar de que muchas personas de simpatías rebeldes en Dersim se identificaban como kurdos. Sin embargo, como muchos dersimlís con los que hablé, insistieron en que los alevíes eran un pueblo separado con su propia religión.

Esra ocasionalmente escuchaba que sus abuelos hablaban entre susurros en la cocina en un idioma ininteligible, como si hicieran algo secreto. Intrigada, les había preguntado a sus padres en qué idioma hablaban los abuelos. Era zazaki. En la universidad, a los 19 años, sus amigos le dijeron que los zazas eran kurdos.[5] Hasta entonces, pensaba que era turca. Para ella, fue el comienzo de un despertar que se intensificaría aún más en la universidad, donde se enamoró de un estudiante kurdo que la presentó al PKK. Unos meses más tarde, estaba escalando las montañas en la zona de Diyarbakır para unirse a una unidad rebelde.

Mientras los demás en el autobús dormitaban en medio del sonido amortiguado del motor, escuchaba la melodiosa voz de Esra quien, dada vuelta sobre su butaca, me contaba la historia de su vida y guerra:

> Lo importante no es ser kurdo o turco o armenio o de cualquier otra nacionalidad. Lo que importa es el derecho de los kurdos a la libertad. No fui criada como kurda sino como aleví. Mi madre es turca, pero también es aleví. Aun así, mis padres pertenecen a

una generación que cree o dice, incluso si realmente no lo creen, que son musulmanes. Por ello, evitan identificarse como alevíes, pero incluso decir aleví es mejor que decir que eres kurdo, porque eso no significa que quieras un Estado separado. En la universidad de Tracia me hice amiga de dos kurdos, y sentí que luchar por el pueblo kurdo era muy romántico. Sigo creyendo que tiene que haber una república kurda independiente, pero no luchar por ella con las armas. Hay que luchar con las ideas, con el poder intelectual, con el arte, porque el mundo ha cambiado. Pero, en la década de 1990, era muy significativo luchar con los guerrilleros kurdos.

Me enamoré de uno de estos amigos kurdos. Era de Bingöl. Ahora está cumpliendo cadena perpetua. Antes de eso había sido arrestado como simpatizante del PKK, pero más tarde se unió como miembro de pleno derecho. Así que decidí convertirme en guerrillera también.

Había gente llamada *milis*, que eran los intermediarios entre la guerrilla en las montañas y los partidarios entre los habitantes de pueblos y ciudades. Nos reunimos con uno de estos *milis* en Diyarbakır. Era la primavera de 1990. Tres días después nos volvimos a encontrar por la noche y nos llevó al pie de una montaña. Un *fedayí* había bajado para guiarnos en la escalada al campamento. Ya no recuerdo qué montaña era, pero la marcha hacia arriba fue agotadora. Todavía estaba oscuro cuando llegamos allí.

Todos los días eran iguales: desarmábamos el campamento todas las noches y nos mudábamos a otro lugar. Dormíamos y comíamos por las mañanas. Los *milis* nos traían comida, pero teníamos hambre y sed permanentemente.

En los nueve meses que estuve con ellos no vi combate. Entonces, una mañana del invierno de 1991, nuestra posición fue atacada por helicópteros del ejército turco. Creo que había al menos dos helicópteros artillados, pero puede haber habido más, no lo sé. De nuestra unidad de 30 personas, 13 murieron. No tuvimos tiempo de enterrar a los muertos. Era invierno. Algunos de nuestros combatientes estaban congelados, estábamos realmente congelados por el frío, y es por eso que algunos de nosotros estábamos tan entumecidos que no pudimos reaccionar a tiempo cuando atacaron los helicópteros. Había niños de 13, 14 o 15 años entre los muertos. Tenía 20 años en ese momento. No recuerdo qué montaña era y no sé cómo logramos huir. Caminamos durante 18 horas sin comida ni agua. Estábamos sedientos y hambrientos, y casi congelados. Pero luego otras unidades acudieron a nuestra ayuda. El ataque fue tan grande que otros compañeros también lo habían visto. En invierno vivíamos en cuevas o tiendas de campaña.

Había turcos, laz, alemanes y, por supuesto, kurdos en nuestra unidad, pero no recuerdo a ningún armenio, ni me encontré con ningún armenio en el PKK. Entre los que murieron había amigos míos. Estaba sacudida, horrorizada, y pedí permiso para regresar a mi familia en Estambul. Nuestro comandante era Durak Kalkan. Estaba psicológicamente destrozada, por lo que me autorizaron a regresar. Pero me sentía culpable, por lo que en 1993 me volví a contactar con el PKK. Mi estado psicológico era muy malo. Nos vimos en un café de Estambul. Llamé a algunos amigos del movimiento y la policía escuchó la conversación. Entonces, un día, caminaba en el barrio de Sarıgazı para reunirme con mis contactos y reincorporarme al PKK. Una camioneta sin señas particulares a se detuvo cerca de mí y salió un hombre de ella, me tomó por un brazo y me empujó hacia adentro. Había seis o siete hombres en la camioneta. Me vendaron los ojos y comenzaron a golpearme, maldiciéndome. Me golpearon en la cabeza muchas veces. Me dijeron que me llevaban a la Dirección de la Subdivisión de Contraterrorismo en Gayrettepe, un barrio de Estambul.

Mantuvieron mis ojos cubiertos durante 13 días. A veces me daban agua. Me colgaron del techo con las manos atadas a la espalda, con cables conectados a mis pezones, mis genitales, mis dedos, mis dedos de los pies y la planta de mis pies, y descargaban electricidad. Me tiraban agua todo el tiempo: «¿A quién conoces? ¿Dónde has ido? ¿Por qué te uniste a ellos?». La policía ya sabía que había estado en el PKK, pero solo pudieron atraparme cuando intenté reincorporarme al movimiento.

Me torturaron durante nueve días y luego me metieron en la cárcel. Un médico vino a verme. Me preguntó si sentía algún dolor, pero cuando le dije que sí, escribió que no. Además, me preguntó si me habían torturado, a lo que le respondí que sí, pero escribió que no. Luego me llevaron a los tribunales. Le dije al juez que había sido torturada, pero él dijo que era imposible, porque en Turquía la tortura estaba prohibida. Le dije que había firmado la confesión bajo tortura, pero no me creyó.

Nuestra celda en la prisión de Bayrampaşa albergaba a 60 reclusos y las luces se apagaban a medianoche. Mi familia podía visitarme una vez a la semana, durante dos o tres horas. Estuve en prisión durante las huelgas de hambre contra los traslados a prisiones con celdas de aislamiento. Decenas de personas murieron en la operación «Regreso a la Vida» en el año 2000, cuando la policía intervino para trasladar a los reclusos.[6] Recibí una conmutación de dos años de mi sentencia de 12 años, y salí unos meses después de los disturbios.

Me sorprendió ver a mi familia en una nueva casa, a mis hermanos y hermanas crecidos, y las computadoras. Pero lo que más me asombraba eran los teléfonos celulares. Tres meses después me matriculé en la universidad para estudiar Artes Escénicas y Cine en la Universidad de Bilgi.

Creo que el mundo ha cambiado, pero sigo convencida de que tiene que haber un Kurdistán independiente. La cárcel cambió mi mentalidad y ya no creo en la lucha armada. Pero no me arrepiento de haberme unido a la lucha. Hice lo que tenía que hacer en ese momento de mi vida.

Pelin y Esra se separaron del grupo tan pronto como llegamos a Dersim, mientras que el resto de nosotros fuimos llevados por Mardiros Azad para un recorrido por Mazgirt, una ciudad de 1700 habitantes, a menos de una hora de Tunceli. Dos músicos nos recibieron con los sonidos penetrantes de un *zurná*, un instrumento de viento, acompañados por las notas graves del *davul*, un gran tambor, que cortaba el tono agudo del *zurná* y dictaba el ritmo.

«No quedan armenios», dijo un hombre de mayor estatura que el resto y que se comportaba con gravedad portentosa. «No los molestamos, se fueron solos hace unos 20 años», una aclaración que generalmente se escuchaba en zonas de Turquía con una reputación mucho peor para los armenios que Dersim, y que me hizo preguntarme si todo era tan halagüeño en la provincia como se decía. Sus exuberantes bigotes se extendían como alas grises, amarillentos de tanto fumar. Eran una marca de jerarquía: era un *dede*, uno de los rangos más altos de las tribus alevíes, del *aşiret* Ağuçan. Flanqueado por otros dos hombres con bigotes negros y tupidos, cerró los brazos con ellos en una danza *halay*, marcando el paso. Su foto circuló en la prensa armenia con leyendas equívocas, mostrándolos como «armenios ocultos».

Tres hombres jóvenes y uno mayor jugaban a las cartas en una mesa fuera de la casa de té al lado de una explanada. «Soy de la nación de Hrant Dink», dijo una voz, en inglés. El juego continuó con caras de póker y en absoluto silencio, la única respuesta a las preguntas que hice. Dentro de la casa de té, *Ali*, un hombre de 71 años que se presentó como hijo de una madre armenia y un padre que era medio armenio, dijo que no hacía ninguna diferencia para él: «Zazas y armenios son lo mismo, no hay diferencia». Ali levantó ambos dedos índices, sosteniéndolos uno al lado del otro. «Aquí no hay ningún problema», coincidió un hombre con las cejas demasiado crecidas sentado con nosotros. «Mi suegra es armenia», dijo con rostro serio, pero aun así inspeccioné la cara de Ali para ver si podría tratarse de una broma entre ellos. Luego entró un hombre que se veía diferente al resto en su tez y atuendo. «Él es de tu pueblo», dijeron Ali y el otro hombre, e invitaron al hombre a nuestra mesa. Sin embargo, sacudió la cabeza en negación cuando fue presentado como armenio, dejando a Ali confundido. El hombre se puso de pie sin decir una palabra y salió.

Las calles estaban vacías. Una madre y sus dos hijas estaban pasando la tarde en el patio cuando me acerqué a ellas con mi consulta. Señalaron una casa al otro lado de la calle. Una mujer estaba arrullando a su bebé junto a la puerta abierta y, sin sorprenderme, me invitó a entrar: un hombre y su hija, del grupo de *Agos*, estaban dentro. Eran sus parientes. La familia de la mujer con el bebé era uno de los últimos tres hogares armenios que quedaban en Mazgirt. Todos los demás se habían ido, buscando mejores oportunidades económicas. Conocía el nombre de su abuelo, Khorén, su último vínculo con sus orígenes. Por religión era ahora aleví.

* * *

«Tenía diez años cuando mi hermana mayor vino corriendo hacia mí delante de la escuela». *Arzu* tenía ahora 21 años, era la menor de tres hermanos, y era estudiante de Economía en una universidad de Anatolia Occidental. «Me dijo que éramos armenios: acababa de enterarse por el director de la escuela». Arzu no sabía lo que significaba en ese momento, pero fue una conmoción.

Nadie en la universidad sabía de su origen y temía por su vida en caso de que se enteraran. Llevaba una camiseta amarilla que se mimetizaba con las paredes. Nos paramos en el pasillo de su casa. Con la condición de que le difuminara la cara, aceptó posar con la imagen del Imán Ali flanqueada por los otros 12 imanes, seis a cada lado. Los colores y la disposición de los personajes presentaban una extraña semejanza con una pintura de la Última Cena, con Jesús en medio de los 12 apóstoles.

Ella dijo que se consideraban cristianos. Sus parientes que se habían mudado de Dersim y se habían establecido en Europa occidental se habían reincorporado a la Iglesia armenia. El grupo de *Agos* visitó su casa en un pueblo en las afueras de Mazgirt y cantó el himno del Padre Nuestro para su abuelo, que había quedado paralizado por un accidente cerebrovascular hacía años.

La familia creía que había perdido el conocimiento, pero sus ojos, pequeños y brillantes, nos seguían vívidamente. Los médicos habían explicado que probablemente era una reacción refleja, pero él miraba a los ojos de las personas y parecía notar lo que sucedía a su alrededor. ¿Estaba su mente todavía despierta, atrapada dentro de un cuerpo que había perdido la capacidad de expresarse? Había nacido en 1918 y había visto la muerte de miembros de su familia en la masacre de 1938. Su abuelo estaba asustado por lo que había presenciado y su origen armenio, por lo que nunca hablaba de ello, aparte de decirle una vez al hermano de Arzu: «He visto cosas increíbles».

«Nuestro problema interior más importante es el problema de Dersim», había dicho Atatürk en un discurso en 1936. «Tenemos que eliminar y limpiar esta herida, este absceso aterrador, de raíz».[7]

Así, poco después del cambio de nombre de Dersim como la nueva provincia de Tunceli en enero de 1936, las deportaciones a gran escala de dersimlís comenzaron como parte de la ingeniería demográfica que Turquía seguía persiguiendo para homogeneizar a la población en una mezcla maleable de musulmanes sunitas que podrían agruparse bajo la etiqueta genérica de turcos. «Esa política comenzó en la década de 1840», me dijo Sarkis Seropyan mientras caminábamos por Mazgirt. «Y la masacre de 1938 en Dersim fue su continuación directa, a diferencia del Genocidio Armenio, que fue un acontecimiento particular con su propia lógica, y que implicó en gran parte una apropiación de tierras y transferencia de riqueza, así como la liquidación del núcleo cristiano de Anatolia».

Alarmado por el reasentamiento de grandes grupos, el líder aleví Seyid Rıza se rebeló contra el gobierno kemalista y sus políticas de asimilación. La rebelión culminó y concluyó con la masacre de 1938, comprendida una campaña de bombardeos aéreos.[8] Sabiha Gökçen, la primera aviadora militar en Turquía y el mundo y la hija adoptiva de Atatürk, participó en estas misiones, bombardeando el pueblo de Keçizeken y la casa de Seyid Rıza, entrando así al panteón de los héroes turcos por derecho propio.

Bajo el título «El secreto de Sabiha-Hatun», un artículo de Hrant Dink publicado en *Agos* el 6 de febrero de 2004 decía que Sabiha Gökçen era una huérfana armenia del Genocidio, de un orfanato en Cibin, cerca de Urfa, cuyo verdadero nombre era Hatun Sebilciyan. En la década de 1970, había rumores sobre el origen armenio de Gökçen en comunidades diaspóricas de Oriente Medio. El artículo de Dink se basaba en una entrevista con Hripsime Sebilciyan, quien afirmó ser la sobrina de Gökçen.[9] Como una bomba de acción retardada, la noticia solo causó conmoción cuando *Hürriyet*, el periódico de mayor circulación en Turquía, lo recogió un par de semanas después. Se desató entonces la furia de los turcos nacionalistas extremos contra Dink, asesinado a tiros tres años después por un joven de 16 años de Trebisonda, Ogün Samast.

Los dilemas morales implícitos en la vida y obra de Gökçen, aclamada por su papel en una masacre de una población civil, solo se agravarían si sus orígenes fueran ciertos, lo que nunca se ha confirmado. Sin embargo, su caso era una demostración extrema de la mutabilidad de la identidad en el siglo del genocidio en Turquía. ¿Era todavía una iglesia armenia en ruinas, o una convertida en mezquita, todavía armenia o una iglesia?, se preguntaba Ishkhan Chiftjian, un escritor afincado en Leipzig.[10] Eran las disyuntivas que enfrentaban los descendientes de los supervivientes que quedaron en las tierras históricas.

* * *

La carcasa de una iglesia armenia medieval en *Ergan* se alzaba majestuosa sobre el pueblo de chozas bajas y casas de un piso, con arcos gigantescos y concavidades truncadas que sugerían las bóvedas de una construcción monumental de un pasado civilizado. No muy lejos de ella estaba la tumba de hormigón de lo que unos vecinos dijeron que eran los restos de la última armenia de la aldea, un sarcófago sin adornos de una mujer que había muerto en 1961 y esa fecha era lo único escrito toscamente sobre él. La mujer aleví que vivía en la casa frente a la tumba recordaba un versito en armenio que había aprendido de una amiga de la infancia, perdida hacía mucho tiempo en un pasado desconocido:

Իսկ կատու կայ վեր ի Վանայ
Տէրտէրի տղայ ի դիւանայ
Աստուած մեզի դուռ մը բանայ

Nacida en 1938, no entendía nada de lo que decía el verso. Aparte de la rima, no tenía mucho sentido, excepto por la última oración: «Hay gatos en Van / El hijo de un sacerdote en la cancillería / Que Dios nos abra una puerta». El hijo de la mujer, que estaba de visita de Alemania, donde vivía, dijo que el gobierno había desalojado a todos los lugareños con inclinaciones revolucionarias. «Han reasentado a nacionalistas turcos: como no encuentran oro en las tumbas de los armenios, ahora también desentierran las nuestras».

Entramos en un edificio que estaba siendo renovado antes de su conversión en mezquita. Sus habitaciones abovedadas y cavernosas hechas con roca oscura y volcánica evocaban familiaridad entre los armenios del grupo de *Agos*. Sin embargo, Manuel, el arquitecto, truncó nuestras hipótesis: la parte del edificio que habría correspondido al altar no apuntaba hacia el Este. En cambio, puede haber sido una sección de un monasterio, que tal vez albergaba las celdas.

Hozat, el centro administrativo del distrito, estaba lleno de aduladores, nos había advertido Mardiros Azad: algunos podrían decirnos que eran armenios solo para complacer a los visitantes. Al sentarnos en el parque, las conversaciones en un idioma extraño de algunos en el grupo de *Agos* habían llamado la atención, y un grupo de jóvenes nos invitó a su mesa cerca de la nuestra. Querían presentarnos a una mujer de piel pálida con un vestido verde brillante y el cabello teñido de rojo. Era armenia de Malatya, pero solo se había enterado cuatro años antes, a los 17 años. Su familia había recibido protección policial especial después de que tres empleados de una sociedad bíblica en esa ciudad de Anatolia Oriental fueran asesinados por cinco jóvenes islamistas: habían atado las manos y los pies de los tres evangélicos y luego les habían cortado la garganta. Solo cuando desplegaron policías delante de su casa para su protección, sus padres le dijeron que eran armenios.

Recordaba que a veces en su círculo de amigos la llamaban «armenia», pero suponía que era una broma y no le hacía mucho caso a eso. Atea, ahora se identificaba como armenia y no había encontrado ningún problema, a pesar de que una vez tuvo una discusión con compañeros de clase negacionistas en la universidad de Manisa, en el oeste de Turquía.

Mientras ella reclamaba su identidad, otros renunciaban a ella. Los *Tezkan*, que vivían en un pueblo con vista sobre la ciudad de Tunceli, ya no se consideraban armenios, a pesar de que reconocían sus orígenes. Como hablantes de zazaki, se consideraban kurdos. Cuando llegué, estaban entreteniendo a la familia de sus futuros suegros, turcos alevíes, cuyo hijo estaba comprometido con *Çağla*, la mayor de los hijos de los Tezkan.

«Nuestros abuelos eran armenios, pero nosotros ya no lo somos», dijo el integrante de mayor edad de la familia, el tío abuelo de Çağla, *Ahmet*, que tenía unos 60 años. Hasta 1966 habían recibido cartas de parientes en Estados Unidos, pero las habían quemado todas, por miedo. En cualquier caso, no quedaba nadie que entendiera el armenio.

No conservaban recuerdos de 1915, pero la familia recordaba que en 1938 los *ağas* de la aldea fueron detenidos y arrojados por los precipicios de Halbori y Lesh, dijo Ahmet, señalándolos a lo lejos mientras caminábamos por el campo fuera de su casa. «Lo que sabemos sobre el Genocidio es lo que hemos leído en los libros: nuestros mayores estaban demasiado asustados para hablarnos de él».

La visita a los Tezkans era un desvío imprevisto en mi plan de encontrar un mapa de Dersim. Había uno completo, del tamaño de un cartel de película apaisado, en un exhibidor en el vestíbulo del ayuntamiento. Entré en el edificio para pedir una copia. El ambiente en la oficina de seguridad junto a la entrada, atendida por la policía municipal, era jovial, con agentes que se contaban chistes en las horas muertas de la tarde de verano. Todos parecían ser dersimlís, de piel blanca y narices romanas, excepto uno, un turco, que estaba sentado a cierta distancia del resto, con las piernas cruzadas y recostado en su silla. Era mayor y calvo, y no sonreía. Si bien no se notaría en una calle, se diferenciaba del resto dentro del espacio cerrado.

«¿Para qué quieres el mapa?». El oficial turco estaba intrigado, a diferencia de los demás. Como no creía nada de lo que le decía, murmuró apretando los dientes, dirigiéndose a todos y a nadie en particular: «Mira cuántos bolígrafos tiene», dijo, señalando con un ademán mis bolsillos superiores, rebosantes de bolígrafos. «Es de la CIA». Uno de los policías más jóvenes frunció el ceño y miró hacia abajo con vergüenza ajena, como sentía también yo. Su hijo, dijo el policía turco, era estudiante de informática. ¿Podría conseguirle un trabajo en Estados Unidos? No tenía buenas calificaciones y la verdad era que no le gustaba su carrera, pero pensaba que ello ofrecía buenas perspectivas profesionales.

Mientras esperaba una respuesta a mi pedido del mapa, mi mirada comenzó a deambular por las paredes superiores de la oficina para evitar el contacto visual con los demás, e inevitablemente se posó en la única imagen en el espacio en blanco: un retrato de Atatürk. Uno de los policías dersimlíes lo vio y estiró los brazos en un gesto de disparo, señalando a Atatürk: «¡Pumm!». Todos reprimimos la risa, excepto el culpable, que se reía como un escolar travieso, y el policía turco, cuya cara larga y sin sonreír busqué.

Finalmente, entró un empleado municipal. Los oficiales dersimlíes habían estado buscando a uno de los armenios, *Nuri Tezkan*, quien incluso me llevó a la oficina del alcalde de la ciudad para ayudarme a obtener un mapa. También intentó negociar la asignación de un coche para mi investigación, que yo no había solicitado. El alcalde sonrió sarcásticamente, y le preguntó a Tezkan si realmente pedía apoyo estatal para un armenio de la Diáspora que buscaba descendientes de armenios. Cuando me dirigí al hombre en inglés, debe haber asumido que no entendía turco. «¿Quién lo envió?», preguntó el alcalde sobre mí: «¿La Diáspora o Ereván?». Terminamos el té y nos fuimos con las manos vacías. Nuri me subió a un taxi y me envió a visitar a su familia.

A mi regreso, le pedí al taxista que me llevara a cualquier pueblo armenio que conociera. Recordaba uno de los veranos de su infancia. Pero cuando llegamos a lo largo de una sinuosa carretera de montaña, pasando por al lado de grafitis del PKK pintados sobre las rocas, solo encontramos una vasta meseta, perfectamente plana y despejada de árboles o cualquier construcción. Dos hombres adultos y un adolescente estaban parados delante de una pequeña tienda de campaña. El ejército turco había arrasado la aldea en la guerra contra la insurgencia kurda en 1994, dijeron. Era su ciudad natal y ahora solo regresaban para acampar durante el verano. La población, que incluía cuatro o cinco familias armenias, no había regresado. «Estás parado sobre la iglesia armenia», me dijo el joven, entrecerrando los ojos ante la luz del sol. No entendí, hasta que señaló los contornos del perímetro de la iglesia, como un fantasma dibujado en el suelo.

Esa tarde compré un billete de autobús para irme de Dersim. Cuando regresaba de la estación por la calle inclinada, noté el letrero de una asociación cultural de mujeres sobre una puerta estrecha. Tuve una corazonada y entré. Un hombre que resultó ser alemán y su novia dersimlí tenían una animada conversación con la directora de la asociación, una mujer pequeña rebosante de energía y humor vivaz, con nariz de halcón y ojos de cetrera, que me hizo partícipe con mucha fluidez de su conversación, incluso si no estaba relacionada con mi pesquisa.

Ella tenía el mapa que buscaba. Quería cortarlo en pedazos más pequeños porque un rollo de ese tamaño llamaría la atención en la ciudad, pero le rogué que no lo hiciera. Aun así, tenía que hacerle algunos ajustes al mapa. «Esto es Dersim», dijo, tachando Tunceli con un grueso marcador negro, y arrancó el título, «TÜRKİYE», y escribió «DERSIM» en grandes letras de molde.

¿Dónde estaban los armenios?, me desafió. ¿Por qué, quería saber, habían abandonado la lucha? Debería regresar a la provincia para demostrar mi valía:

> Eres armenio. Esta tierra te ha estado esperando. Ven y reclama tu tierra. Consigue un arma y ve a las montañas a luchar. Si tu esposa no se une a ti, te conseguiremos a una de nuestras mujeres y ella luchará junto a ti.

El mapa enrollado, la mitad de mi estatura, llamaba la atención, me di cuenta, en las calles militarizadas y fuertemente vigiladas de la ciudad. Al otro lado de la estrecha calle de la asociación cultural de mujeres, había una residencia militar fortificada o algún tipo de cuartel general. Había patrullas permanentes de vehículos blindados ligeros, como enormes cucarachas sin miedo a la luz. Se asemejaban a los Land Rover Tangis de Irlanda del Norte, con sus parabrisas y ventanas enjauladas, algunos también coronados con una torreta de cañón. No el mapa en sí mismo, sino las enmiendas hechas por la jefa de la asociación cultural eran preocupantes. En una papelería, un comerciante me mostró la puerta, molesto porque lo había distraído de un partido de fútbol en la televisión para preguntarle por un cartel con el retrato de Atatürk. Estaba buscando un envoltorio para el mapa. Luego entré en un kiosco del tamaño de una cabina, justo frente al ayuntamiento, para comprar una copia del periódico *Hürriyet*. «¿Eres armenio?», me preguntó el comerciante con una sonrisa. Parecía una emboscada. Estaba sudando y nervioso, un hombre regordete más bajo que yo, calvo y de bigote tupido. Solo entonces me di cuenta de la presencia de un joven con una chaqueta de cuero negro, con una mirada que lo delataba como no dersimlí y que me miraba fijamente. «Sí, soy armenio», respondí. «¡Yo también soy armenio!», exclamó el hombre, y se volvió hacia el joven de negro: «¡Pero él es un turco sucio!», dijo, señalándolo con ambas manos, con especial énfasis en la palabra turca que significa «sucio»: *pis*. La torpeza de la actuación me puso nervioso, porque era obvio que me habían seguido y este era un ejemplo de manual de una trampa, pero todavía me preguntaba cómo la policía había adivinado que entraría en esta tienda, y cómo habían tenido tiempo de sugerir un guion al tendero para tenderme la celada.

«No, turcos y armenios son hermanos», respondí con una sonrisa, notando el alivio del comerciante: «Sí, sí, ¿no?». El hombre de negro que no sonreía no era aficionado a la hermandad de las naciones y me preguntó por qué había venido a Tunceli. El festival de música, dije, ante los ruidos de aprobación del comerciante, que en verdad podía haber sido armenio a juzgar por su apariencia. ¿Qué pensaba de Erdoğan?, me preguntó el hombre de negro. Me había dado cuenta de que se quitaba algunos de los muchos anillos de plata grandes que llevaba, incluso en los pulgares, y se los volvía a poner después de jugar un poco con ellos. ¿Era eso un código?, me preguntaba. Aun así, todo era tan *amateur* que decidí que podía interpretar el papel de extranjero tonto, pero entonces un policía uniformado entró a comprar cigarrillos y el comerciante comenzó a sudar de nuevo.

El hombre repitió la pregunta sobre Erdoğan mientras el policía seguía allí. No recordaba a ningún músico con ese nombre, dije. No, él era el primer ministro, dijo: «Başbakanımız» («Nuestro primer ministro»). Ese no era un equipo de fútbol que yo conociera, porque me gustaba el fútbol pero no tanto. Con un poco de impaciencia, tal vez por mi actuación poco convincente, el comerciante dijo algo sobre un líder político, y yo dije que no entendía nada de política. Le sugerí que tomáramos nuestra foto juntos: el comerciante me miró alarmado, sacudiendo la cabeza, mientras el policía y el hombre de negro hablaban en susurros. El policía se fue y yo seguí sus pasos después de estrechar la mano del dúo. Caminé de regreso al hotel con lentitud, pero mis brazos temblaban.

Mientras caminaba a la mañana siguiente, me topé con los policías del ayuntamiento, los dersimlíes y el turco, que caminaba unos pasos detrás. Los dersimlíes me abrazaron y nos besamos en las mejillas, como familiares y viejos amigos. El turco y yo nos dimos la mano y nos abrazamos un poco vacilantes. En la estación de autobuses, éramos solamente dos quienes esperábamos el autobús a Erzurum; el otro era un derviche sufí con una barba salvaje. Llevaba un traje blanco que parecía un atuendo de karate, con un cinturón de seda roja y una diadema de seda verde. Pequeños tapices, como los populares en Diyarbakır, colgaban de la puerta de una tienda de recuerdos: del tamaño de alfombras de oración, llevaban las imágenes del Imán Ali, Seyid Rıza, el revolucionario marxista-leninista Deniz Gezmiş y el Che Guevara, pero no había ninguno con el retrato de Atatürk.

* * *

Como me había instado la jefa de la asociación cultural de mujeres, había regresado a Dersim tres años después y había ido a las montañas, si bien sin un fusil. Después de dejar a todos los demás pasajeros, el minibús ahora corría a través de una vasta meseta, un cuadro desarbolado de verdes claros y colores mate, hasta los bordes exteriores del distrito de Mazgirt. Me dejó en un pueblo encaramado al borde de un desfiladero. Un hombre de traje oscuro y sombrero a juego me señaló la casa de *Hüseyin*, el hijo de 77 años de sobrevivientes del Genocidio, y se alejó, con lo que las calles ahora estaban completamente vacías. Al igual que los pueblos de toda Turquía, muchos de sus residentes pasaban el invierno en Estambul, Esmirna u otras grandes ciudades, y regresaban para las estaciones cálidas.

A la sorpresa había seguido el disgusto, visible en la cara de la hija de Hüseyin. Aturdido y agitado, su padre se había vuelto para mirarme y no podía comprender cómo lo había encontrado. Ninguno de los nombres de conocidos comunes lo tranquilizó. «Mi padre se está recuperando de un ataque al corazón y no puede ser molestado», me dijo la hija, todavía hosca, mientras me servía té, que no volvió a llenar después de que lo terminé. El hombre, sonrojado y agitado, no me dirigió la palabra ni una sola vez.

El pueblo estaba desierto. Una cruz de trébol armenio esculpida estaba empotrada en la pared de una casa, debajo de una ventana. Nadie respondió a mis golpes en la puerta. Una ventana se abrió en un segundo piso después de mis gritos y se asomó un joven, invitándome a subir. Eran recién casados y estudiantes de la Universidad de Tunceli. *El niño que llora*, una pintura de reproducción que una vez había decorado la casa de mi familia, presidía la habitación. El joven se rio: su padre había pegado un retrato de Atatürk en el reverso, y lo daba vuelta en la época de las redadas de contrainsurgencia en la década de 1990.

Había cuatro familias armenias en el pueblo, pero no lo reconocían abiertamente, me dijo la pareja. El viejo Hüseyin era un hombre de la generación anterior, dijeron, pero ya no había nada que temer y, de todos modos, los lugareños nunca los habían molestado. Un conductor que la pareja conocía me iba a recoger en breve.

Dos de los vecinos del conductor en su aldea, a media hora de distancia, eran armenios asimilados, dijo, indicando que eran alevíes. Parecía genuinamente sorprendido de que todavía encontrara miedo entre ellos. «Pero ¿por qué?», seguía preguntando. Ante su insistencia, almorzamos en su casa con su esposa. Ambos eran corpulentos y de piel clara, con cabello de color arenoso, narices rectas y ojos claros, como la joven pareja que me había recibido anteriormente, con rasgos suaves que recordaban a las primeras cabezas celtas talladas en piedra. La familia de la primera casa a la que me envió era diferente a ellos: más baja y con el pelo oscuro sobre piel blanca, y narices aguileñas. Tan calurosamente como me dieron la bienvenida, negaron que fueran armenios. Sus antepasados, creían, habían venido de Irán. «Jorasán», mencionó uno.

«¿Qué temen?». El conductor estaba perplejo cuando se lo dije, mientras me mostraba su campo, cubierto de fragmentos de columnas y lápidas que había recogido de ruinas que el ejército estaba limpiando en el lugar. Los soldados habían dicho a los residentes que se llevaran cualquiera de los restos que de otro modo serían destruidos. Había una pequeña estatua de caballo con una extraña inscripción en ella. Era idéntica a los de un cementerio en las afueras del pueblo de In, cerca de Hozat: los escritos tallados en ellos parecían un híbrido entre la escritura rúnica y armenia, a pesar de que era imposible distinguir un solo carácter en los signos verticales debajo de la línea que recorría todo el largo de la parte superior, como el nagari u otros alfabetos indios. Había lápidas similares en forma de caballo en un cementerio yezidí en el norte de Armenia, sin inscripciones.

Con la esperanza de mejor suerte, nos subimos a su minivan para ver a los otros armenios, que vivían a diez minutos de distancia. La casa parecía familiar, y cuando entré en el pasillo de paredes amarillas busqué la imagen de Ali y los doce imanes que me habían recordado la Última Cena. Habíamos regresado a la casa de Arzu. Estaba acurrucada en el *sedir*, con dos amigas alevíes que la visitaban a ella y a su hermana, en avanzado embarazo: se había casado con un vecino aleví un año antes. La primera vez que nos conocimos, las jóvenes habían expresado su esperanza de casarse con armenios y eventualmente regresar a la Iglesia, como lo habían hecho sus familiares que se habían mudado a Europa. Los armenios de Dersim habían recorrido un largo camino desde que Mardiros Azad reveló su existencia en 2010, pero todavía eran reacios a alterar un orden de cosas que les había permitido atravesar el Genocidio y las masacres de 1938, así como la violencia latente y real que ha amenazado las vidas armenias en Turquía durante más de un siglo.

«¿Qué temen? ¿En serio?», repitió *Fevzi*, con intención retórica, cuando me reuní con él la mañana siguiente en una taberna que regentaba en el centro de Tunceli. «¿Cuántos años han pasado desde que mataron a Hrant?». Armenio aleví, él también había comenzado a revelarse dos años antes, pero entendía la precaución de los demás: «Y todavía se preguntan por qué».

Su abuelo, Hüseyin, era de Şıkso. Como sastre, Hüseyin hacía los abrigos blancos, llamados *kumaş*, que usaban los *ağas*. Gracias al trabajo de su abuelo, que implicaba largos viajes, Fevzi estaba familiarizado con la geografía de Dersim. Había un pueblo interesante cerca, dijo Fevzi, Kanoğlu, donde los lugareños hablaban kurmancî y turco, pero no eran kurdos, turcos, ni zaza, y no se reconocían a sí mismos como armenios, a pesar de que todos sabían que lo eran.

El padre de Fevzi, el hijo del fabricante de abrigos para los *ağas*, llevaba uno fino en el estilo occidental, a juego con su gorra. Era un hombre de semblante triste, hablaba sin entusiasmo pero también sin reticencias. Su abuelo, Hagop, había muerto antes de 1915, y su padre Hüseyin, cuyo nombre armenio no conocía, había sobrevivido en circunstancias desconocidas.

De vez en cuando, el padre de Fevzi asistía a las oraciones del jueves en el *cem evi*, la casa de culto aleví. «La religión de los armenios es mejor que la nuestra», dijo el padre de Fevzi. «Estoy a favor de nuestra humanidad común, pero me siento más cerca de los armenios».

Şıkso era un pueblo principalmente armenio, y durante su infancia tenía muchos amigos armenios, ninguno de los cuales reconocía la propia identidad. Celebraban la fiesta aleví llamada Xeleş, y Gağant, la fiesta armenia del Año Nuevo, cuando iban de puerta en puerta recogiendo dulces, frutas y manzanas. También observaban el Miércoles Negro, o Kara Çarşamba, una fiesta aleví en Dersim que marcaba la llegada de la primavera en marzo. Su madre, a quien había perdido a una edad temprana, hablaba sobre una fiesta en la cual se coloreaban huevos, pero ya no lo hacían, y él no sabía que era Pascua. Pero sí conocía las tradiciones de abstinencia y ayuno durante los 40 días de Cuaresma, si bien no por su nombre.

Una joven, habitué de la taberna de Fevzi, me dijo que su familia ahora sospechaba que eran armenios. Su madre había encontrado una extraña carta entre viejos papeles familiares. Estaba escrita en el alfabeto armenio, en una extraña combinación de cuatro idiomas: armenio, zazaki, kurmancî y turco, y empleaba expresiones dialectales de Hozat. Era ininteligible, lo que les hacía preguntarse si estaba escrita en código. La carta estaba fechada en 1939, escrita desde la cárcel: no recordaba si tenía matasellos en la provincia de Erzurum o Sivas. Pensaban que podría haber sido de un preso político después de la masacre de Dersim del año anterior. Su madre había enviado esa carta a *Agos* para que la descifraran, pero alguien en el periódico les había dicho más tarde que se había perdido. Muy afligido por la pérdida de esta carta de Rosetta, me dijeron que no la habían fotocopiado ni fotografiado antes de enviarla por correo.

Ni Fevzi ni ninguno de los clientes de su taberna sabían dónde podía asistir a una celebración de Gağant, una tradición que se estaba extinguiendo y que las generaciones más jóvenes solo recordaban de la infancia lejana o los cuentos de sus mayores. El consenso general era que debía probar suerte en Hozat o en uno de los pueblos de los alrededores.

Al entrar en Hozat, una ciudad de 4600 habitantes, una gigantesca inscripción en la ladera proclamaba «Önce Vatan» («Primero la Patria») con el contorno de un soldado levantando un rifle de asalto. Desde el monte Nemrud en Adıyaman hasta esta colina, las montañas se han utilizado para la propaganda, ahora degradadas desde el arte helenístico comageniano hasta los grafitis magnificados de hoy de la variedad más tosca.

Más gris a la luz del invierno, había un clima acogedor de fuente incierta en la oficina en el ayuntamiento de Hozat, donde un funcionario municipal comenzó a hacer llamadas para preguntar sobre las celebraciones de Gağant en los alrededores. «Yo también soy armenio», me dijo cuando sus ayudantes se marcharon. Se negó a decir más, dándome a entender que no era una muy buena idea hacerlo en un edificio gubernamental, ni siquiera uno tan pequeño como este. De todos modos, no había mucho más para contar, agregó, porque sabía poco más que su origen. La mayoría de la gente había perdido su propia historia.

«Si estas montañas hablaran...».

«Las montañas no hablan; tenemos que hacerlo nosotros», repliqué.

No respondió y levantó el receptor una vez más. Sus llamadas telefónicas habían dado sus frutos. El pueblo de In celebraba Gağant esa noche, el Año Nuevo armenio según el antiguo calendario, llamado *Rumi hesabı* (calendario griego) por los lugareños, el 14 de enero. Un taxista de In me recogería en breve. Antes de salir de su oficina, el funcionario municipal, de cabello entrecano rizado y ojos grises, me dijo de nuevo: «Soy armenio y *sé* que soy armenio».

Mientras el taxista se quejaba del calamitoso estado de la economía turca, yo contemplaba la cadena montañosa que nos rodeaba con nuevos ojos. La frase común del empleado municipal me había despertado a la vida de las montañas y sus historias, si uno era capaz de leerlas, desde lo geológico hasta lo histórico, porque los animales que hibernaban en sus árboles ahora sin hojas también estaban vivos. «Si estas montañas hablaran...». Pero las montañas no hablan. Nos toca hablar a nosotros. Las montañas no están vivas, o más bien lo están, porque no son solo piedra. También son las plantas, los animales y las personas que les dan vida y voz. Las montañas tenían vida, y en especial en Dersim. «Ermenileri kayaları», o «Las rocas de los armenios», había señalado el conductor en la zona de Hozat tres años antes, mientras pasábamos por una fila de acantilados, utilizados para arrojar a los armenios a la muerte en 1915. El nombre había sobrevivido a pesar de que el desfiladero había sido utilizado de nuevo en la masacre de alevíes de Dersim en 1938.

Entramos en una pequeña casa de té presidida por una imagen del Imán Ali, envuelto en su túnica verde y con aspecto de Jesús. El inevitable Atatürk, el verdugo de Dersim, también estaba allí. Tenía un fuerte seguimiento entre los alevíes por su veta antiislámica. Según una tesis popular entre sus admiradores, Atatürk estaba enfermo en ese momento y culpaban de 1938 a İsmet İnönü, su sucesor. Los hombres jugaban a las cartas, un juego llamado en turco «Süper Elli Bir» (Súper 51).

Gağant en In había comenzado por la mañana, cuando los niños iban en grupos de puerta en puerta, recitando pequeños versos o cantando el equivalente a villancicos, y se les daban frutas, dulces y juguetes. En el pasado, se disfrazaban, pero ya no lo hacían. Para mi beneficio, el conductor llamó a su esposa e hizo que sus dos hijos pequeños y un par de otros vinieran a la casa de té, donde el asistente les dio una bolsa de dulces como una oportunidad para tomar fotos mientras miraban tímidamente y confundidos.

Un hombre de sombrero negro estaba sentado, *bağlama* en mano, contra la pared, recitando un poema sobre el Imán Ali que los jugadores de cartas ocasionalmente volvían la cabeza para escuchar. Con el acompañamiento del *bağlama*, el trovador interpretó una serie de canciones de ritmo rápido en zazaki, intercaladas con versos que pronunciaba con aspecto grave. El alevismo, dijo, era la forma más pura del islam, y celebraban el Gağant armenio por el calendario griego para honrar a los antiguos habitantes de esta tierra.

«Es armenio». El trovador señalaba con una sonrisa sardónica al único hombre que estaba sentado solo, con un bastón de pastor y desplomado sobre un banco de espaldas a la ventana, contra la pared más alejada de la entrada. Soltero de unos 60 años, era el único armenio del pueblo. Parecía triste, por lo que le pedí al trovador que se sentara con él y le hablara, para no que no apareciera solo en todas las fotos. El trovador soltó una pequeña carcajada, repetida por la complicidad de otros que estaban al tanto de la broma entre ellos, pero aceptó y fingió hablar con el pastor. Sin embargo, el armenio no cumplía su parte de la actuación y seguía mirando el lente de la cámara, con el ceño fruncido y los ojos asustados como el niño intimidado de la clase. Parecía afectado por una forma leve de alguna perturbación.

Su nombre era Hüseyin, hijo de Hüseyin, nieto de Hüseyin. Insistió en que ese era el nombre de su abuelo a pesar de que dijo que había sido un armenio cristiano. Era un nombre inusual para un cristiano. Dijo que era pastor y que no sabía nada más. Su padre tenía cinco o seis años durante el Genocidio, cuando perdió a sus padres y cinco hermanos, que fueron decapitados. Un *aşiret* había matado a su abuelo, pero no podía nombrar a la tribu. Su madre también era armenia, y su nombre era Besia. Los otros hombres ocasionalmente se volvían para escuchar lo que decía, pero seguían atentos al juego.

El padre del pastor también había sobrevivido a la masacre de Dersim de 1938. «Atacaron desde el aire», dijo Hüseyin. Mataron a los *ağas* de la aldea, pero no habían hecho nada a la mayoría de los residentes. Los *ağas* fueron fusilados o arrojados por los precipicios.

Con el trovador a la cabeza de la columna, los hombres comenzaron a marchar hacia un claro en un bosque fuera del pueblo, junto a un arroyo que provenía de un curso subterráneo y fluía a un estanque. Había caído la noche. Una enorme pira de madera y neumáticos de tractor disparaba llamas tan altas como los árboles. Al reunirse en el claro, la gente encendía delgadas velas de cera en rincones de las rocas, convirtiéndolas en santuarios naturales. No había más música que percusión, con hombres y mujeres abrazados en líneas que bailaban el *halay* al ritmo del tambor *davul* del trovador. Una chica de 15 años se separó de la línea y comenzó a bailar extasiada en medio del semicírculo formado por los otros bailarines. Los movimientos rítmicos de sus caderas respondían a los golpes del mazo, como una serpiente encantada. «Ella quiere casarse esta noche», dijo el trovador, ahora absorto en la simbiosis entre la muchacha y su tambor, mientras los hombres en la línea del *halay* taconeaban el suelo y las mujeres giraban sus manos levantadas y hacían movimientos ondulantes con sus dedos, imitando la danza de las llamas.

Poco después de la medianoche, cuando la pira comenzó a apagarse y las velas se habían derretido en las rocas, el taxista y otros hombres subieron a los techos de las casas y, turnándose, vertieron agua de botellas de plástico reutilizadas en la chimenea de su morada. «Zemzem suyu, cenneten geliyor», explicó el taxista: «El agua de Zemzem viene del cielo». Supuestamente era del Pozo de Zamzam en La Meca, considerada una fuente milagrosa en la tradición islámica que se remonta a la época en que el hijo de Abraham, Ismael, gritaba de sed. Era una adición sincrética de los alevíes de Dersim, tal vez solo en el pueblo de In, a una festividad de la Iglesia Armenia que observaban según el calendario griego. Pasamos con el coche por el cementerio con las lápidas en forma de caballo, ocultas en la oscuridad de la noche.

El mismo taxista me regresó de In, después de una parada en la casa de su familia, donde me invitaron a unirme a las celebraciones con bebidas y dulces. «Este hijo mío con cerebro de chorlito», se burló su padre. «Le dije que saliera de este pueblo, fuera a Estambul y aprendiera un oficio con un maestro armenio». Mientras conducíamos, el chofer sacó su teléfono celular para mostrarme fotos de *solidi* bizantinos, monedas de oro desenterradas por un amigo en Sivas, dijo. Como no recibió respuesta, calló hasta que vimos delante de nosotros una columna de tres *jeeps* blindados de la policía que patrullaban la carretera desierta rumbo a Tunceli. Eran casi las tres de la mañana. «Míralos, deambulando como una jauría», dijo el conductor. El modelo de *jeep* Otokar utilizado por la policía se llamaba Akrep, o «escorpión» en turco.

* * *

«No tenemos un barco francés, pero al menos tenemos un coche francés», dijo *Hayati*, un compañero periodista que Mardiros Azad me había presentado, una pequeña alusión irónica a los barcos franceses que habían rescatado a los armenios de Musa Ler y su Peugeot, con el que buscábamos armenios en Dersim.

Nos habíamos conocido unos días antes junto a la estatua de Seyid Rıza en Tunceli. Un conocido lo había visto y se había unido a nosotros también: este hombre era primo de Sakine Cansız, una de las fundadoras del PKK, de quien se rumoreaba que era la amante de Öcalan. Como cualquier otro miembro de la guerrilla kurda, también se decía que Cansız era armenia. Pero había algo de verdad en ello, dijo su primo. «Nuestra abuela paterna era armenia», nos dijo. «Ella tenía cinco años en el momento del Genocidio y, por supuesto, Sakine sabía sobre su ascendencia armenia». No sabía, sin embargo, cómo Sakine se relacionaba con ella, o con la historia armenia. Lo que estaba fuera de discusión, aclaró, era que su motivación por la lucha armada era el irredentismo kurdo más que cualquier otra cosa.

Sakine era desconocida para el mundo exterior hasta que fue asesinada junto con otras dos mujeres militantes kurdas en el Centro de Información Kurdo en París en enero de 2013. El asesinato no ha sido resuelto, contribuyendo a la proliferación de teorías de conspiración en un país donde abundan, desde «fuerzas oscuras» en el «Estado profundo» turco que intentaban descarrilar las negociaciones entre el gobierno y el PKK, hasta un ajuste de cuentas dentro del movimiento rebelde.

El Peugeot corría por un terreno llano flanqueado por montañas a lo lejos, por una carretera recta vacía aparte de dos motos con sidecar que nos pasaron a toda velocidad en sentido contrario. Llegamos a *H.*, uno de al menos seis pueblos completamente armenios en Dersim. Hayati salió a caminar y me dejó en compañía de *Emin*, la única persona visible en un pueblo de 16 casas. Estaba sentado en un viejo sofá en el patio, con la mirada perdida en ninguna parte, y ni siquiera levantó la vista cuando me acerqué y lo saludé.

Emin había visto cómo dos desconocidos balearon a su hijo Imam en marzo de 2004 cuando intentaron llevárselo. Imam, exmilitante de TİKKO, se había resistido. Al igual que Mardirós, eran miembros de la tribu Mirakian, la única armenia sobreviviente en Dersim. El padre de Emin, también Imam, también había sido asesinado por un comando especial, pero creía que había sido un caso de identidad equivocada. Eso también le pudo haber pasado a su hijo, que hacía tiempo que había dejado atrás los años de militancia.

Este era también el pueblo de *Aysar*, la esposa de un conocido armenio de Amasia que había luchado en TİKKO y más tarde se había trasladado al exilio en el norte de Europa. Había presentado a su esposa como kurda, a pesar de que no podía pensar en ninguna razón por la que hubiera mantenido su identidad criptoarmenia en secreto en la seguridad de Occidente.

Frente a la casa de Emin había una vez una iglesia armenia, cuyo nombre no recordaba. Ahora estaba reducida a una pila de escombros. Había una enorme roca en el centro, rodeada por un cerco bajo. Dos tortugas vivían en esta especie de corral, debajo de unas piedras. La más grande escondió su cabeza dentro de su caparazón tan pronto como me vio. Ambas respiraban pesadamente y jadeaban cuando las tomé en mis manos. Emin dijo que la iglesia ya estaba en ruinas cuando era un niño, probablemente destruida, suponía, en 1915. Encima de los escombros había restos derretidos de velas de cera, amarillas y erguidas. Los alevíes las encendían todos los viernes por la noche, dijo.

Había una morera de 200 años de antigüedad delante de las ruinas de la iglesia. Emin había plantado tres nogales, el más antiguo de los cuales databa de 1959. Otros dos, bajo cuya sombra estábamos sentados, tenían 15 años. El emparejamiento tradicional de moreras y nogales de los hogares armenios había sobrevivido a las conversiones y la pérdida de otros atributos de la identidad.

Nacido en este pueblo en 1926, Emin había hecho su servicio militar en 1949, sirviendo en la caballería en Antap. En las dos horas de silencio que intercambiamos, intercalados por breves diálogos, se suavizó por alguna razón cuando preguntó de dónde eran originalmente mis antepasados. A la mención de que uno de mis abuelos era de Kilis, recordó que había hecho un viaje a caballo a esa ciudad una vez durante los 28 meses de su reclutamiento.

«Mi padre era armenio», dijo Emin. Sus mayores se habían convertido en alevíes incluso antes de la «matanza de los armenios», como denominó el Genocidio, usando una palabra turca no tan frecuente, *kırım*. Y se puso de pie, caminando pesadamente a casa, jadeando como las tortugas cuando las asusté.

* * *

La policía había cerrado el taller de *Asaf* debido al ruido superior al límite permitido, por lo que tenía tiempo de sobra. Era la segunda parada de nuestra exploración en el automóvil francés de Hayati. Asaf estaba menos convencido que Hayati de que su tienda había sido cerrada debido a su origen armenio, y no por la animosidad entre los vecinos por disputas irresueltas que, insinuó, no estaban relacionadas con su ascendencia. Estábamos en un pueblo de población mixta. Solo algunos de los residentes eran de ascendencia armenia, aunque todos convertidos al alevismo.

«Nosotros también somos armenios, pero no lo admitimos, porque ya no somos armenios, ya somos musulmanes». Con un razonamiento algo enrevesado, la hermana de Asaf, *Zelal*, estaba más interesada en insistir sobre esto, mientras que él se tomaba con mayor tranquilidad la inevitabilidad de su origen. No tenían pruebas de que fueran armenios, pero aceptaban las afirmaciones de sus vecinos no armenios que se remontaban a sus recuerdos de infancia, y mucho antes también, ya que su familia había llegado a Dersim de Erzurum y se había establecido en el pueblo de Dzeranik a fines del siglo XIX. Sospechaban que podrían haberse convertido antes del Genocidio.

La suegra de Asaf también estaba en el balcón del primer piso, fumando en silencio: «Mi madre también era armenia», dijo *Edibe*, ante la reacción asombrada de su yerno y su propia hija. Tenía dos años cuando su madre, Kumru, y su padre, Hasan, fueron asesinados en la masacre de 1938, junto con su hermana de tres días, arrojados al desfiladero de Laç. Su abuela la había escondido y su tío paterno la había criado. Antes de partir para el servicio militar obligatorio en 1940, el tío de Edibe la había inscrito como su hija recién nacida, usando el nombre de su madre muerta, por lo que Edibe creía que era mayor de lo que mostraba su documento de identidad. «Mi tío fue como un padre, pero siempre me llamaba "mi sobrina" y yo nunca lo llamaba, "papá", a pesar de que fue el único que conocí», dijo. «Solo sé el nombre de mi padre de sangre, Hasan, y cómo lo mataron, pero nada más».

Los armenios habían estado llegando a este pueblo desde otros lugares durante más de un siglo, dijo Edibe. Su madre, Kumru, había venido de Tercan para casarse con Hasan, y otros armenios habían venido de Tıtenik e Ispir, en Erzurum. Hasta 1995, Edibe había trabajado como sirvienta durante 15 años para una familia armenia en Kemaliye, Erzincan: Arto y su esposa Maranik, y sus hijos Stepan y Hagop. Ella les había perdido la pista cuando se mudaron a Estambul. A pesar de que tenían nombres cristianos, Edibe dijo que esta familia se había integrado a la comunidad aleví. «Amaban a Hazrat Ali, pero nunca mencionaban a Mahoma», dijo. Luego sugirió que debían haberse convertido al islam, al menos nominalmente porque el padre y los hijos habían sido obligados a circuncidarse. «No les gustó mucho eso, por lo que decían que eran alevíes». Se rio. «Nunca volví a saber de ellos después de que se fueron a Estambul».

Viejas historias, murmuró. «¿Yo, armenia? Eso no lo sé, pero mi tío nunca me llamó "mi hija" y nunca pude llamarlo "padre", a pesar de que era la única familia que tenía».

Estas eran viejas historias, se hizo eco Zelal. «No soy armenia», dijo. «Soy aleví».

* * *

Un destello de luz que parecía una gigantesca Medusa cabeza abajo irrumpió en el cielo nocturno. En brillantes colores lilas que se convirtieron en turquesa por un momento, estaba a punto de caer en picada sobre las montañas. Pero luego explotó en silencio como fuegos artificiales mudos, una lágrima espectacular sobre las cumbres que desapareció tan pronto como apareció. Sin volverse a mirar, *Ümit* sonrió a sabiendas mientras seguía mis expresiones de asombro: «Es la temporada de las estrellas fugaces». Era la primera que había visto.

Entonces noté el prominente crucifijo de plata de Ümit, uno de los pocos que había visto en alguien fuera de sacerdotes en un año en Anatolia Oriental. El pañuelo que llevaba con los colores de la bandera kurda me había engañado sobre su identidad. Pero era un armenio de *H.*, el mismo pueblo que Emin, el hombre silencioso que vivía frente a la iglesia en ruinas con el par de tortugas. Supuse que era cristiano: «No lo soy, pero me convertiré, por supuesto, porque quiero, y está en mi sangre». Solo había descubierto cinco años antes, a los 30 años, que era armenio. Desde la infancia, escuchaba que los llamaban «fìlla», pero no sabía que significaba «cristiano» o «armenio».

Una de sus primas acababa de ser bautizada en la capital europea donde vivía: «*Idil Dağlar* se ha unido a la Iglesia armenia». Me sorprendió saber que era armenia. Su esposo, un armenio de Estambul que más tarde se había unido a la guerrilla de TİKKO, me había dicho en nuestra correspondencia y conversaciones telefónicas que ella era «kurda», pero aparentemente era otro miembro de la tribu Mirakian. Estábamos en la casa de uno de los patriarcas de la familia, *Kenan Amca*, en un valle rodeado de montañas.

Había seis aldeas enteramente armenias en las cercanías de Mazgirt: Xoşkiği, con ocho familias armenias; Şordan, con seis; Danaburan, con tres; Sundam, con una; Hors, con tres; y Canik, con dos o tres familias. Al menos dos familias en estas seis aldeas eran secretamente cristianas.

Mientras conducíamos, Hayati me había advertido que no mencionara el nombre de Mardirós Azad, un pariente de Kenan Amca de la tribu Mirakian. Se habían peleado por algo, pero Hayati dijo que no sabía qué era. Mardirós me diría más tarde que Kenan lo había reprendido por revelar la existencia de armenios ocultos en Dersim en un momento en que todavía sentían miedo.

Kenan estaba intrigado por la mención de un águila que habíamos visto mientras descendíamos por el camino que serpenteaba alrededor de la montaña hacia el pueblo de Akis, en un valle rodeado por las alturas. Los lugareños sabían de dos águilas, pero esta con manchas blancas debajo de las alas parecía ser un ejemplo juvenil del que Kenan no había oído hablar.

«Antes del Genocidio, Akis pertenecía a los Mirakian», dijo Kenan Amca. Su bisabuelo, un sacerdote de la iglesia de Kızıl Tepe (Colina Roja), había sido asesinado allí en 1915, cuando unos çetes le había prendido fuego con él y otros armenios dentro. Su hijo, el abuelo de Kenan Amca, fue empujado a su muerte desde la misma montaña, que se elevaba sobre el pueblo, en la masacre de 1938.

«Nuestros mayores solían contarme estas historias, pero yo solía molestarme y no les prestaba mucha atención: decían que lo hacían personas malas que profesaban una religión mala», dijo Kenan Amca. «Pero poco a poco comencé a reconocer mi origen armenio y luego me mudé a Colonia, Alemania, donde viví durante 28 años, y allí me abrí». Conoció a armenios e hizo amigos entre ellos, asistiendo a actos de la iglesia y la comunidad. Ahora había regresado para pasar la jubilación en su lugar de nacimiento. «Todavía no soy cristiano, pero estoy trabajando para convertirme en uno», dijo. «Seré bautizado». Luego recordó una historia de la infancia:

> Un día de invierno mi tío abuelo nos llevó a mis primos y a mí a un río. Estaban *Erdoğan*, *Musa* y *Hakkı* conmigo. Éramos pequeños; Tenía unos diez años entonces. Encendimos una hoguera dentro de una cueva. Mi tío abuelo estaba leyendo algo. Estaba orando, pero estaba llorando mientras oraba. Habíamos traído nuestras mantas, los *yorğans*, y mi tío abuelo seguía leyendo algo junto al fuego, pero no entendíamos lo que estaba leyendo. Luego caminó hacia el río y leyó otra oración, y nos hizo sumergirnos en el agua y salimos congelados. Era en pleno invierno. Estábamos enojados, preguntándonos: «¿Por qué nos está haciendo esto en este frío?». Hace solo unos años entendí de qué se trataba todo, cuando le dije a *Pyuzant*, un editor de *Agos*, al respecto: «¡Tu tío te estaba bautizando!», había exclamado Pyuzant.

A la hora de la salida de la luna, la hermana de Kenan, *Dicle*, mencionó que «luna» en Zazaki era *amsa*, similar a *amis* (mes) en armenio: en turco, *ay* (luna) también designaba «mes». Según el filólogo Hrachya Ajarian, la raíz de *amis* era una palabra proto-indoeuropea, *mens*, de la cual se habían derivado los términos en diferentes lenguas indoeuropeas de «luna» y «mes». Los armenios usaban *lusin* para la luna, un cognado de *luys* (luz).[11] Dicle estaba tomando clases de armenio en las oficinas de una asociación cultural en Estambul, Nor Zartonk. Había encontrado un extraño parecido entre su lengua materna, el zazaki, y el armenio. Pero la palabra que más le había llamado la atención por su similitud con el armenio era *hasganal*, que en zazaki era «amar», y en armenio, «entender».

La otra hermana de Kenan, *Sibel*, estaba casada con un musulmán. Ambos eran maestros y vivían en Amasia. Un adelanto de este libro que había publicado en 2012 había revelado, con el consentimiento del sujeto, al público en general en Turquía la existencia del último armenio de Amasia, y ello había sido recogido por la prensa turca. Sibel y su esposo me dijeron que el hermano del último armenio de Amasia era una figura prominente en el movimiento marxista revolucionario del país y —dijeron, erróneamente— había sido asesinado bajo la dictadura militar de General Kenan Evren en 1980 o 1981.[12]

A menudo suponía que los armenios de Turquía de todas las tendencias probablemente compartirían una postura común sobre la historia turca y sus figuras. Sin embargo, me había dado cuenta de que Atatürk era objeto de reverencia —incluso por parte de Sosé, mi amiga más querida de Sasún— que no era fingida y me confundía. Y no parecían lavados de cerebro porque era posible hablar con ellos desapasionadamente al respecto, pero era un pensamiento profundamente arraigado. Sin embargo, no podía entender cómo no veían la contradicción de reverenciar a un hombre que compartía la ideología que había causado el exterminio de los armenios, ya que había sido un unionista y, a pesar de algunos intentos posteriores de blanquear su historial, Atatürk continuó con el legado de los unionistas y creó la Turquía para los turcos. El kemalismo era especialmente fuerte entre los maestros.

La conversación en la cena al aire libre fluía agradablemente con el esposo de Sibel. Luego me preguntó si los armenios odiaban Turquía, y si creía que los acontecimientos de 1915 constituían genocidio.

Por supuesto que sí, le dije. «Pero los turcos dicen que habíais tomado el lado ruso y que traicionaríais al Imperio otomano», dijo. ¿Qué traición?, le pregunté. ¿Con qué ejército? ¿Y las mujeres y los niños? ¿Y los ancianos? ¿Y los reclutas desarmados? ¿Qué iban a hacer? ¿Y las torturas y crueldades? Luego me preguntó sobre Nagorno Karabaj. Le dije que era una de las provincias armenias más antiguas, que había disfrutado de autonomía o independencia durante gran parte de su historia. «Pero los azeríes dicen que esas son sus tierras». Decían muchas cosas, fue mi respuesta. Visto desde el lado armenio, parecía que los pueblos túrquicos no habían terminado con el acaparamiento de tierras y el exterminio de los armenios, solamente para seguir desenterrándolos en busca de oro, saqueando a los muertos después que ya no quedaban los vivos.

«No soy turco», dijo. «Soy circasiano». ¿Debería alguien, solo porque nació como parte de una determinada nacionalidad y su historia, ser responsabilizado por ello? Discutir la participación prominente de los circasianos en el exterminio de armenios, junto con turcos y kurdos, solamente empeoraría las cosas, y no cerraríamos ese capítulo abriéndolo a la mesa. Dejamos la discusión en eso.

Kenan Amca me mostró el sofá cama. «Dormirás junto a Atatürk», dijo, con solemnidad simulada. Era la imagen estándar de Atatürk: la de estaciones de policía, oficinas públicas, escuelas, y casas de té, la que colgaba de los espejos en los taxis. Me reí: ¿era este el castigo por mi franqueza? Kenan Amca apenas sonrió y salió en silencio de la habitación, cuya ventana se abría a un patio trasero de montañas.

La luna bailaba en los charcos del patio trasero, multiplicándose, su círculo perfecto y luz reflejados en una superficie borrosa en blanco y negro en tierra, el arquetipo caído. *Yakamoz*, «reflejo de la luna en el agua» en turco, había sido votada como la palabra más bella del mundo en un concurso en Berlín en 2007. Provenía del griego *diakamos*, ahora olvidada en el idioma original.

Los perros habían enloquecido, y los tres ladraron a la luna llena hasta altas horas de la madrugada. Era la primera vez que era testigo de la figura literaria en la vida real. Por la mañana, Kenan Amca dijo que estaban ladrando al oso que vino por el panal de abejas silvestres en su huerto. Garip, su enorme perro de raza Kangal de un año, había mutilado a un cachorro de oso una vez. Un amigo dersimlí me había dicho que estos perros podían matar a un oso, para no hablar de un lobo.

VIII

VAN

1
VAN

Creemos que la vida originalmente vino del agua. Es posible que nuestro apego por el mar pueda remontarse a esos orígenes. En la mitología, Hayk, el patriarca de la nación armenia, se estableció en las cercanías de Van, la región cuyo nombre histórico era Vasburakán. El campo de batalla donde mató a su enemigo, Bel, se llamaba Kerezmán, que en armenio luego se convirtió en la palabra para «cementerio». En armenio clásico, *dzov* significaba «lago», pero en el lenguaje moderno significa «mar». El nombre que los antiguos daban al lago de Van, *Vana Dzov*, ahora se traduciría como mar de Van. El mundo era más pequeño entonces, o más grande, porque «país» se llamaba *aşxarh*, una palabra que en el idioma moderno significa «mundo». Y Van estaba en el centro del Hayots Aşxarh: Armenia, o, como el lector moderno lo interpretaría ahora, el Mundo Armenio.

Un rayo de sol que entraba por la ventana alta y estrecha de la Iglesia Surp Khach, en la isla de Aghtamar en Van, bañaba el coro que había venido de Estambul para el servicio litúrgico presidido por el vicario general Aram Ateshian en septiembre de 2014. Era la quinta misa en la catedral desde que se completó la reconstrucción en 2007. Peregrinos de toda Turquía y diferentes partes del mundo habían llenado la iglesia. Un contingente de armenios islamizados también había venido, entre ellos Sevag y un pequeño grupo de Dikranagerd, así como un grupo de Mush que contaba entre ellos al hombre que se decía era el nieto del *fedayí* Serop Aghpyur. Estaba entregando racimos de uvas a los peregrinos.

Figuras del Antiguo Testamento compartían las paredes de la iglesia con la dinastía de los Ardzrunis, los reyes de Vasburakán. La familia real estaba junto a Juan el Bautista y el profeta Elías. Algunos de los personajes esculpidos eran juveniles. Uno había perdido un ojo por una bala que había causado una perforación cilíndrica. Otro sostenía un pergamino. Había objetos en manos de dos que siguen siendo desconocidos para nosotros. Un león miraba al oeste, y otro felino grande, tal vez una pantera, acechaba junto a una cabra pastando. Los diáconos cantaban:

> Առաջնորդացն մերոց եւ առաջին լուսաւորչացն,
> սրբոց Թադէոսի եւ Բարթուղիմէոսի առաքելոցն,
> եւ Գրիգորի Լուսաւորչին, Արիստակիսի,
> Վրթանիսի, Յուսկանն, Գրիգորիսի...
> հովուաց եւ հովուապետացն հայաստանեայց,
> եղիցի յիշատակ ի սուրբ պատարագս, աղաչեմք:
>
> De nuestros líderes y primeros iluminadores,
> los santos apóstoles Tadeo y Bartolomé
> y Gregorio el Iluminador, de Aristakes,
> Vrtanes, Husik, Grigoris...
> y de todos los pastores y pastores principales de Armenia,
> seáis conscientes en este Santo Sacrificio que suplicamos al Señor.

Los armenios de Van se levantaron contra el ejército otomano y la caballería Hamidiye en abril-mayo de 1915, repeliéndolos hasta la llegada de las tropas rusas. Muchos armenios siguieron a los rusos en una primera retirada más tarde, en el año del Genocidio. Los armenios restantes se fueron con los rusos en la retirada final en 1918. Como en tantos lugares de Turquía, había rumores de la existencia de descendientes armenios en Van, una presencia fantasmagórica que algunos lugareños insistían que era real. La Iglesia Surp Khach, considerada el ejemplo más exquisito de la arquitectura medieval armenia, también había estado a punto de desaparecer.

Cada año escuchaba rumores de armenios islamizados de Van que asistían al servicio, así que me presenté a tantas personas en la multitud como pude. Fuera de los grupos que habían venido de Dikranagerd y Mush, así como un armenio convertido de Sasún, a quienes conocía, solo un joven de Van, miembro del personal municipal que organizaba el acto, dijo que su abuela era armenia, y eso era todo lo que sabía sobre ella. En comentarios sarcásticos y ciertas actitudes, los lugareños habían mostrado al menos circunspección con respecto al legado armenio, cuando no desprecio. Aunque no era tan hostil como Erzurum, era menos acogedor que Diyarbakır. No obstante ello, un periodista turco, Yaşar Kemal, había alertado a un oficial militar de alto rango en 1951 para que evitara la demolición de Surp Khach, que estaba a punto de ser dinamitada.

Una pareja estaba de picnic en la isla después de la liturgia. «Somos kurdos, pero primero somos musulmanes», respondió el esposo. Su esposa se negó a estrecharme la mano en observancia de las restricciones islámicas sobre el contacto con hombres no emparentados. Había, dijo, cinco clanes de origen armenio en Van. El integrante de uno de ellos era colega suyo en la escuela donde ambos trabajaban como docentes.

Unos hamshentsís, armenios islamizados de la zona del mar Negro, también me habían dado pistas sobre los armenios de Van. Los trabajadores de carga me habían contado historias sobre aldeas de conversos alrededor de Muradiye. En ese distrito, también, estaba la ciudad natal de dos nietos de abuelas armenias a quienes conocí por casualidad en Estambul, donde trabajaban como camareros en un restaurante cerca del distrito de Beyoğlu. El turco más rudimentario que hablaba cuando emprendí este proyecto en 2011 no me permitía moderar mi discurso con eufemismos que aprendí sobre la marcha. El mayor de los dos me observaba en un silencio asombrado mientras el cocinero, cerca, se reía a carcajadas. Sin miedo porque no tenía nada que ocultar, el cocinero kurdo, que había escuchado mis consultas, me remitió a otro camarero. También de un pueblo cerca de Muradiye en Van, el nombre de su abuela era Hatun, sobreviviente del Genocidio: «Conocemos las historias», dijo, pero hablar lo ponía nervioso. Era su hora de trabajo y algunas cabezas ahora se habían girado y nos miraban. El camarero mayor de Muradiye me trajo la cuenta. Se inclinó y me susurró al oído: «Todos éramos armenios antes, pero ahora somos kurdos, *efendi*». Cuando me iba me acerqué a saludarlo y ver si podíamos volver a encontrarnos. ¿A quién se refería con «nosotros» y «todos»? ¿Dónde? ¿Cómo habían conservado la memoria de la identidad? Pero él solo asintió e ignoró, con cara de piedra, mis súplicas de obtener más información, un número de teléfono celular o un correo electrónico. Escribí mis datos de contacto en una servilleta, que se negó a tomar.

* * *

«Mi abuela era una musulmana espléndida», dijo *Alaattin*, y luego aclaró: «Se convirtió en una musulmana impecable».

Un par de semanas antes, me había topado con un amigo hamshentsí en una despensa de Hopa, una ciudad portuaria del mar Negro cerca de la frontera con Georgia. Era un socialista convencido de disposición algo pendenciera que la bebida moderaba o realzaba, según las circunstancias y el estado de ánimo. Sentados sobre cajas en un rincón de la pequeña tienda, él y algunos amigos hamshentsís compartían una cerveza. Instintivamente, nos miramos con sus compañeros de bebida para saber si éramos amigos o enemigos, y ello nos había tomado aproximadamente dos segundos, a primera vista y en silencio. Eran nacionalistas turcos desde mi punto de vista y me habían identificado como armenio, con la consiguiente hostilidad pasiva. En 1998, poco después del Acuerdo de Viernes Santo que puso fin a la violencia en Irlanda del Norte, un reportero colega, de un país donde el contacto visual era habitual en la calle, tenía la impresión de que en Belfast los peatones devolvían las miradas, tratando de determinar si el desconocido que se acercaba era de su tribu o de la otra. Eventualmente, estos hamshentsís se habían suavizado un poco, y entablamos una conversación cortés en la que evitamos temas polémicos. Uno de ellos, un exestudiante universitario en Van, me recomendó ver a *Selçuk Şahin*, un sociólogo que debería poder ayudar en mis pesquisas. «¿Şahin?», había reaccionado más tarde un amigo hamshentsí comunista. «¿Quién te está recomendando ver a ese fascista?».

Tanto Selçuk, sociólogo, como su hermano *Mesut*, ex asambleísta nacional del Partido Republicano del Pueblo

(CHP), de orientación kemalista, me recibieron cordialmente. Eran muy bien hablados. Selçuk prefería hablar en inglés. Alaattin, un rico hombre de negocios y su amigo, había sido convocado por Selçuk a la fina tienda de alfombras persas y anatolias que regentaba con su hermano en el distrito comercial de Van.

«¿Eres armenio?», me preguntó Alaattin cuando nos presentaron:

> Escribe: esto es lo que decía mi abuela Nano. Esta guerra fue iniciada por los rusos, dieron armas a los armenios, les dijeron: «Maten a los musulmanes, les daremos estas tierras», por lo que los armenios comenzaron a atacar a los musulmanes. Pero luego los rusos se retiraron, y los otomanos masacraron a los armenios. Rusia comenzó esta guerra. No eran los otomanos. Armenios, kurdos y turcos convivían pacíficamente uno al lado del otro. No había problemas. Nadie estaba armado en ese momento.

Eso era el Genocidio en pocas palabras, dichas por el nieto de una sobreviviente islamizada. «Vivimos en paz con los otomanos durante 1000 años».

Alaattin era del *aşiret* Barzani, quizás la tribu kurda más famosa, con figuras prominentes entre su número, entre ellos Mesud Barzani, entonces presidente de la república autónoma kurda en el norte de Irak. La rama de la familia de Alaattin se había mudado por primera vez en 1910 de la región iraquí de Barzan a Irán, y luego a Van en la primavera de 1915, no el momento más oportuno para establecerse en la región, y un acertijo que mi interlocutor no pudo explicar: «¿Por qué mudarse a Van en 1915?».

Por esas cosas del azar, en ese momento la familia de Nano «se había ido» y su casa y tierras en el pueblo de Zaytar, donde habían vivido las familias combinadas del padre de Nano, Xıno, y su hermano Nacar, habían sido concedidas al abuelo Barzani de Alaattin, «que ya era fabulosamente rico», lo cual era presumiblemente la razón por la que había tomado la propiedad de armenios deportados o asesinados:

Mi abuelo y su familia llegaron a Van en la primavera de 1915. Las mujeres armenias fueron reunidas en un caravasar en Adras. Nano vivió allí durante seis meses: sus hermanos fueron a Armenia; no sé si sus padres también fueron a Armenia o murieron. La familia de mi abuelo vivía en la casa familiar de Nano. Las casas de los armenios estaban vacías, por lo que tomó la de Nano, sin conocerla todavía. Cuando las cosas se calmaron un poco, Nano regresó a la casa de su familia y conoció a mi abuelo, que había llegado de Irán. Ella le dijo al teniente del ejército: «He quedado sola, y esta es mi casa: si él me toma, entonces me casaré con él». Y se casaron. Nano tenía 19 años, y mi abuelo, 23. Era muy prolija y muy hermosa. Mantuvo su nombre incluso después de convertirse. Tuvieron cinco hijas y un hijo.

Una faceta poco conocida del Genocidio era el fomento de los matrimonios de mujeres armenias con hombres musulmanes como medio de transferencia de riqueza, como ha explicado el historiador Taner Akçam. «Además, se hicieron esfuerzos denodados para inducir a las familias musulmanas a adoptar niños armenios y aceptar novias armenias». El incentivo, escribió Akçam, era económico, citando un telegrama enviado por el gobierno otomano en agosto de 1915 a todas las presidencias de las Comisiones de Propiedad Abandonada: «La propiedad personal de los niños que deben dejarse al cuidado de personas dignas de confianza con el propósito de educación y crianza, junto con la de aquellos que se convierten o se casan, será preservada, y si sus testadores han muerto, su parte hereditaria será entregada».[1]

¿Había ido su abuela alguna vez a Armenia a buscar a sus hermanos? «¡No! Ella era una musulmana fabulosa, ¡alabado sea Alá!». Hacía el *namaz* cinco veces al día, y era muy bien leída, dijo Alaattin, en virtud de la cultura otomana en la que se había criado. «¡Qué maravillosos eran los otomanos! Habían reunido a todas las mujeres y no las habían lastimado, solo habían deportado a los hombres, pero solo porque los rusos los habían incitado a rebelarse», dijo. «Hemos vivido con los turcos durante 1000 años y si los rusos no se hubieran entrometido, no hubiera pasado nada», decía su abuela Nano, según Alaattin. «¡Qué musulmana tan pura y espléndida era!». Nano había muerto en 1965.

Un narrador entusiasta, Alaattin decía todo esto en voz alta y una sonrisa que mostraba sus dientes muy blancos. Había yo notado que los hermanos Şahin se incomodaban mientras hablaba, porque independientemente de cualquier perspectiva ideológica que pudieran tener y que aún no hubieran insinuado, probablemente estaban versados sobre la historia del lugar, que no estaba tan teñida de rosa.

¿Sabía Alaattin que los armenios estaban aquí antes que los turcos? «Sí, por supuesto, amigo mío, estas son las tierras de los armenios, por supuesto, todos lo sabemos: los armenios usan la palabra *soykırım* [genocidio] para ello: Erzurum, Kars, Adıyaman, Van, Antap, Adaná». El tono cambió un poco después de eso. Pero insistió: «Vivimos juntos sin problemas durante 1000 años». Y luego agregó: «Esta guerra, estas masacres, fueron iniciadas por Rusia: los musulmanes no mataron a los armenios».

Con motivo de una recaudación de fondos para la campaña electoral, Alaattin le había contado al entonces primer ministro la historia de su abuela armenia. «¡Tu vida es como una novela!», Erdoğan había respondido, probablemente consciente de que muchas otras vidas en Turquía también eran comparables.

Hacía unos años, Alaattin había viajado con Selçuk a Armenia, buscando sin éxito a los parientes de su abuela. «Hacen *çorek*, pan *lavaş*, como nosotros, y son pobres», dijo de sus impresiones sobre el país. «Pero no les gustamos», agregó. «¿Cómo les gustarías?», preguntó Mesut, el exlegislador, exasperado, con la piel blanca que enrojeció rápidamente. «¡Los destrozasteis a todos!».

La elección del pronombre de Mesut, *vosotros*, me llamó la atención. En el momento del Genocidio, los antepasados de los Şahin no vivían en Van ni en ningún otro lugar del Imperio otomano. Como si leyera mi mente, Selçuk explicó que eran del *aşiret* Bıruki que vino de Ereván, que más tarde se convertiría en la capital de la República de Armenia. Después de la proclamación de la independencia de Armenia en 1918, 60 000 kurdos abandonaron el país y se mudaron a Turquía, dijo. En ese momento, su tribu, liderada por Kınyaz Kartal, comprendía 12 000 familias.

«Nosotros también sufrimos», dijo Selçuk, refiriéndose a los kurdos, «a manos de armenios, de turcos, de Dios, pero de nuevo, todos conocen su propio dolor, todos piensan en sí mismos». Los kurdos que permanecieron en Armenia son yezidíes porque se convirtieron en yezidíes. Se habían convertido al yezidismo, una religión pagana, para no ser molestados, creía. «El resto vino a Turquía, fue a Kazajstán y a otros lugares». Según Selçuk, había como máximo diez hogares kurdos musulmanes en Armenia, liderados por Kınyaz Hamid, y vivían en Abovyan. «Solo hay yezidíes y dicen que son yezidíes, porque si dijeran que son kurdos tendrían una vida difícil en Armenia: estoy seguro de que si hablara estas cosas en Armenia me deportarían».

Alaattin parecía un poco sorprendido por la reacción de Mesut, pero luego volvió a hablar: «Había un Harut en Ereván, nuestro intérprete». Habían visitado una facultad de idiomas extranjeros con él, y los estudiantes miraban a los visitantes de Van con caras hostiles. «Les pregunté por qué no estaban hablando con nosotros, considerando que hablaban mejor turco que nosotros, y Harut había respondido: "Hicisteis un genocidio contra nosotros"». Alaattin había dicho: «Pero no fuimos nosotros», lo cual era estrictamente cierto, dependiendo del alcance que se diera a los pronombres. «Son un pueblo hermoso», dijo Selçuk. «Era como el católico regañando al judío: "¿Por qué matasteis a Jesús?"». «Vamos, que eso fue hace 2000 años». «Bueno, me acabo de enterar».

Durante su mandato como legislador, Mesut se había acercado una vez al entonces presidente Abdullah Gül, preguntándole sobre la posibilidad de levantar el bloqueo que Turquía había impuesto en la frontera con Armenia, para que los armenios pudieran venir a visitar sus tierras ancestrales, diciendo que ya no las reclamaban, y que en cualquier caso Kurdistán estaba bajo soberanía turca, probablemente queriendo decir que su poder era incontestable por la pequeña Armenia. «Abra esa frontera, abra la barrera», le dijo a Gül. «Es demasiado pronto», había respondido el presidente turco, «necesitamos tiempo». Los armenios habían cambiado y buscaban el diálogo, agregó Mesut: ASALA había quedado en el pasado y ya no estaba activo. En su discurso en la inauguración de Surp Khach en 2007, Mesut dijo que había llamado a los armenios a visitar esta parte de su patria: «Estas son sus ciudades natales, vengan, vean, estas son sus iglesias, vengan todos los días».

* * *

El bigote de morsa de Imran realzaba su sorprendente parecido con William Saroyan. Como un *alter ego* del armenio-estadounidense, o un personaje de una de sus obras, Imran pasaba sus días en el mundo desencantado de un teatro en Van. Otros también habían notado su semejanza con el dramaturgo, dijo. Había una poderosa razón para ello, sugerí. Asintió suavemente, con una sonrisa que se dibujó debajo del bigote plateado que caía sobre sus labios.

Un pato con un leve eco del Donald de Disney; disfraces, comprendida una chaqueta azul marino con charreteras doradas, y castillos desmontados acumulaban polvo. No se había representado ninguna obra desde el terremoto de 2011, mientras se llevaba a cabo una extensa renovación del teatro.

Había viajado desde Estambul para encontrarme con Imran y *Tayfun* nuevamente, esta vez para tomar muestras para una prueba de ADN, pero su colega no aparecía. «Se asustó», pensé, a pesar de que había sido Tayfun quien inicialmente me presentó a Imran.

El primo de Tayfun, también, había aceptado hablar conmigo durante brevísimos cinco minutos en la escuela después de pedirle a un estudiante, que insolentemente permanecía en el aula, que se fuera. El hombre kurdo que había encontrado en el picnic en Aghtamar me había referido al maestro, *Abuzer*. Era el día de reunión de padres y maestros antes del inicio de las clases, después de las vacaciones de verano. Abuzer estaba nervioso y evasivo: «Solo digo que somos armenios porque no tenemos parientes y no sabemos nada sobre nuestros antepasados antes de nuestro abuelo». Luego se excusó. «Eso es realmente todo». Pero su colega kurdo había hablado con certeza sobre la ascendencia de Abuzer: «Es 100 por ciento armenio, y también lo dice».

Imran cerró la puerta de su oficina en el edificio del teatro. Cuando extraje el juego del examen de ADN, apareció Tayfun. «Dios sabe lo que pensaste de mí», me dijo, acertando, pero sin obtener confirmación mía. «Pensaste que me retracté, ¿no?». Había dejado su teléfono celular en casa y no podía advertirme que llegaría tarde. «Solo quiero saber quién soy: si soy armenio, diré que soy armenio; si soy judío, diré que soy judío; o si soy gitano, diré que soy gitano». Y frotó el hisopo dentro de su mejilla derecha, luego la izquierda. Luego puse los frasquillos de Imran con las muestras de ADN en los sobres.

Ningún miembro de los otros cuatro clanes armenios mencionados por el maestro kurdo en Aghtamar había respondido a mis preguntas. La familia de Tayfun era pequeña, pero por alguna razón era conocida en Van.

No sabía nada él sobre su historia familiar. «Existe la psicología del olvido», dijo. «Había miedo entonces y todavía hay miedo». La vida parecía estar tranquila en estos días, observé. «Es así porque ni siquiera nos atrevemos a probar los límites».

Por supuesto que había miedo, coincidió Imran. «En ese momento no solo existía la psicología del olvido, sino que también todo el mundo se negaba a sí mismo, nosotros también negábamos nuestra identidad, pero por eso no conozco mi historia... Tenemos compatriotas aquí, pero no podemos encontrarnos porque nos hemos olvidado, no sabemos y sentimos miedo».

Imran no conocía parientes del lado de su padre. «No tenemos absolutamente a nadie del lado de mi padre», adujo como motivo también para creer que era de ascendencia armenia. Hakecemal, la ciudad natal de su padre, era un pueblo armenio antes de 1915. Como el padre de Imran nació en 1908, tendría la edad suficiente para recordar las masacres. Hasta el día de su muerte en 1983 no dijo ni una palabra:

> Nada; sentía miedo, mucho miedo. No le gustaban para nada los kurdos, ya que los kurdos son reaccionarios y peleadores. Mi padre se casó dos veces: su primera esposa era armenia, estoy absolutamente seguro de que lo era, ya convertida, pero no la conocí. Su nombre era Halime. Fuimos al Registro Civil pero no tenían ninguna información o, si la tenían, no nos la dieron. Murió joven y después mi padre se casó con mi madre, una acemi, un pueblo iraní. Debe haber sido armenio. Y no era religioso: no hacía el *namaz*, ni ayunaba durante el Ramadán.

«No confías en nadie», dijo Imran. «No es el Estado, es la gente: temes a la gente, el Estado no se entromete, y ahora está el Estado Islámico». Pero no en Turquía, dije. «Sí, hay combatientes secretos de ISIS entre nosotros: hay muchos». Tayfun se estaba poniendo nervioso: «Estamos hablando contigo ahora, pero no sabemos quién eres, puedes comprometernos».

Suscriptor de *Agos*, Imran había estado aprendiendo armenio por sus propios medios. «El armenio aquí en Van sigue siendo un insulto: la gente, el idioma; *dığa* ["niño" en armenio] en Van se usa como mala palabra, incluso si no conocen la etimología y piensan que es dialecto». En Estambul tenía muchos amigos armenios, pero Van era un lugar peligroso para anunciarse como tal.

Al igual que el padre de Imran, el abuelo de Tayfun también desestimaba los deberes y ritos islámicos, ninguno de los cuales observaba. Había muchos armenios secretos en Van, pero no hablaban de ello, dijo. «Cuando te acercas a ellos, te dicen en confidencia que son de origen armenio, pero no lo admiten abiertamente, y no tienen información: simplemente lo saben». Su hermana había investigado sobre su familia durante años, pero no había podido encontrar nada, aparte de llegar a una conclusión general: «Hermano, o somos armenios o realmente somos árabes». Su abuelo insistía en que eran de origen árabe, pero, si era así, ¿por qué no tenían parientes, por qué no conocían su pasado y por qué temían tanto sus mayores? «Vivir aquí es así: nuestro abuelo no decía nada», dijo. «Mi padre solo conocía a su abuelo, pero no sabía nada fuera de él». Sin embargo, si su abuelo era de origen armenio, eso también haría que su madre fuera de ascendencia armenia, ya que sus padres eran primos, hijos de dos hermanos.

Cuando los resultados de la prueba de ADN estuvieron listos seis meses después, se confirmó la ascendencia armenia de Imran y Tayfun. Sin embargo, Imran no tenía ningún otro pariente armenio cercano dentro de un período de tiempo genealógica e históricamente significativo. Esto bien podría significar que su padre era el último sobreviviente de su familia o clan ahora extinguido. Los cuatro parientes más cercanos de Tayfun eran armenios que ahora vivían en la Diáspora, con antepasados que provenían de Urfa, Antap y Kharpert.

2
TATVAN Y SURP

Visité la iglesia de la aldea de Surp con mi conductor, *Sadık*, un hombre en general inexpresivo, pero correcto y amable. La iglesia pertenecía a una familia kurda, como muchas iglesias en Armenia Occidental que son propiedades individuales. Estos parecían codiciosos. Otras familias dicen, o al menos fingen, que la devolverían a los legítimos propietarios o a la Iglesia Armenia si supieran cómo hacerlo. La familia de Surp usaba la iglesia como depósito, pero al menos la cuidaban y la mantenían limpia a pesar de su profanación. El suelo también era plano, sin ninguno de los cráteres que los cazadores de tesoros dejaban a su paso. El hombre anciano con quien hablábamos dijo que su padre había comprado la iglesia y su parcela de tierra en 1952 por 81 libras turcas. Lo dijo con una sonrisa un tanto irónica, jactándose de su golpe de suerte o perspicacia para los negocios, como si quisiera decir: «compramos una iglesia a un precio regalado». Sabía que yo era armenio, pero ni siquiera pretendía fingir una apariencia de respeto, tan natural parecía el saqueo y la apropiación de la tierra y las propiedades de los armenios, incluido un edificio sagrado, que hablaba sin contrición. En la pared orientada al este había dos *khachkares* (cruces de piedra), así como una serie de cruces talladas o en alto relieve en la pared, con inscripciones apenas inteligibles, solo algunas de las cuales tenían sentido.

Más tarde, el hombre me mostró una viga de madera tallada con una inscripción en armenio. Pedía 1000 liras turcas (500 dólares en ese momento), que no podía pagar y que tampoco estaba dispuesto a pagar. Mucha gente había intentado comprarla, pero él nunca había querido desprenderse de ella hasta entonces, y ni por un centavo menos. Parecía una inscripción conmemorativa, pero algo completamente diferente a todo lo que había visto antes y de uso desconocido. Nadie había sido capaz de leerlo, dijo. Entonces sus hijos llegaron y se opusieron a la oferta de su padre de vender la viga, de una longitud de casi 1,5 metros. Uno de los hijos dijo que la iglesia estaba abierta a todo el mundo, pero que la viga inscripta no estaba a la venta y tampoco debería estarlo. Otro dijo, razonablemente, que era preferible que quedara en el lugar que correspondía, porque si la aduana lo investigaba podían tener problemas, y el comprador también. Puede que tuviera razón. «Que también se quede la viga», dijo, cuando señalé que ya eran dueños de una iglesia.

Otro hijo, el más joven, dijo que todos podían venir a visitar y tomar fotos de la iglesia con total libertad, y también de la viga de madera, pero que no iban a entregar, ceder o vender nada. «¿Eres musulmán?», les pregunté. «Sí», dijo uno en el tono burlón de una respuesta obvia a una pregunta tonta. «¿Qué pensarías si en casa, en mi propio patio trasero, tuviera una mezquita, y especialmente una histórica, y que la usara como depósito para guardar tambores de fertilizantes, pesticidas y escobas?». Respondieron con lugares comunes, sin contestar a mi pregunta.

Había un anciano de ascendencia armenia en el pueblo, pero estos kurdos me desalentaron de que tratara de acercarme a él. Dijeron que se asustaría e incluso podría llamar a la Jandarma (la policía rural) si lo buscaba para hablar sobre sus orígenes, lo cual él negaría de todos modos, y no le estaría haciendo un favor a nadie al atraer atención no deseada. Ante la duda, preferí pecar de precavido. Habían oído hablar de una familia que estaba buscando, los Çiftçi, una familia armenia islamizada de la aldea de Govi, pero les habían perdido la pista hacía unos 30 años o tal vez más. Su aldea ahora era completamente musulmana, dijeron.

Esa noche no encontré ningún autobús que fuera a Erzurum o Rize, donde iba a continuación, por lo que decidí quedarme en Tatvan con la esperanza de que al día siguiente encontrara a los Çiftçi. Una nieta de armenios convertidos en Diyarbakır me había referido a esa rama de su familia, de la que sus antepasados se habían separado en 1915. Se habían mantenido en contacto hasta la década de 1960, pero posteriormente dejaron de llegar las cartas.

A la mañana siguiente, el mismo conductor, Sadık, me llevó a la aldea de Bağ.

Exuberante en su espléndido aislamiento, Bağ estaba junto a la orilla del lago. No había más de 20 casas frente al lago Van, que se extendía como un mar al pie de la aldea. Llegamos allí por un camino sinuoso, al menos a media hora de la carretera principal. La tierra era fértil y los árboles frutales abundantes, en campos de esmeraldas bajo un cielo plateado.

En una ladera estaban las ruinas de una pequeña iglesia armenia. La fecha inscripta en notación armenia sobre un *khachkar* la databa alrededor del siglo XV. Había algunas cruces talladas empotradas en las paredes de la iglesia. Me acerqué a las mujeres kurdas con su colorido atuendo. Se reían y eran amigables, y eran amables con un hombre desconocido, a diferencia de lo que era la norma en esta región. Peinaban lana, mientras que otras mujeres conducían sus rebaños de pastoreo. Aceptaron sonrientes ser fotografiadas. Dos hombres con bigotes pesados se acercaron a nosotros. Casi parecían gemelos. En el pasado había armenios, pero todos se habían ido.

No estaba claro si por «el pasado» se referían a antes del Genocidio o incluso después.

Nos habían estrechado la mano durante unos dos minutos, apretándolas y mirándonos a los ojos, hasta el punto de que pensé que el saludo era más una advertencia que una bienvenida. Miré a Sadık para entender si había alguna amenaza implícita en este extraño saludo, pero él evitaba el contacto visual, avergonzado. Resultó ser una expresión de respeto, porque ambos hombres resultaron ser muy corteses después, y algo en su andar y actitud mientras nos acompañaban a la iglesia indicaba que era de su propiedad, o al menos la consideraban así. Sin embargo, observaron el decoro del silencio.

El lugar, y la gente también, parecían más primitivos que Surp, pero eran mucho más amables. Al intentar intercambiar datos de contacto resultó que no tenían teléfonos celulares, por lo que cualquier contacto tendría que ser por correo regular. No sabían lo que era internet, y no entendieron cuando les hablé de *e-posta*, la palabra turca para «correo electrónico». Uno de los hombres creía haber oído hablar de la familia armenia de los Çiftçi, pero no podía recordar en qué aldea. Él también dijo que Govi era completamente musulmán. Dije que los Çiftçi estaban islamizados, pero me dijeron que no había nadie con ese apellido en Govi. También era probable que se hubieran ido de la aldea porque la familia en Diyarbakır no había tenido noticias de sus parientes de Govi durante medio siglo.

Van era la capital de la provincia de Vasburakán, el mítico lugar de nacimiento de la nación y el hogar ancestral de los armenios de Cilicia. Desde Vasburakán también, los príncipes Shapuh y Hamam Amatuni y su séquito partieron hacia el mar Negro. Se habían separado de las cercanías de Oshakán alrededor del año 774-775 d. C., después de una rebelión fallida contra los ocupantes árabes de Armenia y sus brutalidades. Esta migración de los Amatunis fue la génesis de los armenios de Hamshén.

Sin embargo, también había una finalidad para Van en la leyenda. Allí era donde Mher el Pequeño, el hijo de Sasuntsí

Davit, recibió la orden de su padre de pasar su inmortalidad infecunda y sin hijos hasta el colapso del mundo, antes de que este naciera de nuevo. El mundo pertenecería entonces a Mher. El hijo de Davit esperaba la hora del colapso y la renovación montado en su caballo, con los cascos hundidos en la tierra, dentro de la cueva detrás de la Puerta de Mher, un portal ciego. Estaba esculpida en la Roca del Cuervo, un antiguo altar urartiano en Tuspa, en las afueras de la ciudad de Van. Este pasaje de la epopeya de Sasuntsí Davit evocaba la Segunda Venida, o el renacimiento después de la catástrofe.

IX

CILICIA

1
CILICIA

La región de Cilicia comprende una franja mediterránea de Asia Menor en lo que hoy es el sudeste de Turquía. Desde 1080 hasta su caída en el siglo XIV, el Reino de Cilicia fue el último Estado armenio hasta la proclamación de la República de Armenia en 1918, que luego fue sovietizada hasta su segunda independencia en 1991. En 1375, Cilicia cayó en manos de los mamelucos, una casta islamizada de soldados esclavos de origen caucásico y balcánico.

Pero casi al mismo tiempo, al final de la Primera Guerra Mundial, separada de la República de Armenia fundada en el Cáucaso, Cilicia se reconstituyó como una región independiente bajo mandato francés. Es uno de los capítulos menos abordados de la historia armenia del siglo XX. Aproximadamente 170 000 armenios regresaron a sus hogares en Adaná, Antap, Marash, Urfa y Kilis, y otras partes de Cilicia, tras las medidas de reasentamiento adoptadas primero por las autoridades de ocupación británicas y luego francesas. Las tropas otomanas derrotadas, acuarteladas en Adaná, tuvieron que retirarse de Cilicia. Después de un paréntesis de seis siglos bajo dominación islámica y luego turca, Cilicia se convertiría nuevamente en un Estado armenio independiente.

Atacados por las fuerzas turcas reagrupadas bajo Mustafa Kemal, los franceses acordaron retirarse de Cilicia en octubre de 1921. Sin embargo, los armenios opusieron resistencia antes de irse a Siria. En algunas regiones, hubo enfrentamientos intermitentes contra los turcos durante casi toda la duración del protectorado de Cilicia. Hubo batallas en Antap, Zeytun y Marash, antes de que la población armenia siguiera a las tropas francesas en su retirada al sur de la línea Alexandretta-Kilis.

Quedan muy pocos armenios ahora en Cilicia. Hay grupos de armenios ocultos cerca de Sis, la antigua sede del Catolicosado de Cilicia, en la provincia de Adaná, y en Urfá. A diferencia de los descendientes de sobrevivientes convertidos en otros lugares, ignoran o evitan a sus compatriotas. Si en una escala de miedo, Diyarbakır es el lugar más seguro para los armenios islamizados en las tierras históricas y Erzurum el más peligroso, Cilicia estaría mucho más cerca de este último. La excepción en Cilicia es, por supuesto, la localidad de Vakıf, conservada como una anomalía feliz solo porque se incorporó a la República de Turquía en 1938, después de dos décadas bajo mandato francés en Siria.

2
URFA

Se dice que quince mil familias armenias se retiraron a Sepasdia y Cesarea en el siglo XI, tras el avance de las tribus túrquicas. Algunas de estas familias se agruparon más tarde en Cilicia. En su prefacio a la traducción al inglés de *La crónica del Reino Armenio de Vahram en Cilicia durante el tiempo de las Cruzadas*, Charles Friedrich Neumann critica al autor del siglo XIII, pues «confunde todas las pasiones de los hombres con el dedo de Dios». El escriba medieval describía el nacimiento del estado de Cilicia de la siguiente manera:

> Gagik II, el rey ungido de Armenia [...] entregó su país al emperador romano, a cambio de la gran y célebre ciudad de Cesarea, y otros lugares de Capadocia; y como consecuencia de esto, los armenios vivieron como emigrantes bajo los griegos.
>
> Pero los celos que habían existido durante tantos siglos entre las dos naciones estaban arraigados demasiado profundamente en el corazón de cada persona y causaban muchos trastornos. El metropolitano de Cesarea, llamado Marcos, tenía un perro, al que llamaba Armen. Gagik al enterarse de esto, invitó a Marcos a cenar y le preguntó el nombre del perro: el asustado metropolitano llamó al perro por otro nombre, y el animal no escuchó; pero tan pronto como lo llamó por el nombre verdadero, *Armen*, el perro corrió hacia él. El rey entonces dio órdenes de que tanto el metropolitano como su perro fueran puestos juntos en un saco y torturados hasta que no pudieran soportarlo más. Tan pronto como los

griegos escucharon esta noticia, se levantaron contra los armenios; y los hijos de un tal Mandal mataron al rey Gagik. Esto desalentó a los jefes y a los líderes del ejército, que huyeron y se dispersaron por varias partes del mundo. Un famoso jefe de sangre real, *Rouben* de nombre, barón del fuerte de Kosidar, al escuchar la noticia de la muerte del rey, huyó con toda su familia al monte Tauro.[1]

Según Vahram, el nieto de Rouben, Toros (deletreado Thoros en la traducción), consolidaría el dominio armenio sobre Cilicia. «Gobernó valientemente, y tanta fue la estima por él que Cilicia perdió su nombre propio, y ha sido llamado *El País de Thoros*».

Poco se sabe sobre Vahram: era sacerdote, secretario del rey Levon III y nativo de Edesa (actual Urfa). *Erkâm* había venido a recogerme al centro del casco antiguo. Nos habíamos conocido por primera vez en Estambul en la conferencia sobre armenios islamizados, de los cuales él era uno. Me estaba contando una historia de su abuela, una sobreviviente del Genocidio que había sufrido una conversión forzada:

En 1961, la policía reunió a los armenios de la ciudad de Urfa, incluida mi abuela. «Nos pusieron a todos en una jaula: todos éramos armenios». Mi abuela y todos los que estaban allí estaban aterrorizados. También se reconocieron entre ellos, a pesar de que se cuidaban de evitar el contacto. La policía les tomó las huellas dactilares y anotó sus nombres, y luego fueron liberados. Nunca entendí por qué la policía hizo eso. Puede haber sido para asegurarse de que la policía pudiera localizarlos.

Estábamos en el patio de una antigua mansión armenia cerca de la piscina de los peces sagrados, uno de los recuerdos de la infancia de mi abuela Azniv antes de ser enviada al desierto a los seis años. Tan amorosamente la evocaba todavía 80 años después de la última vez que lo vio, que se correspondía con la imagen mental que me había hecho de ella. En mi imaginación o en su narración, los peces eran rojos. Pero los peces eran carpas, grandes y grises, que pululaban en el estanque de peces de Abraham, como se conocía la piscina rectangular. Se creía que Abraham, el patriarca común de las tres grandes religiones monoteístas, nació aquí. En la leyenda, Nimrod, castellano de la ciudadela de Urfa, había arrojado troncos en llamas a Abraham para matarlo, pero Dios había convertido el fuego en agua y los troncos en las carpas. Los peces eran sagrados. Una maldición caería sobre cualquiera que se los comiera y enceguecería.

«Cuando éramos pequeños sabíamos que éramos diferentes, pero no podía decir cómo», dijo Erkâm. «Otro niño me llamó una vez "armenio, hijo de armenio", durante una pelea». Una vez había un duelo de sangre entre dos tribus kurdas en Urfa y su abuelo dijo: «Estos han masacrado a los armenios: mira qué ha sido de ellos». Y, cuando la abuela paterna kurda de Erkâm tenía discusiones con su nuera, le decía: «Eres la hija de un infiel, ¿no?».

En la escuela secundaria, Erkâm comenzó a preguntarse por qué no tenían parientes por parte de su padre, por qué no pertenecían a un *aşiret*. Tenían conocidos que eran un poco diferentes, sobre los que su madre decía: «Ellos también son de los nuestros», sin dar más detalles. Cuando los niños les preguntaban, sus padres y sus mayores solían decir: «Somos inmigrantes». Pero los niños señalaban que no se mezclaban con los otros inmigrantes de los Balcanes. La madre no respondía, pero tampoco le permitía que los niños se mezclaran con los nietos de los hijos de otros inmigrantes: a menudo estos inmigrantes eran romaníes. Cuando Erkâm tenía 15 años, su madre les dijo a sus hijos que eran armenios. Un día de 1985, estalló una discusión en su clase sobre los armenios. La noche anterior, la televisión turca había emitido un documental sobre Soghomón Tehlirian, el militante armenio que había matado a tiros a Talât Paşa, uno de los principales ideólogos del Genocidio, en Berlín en 1921. Los compañeros de clase de Erkâm se habían lanzado a diatribas obscenas contra los armenios, y habían reaccionado con estupor cuando él había salido en su defensa. «¿Por qué te importa, eres armenio?», le habían preguntado. «Es muy posible que lo sea», había respondido enojado. Pero esa noche no durmió. A la mañana siguiente se retractó, diciendo que «era una broma». Su escuela estaba al otro lado de la calle de la Iglesia de Surp Asdvadzadzin (Santa Madre de Dios). «Había sido convertida en un depósito en ese momento, y me rompía el corazón todos los días ver esos tambores que derramaban petróleo y suciedad almacenada en su interior», dijo. Después de la mutilación vino la profanación, antes de su conversión en lo que ahora es la mezquita de Selahaddin Eyyubi.

Los abuelos de Erkâm, Ahmet, y Halil, se habían conocido de niños en las caravanas de deportación de Erzurum, la provincia de la que ambos procedían. La mayoría de sus familias fueron masacradas en Palú, arrojadas al río Aradzani (Murat, en turco). El padre de su padre, Ahmet, era el único sobreviviente de su familia. La madre de Halil y una hermana sobrevivieron. Erkâm no conocía los nombres armenios de sus abuelos antes de su islamización.

En el camino de deportación de Erzurum a Urfa, Halil y otro niño armenio, más grande y mayor que él, se desviaron del convoy. Halil tenía 11 años y su amigo, 14. Pasaban la noche en la montaña. Un joven kurdo se acercó a ellos, amenazando con matarlos. El otro niño armenio sujetó al kurdo por detrás y comenzó a estrangularlo, mientras que Halil cogió una piedra grande y lo golpeó en la cabeza hasta que el hombre murió.

Halil llegó con su madre y dos hermanas hasta Hilvan, una ciudad en la provincia de Urfa, pero las mujeres fueron secuestradas por los kurdos. Un *ağa* kurdo de Hilvan tomó a Halil. Una de las hermanas, a quien su captor quería matar, logró huir y se unió a un grupo de armenios que eran deportados a Der Zor: le perdieron la pista después de eso. La otra hermana de Halil, Fatma, permaneció en la zona de Hilvan, tomada como esposa por un kurdo. La madre encontró a sus hijos solo en 1930: se había casado por la fuerza con un *ağa* kurdo en Siverek. Después de que su esposo murió décadas más tarde, Fatma fue a vivir con su hermano. Erkâm, nacido a principios de la década de 1970, tenía un recuerdo borroso de Fatma de su infancia.

En 1920-1921, el otro abuelo de Erkâm, Ahmet, había trabajado para una especie de compañía de transporte de camellos dirigida por oficiales de la caballería Hamidiye a lo largo de la ruta entre Malatya, Diyarbakır y Urfa. Estuvo brevemente casado con una hermosa mujer kurda llamada Leyla Yalaz. Después de que se separaron, ella se mudó a Akçakale, un distrito árabe de Urfa, con el hijo que tuvo con Ahmet, Hamza. No está claro si Hamza sabía que su padre era de origen armenio. Erkâm sabía que los descendientes de Hamza estaban en Akçakale e Izmir, en el Mediterráneo, pero no había contacto entre las familias. Por su parte, Ahmet más tarde se casó con Ayşe, otra mujer kurda. Tuvieron muchos hijos, de los cuales cuatro hijos y una hija sobrevivieron, mientras que los otros murieron de diversas enfermedades en la infancia.

Cuando Halil fue reclutado en 1945, Ahmet cuidó de su familia durante los cuatro años de servicio militar. A su regreso, Halil dio la mano de su hija Fatma al hijo de Ahmet, Ismail.

Sus abuelos eran amigos íntimos, pero eran muy diferentes, dijo Erkâm. «Halil tenía sentido del humor y disfrutaba de la compañía, y Ahmet era aterrador: nunca sonreía, nunca bromeaba y casi nunca hablaba». Tan aterrador era Ahmet que incluso su propia familia se había sentido aliviada cuando falleció. «Cuando las mujeres lo veían acercarse, se dispersaban como gallinas».

Sin embargo, Halil también podía ser temible. La familia kurda que había criado a Halil se vio envuelta en un duelo de sangre con otra tribu de un *ağa* kurdo. Como advertencia, Halil dejó tres balas delante de la casa de la familia de su rival. «En Hilvan solo una persona es tan valiente, y es armenia», había dicho el *ağa* enemigo.

A pesar de su temple, deben haber estado tan asustados de su origen armenio que ni una sola vez los abuelos dijeron una palabra al respecto, ni siquiera sus nombres preislámicos. «Ni una sola cosa: ni siquiera sabíamos que eran armenios». Ninguno dijo nada sobre las masacres. Todas las historias del Genocidio transmitidas a Erkâm y sus hermanos vinieron de su abuela Ayşe.

«A pesar de que era kurda, era Ayşe quien solía contarnos historias sobre las masacres», dijo Erkâm. Ella había visto niños armenios mientras eran arrojados a una pira en presencia de sus madres armenias: «Los musulmanes han causado tanto sufrimiento que ruego a Dios que nos cause una calamidad a nosotros los musulmanes».

Todavía tenían miedo de decir que eran armenios y preferían mantener su identidad en secreto. Solo lo amigos más inmediatos de Erkâm sabían de su origen. No ocultaba su orientación política izquierdista; pero, si decía que era armenio, las cosas podrían empeorar para él.

Una joven armenia cristiana que yo había conocido en las clases de armenio en el centro cultural Nor Zartonk en Estambul había nacido en Urfa en 1971, poco antes de que su familia se estableciera en Estambul. La suya había sido, según ella, la última familia armenia cristiana que quedaba en Urfa. La abuela de Erkâm decía que había muchos armenios en la ciudad, pero estaban asustados. Siempre existía el riesgo de guerra en Turquía, en cuyo caso los primeros en ser atacados serían los armenios.

Los armenios de Urfa no se mantenían en contacto entre sí. «No es como Diyarbakır», dijo Erkâm.

Esa noche en la casa de Erkâm, los nietos de Halil y Ahmet se reunieron alrededor de una mesa de delicias locales, incluida la *gâvur salatası* («ensalada del infiel») con pepino, tomate, perejil, nuez moscada, jugo de granada y hielo. Todos los que estaban alrededor de la mesa, incluidas las esposas de los primos de Erkâm, eran armenios islamizados, que bajo una religión ajena y en silencio habían mantenido viva su identidad.

Los armenios en Turquía no estaban tan intimidados como antes. Aun así, la nueva tolerancia era precaria. «No hay seguridad», dijo Erkâm. Intervino su primo *Behçet*: «¿Quién puede tener seguridad en el Oriente Medio?». Era la primera vez que escuchaba a alguien que vivía en Turquía describir su país como parte del Oriente Medio. Urfa estaba a tres horas en coche de Alepo y al menos a 13 de Estambul.

Ante la insistencia de Erkâm, *Bekir*, su hermano menor y soltero, me llevó con renuencia a la casa de sus padres, advirtiéndome que su padre no se alegraría de conocer a un armenio de la Diáspora. Ismail, el hijo de Ahmet, y su esposa, Fatma, la hija de Hilal, me dieron una cálida bienvenida. Ismail llevaba una *galabeya* y una gorra islámica. Su esposa llevaba un vestido de algodón lila y un *yazma* de algodón blanco (pañuelo en la cabeza). Me preguntaron sobre mi ascendencia.

«Mi abuela era de Hromkla», le dije, dando el nombre armenio de la aldea que los turcos suelen llamar Rumkale, en la provincia de Urfa.

Fatma demostró con su sonrisa que había entendido. «¿Es de nuestra tribu?», le preguntó a su hijo en kurmancî. Bekir asintió. Ismail estaba visiblemente perturbado y no me volvió a mirar. Un fulgor de ira brilló en sus ojos. Fue lo más cerca que estuvimos de hablar sobre nuestra identidad armenia común, pero fue suficiente para inquietarlo, como ambos hermanos me habían advertido. Ni siquiera habíamos dicho la palabra *armenio*.

* * *

«Sünnetsizler», le decía la policía mientras lo golpeaban: «Incircuncisos». Era una figura común de discurso para los armenios entre los ultranacionalistas turcos y las fuerzas del orden, especialmente para referirse a sospechosos de militar en la guerrilla. Fue el primer arresto de Zafer, en 1980. Tenía 14 años. Su nombre era conocido por la policía, ya que sus dos hermanos mayores eran militantes de izquierda.

Zafer me mostró una cicatriz en su torso dejada por la tortura durante su primera detención. Hasta entonces, no sabía que su abuela era armenia. Se enteró por sus captores de la policía. «Los conocemos, armenios incircuncisos», seguían diciendo mientras descargaban electricidad sobre él o lo sometían a la tortura del submarino. Fue después de este calvario que le preguntaría a su madre sobre su identidad.

En el momento de sus arrestos posteriores a principios de la década de 1990, sus dos hermanos ya se habían incorporado al PKK. Ambos murieron en combates contra el ejército turco. Uno fue muerto en Van en 1993, el otro en Diyarbakır en 1995. Ambos murieron a los 33 años.

«Su nombre era Sayranush, no Siranush», dijo Zafer, refiriéndose al nombre más común. El de su abuela era único: «Sayranush es el nombre de una flor». Eran dos hermanas en el pueblo de Azabak, en Tokat. Su abuela recordaba que las mujeres lloraban por los hombres asesinados. Sayranush tenía seis o siete años en 1915. Unos días después, los soldados vinieron y recogieron a todas las mujeres y niños. Escogieron a las mujeres bellas y se las llevaron. Sayranush se aferró a su tía por la falda, pero los soldados la golpearon y se llevaron a la tía con ellos. Sayranush terminó en las caravanas de deportación, junto con su hermana Hayganush, su madre y una abuela. Durante la marcha, la madre y la abuela murieron, y sus cuerpos fueron arrojados al Éufrates.

Las hermanas fueron separadas a su llegada a Urfa. Sayranush fue tomada por un *ağa* kurdo en Hromkla, bajo quien fue islamizada y casada con un kurdo, con su nombre cambiado a Emine. Había estado buscando a su hermana durante años en vano. Entonces, un día, escuchó una historia sobre una mujer que se parecía a ella en una aldea turcomana de la provincia. Era Hayganush, cuyo nombre después del matrimonio y la conversión forzados había sido cambiado a Fatma. Los hijos y nietos de la hermana estaban en muy estrecho contacto hasta la fecha, pero Zafer dijo que la familia de Hayganush rechazaba su origen armenio.

Al igual que la abuela de Erkâm, en 1961 Sayranush fue llevada al Emniyet Müdürlüğü (Dirección de Seguridad), que generalmente se encargaba de delitos graves y casos políticos, e inspiraba temor en la población. Todos allí eran armenios, sobrevivientes del Genocidio, huérfanos islamizados de 1915. Le tomaron las huellas dactilares y la enviaron de regreso a casa. «Entonces el Estado sabe dónde estamos, para perseguirnos todavía», había murmurado, después de la experiencia que la había aterrorizado.

Otros dos hombres se nos habían unido a Erkâm, Zafer y yo en la conversación en el parque cerca de la piscina de los peces sagrados de Abraham. *Ali Haci* y *Niyazi* también tenían abuelas armenias. «En Urfa hay 3000 armenios que son secretamente cristianos, y Zafer y Erkâm los conocen», dijo Niyazi. Los demás guardaron silencio, agachando la mirada.

Zafer estaba seguro de que había otros cuatro armenios, tres de ellos de hogares cristianos. Uno o dos días después del asesinato de Hrant Dink el 19 de enero de 2007, había invitado a policías asignados rutinariamente a su lugar de trabajo a una cena en casa. «Lo rechazaron porque tenían tarea de guardia delante de las casas de tres familias cristianas armenias». Como nunca había hablado de su propio origen, especialmente en vista de sus arrestos anteriores, Zafer se había abstenido de averiguar más, para no despertar las sospechas de los policías.

Pero el día que Dink fue asesinado, otro hombre que todo el mundo sabía que era armenio había desahogado un siglo de ira. Nunca antes había hablado de su ascendencia. Este colega de Zafer, que extrañamente mantenía un apellido armenio reconocible, llegó al trabajo borracho. «Lloró todo el día, maldiciendo a Turquía y los turcos», recordó Zafer sobre su compañero de trabajo. A pesar de algunas simpatías socialistas, este hombre hacía el *namaz* cinco veces al día. «Ese día dijo que él también era armenio, condenando el momento en que su familia se había convertido en musulmana, diciendo que sus parientes en Estambul habían seguido siendo cristianos». La diatriba del hombre era una larga maldición contra Turquía: «Una y otra vez se preguntaba: "¿Qué estamos haciendo aquí? ¿Cómo hemos terminado en este Estado? ¿Por qué los armenios están bajo los turcos?". Gritaba un insulto tras otro, cosas que te hubieran llevado a la cárcel o algo peor en otras épocas, pero todos fingían no escuchar; era irreal». Al día siguiente, sin embargo, había vuelto a su estado normal de silencio. Su rabia armenia solo duró un día de embriaguez.

Ali Haci era nieto de Lusin, que tenía cuatro años en 1915. Estaba desayunando con su familia cuando los soldados entraron por la mañana en su casa en el pueblo de Hopak, en Adıyaman, y mataron a su padre. Junto con su madre, Evsane, y dos hermanas mayores, fue puesta en un convoy de deportación. Las mujeres fueron atacadas a tiros en las cercanías de Akçakale, cerca de la frontera de Urfa con Siria. Una bala dirigida a la madre atravesó el brazo de Lusin, simplemente rozando a Evsane. En el relato de Ali Haci, una familia kurda se encargó del cuidado de la niña herida, mientras que Evsane fue a Alepo con sus otras dos hijas y los otros deportados armenios.

Durante los siguientes 14 años, no tuvieron noticias una de la otra. En 1929, Lusin recibió una carta timbrada en Chicago. Era de su madre, que no había podido encontrarla hasta entonces. Evsane había sido tomada como esposa por un armenio llamado Serop Jololyan y se había mudado con sus dos hijas a Estados Unidos. «Evsane y Serop enviaban oro y 500 dólares a la tienda de Mehmet Melik en el pueblo de Sultantepe una o dos veces al año, pero Mehmet Melik rompía las cartas, tomaba 400 dólares y le daba a Lusin los 100 dólares restantes».

Madre e hija nunca se vieron después de 1915. Las cartas dejaron de llegar en 1940. En 2009, recibieron una llamada telefónica en la casa de Ali Haci en Sultantepe. Era un hombre de Chicago. La suegra de Ali Haci, que solo hablaba kurdo, estaba sola en casa y no podían comunicarse. «Ella dijo que volviera a llamar por la noche, pero lo dijo en kurmancî, y este hombre no volvió a llamar». Ali Haci ahora quería volver a ponerse en contacto con los descendientes de Evsane y Serop Jololyan, con una desesperación que no disimuló. Su hija de 27 años tenía cáncer. Era una constante en Turquía: Estados Unidos se vislumbraba como la tierra prometida en la imaginación de los familiares de pacientes con cáncer. «Por favor, encuentra a la familia de Serop Jololyan», me dijo mientras garabateaba su nombre y número de teléfono.

Zafer me llevó a hacer un recorrido por las iglesias armenias convertidas en mezquitas en Urfa, dándome una regla general para detectar las que eran iglesias profanadas: «Los minaretes son siempre más nuevos, muy a menudo separados y construidos con diferentes piedras». El principio era verificable, como también observé en otras partes de las provincias armenias.

Los armenios todavía eran comúnmente llamados *gâvur* en Urfa, pero ya no era necesariamente en el sentido religioso de «infiel». Podía y seguía siendo utilizado como insulto. Pero también era un término racista que se había incorporado al discurso coloquial, convertida ya en una palabra común, dijo Zafer:

> Teníamos un vecino aquí en Urfa llamado Gâvur Mahmut. Este Gâvur Mahmut había sido encontrado por un pastor kurdo en una montaña en Malatya, que llevaba su rebaño a pacer en los pastizales de la ladera. Pero notó que una de las cabras se separaba del resto y se quedaba sola en un lugar distante, como si examinara algo. Esto sucedió varias veces, por lo que decidió seguir a la cabra y encontró un bebé envuelto en un *kundak*, una manta de pañales. Ese bebé era Gâvur Mahmut. Los kurdos que lo acogieron y lo criaron le contaron la historia, y eso es todo lo que sabía sobre su pasado. Un bebé armenio abandonado. Gâvur Mahmut era un hombre sin pasado. ¿Podemos decir eso? No sé. Era el hombre sin pasado, o uno que no conocía el pasado, y no sé si la ignorancia hace alguna diferencia. Supongamos que todos olvidamos todas las malas acciones del pasado. ¿Seríamos todos mejores personas, y sería este un mundo mejor? No lo sé. Los dos hijos de Gâvur Mahmut se unieron al PKK, y murieron luchando contra el ejército turco. Sabemos que su hija vive en Urfa, pero no sabemos dónde está.

3
MARASH

«Lanzamos a los infieles desde allí», me dijo el joven, señalando un precipicio de profundidad vertiginosa en Ulnya, el nombre histórico de la ciudad también conocida como Zeytún. Era el bisnieto de los colonos macedonios que habían venido a tomar las propiedades de los armenios, incluidas las del clan de mi madre, los Zeytountsian. Los antepasados de mi joven guía habían llegado después de las masacres, pero el joven, sin ninguna intención obvia de ofender, se hacía cargo sin culpas de la parte que le tocaba de la historia, incluso del léxico, incluso cuando hablaba con alguien que se había presentado como armenio.

El padre del joven me llevó a un recorrido por Zeytún en el sidecar de su moto. Era una ciudad escalonada en la cima de una montaña que se elevaba abruptamente a alturas inquietantes. En la entrada de Zeytún, en el barrio inferior, se detuvo delante de un puesto de control de la guardia rural. Ambos estaban vestidos con uniformes de camuflaje y uno de ellos me lanzó una mirada hostil y me tomó una foto, mientras que el otro, mayor, sentado con las piernas cruzadas en la puerta de la cabina, me dijo dos veces: «Korkma» («No temas», en turco). Habían adivinado que yo era armenio. Fue la única vez en Turquía en la que primero tuve que detenerme en un puesto de guardia rural antes de entrar en un pueblo. Sin embargo, en el siglo transcurrido desde el Genocidio, Zeytún y la provincia donde estaba, Marash, también el nombre de su capital, se habían convertido en bastiones del nacionalismo turco.

Zeytún estaba completamente vaciada de armenios y, en la ciudad de Marash, solo pude encontrar dos descendientes de armenios, ambos parientes lejanos de un ingeniero armenio que vivía en el estado de Nueva York, *Ara*, que me dio su información de contacto. En 2009, Ara había encontrado a su tío centenario en el pueblo de Geben. En 1915, el hermano menor de su padre se había separado de la caravana de deportación y había decidido regresar a su ciudad natal. Después perdieron el contacto entre sí. Ara había conocido al anciano, un imán, y le había mostrado la foto de la juventud de su padre. El parecido entre ellos era extraordinario. El viejo imán había parecido perplejo ante la foto, incapaz de decir una palabra. Ha sido capturado en video, mostrándolo estupefacto, conmovido, pero en silencio. Un mes después, había muerto. Para entonces, Ara había establecido el parentesco más allá de toda duda razonable y se había conectado con la rama musulmana de su familia.

Sus dos parientes, a quienes conocí en la ciudad de Marash, tenían un antepasado armenio tres y cuatro generaciones atrás, respectivamente.

Şenay se retrasó más de una hora, y solo avisó 15 minutos antes de llegar que llegaría tarde. La experiencia en Zeytún, donde el guía del sidecar se detuvo para dejar un saco de papas en la casa de su tío, y luego en la casa de su familia para tomar el té con su esposa e hijos, a pesar de mis súplicas urgentes de que tenía prisa que él ignoró con toda amabilidad, me había convencido de que «la hora armenia», una tradición generalizada de impuntualidad que retrasaba el inicio de cualquier horario o programa en la Diáspora por hasta dos horas, debe haberse originado en Marash o en algún lugar cercano.

Eso, y casi nada más, era lo que Şenay tenía de armenio en ella. Solo su tatarabuela era armenia, de quien no sabía nada más. Su tatarabuela era recordada solamente cuando ella se ponía terca y sus amigos se burlaban del vestigio centenario de su «Ermeni damarı» («vena armenia») que era más fuerte que ella.

Más tarde en la noche conocí a *Ihsan*, el otro pariente de Ara. Serio y hombre de pocas palabras, era militante de alto rango del islamista Partido de la Justicia y el Desarrollo de Erdoğan, conocido por sus siglas en turco de AKP, y apareció con impecable puntualidad. Realmente no tenía sentido visitar Geben, dijo. Las cuatro familias armenias que habían sobrevivido a 1915 se habían mudado a Estambul hacía unos 30 años, ya que aún eran acosadas a pesar de su conversión al islam. Estos armenios habían desenterrado «su oro» y se lo habían llevado consigo.

«Hay mucho oro debajo de estas tierras», dijo Ihsan. Un hombre de Geben se había amigado con un armenio durante el servicio militar, y con la guía de este armenio había encontrado un tesoro, suficiente como para abrir una fábrica. Los refugiados musulmanes de los Balcanes habían sido reasentados en Geben. En la década de 1920, habían demolido la iglesia armenia y habían nivelado con hormigón el terreno donde se encontraba.

Ihsan no sentía ningún vínculo con su origen armenio. «No, en lo más mínimo: sabemos que el padre de mi abuelo era armenio», dijo. «Eso es todo». Se sorprendió de que hubiera conocido a Şenay. «Ella ni siquiera es armenia». Luego recordó que la abuela de su abuela paterna era armenia. Nunca le habían dado problemas por su origen armenio, pero no sabía si hablaban a sus espaldas. No había absolutamente nadie más en quien pudiera pensar incluso con el antepasado armenio más remoto en Marash, por lo que decidió llamar a un anciano que solía estar bien conectado con armenios, asirios y otras minorías que quedaban en la ciudad.

«Ermeni...», Ihsan le susurraba en el teléfono móvil al hombre obviamente confundido al otro lado de la línea, mientras todos los demás en el jardín de té hablaban en voz alta de todo, desde deportes hasta política, bodas y enfermedades en la familia. «Pruebe en Estambul: tienen muchas iglesias allí, y luego hay un pueblo en Hatay», me dijo amablemente la voz vieja y ronca en el teléfono, probablemente sintiendo lástima por el visitante despistado que me debe haber creído. «No encontrarás ninguno en Marash; había un puñado, pero eran musulmanes de todos modos, y deben haberse ido hace unos 30 años».

4
KILIS

Lo único que quedaba de los armenios en Kilis eran las casas. Nadie sabía de ningún armenio, convertido o no. Solo había una persona de la que todos hablaban, un judío convertido cuya familia se había ido a Israel muy poco después de la fundación del país, pero había elegido quedarse en su lugar de nacimiento, se había casado con una turca, se había convertido al islam, y había cambiado su apellido a algo que significaba «Turco puro», pero todos en la ciudad todavía lo llamaban «el judío».

Un hombre que parecía estar afectado por algún tipo de trastorno psicológico se ofreció a guiarme por el antiguo barrio armenio de Kilis, cerca de la plaza del mercado. Este hombre hablaba un turco dialectal mezclado con palabras e inflexiones árabes. Mi bisabuelo Bedros había sido asesinado aquí, en la masacre de 1895. Trabajaba como curtidor cuando los comerciantes armenios fueron atacados por una turba. Su cadáver fue arrojado delante de su casa familiar, con la marca de una cruz hecha sobre su frente a hachazos. En la tradición familiar, al mismo tiempo, dentro de la casa su esposa estaba de parto, dando a luz a mi tío abuelo Alexander.

Durante mi paseo por el mercado, dos comerciantes árabes me invitaron a tomar el té con ellos, mientras el hombre extraño que se había ofrecido como guía se quedó esperando en la calle. No tenían idea de los armenios en Kilis. Su mejor suposición era Estambul o los armenios de Hatay, de los que habían oído hablar.

El hombre extraño me llevó a casas armenias. Una se abría a un patio interior. Sus habitaciones habían sido asignadas a las familias de los rebeldes que luchaban en Siria. Había una habitación llena de niños huérfanos, que me fueron presentados como «los hijos de los mártires». La mayoría eran demasiado pequeños como para entender su condición y reían alegremente, pero dos niñas eran mayores, de unos diez años. Una de ellas tenía un bebé en brazos. La otra niña mayor llevaba prematuramente una *abaya*, una prenda islámica que cubría todo menos la cara. Todos tenían ojos grandes y estaban entusiasmados de posar para la cámara.

Las madres de la mayoría de los niños estaban vivas, pero algunos eran huérfanos de ambos padres. Un adolescente de la familia turca que vivía debajo —aun cuando en Kilis las etnias eran inciertas, la mayoría de la gente prefería describirse a sí mismos como «musulmanes», una designación indiferenciada para todos— me invitó a unirme a ellos para tomar té y galletas en el patio. Creían que los padres de estos huérfanos eran del Frente Al Nusra, el grupo extremista vinculado con Al Qaeda, pero uno de ellos sospechaba que eran del Estado Islámico. También había algunos combatientes heridos, adolescentes con rostros tristes, que parecían inofensivos sin capuchas ni armas. Extendí mi mano para responder al saludo de uno, pero noté que le faltaban todos los dedos.

A pocos pasos de allí vi la entrada al periódico local. Después de presentarme como colega periodista, decidí preguntarles sobre los armenios en Kilis. Mientras intercambiaban miradas entre ellos con asombro, entró un hombre, alto y vestido a la moda. «Es armenio», dijo uno de los reporteros, con la obvia intención de burlarse de él. Su respuesta fue: «O Rus», que en turco significa: «Él es ruso». Pero era el comienzo de un juego de palabras: «O-rus-pu», o «Puta». Aun así, estaban dispuestos a publicar un artículo, diciendo que un armenio de Estados Unidos buscaba parientes. Como probablemente atraería a cazadores de tesoros ambiciosos, decliné el ofrecimiento.

En una acera cerca del mercado, una joven estaba parada junto a una tienda sosteniendo las manos de sus dos hijas pequeñas, ambas con la cara completamente vendada, excepto por ranuras para sus ojos, fosas nasales y labios. Las aberturas eran lo suficientemente anchas como para distinguir las sonrisas de las niñas para la foto. Eran refugiados de Alepo y ambas habían resultado heridas durante un bombardeo.

El hombre extraño que me había mostrado las casas armenias calculaba que cuatro armenios islamizados todavía vivían en la ciudad e iríamos a verlos. Había murmurado algunas cosas en conversaciones en un teléfono celular prehistórico un poco alejado de mí, por lo que supuse que estaba gestionando nuestra reunión. «Ha surgido un imprevisto», dijo. «Necesito correr al hospital, pero volveré pronto». Se subió a una motocicleta de estilo ruso que no había visto antes, y se alejó a toda velocidad, levantando una pequeña nube de polvo. Fue la última vez que supe de él, y de cualquier esperanza de encontrar armenios en Kilis.

5
ADANÁ

Sinán se negó a recibirme. Era cien por ciento de origen armenio y vivía en la antigua ciudad de Sis, donde mi abuelo Avedis había estudiado hasta la masacre de Adaná en 1909, cuando la Iglesia decidió enviar a los seminaristas a casa y su tío, su guardián desde el asesinato de su padre en la masacre de 1895, decidió enviar a él y a su hermano Alexander a Egipto.

Sinán nació en Hajin, la ciudad natal ancestral de muchos armenios de la diáspora. Su familia se quedó en 1915 y se convirtió al islam. Sus parientes se habían ido a Argentina y al Líbano. «Dos cosas: si tienes un mapa en la mano, tráelo, pero no vengas con mapas falsos», dijo Sinán, cuando me contactó por primera vez a través de una red social. «Si el mapa está en la ciudad de Hajin, el trabajo es un poco difícil: pero si está en las aldeas, es fácil». Lo había infectado la enfermedad del oro. Había siete familias armenias en el pueblo de Paghnik. La tía de su madre, Hripsime, había permanecido cristiana durante los 100 años de su vida, pero había muerto llamada Ayşe, nominalmente musulmana.

Era socialista. A último minuto, desistió de verme. A pesar de que tenía profundas dudas sobre la legitimidad de sus afirmaciones de sus orígenes armenios, en vista de su interés inicial en los mapas del tesoro, finalmente me puso en contacto con *Rıdvan*, un abogado de la familia de Hrant Dink, y su pareja *Neslişah*, quien pensaba que era de origen armenio, lo que fue parcialmente confirmado por una prueba de ADN. Su bisabuelo paterno se había mudado a Adaná de Tarso, pero no sabían nada de su ascendencia. Su padre no era una persona religiosa y era liberal, pero se negaba a considerar que pudieran ser de origen armenio, a pesar de que Neslişah y sus tres hermanas lo sospechaban fuertemente, al igual que su madre.

Rıdvan y Neslişah se dirigían a Kobane a la mañana siguiente para llevar alimentos, medicinas, ropa y ayuda a los kurdos en la ciudad del norte de Siria asediada por terroristas del Estado Islámico. En el interior de Turquía, los pruritos religiosos del régimen de Erdoğan estaban tomando un giro ridículamente serio. Un hotel en Urfa no les había permitido quedarse, ni siquiera en habitaciones separadas, porque no estaban casados, por lo que habían tenido que pasar la noche en su coche.

Me llevaron a la casa de un agente del PKK, que había cumplido más de 20 años en prisión. Rıdvan me dijo que venía de una importante tribu kurda. La familia de este militante era extremadamente rica, pero él había abandonado su parte de la fortuna por sus principios socialistas y para unirse a la causa. Vivía en un apartamento apenas amueblado en un barrio de clase trabajadora donde la mayoría de los residentes eran kurdos. Nos pusimos en cuclillas sobre la alfombra y cojines para tomar el té. El hombre del PKK llevaba una túnica al estilo Mao en verde oliva y pantalones a juego del tipo *şalvar* kurdo, una reinterpretación local de los pantalones de montar introducidos por el ejército británico en Mesopotamia. Quería saber qué pensaban los armenios sobre el movimiento revolucionario kurdo. Entre los armenios más activos políticamente de la Diáspora había una corriente de apoyo al movimiento revolucionario kurdo, le dije. Sin embargo, agregué, eso estaba atenuado por el conocimiento de que los verdugos del Genocidio eran en gran medida kurdos y que lo que llamaban Kurdistán, el territorio en constante expansión que crecía con la explosión demográfica y las migraciones kurdas, para nosotros era Armenia Occidental. El guerrillero se mordió el labio inferior, decepcionado porque no había escuchado un apoyo entusiasta a los ideales defendidos por el PKK.

Más que los actores, quizás el aspecto más importante del activismo kurdo era la motivación e intención. En una entrevista con el periódico de Estambul *Agos*, el investigador y escritor Fırat Aydınkaya[2] identificó cuatro explicaciones diferentes para la participación kurda.

La primera tesis era defendida por uno de los arquitectos del Genocidio, Talât Paşa, y era apoyada por voces prominentes en el campo negacionista. Desde este punto de vista, «Nosotros, los turcos, pensamos en hacer una deportación humanitaria y prolija, pero los kurdos sabotearon el trabajo desde dentro y llevaron a cabo el genocidio».

La segunda tesis era: «Los armenios comenzaron todo este asunto, y los kurdos respondieron», lo cual, dijo Aydınkaya, era la opinión del ideólogo nacionalista kurdo Nuri Dersimi (1890-1973), una variación del tema negacionista de la emancipación de los armenios contra el Imperio otomano, incitados por Rusia, Gran Bretaña u otras potencias con la intención de dividirlo o destruirlo. Esta era todavía una opinión común entre ciertos círculos kurdos conservadores, un segmento silencioso de la sociedad kurda que atraía mucho menos atención mediática y académica que el gran y creciente número de kurdos que piden el reconocimiento del Genocidio.[3]

Según la tercera tesis, aparentemente la más extendida, los kurdos que participaron en las masacres «eran ignorantes o ingenuos» y «fueron manipulados». Uno de los exponentes más prominentes de este punto de vista era el escritor nacionalista kurdo Cegerxwîn (1903-1984). Todavía tenía adherentes, el mayor número de los cuales comenzó a sostenerla después de la brutal represión de Atatürk de la rebelión del jeque Saíd y el aplastamiento de posteriores levantamientos, comprendida la masacre de Dersim en 1938. El segundo precepto de esta formulación en parte, y tal vez de manera involuntaria, socavaba cualquier circunstancia atenuante que este argumento pudiera tener, ya que quien se dejaba usar anticipaba recompensas luego negadas. Pero esta proposición, que todavía tenía muchos adeptos incluso entre los armenios, ganó una importancia renovada entre los activistas izquierdistas de la década de 1970, que la reinterpretaron a través del prisma de un orden social feudal por el cual la Sublime Puerta manipuló a los jeques y *aşirets* kurdos dóciles. Estos, a su vez, incitaron a los kurdos laicos ingenuos a usar la violencia contra los armenios.

La cuarta tesis, que era la postulada por Aydınkaya, era que los kurdos comunes y los *aşirets* participaron en el Genocidio y ya se habían estado preparando para ello desde la década de 1890, con la participación especial de los Regimientos Hamidiye, las formaciones de caballería kurdas creadas por el sultán Abdül Hamid II. El Estado movilizó a los kurdos comunes, dijo Aydınkaya, utilizando como su principal agente a los jeques en Anatolia, referentes de autoridad para la gente en asuntos terrenales y religiosos. Los jeques habían emitido las *fatwas* e instigado los ataques contra los «infieles».

Sin embargo, la definición de responsabilidad kurda en 1915 era compleja. Su participación fue secundaria, pues no había evidencia de participación kurda en la planificación y el establecimiento de las bases ideológicas del Genocidio. Más importante aún, no había ningún Estado kurdo ni ninguna estructura de gobierno dentro del Imperio otomano que actuara en nombre del pueblo kurdo, lo que no exoneraba, sino que complicaba la atribución de responsabilidad.

Con esa premisa, el escritor kurdo Ibrahim Halil Baran escribió que las masacres no solo habían sido un crimen contra armenios y asirios sino, argumentaba, también contra lo que llamaba «Kurdistán», es decir, los territorios históricos donde había existido el Estado armenio en diferentes períodos. Baran, sin embargo, veía estas tierras como parte de la patria kurda, una opinión que fundamentaba después de una larga exposición selectiva de hechos históricos. En un artículo generalmente a favor del reconocimiento del Genocidio, y en el que exhortaba a los kurdos que se disculpaban por ello que devolvieran la propiedad que puedan haber heredado a sus legítimos propietarios armenios y asirios, Baran también dividía a los perpetradores por sus nacionalidades, incluidos árabes y yezidíes, con lo que quería decir que también había otros, además de turcos y kurdos, y que sin embargo, reciben muy poca mención.[4]

La esencia de su argumento se resumía en la conclusión del artículo: «Las masacres no son obra de los pueblos, sino de los Estados». Argumentaba que nadie en su sano juicio culparía a los armenios por la masacre de Dersim en 1938 solo porque Sabiha Gökçen, la aviadora turca que ametralló a civiles durante el levantamiento, pueda haber sido de origen armenio. «Incluso si hubo kurdos que llevaron a cabo las masacres, eso no invalida que fue organizado por el Estado turco, y eso, nuevamente, lo convierte en el verdadero culpable», agregaba.

Pero en el cuerpo de su artículo, decía que la propaganda turca y armenia imposibilitaba la tarea de dilucidar el costo humano «real» de las masacres, un cuestionamiento muy obvio al cálculo de un millón y medio de muertos, o tres cuartas partes de la población armenia, algo que se corroboró inmediatamente en el terreno.

Y, sin embargo, argumentaba que Turquía, como heredero del Imperio otomano, debía reparaciones a «los armenios, incluidos los del Kurdistán». Entonces, en opinión de este autor, el Estado kurdo no existía como entidad responsable de las masacres, lo cual era cierto, incluso si los kurdos se convirtieron en mayoría absoluta en las provincias armenias del Imperio otomano *después* del Genocidio, pero sí existía, o debería, como beneficiario de una posible indemnización por el exterminio de armenios y asirios en el territorio que reclamaba como Kurdistán.

El guerrillero del PKK de Adaná dijo que los asesinos de armenios habían sido los kurdos de montaña, o kurdos tribales, y no los sedentarios. Había muchos tipos de kurdos, dijo: «kurdos musulmanes, kurdos socialistas, kurdos yezidíes, kurdos armenios...». Lo detuve allí, pidiéndole que definiera cuáles eran los «kurdos armenios», pero no lo hizo o no pudo. Sin embargo, dijo que los «kurdos armenios» luchaban hombro con hombro con sus hermanos por la liberación del Kurdistán.

Entre los kurdos, el relato épico del movimiento revolucionario había dado paso a un revisionismo romántico de la historia kurda, en el que eran absueltos de todos y cada uno de los pecados en virtud de su ignorancia, su ingenuidad o su manipulación por parte de Turquía y otras potencias coloniales. Los kurdos eran fundamentalmente inocentes de todas las malas acciones. En su explicación, el Genocidio y otras atrocidades fueron cosa de algunos cómplices ignorantes y codiciosos de los turcos.

* * *

Poco después de que *Agos* publicara un artículo sobre este proyecto de libro, *Ramazán* se puso en contacto conmigo a través de una red social. Originario de la provincia de Adaná, ahora vivía en Estambul:

> He leído que ha estado haciendo algunas investigaciones sobre las personas con raíces armenias en Turquía. Creo que soy uno de ellos, y quería ponerme en contacto con usted. Me gustaría preguntarle si sabe cómo puedo obtener datos con los apellidos antiguos de las personas que emigraron de sus pueblos alrededor del año 1915 y específicamente de la región oriental de Turquía. El pueblo de mi abuelo es Keği.[5] Mi abuelo había emigrado de ese pueblo a Adaná en 1915 a la edad de siete años, y cambió su apellido. Supongo que mi abuelo era un armenio turquizado. Sé que también había algunos kurdos en ese pueblo, pero no creo que fuera kurdo. ¿Por qué un kurdo se mudaría a Adaná en ese momento? Los kurdos se quedaron en sus regiones. También sé que tenía algunos parientes cristianos que emigraron a Estados Unidos de ese pueblo antes de 1915. ¿Cómo sabría que tenía algunos parientes cristianos en Estados Unidos si no era armenio? Esto es lo que sé por mi padre:
>
> - Mi abuelo no tenía parientes que conociéramos;
> - Mi abuelo recuerda que iba a la iglesia con su madre cuando era pequeño, y que tenía miedo del sacerdote con sotana negra y se escondía debajo del banco donde se sentaba su madre;
> - La tía de mi abuelo cosió una especie de chaqueta y le puso un poco de oro y dejó que mi abuelo se marchara con esa chaqueta, porque eran tiempos de guerra y la gente solía morir. Era época primaveral. Nunca volvió a ver a su familia;
> - Su familia eran comerciantes y eran acomodados, y tenían oro;
> - Casi al mismo tiempo, su hermana emigró a Estados Unidos (no sabemos cómo lo sabe). Mi abuelo nunca quiso que mi padre y sus hermanos contactaran a nadie de Estados Unidos. Les dijo que eran cristianos. Esa probablemente fuera la razón por la que tenía miedo;
> - Mi abuelo se casó con mi abuela porque ella también venía de esa región en Turquía y también tenía este tipo de historia. Su familia también emigró a Adaná alrededor de la década de 1900 de Harput.[6]

Ramazán luego agregaba un pensamiento críptico:

> La familia de mi padre no tenía ningún tipo de cultura familiar. Incluso puedes ver ello ahora; hay muy diferentes tipos de estilos de vida en nuestra familia. Esto se debe probablemente a que mi abuelo no pudo criar a sus hijos con su propia cultura. También estaba muy confundido, supongo.

Un viaje de negocios trajo a Ramazán a Nueva York antes de comenzar mi segunda y extensa gira por Turquía. Resultó que durante bastante tiempo había sido consciente de su ascendencia armenia. Sin embargo, incluso antes de enterarse de sus orígenes, él y su hermano mayor se sentían diferentes a los otros compañeros de clase en la escuela. No podrían definir lo que era, pero veían que la vida familiar de sus compañeros era marcadamente diferente a la suya. Si bien era reacio a ser más específico, de su descripción surgió una imagen de un hogar más urbano y marcadamente más secular. Sus platos también eran diferentes, al igual que las «palabras extrañas» utilizadas en la familia. Por mucho que yo insistiera, no dio ejemplos de este léxico. Sin embargo, estos puntos en común eran compartidos entre sus padres y abuelos porque todos eran armenios. El Patriarcado de Constantinopla había rechazado tajantemente sus intentos de averiguar más sobre las familias armenias de Keği y Harput antes del Genocidio: estaba buscando una conexión con una iglesia de Surp Toros en la ciudad natal de uno de sus abuelos.

Ramazán trataba de reconciliar ambos mundos, ya que era consciente de sus raíces, pero se llamaba a sí mismo un ciudadano turco de origen armenio, ambas identidades matizadas. Creyente en Dios, no se consideraba musulmán: «Está solo en mi documento nacional de identidad». Sin embargo, disfrutaba de las fiestas islámicas como oportunidades para reunirse con su familia. «Tampoco quiero perder esa tradición». Su novia era una chica turco-chipriota que compartía su perspectiva secular, al igual que sus padres, que se consideraban ciudadanos turcos seculares:

> Mis padres me hablaron de mis raíces. Pero también es importante mencionar aquí que no tenían la conciencia étnica que yo tengo ahora. No experimentaron este período. Nuestra percepción de la vida es muy diferente. Pero al menos me hablaron de mis raíces.

Nos volvimos a encontrar en Estambul. Había comenzado a tomar lecciones de armenio, y en poco tiempo había alcanzado la competencia conversacional básica. Pero, por otro lado, era un miembro exitoso de la sociedad turca: trabajaba para una corporación multinacional y viajaba mucho. Cuando llegara el momento de tener familia, sería importante que su hijo conociera sus raíces. «Pero prefiero criar a mi hijo como ciudadano del mundo», dijo, y repitió algo que me había dicho antes en Nueva York: «Definitivamente le daría a mi hijo un nombre mixto armenio e internacional». Esto, insistió, era muy importante. No era difícil ver que su nombre islámico lo incomodaba mucho.

Su hermano se había unido a nosotros esa noche en Estambul. *Zülfü* había emigrado a un importante destino de habla inglesa para inmigrantes, donde se había convertido en un exitoso propietario de restaurante. Disfrutaba de unas largas vacaciones en Turquía y, de inmediato, propuso un viaje por carretera con un amigo a Dersim, ya que había encontrado la ubicación de la tumba de un bisabuelo.

Eventualmente, el contacto menguó. Los padres de Ramazán y Zülfü rechazaron mis repetidas peticiones transmitidas a través Ramazán de reunirnos en su casa en Sis. Eran conscientes de su historia y de sus consecuencias, pero era una página que habían dado vuelta.

En ninguna parte de Turquía había encontrado tanto miedo como en Adaná. Lidiaban con el recuerdo de dos grandes masacres.

En el transcurso de una noche durante la masacre de Adaná en 1909, una mujer, cuyo testimonio Zabel Yesayan cita en *Entre las ruinas*, había perdido a toda su familia.

El marido de la mujer había sido asesinado por la turba que ahora había rodeado su casa. Un vecino turco vino a protegerla y defenderla de los atacantes, mientras la instaba a convertirse al islam. Ella quería ser martirizada con el resto de su familia, pero cedió ante las súplicas de su hijo adolescente, que no quería separarse de la vida tan joven. Poco tiempo después, las familias turcas vinieron a llevarse a sus dos hijas como novias. Luego la banda de asesinos capturó a su hijo, que trataba de luchar contra ellos, gritando que ahora era musulmán. «Te estamos llevando a ser circuncidado», respondieron, rugiendo de risa. Fue apuñalado y su cuerpo fue arrojado al río. Una vecina turca le dijo más tarde a la madre que su hijo no había sufrido por mucho tiempo. «Todos tienen sangre debajo de las uñas», dijo la mujer turca sobre los asesinos de su hijo. Enloquecida, la mujer había ido al tribunal para maldecir a los turcos y al islam. El guardia la había enviado de vuelta a casa, diciéndole que un «viento maligno» había soplado y que ahora había pasado.

6
ANTAP

En un viaje que hizo a Antap en diciembre de 1951, Yervant Kuchukian dijo que «los hombres mayores recordaban los hechos del pasado, mientras que para los jóvenes éramos un tema relegado a la historia». Reasentado en Beirut, Kuchukian mencionó que había oído hablar de lugareños que llevaban nombres armenios, que hacían la señal de la cruz al amasar el pan. También quedaba una mujer con cinco hijos que había tenido con un soldado turco que la había tomado por esposa. Sobreviviente del Genocidio, Kuchukian viajó por negocios a su lugar de nacimiento y se quedó durante 100 horas. Apenas habían pasado 36 años de las masacres, pero las familias turcas con las que se encontró usaban un discurso similar al que prevalece hoy en día en compañía civilizada: los armenios no merecían «lo que les sucedió». Todo había sido obra de «ignorantes» y «komitacis», una palabra con connotaciones peyorativas utilizada inicialmente para extremistas macedonios y Jóvenes Turcos, que luego se extendió a los miembros de los partidos políticos. La reinterpretación cortés por parte de los laicos turcos del discurso oficial del Estado era que, «todos éramos hermanos, qué pena que todo esto haya sucedido», y variaciones del mismo tema.[7]

Fatih, un amigo turco de Antap y experto en la ciudad y su historia armenia, me presentó al único armenio en la ciudad que conocía, y el único que conocí. También sabía de una mujer de origen armenio, pero fue imposible encontrarla. Hospitalario a más no poder, como es fama de los antaptsís, Fatih también era humilde, algo por lo cual los antaptsís tienden a ser menos conocidos, lo que los convierte en el blanco de chistes que incluso se cuentan entre ellos. Visitamos el palacio del clan Jebejian, ahora dividido en dos museos. Uno estaba dedicado a Atatürk, lleno de parafernalia nacionalista turca y recuerdos de dudoso valor, sin siquiera una mención de los legítimos propietarios. En cambio, la residencia se presenta como «una donación» hecha por un turco. El segundo museo, más antiguo, era una colección de juguetes curada con buen gusto, incluso si el enorme sótano se había convertido en un mundo de cuevas de fantasía que rozaba lo hortera, con la iluminación *funky* de un club nocturno de la década de 1970. Entonces Fatih me guió a través del esplendor venido abajo del palacio de los Nazarian, cuyo patio se había convertido en un café. Un vestíbulo dorado en el *piano nobile* del primer piso se abría a tres habitaciones con puertas decoradas barrocamente con pinturas de los ejércitos inglés, morisco, y francés, los años de construcción de las diferentes alas escritas arriba en notación armenia, occidental, e islámica, de 1856 a 1859.

«Saben que algo está mal con este nombre, por lo que siguieron cambiándolo por un tiempo, pero nunca llegaron a deshacerse de él por completo». Fatih se reía. Estábamos en un antiguo barrio armenio en el casco antiguo de Antap, leyendo las placas de identificación de una serie de calles llamadas Heyik, y en algunas se veían los intentos de rascar la *e* y reemplazarla con una *a*, pero luego la *e* había sido redibujada sobre ella más gruesamente. Era un derivado de Hayk, uno de los nombres arcaicos para Armenia y los armenios, y el nombre del patriarca mítico de la nación. En algún momento incluso se había llamado Hayk, se había cambiado a Hayik y más tarde a Heyk, antes de finalmente terminar con la incierta ortografía actual. La etimología profana sospechada por los funcionarios de la ciudad había sido corrompida y compensada con epítetos complementarios y contradictorios: Heyik Müslüman Sokak (calle musulmana armenia), Heyik İmam Sokak (calle del imán armenio) y Heyik Mescit Sokak (calle de la mezquita armenia).

Luego nos perdimos en el laberinto del bazar de Antap. Un hombre que parecía Fatih al doble de su edad, con un copioso bigote de un blanco de nieve como su cabello, estaba sentado delante de una pequeña tienda de artículos de cuero. Su padre, Hacı Ali, era un sobreviviente del Genocidio que había logrado sobrevivir después de que *un ağa* kurdo en Besne, en la provincia de Adıyaman, lo había llevado a su casa como peón de granja.

«Entonces tu padre se había convertido», comenté, creyendo que había entendido mal cuando dijo que nunca habían sido islamizados.

«No, no lo había hecho: pero ¿qué querías hacer en un lugar donde los viernes son el día santo y la mayoría de la gente es musulmana?», respondió *Köksal*:

> Tienes que vivir en medio de ellos, ¿verdad? Al menos para guardar las apariencias. El sobrino nieto de mi abuela y su familia están en Estambul, y son completamente armenios. Una vez los visitamos en su barrio, Bakırköy. Su esposa nos tenía miedo. «Nosotros también somos armenios», le dije. «Usted vive en Bakırköy, donde casi el 70 por ciento de la población es armenia, y yo vivo en Antap», le dije. «Y antes de eso en Besne, donde el 75 por ciento de la población es musulmana y el 25 por ciento es armenia: ¿cómo querrías que viviera entre ellos?».

En cualquier caso, Köksal era indiferente a la nacionalidad o la religión. «Para mí lo que importa es cómo, no qué, son las personas: ya sea armenio, cristiano, judío, aleví, sunita, no es importante en absoluto». Sus circunstancias le impedían ser indiferente a su nacionalidad, y solo la ocultaba porque en Antap, de una manera potencialmente peligrosa, su identidad importaba.

—Pero ¿tus vecinos inmediatos saben que eres armenio? —le pregunté.

—Me conocen como aleví. Aquí soy aleví.

—¿Eres aleví?

—A decir verdad, tampoco lo soy. Si eres armenio, no puedes ser otra cosa que armenio. Sin embargo, los alevíes respetan a los armenios. Entre los sunitas, si eres armenio estás acabado.

Los alevíes eran otrora la mayoría de la población de Antap, dijo Fatih, pero durante el reinado del sultán Yavuz Selim en el siglo XVI, los musulmanes de Marash fueron reasentados en Antap para hacer de los sunitas la mayoría de la población. Desde la década de 1890, los alevíes se llevaban muy bien con judíos y armenios, algo que continuaba hasta el día de hoy con cualquier remanente de cualquiera de las comunidades aún restantes. Pero los musulmanes sunitas y los alevíes no se llevaban bien entre sí. No se saludaban y no hacían negocios juntos. «Una cosa interesante es que en 1560 hubo un levantamiento en Antap contra los otomanos», dijo Fatih.

Köksal no sabía nada sobre el pasado de su familia. «Nuestros mayores no nos contaban historias, sentían miedo». Fatih dijo que había 20 familias armenias de artesanos del cobre en Antap hacía apenas algunas décadas. Ese número ahora se había reducido a dos, pero no podíamos hablar con ellos porque no aceptaban su origen armenio.

«Hay una familia armenia de pasteleros de baklava en Antap», me dijo Fatih. «¿Cuál puede ser su apellido?».

Mientras intentaba adivinar, Fatih me sorprendió diciendo: «Abuşoğlu». Köksal se reía, lo que indicaba que sabía algo de armenio. Era un nombre compuesto que significaba «hijo de un idiota». Más tarde visité la tienda y tomé fotos del nombre, orgullosamente escrito sobre la vidriera. El sufijo *oğlu* es «hijo» en turco, mientras que *abuş* en armenio tenía un solo significado inequívoco (la palabra estaba compuesta por el prefijo privativo *ab* y *uş*, una raíz de origen farsi que significa «mente» o «inteligencia»). Estos Abuşoğlu eran armenios, pero no lo sabían o fingían que no: «Son una familia muy musulmana, y no saben sobre sus orígenes, y ni siquiera el significado de su apellido, porque lo cambiarían si lo hicieran».

El miedo seguía siendo generalizado. «Es por miedo que todavía guardamos nuestra identidad en secreto», dijo Köksal. «Hace algunas décadas, en nuestra ciudad natal de Besne, después de la última llamada de oración de la mezquita por la noche, no salíamos de casa, porque los lugareños nos preguntaban: '¿Adónde vas, infiel?'» Y todavía los llamaban «infieles», agregó.

—¿Te convertirías en cristiano, si tuvieras una opción?

—Me convertiría a todas las religiones verdaderas. ¿Mintió Jesús? ¿Mintió Mahoma? No. Entonces respeto esas religiones. Yo me volvería de todas esas religiones.

Pero Fatih cuestionó la verdad de Mahoma: «Mahoma no dijo toda la verdad». También dijo que, si los armenios se revelaban como tales en un lugar como Diyarbakır, también podría suceder en Antap, donde la población era menos devotamente musulmana. Y cuestionó los mitos sobre la rebelión liderada por el jeque Saíd, ahora elogiado en la reinterpretación romántica del nacionalismo kurdo moderno. «El jeque Saíd luchaba por el establecimiento de un Estado musulmán sunita, no por un Kurdistán independiente». Estaba en contra del Estado secular turco, dijo Fatih, y «para mí, eso estaba mal».

Fue su devoción islámica lo que le había ganado al jeque Saíd un seguimiento tan fuerte en Diyarbakır durante la rebelión de 1925, dijo Fatih. «Según yo, no era muy diferente al Dr. Reşit», continuó, comparando al jeque con Mehmet Reşit, conocido como «el carnicero de Diyarbakır» por la aniquilación de los armenios durante su gobernación de la provincia en 1915.

Fatih abrigaba dudas sobre muchos de los que hoy en día se atribuían origen armenio en Diyarbakır:

Ahora, cuando vas a Diyarbakır, mucha gente dice: «Soy de origen armenio». Parte de eso puede ser cierto, pero parte de eso pueden ser personas que buscan ganar dinero. No es improbable. Hace veinte años, la gente en Diyarbakır, Mush, Van, Tatvan y otros lugares comenzó a ver a los visitantes armenios y que estaban bien, y lo vieron como una oportunidad para beneficiarse de ello. Hay personas que son sinceras. Pero sospecho que, si dos personas dicen la verdad, ocho mienten.

Köksal asintió con la cabeza: «Sí».

* * *

Un trabajador de la construcción estaba raspando una cruz de trébol en altorrelieve en el arco. Las vidas se habían extinguido hacía un siglo y las cuchillas ahora se habían vuelto contra su legado. Era la continuación del Genocidio por otros medios, ante mis ojos. Un cincel deshacía lo que otro, en manos constructivas, había hecho a finales del siglo XIX. La mutilación de Surp Asdvadzadzin, la Catedral Armenia de la Santa Madre de Dios, era el primer paso hacia su islamización y la conversión forzada en una mezquita, llamada Kurtuluş (Independencia).

Estaba prohibido el ingreso de visitantes a la iglesia, pero el obrero de la destrucción que raspaba la cruz había hecho la vista gorda. El interior de Surp Asdvadzadzin, su enormidad abovedada, luminosa y blanca, suscitaba sensaciones espaciales que recordaban a Santa Sofía y la Mezquita Azul de Estambul. Una gigantesca bandera turca, colgada verticalmente del ábside, profanaba el altar de la catedral. La habían desplegado, me dijo Fatih, para ocultar la sombra de una cruz que no habían podido borrar del ábside, «como un fantasma».

La iglesia tenía un plano cruciforme. «Sin embargo, a pesar de los pequeños espacios laterales que dan el contorno de una cruz, el efecto del interior luminoso y espacioso, coronado por una inmensa cúpula de nueve metros de diámetro, se relaciona más con una mezquita imperial otomana que con una iglesia», con una cúpula redondeada que «también invitaba a esta comparación». Construida entre 1878 y 1893, la catedral había sido encargada por Nicolás Ağa Nazaretian, un armenio notable y el hombre más rico de la ciudad. Sarkis Balyan, de una distinguida familia armenia de arquitectos de la corte otomana, era famoso como arquitecto de mezquitas.[8]

Un amigo de Fatih había comprado una antigua mansión armenia hacía unos años, a pocas cuadras de la catedral. En la fachada tenía un disco en roca volcánica, inscrito en armenio con una invocación de la bendición de Dios y la fecha de 1890. El ático, sobre el tercer piso de la mansión, ofrecía vistas imponentes de Surp Asdvadzadzin según se desvanecía en la noche. Poco después de mudarse, el dueño de casa había encontrado dos cuadernos, con páginas devoradas por la podredumbre, llenas de escrituras en armenio con caligrafía enjuta. Uno contenía lo que parecían ser actas del consejo parroquial. El segundo, escrito en un lenguaje más elaborado con términos y declinaciones del armenio clásico, estaba lleno de diferentes entradas que entrelazaban la intención divina con capítulos destacados de la historia armenia, en lo que pueden haber sido borradores de homilías.

Había una mención de la Batalla de Avarayr, entre los armenios comandados por Vartan Mamigonian y los persas sasánidas, que trataban de restaurar el culto zoroastriano en Armenia, pero que también tenían preocupaciones políticas sobre los vínculos armenios con los príncipes cristianos. Entre las frases fragmentarias que podía distinguir, una decía «por la paz del pueblo», y otra: «Sin duda, Vasak debe haberlo hecho». Vasak era un príncipe armenio que, junto con sus fuerzas, se pasó del lado de los persas desertando a su propio pueblo en la batalla del año 451 d. C. Aunque fue una derrota militar, Avarayr llevó poco después a la monarquía persa a cesar su campaña contra el cristianismo en Armenia. La batalla tuvo otra consecuencia duradera. Como el país estaba en guerra, los armenios no pudieron enviar delegados al Concilio de Calcedonia ese mismo año, y finalmente rechazaron sus decisiones. Esto se debía en gran parte a una comunicación deficiente e interpretaciones equivocadas, que durante mucho tiempo causaron que la Iglesia armenia fuera considerada erróneamente monofisita por la Iglesia Católica. El papa Juan Pablo II aclaró la confusión 15 siglos después. En cualquier caso, los armenios se separaron del resto de la comunidad cristiana y la suya se convirtió en una iglesia nacional autocéfala. Mientras intentaba dar vuelta a la página del cuaderno, el borde que sostenía se desprendió y se convirtió en polvo.

7
MUSA LER

El telón de niebla caía y se abría en rápida sucesión, pero nunca se disipaba, aparte de instantes en que el sol parpadeaba y desaparecía nuevamente. Musa Ler estaba atrapado en una gigantesca malla de nubes bajas: marchábamos a su encuentro y a través de ellas conforme avanzaban en la dirección opuesta, alejándose del mar todavía distante.

«La niebla ayudó a los armenios a defenderse». *Asadur* lo sabía por sus abuelos, que durante la resistencia de 1915 habían huido a la montaña que se erguía sobre el Mediterráneo. Mientras que Van y Urfa también se habían levantado contra las tropas turcas y los irregulares kurdos que habían venido a exterminarlos, la novela de Franz Werfel de 1933, *Los cuarenta días de Musa Dagh*, ayudó a convertir la historia local en mito. En verdad, los armenios de Musa Ler (Musa Dağ es el nombre turco) se habían defendido de dos grandes ataques durante 53 días y, cuando los turcos se preparaban para lanzar una gran ofensiva, el acorazado francés *Guichen* vio las dos grandes banderas atadas a árboles altos, una con una gran cruz roja y la otra con una leyenda en inglés que decía «CHRISTIANS IN DISTRESS: RESCUE» («CRISTIANOS EN PELIGRO: RESCATE»), y vino a evacuar a los armenios.

Caravanas de árabes con caballos de ojos cubiertos con anteojeras pasaban junto a nosotros, portando sillas de montar de diseño exuberante y alforjas de tapiz. «Ladrones», dijo Asadur. Se estaban llevando hojas de laurel, alimentando un circuito internacional de comercio ilícito de plantas cuyo destino final eran compañías farmacéuticas, dijo nuestro guía. Caí dos veces, golpeado por las alforjas, verdaderos sacos de boxeo, en el trote ciego de los caballos de los árabes.

Nuestro equipo de expedición también incluía a los dos hijos de Asadur, y una pareja de hermano y hermana de la comunidad armenia de Alepo que esperaban la conclusión de la guerra en Vakıf, el último pueblo completamente armenio en Turquía al pie de Musa Ler. Un turco, docente y amigo de Asadur, también se había unido a nosotros.

La niebla era desigual. La mayor parte de nuestro entorno estaba amurallado detrás de ella, pero había claros que revelaban cuadros de la cima boscosa de la montaña, una meseta plana y verde. El gris y el verde que abarrotaban nuestro campo de visión eran oníricos por la cualidad borrosa del paisaje. Entonces *Carmen*, la chica de Alepo, señaló la proa de un barco hecho de piedras ensambladas. Se levantaba detrás de un frente de niebla que se movía contra nosotros. Los armenios de Musa Ler lo habían erigido en 1925 en homenaje a sus salvadores franceses. Sin embargo, tanto Asadur como Carmen, quien ya había escalado la montaña tres veces durante su estancia, dijeron que encontraríamos señales de destrucción.

El barco en la cima de la montaña. Era casi una parábola sobre Musa Ler, que se traduce como monte de Moisés, un nombre con un eco profético de un pacto misterioso. *El barco en la montaña* era también el nombre de una novela de Gostan Zarian sobre un marinero armenio que, imposiblemente, intentaba transportar un barco desde un puerto georgiano sobre el mar Negro hasta el lago Seván, en la República de Armenia, carente de salida al mar, después de su primera independencia en 1918.

Sin embargo, el arquetipo del barco en la cima de la montaña era el Arca de Noé amarrada sobre el monte Ararat, la montaña sagrada de los armenios. Y aquí estaba este barco de piedra, el tributo del pueblo montañés a la Armada francesa, en la cima de una montaña que se había convertido en mítica después del Genocidio, el único sitio de resistencia inequívoca y exitosa.

No muy lejos de ella había un perímetro cuadrado definido con rocas. Las piedras sin marcar apiñadas dentro del recinto eran tumbas de quienes habían muerto durante el asedio en 1915, en combate o no. Algunos en el pueblo de Vakıf afirmaban que todavía podían identificar las tumbas de sus antepasados. Varias, si no todas, mostraban indicios de profanación.

Vakıf era el último pueblo armenio en Turquía. Estaba en el *sancak* (distrito) de Alejandreta, que había seguido un camino que difería del resto de los territorios históricos después del Armisticio de 1918. Como fue ocupada por Francia al final de la guerra, los armenios regresaron a sus hogares en Musa Ler poco después. Alejandreta fue una región administrativa especial de 1921 a 1937. Tras disturbios en el distrito, los franceses acordaron la constitución de una asamblea conjunta que finalmente proclamó la región como la república autónoma de Hatay, que en 1939 fue anexada por Turquía para formar la provincia homónima. Francia estaba distraída por las crecientes tensiones en Europa y estaba lista a hacer concesiones a Turquía a cambio de apoyo contra la amenaza alemana.

Sin embargo, cuando la región fue puesta bajo dominio turco en 1939, 14 000 armenios abandonaron de nuevo de sus aldeas en Musa Ler: Kabusia, Yoğunoluk, Bitias, Xodır Bey, Haci Habibli y Vakıf. Las primeras cinco fueron completamente desocupadas por los armenios. «Vakıf era la más pobre de las seis, y algunos de los armenios optaron por quedarse», dijo *Rostom*, quien pasaba la jubilación en su ciudad natal después de vivir en Estambul desde su temprana juventud como estudiante en un internado.

Hoy en día, «la última aldea armenia en Turquía», como se le etiqueta en todas las referencias a ella, tiene una población que crece a poco más de 120 habitantes en el verano, cuando regresan aquellos que han emigrado a otras ciudades o países. Es todo lo que queda de los 4200 armenios que lucharon contra los turcos en 1915, cruzaron el mar para ampararse en Egipto, regresaron a casa tres años después y se fueron de nuevo, para siempre.

* * *

El internado al que Rostom y sus cuatro amigos habían asistido en Estambul era el Tıbrevank, o seminario. Inaugurado bajo los auspicios del patriarca Karekin Khachadurian, la escuela había sido un refugio educativo para lo que quedaba de armenios en Anatolia. Hrant Dink era uno de ellos. Rostom y sus amigos coincidieron en la escuela con Dink.

Sin embargo, estos hombres habían llegado a Estambul a una edad muy temprana, la mayoría contra su voluntad, en una época turbulenta, poco antes del pogromo del 6 al 7 de septiembre de 1955. El atentado con bomba contra la casa donde nació Atatürk en Tesalónica desencadenó ataques de turbas, principalmente contra las propiedades de los griegos en Estambul.

«Vimos a un grupo de hombres que trataba de colocar una bomba delante del Tıbrevank, y Antranig gritó, alertándonos de lo que sucedía, pero uno de los hombres dijo: "Esta es una escuela armenia, no es griega", y se fueron». Pero había una escuela griega cerca de la iglesia Surp Garabed, que fue quemada hasta los cimientos:

> Luego, en medio de la noche, llegó nuestro preceptor, un sacerdote llamado Der Shnorhk, con la barba afeitada y vestido de blanco. Dijo que todo estaría bien si nos afeitábamos la barba y nos vestíamos de blanco, para pasar por musulmanes. Estábamos enojados porque nos habían traído tan lejos de nuestra casa y nos habían puesto en peligro: «¿Por qué nos han traído aquí?», gritábamos. «Estábamos a salvo en nuestro pueblo». Finalmente, una hora más o menos después de la medianoche, todo terminó y volvimos a nuestras habitaciones. A la mañana siguiente, los mayores entre nosotros fueron a comprar periódicos y vieron el desastre que había ocurrido. Habían golpeado a un sacerdote en la cabeza y lo habían asesinado. El hombre que había detonado el explosivo en la casa de Atatürk en Salónica era un agente provocador turco enviado por Adnan Menderes, el primer ministro entonces.

Los armenios y sus propiedades también fueron atacados. Sin embargo, hubo errores felices en medio del desastre. Un comerciante armenio había ido apesadumbrado a su tienda de música en Estambul a la mañana siguiente, esperando encontrarla saqueada y destruida. Mientras que las ventanas de las tiendas de otros armenios y griegos estaban destrozadas, la suya estaba intacta. Después de mucha perplejidad, advirtió que la turba debe haber confundido la máscara mortuoria de Beethoven exhibida en la vitrina con la de Atatürk.

Era el mismo patrón observado en la masacre de alevíes en Marash en 1978,[9] o el ataque incendiario contra el hotel en Sivas en 1993 que había causado la muerte de 35 personas, sugirió otro de los exestudiantes del Tıbrevank:

> Estas son personas desempleadas y el gobierno lo sabe, y los nacionalistas los contratan para este tipo de trabajos. Es lo mismo con los rebeldes que tomaron Kesab. En Antakya, también. Había un restaurante en Yayladağ que preparaba tres comidas para 5000 personas todos los días durante una semana antes de la ofensiva en Kesab. Entraron en Kesab desde allí. Está al otro lado de la montaña. Una vez fui en secreto a Kesab cuando era niño, a través de cruces clandestinos en la montaña en la década de 1950.

Kesab era un pueblo armenio al otro lado de la región de Musa Ler, dentro de Siria. En marzo de 2014, combatientes que luchaban contra el gobierno sirio entraron desde Turquía a Kesab, antes de que las tropas sirias la volvieran a capturar. Yayladağ es una ciudad fronteriza.

Un graduado del Tıbrevank que ahora vive en París todavía tenía recuerdos frescos de Gosdan, quien se convirtió en un prominente ideólogo del Partido Comunista Marxista-Leninista de Turquía.[10] Se convertiría en una figura tan peligrosamente destacada, que su hermano Abel, el último armenio que quedaba en Amasia, no tuvo más remedio que ocultarse en el anonimato. «Se vio obligado a volverse invisible», dijo sobre Abel, de quien no había oído nada hasta que le dije que trabajaba como zapatero en su ciudad natal.

«Gosdan vino a la escuela en mi último año antes de graduarme», continuó el parisino:

> Era tímido y retraído, hablaba con un hilo de voz. Se volvió muy izquierdista en la escuela, luego fue al Colegio Robert,[11] un hombre muy inteligente, y más tarde se unió a organizaciones de izquierda y se convirtió en uno de sus líderes. Lo torturaron, con palizas, electricidad, agua; dijeron que ni siquiera un animal sería capaz de soportar las torturas que le infligieron.

Un excompañero de clase que ahora vivía en Berlín agregó: «Gosdan organizó la imprenta en Marash Elbistan para los marxistas-leninistas. Era la más moderna de Turquía: la había traído pieza por pieza de Europa y la había ensamblado».

Estos hombres y Gosdan eran discípulos del patriarca Karekin, quien había dejado su posición como primado de la Iglesia Armenia en Argentina y regresado a Estambul solo con la condición de que reconstruyeran el Tıbrevank. Negoció la apertura del seminario con el gobernador de Estambul, Fahrettin Gökay. «Incluso hay una historia: el Patriarca había recibido un Chevrolet como donación de Estados Unidos, y no usó el automóvil hasta que se sentó en él con Gökay», dijo uno de ellos. «Pero también creo que ambos eran masones, por lo que también había esos vínculos», agregó su vecino de mesa y excompañero de clase.

Eran la generación del Tıbrevank.

Desde su elección en 1951, el patriarca Karekin había comenzado un proyecto secreto de llevar a los niños de familias sobrevivientes en las provincias históricas a escuelas armenias en Estambul, y los mayores entre ellos eran enviados al Tıbrevank. El objetivo era salvarlos de la asimilación y la islamización. El patriarca Shnorhk, su sucesor tras su fallecimiento en 1961, continuó este trabajo con renovado vigor, que convirtió a muchos de los niños que venían del interior en una generación de líderes de los armenios de Estambul y las comunidades de la Diáspora. Por el discreto heroísmo que esta obra implicaba en una época aun extremadamente peligrosa para los armenios de Turquía, como lo demostraba el pogromo de Estambul de 1955, ambos eclesiásticos todavía son aclamados por su coraje y visión. Sin embargo, un graduado del Tıbrevank en Vakıf dio a entender que el patriarca Karekin actuó con la connivencia de las autoridades turcas. Esto se correspondía con una visión ofrecida por el *Padre Nersés*, él mismo miembro de una familia que se había mudado a Estambul del interior, con quien tuve una conversación en un entorno augusto en Estambul en 2011.

No había más de 1000 personas en Anatolia que decían: «Soy armenio», y que también eran cristianos, según el padre Nersés. Otro sacerdote en el Patriarcado Armenio de Constantinopla había dicho casi textualmente lo mismo en 2014.

Antes de hablar sobre el trabajo del Patriarca Shnorhk, el padre Nersés sugirió que primero necesitábamos entender por qué había ocurrido el Genocidio. «Ya éramos una nación debilitada cuando llegaron los turcos, pues la conquista árabe en el siglo VII había destruido el Estado armenio». ¿Por qué, después de nueve siglos de dominación bajo los turcos, y de una coexistencia incómoda que no había sido del todo estéril y dañina para los armenios, el exterminio se había llevado a cabo solo en 1915? Ninguna de las explicaciones aceptadas actualmente satisfacía al padre Nersés: el colapso del Imperio otomano y el surgimiento simultáneo del nacionalismo; las guerras de los Balcanes que precedieron a la Primera Guerra Mundial; el temor de los turcos a la colusión entre armenios y rusos, o a que estos últimos instigaran a los primeros a rebelarse contra sus amos otomanos; o las ansiedades de los kurdos sobre el surgimiento de un Estado armenio cristiano en las tierras que dominaban. Nada de eso explicaba el Genocidio.

«Debemos profundizar más, mirar más atrás», insistió, diciendo que no tenía las respuestas, pero que estaba buscando. Sus puntos de vista se habían formado en Armenia, donde había vivido durante seis años poco después de la independencia, pero luego había decidido regresar a Turquía:

«Los armenios de Constantinopla me necesitan», había concluido y hecho las maletas. «Durante mucho tiempo, ha habido un consenso tácito entre las grandes potencias para una Armenia sin armenios, o con apenas una presencia simbólica a lo sumo: es por eso que Armenia se está desangrando hasta quedar reducida a una pequeña población». Lo que podría parecer un desarrollo casual, o «inevitable» en vista de las limitaciones económicas, era «un plan concertado por las grandes potencias». La República de Armenia estaba gobernada por 40 familias que respondían a estos actores extranjeros. No era solo por las leyes de la historia y la economía que más del 70 por ciento de la población de Armenia viviera en la pobreza.

«Durante mucho tiempo, hasta 1915, creímos que nos habíamos ganado el privilegio de vivir en nuestras tierras históricas de Anatolia, por lo que nos adormecimos ante las señales que predecían lo que iba a suceder». Los gobernantes turcos nunca habían querido que los armenios fueran más que una minoría en estas tierras, por lo que incluso los movimientos menores de autoafirmación fueron suficientes para desencadenar una reacción genocida.

Tal vez toda una vida en el monasterio y la iglesia lo había armado de resolución ante desastres pasados y venideros, porque describía con calma el estado lúgubre de su nación, como quien busca templar su alma para aceptar la voluntad de Dios, sublimando la resignación en resistencia. Sin embargo, no podía disimular que estaba angustiado por las libertades que habían comenzado a florecer en Turquía últimamente. «Los turcos tampoco han tenido una vida feliz; también han sufrido mucho, y ahora la libertad está creciendo en el país», dijo. «Veremos a dónde llevará todo esto». Era el espíritu que impregnaba la literatura armenia durante un siglo, presente en escritores y libros tan diversos como *Huertos ardientes*, de Gurgen Mahari, y *El crepúsculo de las hormigas*, de Zaven Biberyan, la sensación de que la paz era precondición necesaria para la catástrofe. En las palabras premonitorias de Mihrdat Noradoungian el 29 de agosto de 1908, un mes después de la Revolución de los Jóvenes Turcos y las libertades sin precedentes que había traído consigo:

> Aunque durante los últimos quince años se ha derramado mucha sangre, existía el temor de un mayor derramamiento de sangre que no sucedió. Uno debe saber que esto se ha convertido en una ley natural y que las leyes naturales son inevitables. Lo que no sucedió al principio aún podría suceder. Lo que no hizo la revolución, podrá hacerlo la contrarrevolución.[12]

«Pero volviendo al patriarca Shnorhk», continuó el padre Nersés, «su trabajo para traer a los niños de Anatolia a Estambul no era tan secreto como se pretendía». Solo los ingenuos podían creer que tal empresa escaparía a la atención de las autoridades turcas, o que podría hacerse sin su consentimiento, aunque fuera tácito. «Los jóvenes del interior recibieron una educación armenia, y se fueron de su tierra natal, sirviendo así al objetivo de Turquía de vaciar las tierras armenias de armenios, o más bien, terminar el trabajo, sin derramamiento de sangre». Contribuyó a su dispersión, ya que su formación facilitó también su emigración del país. «Recuerde, el plan es Armenia sin armenios, y ha estado en marcha durante siglos, y no solo lo ha perseguido Turquía: también lo ha hecho Rusia, y todavía lo hace; hemos perdido nueve décimas partes de Armenia», dijo, refiriéndose a los territorios de Armenia Occidental.

También hablamos sobre el actual Patriarca Mesrob. Desde 2009, sufría una enfermedad degenerativa que lo había privado por completo de sus facultades mentales. El arzobispo Aram Ateshian, como vicario general, había estado dirigiendo el Patriarcado desde entonces. El gobierno turco se había negado a permitir una nueva elección mientras el patriarca Mesrob estuviera en vida, aun si estaba incapacitado. Había tres hipótesis para la enfermedad del Patriarca, dijo el padre Nersés:

> La primera hipótesis es la de una lesión cerebral que puede haber ocurrido en su juventud en un accidente automovilístico,

en el que murió un amigo que viajaba con él. Aquel choque, una consecuencia de conducir ebrio, despertó en Mesrob la vocación religiosa. La segunda es que sufrió una crisis nerviosa, que le provocaron las tensiones de su cargo, ya que ocupar su cargo en este país y estas circunstancias no es fácil. Y la tercera es, por supuesto, que fue envenenado.

El patriarca Mesrob era de hablar franco sobre muchos temas que generalmente se callaban en Turquía, por lo que otros también creían en la tercera hipótesis, incluido el editor de un periódico de Estambul. Las teorías de conspiración se habían revalorado tras el asesinato de Hrant Dink.

En Vakıf, uno de los compañeros de escuela envejecidos, un exalumno del Patriarca Shnorhk, respondió con evasivas a los pensamientos del padre Nersés que transmití tres años después. «Ten cuidado con lo que estás haciendo aquí», me dijo, expresando indirectamente su preocupación egoísta:

> La policía te sigue. Ellos saben dónde estás y con quién te estás viendo. Pero nunca me doy cuenta, y nunca te darás cuenta: tienen agentes encubiertos e informantes. Se informan mutuamente cuando un desconocido visita una aldea. No lo descartes. Probablemente no pasará nada, pero te están observando. Ten cuidado. Te siguen... en la fiesta de ayer había gente que no conocíamos.

Se refería a la fiesta en la noche que precedió al domingo de la Asunción de la Santa Madre de Dios y la Bendición de las Uvas, este último un rito pagano de fertilidad asimilado al calendario litúrgico armenio. A las uvas se les había dado preferencia sobre otras frutas, porque Noé las cultivó en el valle del monte Ararat. «Y comenzó Noé a labrar la tierra, y plantó una viña» (Génesis 9:20). Después de la misa en la pequeña iglesia del pueblo, el público había recibido racimos de uvas bendecidas antes de servirse grandes porciones de harisá, una papilla de trigo y cordero o pollo, considerado el plato nacional armenio. Había estado hirviendo a fuego lento en calderos masivos durante toda la noche hasta el mediodía, mientras un pequeño ejército de voluntarios batía el guiso con enormes cucharas de madera.

Este hombre también insinuó otro factor que había separado a los armenios que habían elegido permanecer en Vakıf de los que partieron después de que el territorio volviera a la soberanía turca. La mayoría de las familias que se quedaron eran simpatizantes del partido Hnchak, los socialdemócratas armenios que se habían opuesto fervientemente al gobierno de los Jóvenes Turcos desde el comienzo de la revolución de 1908. Sin embargo, para 1939, cuando Turquía anexó Alejandreta, la escena política armenia había estado extremadamente polarizada. La sovietización de Armenia en 1920 lo había exacerbado, especialmente después del trauma del Genocidio, que a los ojos de los hnchaks hacía que la Unión Soviética apareciera como el mal menor en comparación con Turquía. En ese momento, el Dashnaktsutyún, la principal fuerza política de la Diáspora, había adoptado una línea marcadamente antisoviética. Las rivalidades entre ambas partes explicaban, en parte, por qué algunas familias del partido Hnchak habían decidido quedarse en Musa Ler: no porque quisieran vivir bajo el dominio turco, sino porque eran pobres y, además, no querían seguir al Dashnaktsutyún.

Ahora la situación en la aldea era «un poco difícil», dijo Rostom. «Desde afuera todo se ve bien y limpio, las casas ordenadas y los jardines cuidados, pero nos estamos asimilando, y la población es baja: en invierno quedan apenas 85-90 personas, pero en verano regresan lo que se han ido y crece a 150». El dialecto de Musa Ler estaba desapareciendo: «Los jóvenes no pueden hablarlo... cuando fui al Tıbrevank en Estambul aprendí armenio fácilmente porque en ese momento hablábamos el dialecto en el pueblo, nuestra variante del armenio medieval, a pesar de que estaba más cerca del armenio clásico gramaticalmente y en sonidos, pero en los últimos 20 años desafortunadamente para estas nuevas generaciones la primera lengua que han aprendido ha sido el turco y en casa hablan en turco, debido a la influencia de la televisión... es lo mismo en todas partes del mundo, pero nuestra situación es diferente».

Rostom había regresado para establecerse permanentemente en su ciudad natal para ayudar a revertir la asimilación:

> Si perdemos el idioma lo perdemos todo. Por eso regresé. Me siento obligado a preservar y enseñar el idioma. Tal vez quedándome aquí todo el año pueda cambiar algunas cosas. Ahora hay 25 jóvenes aquí, pero no está claro cómo será su educación. Asistirán a la universidad. ¿Qué les pasará después de que asistan a la universidad en grandes ciudades como Ankara o Estambul? No sé si volverán... Tenemos que preservar el dialecto, las costumbres, la identidad armenia. Sabes lo que dicen: este es la última aldea armenia en Turquía. Si no fuera por la iglesia, nadie sabría que es una aldea armenia. Ya no pueden hablar el dialecto, o pueden, pero no lo hacen. Los ancianos usan el dialecto entre ellos, pero con los jóvenes hablan en turco.

Continuamos la conversación con Rostom hasta la noche. La generación del Tıbrevank era progresista. Mencionó el nombre de un escritor armenio trilingüe, autor de superventas en Turquía, que ha publicado sus obras en armenio, kurdo y turco. Los fundadores de una importante editorial también eran graduados del seminario. «La primera vez que trajimos danzas y música tradicionales armenias de Armenia fue gracias a los esfuerzos de los graduados del Tıbrevank: en ese momento era muy difícil, y un gran riesgo, ir a Armenia; pero obtuvimos todo eso a través de canales secretos». Enviaron a un joven graduado a la Armenia soviética, que permaneció allí durante dos o tres meses, aprendió los repertorios de memoria y los trajo a Estambul.

Los estudiantes del Tıbrevank en Turquía se habían hecho eco del París de mayo de 1968, pero se habían encontrado con el desprecio de la comunidad armenia tradicional de Estambul. «Nos llamaban "los hijos de los porteros" a todos los que veníamos del interior». Pero si no por otras cosas, un exalumno del seminario había cambiado la dinámica de poder entre los armenios de Turquía y cómo se habían reafirmado después de un siglo de silencio: «Después del asesinato de Hrant, todos los armenios se pusieron de pie, incluidos los armenios ocultos; él no temía, por lo que tampoco lo haremos nosotros». Ahora los armenios ocultos eran objeto de burla de los tradicionalistas. «Los discriminan porque se convirtieron, pero ¿qué harían?», se preguntó Rostom. «Se quedaron en su tierra y están rodeados de kurdos: ¿qué harían?».

Mientras hablábamos, una canción armenia revolucionaria resonó desde el camino:

> Ձայն մը հնչեց Էրզրումի հայոց լեռներէն
> Հայոց լեռներէն…

> Sonó una voz desde las montañas armenias de Erzurum,
> desde las montañas armenias...

Hubiera sido inconcebible hacía unos años. Tan inquietantemente libre se había vuelto Turquía que ello atizaba la ansiedad de personas de larga memoria histórica. Se preocupaban por una reacción igualmente contundente. Sin embargo, algo que Rostom recordaba lo hizo reír. Cuando Turquía anexó Alejandreta en 1939, se organizó una celebración pública, pero los turcos no tenían banda y coro. El nuevo gobierno local apeló a los armenios, que aceptaron ayudar con sus músicos y cantantes. Su repertorio estaba compuesto enteramente por canciones revolucionarias que celebraban las hazañas de los *fedayís* armenios contra los turcos. «No lo habían hecho para provocar a los turcos, sino porque no sabían nada más», dijo Rostom. «La gente no podía notar la diferencia ni preocuparse por ello, pero un ministro del gabinete que había venido de Ankara se enfureció porque había reconocido las marchas, y después de que terminó la fiesta reprendió a los funcionarios locales».

* * *

Zarmayr, un amigo de Rostom, vivía ahora en París. Era hijo de Ohannés, un combatiente de Musa Ler en 1915 que se convirtió en sacerdote no célibe dos décadas después. A pesar de la oposición resuelta de Zarmayr, sus padres habían acordado enviarlo a Estambul con el padre Sahak, que había llegado en 1955 durante su gira por Anatolia para reunir a los escolares armenios y darles una educación.

A los niños no se les permitía regresar a casa durante dos años. Zarmayr no quería irse y le costó mucho separarse de su familia, ya que tenía diez años en ese momento. En la experiencia de sus maestros, era solo después de dos años que estos nuevos estudiantes se acostumbrarían a estar lejos de sus familias y se negarían a regresar por su cuenta. «Era cierto, funcionaba así», dijo Zarmayr. «Escribía cartas a casa, por supuesto en armenio, diciéndoles que en Estambul podía morir debajo de un automóvil o que podía suicidarme», pero sus padres no se inmutaron, recordó con una risotada. No sabía dónde estaban esas cartas pero las había buscado con ahínco: su padre las había guardado y una vez se las había mostrado.

El padre de Zarmayr, Ohannés, fue ungido sacerdote no célibe en 1937 con el nombre de Der Ghevont. Ohannés había sido uno de los principales combatientes durante la resistencia de 1915, y uno de los primeros en Musa Ler en escuchar el relato de un ministro protestante armenio, Dikran Antreassian, que había llegado a la zona hablando de la deportación y masacres de armenios en Zeytún.

En los últimos días del asedio habían comenzado a surgir muchos problemas en Musa Ler, recordaba el padre de Zarmayr. «Después de todo, había al menos 4000 personas allí arriba; también había habido casos de robo», dijo Zarmayr. «Y había quedado muy poca comida hacia el final».

Después de la anexión de Alejandreta por Turquía, Der Ghevont decidió permanecer en Vakıf y servir a su parroquia, contra las presiones de su esposa, que era de la cercana aldea de Tırtux. Quería que la familia siguiera a los otros armenios al Líbano, porque todos sus parientes se habían ido y ella se quedó sin parientes de sangre, excepto sus hijos. El pueblo era tan pobre que todos sus caminos eran senderos de tierra, y los residentes iban de compras a Samandağ en burro. De vez en cuando, cuando hacía buen tiempo, venía un camión y los niños se colgaban de la cola «y el olor del escape nos parecía dulce».

No tenían agua corriente en casa, y recogían el agua de las alcantarillas abiertas con ollas y sartenes en la parte superior de la montaña. «En la parte superior, el agua estaba más limpia y la hervíamos durante horas en ollas grandes, pero cuando llovía estaba turbia».

Su padre se había resistido a ser ordenado sacerdote, pero los residentes de Vakıf habían ejercido tanta presión sobre él que finalmente había cedido. Anteriormente, los sacerdotes provenían de Alepo, pero no se quedaban por mucho tiempo. La vida en el pueblo les resultaba agotadora, por lo que los lugareños decidieron elegir uno propio. «Mi padre era un buen servidor, era amado y respetado», dijo Zarmayr. Cuando Der Ghevont montaba su burro y pasaba por las aldeas más bajas de los alevíes, estos se ponían de pie para reconocer al sacerdote armenio.

* * *

Nos habíamos reunido en la casa de Asadur la noche antes de nuestra escalada a Musa Ler. *Lena*, su esposa, era molokán rusa, una secta cristiana conocida por un nombre que provenía de *moloko* («leche» en ruso), debido a su tradición de consumir productos lácteos durante los ayunos cristianos. Una comunidad de molokanes se había establecido en Kars cuando la ciudad se había incorporado al Imperio Ruso. La mayoría de los molokanes locales finalmente se habían islamizado después de que el nuevo gobierno soviético cediera Kars a Turquía en 1920. Lena, sin embargo, se había afiliado a la Iglesia Apostólica Armenia justo antes de su matrimonio.

Además de los hijos de Asadur y Lena, estaban los hermanos de Alepo y la madre de Asadur, *Rita*, cuya memoria a corto plazo estaba siendo devorada lentamente por una incipiente senilidad. Era la hermana de Zarmayr. Nacida en 1931, recuperó de los recovecos de su mente una canción de la infancia:

> Հայրիկը ծերացել է, ազգին համար ցաւելով
> Ազատութիւն կը կոչէ, սէր, միութիւն ցանելով
> Հայրիկին քարոզները հանեցին մեզ լեռները
> Թշնամոյն դէմ կռուելով, հայրենիքը փրկելով...
>
> Երբ որ գնդակը դպաւ դարձեալ պատերազմեցաւ
> Թող համբերէ Հայրիկը
> Չի զոհ գնաց վասն ազգին
> Քաջասիրտ Խորէնը:

> Nuestro padre ha envejecido, dolido por la nación,
> Insta a la libertad, sembrando amor y unidad
> Sus sermones nos llevaron a las montañas
> Luchando contra el enemigo, salvando la patria...
>
> Combatió aun cuando lo alcanzó la bala
> Que nuestro Padre sea paciente
> Pues el valiente Khorén
> Se sacrificó para la nación.

Cuando los armenios subieron a la montaña en 1915, una de las mujeres del clan dejó a su recién nacido en el pueblo. Ohannés, el padre de Rita y Zarmayr, bajó la montaña hasta el pueblo y llevó el bebé de vuelta a la madre en la cima de Musa Ler.

El adolescente armenio de Alepo, *Shant*, había sido secuestrado en 2013 cuando su familia se dirigía a Turquía. Un conductor que creían confiable los llevaba a la frontera, pero en un puesto de control, el Ejército Sirio Libre los había tomado a él y a un primo más joven como rehenes. Su madre casi se había desmayado cuando los militantes le dijeron: «Olvídate de este chico tuyo». Un rescate imposible había sido negociado hasta reducirlo a una cantidad factible para su familia en el transcurso de tres días angustiosos:

Nos recluyeron en una villa que había pertenecido a un armenio. Estos no eran el Estado Islámico, sino militantes del Ejército Sirio Libre. Había un hombre kurdo, al que golpeaban muy brutalmente con palos todos los días, tan violentamente que lo hacían llorar y suplicar que lo mataran. No sé qué había hecho. También había dos hermanos kurdos ricos, a quienes exigían un rescate de 200 000 dólares. Trataban muy mal a los kurdos y los criticaban, así como a los armenios, diciendo que apoyaban a Assad y que el ejército de Assad no bombardeaba los barrios armenios. Estábamos encerrados en una pequeña despensa, de tres metros por cuatro. También había un hombre que leía libros religiosos todo el tiempo. Había una caja con textos islámicos, unos veinte, en árabe. Otro hombre, bajo, muy delgado y pálido, estaba allí por un crimen. Había matado a un hombre para secuestrar a su esposa. Era el portero de una escuela y también había abusado sexualmente de niñas. Solo mi primo y yo fuimos separados del resto de los pasajeros de nuestro miniván. Mis secuestradores decían que mi primo y yo servíamos en el ejército de Assad. Mi padre se puso en contacto con el ESL y llegó a un acuerdo para pagar un rescate. Nos visitó una vez. También habló una vez conmigo por un teléfono celular, pero la línea era mala y no podíamos entendernos. Todos los días traían a un hombre que parecía un imán y que exponía argumentos religiosos basados en el islam para recaudar los rescates o justificaba el pago de rescates por parte de los rehenes, y que hablaba con los rehenes en presencia de los extremistas. Era un hombre religioso que también anunciaba a los que serían liberados. «Ha llegado su momento», dijo, al anunciar nuestra liberación.

* * *

El profesor de turco que se había unido a nuestra excursión a Musa Ler se estaba poniendo pesado. Un autoproclamado socialista, hacía preguntas incisivas desde la comodidad del marxismo, algo que podía permitirse una persona que no temía la extinción de su nación. ¿Por qué la Diáspora armenia era «tan intransigente» y «qué esperaban de Turquía»? ¿Era «dinero» o «las tierras»? Al mismo tiempo, insistía en que era internacionalista, «más anarquista», opuesto a todo tipo de nacionalismo, empezando por el turco. Ochenta millones de turcos o 1000 millones de chinos podrían permitirse estos lujos ideológicos, pero podrían costarles caro a los armenios después de su oneroso siglo, sugerí.

El fletán a la parrilla combinado con *rakı*, sin diluir y sin hielo, había sido una combinación terrible y me estaba haciendo sentir mal. El licor que el maestro turco vertía generosamente comenzaba a surtir efecto. Afortunadamente era así, porque mi lengua estaba afilándose y la discusión podía escalar. En vez de eso dormí una siesta.

Cuando desperté en la estrecha cornisa donde habíamos acampado, los cielos se habían abierto a un azul inmaculado: el mar se extendía debajo de nosotros en todo su esplendor, tan cerca, que era posible distinguir cada ola mientras se alzaba y se estrellaba contra las rocas, y el agua volvía al agua. Hasta ese momento, el Mediterráneo había estado invisible, al otro lado de un muro de niebla. Nos quedamos mirando extasiados, a pocos pasos del peñasco por el cual los armenios habían bajado un siglo antes, rumbo a la seguridad de cuatro barcos franceses y uno británico. La visión del mar duró unos dos minutos, poco más que una ilusión. Y la niebla volvió a descender sobre nosotros con densidad plúmbea, sumiendo a Musa Ler en la oscuridad, como lo había hecho indistintamente durante siglos, y en 1915.

X

EL MAR NEGRO Y HAMSHÉN

1
HAMSHÉN I

«Y esta es la hermana del sol», dijo *Ihsan*, señalándola con su cigarrillo. Estábamos parados bajo la lluvia en medio del bosque exuberante y verde, mientras a lo lejos una gruesa cortina de niebla oscurecía la vista de las montañas. «Aakagin kuyrı». La arranqué. Sus cinco pétalos se desprendieron en la palma de mi mano, y las gotas de lluvia se las llevaron.

La flor en forma de estrella, amarilla y silvestre, se parecía a un boceto que había hecho en mi cuaderno para representar los cinco elementos: aire, fuego, agua, tierra y éter. «Y aquí tenemos un *mayir*», dijo Ihsan sobre otra flor silvestre mientras nombraba el universo botánico que nos rodeaba en hamshetsnak, su dialecto del siglo VIII, una de las variantes más antiguas del armenio que aún se hablan.

El camino a Xigoba, la aldea más grande de Hamshén, estaba bloqueado por un montón alto de tierra y piedras, ya sea debido a un deslave o a obras. Éramos indiferentes a la lluvia, que se debilitó a una llovizna antes de intensificarse nuevamente y, poco después, se convirtió brevemente en un aguacero. Era el clima habitual de este rincón de los Pontos, la tierra de los hamshentsís. Según el cálculo de los lugareños, llovía 300 días al año, y realmente uno tenía esa impresión. Después de cierto tiempo ya no importaba, pues los paraguas tampoco importaban y rara vez alguien aquí llevaba uno consigo. Había venido un auto a recogernos, y a intervalos entre los chaparrones habíamos logrado asar los abundantes cortes de carne. Poco después de las siete, se alzó un aullido colectivo desde las montañas en la distancia, amplificado por el viento, como si una enorme manada de lobos lamentara algún desastre colectivo.

«Son chacales, lloran bajo la lluvia», dijo el dueño de casa. «Lo llamamos la boda del chacal».

Hamshén estaba en un confín del mundo armenio, el Hayots Aşxarh. Su lenguaje, fantásticamente arcaico, invitaba a entablar contacto con ellos, a pesar de que su conversión hacía siglos los diferenciaba de la mayoría de los armenios. El Genocidio había profundizado la división, porque a diferencia de los hamshentsís cristianos y los otros armenios, estaban del otro lado: unos pocos incluso participaron en las masacres. Sin embargo, internet y las redes sociales, así como la creciente secularización, estaban empezando a barrer las diferencias. Aun así, en el curso de los siglos los hamshentsís se habían convertido en un grupo singular. Junto a aquellos que habían comenzado a abrazar sus orígenes, estaban aquellos que no se sentían parte de un mundo armenio mayor, incluso cuando reconocían una ascendencia común. En el otro extremo también había hamshentsís rabiosamente antiarmenios. Estas divisiones también se hacían sentir entre los hamshentsís islamizados.

Su ejemplo confirmaba una vez más que la identidad era un valor variable. Cada vez había menos personas en el mundo actual que preserva la misma identidad nacional durante toda la vida. Los hamshentsís tampoco eran la excepción. También ellos tenían una sensación de dislocación, que el reciente acercamiento con la Diáspora y los armenios de Estambul había despertado o profundizado. Vivían en tierras que habían sido suyas durante 1.300 años, pero los laz, la población indígena que los precedía allí, y también la policía, les recordaban que eran armenios que venían de otro lugar.

Si una noción tan voluble como una nacionalidad debe incluir los elementos —la tierra, que representa el territorio; el agua, la sangre o el origen; el aire, la vida; el fuego, la voluntad común; y el éter, la cultura— a los hamshentsís, como a los armenios de la Diáspora, desplazados de las tierras ancestrales, también les faltaba algo. Al igual que la hermana del sol, la metáfora de los cinco elementos, los pétalos se habían desprendido, pero aún existían por separado en el barro. Nada se perdía y todo se transformaba. Sin embargo, la flor ya había perdido su antiguo ser. Tal vez el espíritu del nombre de una nación aborigen en Chile tenía un valor universal: mapuche significa «el pueblo de la tierra». Como me dijo una vez un líder mapuche en Temuco: «Sin nuestra tierra no somos un pueblo». Si la historia sirve de guía, esa parecía ser la regla más que la excepción.

Los primeros contactos en internet dejaban una sensación de un salto a través de los siglos, cuando lentamente descifraba palabras oscuras que provenían de un momento en que Armenia estaba bajo el dominio de los ejércitos de una nueva religión que se había creado en el desierto árabe apenas un siglo antes. Algunas palabras eran incomprensibles y otras sonaban tan mágicamente antiguas, como Hayk, como mi primer interlocutor en un chat, *Nejdet*, había llamado Armenia por un nombre que no ha tenido desde el siglo v.

Osman fue el primer hamshentsí que vi en Turquía, en Kadıköy. Hablaba hamshetsnak con fluidez, pero como se había graduado de una universidad británica, nos decidimos por el inglés. El despertar a su identidad había comenzado unos 15 años antes, a los 15 años, cuando junto con su hermano menor comenzó a investigar sobre el origen de los hamshentsís y reunir la información que lograba obtener de historias familiares y libros en Turquía. Pronto se dieron cuenta de que su pueblo era de origen armenio. En su página de redes sociales, había escrito una consigna en varios idiomas, incluso en armenio, y en el alfabeto armenio, que los hamshentsís no habían usado desde que comenzó su islamización en el siglo xvi: *Ազատ Սեւ Ծով*, léase «*Azad Sev Dzov*». Significaba «mar Negro Libre», que también había escrito en turco, kurdo, e inglés.

Era un acto notable, aunque inofensivo, de subversión intelectual. En el verano de 2011, nos conocimos en *Lusnika Lus*, un café gestionado por hamshentsís que atendía a la creciente comunidad de Hamshen en Estambul. Su nombre en hamshetsnak significaba «Luz de luna». Osman se retractó de los mensajes más audaces que habíamos intercambiado a través de internet, diciendo que «nada es completamente lo que se pretende que es, ni el pan ni los hombres, por lo que realmente no se puede decir que los hamshentsís son armenios, o incluso completamente hamshentsís: estamos cambiando constantemente».

La madre de Osman era prima del padre de *Müjdat*. Periodista y escritor, Müjdat había publicado posiblemente el primer artículo honesto de un hamshentsí en Turquía sobre las relaciones de su pueblo con los armenios. Se trataba de su tío, que estaba fuera de sí con furia cuando circularon rumores en Hopa sobre unos desconocidos que tomaban muestras de sangre de hamshentsís para probar los vínculos genéticos con los armenios. «¡Mek Ermeni çik!», decía el hombre, enfurecido: «¡No somos armenios!». Pero un par de años después, ya abierta la frontera con Georgia después de la disolución de la Unión Soviética, el tráfico de las nuevas repúblicas aumentó a lo largo del corredor del mar Negro. Montaban lo que se conocía como «bazares rusos». Un día, Müjdat había acompañado a su tío mientras revisaba cosas en venta en el bazar, hasta que comenzó a regatear con vigor según la tradición local hasta el punto de exasperar a los comerciantes, que comenzaron a quejarse en su propio idioma sobre cuán difícil era el cliente. Pero el tío de Müjdat había entendido lo que decían. *«Ağpar, ¿tu hay es?»*, les preguntó a los vendedores estupefactos: «Hermano, ¿eres armenio?», y luego suplicó un descuento.

Osman nació en Hopa. Cuando tenía tres años, su padre se mudó por trabajo a Estambul, por lo que creció con su madre y su abuela en Ardalá, su pueblo, aprendiendo hamshetsnak de ellas. Los turcos los llamaban laz, dijo, porque sus acentos eran muy similares y porque los hamshentsís, o hemşinli como se les llamaba en turco, eran hasta hace unos años un grupo incluso más desconocido para los turcos, una pequeña minoría que evitaba atraer la atención.

Su abuelo materno, Zia Şişman, había compartido una historia sobre armenios que le había llegado a Osman. Cuando Zia tenía 15 años a principios de 1900, un *ağa* armenio a caballo vino cabalgando a Ardalá con su escolta y lo capturó para llevárselo como labriego a sus tierras. «Los armenios podían capturar a quien quisieran con impunidad», dijo Osman. La historia era extraña ya que no había registros de *ağas* armenios en la región, pero más aún porque un ciudadano cristiano del Imperio otomano podría atraer represalias desproporcionadas de la parte musulmana agraviada con la connivencia del Estado. Y, sin embargo, sí había registros de agricultores armenios que contrataban mano de obra de Hamshén para trabajo estacional en Erzurum en el siglo XIX. El resentimiento de clase combinado con la conversión al islam de muchos hamshentsís puede haber contribuido a la alienación entre las dos ramas del mismo pueblo.

Zia fue obligado a trabajar para el *ağa* armenio por tres o cuatro días y luego logró escapar de regreso a Ardalá a través de atajos y caminos con los que estaba familiarizado.

Una joven de llamativa belleza, con ojos azul mar y la delicadeza de cristal, almorzaba a unas mesas de distancia de la nuestra. No era hamshentsí, y ni siquiera había oído hablar de la minoría, pero cuando le hablamos de ellos, preguntó si parecía armenia: «Mi abuela era armenia de Elazığ». Su curiosidad por los hamshentsís incomodaba un poco a Osman, que recurrió a malabarismos verbales para explicar qué era su pueblo mientras se negaba a llamarlos «armenios», mientras ella también se cuidaba, inexplicablemente para mí, de identificarse como turca, lo que transmitía el sentido de etnia, optando en su lugar por «ciudadana turca».

Cuando nos fuimos, Osman se ofreció a llevarme a la iglesia armenia de Surp Takavor, a un par de cuadras. Dentro de la cabina de recepción, el portero leía portentosamente el periódico *Nor Marmara*, con el rostro enterrado detrás de la hoja sábana, uno de los tres diarios armenios de Estambul. Tan raro era ver a alguien leyendo un periódico en armenio en Turquía, o en cualquier parte del mundo fuera de Armenia y tal vez el Líbano, que tomé una foto. «¿Quién eres?», gritó el portero y salió corriendo de la cabina, al borde de una reacción más violenta. Osman estaba más desconcertado que yo.

Luego me acompañó a la terminal de ferry en Kadıköy para mi viaje a través del Mármara de regreso al lado europeo de Estambul. Nunca más me volví a encontrar con Osman. Unas semanas más tarde había borrado de su página de red social su consigna multilingüe sobre el mar Negro libre.

* * *

Los reflejos en el vidrio distorsionaban el color del mar Negro que miraba por la ventanilla del autobús, preguntándome si tal vez era el «mar del color del vino» de Homero, o si tal vez deberíamos expandir nuestros conceptos cromáticos para dar cuenta de matices más ricos implícitos en cada nombre. Bajo el cielo nublado de la costa, más de dos horas después de Trebisonda y en las afueras de Hopa, se podría decir que el mar se había ganado su nombre. Sin embargo, el razonamiento era artificioso y poco persuasivo. Nada era tan fugaz como el color del mar, disputado por la luz y los elementos en él.

Me bajé en la estación de autobuses de Hopa y comencé a caminar hacia el centro de la ciudad. Un joven alto con una camiseta roja, de expresión ilegible bajo la luz moribunda de la puesta, me miraba, con una barba negra crecida que cubría su cuello y le daba portento sacerdotal, apostado allí como un centinela en una torre. Hicimos un breve contacto visual e intercambiamos silencios cómplices, pues ya había reconocido la cara ovalada, la afilada nariz aguileña y los ojos almendrados, rasgos que eran comunes entre los hamshentsís, muchos de quienes tenían una notable semejanza entre ellos después de casi 12 siglos de endogamia. Muchos, de hecho, están emparentados como primos en diferentes grados; tenía la impresión de que me había reconocido como un armenio de la Diáspora, cuya vista se había vuelto cada vez menos infrecuente en esta ciudad poco turística a lo largo del corredor del mar Negro. Bastaban unos segundos para sumar los datos disponibles, los rasgos físicos, los atuendos y las circunstancias, para diferenciar a alguien de las antiguas repúblicas soviéticas en el Cáucaso de un visitante occidental de igual origen. Junto al hombre de rojo había otra persona, de más baja estatura y gris, en la periferia borrosa de mi campo visual. Esta figura gris ahora rondaba por el rabillo de mi ojo, primero a mi izquierda y luego a la derecha.

Las persianas de los negocios ya habían sido bajadas en la principal calle comercial de Hopa, bañadas en el gris del cielo y de las paredes de hormigón. Caminaba por allí con la esperanza de encontrar una tienda de teléfonos celulares para reparar mi teléfono, y de alguna manera buscar el número de Ihsan en internet porque lo había perdido. Era él quien sería mi anfitrión en este, mi segundo viaje a Hamshén. Recordaba este tramo de mi primera visita a la ciudad, cuando *Kiram* me había llevado a la tienda de comestibles de sus primos para dejar mis maletas allí. Luego habíamos visitado las oficinas de su partido político y habíamos deambulado por la ciudad, y Kiram me había presentado a algunos de sus amigos.

Tres veranos más tarde, en 2014, la calle estaba completamente vacía después del horario comercial, con solo unas pocas tiendas abiertas. La mancha gris ahora había entrado en foco: era un hombre despeinado, con un gran mechón de canas, y vi que me seguía. Luego comenzó a caminar a mi lado, mirándome con los ojos muy abiertos. «Merhaba», me saludó en turco, a lo que respondí con un gruñido ya que ahora me estaba poniendo nervioso. Me volví brevemente para mirar por encima de mi hombro a la derecha y pude vislumbrar, en pinceladas gruesas y apresuradas, a alguien de cara angular observándome atentamente. Ya me había encontrado la policía, pensé, y el culpable de ello era yo, por caminar con mi cámara y vestido con un chaleco de fotógrafo. La calle desierta aumentaba mi inquietud.

«¿Avedis?». Me detuve en seco, asombrado de que se preocuparan tanto por mí como para merecer la atención personalizada de la policía.

Pero era Ihsan. «¿Dónde estabas, *dağa*?», preguntó en hamshetsnak, llamándome por una variante dialectal de «muchacho», como hacen los armenios entre amigos. Solo nos conocíamos por las redes sociales y las conversaciones telefónicas, y tenía una sensación extraña.

Tenía el aspecto cansado que, después de los 50 años, se adueña de los hombres que leen mucho y están solos, con un notable parecido facial con un querido amigo mío de origen italiano, que había sido compañero de clase de Barack Obama en la Facultad de Derecho de Harvard; sin embargo, había abandonado el mundo corporativo de Nueva York primero al periodismo y luego había desaparecido de la faz de internet, logrando su objetivo de volverse imposible de rastrear en Google. Nunca había logrado encontrarlo de nuevo, excepto por una breve llamada telefónica a un número en el Bronx que quedó sin respuesta. Al igual que él, Ihsan, también soltero, tenía una nariz y ojos puntiagudos ligeramente inclinados hacia abajo, lo cual aumentaba la mirada decepcionada del idealista después de medio siglo de vida. Y, sin embargo, los ojos del idealista todavía inquirían y esperaban, aun cuando no quedaran esperanzas, porque era todo lo que podían hacer.

Me había hecho amigo de Ihsan por Facebook un año antes. Había aceptado recibirme meses antes, pero no había podido comunicarme con él por teléfono, y necesitaba encontrar un lugar con wifi para ponerme en contacto con él. El azar tiene una forma de arreglar las cosas que la previsión no tiene. O tal vez había sido lo opuesto al azar, el destino, lo que permitió el encuentro. Para los creyentes de este último, aceptarlo es sabio y desafiarlo es inútil: todo sucede porque debe. Si el azar es aleatorio, el destino es necesario.

La inmediatez creada por un idioma como el armenio, casi un código secreto para una pequeña nación, había disipado en segundos la separación entre los armenios tradicionales y los hamshentsís que había comenzado hace más de un milenio. Era mucho tiempo, pero los puentes no habían sido quemados. «Hemos estado esperando durante 1200 años», dijo Ihsan. La frase podría haber sonado forzada en un contexto diferente, pero esa tarde, en el desierto distrito comercial de Hopa, estaba interpretando casi textualmente en hamshetsnak el pensamiento que viajaba en armenio occidental a través de mi mente. Y soltó una de sus risas nasales y tristes que escucharía durante tantas semanas, y nos abrazamos.

* * *

Ihsan y sus amigos *Resûl* y *T.*, cuyo nombre completo le valió una serie de bromas por ser el mismo que el del cerebro del Genocidio, me llevaron a un restaurante de pescado en el bosque de Lomé, en un pueblo laz cerca de Arhavi. El dueño del restaurante era un hombre pelirrojo de barba profusa en una gran cabeza redonda mingreliana, que acompañaba las proporciones de su cuerpo. Era un hombre de convicciones comunistas (no reflejadas en los precios del menú), mis compañeros me dijeron en tonos tranquilizadores, lo cual decía más sobre el verdadero estado de las relaciones de las comunidades hamshén y laz que sobre mis convicciones ideológicas. «Los laz también fuimos islamizados, éramos mingrelianos cristianos», me dijo cuando me presentó Ihsan y le contó sobre mi proyecto de libro. En la realidad polarizada de Hamshen y Turquía, mis amigos a menudo suponían que yo también era marxista, porque era imposible que como armenio en Turquía pudiera ser fascista. El restaurante era casi un lugar secreto ubicado en un pequeño claro de bosque delimitado por rosales, con un perfume que se mezclaba con la fragancia de mil plantas y árboles. La oscuridad de la vegetación era lo primero que había impresionado a Hetoum de Korykos, un monje armenio, en sus viajes por la región en el siglo XIV, mencionando tierras oscuras sobre la línea de nubes.[1]

Mis compañeros de mesa elogiaron al historiador turco Taner Akçam por su trabajo pionero sobre el Genocidio Armenio, diciendo que había sido el líder de su partido, pero no dijeron cuál en la gran y contenciosa colmena de grupos de izquierda. La izquierda dura de Turquía había estado dividida por peleas intestinas en las décadas de 1970 y 1980. En esa época, durante su exilio en Alemania, Akçam había sido el blanco previsto de un atentado que salió mal, en el que habían matado al hombre equivocado.

«Llegaste 1200 años tarde», repitió Ihsan, dirigiéndose a mí y resumiendo en su idioma, que tenía esa antigüedad, la sensación que dominaba la mesa de viajar en el tiempo, de una reunión entre familiares separados y perdidos hacía mucho. Y estaban ávidos de noticias sobre los armenios de Siria mientras arreciaba la guerra en Alepo. «Nuestra gente todavía está allí», dijo Resûl, confundiéndome por un momento con la palabra que usó, «meronk», normalmente reservada para un grupo cercano o estrechamente vinculado. Sin embargo, entendí que hablaba de los armenios, uniendo a los hamshentsís con ellos. Y cuando las bebidas comenzaron a surtir efecto, T. comenzó a insultar a Atatürk y su *izar*, el sudario en el que envuelven los difuntos musulmanes.

* * *

«*Aspadz* para nosotros es una mala palabra», dijo *Onur*, mencionando a Dios en la variante hamshetsnak del nombre armenio, *Asdvadz*.

«Nos ha causado mucho sufrimiento», continuó en su monólogo sin aliento, como si tratara de compensar todo el tiempo perdido, explicando los muchos usos de Dios entre los hamshentsís, no todos ellos necesariamente como una maldición. En una interpretación, el nombre armenio del Creador se había convertido en una blasfemia entre ellos después de su conversión. «Hemos sufrido mucho a manos del Estado y de los laz, un pueblo semejante a lobos, desde que bajamos a la costa: hace apenas 50 años que empezamos a venir a las ciudades sobre el mar; antes estábamos en las montañas». Onur recitó frases en hamshetsnak que usaban sus antepasados invocando a Dios:

Aspadz asdeğits herru e.
Aspadzit madağ linim.
Aspadzı tsavıt arrnu.
Ellahı tsavıt arrnu.

Dios está lejos de aquí.
Déjame ser un sacrificio a tu Dios.
Que Dios te quite el dolor.
Que Alá te quite el dolor.

En el pasado, dijo, tenían miedo de hablar en hamshetsnak por teléfono por temor a ser descubiertos por los turcos. «Fuera de Hopa y Kemalpaşa solíamos decir que éramos turcos». Luego agregó una frase que parecía falsa, confirmado por la sonrisa sardónica de los otros hamshentsís bajo la glorieta donde se refugiaban de la lluvia torrencial: «¿Aspadza vordağ ar? İnçi hayin mortadza?» («¿Dónde estaba Dios? ¿Por qué mató a los armenios?»).

Pero había un residuo de apego a Dios en armenio o al Dios armenio entre la generación anterior, que todavía lo invocaba en sus súplicas. Y el recuerdo de violencia en su conversión al islam había sobrevivido en un dicho:

Xeça aşxarh, xeça!
Turke vordağ a,
azo guda.

¡Ay del mundo, ay!
Dondequiera que esté el turco,
da el *ezán*.

«Mi abuela lo decía en secreto porque sabían sobre el Genocidio: "El turco nos masacró, masacró a mis abuelos, si se los digo a mis nietos también los masacrarán", era su razonamiento». El dicho era conocido por muchos hamshentsís, que lo repetían con algunas ligeras variaciones. En dos versiones diferentes que escuché, agregaban al principio o al final: «La anciana armenia dijo...». Tres años más tarde, después de escucharlo por primera vez de Onur, un hombre de negocios nacido en el pueblo de Dzağrina en el área de Hopa, que a menudo iba a Armenia y hablaba un excelente armenio oriental además de hamshetsnak, me dijo que la frase provenía de los tiempos de la guerra ruso-turca de 1877-1878.

El festival de cine al aire libre en Makrial (Kemalpaşa en turco) había sido suspendido debido a la lluvia, ya que solamente el organizador más imprevisor podría haber confiado en el clima local para tal iniciativa. Una multitud de jóvenes de la diáspora interna de hamshentsís, todos miembros de partidos socialistas, estaban reunidos bajo la glorieta. Había activistas de Ankara, Bursa e Izmir, así como de Erzurum, donde había una aldea hamshén. En el mejor de los casos, algunos de ellos hablaban un hamshetsnak entrecortado.

Pero uno de ellos, que hablaba con fluidez el dialecto, intervino en la conversación con Onur. Unos años antes, durante una conferencia del partido político en Van, se había quemado con el té y había exclamado «¡Aspadz!» a modo de insulto. Un camarada sorprendido le había preguntado si era armenio: era un armenio oculto de Van, quien, sorprendentemente, había reconocido el nombre de Dios en hamshetsnak.

«¿Isa vova?», había preguntado con voz divertida Kiram, el primo de Onur, cuando lo llamé por teléfono un poco antes: «¿Quién es?». Sería mi anfitrión cuando llegué sin previo aviso en el verano de 2011. En mis primeras seis horas en Hamshén, me habían presentado su teología popular y los débiles ecos de la conversión forzada, así como su miedo perdurable incluso siglos después de la islamización.

¿Habían pensado en abrir un periódico o una publicación en su propio dialecto? «Devletı mezi caş g'ana», respondió Onur con una risa, repetido más fuerte por Kiram, sentado a su lado: «El Estado nos come vivos». Kiram estimó que había hasta 20 000 hamshentsís en Hopa y Makrial.

Nuestra primera parada con Kiram después de que me recogió de la estación de autobuses de Hopa fue una reunión en memoria de Metin Lokumcu, un maestro que había muerto durante una protesta contra Erdoğan cuando su autobús de campaña electoral había pasado por la ciudad en mayo de 2011. Los manifestantes eran todos hamshentsís, excepto el único laz, que se convirtió en el mártir, dijo *Sırrı,* el poeta. Quince hamshentsís fueron arrestados. La policía llegó a la casa de la familia de Kiram para arrestarlo también, pero había huido a las montañas y se había quedado allí durante un par de meses: también había desaparecido de las redes sociales.

«El turco masacró al armenio porque era más fuerte, pero si los armenios fueran más fuertes habrían masacrado a los turcos», creía Sırrı. Pero los armenios también habían vivido bajo el dominio árabe, persa y ruso, sin embargo, la aniquilación solo había ocurrido bajo los turcos, repliqué. Estaba usando la palabra «genocidio» de una manera muy casual, en la Turquía de los extremos donde cualquier cosa era un genocidio y nada lo era. «Estados Unidos es poderoso ahora y está llevando a cabo un genocidio en Afganistán, en Irak», continuó Sırrı, ignorando mi comentario. ¿No habían tomado los hombres blancos las tierras de los nativos americanos? «Estás diciendo que vosotros no hubierais masacrado a los turcos, incluso si pudierais, pero creo que vosotros también lo hubierais hecho», insistió, llevando la conversación al campo minado de la historia alternativa, hipótesis que eran imposibles de probar o refutar, y eran irrelevantes excepto cuando se trataba de blindar un argumento. Sırrı había comenzado sus comentarios diciendo que los hamshentsís eran socialistas. «¿Los armenios también son socialistas?». Las explicaciones sobre una pluralidad de corrientes entre los armenios no lo convencieron. Estaba tratando de posicionarse contra el nacionalismo, que detestaba tanto como otros hamshentsís, y equiparaba el nacionalismo de una víctima del Genocidio con el nacionalismo del perpetrador, que además de eso había invadido estos territorios.

Como lo conocía por su poesía, le pregunté si podía escribir un verso o al menos recitar uno. No estaba inspirado. Una de las consecuencias indirectas del bloqueo turco de la frontera había sido que los hamshentsís, muchos de quienes están en el negocio del transporte, habían comenzado a viajar a Armenia a través de Georgia: si la frontera hubiera estado abierta, no habría necesidad de viajar a través de Georgia y, por lo tanto, habría menos motivos para que los hamshentsís fueran a Armenia. La mayoría de los que habían visitado el país habían quedado encantados con la familiaridad que encontraron con la gente, la tierra y el idioma, sintiendo una afinidad que algunos confesaron que no sentían con los turcos.

Le pregunté a Sırrı si había estado en Armenia, donde se había publicado su poesía. Dijo que no podía pagarlo, y mis ojos instintivamente se dirigieron a sus zapatos. Y recordé las suelas de los zapatos de Hrant Dink, usados y con un agujero, los de un periodista y escritor que apenas llegaba a fin de mes. Ver que el agitador armenio era humilde había conmovido a muchos turcos, tan acostumbrados a pensar en los armenios como ricos. Y a pesar de toda su hostilidad, sentí lástima por Sırrı, que había pasado años en prisión por su militancia izquierdista y se ganaba la vida trabajando en obras públicas como represas y carreteras.

Otro amigo hamshentsí que conocía por las redes sociales, *Hamza*, me había saludado con indiferencia. Tal vez era el efecto opiáceo que tenían las redes sociales sobre la curiosidad. También podría haber sido la cautela sobre los armenios de la Diáspora que visitaban a los hamshentsís con celo misionero para recuperar a los «hermanos perdidos» y reconvertirlos en algo así como armenios completos. «Sí, somos armenios, pero decimos que somos turcos, así nos dejan en paz: ustedes eran armenios y los masacraron», dijo. «Nuestras abuelas se convirtieron al islam entre sollozos y llantos: ¿Por qué querríamos volver a pasar por ese sufrimiento?». Asomaban nuevamente los recuerdos reprimidos de dolor, porque lo que se desconoce sobre la conversión de hamshentsís excede lo poco que sabemos. Según una teoría benigna, su conversión había sido animada por la conveniencia de abrazar la fe del gobernante y asegurar sus propiedades y bienestar, tanto como fuera posible en un Estado constantemente violento como el Imperio otomano, en un momento en que los *derebeys* (caudillos de los valles) vagaban por el Póntico saqueando y arruinando pueblos.

Kiram se reía debido al sarcasmo escueto pero punzante del tono de Hamza, a pesar de que era una descripción sucinta de la suerte de los armenios en el Imperio otomano. «Vosotros nos decís que 'regresemos', pero hombre, nos fuimos de Armenia hace 1.300 años, entonces, ¿adónde queréis que regresemos? Tengo un amigo en Ereván que me dice que 'regrese' y yo le digo: 'Hombre, ¿a qué cosa regresaría? ¿Para hacer qué cosa allí? Estáis muriendo de hambre, ¿qué haría yo?' Nos convertimos en musulmanes hace 300 años, ¿por qué volveríamos a ser cristianos?».

Había una cualidad elusiva en la perspectiva de Hamza, el armenio que no amaba a Armenia, «Ereván», en el lenguaje local, llamándola por su capital, pues Armenia era más grande que las fronteras actuales de su república. Tal vez de una manera que él mismo desconocía, su noción de su identidad no estaba relacionada con el Estado y, posiblemente, era anterior a ella. Sin embargo, por propia admisión indirecta, era armenio y, a diferencia de muchos otros hamshentsís, mantenía el hamshetsnak como el idioma familiar, que él y todos en su familia, incluido su hijo menor, hablaban con una rica fluidez que era cada día más inusual. También conocía palabras raras que otros hamshentsís nunca habían escuchado.

Por alguna curiosa razón, muchos hamshentsís me preguntaban cómo llamábamos la cámara fotográfica en armenio, que es *nıgarí mekená*. Hamza fue el primero en preguntármelo y me dijo que lo llamaban *gumuşnik*, una palabra inusual (tal vez de origen árabe) para un idioma que esencialmente se había fosilizado en la Edad Media y que había estado tomando prestado del turco para objetos modernos.

En un jardín de té en Makrial donde la gente jugaba *tavlo*, uno de los hombres que jugaba me preguntó si era armenio: «Nosotros también», respondió. «Somos armenios de Hamshén». Trabajaba entre Armenia y Turquía, en el transporte, que había demostrado ser una bendición para los hamshentsís. Quería saber su nombre: «En Armenia, Artur; aquí es Birol», dijo, con ingenio celebrado por la risa de todos: la suposición tácita era que todos sabían que un nombre turco no ayudaría a la popularidad de nadie en Armenia, por lo que mientras hacía negocios allí Birol usaba un nombre que era común en la antigua Unión Soviética.

Uno de los hombres del grupo era fornido y completamente calvo. Hablaba armenio con fluidez, lo que probablemente indicaba que también viajaba a Armenia con frecuencia. Pero su nombre me dejó un poco intrigado. «Mi nombre es Dzağig», dijo, y se sonrojó cuando vio lo que debe haber sido una expresión de confusión en mi rostro. Su nombre en armenio significaba «flor».

«Ahora hablamos con los armenios de Armenia, Líbano, Nueva York, pero nuestro problema son los armenios de Estambul, que dicen que no es posible que los armenios sean musulmanes... nos desprecian y me han dicho que me convierta en cristiano», dijo Kiram. «Pero soy ateo, y además, nos convertimos al islam hace 300 años, hombre... me dicen que Kiram es un nombre musulmán: mi nombre es Kiram; ¿por qué lo cambiaría?».

Una camarada del partido se llamaba Ardanuş, de Malatya. «Eres una de las nuestras, eres armenia», le había dicho Kiram cuando se conocieron hace unos años. «No», había respondido ella, «soy turca». Kiram le dijo: «Ve a preguntar a tus abuelos y vuelve». Ella lo hizo, y un mes después lo reconoció: «Sí, somos armenios».

La mayoría de los hamshentsís conocían el nombre de Ardanuş (oficialmente escrito «Ardanuç»), ya que era el nombre de una ciudad en las cercanías de la ciudad de Artvin, a menos de una hora en automóvil de Hopa. Sin embargo, en su mayoría lo conocían como el sitio de una masacre de 1915 en Cehennem Deresi (Garganta del Infierno), en las afueras de la ciudad.

Un hombre de blanco con abundante bigote blanco y ojos verdes, que se había sentado en silencio en el parque de Makrial mientras hablábamos, dijo en hamshetsnak: «Aşxarhi hayer, joğvevika» («¡Armenios del mundo, uníos!»).

«Vor miyasin mortevika», vino la rápida réplica de *Mustafa*, el ateo, anarquista y anticapitalista —se describía a sí mismo por todas las cosas que no era—. «Así son masacrados todos juntos», a una avalancha de risas de todos. El hombre de blanco reconoció con una sonrisa el colofón rimado a su comentario.

El intercambio era extremadamente raro, ya que los hamshentsís todavía desconfiaban de mostrar afinidad con sus compatriotas que habían permanecido cristianos. Pero también era revelador porque llamaba a los armenios *hai*, la palabra armenia para ello, que se creía que los hamshentsís habían abandonado a favor de la palabra turca *ermeni*, también usada con intención peyorativa entre ellos. Los crecientes contactos desde mediados de la década de 1990 con Armenia y la Diáspora habían revivido la palabra entre ellos. Aun así, algunos hombres hamshentsí de unos 70 años a quienes conocí por separado dijeron que siempre habían sabido y usado la palabra. Pero la respuesta no era menos curiosa, ya que había expresado, con sarcasmo prístino, los temores de hamshentsís sobre su origen armenio.

* * *

Kiram creía que muchos hamshentsís eran izquierdistas para distinguirse de los laz, que estaban integrados al establishment turco. Los hamshentsís siempre se habían abstenido de tener contacto con el Estado, un objetivo facilitado por su topografía. El largo brazo del Estado otomano tenía un alcance débil en sus aldeas de montaña:

> Aunque las montañas no pudieron dar refugio a las personas abiertamente cristianas en Hemshín, de todos modos desempeñaron un papel en el desarrollo de la identidad hemshín. Bryer señaló una vez que «los límites del Imperio otomano no eran bidimensionales sino también verticales, terminando (como en los Pontos) entre los mil y dos mil metros, por encima de los cuales las montañas ofrecían una especie de libertad». Esta libertad, aunque insuficiente en el caso de Hemshín para preservar una población abiertamente cristiana, permitió que varios ritos y costumbres cristianas practicadas por poblaciones convertidas, ya sean criptocristianas o «conversos imperfectos», sobrevivieran. Por el contrario, las montañas también permitieron a las poblaciones recientemente convertidas a salirse con la suya con una aceptación a medias del islam y la falta de celo en seguir las reglas y preceptos prescritos por él [...] es dudoso que la identidad hemşinli única y moderna pudiera haber surgido sin la perpetuación de varias tradiciones cristianas posibles por la libertad de vida en las montañas, incluso si estas tradiciones han perdido su significado religioso original con el tiempo.[2]

La masacre de los armenios cristianos había reforzado su enemistad con el Estado turco y por quienes eran leales a él, dijo Kiram. Me pregunté si había mencionado el Genocidio como una manera indirecta para halagar a un visitante de la Diáspora. Sin embargo, en sus viajes por la región, un cronista de Of, un condado del mar Negro, había tomado nota de una anécdota sorprendente sobre un hombre hamshentsí, que reconocía implícitamente el origen de su idioma, así como las masacres y, quizás lo más importante, las raíces armenias de esta minoría, así como un tono de desafío:

> Cuando Hasan Umur, el historiador del condado de Of, visitó Hopa en la década de 1940, se sorprendió bastante al escuchar que algunas aldeas hablaban un dialecto armenio. Cuando preguntó al respecto, uno de los hemşinli le dijo que «les gustaría deshacerse de ese idioma, pero no pudieron hacerlo». Uno puede suponer que esta persona sabía qué tipo de idioma estaba hablando su gente.[3]

Ellos también habían sido perseguidos, algo que los otros hamshentsís también mencionaron, pero no podían dar ejemplos, como si la memoria estuviera atrofiada. Había habido siglos de supresión de la memoria, ya que la conversión de los hamshentsís había precedido al Genocidio. Sin embargo, todos hablaban de un vago recuerdo de dolor de fuente incierta, pero agudamente sentido. ¿Era quizás el miedo al Genocidio que afectaba a tantos de sus compatriotas, o a las personas que hablaban su idioma, a pesar de que eran musulmanes? «Nosotros también sentimos mucho miedo cuando os mataron», me había dicho Kiram varias veces, confundiéndome, lo que me llevó a preguntarle si ellos también habían sufrido masacres. «No, no, solo vuestra gente fue masacrada, pero nuestros mayores lo vieron y estaban muy asustados».

Y a pesar de que se habían reasentado aquí hacía más de 1200 años, los laz todavía los llamaban «recién llegados» y «armenios» a pesar de que han sido musulmanes durante siglos. «Los laz nos dicen: 'Sois armenios, vinisteis y tomasteis nuestras tierras'. Son nacionalistas. Dicen: "Somos turcos". No les gustamos. Una vez cada diez años damos una de nuestras mujeres a los laz».

Los laz eran un pueblo de mar, dijo Kiram. «Somos un pueblo de montaña». Kiram y su padre decían que los hamshentsís eran carnívoros.

Estábamos en la casa de su familia en la aldea de Şana, a media hora en coche a través de las colinas desde el centro de Makrial. No hubo genocidio contra los armenios, dijo el padre de Kiram. Por el contrario, afirmó, los armenios masacraron a los turcos. Su hermana, la tía de Kiram, una mujer en general silenciosa, reaccionó con consternación. «¿Cómo puedes decir eso?», dijo, molesta. «¿Cómo puedes decir que no sucedió? Estabas allí cuando *momik* nos contaba que las aldeas estaban llenas de huérfanos, las mujeres, los hombres a quienes hacían marchar a las montañas. Estabas allí cuando nos contaba las historias de huérfanos que deambulaban por las localidades y aldeas». Y continuó, llamando a su abuela por el diminutivo de la palabra hamshetsnak, *momik*: «Niños muy pequeños quedaron huérfanos en el pueblo de Şana, nos decía nuestra *momik*». Cuando apunté mi cámara para grabarla, se quedó en silencio y comenzó a asentir con la cabeza para aprobar las negaciones y acusaciones de masacres por parte de armenios que hacía su hermano. En silencio, hacía un gesto que evocaba una puñalada en el vientre, mientras su hermano describía la matanza que los armenios habían llevado a cabo.

Kiram se enojó cuando su padre había negado el Genocidio. Junto con su hermana, lo refutó, en parte en turco y en parte en hamshetsnak. Cuando su padre trató de responderle, Kiram lo calló, en voz alta y enojado. Su padre trató de hablar una vez más, pero esta vez la hermana de Kiram y su madre también lo silenciaron, regañándolo. «Cállate», le dijeron. Estábamos en el balcón, mientras llovía torrencialmente sobre el verde floreciente de las montañas, y las densas nubes, plateadas, grises, y negras, perdían sus colores según anochecía.

A la mañana siguiente, *Timur*, el primo de Kiram, también me dio una explicación diferente. Dijo que los hamshentsís tendían a ser izquierdistas debido a los problemas que afligen a Turquía y no debido a las preocupaciones particulares de los hamshentsís. La familia ganaba algo de dinero con sus plantaciones de té, al igual que muchas familias hamshentsís. A pesar de la proclamada indiferencia de Timur por la identidad particular de los hamshentsís y su aversión a lo que sentía que era el nacionalismo armenio, la primera vez que me vio me había dicho, mientras estaba junto con Kiram, «Mer dığots e nıman» («Se parece a nuestros muchachos»). Por supuesto, dije: «Somos el mismo pueblo». Había sonreído incómodamente y miró hacia otro lado. Kiram largó su alegre carcajada, la mayoría de las veces sincera. A veces, sin embargo, uno podía darse cuenta cuando algo lo incomodaba, expresándolo de la manera en que se hacía en estas partes, con palabras y reacciones matizadas que a menudo indicaban un malestar más profundo de lo que realmente mostraba.

«Me he convertido en comunista debido a los problemas en Turquía, que todos comparten en este país, no solo los hamshentsís», dijo Timur, sentados en su balcón mientras alimentaba a un petirrojo visitante que venía a comer todas las mañanas:

> No es posible que nos convirtamos en armenios. Nuestra mente ha cambiado. Turquía tiene el problema kurdo. Son 25 millones. No es un gran problema que los jóvenes hamshentsí no aprendan hamshetsnak porque no estudiarán en hamshetsnak en la universidad. No es un problema que aprendan en otro idioma en la escuela. Los principales problemas de Turquía son: el desempleo; la falta de libertad, incluidas las cuestiones kurda y armenia; reconocimiento del Genocidio, ¿cómo lo llamáis? *Medz Yeğern*. Pero aprender hamshetsnak no es un problema. Ya hablamos turco.

La desaparición del idioma no le preocupaba, ya que el hamshetsnak era una lengua condenada a desaparecer. «Tomnetsav», dijo, o «Está acabada», en hamshetsnak. «Moliyadz enk», añadió: «La hemos olvidado».

Se mofó de Orhan Pamuk como un elitista que no hablaba de los problemas de Turquía. Habló sobre el Medz Yeğern y lo echaron del país, dijo con *schadenfreude* indisimulado que me resultaba difícil de comprender, ya que colocaba a Timur más cerca de los nacionalistas turcos.

Luego lo acompañé al arroyo que corría alegremente delante de su casa. Entramos al agua hasta nuestros tobillos para atrapar un pequeño pez del tamaño de una sardina que llamó *kapçin*, para preparar una comida laz «con pan de Hamshén». O una cena de Hamshén con un pescado laz, y se rió de su ingenio. El arroyo, llamado Xelun, no era más ancho que las estrechas calles de Makrial, pero era torrentoso.

A nuestro regreso de la pesca, el hermano de Timur, que como Timur era panadero, me preguntó mi nombre y yo le pregunté el suyo a su vez: «El mío es un nombre musulmán, pero no soy musulmán; soy ateo, marxista». Había cumplido una condena en prisión de 1982 a 1990 y luego de nuevo de 1999 a 2001, porque era miembro del Partido Comunista Marxista-Leninista. Una vez había conocido a un armenio oculto de la región de Van que había mencionado grupos de armenios ocultos en las aldeas alrededor de Muradiye. Ambos hermanos tenían caras redondas, de cabellos rojo y rizado, recordándome a un conocido, un exmilitante del IRA que se había ido de Belfast y se había convertido en un activista por la paz en Dublín. Y la escena parecía irlandesa de todos modos, con los árboles, la lluvia y la espesa niebla.

La pena de prisión de Timur había sido más turbulenta. Durante su década tras las rejas en la prisión de Gebze, había participado en la famosa huelga de hambre del 19 de diciembre de 2000 contra las prisiones de «tipo F». Al igual que otros reclusos, había contraído el síndrome de Korsakoff, un trastorno neurológico, después de que los soldados turcos irrumpieron en Gebze y las otras prisiones donde habían estallado motines. Hubo informes de que los reclusos amotinados fueron torturados.

* * *

La primera vez que me encontré con el nombre de Hamshén fue en Buenos Aires en 1984. Estaba en la biblioteca de Narciso Binayán Carmona, un periodista argentino-armenio de conocimiento enciclopédico y una colección de libros correspondiente que, con unos 40 000 volúmenes, estaba entre las bibliotecas privadas más grandes de Argentina. Una persona sin pretensiones, a pesar de ser un periodista reconocido de *La Nación*, el periódico más prominente del país, aceptaba recibirme en su extenso apartamento donde las paredes de la mayoría de las habitaciones estaban cubiertas de libros del piso al techo, cuando comencé a trazar mi camino al periodismo en esa época anterior a internet, en que los periódicos eran catedrales del conocimiento.

Mientras lo esperaba en la sala de estar a que terminara de escribir una columna o algún otro compromiso con otro invitado, recogía libros y los abría en una página al azar. La primera vez que hice esto había sido especialmente feliz. Mientras leía la introducción a la edición española de *La decadencia de Occidente* de Spengler, intuí la mano del filósofo español José Ortega y Gasset. De hecho, había firmado estas proféticas páginas escritas en Madrid en 1923, con un presentimiento claro que las dos décadas posteriores justificaron.

Gocé del descubrimiento y estas lecturas al azar en la biblioteca de Binayán se convirtieron en un hábito. Entonces, un día abrí un pequeño libro de bolsillo en francés con una portada rosada descolorida: *Les Musulmans Oubliés: L'islam à l'Union Soviétique* (*Los musulmanes olvidados: el islam en la Unión Soviética*) que Binayán me dijo más tarde que había comprado en el mercado de pulgas de París. La primera página que abrí en medio del libro tenía una breve entrada sobre «Hamchen». Era un nombre extraño para un pueblo en la Unión Soviética, pensé, suponiendo por alguna razón que el nombre era una variante del árabe *khamseen*, que además de significar «cincuenta» era también el nombre de un viento del Sahara. ¿Cómo terminaría un pueblo con ese nombre en la Unión Soviética, que en ese momento la mayoría de los no iniciados al otro lado del Muro de Berlín conocía genéricamente como «Rusia»?

Para mi asombro, leí que eran armenios musulmanes en Abjasia y Georgia, una rama de la comunidad en la costa noreste del mar Negro de Turquía. ¡Armenios musulmanes! ¿Cómo podrían los armenios convertirse en musulmanes y seguir siendo armenios? Como la nación armenia en su concepción actual y la Iglesia nacieron prácticamente juntas, especialmente después de la creación del alfabeto en el año 401 o 402 para la liturgia en la lengua vernácula, en ese momento esto parecía un oxímoron. Esa noche le pregunté a mi padre sobre los armenios de Hamshén. Ahora estaban turquizados, me dijo, pero hablaban un dialecto arcaico del armenio. Eran los días preinternet de la Guerra Fría, cuando los países estaban más lejos de lo que están ahora, donde había lugares remotos difíciles de visitar y acerca de los cuales obtener información. Había partes del mundo que eran misteriosas en un sentido objetivo de la palabra. Pocas cosas podrían superar en ello a los armenios islamizados. Turquía era una tierra mucho más cerrada para los armenios de la Diáspora que la Unión Soviética.

* * *

Al otro lado de la calle de donde nos sentamos en la casa de té en Makrial, había un cartel electoral roto de la candidata turca del ESP, o Ezilenlerin Sosyalist Partisi (Partido Socialista de los Oprimidos), en el cual militaba Kiram. Más temprano ese día, Kiram me había presentado a la candidata del ESP, una joven turca. El partido reconocía el Genocidio y quería justicia por ello, dijo. Pero ella veía más urgencia en la cuestión kurda. «Turquía masacró a los armenios y ya no quedaron, así que ahora es un problema histórico, pero siguió matando a los kurdos una y otra vez, y aun así no desaparecieron», había dicho. Esta joven política había nacido en Şavşat, en la provincia de Artvin, no muy lejos de Cehennem Deresi (Garganta del Infierno), el sitio donde habían sido masacrados armenios.

Mientras caminábamos por la principal calle comercial de Makrial, un hombre parado a la entrada de una zapatería llamó al padre de Kiram. «Este bastardo es hamshentsí», dijo el padre de Kiram sobre su amigo, que se prestó al juego y devolvió el cumplido y luego se volvió hacia mí, pidiéndome que tomara su foto. «Vosotros sois armenios, pero nosotros somos hamshentsí», dijo jovialmente. «Usted también es armenio», le dije. «Armenio hamshentsí», propuso el hombre como compromiso. «Los hamshentsís no son armenios», se apresuró a decir el padre de Kiram en voz alta, casi en pánico y rojo. Sentí que tenía miedo, pero no de mí ni de su amigo el tendero. Debe haber temido a los espías que nos rodeaban.

Y ser visto en mi compañía podía haber sido comprometedor hasta no hacía mucho en Turquía. Estaba proclamando públicamente y en la calle que no eran armenios, en el dialecto armenio de Hamshén. Kiram ya me lo había dicho un par de noches antes, después de la discusión en su casa sobre la veracidad del Genocidio. Su padre se jactaba de sus convicciones marxistas-leninistas, su afición por el *rakı* y su desprecio por el islam. Pero temía mucho más admitir que podría haber sido de origen armenio.

Así, cuando insensatamente pregunté al comerciante qué pensaba, si los hamshentsís eran armenios o no, se mostró reacio a dar una respuesta. «Somos hamshentsís, somos musulmanes», respondió, con el espíritu jovial ya asfixiado por el miedo que había descendido sobre todos nosotros. Mi *gyavur damarı* (terquedad del infiel) se había apoderado de mí y dije: «Sí, armenios musulmanes». Pero el padre de Kiram decía: «No, no, no». Mientras caminábamos hacia el autobús, le pregunté si los laz hablaban hamshetsnak. No, turco, dijo. También hablaban laz entre ellos, pero el idioma común para las comunidades era el turco. Todavía había laz que vivían en Makrial además de los hamshentsís, pero también había algunos turcos. Los kurdos venían a Hopa y Makrial para el trabajo estacional, pero la mayoría no se quedaba. Un hombre de piel olivácea con un bigote manubrio negro pasó a nuestro lado sin saludar al padre de Kiram, fumando de una manera que es común en Turquía y más al este, encorvado sobre sí mismo y mirando hacia abajo. «Conozco a ese hombre, es un turco», dijo. «Nosotros también somos turcos», agregó, sin nunca perder la oportunidad de recalcar la idea. «Vosotros sois hamshentsí», le respondí. «Sí, sí, somos hamshentsí», dijo con satisfacción.

«Soy ateo», agregó. «Y marxista-leninista». ¿Como la mayoría de los hamshentsís? «No, hay quienes van a la mezquita», dijo. Y se rió, y yo también, feliz de haber encontrado en el humor un lenguaje común con él.

* * *

Estábamos sentados en la casa de té Park, de Hopa, cuando reconocí a *Selahaddin*, que estaba tratando de crear su propia partido político de Hamshen. Kiram sonrió, pero lo miró con ojos viperinos, y apenas se saludaron con un ademán de asentimiento. Me dijo que Selahaddin estaba más cerca de la política kurda, y era miembro del BDP, el partido kurdo cercano al PKK. Pero era «un buen tipo», agregó Kiram. El calificativo de «buen tipo» generalmente lo usaba para personas que le caían mal, no saludaba, y con quienes no hablaba.

Selahaddin estaba con un hombre gordo que llevaba anteojos de montura gruesa. Se acercó a mí para saludarme —la familiaridad que todos derivábamos de las redes sociales en partes remotas del mundo todavía parecía extraña—, pero noté que no le hablaba a Kiram. El gordo era un periodista turco, dijo Selahaddin, y por alguna razón todos en nuestra mesa, incluido Kiram, se rieron, porque lo dijo con un tono de obligación inevitable de satisfacer al padrón. Pero, cuando terminara, dijo, le gustaría hablar conmigo. Acababa de lanzar un proyecto para iniciar el partido político de Hamshén, basado en la especificidad de su comunidad, diciendo que cuando se les preguntaba si eran turcos o armenios respondían: «Somos hemşinli». Había algo que era específicamente turco aquí también, la ambigüedad de este tipo de declaración que evitaba afirmativos o negativos: cuando le pregunté si era armenia, una mujer en Sasún no había dicho «No»; solo «Somos musulmanes». Los esfuerzos de Selahaddin finalmente quedaron en la nada.

Regresó a su mesa y le dijo algo al periodista turco, que se rió lo suficientemente fuerte como para ser escuchado por nosotros a unos diez metros de distancia. Pero entonces comenzó la lluvia, y Kiram y nuestro grupo fueron en una dirección diferente. Me topé de nuevo con Selahaddin en el minibús que subía por las montañas de Makrial a través de los pueblos de Hamshén, una acuarela impresionista de manchas verdes y rojas, flores silvestres desbordantes, a través de la cortina de lluvia que descendía con demasiada fuerza para los limpiaparabrisas rotos. Selahaddin se había sentado unas filas atrás, obviamente para establecer cierta distancia.

No sabía qué pensar sobre él. La primera vez que me puse en contacto con él me había respondido con un mensaje lleno de desdén: yo estaba realizando una encuesta en línea entre hamshentsís, y él había dicho que se identificaba como marxista-leninista y ridiculizaba la idea de que los armenios pudieran ser compatriotas de los hamshentsís. También cuestionaba que los «hemşinlis» (llamaba a su pueblo por su nombre turco) tuvieran alguna noción de una identidad diferente a la turca que no fuera una inclinación algo localista reflejada en el uso de su dialecto y algunas costumbres. También había escrito un par de líneas en hamshetsnak burlándose de la iniciativa de la encuesta, en un mensaje que por lo demás estaba en turco.

Pero unos meses más tarde sus puntos de vista habían cambiado, al igual que los de otros, según redescubrían la historia de su pueblo. Sin embargo, incluso cuando trató de fundar un partido de Hamshén, había insistido en la particularidad de su identidad comunal, diciendo que los hamshentsís negaban el origen armenio o turco. Eran hamshentsís. «Pregúntale a un hamshentsí si es turco y dirá: soy hamshentsí; pregúntale si es armenio, y dirá: soy hamshentsí». Había sido entrevistado por una periodista que firmaba sus artículos en la prensa turca con un nombre que terminaba con *oğlu*, y con *ian* para los que escribía para la prensa armenia.

* * *

Torkom me había invitado a una reunión en Estambul con su hermano *Markar*, que estaba trabajando en un documental sobre Hamshén. Ambos eran armenios cristianos de origen mixto de Malatya y Dersim, pero Markar vivía en los Países

Bajos. Ninguno de los dos hablaba armenio, pero Torkom había luchado como voluntario en la guerra de Nagorno Karabaj contra Azerbaiyán a principios de la década de 1990. Otros armenios del interior de Anatolia también se habían unido a la lucha, dijo. Era la primera vez que oía hablar de la presencia de armenios de las tierras históricas en el frente contra los azeríes.

Pero estaba atento al sonido de hamshetsnak proveniente de *Rahmi*, que estaba hablando por teléfono. Era difícil desacoplar el idioma armenio de la identidad, así que tímidamente le pregunté cómo se sentía en términos de identidad. «Somos musulmanes», dijo, sonriendo, sin agregar el descargo de responsabilidad que a menudo escuchaba de otros hamshentsís de que era comunista o ateo. «Sí, somos armenios», agregó, en respuesta a una segunda pregunta que hice. El hamshetsnak, dijo, no estaba desapareciendo. Muchas mujeres apenas hablaban nada más que hamshetsnak, y sabían muy poco turco o nada. «Solo hablo hamshetsnak con mi madre».

En ese momento sonó el celular de Rahmi y vi «*Civan*» en la pantalla de su iPhone. Civan era miembro de Vova, una banda de músicos de Hamshén que cantaban en lengua vernácula y habían puesto su cultura y música en el mapa en Turquía y, cada vez más, en la Diáspora armenia. Rahmi me pasó el teléfono casi de inmediato, como si Civan supiera que yo estaba allí. No lográbamos coincidir. Había llamado a su casa al llegar a Estambul. «No está aquí», fue la respuesta en turco, en la voz meliflua de una mujer después de haber preguntado en hamshetsnak. ¿No hablaba hamshetsnak? «No, no soy hemşinli, pero los amo, y amo a los armenios», dijo dulcemente, casi disculpándose. Sin tener todavía confianza en mi turco en ese momento, y llamando desde un teléfono público extrañamente colocado en un rincón cavernoso dentro de una galería en el distrito de Beyoğlu, le pedí que por favor repitiera lo que había dicho. «No soy armenia, pero amo mucho a los armenios», dijo con la misma voz tranquilizadora. En ese momento, el deshielo entre armenios y turcos a nivel de la sociedad civil apenas comenzaba, y muchos turcos a menudo dejaban en claro con expresiones adicionales de cortesía cómo se sentían acerca de tantas cosas indescriptibles. Era un intento por reasegurar a sus interlocutores armenios que nos entendían y que podíamos confiar en ellos.

«Parev, ¿inçbes ek?», me saludó en armenio Civan con voz grave. Apenas había superado lentamente sus dudas sobre los orígenes de los hamshentsís, después de disputar inicialmente estas teorías vigorosamente, por convicción más que por miedo. E incluso hoy, aun cuando reconocía la evidencia indiscutible de su origen armenio, al mismo tiempo recordaba a todos que habían sido musulmanes durante siglos y que había un fuerte componente turco en su identidad. El hamshetsnak de Civan era fluido y su vocabulario notablemente rico, ocasionalmente tomando prestadas palabras del armenio oriental y occidental estándar en lugar del turco para sustituir las que faltaban en el dialecto.

Nos reunimos con Civan esa noche en un jardín de té en el parque Gezi. Estaba haciendo un esfuerzo para no parecer cansado después de manejar 50 kilómetros y un largo día de trabajo. Esa noche, él y otros ocho amigos hamshentsís habían estado haciendo trabajos de renovación en las oficinas que pronto albergarían a Hadig («Semilla», tanto en hamshetsnak como en armenio), un centro cultural y social de la creciente comunidad de hamshentsís en Estambul, que estimó en alrededor de 3000 personas.

Había tres razones por las que tantos hamshentsís eran izquierdistas, según Civan:

- Bajaron de las montañas a las ciudades, donde se convirtieron en trabajadores en lugar de capitalistas.
- Los laz los despreciaban como «armenios de caderas gruesas», una expresión peyorativa tanto en términos de clase social (como campesinos) como de origen nacional.
- Los hamshentsís no habían llegado a posiciones de poder en Turquía.

En ese momento tenía la impresión de que su reconocimiento del origen armenio de los hamshentsís todavía era con renuencia, pero cuando nos conocimos no transmitió ningún indicio de recelos o reticencias.

Mientras nos aprestábamos a irnos, se unió a nosotros su hija de 18 años, una chica alta de grandes ojos negros, que hablaba inglés con fluidez y acababa de inscribirse en la Facultad de Psicología ese día. No hablaba hamshetsnak ni parecía interesada.

Civan tenía grandes planes para el centro cultural Hadig, incluida la enseñanza y la práctica del idioma. Muchos jóvenes hamshentsís, especialmente aquellos nacidos y criados fuera de las regiones de Hamshén, en la diáspora turca interna, no lo hablaban o lo olvidaban. Yo había visto a hombres jóvenes en Hopa que no hablaban hamshetsnak y no estaban interesados en aprenderlo. Uno, de la comunidad de hamshentsís más pequeña de Erzurum, militaba en el ESP, el mismo partido socialista que Kiram, quien lo regañó burlonamente, un poco *pour la galerie* para impresionarme, y el joven se prestó al juego, sonriendo un poco tímidamente y prometiendo estudiarlo.

Esa noche en el parque Gezi, Civan me dijo que el hamshetsnak era «el lenguaje de las mujeres», confirmando lo que Rahmi me había dicho. La abuela de Kiram, a quien conocí en las últimas etapas del alzhéimer y también de su vida, solo hablaba hamshetsnak. Solía murmurar un hilo de frases incoherentes en el dialecto, que Kiram y el resto de la familia ignoraban mientras pasaban junto a ella en su casa en el pueblo de Şana. A mí, en cambio, me resultaba infinitamente fascinante escuchar a esta anciana mientras susurraba cosas a sí misma en una variante oscura y arcaica del armenio, mientras me preguntaba sobre el significado de las palabras que provenían de una época muy lejana y de una mente ya fuera de alcance.

«¿Betqes ta?», le pregunté una noche para poner a prueba los límites de su conciencia, preguntándole en el dialecto si estaba bien. «Soy em» («Estoy bien»), respondió con firmeza, después de un segundo de conmoción que la inmovilizó en el sofá. Ya había perdido la vista y, en su delicado rostro, coronado con un pañuelo en la cabeza encima de una gorra, sus ojos invidentes buscaban la fuente de la voz del desconocido. Se puso ansiosa. Alarmada, la abuela preguntaba «¿Vova? ¿Vova?» («¿Quién es? ¿Quién es?»). Su hija, la tía de Kiram, la tomó amorosamente del brazo y se la llevó.

2
POSHÁS

El exgobernador de distrito de Artvin, *Mithat bey*, fue mi vínculo con los poshás. Los había estado buscando durante mucho tiempo y, después de seguir muchas pistas falsas, pensé que finalmente los había encontrado esta vez. Era un hombre muy amable a quien me presenté por teléfono. Afincado en Estambul durante los últimos diez años, aceptó ponerme en contacto con los poshás de Artvin. Habló con la mayor estima de este grupo que ha sido discriminado durante mucho tiempo. Pero Mithat bey me había advertido que no encontraría a nadie que hablara el idioma. «Los poshás se han asimilado», me dijo.

Me refirió a otra persona, un exfuncionario, *Şihab bey*, quien era igualmente amable y que Mithat bey creía podría ayudarme en mi búsqueda. Pensé que era un poshá, pero solo más tarde descubrí que no lo era. Şihab bey, también, era originario de Artvin, pero se había retirado hacía muchos años a Bursa, donde dijo que había una comunidad grande de poshás, y que además les iba bien, después de haber abierto joyerías u otros negocios. Hablé con ambos hombres por teléfono, y ambos, funcionarios del gobierno turco a quienes les dije que era armenio, me ofrecieron ayuda incondicional y rápida.

No pidieron ninguna referencia. Además, me dieron notas de recomendación para presentarme a este grupo esquivo que hablaba lomavrén, un dialecto derivado del armenio. Como jerga secreta de vocabulario limitado, en lugar de ser un idioma por derecho propio, una conversación en lomavrén básico no era demasiado difícil de seguir para un hablante de armenio occidental. Aun así, un monólogo rápido de un minuto de duración de una mujer de 78 años en Artvin, quien hablaba el lomavrén con fluidez, sonaba completamente ininteligible para un hablante de armenio y turco, aparte de palabras aisladas. Una breve conversación que esta mujer tuvo con una pariente de aproximadamente la misma edad fue igual de impenetrable, si bien un poco menos porque su interlocutora tomaba más palabras prestadas del turco.

Şihab bey me dijo que todavía había poshás que hablaban Lomavrén en Artvin. Pero él me había dicho que mi origen armenio podría causar inquietud entre los poshás, por lo que antes de dirigirme a Artvin sería bueno hablar con ellos. Me puso en contacto con otro funcionario del gobierno del distrito de Artvin, *Fatih bey*, un funcionario del Partido de la Justicia y el Desarrollo, en quien no tenía mucha fe. Sin embargo, tan pronto como lo llamé por teléfono, Fatih bey hizo todo lo posible para ayudarme, sin siquiera haberme visto y después de que le dije que era armenio.

Había buscado a los poshás en Estambul. En un lugar donde se congregaban aquellos que los armenios de Estambul llamaban poshás, en el barrio de Kurtuluş, solo dos habían dicho que de hecho eran poshás, a pesar de que uno hablaba con fluidez armenio occidental regular en vez de lomavrén, mientras que el otro solo hablaba turco, pero podía entender armenio. Si bien «poshá» era utilizado como un término despectivo por los armenios de Estambul para compatriotas de las provincias de Sinop y Kastamonu, así como otros de otras partes del interior de Anatolia, después pude comprobar que posiblemente no eran poshás. Aun así, hay referencias tangenciales a que los poshás itinerantes habían llegado hasta Kastamonu.[4]

Antes de encontrar la conexión de Artvin, los había estado buscando sin éxito en la región del mar Negro, siguiendo algunas vagas pistas de que podría encontrar poshás allí. Pero una anécdota que me contó un hombre hamshentsí en Makrial me hizo regresar a Estambul.

Este hombre hamshentsí había asistido a una boda en 1980 ó 1981 en Afyon Karahisar, en Anatolia occidental, y los cantantes habían comenzado a entonar canciones a las que nadie estaba prestando atención. Pero había comenzado a reconocer palabras y expresiones que sabía que eran armenias. Sin embargo, los músicos no parecían armenios y el idioma era una mezcla extraña, de la que podía entender fragmentos, como «ağçig dığa sirets» («la chica amó al muchacho»), que eran más o menos lo mismo en el dialecto hamshetsnak. «Todo el mundo bailaba y nadie prestaba atención, pero yo estaba intrigado». Entonces se había acercado a ellos y le habían dicho que hablarían después de que terminara la fiesta. Eran una banda itinerante de músicos poshá, pero no podía recordar de dónde eran: Van, tal vez. En medio de susurros, tanto el hombre hamshentsí como los músicos poshá habían insinuado sus vínculos con los armenios. Eran años de agitación en Turquía: no solo había habido un resurgimiento del odio contra los armenios debido a los ataques terroristas de ASALA y otros grupos armenios, sino que también había habido un golpe militar, encabezado por el general Kenan Evren.

La desconcertante anécdota sonaba como una buena pista, y pensé que sabía por dónde empezar mi búsqueda. Nadie respondió a mis llamados telefónicos durante días al Centro Roma, Çingene, y Lom, y nadie abrió la puerta en la dirección indicada en el barrio de Cihangir. Pero como había alquilado un apartamento en Kasımpaşa, un barrio de Estambul con una concentración significativa de residentes romaníes (y el barrio de la infancia de Recep Tayyip Erdoğan) comencé a buscar más cerca de casa. Unos amigos sentados en la casa de té frente al edificio de apartamentos donde vivía me dijeron dónde preguntar. Sin embargo, al no ser iniciado en las artes retóricas de las sutilezas, buscar personas por el nombre bajo el cual eran discriminados no me abría muchas puertas. Los vecinos a los que me acerqué inicialmente negaban que fueran gitanos, pero cuando insinué la posibilidad de contratar una banda para una sesión de grabación, la conversación comenzó a fluir.

Un joven de Eskişehir, de tez oscura y ojos astutos, sin decirme nunca si era gitano, quería saber de cuánto dinero hablábamos. Se había acercado a mí cuando me escuchó hablar con una mujer, que me había dicho: «No soy gitana, soy de Tracia». El muchacho de Eskişehir había sonreído con una expresión de ironía cuando le dije que buscaba músicos gitanos. Él era músico, pero desistió de mi oferta cuando le dije que quería escuchar una interpretación de poshás, un grupo de personas de las que nunca había oído hablar.

Me indicó cómo llegar a un café al pie de una calle empinada, en un extremo alejado de Kasımpaşa. «Son todos gitanos allá abajo». Por las miradas que se posaron sobre mí al entrar en Muzik Kafe estaba claro que de hecho era frecuentado por clientes habituales. Había personas agrupadas alrededor de diferentes mesas. Se alzó un coro de carcajadas cuando les pregunté si había músicos gitanos. Obviamente había prescindido de eufemismos. «Todos somos turcos», dijo uno, burlonamente, mientras continuaban las risas.

El café era un punto de reunión donde los músicos esperaban ser contratados para fiestas, bodas, u otras celebraciones. Sin embargo, nadie había oído hablar de poshás. Un acordeonista de Edirne me mostró a un joven, enormemente obeso y de piel cetrina, que estaba sentado solo con la cabeza gacha, concentrado en algo, lapicera en mano. El resto se burlaba de él en voz alta y no a la ligera, pero él parecía inmune a ello, extraviado en la burbuja de sus propios pensamientos. Sin embargo, los demás no parecían hostiles a él, en uno de esos extraños ecosistemas que se forman entre grupos de amigos. Cuando le dije lo que necesitaba, apartó los ojos del juego de sudoku por un segundo y, en un trozo de papel que arrancó de un periódico, escribió el número de teléfono de un músico gitano de Kayserí que podría ayudarme. Pero no sabía nada sobre poshás. Para cuando le di las gracias, había vuelto a aislarse del mundo exterior, mientras las burlas crueles seguían a su alrededor. El músico de Kayserí, a quien llamé, nunca había oído hablar de poshás. En Kasımpaşa todos eran romaníes, la raíz del otro nombre para los poshás, lom: en el dialecto poshá, la *r* se transcribía como una *l*, por lo que «roma» (por «romaní») se había convertido en «loma» o «lom», y su idioma era el lomavrén. Sin embargo, esta cadena de pistas falsas me había llevado a la conexión de Artvin y de vuelta a los Pontos y al mundo exuberante encerrado entre sus montañas y el mar Negro. Una serie interminable de llamadas telefónicas, basadas en referencias tras referencias, finalmente me encaminaron a encontrar al grupo esquivo. Ningún gitano con el que hablé sabía de la existencia de los poshás.

Fatih bey convocó a su oficina a un funcionario poshá, *Altınbaş bey*. Las palabras de recomendación de Şihab bey tenían mucho peso. Había apoyado mucho a la minoría poshá, y era bienamado por haber organizado su equipo de fútbol y conseguir que el equipo, décadas atrás, tuviera su primer conjunto de camisetas oficiales. «Eso era algo importante en esa época», dijo Altınbaş bey. Altınbaş bey había jugado para el equipo, Lomaspor. Eran aficionados entonces y no jugaban por dinero. Tan cercana había sido la relación de Şihab bey con los poshás de Artvin que incluso había aprendido un poco del dialecto: «Una vez había viajado a Batumi en un viaje de negocios con su secretaria poshá», dijo Altınbaş bey. Cuando se les sirvió el almuerzo, ella le había advertido: '*Şuni mis e*', y él no lo había tocado.» La secretaria de Şihab bey había dicho literalmente, tanto en armenio como en el dialecto lomavrén, «Es carne de perro», un eufemismo para carne de cerdo, vedada a los musulmanes.

Fatih bey le dio a Altınbaş bey la tarde libre para mostrarme la comunidad de los poshás en la ciudad. La primera parada fue en la plaza de la Mezquita Central, para encontrarse con uno de los poshás más viejos de Artvin. *Haci Mehmet* tenía 96 años y era tejedor de cestas, la antigua especialidad de los poshás. Dijo algunas cosas en lomavrén para la cámara, pero estaba claro que había olvidado mucho del idioma. Originario de Bulbuçuz Kığ, era un hombre blanco de ojos azules, barba blanca y gorro islámico. Reclutado en 1943, había servido en Kars durante dos años y otros dos años en Ararat.

Altınbaş bey me llevó a la casa de su familia, donde su madre y una tía entablaron una conversación en lomavrén, pero no pude entender nada más que palabras armenias sueltas insertadas en un contexto ajeno. Tenía una fuerte influencia del turco, pero con una sintaxis diferente que no era posible seguir para los no hablantes. Las señoras lo hablaron solo para hacerme un favor, porque solo usaban lo que consideraban una jerga secreta cuando trataban de ocultar algo de los no hablantes. El turco era su idioma de conversación habitual. Incluso parecían genuinamente sorprendidos de que el lomavrén fuera considerado un idioma. Los verbos, algunos de los cuales provenían directamente del armenio, se conjugaban de manera similar al armenio.

Sin embargo, a pesar del considerable vocabulario armenio, Altınbaş bey dijo que el idioma generalmente no era demasiado diferente del romaní que había escuchado hablar por los gitanos. Una palabra que incluso los poshás con poco dominio del dialecto usaban era *manuş* (policía). Sonaba, o puede haber sido originalmente, apócope de *manuşag*, que en armenio significa «violeta» o «púrpura», una palabra de origen asirio. Sin embargo, los hablantes de Poshá no conocían la palabra «*manuşag*», ni eran conscientes de ninguna conexión cromática con los policías. A finales del siglo XIX, *manuş* significaba «persona» u «hombre», y su acepción de policía parece ser un desarrollo posterior, tal vez la evolución de un eufemismo. El orientalista Kerope P. Patkanov, que usaba la variante *manus*, dio el ejemplo de «*samél manus es*», para «eres un buen hombre».[5]

En respuesta a mi pregunta, *Xoca Hasan*, un imán poshá en cuya casa estábamos y primo de Altınbaş bey, me dijo que la comunidad poshá más cercana a Kastamonu estaba en Zonguldak, en la costa occidental del mar Negro. Altınbaş bey dijo que «hay poshás en todas partes», un par de veces. Vivía en el apartamento debajo del de Xoca Hasan, en el barrio de Kolorta, anteriormente el barrio griego de Artvin. Todos observaban el ayuno de Ramadán, y estaban un poco enjutos. Aun así, las mujeres parecían estar sobrellevándolo mejor que los hombres. Había una notable falta de miedo o tensión que uno encuentra en otros hogares en Turquía, especialmente cuando alguien filmaba.

Ninguno de los poshás jamás preguntó por mapas del oro, a pesar de que el tema surgió en referencia a una pregunta sobre los marcadores que, según Vrtanes Papazian, los poshás dibujaban durante sus migraciones como señales de tráfico secretas para sus compatriotas o para indicar si los hogares en el vecindario eran amigables u hostiles.[6] Los poshás con los que hablé no sabían nada de eso y pensaban que eran indicaciones de los armenios para encontrar el oro enterrado.

Xoca Hasan quería saber si alguna vez había pensado en convertirme en musulmán. «No», le dije. «Soy cristiano, nací cristiano y estoy feliz con eso». Luego echó un vistazo a los bocetos que hacía en mi cuaderno de paisajes de las ciudades que visitaba. Mientras estaba en el mar Negro, instintivamente había dibujado vistas escalonadas, con muchas mezquitas y minaretes que figuraban prominentemente en los bocetos. El imán estaba encantado, con una ancha sonrisa dibujada sobre su rostro: «La próxima vez que vengas aquí te haré musulmán», dijo. Me acordé de un místico islámico persa del siglo IX que observaba con tristeza según envejecía que sus vecinos judíos y cristianos nacidos en la propia religión no se estaban convirtiendo a la más verdadera, lo que lo desconcertaba miserablemente. El imán, un barítono, entonó una *sura*. Dijo que hablaba bien el árabe y leía el Corán todos los días. Altınbaş bey insistía en que cantara otra *sura*. «Una es suficiente», dijo Xoca Hasan.

Una de las mujeres de mayor edad dijo que su abuelo había luchado en Kars durante la guerra ruso-turca de 1915-1917, combatiendo contra los voluntarios armenios que habían participado en el conflicto. Quizás haya servido en la desastrosa batalla de Sarıkamış. Pero dejó la historia más fantástica para el final: uno de sus antepasados había luchado junto con Shamil contra los rusos en la rebelión del caudillo checheno contra el Imperio ruso.

Luego, inesperadamente, mencionó las masacres de armenios, que eran bien recordadas en el nordeste de Turquía y principalmente por los hamshentsís. Sabía que los estaba filmando, y la luz de mi cámara parpadeaba, y se lo recordé, pero no le importaba: «Los turcos masacraron a los armenios en la Garganta del Infierno, en Ardanuş, empujándolos al abismo; masacraron a los armenios y a los cristianos para que los musulmanes ocuparan su lugar». Conocía la historia con exactitud. A pesar de que no era una perpetradora y no expresaba apoyo por lo que había descrito, no había dolor o contrición en su tono, y lo interpreté como una señal de que ella no sabía que yo era armenio.

Pero cuando más tarde hablábamos de las palabras que designaban parentescos e integrantes de familia en Lomavrén, ella había reconocido la palabra *kuyr* («hermana», en armenio). Sonrió con complicidad y me dijo: «Esa es una palabra que usa tu gente, pero no la nuestra». Por lo tanto, sabía más sobre las conexiones de su idioma con el armenio, o lo que es más importante, sobre las conexiones de los armenios y los poshás, de lo que dejaba ver. Sin embargo, en sus observaciones notablemente duraderas de 1898, Vrtanes Papazian señalaba que los poshás consideraban el lomavrén «un lenguaje artificial, una jerga».[7] Y, obviamente, había adivinado mi identidad correctamente.

De inmediato agregó: «Los poshás aman *mucho* a Alá». El énfasis me hizo preguntarme si ella se refería a Dios como todos lo conocemos o al Alá del islam, diferente al Dios de los demás. Papazian mencionaba la reverencia de los poshás por el sacerdote, que coexistía perfectamente con una actitud algo superficial hacia la religión. Contaba Ortega y Gasset: «El gitano se fue a confesar; pero el cura, precavido, comenzó por preguntarle si sabía los mandamientos de la ley de Dios. A lo que el gitano respondió: «Misté, padre; yo loh iba a aprendé; pero he oido un runrún de que loh iban a quitá». La familia de Xoca Hasan tenía una devoción religiosa externa que tal vez sugería una conversión relativamente reciente, pero no parecían más celosos que los árabes que había visto en Sasún.

Las mujeres no recordaban viejos dichos en lomavrén. Frustrada, una de ellas dijo: «*Xelkemize gennemiyor*», que podría traducirse literalmente como: «No viene a nuestra mente», es decir, «No lo estamos recordando», en una variación turquizada muy rara de una expresión armenia que cualquiera que hablara un poco de ambos podría entender rápidamente.

Mientras nos alejábamos del vecindario en la parte alta de la ciudad, Altınbaş bey se acercó a un joven y le pidió que hablara un poco de lomavrén para mí. Me saludó en el dialecto y dijo algunas otras palabras, pero eso fue todo. Le pedí que cantara una canción en lomavrén o dijera un poema, pero él respondió que el lomavrén no era un idioma. Estaba tratando de decir que era más una jerga secreta, pero menos que un dialecto: «Laz, ruso, kurdo, circasiano, turco, georgiano, armenio: esos idiomas se hablan en Turquía, pero no somos como ellos, no hablamos un idioma diferente; hemos tomado un poco de los laz y otro poco de los georgianos, pero somos la primera nación de esta tierra, somos una población indígena, turcos puros», dijo, usando la palabra turca para ello, *öztürk*. «Nuestros antepasados han venido de Asia Central».

Altınbaş bey me dijo más tarde: «Es solo un niño, dice tonterías, no sabe nada». Luego agregó, riendo: «¿Qué idioma estábamos hablando en casa?». Y las dos mujeres mayores lo hablaban con fluidez, mientras que los hombres, aunque parecían capaces de seguirlo, se veían un poco más inseguros sobre su uso.

Sin embargo, no disputó la parte sobre los orígenes de los poshás. Todos los poshás con los que hablé estaban de acuerdo en que eran los turcos originales y puros, y que habían venido de Asia Central. No mencionaban el mito de Jorasán, popular en otros lugares. Era un motivo de orgullo que cada turco «puro» viniera de esa ciudad en Irán. Sin embargo, aparentemente todas estas historias antiguas que hablaban de migraciones, impulsadas por la marcha en progresión occidental de las hordas mongolas y tártaras, indicaban el paso a Armenia a través de Jorasán solo para evitar los desiertos de Irán: «Venir de Jorasán» significaba que la gente «no eran autóctonos, sino inmigrantes». Un hombre de Şavşat con el que estábamos dijo: «Somos los turcos originales». Pero las mujeres tendían a decir que los poshás provenían de Ajaria y Batumi en Georgia, en la zona del mar Negro, donde hay grandes comunidades de poshás. El origen de Asia Central era más popular entre los hombres.

Lo que los investigadores conjeturaban sobre sus orígenes provenía de la lingüística, que data la llegada de los poshás a la Meseta Armenia de la India a través de Irán, probablemente alrededor del siglo x, ya que ninguna de las palabras prestadas del farsi pertenece al período persa o pahlavi medieval. Significativamente, también, había una ausencia completa de palabras de origen griego en el vocabulario del lomavrén, lo que indicaría que los antepasados de los lom nunca llegaron a las regiones griegas más al oeste en la Anatolia bizantina antes de las invasiones turcas que comenzaron en el siglo xi.[8]

Salimos a dar un paseo por la ciudad de Artvin, una ciudad con ecos de montaña mágica. Su topografía y arquitectura recordaban la Torre de Babel en la pintura de Bruegel el Viejo, de niveles concéntricos en espirales decrecientes desde la base hasta la cumbre. Una mujer apresurada con la que nos topamos, con la cabeza cubierta por un largo chal de *tul* rosa, me desafió con jovialidad a entender las tareas que estaba a punto de describir en lomavrén: «Hande erdoğ, dukhande alur maderduğ, ve başka sigara xemela». Tenía prisa, pero se ofreció a repetir más lentamente el pequeño fragmento en el idioma de los poshás, de palabras e inflexiones armenias con una mezcla turca, que entendí: «Voy al mercado, moleré harina en casa y también fumaré un cigarrillo».

Altınbaş bey reconoció a un amigo poshá de Şavşat que esperaba a su esposa frente a un hospital, y entablamos una conversación casual con él. Obviamente se dio cuenta de inmediato de que yo era armenio, porque me saludó con una expresión en lom basada en el armenio, con un auxiliar turco: «¿Ağeg misin?» («¿Estás bien?»). Se nos acercó un joven hamshentsí: «Estos poshás, malditos sean, nos llaman armenios, y les decimos que no lo somos», me dijo en su dialecto armenio perfectamente claro. «Les decimos que somos hemşinli, que no somos armenios; hay un solo pueblo en Turquía». Sorprendentemente, los poshás también entendieron y se reían. Como el padre de Altınbaş bey trabajaba en la cosecha de té en Borçka y las aldeas hamshén de Hopa, había pasado largas temporadas con hamshentsís, por lo que entendía hamshetsnak y también algo de armenio occidental a través del hamshetsnak. Pero su amigo también lo había entendido, a pesar de que el lomavrén y el dialecto de Hamshén no son mutuamente inteligibles. El hombre hamshentsí estaba intrigado de que yo hablara hamshetsnak. «¿Eres hemşinli también?». El armenio se parecía al hamshetsnak, le expliqué. «Sí, mucho», coincidió, y pasó una nube maligna por sus ojos detrás de las gafas. Su clan era de Borçka, un distrito con una de las mayores concentraciones de hamshentsís.

Un viejo pastor con gorra y bigotes largos y rectos dijo que los llamaban «poshá» porque sus antepasados nómadas vagaban con las manos vacías. «Poshá», según este punto de vista, venía del turco *boş* (vacío). Xoca Hasan y Altınbaş bey me habían dado esta explicación, que volvería a escuchar más tarde de *Hafid*, de la familia *Yeşilkapı*, con quienes me quedaría unos días, así como de otros. Ya había sido dilucidado exactamente en los mismos términos por Vrtanes Papazian más de un siglo antes. En su libro de 1899, Papazian decía que «poshá» o «boshá» era un término acuñado en el siglo XIX. En la literatura armenia, dijo, eran conocidos como «kınçu» o «gınçu» («gitano») y se llamaban a sí mismos «lom», que significaba «hombre libre».

Encontraría los mejores hablantes de lomavrén en Şavşat, según los poshás de Artvin. Un taxista de Şavşat me llevó al primo de un primo en la aldea de Carat para hablar con hablantes nativos. Después de un trato difícil, aceptó llevarme por 100 dólares a este pueblo a medio camino entre Şavşat y Ardanuş. Fue una gran inversión. Toda la aldea estaba habitada por poshás, y su primo y su familia tenían un mejor conocimiento del idioma que la mayoría de los demás. Además, eran de la disposición más amistosa y muy curiosos sobre su conexión con los armenios. En comparación, un hombre que había conocido en su zapatería en Artvin se había asustado mucho por las similitudes entre el armenio y el lomavrén, y había escrito mi nombre y número de teléfono con precisión policial. La tienda era claustrofóbica y del tamaño de una caja de zapatos muy grande, con un techo bajo que la hacía parecer aún más amenazante. Había sido amistoso cuando entré con Altınbaş bey, pero por la tarde se había vuelto hosco y defensivo. También me molestó que me preguntara mi nombre y luego llamara a un número, y lo intentara muchas veces, y me preguntaba a quién estaba llamando porque no me gustaba su expresión. La forma en que me miraba era amenazante y estaba seriamente considerando irme. Me dijo que buscaba a un policía amigo, pero mantuve la calma. Esto también indicaba que la vasta red de fábricas de rumores ya había estado en acción, y había corrido la voz de que había un armenio en la ciudad buscando poshás, como era el caso en pueblos pequeños e incluso ciudades compactas como Artvin, que recibía un número relativamente bajo de visitantes, especialmente dentro de una pequeña comunidad como la de los poshás.

Sin que yo lo preguntara, lo primero que dijo fue que los poshás no eran armenios. Extrajo de un estante un gran volumen sobre la historia de Artvin por un historiador turco que decía que los poshás provenían de Asia Central y eran turcos puros, más o menos lo mismo que todas las minorías que eran musulmanas en Turquía. El comerciante comenzó a alardear acerca de la turquedad de los poshás y demás propaganda que repitió del libro como un loro, cuyo único propósito era poner fin a cualquier teoría sobre la conexión armenia de los poshás. «Bien», dije, «lo sabía». Le dije que solo quería escuchar su idioma. Dijo que no hablaba el idioma y que no había canciones en lomavrén. Los poshás, dijo, eran como agua pura: «Son igual de limpios». Entraron dos clientes, enfrascados en una animada conversación: uno era alto y atlético; el otro era de baja estatura, con una cabeza grande y una expresión extraña. El de baja estatura hablaba lomavrén con fluidez y tenía algunos conocimientos rudimentarios de su gramática que, como toda jerga no utilizada formalmente, presentaba algunos desafíos.

El dueño de la zapatería, cuya presencia voluminosa y anteojos cuadrados le daban una semejanza al expresidente turco Turgut Özal, se deshizo de la papa caliente que consideraba que era este tema diciéndome que este joven conocía bien el idioma. Parecía aliviado, como también yo. De hecho, su cliente tenía un sólido dominio del dialecto. Me dijo las conjugaciones y los pronombres, que eran todos derivados basados en el armenio del dativo de la primera persona del singular, *indzi* (para mí). Los tres pronombres plurales (nosotros, vosotros, ellos) eran todos iguales en lomavrén, un extraño híbrido de armenio y turco: *indzimiz*.

Sin embargo, la escrupulosidad lingüística de los jóvenes clientes era inusual. Como había dicho Papazian hacía más de un siglo, «el poshá nunca se molesta en corregir la palabra pronunciada por su hijo, si la acorta o la altera». Por lo tanto, han «perdido gradualmente muchas palabras y la gramática».[9]

Se podía percibir entre los poshás una cierta reticencia al protagonismo o a la atención después de tantos siglos de discriminación y de que su nombre también se usara como peyorativo. Pero Altınbaş bey se sentía un poco incómodo cuando otros poshás decían que eran turcos puros. Miraba hacia otro lado con cierta vergüenza, como también lo hizo cuando le dije a su amigo hamshentsí que yo era armenio. Hubo un segundo de intranquilidad, que también se reveló en su completo silencio sobre sus conexiones con los armenios o, rara vez, su negación, lo cual insinuaba un conocimiento o sospecha al respecto.

El vicealcalde de Artvin rechazó mi solicitud de un automóvil oficial para que visitáramos las comunidades poshá en Artvin, Ardanuş y Şavşat, como había sugerido Altınbaş bey. Me había dicho que las posibilidades de que mi petición fuera denegada eran menores ya que yo era un huésped, mientras que él era un empleado público. Pero la explicación del vicealcalde para su negativa también fue convincente: tendría que rellenar formularios oficiales con mi identificación, explicar mi misión, e insinuó que podría no ser algo muy bueno para mí, ya que podría ser contraproducente. Entendí que me hacía un favor al permitirme trabajar sin llamar la atención. También yo estaba feliz, porque recibir ayuda formal del gobierno turco perturbaba mi conciencia a pesar de que Fatih bey había sido extremadamente amable, hasta el punto de que me preguntaba si era mera hospitalidad o si había una conexión armenia no declarada. Pero los otros dos funcionarios que no había conocido, Mithat bey y Şihab bey, habían sido tan impecablemente corteses.

Kamil, el hombre que Altınbaş bey y yo habíamos conocido delante del hospital en Artvin, era el limpiabotas y el supervisor de baños de la estación de autobuses en Şavşat. Trató de ayudar, pero los poshás locales se dispersaron como palomas asustadas. Había varios taxistas allí: uno estaba molesto e incluso asustado por las preguntas que insinuaban una identidad separada para los lom, diciendo que no lo eran, que el idioma lomavrén no existía, y que las dos ancianas con las que había hablado habían inventado palabras para engañar a un turista crédulo y me habían engañado. El lenguaje existía y no apreciaba que me tomara por idiota. «¿Sabes más que yo?», preguntó. «No, pero sé que el lenguaje existe, y también puedo reconocerlo». Su inquietud obviamente provenía del origen armenio del dialecto, por lo que lo negaba. Un hombre joven, regordete y más amable, también insistía sobre lo mismo, con menos vehemencia.

Luego vino un joven taxista que sugirió que estaba haciendo mucho alboroto, pero que él podía ayudar. La negociación fue dura y lenta, durante unas rondas de té. El hombre regordete, que estaba tratando de convencerme de que los poshás no eran un grupo distinto, finalmente se unió a nosotros en el taxi, diciendo que era primo del chofer. En el camino a Şavşat, habló bastante sobre el idioma que unos minutos antes había insistido en que no existía. Nos detuvimos delante de una casa donde no había nadie, después otra donde un hombre de cabello plateado dijo que no lo hablaba tan bien como los mayores, por lo que fuimos a conocer a los primos lejanos del taxista: los Yeşilkapıs de Carat.

En el taxi, me pregunté si conocían relatos de maldiciones y hechizos entre los poshás, pero el chofer y su primo gruñeron un poco que era Ramadán. Sin embargo, habían entendido mal mi pregunta y no logré explicar el matiz, por lo que la respuesta se degradó en un duelo de vulgaridades. Los primos se superaban entre sí en un concurso de blasfemias imaginativas que insistían en que eran «maldiciones poshás», sin saber que los armenios también usaban el mismo vocabulario turco en la ira o la frustración.

Hafid Yeşilkapı era el esposo de la tía del taxista y quien más fluidamente hablaba el lomavrén en el grupo. Lo acompañaba *Mehmet*, un joven de pelo largo y lacio que se parecía mucho a un Beatle, con un aire de George Harrison, una impresión realzada por su sentido de la moda y camisas holgadas con motivos orientales. Estaba encantado de haberse convertido en padre. Contrario a causar sufrimiento a los animales, se había convertido en vegetariano. Su esposa era una joven muy blanca, delgada como él, cuya voz nunca escuché ni la vi sonreír, a diferencia de las otras mujeres en el hogar combinado de primos. Su cabeza estaba doblemente cubierta, como las mujeres musulmanas conservadoras en Turquía, con un pañuelo grande envuelto sobre una gorra para sujetar el cabello.

Hicimos un picnic al pie de la fortaleza de Şavşat, construida en el siglo x por los reyes Bagration, la rama georgiana de los Bagratuní armenios. Los hijos de Hafid, especialmente su hijo mayor y su hija, tenían un buen dominio de lomavrén y un vocabulario bastante robusto, especialmente para ser jóvenes que ni siquiera tenían 20 años. Lo habían aprendido de su madre, quien lo dominaba con excelente pronunciación. Gracias a ella, el conocimiento del idioma por Hafid también había mejorado, a pesar de lo cual todavía parecía vacilante a veces, especialmente con respecto a ciertos tiempos verbales. Sin embargo, su postura era más firme sobre los vínculos que insinuó entre los poshás y los armenios. Había docenas, posiblemente cientos, de palabras armenias que habían sobrevivido en su dialecto.

Sus bisabuelos eran de Urus Xev, también conocido como Unusxer o Urusxev, un gran pueblo en la zona de Artvin, cerca de un pueblo llamado Tíbet:

> Abandonaron Urus Xev en 1915. Eran dueños de estas tierras, cuya totalidad tal vez sea de nuestra familia. Pero durante el Genocidio Armenio huyeron de la aldea, dirigiéndose hacia Ajaria o a algún otro lugar de Georgia. Los lugareños se hicieron cargo de ellos. Entonces llegó Atatürk, y podríamos haber reclamado la devolución de nuestras tierras. Tenemos las escrituras de estas tierras del período de independencia de la República. Pero los lugareños se habían asentado para entonces y construido sobre el terreno, por lo que tuvimos que renunciar a nuestras reclamaciones. No son poshás. Son lugareños de Ardanuş. Dicen que son solo eso: «Biz yerliyiz» («Somos lugareños»).[10] No son turcos, no son poshás, ni georgianos, ni laz. Nadie sabe qué son. ¿Qué significa «lugareño»? Pero no lo dirán. En cualquier caso, cuando terminó el Genocidio, se apoderaron de las tierras. Tengo una escritura de propiedad de la era de Atatürk. Después del Genocidio, nuestra familia regresó, pero las tierras se habían ido.

No le había dicho a Hafid que yo era armenio a pesar de que obviamente lo había adivinado, a juzgar por su uso audaz de la expresión *Ermeni Soykırımı* («el Genocidio Armenio», en turco). Era especialmente valiente en la región del mar Negro, semillero de nacionalismo turco del tipo más venenoso, y en presencia del primo del taxista, que había dicho que era policía al explicar por qué no quería ser visto en las fotos que yo tomaba.

No estaba seguro de si los poshás de Şavşat también fueron blanco del Genocidio. Es posible que los abuelos de Hafid hayan huido de la guerra ruso-turca de 1915-1917, en vez de las masacres de las fuerzas otomanas y sus cómplices. Hoy en día hay una comunidad menguante de unas 100 familias de poshás cristianos en Akhalkalak, Georgia, que se han asimilado casi por completo a la corriente principal armenia y han olvidado el lomavrén, aparte de unas pocas palabras.

Hay poca literatura sobre los poshás armenios después de 1915. Recordaba haber leído que los poshás de Van lucharon junto con los otros armenios en la defensa de la ciudad, liderados por Aram Manoukian, líder del Dashnaktsutyún. Los poshás que eran miembros de la Iglesia armenia o hablantes del lomavrén deben haber corrido la misma suerte que otros armenios: masacre y deportación; secuestro e islamización. Es muy probable que grandes comunidades de poshás, como las de Palú y Van, hayan desaparecido por completo. Los poshás de la zona de Artvin tenían una vaga idea sobre la existencia de comunidades de compatriotas en otras partes de Turquía, pero no estaban en contacto, ni había ninguna organización o estructura que los agrupara, informal o de otro tipo, y que fomentara tales vínculos.

Sus fechas también eran inciertas. Algunos de ellos creían que el Genocidio había ocurrido alrededor de 1918-1920. Pero el discurso elocuente de Hafid era indicio de una educación política o adoctrinamiento de la izquierda. Dijo que su familia recordaba a los parientes que fueron masacrados, pero no pudo dar detalles. «Los poshás han estado en contacto con los armenios, se han mezclado con ellos», dijo, una señal mucho más clara de que ya me había reconocido como tal. En general, tendía a ser receloso de los discursos que acompañaban a este reconocimiento, pues difuminaban la distinción entre información y adulación. Mientras tanto, el policía fuera de servicio estaba tratando de convertirme al islam, diciendo que solo bastaba con que recitara la *shahada*: «No hay más dios que Dios, y Mahoma es el mensajero de Dios». Sus insistentes repeticiones de la declaración de la fe islámica, con su voz juvenil y aflautada, eran el trasfondo sonoro de nuestra conversación. Como había notado en otras personas, la locuacidad desenfrenada parecía ser un mecanismo para lidiar con los dolores del hambre. Era Ramadán, y el policía observaba el *oruç* (ayuno) cada dos días, mientras que el resto del grupo lo ignoraba todos los días, y comía bocadillos y refrescos.

«Solo dilo: "No hay más dios que Dios, y Mahoma es el mensajero de Dios", e inmediatamente te convertirás en musulmán». Sin embargo, Hafid interrumpió su proselitismo islámico: «El profeta de ellos vino antes», dijo, en referencia a Cristo. En otra observación acerca de la actitud de los poshás hacia la religión, Papazian había notado que, a pesar de su reverencia por los sacerdotes, no tenían religión: «Es turco en Turquía, o armenio entre los armenios».[11]

El hermano mayor de Hafid había sido el último hijo de la familia en nacer cuando aún eran nómades, en 1960, y vivían en carpas: Oğuz, a quien conocería unos días después, había nacido en un campo cerca de la aldea de Tibet, un vasto claro en un bosque que visitamos unos días después para ver unas misteriosas ruinas cercanas. Sus recuerdos más antiguos se remontaban a su período nómada, cuando se mudaban de un lugar a otro en la provincia de Artvin, hasta que el gobierno les impuso el régimen de vida sedentaria.

Para cuando nació Hafid, la familia se había establecido en la ciudad de Çayeli entre Rize y Artvin en la costa del mar Negro, donde se crio. Había trabajado para lo que él llamaba «armenios» en aldeas cercanas. Eran, dijo, hamshentsís y horom. Era extraordinario. Los hamshentsís de los que hablaba eran de Rize, u occidentales, y se hacían llamar por su nombre turco «hemşinli». Se habían convertido antes que los de Hopa y ya habían perdido su dialecto armenio. Para afuera se presentaban como turcos. Obviamente, a los lugareños y a sus conocidos les presentaban una faceta diferente: «Se reconocen a sí mismos como armenios», insistió Hafid mientras yo insistía en que lo confirmara, para asegurarme de que Hafid no estaba equivocado.

Pero el segundo grupo que había mencionado era un hallazgo fabuloso. Los horom eran un grupo casi extinto, a excepción de unos pocos grupos de descendientes de sobrevivientes del Genocidio en Tesalónica y Atenas. Eran armenios que ya en el siglo VI se habían separado de la Iglesia Apostólica Armenia y se habían convertido en ortodoxos griegos, pero mantenían el idioma armenio. Muchos de ellos, incluidos sus descendientes en Grecia, todavía se describían a sí mismos como griegos de habla armenia, en vez de armenios de la Iglesia Griega. Hafid dijo que había un grupo de horom en una aldea cerca de Çayeli, que se llamaban a sí mismos armenios. «Todos lloraban cuando mataron a Hrant Dink», recordó Hafid. «Por supuesto que lloraban, porque eran armenios». Eran completamente armenios, y también lo admitían, aun si estaban islamizados. Como había hecho con los hemşinli occidentales, verifiqué que había dicho «horom» y que estaba seguro de que eran armenios, e insistió en que era así. Hafid estaba tan seguro de ello como de su propio nombre.

Los poshás tenían dos nombres para los no poshás que reflejaban los usos comunes también en el armenio: llamaban a las mayorías de la población donde vivían «lugareños», y su palabra para «extranjero» era *aturba*, un título de respeto. También había un matiz de segregación en el uso de *aturba*, si bien no necesariamente con sesgo despectivo. Lo usaban para personas que no eran «uno de los nuestros». En un intercambio de correspondencia sobre la curiosa palabra, el lingüista Bert Vaux se preguntaba si podría indicar «hombre sin turbante», con la «a-» inicial como prefijo privativo.

Sin embargo, un poco más tarde, Vaux escribió que quizás había seguido una pista falsa. Un colega lingüista, Patrick Taylor, había examinado la palabra y tras su disección había llegado a una conclusión diferente:

> Las palabras europeas, inglesa *turban*, francesa *turban*, etc., provienen del otomano *tülbend* (*tülbent*, republicano moderno) y posiblemente también en parte de la raíz de la palabra turca, persa دولبند (*dōlband*): «turbante, tela envolvente o faja para un turbante». En mi experiencia, la palabra turca moderna se refiere a la pieza de muselina estampada o lisa con la que las mujeres en las aldeas todavía se cubren el cabello, a diferencia del *eşarp* moderno. Un turbante como el que usa un hombre es un *sarık*. Las palabras persas habituales son دستار (*dastār*) y عمامة (*'imāmat*, *'imāma*). En períodos tempranos de las lenguas europeas modernas había formas con *-l-* como *tolipane* en inglés, *tollibane*

en francés, *tolipante* en italiano. Las formas con l- todavía están vivitas y coleando en la palabra inglesa *tulip*. Las primeras formas con *-r-* aparecen en *turbante* italiano, hasta donde puedo deducir, en 1487, antes de que los portugueses llegaran al océano Índico, por lo que probablemente deberíamos considerar la *-r-* como una novedad europea. ¿Está la *-r-* influenciada por *turbine*, «torbellino», *tornare*, etc.? Las formas europeas con *-o-* en la primera sílaba son interesantes. ¿Vienen del otomano, pero de una palabra menos coloquial, más otomano persa *dolbend*, o directamente del persa, antes del colapso safávida de la *ō* y la *u* en el oeste de Irán?

En cuanto a la etimología del *persa dōlband*, «tela envolvente para un turbante», la última parte es obviamente banda, «banda de tela, puttee». ¿Es el primer elemento, *dōl*, «balde», en referencia a la gorra de fieltro alto alrededor de la cual se enrollaba un turbante? Es de origen arameo: el siríaco es *dawlā*. El acadio tiene *dalû*, «cubo», y hay una palabra árabe damascena coloquial, دولة (*dōle*), que significa «briki, cezve»[12] (sin duda una palabra de sustrato arameo).

En cuanto al tema de *aturba* —no sé cuán común era la *a-* privativa en los registros coloquiales de las lenguas índicas medias [...] El hindi tiene *ni-* (del sánscrito *nir-*) y la invariable semiculta *an-*. Pero el romaní tiene *bi-*, del iranio *bē*.

¿Supongo que no hay forma de extraer el lomavrén *aturba* del armenio *ավտար* (*avtar*), «extranjero» (iraní medio **awtar*, del iraní antiguo *abi-tara-)? No tengo idea de lo que podría ser *aturba* a primera vista, pero lo pensaré. Me pregunto, si el significado «tártaro, turco» es original, si podría ser un **Ատրպա* (*atrpa*) relacionado con *Ատրպեջան*[13] (*Atrpejan*)?

En las obras de finales del siglo XIX de Papazian y Patkanov, *aturba* significaba «tártaro, turco, "infiel" (es decir, musulmán)».

En conversaciones posteriores con Hafid, ya estaba menos seguro sobre las masacres de poshás en Urus Xev, y me preguntaba si tal vez se refería a la guerra ruso-turca, con la ofensiva de los voluntarios armenios. Él estaba convencido de que sus antepasados no eran cristianos, por lo que una masacre de una comunidad musulmana por parte de los turcos no era muy convincente. Dijo, sin embargo, que los poshás eran ciudadanos de tercera clase, despreciados. Los kurdos de la Caballería Hamidiye los habían masacrado, y los poshás habían huido a Abjasia, Batumi y otros lugares de Ajaria y Georgia, según las historias transmitidas por sus mayores. «Nuestros documentos de identidad no dicen que somos de tercera clase, pero es tal el desprecio hacia nosotros».

Los armenios y los poshás eran «casi» lo mismo, creía. En el transcurso de los siglos, se habían mezclado. En cualquier caso, «poshá» o «boshá» solo designaban a los romaníes armenios, o lom, a pesar de lo que dictara la conveniencia para quienes vivían en Turquía.

El policía dijo que los poshás tenían fama de ser ladrones, bebedores, y proxenetas, pero eran personas trabajadoras con valores tradicionales, y eso es lo que había observado en sus familias los días que pasé con ellos. Repetidas veces en su libro, Papazian hablaba de la honestidad y la ética de trabajo de los poshás, especialmente de las mujeres, cuya integridad elogiaba. Renglón aparte, decía que los poshás no se dedicaban a las artes de la adivinación, a pesar de que había presenciado cómo llenaban un cuenco con agua para leer el futuro en su reflejo.

La hija menor de Hafid, *Huri*, de diez años, era una joven talentosa, de hablar elocuente y de modales perfectos de antigua escuela, quien actuaba con el refinado aplomo de alguien mayor, tan agraciada que parecía de una época anterior a la irreverencia. Al preguntar por mi familia, comenzó por mi padre. Cuando le dije que había fallecido, dulcemente ofreció sus condolencias con una expresión formal en turco. Su hermana mayor, *Aze*, llevaba prendas islámicas que realzaban su belleza, echando a perder el objetivo de tales vestimentas. Estaba a punto de casarse, y llevaba con orgullo pendientes de liras turcas de oro rojo que su prometido, también poshá, le había presentado cuando le pidió la mano. El segundo hijo mayor, *Tahir*, era un joven inteligente por lo que se podía ver de su conocimiento del lomavrén, así como del turco, pero completamente indiferente con promover su educación, otro rasgo que Papazian había observado. Trabajaba duro, haciendo el turno de noche en unas obras de construcción de carreteras en un tramo que conectaba Şavşat con Artvin. Era notable que alguien de su edad —los jóvenes eran generalmente ignorantes del idioma, indiferentes o tenían un conocimiento deficiente— lo hablara tan bien. Lo hablaba con fluidez, sugirió, porque era un lenguaje secreto, lo cual podía tener sus usos. Su padre lo había explicado: solo usaban lomavrén, al que llamaban por el nombre turco de lomca —nunca habían escuchado el nombre correcto del dialecto— para mantener una conversación en secreto o para advertir sobre un peligro inminente. Tal vez no fuera coincidencia que cada ejempla que daban fuera una variación de «cuidado con el *manuş*» (policía) o «cuidado con el *aturba*» («extraño o extranjero», es decir, no poshá). Tuvo que pensar durante unos minutos para traducir a lomavrén «Dale agua a este hombre alto». Sin embargo, tradujo con la velocidad de un acto reflejo: «¡Este hombre es peligroso: huye!».

Las personas mayores hablaban perfecto lomavrén, insistió Hafid, pero se negaban a hacerlo en mi presencia por miedo, pero también porque pensaban que yo pagaba por este trabajo y no querían «trabajar gratis». Sin embargo, me quedé con la impresión de que el idioma se había empobrecido.

Por la noche, Hafid me dijo que por la mañana *Iskender Şah*, uno de los últimos maestros del tejido de cestas al estilo de los poshás, le había dicho que el lomavrén era fundamentalmente una variación dialectal del armenio. Pero cuando fuimos a verlo esa mañana, Iskender Şah apenas habló conmigo en el idioma que fuera, ya fuera turco o lomavrén. Hafid me dijo que estaba asustado. Tenían miedo de ser asociados con los armenios y algunos, en su incertidumbre o ignorancia, temían que pudieran ser armenios, y que la noticia pudiera extenderse. Hafid insistió en que los poshás provenían de Asia Central y que eran turcos puros, y que a lo largo de los siglos se habían mezclado con los armenios y se habían asimilado, pero lo dijo tentativamente, como si esperara la confirmación de la hipótesis. No tan bien intencionado, el policía de licencia el día anterior lo había explicado en términos menos equívocos como «armenios y poshás tuvieron relaciones sexuales».

Pasada la medianoche, bebíamos té mientras esperábamos a que Tahir regresara para una cena tardía, durante un descanso de su trabajo en la construcción de la carretera. Nos habíamos sentado bajo una congregación de todas las constelaciones visibles delante de su casa en la colina, en medio de la aldea de diez casas. Hafid me preguntó qué sabía sobre los poshás, en el indicio más claro hasta ahora de que no creía lo que me había dicho sobre el «origen turco puro» y la patria ancestral de Asia Central (que en el caso de los poshás no estaba muy lejos de la verdad, o de la geografía, en todo caso).

Compartí con él lo poco que sabía: que los autores turcos situaban su origen en Asia Central y los describían como una de las tribus túrquicas, pero antropólogos y lingüistas europeos rastreaban sus orígenes a la India, de donde habían emigrado en el siglo x, tal vez como mercenarios, y habían llegado a Armenia a través de Persia, asimilando el idioma en su dialecto y costumbres. Parte de ellos se habían convertido en miembros de la Iglesia armenia. Le expliqué sobre los poshás cristianos de Van y Erzurum, y los de Van que se habían unido a los otros armenios en la resistencia contra el ataque turco, y que todavía había bolsones de poshás armenios en Ajaria y el sur de Georgia, casi completamente integrados en la comunidad armenia dominante. En Hopa, le dije, los poshás eran llamados «Ermeni Çingene» («gitanos armenios»). También mencioné el libro de Vrtanes Papazian y le leí una cita de mis notas sobre la mujer poshá:

> Pocas son las mujeres que son tan honestas como la mujer poshá. Sabe decir malas palabras, insultar con palabras sucias, pero si alguien se atreve a cuestionar su honor lo hará bajo su propio riesgo: se convierte en leona y muere por su familia, sin la menor mancha a su fidelidad conyugal... También son cristianas y, a diferencia de las mujeres gitanas, ya no se dedican a las artes adivinatorias ni a la danza.

Hafid escuchaba atentamente. Había abandonado la escuela a los 17 años para casarse, pero estaba claro que era un lector ávido o había recibido educación política, que yo sospechaba venía de su afiliación a partidos de izquierda. Las organizaciones socialistas, especialmente entre los kurdos, tendían a organizar sesiones de adoctrinamiento ideológico, que habían difundido la educación en las aldeas y entre las minorías que vivían en la pobreza o en condiciones muy humildes en Turquía. Quizás no era posible calificar a los Yeşilkapı como pobres, si bien trabajaban muy duro para la casa que tenían y para poner pan sobre la mesa. Hafid estaba construyendo su casa prefabricada con algún subsidio del gobierno central de Turquía. Sin embargo, le dije, creía yo que los poshás no eran armenios. Asintió, pero no estaba seguro de cómo se lo había tomado. Había tratado de establecer algún tipo de conexión entre los poshás y los armenios. Los turcos, dijo, los despreciaban como ciudadanos de tercera clase. No habían tenido contacto con la comunidad armenia: si lo hubieran hecho, se sentirían decepcionados de descubrir que «poshá» todavía se usaba principalmente en sentido peyorativo, mientras que cualquier referencia a una comunidad relacionada, pero separada, había sido olvidada hacía mucho tiempo: esta intención despectiva no solo era errónea en principio, sino también era falsa e injustificada. Si había algo que debía mejorar entre ellos, era la injusticia de la pobreza que golpeaba a todos sin distinción y que derivaba del punto de partida fundamentalmente desigual para todos nosotros. La posición en la vida o la sociedad en la que nacíamos hacía toda la diferencia en nuestras fortunas futuras.

Sus hijos estaban dotados de inteligencia y rica personalidad. Aze, la mayor, era notable no solo por la belleza de sus ojos negros y el cabello copioso que se insinuaba debajo del pañuelo atado libremente sobre su cabeza. También era de hablar firme y no era tímida al respecto. Eso era inusual en otras partes de Anatolia, donde las mujeres eran más sumisas, al menos en apariencia. La esposa de Hafid también tenía un carácter fuerte. Se había ganado mi admiración con su perfecto dominio del idioma, con una pronunciación segura que era fiel a los sonidos armenios.

También había otro concepto, más delicado, que me abstenía de mencionar. Papazian había comentado una curiosa diferencia entre los hombres y mujeres poshás. Independientemente de la veracidad o no de la afirmación, coincidía con una observación hecha por Rebecca West en *Cordero negro, halcón gris*, el relato de su viaje a través de Yugoslavia en vísperas de la Segunda Guerra Mundial. La mujer poshá, había escrito Papazian, era más alta y tenía un aplomo y una belleza imponentes de los que carecía el hombre. En Sarajevo, West había notado un contraste similar entre hombres y mujeres:

> Son guapas y esbeltas como sus hombres; pero no mujeres tan guapas como son guapos los hombres. Un criador de ovejas de gran experiencia me dijo una vez que en ninguna especie y variedad que él conocía eran el macho y la hembra de igual valor en su masculinidad y feminidad. Cuando los machos eran verdaderamente masculinos, las hembras no eran tan notablemente femeninas, y cuando las hembras eran verdaderamente hembras, los machos no eran viriles.[14]

«Los poshás no son gitanos», dijo Hafid. Estrictamente hablando, esto era cierto. Inicialmente no detecté ningún indicio de discriminación en la forma en que lo había dicho, pero comencé a tener dudas cuándo lo señaló más de una vez. Altınbaş bey en Artvin estaba más de acuerdo con la idea de que podrían estar relacionados con los romaníes, pero también había dicho que los poshás de Trebisonda hablaban una variante diferente de lomavrén que estaba «más cerca de los romaníes». Había un matiz en su declaración que no quería explicar.

A la mañana siguiente, visitamos el pueblo de Satlel para ver un *sepetçi* (tejedor de cestas), una de las ocupaciones tradicionales de los poshás. El hombre era el último en hacerlo en el distrito, pero la noche anterior se había dado un festín con *rakı*. Después de esperar una hora en el porche nos dieron a entender que no se despertaría pronto de su resaca. De la charla posterior quedó claro que eran un poco indulgentes con la bebida, incluso durante el Ramadán.

Luego fuimos a ver las ruinas de la iglesia de Tibet, una espléndida construcción en blanco. Éramos cinco: Hafid, su hermano Oğuz, el Beatle y el conductor, que físicamente se parecía a su padre, un hombre grave a quien había conocido la noche anterior. Pero cuando intenté revisar la ortografía de una palabra, descubrí que su comportamiento severo, especialmente en una conversación sobre el idioma, probablemente provenía de su incapacidad para leer y escribir, más un síntoma de inseguridad que de autoridad. Luego hicimos un picnic en Tabagetil, los campos donde los Yeşilkapı y su clan habían montado por última vez su tienda de campaña y donde Oğuz había nacido, antes de que el gobierno turco obligara a los últimos grupos nómadas del país a volverse sedentarios alrededor de 1966, obligando a los poshás a encerrarse entre paredes por primera vez en su existencia colectiva.

La iglesia de Tibet, hecha con roca volcánica, solo sobrevivía en una fachada majestuosa y dos paredes laterales, una arcada central que originalmente pudo haber sido ciega, pero que ahora tenía un gran agujero en el medio y estaba flanqueada por arcadas ciegas altas similares, con las típicas ranuras de ventanas de la iglesia armenia abiertas en ellas. Hafid estaba asombrado de los maestros albañiles que la habían levantado. No quedaban inscripciones y no estaba claro si había sido una iglesia armenia o georgiana, lo que añadía misterio a la espléndida construcción. Una oveja atada fuera de la iglesia era muy amigable con los desconocidos y, a diferencia de sus pares, le encantaba ser acariciada, completamente domesticada y era más una mascota local que una más del rebaño. La iglesia había sido muy arruinada por los cazadores de tesoros, dijo Hafid. El Beatle había detectado que faltaba un arco, un elaborado sofito que todavía estaba en pie unos años atrás. La destrucción había continuado. No estaba seguro yo de si su angustia era genuina, pero así parecía, pues otros amigos que habían hecho los mismos comentarios y eran armenios islamizados o turcos o kurdos tenían una actitud más neutral (por no decir indiferente) hacia la ruina de la herencia cultural de los armenios: era normal que la gente buscara oro y causara destrozos, o eso transmitían con su actitud. Incluso si había algo de fingido en la reacción de los Yeşilkapı, reflejaba simpatía o conciencia de que eran acciones equivocadas.

«Cuando Atatürk murió, se esperaba que todos los ciudadanos turcos lloraran, por lo que nuestros abuelos y otros poshás cortaban cebollas para que se les llenaran los ojos», dijo Hafid mientras caminábamos por las ruinas. Utilicé una expresión armenia para llamar a uno de los niños que jugaba al fútbol: «*Dzo*», un vocativo común. Hafid estaba intrigado. Aquellos colonos que se llamaban a sí mismos los «lugareños» en el área de Carat usaban esa expresión, dijo Hafid, *dzo* o *jo*, solo para dirigirse a otros miembros de la familia. Pero no sabía su nacionalidad ni de dónde venían. En su mayoría eran de piel clara y de cabello rubio. Solía decirles: «Soy poshá, ¿qué sois?» y ellos simplemente respondían: «Somos lugareños». Eso frustraba a Hafid: «Pero ¿qué es eso?», se preguntaba. «Todos somos lugareños dondequiera que estemos: ¿qué esconden?». Fueran lo que fueran, la experiencia demostraba que incluso después de que el lenguaje y la religión cambiaban, lo último en morir eran los prejuicios, y la segregación contra otros grupos era la última barrera en caer. Los lugareños despreciaban a los poshás, dijo Hafid, «pero nos dicen que somos "hermanos" cuando nos encontramos cara a cara». Los lugareños y los poshás no se daban en matrimonio sus mujeres.

Después de la fundación de la República por parte de Atatürk, el gobierno les dijo a los poshás que fueran y tomaran las propiedades de los armenios y vivieran en ellas, pero los poshás no pudieron soportar los muros y reanudaron su vida nómada, dijo Oğuz. En desacuerdo con su hermano, Oğuz dijo que los poshás no habían sido deportados en 1915. Solo en la Unión Soviética bajo Stalin los poshás habían sufrido persecución y desplazamiento, dijo. Hasta la década de 1960 escribían *çiftçi* (granjero) en los documentos de identidad de los poshás, código que indicaba nómadas o romaníes y poshás, agregó.

El uso generalizado del plástico había significado la muerte de la vida nómada de los poshás, conjeturó Hafid, ya que la demanda de tejido de cestas cayó bruscamente y, por lo tanto, no había necesidad de viajar de aldea en aldea para ofrecer sus productos, y esto los había obligado a aceptar finalmente las demandas del gobierno de asentarse.

Ambos hermanos, sin embargo, se habían preguntado durante mucho tiempo si ellos y los poshás en general eran armenios convertidos, indicio de que tenían conciencia sobre la conexión, incluso si era un tabú. Un amigo hamshentsí me había dicho que los poshás de Şavşat negaban que fueran poshás y decían que lo eran los de Ardanuş, mientras que estos retribuían el favor a sus compatriotas de Şavşat.

Una impresión inicial de que los poshás desconfiaban de los kurdos era errónea. Tahir, el hijo de Hafid, me dijo con entusiasmo: «Los kurdos y los poshás son como hermanos», y apretó sus manos para simbolizarlo. Entonces entendí la fuente de la educación política de Hafid. Probablemente era simpatizante del HDP, el partido prokurdo, o en cualquier caso era izquierdista. Durante la visita a Tibet, Oğuz había respondido dos veces enojado a las llamadas de cobradores de deudas, pero ahora había llegado a la conclusión de que, a su juicio, después de escuchar cuánto costaba el alquiler en Nueva York y cuánto podía esperar ganar un periodista por mes, Turquía era el mejor de todos los países posibles en el mundo. Siempre respetuoso con su hermano mayor, Hafid intervino con amargura contenida, pero inusual: «No lo es, mi hermano», dijo, enrojeciendo. «Ni siquiera de lejos Turquía está cerca de ser el mejor país del mundo: cuando mi hijo de 18 años tiene que trabajar durante el turno de noche en la construcción de carreteras para ayudar a mantener a su familia, entonces Turquía no es el mejor país del mundo».

Fuera de Carat y algunas personas en Artvin, entre los poshás había una vena de timidez, probablemente derivada no del miedo, sino también de siglos de persecución y discriminación por parte de los pueblos vecinos, así como probablemente de la pobreza.

«Los armenios eran ciudadanos de segunda clase, mientras que nosotros éramos de tercera clase», repitió Hafid. Eso explicaba el débil sentido de identidad entre los poshás; sabían poco sobre su propia historia y no estaban muy interesados, sugirió el jefe del Centro de Cultura Lom en Hopa, *Ismet Hoca*. Asombrado, escuchó, con una creciente expresión de malestar en su rostro, sobre las conexiones de su pueblo con los armenios. Hombre tímido, era docente y teníamos muchos amigos hamshentsís en común. Los poshás solían ocuparse de trabajos de servicio, con lo que intentaba explicarme su falta de asertividad. Era la primera vez que escuchaba que había poshás cristianos, afiliados a la Iglesia apostólica armenia, todo lo cual le sonaba muy subversivo. Al mencionar el Genocidio Armenio, dijo que no sabía de lo que estaba hablando. Inusualmente, era un joven que estaba tan asustado como las personas de generaciones mayores. Sin embargo, los poshás todavía estaban expuestos al rechazo y había miedo entre ellos. Como director de una escuela pública, Ismet Hoca estaba preocupado por esta conversación. Ratificó lo que me habían dicho otros: que los mejores hablantes de lomavrén estaban en Ardanuş y Şavşat; el mejor experto local sobre los lom, *Mehmet Hoca*, con quien no logré contactarme a pesar de mis repetidos intentos, ahora se había jubilado como maestro de escuela y vivía en Şavşat.

El idioma, sin embargo, estaba muriendo. Hafid dijo que Iskender Şah hablaba bien el idioma y que también conocía bien la historia, incluso sobre el «período armenio» de su historia, el término con que Hafid se refirió a 1915, pero Iskender Şah no quería hablar por miedo. La familia también estaba pasando por momentos difíciles. Vivían en una casa temporal, una granja vasta y muy cómoda en una gran parcela de tierra, después de que su casa se hubiera incendiado. Además, la esposa de su hijo lo había abandonado y él se ganaba la vida vendiendo sus cuchillos hechos a mano con mangos de plástico. Era posible que el tejedor de cestas, a quien habíamos esperado en vano delante de su casa en Satlel, hablara el lomavrén con fluidez, pero un joven pariente, que estaba en el porche con nosotros mientras Iskender Şah dormitaba tras su resaca, había descartado la importancia del idioma, diciendo que nunca había sido una «lengua materna» para él ni para ningún poshá. Hafid también me lo había dicho. Incluso sus mayores hablaban turco junto al lomavrén, que era demasiado pobre para expresar ideas complejas.

A mi regreso a la ciudad de Artvin, visité el barrio cuesta arriba de los poshás, Kolorta, por última vez. Un joven se me había acercado de manera hostil para preguntarme qué me traía a su vecindario, pero otros poshás, que me reconocieron de mi visita anterior con Altınbaş bey, me recibieron con sonrisas y saludos efusivos, incluido un anciano, que me abrazó. Como tantos otros en el interior de Anatolia, se quejó de las dificultades de la vida en Turquía, de que el dinero no era suficiente para llegar a fin de mes. A diferencia de otros en Anatolia, y a pesar de saber que yo era armenio, no me pidió mapas del oro o de tesoros. Entonces advertí que ni una sola vez ningún poshá me había hablado al respecto, mientras que en casi todos los demás lugares en los que había estado en Turquía era una pregunta recurrente sobre todo entre los kurdos y los zazas, y los peores lugares eran Erzurum, Mush, Sasún y Kars. Pero los poshás, posiblemente uno de los grupos peor parados en términos de ingresos, eran todos trabajadores y nunca mostraron ningún sentido de codicia, a pesar de que sus dificultades eran evidentes. Ni siquiera plantearon el tema indirectamente. Tampoco lo habían hecho los hamshentsís, con la excepción de una anciana que me preguntó si le traduciría un mapa del tesoro, pero su vecino se había reído de ella y esta mujer no pudo encontrarlo de todos modos. Este hombre Poshá en Artvin, *Şerafeddin*, explicó su dificultad para ganar dinero diciendo que solo conocía el trabajo manual.

«Esto funciona», dijo levantando las manos, y luego se palmeó la cabeza: «Pero esto no funciona».

Le pedí al hombre que me contara uno de los cuentos de Nasreddin Hoca en lomavrén. Contó la misma historia que un hombre poshá había recitado para mí en Şavşat. Pero Şerafeddin primero quería ensayar. Su primer intento me pareció más feliz que la segunda versión. Sonaba principalmente turco, a excepción de dos palabras armenias: *xelq* («loco», en este contexto en lomavrén; también significa «mente», como en armenio) y *axor* («chiquero», en ambos idiomas). Nasreddin Hoca era un personaje del folklore oriental, basado en un sabio sufí que murió en Konya en el siglo XIII, a quien se le atribuían chistes ingeniosos o historias irónicas, generalmente con alguna moraleja.

Lo que Şerafeddin dijo sobre 1915 era más interesante. Espontáneamente, pero probablemente sospechando que yo era armenio, dijo que los turcos en ese momento también habían masacrado a poshás; que habían sido masacrados junto con los armenios. No eran cristianos en ese entonces, dijo en respuesta a mi pregunta. Él también atribuía las masacres a Atatürk. Era otro indicio de animosidad reprimida entre los poshás hacia Atatürk por alguna razón inexplicable que había sido silenciada. Solo había sobrevivido en un vago sentido de hostilidad, sin anclaje claro en la memoria. Una vez más, sin embargo, había una razón por la cual el abuelo de Hafid odiaba al fundador de la República y se había visto obligado a cortar cebollas para derramar lágrimas a su muerte. El odio hacia Atatürk entre el jeque Saíd y los kurdos que se rebelaron con él en 1925 tenía sus raíces en la abolición del califato y lo que consideraban como la pérdida de privilegios para los musulmanes del país. Entre los poshás, sin embargo, el motivo de la animosidad hacia Atatürk seguía siendo incierto, y no parecía estar relacionado con el islam.

«Tal vez encontremos un tío armenio rico», había bromeado Hafid, mientras otros poshás habían rechazado la oportunidad de hacerse un examen de ADN. Los resultados volvieron meses después: contra mis expectativas, resultó ser de origen armenio. En otras palabras, en algún momento, sus antepasados se habían desviado de la corriente principal armenia y se habían convertido en poshás, grupo con el cual no estaba mayormente conectado en términos genéticos. Curiosamente, había una pequeña probabilidad de que su familia y la mía estuvieran emparentadas en el décimo grado.

Más concretamente, los resultados mostraban su conexión con los Noratunkian o Noradoungian, un importante clan armenio que había incluido miembros notables como Gabriel Noradoungian, quien había servido brevemente como ministro de Asuntos Exteriores del Imperio otomano en 1913. El parentesco era más notable debido a una extraña coincidencia que acompañaba a Hafid: una conexión con los horom. Podría ser casualidad, pero curiosa, que el antepasado más antiguo de su pariente lejano Noratunkian se llamara «Horom». Hafid me había alertado de la existencia de una comunidad horom cercana, para quien había trabajado en el pasado. Un cambio de filiación eclesiástica había precedido a la islamización de estos horom: habían abandonado la Iglesia apostólica armenia ya en el siglo VI para convertirse en ortodoxos griegos. Sin embargo, después de siglos y dos religiones, todavía no habían abjurado de su lealtad ancestral. Como Hafid me recordó varias veces, estaba trabajando para ellos en su aldea cerca de Çayeli en enero de 2007 y los había visto «llorar por Hrant Dink, porque ellos también eran armenios».

3
HOROM

Los residentes de *Markerit* probablemente sabían o sospechaban la verdad sobre sus orígenes, aun cuando no lo decían. Para los de afuera, habían urdido una mitología que dividía a los lugareños en tres grupos: los horom; los damascenos y bagdadíes; y los asiáticos centrales. Que los horom eran armenios era un secreto que todos los residentes del pueblo se cuidaban de ocultar de común complicidad, por alguna razón desconocida. Sin embargo, finalmente la verdad había quedado expuesta cuando un interlocutor, que hablaba con la grave cadencia de alguien que ha estado nutriendo odios durante mucho tiempo, había dicho: «Damos en matrimonio nuestras mujeres a los horom, y tomamos las de ellas, pero no somos armenios».

Entonces, ¿los horom eran armenios? «No, no lo son». Pero, ¿por qué todos vosotros los llamáis armenios? «No lo hacemos, pero "horom" es un nombre armenio», dijo, tratando de escabullirse del atolladero en el que se había metido. Era la fórmula enrevesada que los aldeanos habían ideado para decir que eran armenios islamizados, algo que los propios horom no decían. Por la mirada de los otros tres hombres que nos acompañaban, había soltado algo que se suponía que no debía, y estaba tratando de mitigar el daño. Era demasiado tarde, porque ya había revelado, inequívocamente, el secreto.

Pude notar por la expresión del taxista que pugnaban por cuadrar círculos, conscientes de las contradicciones en las que se estaban enredando. Pero no se aventurarían ir más allá de eso. El segundo eufemismo para los horom era «elazığlı», o alguien de la provincia de Elazığ, el nombre turco de Kharpert.

Por inferencia, había confirmado mi corazonada de que las personas a las que Hafid llamaba horom eran de origen armenio. El taxista que me llevó a su aldea natal, a la que llamo por otro nombre, en la cordillera Póntica, inquiría con discreción, pero sin tregua, acerca de mí. No había podido encontrarme en las redes sociales, lo que avivaba sus sospechas. Indirectamente, trataba de averiguar si yo era armenio, pero no lo consiguió.

Era mi segunda visita a Markerit. El taxi se detuvo mientras subíamos a la montaña, cubierta de miles de coníferas, con fragancias de la vida botánica que se filtraban en el coche. Un hombre de 80 años acompañado de un amigo, un pelirrojo de unos 50 años, reconoció al taxista y nos detuvimos a charlar un poco al borde de la empinada carretera. El anciano estaba sentado en el tocón de un árbol. Las vistas eran espectaculares, de colinas cubiertas de exuberante esplendor más allá de las cuales el mar Negro se extendía hasta costas invisibles. Dijeron que tenían un dialecto que no equivalía a nada semejante a un idioma diferente, pero que tenían terminaciones en su discurso derivadas del hamshetsnak, como la sílaba condicional *ta* agregada al final de una pregunta, el equivalente al «si» en español, y equivalente a la sílaba condicional turca al final de una pregunta, *mi* o *mı*. Aclararon que no eran hamshentsís ni eran laz.

Estos dos hombres dijeron que no eran horom, que vivían en un barrio separado de la aldea y tenían su propia mezquita. El compañero del anciano dijo que el nombre de hecho significaba «griegos armenios» por una corrupción del término armenio *hay* (armenio) y la palabra turca *rum* (griego), y «hayrum» se había convertido con el tiempo en «horom». Este era un dato poco común, ya que incluso en zonas con poblaciones más densas de armenios islamizados estas etimologías básicas no se conocían. Dijo que era una palabra armenia utilizada para los fieles ortodoxos griegos. No era la explicación aceptada, pero, en su forma equivocada, describía con precisión al pueblo, porque ese era el nombre dado a los armenios que se habían separado de la Iglesia Apostólica Armenia y se habían unido a la Iglesia Ortodoxa Griega. También eran conocidos como armenios calcedonianos y, según un mito, eran los descendientes armenizados de los mercenarios griegos de Jenofonte, que habían luchado para el rey persa Ciro contra Artajerjes, su rival por el trono. En cualquier caso, los horom armenios ya estaban establecidos como un grupo separado en el siglo VI de la era cristiana, cuando el Catolicós Movsés Yeghivartetsí prohibió a los apostólicos armenios aceptar iconos o imágenes sagradas de sus compatriotas horom. Los horom estaban concentrados en la ciudad de Agn y las aldeas circundantes, en Elazığ, que habían abandonado en 1622-8 durante un levantamiento de un jefe local, Abaza Paşa. La mayor parte de los horom había emigrado a Bitinia, estableciéndose en la ciudad de Nicomedia y las aldeas circundantes, en la costa occidental del mar Negro, cerca de la actual Adapazarı. ¿Se había separado un grupo de horom de estos y se había movido hacia el este, estableciéndose en esta aldea póntica?

Pero el pelirrojo se abstuvo de decir que estos horom eran armenios. Los horom habían llegado a Markerit desde Elazığ hacía unos 200 años, y luego especificó «Harput», en ese momento una ciudad armenia prominente y fuente de emigrantes armenios, entre ellos los primeros que se establecerían en Estados Unidos a fines del siglo XIX. Más concretamente, era un centro importante de los horom armenios, y el lugar donde se originó el movimiento.

Me abstuve de preguntar si estos horom por casualidad eran de Agn, ya que eso podría haberme expuesto como armenio a pesar de que sus sonrisas ya indicaban que lo sospechaban, incluido el joven taxista, *Abdürrahim*, que no era desagradable pero que no ocultaba sus dudas sobre mí. Inicialmente no sonreía y hacía preguntas incisivas, pero cuando insistí en preguntar los nombres de árboles y pájaros, y mostré escaso interés en las personas y sus relatos, pareció bajar la guardia. Hacia el final, y después de una serie de preguntas indudablemente idiotas para convencerlo de que yo era simplemente un turista con aspiraciones más altas, se había vuelto un poco más amigable.

El hombre que me había dado la etimología equivocada, pero que condujo a la respuesta correcta a pesar de todo, se había embarcado en una explicación enrevesada diciendo que estos horom no eran armenios, sino que tenían un nombre griego, pero no eran realmente griegos sino turcos, como todos ellos son turcos, pero el nombre era una variación griega del armenio. En otras palabras, eran armenios con una conexión griega, pero no quería decirlo y tampoco ellos estaban interesados en revelarlo.

Al día siguiente volví a visitar Carat, el pueblo de los poshás cerca de Şavşat, y le pregunté a Hafid una vez más si los residentes de Markerit eran de origen griego o armenio. «¡No, amigo mío, son armenios!». Había trabajado y vivido entre ellos durante décadas y juró por ello. Estaba absolutamente seguro: «¿Por qué no me crees?». Más interesante aún, dijo que no solo los horom, sino que los demás también eran armenios. Por lo que posiblemente eran hamshentsís occidentales de tendencia nacionalista turca, en una etapa más avanzada de asimilación al menos para el mundo exterior, porque aparentemente no le habían ocultado a Hafid que eran armenios. También dijo que lo aceptaban, excepto, al parecer, ante las personas que venían de afuera. Eso podría explicar por qué los no horom de Markerit estaban dispuestos a mantener en secreto el origen de sus vecinos: incluso si no les gustaban, atraer la atención no deseada hacia ellos también podría arrojar luz sobre su propia etnia, que encubrían detrás de una mitología de aldea pequeña que no resistía el menor análisis. Los hamshentsís occidentales, que vivían en las áreas cercanas a Rize, así como en los distritos de Çamlıhemşin y Hemşin, habían olvidado el idioma en el siglo XIX, pero habían conservado algunas palabras y nombres de origen armenio.

Hafid asimismo me dijo que todos los residentes del pueblo de Asifos, cerca de Çayeli, también eran armenios. Eran hamshentsís que habían estado islamizados por más tiempo que los hamshentsís orientales y habían perdido el idioma, pero no la conciencia de su origen armenio. Su amigo *Kamran* lo confirmó en su casa en Çayeli. Lo había conocido en la casa de té, un lugar que me parecía un poco inquietante al haber visto por primera vez el bigote de manillar del gestor, que para entonces había aprendido a identificar como la marca identificatoria de un nacionalista turco; la proliferación de banderas y retratos de Atatürk en el salón disipaba todas las dudas. Pero el gestor se me acercó para decirme que él también era armenio. Me había sorprendido: «Somos hamshentsís y nos hemos asimilado, pero sabemos que somos armenios», me había dicho, sorprendiéndome al reconocerme como uno, ya que no lo había revelado. No eran como los hamshentsís de las regiones de Hopa y Makrial, que habían conservado el idioma y cuya islamización aparentemente había ocurrido en una etapa posterior. Pero eran armenios, aunque no lo dijeran en voz alta.

Abdürrahim, el taxista, se alegró de llevarme de regreso por el sinuoso camino que bordeaba Markerit hasta los vecindarios más cercanos a la cresta de la colina. Nos detuvimos a hablar con un hombre de cara ancha y barba roja, con quien repasamos nuevamente los tres grupos que vivían en la aldea: los horom, llamados elazığlı por su origen en esa provincia; un segundo grupo que decía que sus antepasados provenían de Damasco y Bagdad; y un tercero, cuyos sus orígenes se remontaban a Asia Central. Los hombres de todos estos grupos eran abrumadoramente de piel clara y generalmente rubios o pelirrojos, como los laz y los georgianos. No vi una sola mujer en Markerit, ni siquiera caminando por una carretera o en los campos. El anciano y su amigo que habíamos conocido al entrar en el pueblo me habían dicho que eran de origen damasceno. Un hombre semicalvo de cabello blanco me había acompañado en el taxi a la aldea y dijo que su familia también era originalmente de Damasco.

Luego nos detuvimos para hablar brevemente con un leñador de unos 20 años, que sostenía un hacha grande, con el borde romo posado en la parte posterior de su cuello. Dijo que su familia era de Damasco y que el habla de la aldea no era un dialecto sino un mero localismo, o un acento, pero poco más. Cuando le pregunté al pelirrojo si eran horom asimilados, lo aceptó a regañadientes, pero el joven con el hacha se opuso. Era incorrecto decir que se habían «asimilado». La palabra tenía una connotación negativa incluso entre las minorías turcófilas.

El anciano dijo que sus antepasados habían venido de Siria en el siglo XVI. Se enfurecieron ante mi sugerencia de que eran árabes. «No somos para nada árabes». Las reacciones no mejoraron cuando les pregunté si eran kurdos y si había alguno en el pueblo. Los tres dijeron al unísono: «No, en este pueblo no hay kurdos». A pesar de su hostilidad apenas velada hacia los armenios, no me parecieron particularmente nacionalistas o islamistas de inmediato, pero definitivamente tampoco eran izquierdistas. En la política polarizada de Turquía, se había vuelto muy difícil mantener un término medio: para mi sorpresa, en Turquía generalmente me encontraba más cerca de los partidos socialistas, cuyo discurso no necesariamente me representaría en otros lugares. Mientras me distraía con estos pensamientos, el viejo damasceno en el taxi comenzó a elogiar a Erdoğan y cuánto bien había hecho por el país.

Cuando les pregunté a estos tres hombres qué habían sido los horom en el pasado, el más joven había dicho que ahora ya habían desaparecido. Lo dijo mirándome a los ojos y me di cuenta que era la respuesta acordada en el pueblo para la gente de afuera: una mentira.

Por alguna razón, el joven con el hacha tenía un efecto inhibidor sobre los demás y se podía ver. Se dio cuenta de que yo no estaba comprando sus explicaciones, y el taxista también lo vio. Incluso si había algo de verdad en lo que decían, si vinieron de Damasco en el siglo XVI y no eran árabes o hablantes de árabe, ¿qué eran? ¿Y por qué habían llegado hasta la costa del mar Negro? No pudieron responder. El taxista ahora estaba descontento y dijo que en ese momento Siria era parte del Imperio otomano y que venir de Damasco no significaba que fueran árabes. Sin embargo, tampoco estaba diciendo que fueran turcos.

Llegamos a la parte alta del pueblo. Había una decena de hombres reunidos fuera de una de las muchas mezquitas de Markerit. La mayoría tenía entre 30 y 40 años, pero había al menos cuatro o cinco que parecían haber pasado los 60 años. El imán, un clérigo de otra ciudad que solo visitaba para servir las mezquitas locales, me saludó con entusiasmo. Le dije que escribía un libro sobre Anatolia y que unos amigos de Şavşat me habían dicho que viniera a Markerit porque era un pueblo interesante, un comentario que celebraron con risotadas.

Les hablé de los horom. «Sí», reconocieron sin reír, y se quedaron en silencio. «Entonces, ¿sois horom?». Se produjo un silencio incómodo, seguido de respuestas vacilantes en medio de una confusión de voces.

Dijeron que los horom eran de hecho cristianos griegos y que «horom» era una palabra armenia. Armenios y griegos habían vivido juntos en este pueblo en el pasado, por lo que había quedado el nombre, dijo el imán, un hombre amigable. Entonces, ¿eran los horom, los armenios y los griegos lo mismo con diferentes nombres, pregunté? «No, no». Los tres eran diferentes, respondieron de inmediato. Entonces, ¿había tres grupos diferentes: horom, griegos, y armenios? «Tampoco es exactamente eso», dijo el imán, sin mucha convicción. Estaba dando evasivas con grandes penurias, pero no podía dar una respuesta, tratando de brindar información sin violar lo que obviamente era un pacto de silencio en el pueblo, mientras que los lugareños valientemente guardaban silencio y no daban voluntariamente las respuestas que conocían muy bien. «Los armenios se fueron durante la guerra rusa», dijo finalmente el imán, ruborizándose un poco. Ahora todas las voces aliviadas dijeron: «Sí, sí, el ejército ruso ocupó la aldea, y los armenios se fueron con ellos cuando se retiraron». Era como esas mentiras colectivas que los estudiantes inventaban espontáneamente en un aula para ocultar sus travesuras.

En la cumbre estaban las ruinas de una iglesia armenia, dijo el imán. Le dije que según mis amigos de Şavşat los residentes de Markerit eran horom, y el imán dijo que probablemente se trataba de una broma. Y propuso un ejemplo extraordinariamente inusual: «Si los griegos hubieran llevado a cabo muchas masacres, entonces tendrían una mala reputación, y sus amigos de Şavşat implican que somos griegos a modo de broma, como una burla, debido a la rivalidad entre las aldeas». No importaba que Şavşat y Markerit estuvieran lejos la una de la otra y que fuera poco probable que cultivaran esas animosidades que son comunes entre vecinos colindantes. También insinuaba que al usar la palabra «horom» como una burla, la mala palabra estaba dirigida a los armenios, ya que el nombre horom se empleaba exclusivamente para quienes pertenecían a la Iglesia Griega. Aun así, inusualmente desacreditaba a los griegos con falsas acusaciones de masacres, mientras que los turcos nacionalistas hubieran primero elegido a los armenios como su chivo expiatorio preferido.

Ello probablemente indicaba que el imán se había olfateado que yo era armenio. A estas alturas, él también sabía que yo lo sabía, por lo que detuvo su discurso en ello. Había algunos horom en el grupo que seguían en silencio la conversación sobre ellos. Uno de ellos me invitó a tomar algunas fotos de su plantación, pero no quiso aparecer en las fotos. No sabía por qué sus antepasados se habían ido de Elazığ hacía siglos y habían llegado a los Pontos.

Un poco más relajados ahora, los hombres dijeron que además de elazığlı, los horom se llamaban harputlús o xarbuzlus. Databan su llegada a finales del siglo XVIII o principios del XIX, dos siglos después de los otros dos grupos. Había notado que tenían caras angulares y narices aguileñas, ojos muy juntos y pómulos sobresalientes. En cambio, los damascenos y los bagdadíes, así como los asiáticos centrales, tenían rostros más anchos y ojos más separados.

No había registro de turcos que emigraran de Elazığ dos o tres siglos antes, a diferencia del éxodo de los horom de Agn y otras partes de la provincia en el siglo XVII. Pero lo que era más importante, ¿por qué un grupo turco se llamaría «horom», un nombre utilizado para designar una denominación grecoarmenia cristiana? Y si eran exclusivamente griegos, ¿por qué no se les llamaba «rum», el nombre utilizado para ellos a lo largo de la región del mar Negro?

La existencia de una iglesia armenia ahora destruida en Markerit, como indicaron los lugareños, también sugería que los horom a su llegada de Elazığ se habían encontrado con sus compatriotas apostólicos.

Esta aldea merecía otra visita, por lo que decidí viajar de nuevo a Çayeli. Fui al café que frecuentaban los hombres de Markerit cuando venían a la ciudad por negocios o compras, a la vuelta de la Dirección de Seguridad. El camarero, un pelirrojo barbudo, me recordó de mi visita anterior y me invitó a entrar. Minutos después de que me senté, entró el hombre horom de unos 60 años que me había mostrado su plantación. Parecía feliz de verme y accedió a hablar.

Solo sabía que sus antepasados habían emigrado de Elazığ, o Harput, a pesar de que dijo mentiras predecibles sobre sus orígenes: «turcos puros de Jorasán». ¿Por qué si eran «turcos puros» hubieran emigrado de Kharpert a este rincón del mar Negro? «Eso no lo sé», dijo con una sonrisa. Luego hizo oscuras referencias al Imperio de Trebisonda, el último Estado bizantino en sucumbir a los otomanos en 1461, ocho años después de la caída de Constantinopla. Si no exageraba mi lectura entre líneas, sugería que los horom se habían replegado a una aldea apartada en las montañas Pónticas por su seguridad, en medio de una presencia cristiana sustancial. El otro hecho interesante era la proximidad de los horom de Markerit a los distritos de Hamshen de Pazar, Çamlıhemşin y Hemşin.

Mientras hablaba con él, vino otro hombre de Markerit y se sentó a nuestra mesa. Aducía ascendencia damascena, de un clan que se había asentado en el pueblo en el siglo XVI. Por supuesto, no eran árabes: no hablaban árabe, y no tenían ningún rastro de árabe en su idioma aparte de algunos términos incorporados al turco estándar, a diferencia, por ejemplo, de aquellos árabes que se habían establecido en Sasún en el siglo X y que todavía hablaban su idioma vernáculo diez siglos después. Una cosa no debe significar la otra, pero podría servir como guía.

El damasceno tenía nariz aguileña y llevaba anteojos rectilíneos de marco grueso que acompañaban su rostro y mandíbula cuadrados. «Eres damasceno, no hay sangre bagdadí en tus venas», dijo el horom, como si compartiera una broma interna, porque el damasceno soltó una carcajada. El horom de hablar suave lo observaba con mirada cómplice, porque cualquiera que fuera la farsa, no estaba pensada para que la entendieran los de afuera. Sonaba como una broma elaborada a expensas de extraños, y estos orígenes que habían copiado de *Las mil y una noches* eran una gran broma que disimulaban otra cosa; sin embargo, los tres grupos en el pueblo estaban separados. Eso era cierto, porque de lo contrario a los horom, unas 40 personas, no les importaría tener su propia mezquita separada a solo unos minutos a pie de la de los demás, así como su propio cementerio.

El damasceno me preguntó de dónde era. «Argentina», dije, pensando que era más seguro que Estados Unidos, lo que siempre desencadenaba discusiones políticas muy animadas y que distraían mucho de los temas que me interesaban. Pero en este caso el damasceno reaccionó con ira, volviéndose rojo, con una diatriba contra Argentina por la bomba atómica lanzada sobre Hiroshima. Por un momento pensé que su sentido del humor se estaba saliendo desquiciadamente de control y miré al horom, quien con su mirada y una sutil reclinación de la cabeza insinuó que debería ignorar lo que decía su vecino, por lo que no era una broma.

El horom finalmente vino a mi rescate: «No, no fue Argentina, fue América», y prometió explicarlo más tarde. La conversación estaba tomando un giro muy extraño y alarmante, porque el damasceno parecía realmente agitado, a menos que todo fuera teatro. Sin embargo, vi que los otros clientes, en su mayoría de Markerit, ahora lo estaban mirando, por lo que esto era novedoso incluso para los habitués del café.

El damasceno insistió: «¿No son Argentina y América lo mismo?». Entonces advertí que el horom estaba bien vestido y era educado. Incluso el turco que hablaba era diferente. Explicó con calma que Argentina estaba en Sudamérica y «América, Estados Unidos», estaba en Norteamérica; era un país diferente. La ira del damasceno se disipó un poco. Había sido una conversación extremadamente extraña, pero había tomado un giro desagradable sobre un tema que no era de relevancia inmediata en ese momento para ninguno de nosotros. Una vez que se calmó, el damasceno me llevó a la parada de autobús donde esperaría a Abdürrahim, el mismo taxista que me había llevado a Markerit la primera vez. El damasceno se unió a nuestro paseo. Era un día nublado y lluvioso en el pueblo. Cuando se acercaba el invierno, el pueblo se vaciaba, me dijo el taxista. La gente se mudaba a sus cuarteles de invierno en Çayeli, Rize, Estambul, y otras ciudades.

Nos detuvimos delante de una tienda de comestibles en la carretera de la montaña junto a un desfiladero boscoso, con una vista de las cumbres de las montañas envueltas en la niebla. El tendero era un hombre voluminoso, emparentado con el damasceno que había venido con nosotros, con un rostro ancho, de Enrique VIII, y pelirrojo. Sus antepasados habían venido de Damasco por invitación del sultán Yavuz. En ese momento, Damasco era parte del Imperio otomano, no era una ciudad árabe, dijo, refutando mis sugerencias sobre su origen si realmente provenían de la capital siria. La leyenda en Markerit era uniforme, y tal vez todos habían comenzado a aceptarla.

En cuanto a las menciones de «horom», el tendero gordo las descartó como bromas internas. Llamaban «horom» a sus vecinos solo para burlarse de ellos, al igual que se burlaban de los hamshentsís llamándolos «armenios», meras malas palabras con las que los amigos se burlan unos de otros.

Los damascenos de Markerit no eran ni griegos ni laz, pero también dijo que tampoco eran turcos. Los damascenos habían llegado mucho antes que los harputlús, como él llamaba a los horom. Era fácil de decir, pues los horom vivían en las partes alta de la montaña, más inhóspitas y menos fértiles, aunque también existía la posibilidad de que hubieran sido empujados hacia arriba más tarde. Los damascenos superaban en número a los harputlús por diez a uno. No había discriminación entre los aldeanos. Los tres grupos daban y tomaban en matrimonio a sus mujeres, el referente para evaluar las relaciones intercomunales. Sin embargo, después de algunas cortesías pronunciadas con tono hosco, dijo que vivían separados, «de la misma manera en que los gatos y los perros no se mezclan», y el taxista y él mostraron sus dientes en alegres rugidos, celebrando la ocurrencia. Pero el damasceno, que antes se había enojado con Argentina por el bombardeo de Hiroshima, miraba sombríamente. Una vez que se tranquilizaron las risas, el tendero gordo continuó, con dicción lenta: «Los armenios cometieron atrocidades contra los residentes musulmanes, masacrando a mujeres embarazadas y matando a sus bebés por nacer, quemando mezquitas con personas encerradas en ellas, masacrando y tratando de ocupar la tierra junto con los rusos».

Dijo todo esto de un solo aliento. El comentario sobre la violencia de los armenios no tenía ninguna relación con la conversación. Sin embargo, junto con su referencia a que los gatos y los perros no se mezclan, aludía indirectamente a los harputlús, los horom, como armenios. Y aun a pesar de toda su aversión, por no decir odio, se abstuvo de decir que los vecinos que odiaba eran de origen armenio. Eso fue lo más cerca que estuvo de decir que los harputlús eran armenios. Los laz, los turcos y otros a los que no les gustaban los hamshentsís se burlaban abiertamente de ellos como armenios. En Markerit, sin embargo, no revelaron el secreto de los horom, ni siquiera aquellos que nutrían una apenas disimulada animosidad hacia ellos y los armenios, como este energúmeno comedido.

El tendero puede haber sospechado que yo era armenio, porque repitió que superaban en número a los harputlús por diez a uno. O, para seguir con la farsa, que estos no turcos y no árabes eran diez veces más numerosos que los no armenios a quienes despreciaban, un detalle que quizás trajo a colación para recordarme algo. Se puso de pie y caminó hacia su tienda. El cielo estaba nublado y las nubes negras reprimían en su seno un aguacero inminente, por lo que le dije a Abdürrahim que encendiera el motor del taxi y regresáramos a Çayeli. El tendero buscaba algo dentro de una caja de lata o un cajón que tintineaban en su tienda, y regresó con el gatillo suelto de un Remington en la palma de su mano: «Todos han pasado y se han ido».

4
HAMSHÉN II

La última noche en Batumi, un puerto en la costa del mar Negro de Georgia, antes de volver a entrar en Turquía, dos hombres con ropa fina cenaban en un restaurante frente al mar. Estaban a una mesa de distancia y la brisa desviaba fragmentos de la conversación en turco a mi mesa, pues su discusión, azuzada por generosas porciones de *rakı*, subía de volumen, pero por debajo de un nivel que atraería una mayor atención. Al escuchar «ermeni» empecé a prestar más atención.

Con alguna sorpresa nerviosa en su voz, el mayor de ambos, un hombre calvo con un bigote blanco que se envolvía hasta la mitad de sus mejillas, le decía al otro, un hombre de cabello negro con una cabeza grande y de espaldas a mí:

> ... En la época del Imperio otomano, junto con los kurdos masacraron a los armenios. Lo dijo un maestro en la televisión; había muchos armenios. No quedó ni uno solo. Éramos como hermanos...

El hombre más grande respondió algo enojado y sacudía la cabeza, molesto, levantando y bajando el vaso *de rakı* sin llevárselo a los labios. El otro dijo: «Les dijimos que fueran a la Patagonia», lo que su compañero, quien todavía sacudía la cabeza con desaprobación, debe haber disputado porque escuché al otro hombre repetir «¡Patagonia!» con el mismo tono de una mala confesión, con voz suplicante, que solo se había vuelto más firme mientras se sonrojaba, más por la bebida que por la conversación. «Éramos como hermanos...». Con triste sarcasmo, pensé que mi familia, que había terminado en Buenos Aires por vía de Alepo medio siglo después del Genocidio, había aceptado involuntariamente la prescripción del perpetrador, pues una hermana mía se había afincado en la Patagonia.

La frontera entre Georgia y Turquía se había convertido en un complejo imponente. La última vez que la había atravesado desde Turquía una noche de verano de 1996 era un cruce miserable de portones de hierro y alambrados de púas oxidados, iluminado por focos, detrás del cual un recluta georgiano me había preguntado si sabía «qué» era Lavrenti Beria. «Mingreliano», dije, asumiendo correctamente que la pregunta era su identidad étnica. Celebró mi respuesta correcta con fuertes gritos de «¡Bravo!». Beria era uno de los lugartenientes de Stalin y uno de las figuras sanguinarias menos conocidas del siglo xx, un entusiasta cerebro del exterminio de millones de ciudadanos soviéticos, incluidas personalidades prominentes que murieron por su propia mano. Los laz, la minoría dominante en el extremo nordeste de la costa turca del mar Negro, son mingrelianos que fueron islamizados en el siglo xv.[15]

La anécdota sobre el guardia fronterizo georgiano y su pregunta sobre Beria le recordó a Ihsan, que me estaba hospedando en Hopa, de un conocido hamshentsí que fue arrestado en la Unión Soviética como espía y enviado a Siberia. *Mecdeddin* trabajaba como agente doble para los soviéticos y los turcos. En 1938, mientras estaba en la Georgia soviética, fue capturado por la NKVD y enviado a un campo de trabajo en Siberia durante 15 años, después de lo cual fue devuelto a Turquía. «Hablaba turco, ruso y hamshetsnak, pero era analfabeto en los tres idiomas».

Rakub, bisabuelo de Ihsan, murió a la edad de 110 años en 1965 en Çançağan, su pueblo hamshén cerca de Makrial. Había servido con el ejército otomano en lo que en ese momento se llamaba Arabia, una designación que en la geografía otomana del siglo XIX abarcaba el Irak moderno y parte de Siria. «Le preguntaban: "¿Qué has visto en esta larga vida, incluidos los siete años que serviste en Arabia con el ejército otomano?". Y él respondía: «Solo sé hoy: no sé ayer ni mañana». Y le preguntaban: "¿Cómo es que no lo sabes?". El hombre decía: "Solo sé hoy: he olvidado ayer y no he visto mañana"».

En la tradición familiar había una historia que Rakub había contado a su regreso del servicio militar a principios de la década de 1880. En una ocasión había sido alojado en la casa de una familia armenia en Arabia, y su apetito leonino había despertado las quejas en armenio de las mujeres desprevenidas, que creían que su invitado era un recluta *dacik*, que devoraba toda la comida de la casa: «No tiene principio ni fin», murmuraban, para describir la voracidad del soldado. Rakub se había reído al escuchar el dicho que los hamshentsís también usaban. Las mujeres avergonzadas se preguntaban en voz alta si o cómo «el soldado turco» entendía el armenio.

«La anécdota era su forma de decir que éramos de origen armenio», dijo Ihsan, quien había escuchado esta historia centenaria de boca de su padre en 1974 cuando tenía diez años, y que hoy no veía un significado menor en su narración. No había internet ni periódico entonces, pero lo más importante era el miedo que había en aquellos días para hablar de ello, por lo que esta era la manera en que lo comunicaban.

Al mismo tiempo, dijo que las implicaciones no iban muy lejos, ya que solo se sentían hamshentsís, y no armenios. En cualquier caso, la diferencia en la religión era todo lo que importaba, y cualquier otra conexión en otro nivel era de poca relevancia.

Sentado en Rengi, el café de propiedad de hamshentsís en el paseo marítimo del mar Negro, Ihsan reflexionó en una rima involuntaria:

Mek homşetsik
dzovun hed kordz çunik.
Dzove caninn a: tsuge, navage.
Homşetsiki değa lerrn a:
gove, adzu, karre
Mek dzove inç kordz unik?

Tsin egoğ a, bızdige vaxenagu.
Tsin iren asegu: İnç vaxenasgu?
Tu can as.

Nosotros los hamshentsís
no teneos nada que ver con el mar.
El mar es del laz: el pez, el barco.
El lugar de los hamshentsís es la montaña:
la vaca, la cabra, el cordero.
¿Qué tenemos que ver con el mar?

Viene un caballo y el niño se asusta.
El caballo le dice: ¿por qué tienes miedo?
Eres laz.

Los dos últimos renglones sobre el caballo eran una broma de los hamshentsís para indicar que el caballo no dañaría a habitantes del mar como los laz. El tema mayor era la división de la tierra y el trabajo que había tenido lugar entre los pueblos. Como los últimos en llegar, los hamshentsís fueron relegados a las montañas y al trabajo más duro de la cría de animales en las alturas, en comparación con la vida más fácil de los pescadores en la costa, bendecida también por un clima templado.

Un par de delfines saltaban, ahora hacia el este, ahora hacia el oeste, contra el cielo enrojecido de la puesta de finales de verano, y algunos clientes se acercaron a las mesas que estaban sobre el paseo marítimo para tomar fotos y deleitarse con la vista bajo el sol rojo. Ihsan y Resûl jugaban un juego de cartas de doble pila llamado *pişti*. La mano que coincidía con las cartas desplegadas en la mesa ganaba. La sota se llevaba todo, y se permitían los faroles o falsos envites. Era un juego rápido y fácil para matar el tiempo sin pensar demasiado.

Aquellos armenios que sueñan con un levantamiento en Hamshén no sabían de lo que hablaban, dijo Ihsan. Si los hamshentsís incluso comenzaran a pensar en algo así, los turcos los detendrían a todos en un par de horas y los cargarían en cinco o seis vagones de ferrocarril y los deportarían. «En un par de horas y con cinco o seis vagones de tren, todo se acabaría», repitió. «Es todo lo que necesitarían».

La noche del 27 de enero de 1983, cuando el militante de ASALA Levon Ekmekjian fue condenado a muerte y habló en la televisión turca, una multitud se había reunido embelesada frente a los televisores. Fue ejecutado a la mañana siguiente. Había un mito de que había hablado en armenio en la televisión, causando escalofríos a más de un hamshentsí, muchos de ellos inconscientes hasta entonces de la conexión de su idioma con el armenio. Si Ekmekjian ha hablado en armenio por televisión, esa grabación no nos ha llegado. Pero tres hamshentsís, en diferentes momentos y lugares, me dijeron que sabían de padres o conocidos que habían visto a Ekmekjian hablando en armenio en la televisión turca. Fue entonces cuando comenzaron a circular rumores en susurros incómodos entre los hamshentsís acerca de su propio origen profano. Ello daba nueva credibilidad a las sospechas que aparecían de vez en cuando, ya sea porque el abuelo de alguien había mencionado algo o porque alguien había regresado de Estambul y un encuentro casual con un armenio había avivado estas impresiones.

Pero esa noche en el pueblo de Goromad, cerca de Makrial, un hombre había bebido demasiado, como ocurría con muchos hombres hamshentsís. *Mustafá* había levantado una copa a la salud del militante de ASALA en hamshetsnak: «¡Isa im hopor dağan a!» («¡Es mi primo!»).

Alguien lo delató, pues los agentes vinieron y se lo llevaron a la comisaría al día siguiente. El jefe quería saber: «Entonces, ¿quién es tu primo?». Mustafá, que la noche anterior había bebido hasta el olvido, no sabía de qué hablaban. «¿Qué primo?», quería saber, ya que los clanes en Hamshén tendían a ser grandes, con primos por decenas. «El que estaba en la televisión la otra noche». Desconcertado, comenzó a murmurar nombres de primos: Ali, Ahmet, Zafer, y así sucesivamente, y en un momento dado se había preguntado en voz alta por qué alguno de sus primos había salido en la televisión, ya que eran campesinos o trabajadores en plantaciones de té, sin ser nada especiales. Siguió dando nombres, pero los interrogadores de la policía aún decían: «No, no, el otro». Los oficiales seguían descontentos y se les acababa la paciencia; pero lentamente el miedo comenzó a apoderarse de los nervios de Mustafa al recuperar recuerdos fugaces y borrosos que lo alertaban de algo que todavía no podía precisar. «Esto refrescará tu memoria», dijo el comandante, dándole una fuerte bofetada en la cara: «Levon Ekmekjian, ¿recuerdas a ese primo ahora?». Fue la primera ronda de palizas que recibió durante su detención. «No lo tuvieron encerrado por mucho tiempo, solo unos días», dijo Ihsan, riendo, «pero le dieron una mala lección».

Ihsan recordaba haber visto la transmisión en Estambul, donde era estudiante universitario en ese momento. «El *avedis*», dijo para mi confusión, porque en armenio cuando no se aplica como nombre masculino, la palabra se usa principalmente en un sentido religioso, ya que significa «buenas nuevas» o, en el discurso de los laicos, «buenas noticias». Pero los hamshentsís usaban una variación de la palabra con el significado de «noticias» independientemente de su naturaleza, a veces pronunciándola *havedis* o *havadis*. El abuelo materno de Ihsan, que murió centenario en el pueblo de Garci, acallaba a los niños cuando encendía la radio, diciéndoles en hamshetsnak: «Cortad vuestras voces, estoy poniendo mi oído al *havadis*», en una traducción literal de su súplica de silencio para escuchar las noticias. Eso ayudaba a explicar por qué mi nombre a menudo parecía familiar para muchos en Turquía, ya que era un sinónimo algo arcaico de noticias y también de buenas noticias en turco también, por vía del árabe.

El pequeño encontronazo de Mustafá con las autoridades era una variación de una historia que me habían contado una noche en Estambul. Había circulado en ese momento entre los hamshentsís que vivían en otros lugares de Turquía, como en Estambul o Esmirna. Un camionero hamshentsí que estaba en una parada de descanso en la carretera viendo la declaración televisiva del militante de ASALA había brindado por él, poco después de lo cual había sido llevado por la policía y había desaparecido sin dejar rastro.

Mustafá había muerto en un accidente automovilístico hacía unos años. Resûl me dijo que conocía a su hijo y que me llevaría a su tienda, pero tanto él como Ihsan no estaban seguros de que el niño supiera algo sobre la historia, ya que ni siquiera había nacido cuando ocurrió el incidente de Ekmekjian. Pero tenía curiosidad por saber si podría sonsacar algo acerca del rumoreado discurso de Levon Ekmekjian en armenio en la televisión turca.

A la mañana siguiente, Resûl me llevó a la tienda de ropa del hijo de Mustafa. Al entrar, un joven con la larga barba sin recortar y sin bigote, que lo identificaba como islamista, estaba recostado en una silla de tipo ejecutivo con las piernas estiradas sobre el escritorio y me miraba con odio absoluto. Supuse que era el dueño de la tienda. Otro hombre de unos 20 años, con grandes ojos armenios en forma de almendra, quien planchaba un par de *jeans* a medida, levantó la cabeza por un momento para mirarme con expresión triste y luego continuó su trabajo en silencio.

«¿Eres el hijo de Mustafa?», le pregunté al hombre barbudo. Hizo un ademán en dirección al muchacho que planchaba, quien ahora me miraba sorprendido, y me preguntaba con voz tímida de qué se trataba. Le dije que yo era un escritor de Nueva York y que necesitaba hablar de su padre, y que volvería cuando tuviera un momento.

«¿Quién eres?», preguntó el hombre barbudo antes de que el hijo de Mustafa respondiera, con un tono de voz imperativo más apropiado para un interrogatorio que para un extraño que entra en una tienda que de todos modos no era suya. El hombre barbudo dijo que hablaba ruso, georgiano y hamshetsnak, pero se negó a hablarlo conmigo, por lo que hablamos en turco.

—Un escritor de Nueva York.

—¿Eres armenio?

—Sí.

—¿Cómo te llamas?

—Avedis Hadjian. ¿Y tú?

—Ismail Karakan.

Era de uno de los clanes de Hamshén más grandes y ricos, con una serie de grandes propiedades en la ciudad, negocios de transporte, así como tierras y plantaciones de té. Conocía a algunos de sus parientes que trabajaban en las rutas de camiones a Armenia y mencioné sus nombres, a quienes reconoció como parientes con un monosílabo hosco. Algunos de sus primos y tíos a menudo iban a Ereván. El clan Karakan estaba famosamente dividido entre los que eran «armenios» y los que eran «turcos», estos últimos aparentemente con un mayor número de seguidores.

—¿Viniste directamente de Nueva York?

—No de inmediato.

Adivinó, sarcástica pero correctamente, que había entrado desde Armenia, y se rio.

—¿Eres cristiano?

—Sí.

—¿Son todos cristianos en Armenia?

—La mayoría de la gente.

— No hay musulmanes, afirmó, en lugar de preguntar.

—Hay unos pocos, en su mayoría iraníes, y hay una antigua mezquita iraní.

Reaccionó con una sonrisa, tal vez una expresión de desdén sunita por los chiitas.

—¿Por qué los armenios odian a los turcos?»

—No todos lo hacen, pero, ¿sabes sobre el Genocidio?

Una vez más, alzó su barbilla barbuda en furiosa negación, con falta de curiosidad. Me recordó la frase atribuida al califa Omar para sellar el destino de la biblioteca de Alejandría y quemar sus libros: «Si estos escritos de los griegos están de acuerdo con el libro de Dios, son inútiles y no necesitan ser preservados: si no están de acuerdo, son perniciosos y deben ser destruidos». La mayoría de los estudiosos dudaban de la veracidad de esta frase. Sin embargo, aun si fuera apócrifa, era una descripción adecuada de la mente de un fanático.

—Bueno, en ese caso no entenderás nada.

—Pero los armenios van y vienen a Turquía.

—Han pasado cien años y esta es nuestra tierra también.

—¿Por qué has venido a Turquía?

—Para escribir un libro sobre los restos de armenios que se quedaron después del Genocidio.

El hijo de Mustafa seguía la conversación con una expresión de preocupación, mientras continuaba jugueteando con las tijeras en sus labores sartoriales. El hombre barbudo sacó sus largas piernas del escritorio del hijo de Mustafa. Llevaba botas de cuero negro en un estilo militar de una importante marca de moda.

«Recuerda lo que te digo», me dijo. «El mundo hablará en ruso en diez años». Predijo que habría una guerra nuclear en cinco años, después de lo cual «el mundo entero será como Siria e Irak ahora, el mundo entero: Daeş ha comenzado el trabajo, y luego habrá una guerra nuclear», dijo, usando el acrónimo árabe de ISIS, el grupo terrorista islámico que estaba activo en Siria e Irak. Había pasos en el medio que no explicaba, incluido el período de cinco años desde la guerra nuclear hasta aquel en que todo el mundo hablaría en ruso. Era tan inexplicable como el renacimiento que seguiría al Día del Juicio Final, pero él era claramente uno de esos hombres que se sentían atraídos por los puntos de vista apocalípticos del Estado Islámico.

Le pregunté por qué estallaría tal guerra. «No hay por qué ni porque», dijo. «Va a suceder».

«Los conflictos nunca terminarán», agregó con una sonrisa. Y abrió la puerta, diciendo: «Nunca terminan». Lo dijo una vez más, en lugar de despedidas u otras hipocresías de las que prescindió para mi satisfacción, liberándome del deber de reciprocidad. «*Bitmez*», repitió: «No terminan». Y finalmente pude hablar con el hijo de Mustafá, que ahora estaba un poco sacudido, con los ojos muy abiertos mientras me miraba con ansiedad, respondiendo en turco a mis preguntas en hamshetsnak mientras deslizaba sus grandes tijeras a través de las piernas de los *jeans* y las cosía, diciéndome que no sabía nada sobre el arresto de su padre, nadie le había dicho nada de eso, y que un cliente venía por estos pantalones. El hijo de Mustafa solo sabía que su padre había pasado un año en prisión por su activismo político izquierdista, pero no sabía mucho al respecto porque era pequeño en ese momento. Dijo que su abuelo, Muhammad, había luchado contra los armenios en Erzurum en 1916. Cuando era pequeño, pasaba sus manos sobre grandes cicatrices en el pecho y la espalda de su abuelo, y le preguntaba qué eran. «Cicatrices de la guerra contra los armenios», respondía su abuelo.

Más tarde en el día fui a un negocio que pertenecía a los Karakan, y llegó una llamada telefónica. La recogió el hijo del gerente y dijo que su padre en este momento no podía responder porque estaba haciendo el *namaz*. Estos eran del lado «turco» del clan. En ese sentido también, eran inusuales entre los hamshentsís, que tendían a ser abrumadoramente seculares en las áreas de Hopa y Makrial.

* * *

Paramaz, el dueño del restaurante Yoldaş Pançuni en Hopa, recordó que su madre kurda se burlaba de su padre hamshentsí durante sus postraciones en la oración islámica. «¿A quién estás engañando con el *namaz*?», le preguntaba a su esposo: «Tu pueblo es armenio». Paramaz, un marxista incondicional con un sentido del humor oceánico y una alegría de vivir inextinguible, proclamaba su aversión al islam en términos muy inequívocos cada vez que tenía la oportunidad. En general no era una persona de ambigüedades, a diferencia de otros hamshentsís que podían sentir más agudamente las diferencias con sus compatriotas cristianos, mientras que él era tan armenio como cualquiera de los descendientes de la mayoría que no se había convertido al islam. Hablante fluido del hamshetsnak, era un devoto de la literatura armenia, que leía en traducción turca. *El camarada Panchuní*, una sátira de Yervant Odian sobre los revolucionarios armenios de principios del siglo XX, era su favorito, hasta el punto de que había nombrado su restaurante en honor al personaje, que entre los armenios se ha convertido en un apodo para los charlatanes en posiciones de poder. Sin embargo, en un pasaje profético escrito en 1914, la sátira había predicho el futuro inmediato de los armenios, así como el del propio autor: «Los armenios de Estambul están tramando una oscura conspiración para expulsar a sus compatriotas del país, para deportarlos a los desiertos de Arabia».[16]

El sarcasmo se volvió macabro un año después. Odian fue uno de los intelectuales detenidos en abril de 1915 y fue deportado durante el Genocidio y convertido por la fuerza por los árabes en el norte de Siria, cuando tomó el nombre de Aziz Nuri. Algunos años más tarde, sin embargo, regresó a Estambul y a la Iglesia Armenia.

«¡He bebido tanto que me he convertido en turco!», dijo un hombre en hamshetsnak. Estaba sentado en la mesa justo detrás de la nuestra, con otros dos hombres de unos 50 o 60 años, con tintes rosáceos en sus rostros carnosos inducidos por el alcohol y el sol. Los tres, con el cabello blanco como la nieve, reían mucho.

El hombre que había bebido tanto que se había convertido en turco era de uno de los clanes más grandes, miembro del nacionalista Partido Republicano del Pueblo (CHP). Estas eran las gemas, cuando la gente hablaba libremente, sin saber que había un reportero o un extraño en medio de ellos, el epítome de la invisibilidad de una mosca en la pared en un entorno de interés periodístico. Por lo general, eso era muy difícil de lograr con una cámara que colgaba del cuello como lastre. «También yo me he convertido en turco», dijo Ihsan, calculando que había bebido unas 35 toneladas de alcohol en los últimos 40 años.

Ihsan se quejó al camarero de los excesos del cocinero cuando el pollo vino empapado en aceite, usando una terminología sorprendentemente rica en armenio. El cocinero kurdo siempre aceptaba los pequeños chistes de Ihsan, que simplemente le patinaban, ya que no quitaba los ojos cansados del asador de pollo. «Dile a nuestro amigo de Estados Unidos cuántos hijos tienes», se burlaba Ihsan del cocinero, mientras el hombre sudaba frente al pollo que rotaba en el asador. «Tres», respondía el hombre. «Tiene siete», me dijo Ihsan en hamshetsnak, con una sonrisa tranquila, la primera vez que presencié el intercambio recurrente. «No cuenta a las hijas». Este rito sucedía todos los días, y el cocinero cumplía debidamente con las expectativas, sin mostrar nunca si se daba cuenta que era el objeto de la broma.

En menos de dos años de lectura y razonamiento, Ihsan había llegado a abrazar su identidad armenia. Un lector voraz con una casa llena de grandes volúmenes de pensadores marxistas y autores rusos, incluidos clásicos como Dostoievski, era tan armenio como cualquiera podía serlo, difícil de distinguir de los demás, sacudiendo por completo tres siglos de islamización. Y eso era en gran medida porque hablaba el idioma y había aprendido la historia, y se había apropiado de ella, a pesar de que no era parte de la historia de su familia y su grupo, los hamshentsís islamizados.

Los hamshentsís eran un caso curioso porque, en cierto sentido, estaban en el extremo más lejano de un espectro imaginario de la identidad armenia, pues su conversión había comenzado hacía más de trescientos años. También se encontraban entre los más distantes geográficamente de las tierras armenias históricas, ya que habían emigrado de lo que era el Estado armenio de la época, bajo el dominio árabe, a un rincón remoto, separado de las tierras armenias por la cordillera de Kaçkar.

Sin embargo, habían conservado su idioma, que unía en minutos una religión diferente y un abismo de siglos y geografía. Un pilar de la identidad armenia, casi un código secreto hablado por muy pocos no armenios, el idioma era el coto de una pequeña nación para la cual tenía un fuerte poder de cohesión. Esta combinación de sonidos había creado una identidad y la mantenía unida. Al mismo tiempo, la falta de memoria histórica y registros escritos, combinados con la islamización, les permitía reclamar la nacionalidad turca, como muchos de ellos hacían, así como una poderosa identidad local. La aldea es el marco de referencia para los hamshentsís. No sería una exageración decir que, para el hamshentsí, su localidad natal era su patria.

Introvertidos y ferozmente localistas, su sentido de pertenencia a un grupo en particular no anulaba su apego a los feudos de sus clanes. Muchas aldeas eran, de hecho, las fortalezas de las grandes y antiguas familias hamshentsís. Muy a menudo, la polémica antinomia de si eran armenios o turcos se pasaba por alto, debajo de sus lealtades de clan y aldea.

Los hamshentsís orientales, aquellos agrupados en aldeas alrededor de las ciudades de Hopa y Makrial (ciudad oficialmente llamada Kemalpaşa) en la franja más lejana del nordeste de Turquía, todavía hablaban hamshetsnak como lengua materna, incluso si estaba cayendo en desuso entre las generaciones más jóvenes.

Los hamshentsís occidentales, los de la provincia de Rize, ya no hablaban el idioma, a pesar de que algunas de las palabras habían sobrevivido en su dialecto. Entre los hamshentsís occidentales, el rechazo de su ascendencia armenia es mucho más pronunciado, pero en mis encuentros con ellos parecía haber una creciente aceptación de sus raíces armenias.

Entre los hamshentsís orientales, cada pueblo en la constelación de Hopa y Makrial tenía su propio carácter. Iba más allá de los detalles geográficos, con inclinaciones políticas que determinaban cómo se relacionaban con los turcos, los armenios y la identidad de Hamshén.

De la primera ronda de aldeas de Hamshén que había visitado hasta entonces en la zona de Hopa, aquella donde parecía que menos se hablaba el idioma era Zurpici, especialmente en comparación con las otras tres que había visto hasta ese momento: Xigoba, Çavuşlu, y Zaluna. En Zurpici, el turco se había convertido en el principal idioma de conversación y, cuando hablaban hamshetsnak, era una variante empobrecida. Encontré una excepción: una pareja joven que hablaba hamshetsnak con fluidez, como lo hacían, inusualmente, sus dos hijas pequeñas. Le pedí a una de las chicas que hiciera un dibujo en mi cuaderno. Se dibujó a la derecha de una gran mezquita con tres minaretes, una que se elevaba desde detrás del centro del edificio y otros dos más cortos que lo flanqueaban. Su madre estaba un poco avergonzada por alguna razón. «Es una mezquita», dijo con una sonrisa tímida, sonrojada.

«Estamos hambrientos de historia», dijo *Yaver*, un hombre de unos 20 años en Çavuşlu. Estaba con su madre y un amigo delante de su casa, e inicialmente reaccionaron con dudas. «Quizá sea un policía», bromeó Yaver más tarde en hamshetsnak, también intrigado por saber dónde había aprendido su idioma, sonriente pero todavía un poco suspicaz. Sin embargo, me recibieron calurosamente en su casa con té y galletas esparcidos sobre la mesa, porque la mayoría de las veces, en Hamshén como en otras partes del lugar, la hospitalidad era la actitud que prevalecía hacia el viajero. Su madre estaba emocionada. Había descubierto hacía apenas cinco años que los hamshentsís eran de ascendencia armenia, y todavía estaba asombrada por el descubrimiento que había traído un profesor de Ereván: probablemente hablaba de Sergey Vardanyan. «¿Cuándo se convirtieron los hamshentsís en armenios?», se preguntó. También le intrigaba de dónde venían los armenios, ya que estaban acostumbrados a la narrativa histórica turca de pueblos que siempre venían de otro lugar. Si bien, en verdad, los hamshentsís habían llegado de otro lugar, generalmente eran parte de la población indígena, una noción que se subestimaba en Turquía. También era un claro ejemplo que desmentía la noción de que los hamshentsís «siempre» habían sabido que eran de origen armenio.

Un amigo kurdo de Yaver también estaba de visita. Él también quería saber de dónde habían venido los armenios, resistiéndose a la noción de que eran tan locales como podían serlo, el resultado de la asimilación entre varias tribus locales y naciones que eventualmente dieron a luz a la nación armenia. Seguía insistiendo: «¿Vinieron de Asia Central?». También él insistía en que los armenios no aceptaban a los hamshentsís porque eran musulmanes, a pesar de que no explicó en qué se basaba su declaración.

Los Karakan, el clan del aspirante a yihadista, me habían recibido en Zaluna. Un hombre hablaba con otro a través de la reja de una ventana abierta. Era una casa grande con paredes de color marrón o mostaza, aceptando tan casualmente el origen armenio de los hamshentsís que no les preocupaba proclamarlo abiertamente, mientras sus hijos salían a jugar con el visitante extranjero. Los hombres me dijeron que estaba en territorio seguro en toda la plantación de té, que recorrí a lo largo de un camino que atravesaba su empinada pendiente. Me bajé frente a un depósito de té que estaba repleto de tres generaciones de plantadores, con mujeres cuyos vestidos con motivos florales animaban la explanada de hormigón donde habían extendido las hojas de té.

Una anciana con atuendo completo de Hamshén, con el pañuelo que cubría la cabeza y estaba atado a una corona a la manera tradicional, sostenía un bastón de pastor y caminaba alrededor de las plantadoras de té que embolsaban las hojas en la explanada del depósito, hablando en voz alta en hamshetsnak. Las muchachas charlaban entre ellas sobre cosas que les importaban a ellas y a nadie más, mientras un granjero gritaba una orden enojada a su esposa. Sus gritos en su dialecto arcaico prevalecieron por un momento sobre el murmullo surrealista de las palabras armenias del siglo VIII que se escuchaban de las mujeres con pañuelos en la cabeza y los hombres que se inclinaban sobre los sacos de yute, a la sombra de la mezquita blanca de al lado. En la pausa que se habían tomado los hombres para fumar, mientras esperaban los camiones, el hombre que había estado gritando disfrutaba del entumecimiento del agotamiento, pero estaba dispuesto a darme charla, y aceptó enumerar todas las aldeas en la zona de Hopa: Xigoba, Zurpici, Dzağrina y otra docena, terminando con Ardalá. «No vayas a Ardalá», me dijo. «Hay muchos fascistas allí». No bromeaba, como solían hacer los hamshentsís cuando hablaban de esa aldea. Era el blanco de bromas entre ellos, por lo que insistió en que hablaba en serio, y su fluido hamshetsnak contribuía a transmitir su mensaje. Se había sentado en la acera bajo la sombra de la mezquita para fumar, mientras sudaba aún profusamente. La anciana con aplomo matriarcal y atuendo de Hamshen me hizo acompañarla a su casa para un plato de pollo y arroz con pepinillos en grandes raciones que en turco solían llamar «porciones de huérfanos». Era bien pasada la hora del almuerzo, pero el plato no me vendría mal, como ella juzgó correctamente por mi aspecto. Su hijo, de cabeza cana, elegantemente vestido y zapatos marrones inmaculadamente pulidos, a menudo transportaba carga a Ereván y hablaba excelente armenio oriental.

Eran la facción proarmenia de los Karakan, para darle un nombre que no describe con fidelidad los matices que se encuentran entre los hamshentsís y sobre cómo se relacionaban con sus orígenes. La otra facción de los Karakan había experimentado una conversión tan completa que tendían a gravitar hacia el extremo más lejano tanto del islam como del nacionalismo turco. Mientras hacía dedo de regreso a Hopa, un hombre de unos 50 años, con los característicos ojos azules y piel blanca del clan, que podría haber sido hermano del que había visto en la casa de la matriarca, detuvo su camioneta, pero iba en una dirección diferente. Sin embargo, quería dejar constancia de lo que pensaba sobre quiénes eran realmente los hamshentsís, que todo el mundo sabía sobre su origen con solo diferentes grados de negación y aceptación, y que no temía. «Que vengan a mí si tienen un problema, nosotros también somos armenios», dijo, dirigiéndose a detractores imaginarios, y probablemente también a los verdaderos que no nombró.

* * *

«Sí», coincidió Ihsan esa noche en su casa en Hopa, «no vayas a Ardalá». También expresó su preocupación por mi plan de visitar el pueblo de Ançyoğ.

Unas horas antes, delante del restaurante Pançuni, un hombre con una gorra de béisbol blanca bajada y de andar vigoroso con la cabeza inclinada, se me había acercado después de empujar a un hombre a un lado con su hombro. Resultó ser *Ardeletsi Cesur*, un contacto de redes sociales cuya fluidez en hamshetsnak me había revelado por primera vez al expresarse sobre el gobierno turco con palabras y espíritu muy cercanos a los de muchos armenios, a pesar de las fotos de perfil en las que se le podía ver con el uniforme de recluta turco disparando artillería pesada. Un par de mis amigas armenias de redes sociales se habían asustado cuando les había enviado solicitudes de amistad en las redes sociales junto con mensajes en hamshetsnak que habían confundido con turco o algún dialecto incomprensible. «¿Quién es Cesur?», me preguntaban, alarmadas de que un hombre a quien creían un soldado turco hubiera intentado coquetear con ellas. Cesur recorría las calles de Hopa tratando de no hacerse ver porque la policía lo buscaba por haber pegado a alguien. Sin embargo, ese fin de semana iba a la *yayla* para unas cortas vacaciones de verano con su familia, y me invitó a unirme a ellos.

«Los policías lo están buscando, y existe la posibilidad de uno sobre mil de que sea atrapado», me dijo Ihsan, aconsejándome que rechazara la invitación. «Es muy poco probable que las cosas salgan mal, pero si sucede, no será bueno para ti, ni para él, si lo atrapan».

Pero en actitudes y discurso, Cesur parecía contradecir lo que los hamshentsís decían sobre Ardalá como nido del fascismo turco. E incluso los críticos más duros de Ardalá, una isla de nacionalismo turco rodeada por aldeas en su mayoría izquierdistas de hamshentsís de Hopa, reconocían que eran los mejores hablantes del dialecto. Era demasiado bueno como para pasarlo por alto, pero Ihsan aún trataba de disuadirme. «Puedes ir a la *yayla* si realmente quieres», dijo antes de apagar el último cigarrillo de la noche. «Pero no vayas a Ardalá».

* * *

Había tres cosechas de té al año. Un taxi me había llevado a un valle medio en el pueblo de Xigoba, el más poblado de los hamshentsís orientales con aproximadamente 300 casas. Hamza vino con sus dos hijos pequeños a recogerme de allí. El hamshetsnak era su lengua materna, y los niños lo hablaban con la fluidez de un adulto competente, lo que ahora era inusual entre los hamshentsís. En el camino, como había hecho Ihsan semanas antes, describieron la flora y la fauna que nos rodeaban en hamshetsnak mientras subíamos por los empinados senderos hasta la cresta de la montaña, a través de plantaciones de té en terrazas. Estaban conectadas a los *çay alım* (depósitos de té) con un sistema de poleas por el cual las hojas se enviaban hacia abajo para ser cargadas en sacos y transportadas a las fábricas. Pasamos por una colmena que goteaba miel: «La han hecho abejas silvestres, y solo los osos pueden comerlo», dijo Hamza.

Su casa estaba en la cima de la montaña, con impresionantes vistas de las montañas cubiertas de verde. Era de un clan grande y posiblemente histórico, los Muslioğli. Quizás fueran descendientes de Husep, un armenio que a principios del siglo XVIII había huido de la opresión de los *derebey*, los señores musulmanes de valles en las montañas pónticas, y había fundado un pueblo secreto, Mala, «en el valle densamente boscoso de Sera Dere».[17] Aunque conocía bien la historia y el idioma de Hamshén, Hamza no conocía esta historia. Una estrella de David tallada en una viga del techo de su casa de dos siglos de antigüedad lo intrigaba más: suponía que era judía, pero le dije que había visto estrellas similares en lápidas armenias en Crimea. Era imposible saber de dónde venía, aparte de adivinar que había sido rescatada de alguna otra construcción hacía más de 200 años.

Tras bajar por una escalera muy larga que llegaba hasta la cima, descendí hasta el barrio inferior de la aldea. Un anciano me invitó a su patio a tomar el té con su esposa, a quien cuidaba con dedicación amorosa. La mujer estaba entrando en la etapa más avanzada de senilidad, me dijo su marido con tristeza cuando ella me preguntó tres veces en diez minutos si estaba casado. El hombre estaba lamentando la agitación en el mundo musulmán y cómo se estaban masacrando unos a otros. «Haram», dijo, usando la palabra árabe para algo prohibido o impropio, horrorizado por el Estado Islámico. «Esto es *haram*».

Lo había confundido con *Rıza Haci*, a quien fui a visitar inmediatamente después. Rıza Haci era un personaje de quien todos me habían hablado en Xigoba, incluida una familia que se había reunido alrededor de una mesa, con padre e hijos pidiéndome que me uniera a ellos también para tomar el té y hablar, presentándose como «armenios también». Al menos en lo que respecta a los armenios que visitaban de otros lugares, este saludo se había vuelto común entre los hamshentsís que reconocían este origen, señalando también a sus invitados que estaban en un hogar amistoso, si no necesariamente en territorio benigno. Los que no lo decían inicialmente tampoco lo hacían más tarde, o lo negaban.

La familia de Rıza Haci estaba ocupada con los preparativos de la boda de uno de sus bisnietos, pero me lo presentaron de buen grado para una charla. A los 102 años y demacrado, tenía problemas para escuchar, pero estaba lúcido y su vista era aguda: no terminaba de beber el té que ya llamaba a la esposa de un nieto para que me sirviera más. Todos sus suegros, hijos y bisnietos hablaban excelente hamshetsnak, y él entendía todas mis preguntas en el idioma vernáculo, pero respondía en turco. En 1917, había luchado para el ejército otomano en Erzurum contra los rusos y armenios, a quienes acusó de brutalidades. Una de sus yernas me pidió que lo dejara descansar y me invitó a unirme a ellos en el porche. La esposa de otro pariente, una mujer de piel oscura con ojos almendrados, dijo que su padre poco antes de morir les había dicho a ella y a su hermano que eran armenios. Su madre había muerto joven. «Los hamshentsís son de origen armenio», le dije .

Pero ella no era hamshentsí. Había diez familias en su aldea natal de Serinsu, en la provincia de Artvin, y ahora sospechaba que todos eran armenios, pero primero quería confirmar su propia identidad: «¿Cómo podía averiguarlo?». Podía hacerse el examen de ADN, le dije, ofreciéndole la oportunidad de hacerlo en el acto, ya que tenía el kit conmigo. Cuando aceptó, uno de los familiares de Rıza Haci le susurró algo que no pude escuchar y esta mujer, que tenía 35 años, me miró preocupada: «No hay necesidad de hacerlo», me dijo.

Cuando comencé mi descenso a la ciudad de Hopa, saludé a una adolescente que colgaba ropa en un balcón. Tres caras jóvenes que se parecían entre sí, con los ojos muy abiertos, aparecieron en ventanas separadas, las tres con las cabezas cubiertas con pañuelos de colores brillantes: «¿Usdi mer lezun xabrigus?», preguntó una de ellas, sin advertir cuán ricamente estratificada su pregunta sonaba a mis oídos en su dialecto arcaico, preguntando sobre mí, al hombre con el acento raro: «¿De dónde sabes nuestro idioma?». Había usado una preposición del armenio clásico. Al salir de Xigoba, después de pasar el puente de piedra arqueado que marcaba el límite del pueblo, escuché algunos gritos en el armenio antiguo de los hamshentsís, probablemente los recolectores de té que se comunicaban de una plantación a otra distante, la voz que viajaba con claridad desde la montaña.

Para interlocutores nacidos en entornos desiguales y oportunidades desiguales, el diálogo requería de esfuerzos adicionales. Entablábamos contacto desde diferentes planos, como hombres que hablan entre sí desde diferentes niveles en una montaña, como los cosechadores sobre las empinadas plantaciones en terrazas. Aun cuando los armenios se comunicaban con los hamshentsís a nivel lingüístico, nuestros puntos de referencia eran diferentes. *Birol*, un niño de 12 años que conocí en la casa de Rıza Haci, hablaba perfectamente en un idioma que para él evocaba todo un conjunto de asociaciones completamente ajenas a los recuerdos de una patria perdida, el monte Ararat, y el alfabeto armenio, como lo hacían para los armenios diaspóricos. Estaba feliz de que admirara su fluidez en hamshetsnak, pero sería difícil comunicarle a alguien de la edad de Birol, quien probablemente no conocía la historia de su propio pueblo y su conversión, cuán aguda era la sensación agridulce de escuchar a un niño nacido después de siglos de islamización que todavía hablaba un dialecto del armenio occidental, un idioma que estaba en peligro en todas partes.

Me había enterado de la cosecha de té en las aldeas durante una conversación con Hamza unos días antes en la casa de té Park, de Hopa. Un desconocido, que se había identificado como laz, se había acercado a la mesa que compartía con otros amigos para decirme con urgencia y una voz severa que los hamshentsís no eran armenios. Además, me había ofrecido un camino a la salvación, y agregó que podía «convertirme en musulmán».

Sería un placer para mí, respondí. Si él se hacía cristiano, yo me convertiría en musulmán. Nuestra mesa estalló en carcajadas, excepto por él. «No quiero convertirme en un infiel», respondió. «Alá ha dicho que los cristianos arderán en el infierno», agregó, con las pupilas de sus ojos enojados rodando de izquierda a derecha, pero evitando mi mirada mientras descargaba su discurso llameante.

Era notable, no solo por la simplicidad de la condena en la que creía. Afeitado y semicalvo, posiblemente pasada ya la primera mitad de su probable vida, todo en él parecía olvidable, incluidos sus pantalones oscuros, correctos y anodinos, y su camisa de color crema. Con su aspecto insulso podría haber sido cualquiera en cualquier lugar, esos personajes que nuestros ojos se saltean naturalmente en una multitud o en el metro. Y, sin embargo, compartía la escatología del aspirante a yihadista en la sastrería de Hopa, que desfilaba con su barba y sus borceguíes militares de marca de lujo. «Irás directamente al infierno», concluyó, renunciando a su misión de salvación en un final que celebramos con risotadas, porque por alguna razón sonaba más divertido en turco que en traducción, incluso si ese no era su efecto deseado: «Sen direkt cehenneme gidiyorsun».

Hamza estaba sentado en una mesa cercana, con su primo *Dursun* y su esposa, y accedió a llevarme a ver la cosecha del té, o *çaykağ* en hamshetsnak. Pero la conversación pronto se desvió hacia el Este, cuando la esposa de Dursun quiso saber con qué frecuencia iba a Ereván. Ese era un lugar al que Hamza no iría. «Aquí no hay Armenia», dijo, llevándose la mano al corazón. «Aquí no hay Ereván». La mayoría de la gente probablemente interpretaría eso como una metáfora que indicaba indiferencia. Sin embargo, su comentario significaba algo más fuerte: literalmente, decía que no amaba a Armenia. En hamshetsnak, «está en mi corazón» («Im sirdin meçı ga») significaba «amar».

«Con el dolor de dolores y entre llantos, nuestros antepasados se convirtieron en musulmanes, ¿por qué se harían armenios ahora?». Repitió lo que me había dicho años antes. «¿Qué haría yo en Armenia, donde los armenios se mueren de hambre? ¿Qué haríamos allí? Soy armenio, no tengo ningún problema con eso», agregó. «Masacraron a los armenios porque eran armenios, así que ¿por qué diríamos que somos armenios... Sí, somos armenios, pero ¿por qué decirlo?».

De una manera curiosa, articulaba una noción de identidad armenia que se remontaba a una etapa prenacionalista, o una separada del país o Estado nación. No se podía saber cuántos hamshentsís compartían sus puntos de vista, pero tal vez su enfoque también explicaba las ambigüedades de aquellos que reconocían o incluso abrazaban su origen armenio, pero no podían relacionarse con el nacionalismo armenio.

Después Hamza me mostró un Corán muy antiguo en las oficinas de su partido marxista en el sótano de una galería comercial en Hopa. Había fotos de mártires revolucionarios, Marx y el Che Guevara. En los pliegues rotos de la portada del Corán había páginas amarillentas de un artículo de periódico en armenio, posiblemente de finales del siglo XIX. Hamza se preguntaba qué decía el artículo. Pero las letras estaban demasiado desgastadas y eran muy pequeñas como para ser legibles. Dursun también estaba allí, así como otro amigo suyo hamshentsí, quien dijo que los armenios eran demasiado «armenistas»: quería decir «nacionalista», para lo cual usó la expresión «haici», una combinación del gentilicio «armenio» en armenio, *hai*, y el sufijo turco *ci*, por «-ista», para indicar una profesión u orientación. Dursun se mostró escéptico sobre el valor de los recortes de periódicos. Supuso que el encuadernador habrá sido armenio y usó los papeles solo como relleno en la restauración de la portada .

Cuando Hamza vino a recogerme del valle medio de Xigoba para visitar la cosecha del té, me presentó a las ancianas que estaban reunidas allí como «armenias, como nosotros». Y las mujeres se habían reído, reconociéndolo con asentimientos y susurros.

Semanas después regresé a Xigoba. Era mi última noche antes de irme de Hopa para siempre. Nos veíamos en la casa de *Ummi*, una abogada que hacía dos décadas a la edad de 17 años había quedado paralítica después de que el camión en el que viajaba en la *yayla* volcara, algo que ocurría a menudo. Horrorizado conmigo mismo, pensé cuán injusto era apenarse más por una mujer hermosa relegada a una silla de ruedas en lugar de otras desgracias igualmente dignas de compasión, pero el instinto no necesariamente sabía lo que sí el intelecto. Después, vinieron los sobrinos y las sobrinas de Ummi con amigos, hablando en voz alta en hamshetsnak y cantando para nosotros, y mirando fascinados cómo se escribían sus nombres en el alfabeto armenio.

* * *

Reanudé el recorrido por las aldeas de Hamshén en Garci, bañada esa mañana en la luz gris de un sol que pugnaba con las nubes. Los primeros kilómetros en la aldea, con caseríos distribuidos sobre toda la montaña, revelaban que era el dominio de los *Köroğlus*, cuyo nombre grabado en lápidas islámicas agrupadas en pequeños cementerios, principalmente en el lado izquierdo de la carretera. Por lo general, estaban frente a casas que parecían escondidas en el bosque. Las estelas probablemente también atestiguaban un alto grado de endogamia dentro del clan, que muchos hamshentsís consideraban que era el más grande en la zona de Hopa.

«Esta es nuestra montaña», dijo *Haşmet* mientras caminábamos hacia su plantación de té en terrazas, pasando por al lado de una nube de abejas que sobrevolaban las colmenas de madera. Media decena de mujeres levantaba la segunda cosecha con podadoras, y capturaban las hojas en grandes bolsas. «Más arriba solo hay tres familias que no son de los Köroğlu». Era un hombre de tez oscura, como muchos miembros del clan que conocí en el barrio inferior, mientras que en la parte alta del pueblo y al otro lado del camino sinuoso en la cresta, los tipos rubios de ojos azules y piel blanca parecían ser más comunes.

Las podadoras semejantes al contorno de un pelícano y que usaban para la cosecha eran mal vistas por los aficionados al té, ya que las variantes más selectas se recogen a mano en Sri Lanka, India, y China, me dijo uno de los parientes de Haşmet mientras cortaba las hojas oscuras. Sin embargo, eso era exquisitamente irrelevante. «Lo que nos está matando es Chernóbil», dijo, y sus ojos se llenaron mientras seguía recortando. Hacía un año, había perdido *a Ailin*, su hija de 20 años, a causa del cáncer. «Los vientos soplaron el veneno a través del mar, que se ha estado asentando en plantas y árboles». Hablamos del desastre nuclear de 1986 en lo que entonces era la Ucrania soviética, y de Pripyat, la ciudad fantasma donde estaba el reactor; y luego me preguntó sobre mi historia familiar. Sabía que los hamshentsís «habían sido armenios», pero se habían convertido hacía siglos, y tenía curiosidad por saber cuándo y por qué, porque no lo aprendieron en la escuela y probablemente había ocurrido hacía tanto tiempo que ya había sido olvidado. Luego se esforzó por recordar viejos nombres hamshén que había escuchado cuando era niña o que había aprendido de su *momi* (abuela). Y, sin embargo, cada palabra y recuerdo sobre cualquier cosa en este mundo que hablábamos con ella en los escalones superiores de la plantación la traía de regreso a Ailin, y a la radiación que emanaba de tierra adentro en la orilla opuesta del mar Negro.

El hamshetsnak hablado en Garci parecía más alejado del armenio clásico u occidental que en otras partes de la región de Hopa, si las dificultades menores en la comprensión eran un punto de referencia confiable. Haşmet, que tomaba prestado más del turco que su hermana y otros lugareños, confirmó que el habla local tenía sus peculiaridades, que eran apenas palabras menores o variaciones de escasa importancia, pero eran suficientes para convertirla en poco más que un patrilecto (las peculiaridades del idioma conversacional de una familia o clan) ya que sus hablantes sumaban alrededor de 300 hogares en un pueblo propio, pero no lo suficiente como para ser un dialecto. Sin embargo, la posible evolución del idioma hablado por un clan creciente era interesante de considerar, ya que la última consecuencia teórica sería la de que una familia se convirtiera en un subgrupo dentro de un grupo o subgrupo étnico, hablando un dialecto de un dialecto.

La montaña de los Köroğlu era territorio amistoso. Invariablemente, las mujeres daban la bienvenida al visitante de afuera con un saludo y una sonrisa. Una joven había regresado a la cosecha de té cerca de la cima después del *namaz* en una *musalla*, una pequeña sala de oración en la montaña. «Habla con mi madre», dijo. El hamshetsnak de la joven era entrecortado. Luego apareció una mujer mayor del final del camino, de la parte donde descendía fuera del rango de visión. Llevaba una túnica azul y un pañuelo en la cabeza a juego y venía con la expresión descansada de alguien que se ha despertado de un sueño revelador. Y se sentó en una gran roca que los vientos y otros agentes habían erosionado hasta darle una forma suave y una superficie lisa, y me miró en silencio con sus ojos de mar, esperando que hablara. Se dibujó una sonrisa fugaz en su rostro apenas pronuncié mi saludo. El alambre de púas que corría detrás de ella era el único intruso de la civilización; su gracia y sus prendas, y su luminoso rostro, con el pañuelo azul que colgaba libremente sobre su cabeza, producían un extraño *déjà vu*. No era solo el diálogo en el lenguaje antiguo, con palabras que se adueñaban del silencio de la montaña. La familiaridad también era pictórica, con elementos marianos renacentistas de composición y color, especialmente su túnica azul y su chal.

«Hay algunas personas que vienen y susurran: "Los hamshentsís son armenios", y yo respondo: "Sí, lo somos, y eso me hace muy feliz, mira qué nación civilizada son, y piensa lo que este país podría haber sido si se les hubiera permitido vivir", y les pregunto si no creen que los armenios también son humanos», dijo. «Nacemos lo que somos». Toda la montaña pertenecía al clan, lo que les daba la confianza que viene con la fuerza en los números, una carencia muy aguda para los armenios la mayor parte del tiempo en la mayor parte de su patria usurpada, donde poco antes del Genocidio se los conocía por la dudosa designación de «nación leal», su epíteto en el Imperio otomano. La razón para ser leal era obvia: una conducta problemática empeoraría la vida, pero el miedo también es un poderoso incentivo para la violencia.

En el tramo más alto de la carretera, justo debajo de la vasta cresta, un hombre de unos 40 años pintaba su antigua casa: suponía que tenía 200 años. Su *momi* estaba dentro, con un pequeño bisnieto caminando a los tumbos alrededor de su larga falda. La anciana respondió a mi saludo en su idioma con una sonrisa cauta, algo que había visto antes cuando se daban cuenta que era armenio. Ninguna otra persona que se pareciera a «uno de nosotros» y hablara su idioma podía ser otra cosa. Este hombre sabía que los armenios se llamaban a sí mismos *hai* y dijo que siempre lo había sabido. No era un asunto lingüístico menor: se creía que la conversión de los hamshentsís había sido tan completa que habían abandonado la palabra armenia para su propio pueblo, y en cambio usaban el gentilicio en turco, *ermeni*. Sin embargo, cuestionó que fueran de origen armenio, mientras alternábamos entre hamshetsnak y turco en nuestra conversación. Aceptaba, dije, que ahora fueran musulmanes y se consideraran turcos, pero su origen era indiscutiblemente armenio. Toda evidencia probatoria en sentido contrario en la literatura académica turca eran falsificaciones y pseudociencia. «No sé qué es verdad y qué es falso», dijo el hombre en turco, con mirada y voz que se habían vuelto hostiles, «pero no somos turcos: sí, somos ciudadanos turcos, pero somos hamshentsís». Y, agregó, no era musulmán: «Soy socialista».

Más arriba, el camino conducía a una meseta donde había una casa, delante de la cual un grupo de mujeres con la cabeza cubierta y niñas con la cabeza descubierta tomaban té. Sus asientos estaban dispuestos en forma de herradura. Detrás de ellas, la meseta se abría bruscamente a un abismo boscoso. Una mujer con gafas gruesas, que hablaba rápidamente un hamshetsnak complicado con elipsis de vocales, era la voz dominante, haciendo chistes que las otras mujeres celebraban con carcajadas y que mayormente yo no entendía. Sin embargo, era una bromista innata, y aun cuando tenía dificultades para entender todo lo que decía, reconocía también yo las señales que nos provocaban risa. La mujer con anteojos nunca había visto un armenio hasta entonces. Le daba curiosidad que los armenios y los hamshentsís pudieran conversar en idiomas mutuamente inteligibles. Ella había oído hablar de ello, pero no sabía nada sobre su historia, y me pidió que se lo contara. «Nunca lo hubiéramos sabido», dijo, con un tono divertido. «Solo tenemos TRT1 aquí arriba y nunca nos van a decir eso», dijo en referencia a un canal de televisión estatal turco, suscitando nuevamente las risas del grupo de mujeres. Entonces salió de la casa una adolescente en la flor de su belleza, toda vestida de blanco y con un pañuelo blanco suelto sobre su cabeza, símbolo en el pasado, y tal vez hoy también, de que estaba dispuesta a ser cortejada. Solo vi sus grandes ojos negros y hermosa sonrisa. La mujer con anteojos la presentó por su nombre, y la joven voló de regreso a su caparazón en la parte trasera de la casa. Dijo algunas frases en hamshetsnak, pero yo estaba demasiado distraído por su belleza como para prestar atención. La trataban como un secreto precioso, algo que se podía mirar fugazmente, pero que no podía ser capturada ni siquiera en una foto, pues no me permitieron fotografiarla. Cuando me puse de pie para irme, se abrió una cortina detrás de la reja de una ventana. La chica de blanco apareció por un segundo y agitó la mano a modo de despedida. Y continué a Zendit, que estaba al final de un camino en suave pendiente que comenzaba pocos metros después de la casa de las mujeres.

Los primeros y últimos hogares que vi en Zendit se presentaban abiertamente a sí mismos como armenios y me acogían como un compatriota, y en su falta de adulación se podía ver que no era un mero gesto. Hablaron sin condicionales, sin mención de accidentes históricos que nos habían llevado por sendas divergentes, y hablábamos en general sobre el trabajo, la familia y lo mal que estaba la economía, con la caída de los precios del té, con lo que apenas cubrían los gastos. Pero mi curiosidad despertó en una casa cuando volvieron a describirse a sí mismos como *hai* y quise saber cuándo habían aprendido la palabra. «Siempre la hemos sabido», dijo el hombre, de unos 60 años. Eso parecía extraño y contradecía los registros disponibles al respecto, en los que la palabra había sido erradicada por completo del uso entre ellos. Sin embargo, después que insistí, el hombre dijo que solo habían comenzado a usarlo después del colapso de la Unión Soviética y la apertura de las fronteras, con el aumento del tráfico de armenios que venían a Hopa para comerciar. Y eso se correspondía con lo que mis conocidos más cercanos habían insistido y lo que se sabía en la literatura sobre Hamshén. Él y su esposa empacaron y me dejaron cerca de la cima de la colina, *kağniver* (aldea alta). Visitaban a su hijo, cuya casa estaba encaramada en una pendiente vertiginosamente empinada que la camioneta de la pareja, no obstante algunos gemidos del motor, increíblemente logró subir con la facilidad de una cabra, mientras yo observaba con cierta ansiedad desde la carretera ya encaminado en dirección oeste rumbo a Dzağrina.

Frente a la última casa por la que pasé en Zendit, tres generaciones de una familia regresaban a su hogar en la cima de la colina, en un vecindario de construcciones a medio terminar, mientras el sol brillaba débilmente a través de las nubes que pasaban. El patriarca caminaba adelante, con la caña de pastor en mano y mirada oculta bajo su boina negra, seguido por su esposa, así como por sus hijas y nietos, uno de ellos con la camiseta de Messi del Barcelona. Le dije al niño que había crecido en Argentina, el país donde había nacido su ídolo. Pero su madre sonrió y me dijo que era demasiado chico como para entender eso. Querían saber cómo me habían recibido los otros hamshentsís y tenían curiosidad por saber cómo era que hablaba su idioma. Me miraron sin entender cuando dije que era *hai*, por lo que probé *ermeni*, y una de las jóvenes se encogió de hombros, diciendo: «Nosotros también». Habló casi con indiferencia, con naturalidad y sin agitación, sin intención de halagar a nadie. Su aspecto no era especialmente notable, pero tenía una mirada rica y una actitud más rica, con una personalidad atractiva. Había una chispa de desafío silencioso en sus ojos, como los que veía cuando algunos hamshentsís decían que se vieron obligados a convertirse en musulmanes. Lo que esto demostraba, también, era que había hamshentsís en un pueblo en la cima de la colina, lejos de Hopa o cualquier otra ciudad relativamente grande, que ya no tenían miedo de afirmar su identidad armenia.

* * *

El sol se estaba poniendo en un cielo rojo, revelado por las nubes que se alejaban en los últimos momentos de luz diurna. Las casas y la mezquita de Dzağrina, en una colina frente a Zendit, se levantaban del denso bosque, en medio de la exuberancia ilimitada de los árboles y el universo de la flora póntica. El nombre del pueblo también evocaba su topografía floreciente, pues su primera sílaba era idéntica a la raíz de *dzağig*, o «flor» en armenio.

En Dzağrina, donde llegué después de cruzar la cima de la montaña desde Garci, un niño de 12 años que hablaba un hamshetsnak entrecortado y corrompido por el turco quería guiarme a una cascada espectacular, de la que me habían hablado en los otros pueblos. Para su decepción, quería que me guiara a la mezquita para conocer gente. Nos encontramos con algunas ancianas en el camino, la más amigable de las cuales era una que llevaba a pastar una vaca, mientras que las otras se encerraban rápidamente en sus casas tras murmurar algunas cosas en turco. Uno me dijo que me perdiera. Cuando llegué a la mezquita, una anciana jugaba con sus nietos junto a las fuentes de agua para abluciones. Se cubrió la cara con su chal negro cuando me vio, negándose a hablar.

El niño que me había guiado me presentó a un hombre pequeño, con su rostro de piel de olivo surcado por las arrugas. Llevaba gafas con monturas negras y un bigote también negro que envejecía más lentamente que su cabello. Apenas dijo su nombre y era reacio a hablar. Entonces un hombre con una larga túnica blanca que, mirada más detenidamente, parecía una *galabeya*, una vista bastante inusual en las montañas del mar Negro, se acercó a mí a grandes pasos. «Selâmün aleyküm», dijo bruscamente, mirándome con sus ojos verdes, sin pestañear bajo su ceño fruncido. Su gorra blanca de peregrino se destacaba en contraste con el bronceado rojizo de su rostro, lo que me hacía preguntarme si acababa de regresar del *Hajj* a La Meca. Me quedé en silencio mientras el *hajji* repetía el saludo musulmán, esta vez alzando la voz. Era un truco, pensé. A mi entender, tal vez equivocado, a los no musulmanes no se les permitía usar el saludo religioso, lo que significaba: «La paz sea contigo», así que respondí con el saludo turco laico de «Merhaba», que él ignoró, repitiendo en su lugar, ahora sonrojado de ira, «¡Selâmün aleyküm!».

El anciano y el niño que me había acompañado miraban en silencio mientras el hombre parecía estar más molesto. A pesar de que quería mostrarse hostil, yo no sentía peligro, y me maravillaba en silencio por lo extraño de la situación, mientras estábamos parados en círculo frente a la mezquita blanca, respirando los olores crudos de la tierra y la exuberancia salvaje que nos rodeaba, lo más cercano a un paisaje de felicidad. Tal vez confundido por esa topografía, había bajado la guardia aun cuando la hostilidad podría haber sido real. Visto desde Zendit y Garci, Dzağrina parecía un destino de peregrinación, distante, pero por sobre la línea del horizonte, medio perdido entre nubes de niebla, construido alrededor de una mezquita blanca perfecta como una postal, y una franja de niebla que atravesaba el minarete por el medio, como si su parte superior flotara en ella.

Pensé que era mejor no ignorar las costumbres, y predije que este hombre iba a preguntar mi religión. Pero cuando el niño dijo con voz baja, «Aleyküm selam», mirándome, seguí su consejo silencioso y repetí las palabras mágicas. El hombre entonces me estrechó la mano y su tono cambió, presentándose y preguntándome quién era yo. No era ni el *muhtar* (jefe de la aldea) ni el imán de Dzağrina. La hierba brillaba como el jade, después de otro chaparrón que había aprendido a ignorar como los lugareños, acostumbrados a caminar bajo la lluvia con indiferencia botánica. El hombre con el atuendo de *hajji* se había vuelto más amigable y quería ver lo que escribía en mi pequeño cuaderno, pidiéndome que pasara las páginas. Me hizo detenerme en el dibujo de la flor de cinco pétalos. «¿Es eso un símbolo masónico?», preguntó, queriendo saber si tenía un significado secreto. «No, es *aakagin kuyrı*, la hermana del sol, una flor silvestre que vi en Xigoba», dije en hamshetsnak. Quitó los ojos del cuaderno por un momento y me miró sorprendido, sin hacer ningún comentario. «¿Eres un masón?», preguntó en turco, el único idioma que habló conmigo, a pesar de que debe haber entendido hamshetsnak. «Soy armenio cristiano», respondí, porque era la verdad, siempre la mejor política, pero también porque intuía que probablemente sería el menor de los dos males. Su rostro se relajó en una amplia sonrisa. «Tu gente es como la nuestra», dijo con alegría, ahora hojeando con entusiasmo mi cuaderno, preguntándome sobre el extraño alfabeto o cualquier dibujo que le llamara la atención, señalando con aprobación un pequeño boceto de una ciudad con un minarete que se elevaba sobre ella. Pero yo había entendido mal. Este hombre quería decir que los musulmanes y los cristianos se parecían entre sí, no los hamshentsís con los armenios. No eran armenios, dijo sin hostilidad, y se desentendió de mí mientras yo le hablaba y sus ojos recorrían con curiosidad la escritura armenia en mi cuaderno. «Es un alfabeto hermoso», dijo. Me estrechó la mano de nuevo y me deseó buen viaje bajo la mirada protectora de Alá, antes de alejarse a grandes zancadas, el mismo paso que yo había confundido con una prisa hostil.

Después de un campo arbolado donde unos niños pequeños de unos ocho o nueve años jugaban al escondite, gritando que tomara su foto —ninguno hablaba hamshetsnak, a pesar de que dos de ellos dijeron que lo entendían— me encontré con una pareja parada junto a la entrada de su exuberante jardín, flanqueados por altas plantas de hibisco rojo que me mostraron con orgullo, así como una pequeña colmena cercana. Era el ex-*muhtar*, el antiguo jefe de la aldea. La corona de su cabeza estaba completamente calva, con cabello blanco que se elevaba sobre las sienes, y su largo bigote envolvía sus mejillas, deteniéndose solo por debajo de las gruesas patillas. La cara, con ojos verdes felinos debajo de las cejas arqueadas y una frente grande, parecía familiar. El extraño parecido provenía de libros de historia y retratos y, como este hombre hamshentsí de madre laz probablemente se hubiera reído si se lo hubieran dicho, me abstuve de mencionar que tenía un aire de Francisco José I, el emperador austrohúngaro, aunque su bigote ciertamente no era portentoso en la forma en que lo era el imperial.

Su esposa estaba vestida con el traje tradicional del lugar, con un pañuelo a juego decorado con flores en muchos tonos de rojo que parecían grandes gladiolos. Los motivos angulares de alguna manera realzaban la nariz aguileña que le daba a su rostro un carácter aviar. Como era común entre los hamshentsís de su generación, tenía un nombre turco oficial y uno completamente diferente en hamshetsnak, por el cual la conocían la familia y los amigos: el suyo era Maşikar, un nombre muy antiguo que también la intrigaba. A menudo le había preguntado a su madre por qué le habían dado ese nombre de Hamshén y cuyo significado tampoco ella conocía. Las dos hermanas menores de Maşikar habían muerto de cáncer. «Fue por Chernóbil», dijo.

A principios de esa semana, había conocido a un director de documentales hamshentsí que vivía en Estambul y que estaba preparando una película sobre los niveles de cáncer en la región de Artvin y Hopa, que eran cuatro veces más altos que en otras partes de Turquía. Estaba trabajando con un colega laz cuyo rostro recordaba las representaciones de Jesús o de un jenízaro. Dijeron que el número de casos se había disparado unos años después del desastre de Chernóbil en 1986, y esa era una hipótesis que consideraban. Estaban analizando si había justificación para la afirmación de los lugareños de que las partículas de radiación habían volado desde Ucrania a través del mar Negro y se habían depositado sobre hojas de té, verduras y alimentos.

Como todo lo relacionado con los armenios todavía podía despertar pasiones del tipo equivocado en Turquía, pero también entre algunos hamshentsís, había adquirido la costumbre de tratar de interpretar cada señal y pista para distinguir al amigo del enemigo, especialmente cuando caminaba solo en aldeas ubicadas en bosques donde desconocidos, en especial armenios, llamaban la atención. En presencia de una amenaza potencial, la primera alarma natural que sentía era un nudo en el estómago. En general no fallaba, pues el cerebro ha de recoger pistas e indicios a través de los ojos y los otros sentidos, en las sutilezas de miradas o de lenguaje corporal, que nuestra mente podría tardar un tiempo en procesar y convertir en pensamiento racional y verbalizado. Las lecturas erróneas no eran infrecuentes. Había sucedido con los hombres que jugaban al póquer en Diyarbakır, cuyo comportamiento parecía hostil, pero resultaron ser armenios ocultos. Pero en general era acertado, y la experiencia me había enseñado a confiar en ella. También estaba empezando a comprender que las aldeas, especialmente en el este de Anatolia, no eran realmente territorio libre, abierto a los forasteros. Si bien no había ninguna restricción legal para ingresar a ellas, la costumbre dictaba que el jefe de la aldea fuera informado o que uno fuera el invitado de un lugareño.

Con las primeras cortesías que intercambié con este hombre, quedó claro desde el principio que este hombre abrigaba sentimientos patrióticos por Turquía, pero era hospitalario a más no poder, independientemente de mi origen armenio. ¿Qué le parecían, le pregunté, un par de nombres hamshén muy extraños que me había dicho una de las mujeres Köroğlu en el pueblo de Garci justo en la montaña frente a la suya, incluido un extraño híbrido del armenio y turco, «Armengül», que significaría «rosa armenia»? Su respuesta fue educada, pero rápida: «No hay nombres armenios entre nosotros». Eso reveló de qué parte estaba en el debate sobre el origen o pertenencia étnica de los hamshentsís. Sin embargo, no sentía ese nudo en el estómago. Parecía territorio seguro. Entramos a la sala de estar después de contemplar la ardiente puesta de sol desde el porche, un cielo rojo que pronto se fusionó con el azul que avanzaba. Lo primero que vi dentro de la casa era una pequeña bandera turca en la pared a la altura de los ojos, junto a la silla de lectura del hombre.

No era prudente seguir caminando en la montaña después del anochecer, me dijo *Kemal*, y me invitó a quedarme ya que la habitación estaba lista. Sentían una grata curiosidad acerca de mi competencia en el habla del hamshetsnak, que promovía la familiaridad. Sin embargo, no pasaba los límites de eso. Hablaba hamshetsnak con fluidez, pero su esposa se burlaba de él, diciendo que lo había aprendido después de casarse con ella ya que había crecido con una madre laz y lo hablaba penosamente cuando se casaron: «Por supuesto que no lo reconoce, pero aprendió más conmigo; su madre era laz». La anécdota también era reveladora por otra razón. Los hamshentsís solían decir que rara vez se casaban con personas de afuera, pero me había encontrado con varios casos de matrimonios mixtos incluso entre las generaciones mayores, entre ellos los padres de Kemal, que tenía 65 años.

Desayunamos en el porche en la mañana gris. Me recomendaron que viera a sus hijos, que vivían en Esmirna, pidiéndome que por favor enviara las fotos a la dirección de correo electrónico de su hijo mayor, ya que ellos no eran muy versados en tecnología. También escribieron el nombre y los datos de contacto de una investigadora occidental que se había quedado en su casa hacía años: le transmití los saludos y los buenos recuerdos que Kemal y Maşikar tenían de ella, presentándome brevemente en mi mensaje. Esta académica, que estaba en Cambridge, Massachusetts, me respondió, tal vez malinterpretando mi mensaje como una solicitud de consejo sobre este proyecto de libro, advirtiéndome de los riesgos del «reísmo» en mi búsqueda, sugiriendo en jerga académica que era posible que me engañaba a mí mismo para ver lo que quería ver entre los armenios islamizados. No expresó ningún agradecimiento ni ninguna pretensión de recordar o preocuparse por sus anfitriones de unos años antes. Agradecí de nuevo a esta investigadora con una breve reflexión sobre cómo el reismo de Atatürk, para tomar prestada la palabra, había creado un frágil sentido de identidad en Turquía.[18]

La pareja me abrazó calurosamente y me despidieron mientras continuaba mi peregrinación por el camino que terminaba en la parte alta de Dzağrina. Poco después de bordear la mezquita en la cima de la colina, el camino entraba en Ardalá, la aldea donde se hablaba el hamshetsnak más puro.

* * *

Un hombre de baja estatura estaba sentado detrás del escritorio, con uno más alto a su lado que lo ayudaba un poco obsequiosamente, de expresión alegre en su rostro rojizo y su bigote arreglado y ligeramente curvado hacia arriba, una jovialidad ausente en la mirada sombría y pálida del otro, quien aun así presentaba un aire de familiaridad. Incluso la cadencia del discurso del hombre bajo tenía notas que había escuchado antes pero que no podía precisar. Cuando le expliqué que necesitaba el *izin* (salvoconducto) para fotografiar los trajes tradicionales, la flora y la fauna de las aldeas de Hamshén alrededor de Hopa, me echó una mirada completamente carente de todo interés, y parecía ligeramente ofuscado: «¿Para qué quieres esas fotos?».

La oficina había sido construida según especificaciones kafkianas, excepto por su techo alto, y sus ocupantes se comportaban de la manera prescrita, si es verdad que la arquitectura condiciona nuestra conducta. Había un escritorio y tres sillas, y nada más. Las paredes estaban desnudas. Tal vez incluso el retrato de Atatürk, curiosamente, faltaba en las paredes marrones, el color preferido de los burócratas perezosos, pero eso puede haber escapado a mi atención, también inusualmente. Reinaba la mayor tranquilidad, con la ventana abierta a un exuberante patio interior. Algunos gorriones todavía cantaban a última hora de la mañana, pero incluso los sonidos provenientes de las criaturas libres afuera contribuían a la atmósfera inquietante.

Su antiguo dialecto, canciones y costumbres me habían atraído a las tierras de los hamshentsís. Pero el hombre de baja estatura dijo que no podía entender, y lo dijo con un tono que revelaba que entendía perfectamente bien, por qué alguien que se había criado en Buenos Aires y vivía en Nueva York se preocuparía por la vida en pequeñas aldeas encaramadas sobre las orillas del mar Negro. «¿No tienes nada mejor para hacer con tu tiempo en tu lejana ciudad?», dijo, fingiendo sorpresa con un tono aburrido que ocultaba muy bien el sarcasmo, incluso si era claramente el objetivo que buscaba.

«Soy armenio», le dije. Su rostro se iluminó con una sonrisa de satisfacción sardónica, probablemente al ver confirmadas sus sospechas. «İnçbes es?», preguntó, en hamshetsnak y, todavía sonriendo, usando la misma fórmula empleada en armenio occidental también para decir: «¿Cómo estás?»

Respondí y fingí alegría al tratar con un hamshentsí, a pesar de que era un servidor público y uno de los que probablemente veían a los armenios de la Diáspora como misioneros no invitados y no bienvenidos. «¡Nisd!», me ordenó que me sentara, todavía en hamshetsnak. Y comenzó a hacer llamadas telefónicas a otros despachos de la oficina del gobernador de distrito de Hopa, para saber qué hacer conmigo. Me había dicho que era del pueblo de Çançağan, un nombre que también me resultaba familiar.

El asistente me preguntó en voz baja algo que inicialmente no podía entender. El tono era amable, y aunque el día anterior había aprendido a desconfiar de la cortesía, era un alivio dejar caer todas las máscaras de farsas. El hombre era laz.

Mientras su jefe estaba ocupado en las llamadas telefónicas, me preguntó si creía que el *soykırım* había sucedido. Fingí ignorancia de la palabra «genocidio» en turco. «*Genotsid*», susurró en ruso, tratando de no atraer la atención de su jefe, quien se había vuelto para mirarlo con curiosidad mientras sostenía el receptor del teléfono en su búsqueda de respuestas que no llegaban. Ya no podía fingir que no entendía, si tan solo para no insultar su inteligencia, y le di una respuesta honesta: «Soy un huésped en este país y hablar de este tema en un edificio público me incomoda». Bien podría ser una trampa, ya que bastaban unas pocas palabras equivocadas para que las personas equivocadas se metieran en problemas; además, estaba en una dependencia pública y hablar sobre el genocidio todavía era punible por ley en Turquía, incluso si, después del asesinato de Hrant Dink, el artículo 301 rara vez se aplicaba para procesar esta violación. El jefe puso su mano sobre la boquilla del receptor y le dijo a su asistente que desistiera de hablar del tema, lo que, intuí con no poca sorpresa, hacía para mi bien, ya que la conversación en el edificio del gobernador de distrito me estaba poniendo nervioso. El asistente se ruborizó, considerablemente para que se notara en su rostro bronceado, y con un ademán de manos indicó que me entendía.

Después de un momento de silencio, el asistente laz dijo entre susurros: «Nosotros queremos mucho a los armenios». Y repitió «mucho». Fue entonces cuando advertí que lo decía con ojos tristes. «Muchos turcos masacraron a armenios contra su voluntad», dijo con vergüenza, mientras su manzana de Adán subía y bajaba, superado por una emoción inesperada que trataba de reprimir. «El abuelo de mi esposa ha masacrado a armenios», continuó, hablando con contrición. Hizo una pausa, su respiración se volvió un poco más pesada. «Suç...», comenzó a decir «culpa» u «ofensa» en turco. Pero luego el jefe colgó el teléfono y habló.

«Miráis la historia con un solo ojo», me dijo el jefe sin mirarme a los ojos. La segunda persona del plural estaba destinada a los armenios en general. «Mi *momi* nos contaba que los soldados armenios habían entrado en su aldea con las tropas rusas, y masacraron a hamshentsís». Estos acontecimientos, dijo con una certeza que resultaba sospechosa, habían sucedido en 1914, una falacia patente ya que estos territorios estaban en el Imperio ruso en ese momento. Había datado deliberadamente esos hechos en 1914 para presentar implícitamente el Genocidio del año siguiente en una secuencia lógica, como una reacción violenta contra las atrocidades que acusaba a los armenios de haber cometido.

«Los armenios, no los rusos», dijo, todavía mirando por la ventana, refiriéndose a las masacres que su *momi* había descrito. «Les dijimos: "¿Por qué nos matáis? Hablamos el mismo idioma"», pero masacraron a los hamshentsís, violaron a las mujeres y cometieron todo tipo de actos bárbaros». Entonces los armenios habían encendido un anillo de fuego alrededor de la aldea, que el ayudante del jefe representó con un boceto que parecía un girasol. Luego imitó cómo los soldados armenios habían abierto los vientres y cortado los senos de las mujeres con bayonetas y otros crímenes sobre los que no había ningún registro, pero que correspondían exactamente a testimonios documentados sobre brutalidades cometidas por turcos y kurdos durante el Genocidio Armenio. Esta representación me recordó la discusión en la casa de Kiram tres años antes, cuando su tía había cambiado repentinamente su relato sobre las caravanas de huérfanos armenios cuando había comenzado a grabarla en video, y había mostrado con sus manos, con gestos muy similares, cómo los bandidos armenios habían destripado a los hamshentsís en 1915. Mientras tanto, su asistente laz había dibujado una bayoneta, apuntando a la izquierda, o en dirección oeste, mientras que yo había notado que la mayoría de nosotros en Occidente instintivamente tendíamos a dibujar las armas con el cañón apuntando a la derecha, o al Este: probablemente estaba relacionado con la dirección de la escritura, en este caso quizás un curioso fantasma de la antigua escritura otomana, que usaba un alfabeto basado en el árabe y la dirección de derecha a izquierda. Si no era una lectura demasiado exagerada de estas pequeñas cosas, podía estar relacionado con un pequeño detalle que un conocido armenio islamizado había notado en el gesto con que los occidentales piden la cuenta en un restaurante, uniendo el dedo índice y el pulgar, y moviendo la mano de izquierda a derecha, mientras que la gente en Turquía tendía a hacer el mismo gesto de la firma en el aire, pero en la dirección opuesta.

El jefe se había puesto de pie para mirar por la ventana. Luego se volvió para preguntarme sobre mi interés por el folclore, las plantas y los animales de las aldeas de Hamshén, pero la risa que dejé escapar ante el sarcasmo respondió por sí sola y fue correspondida por las risas del jefe y su asistente, lo que creó un breve momento de complicidad en el sentido del humor. «Mi primo es bien leído», dijo, cuando me preguntó dónde paraba. «Le gustan mucho los autores rusos, ¿verdad?». Y entonces entendí la razón por la cual me parecía familiar. Ahora todo tenía sentido. Le habría creído incluso si me hubiera dicho que era el hermano de Ihsan, no solo su primo. También su voz era parecida a la de Ihsan. Ambos provenían de la misma aldea, incluso si estaban en extremos opuestos del espectro ideológico.

«Los *Kaplan* no pueden convertirse en imanes, solía decir mi abuelo», me había dicho Ihsan, y agregó que su padre era un musulmán observante. «Por qué no podían, no lo sé». Este primo había sido imán en el pasado, me dijo Ihsan después del incidente. Pero al igual que Henry Youngman, que había leído sobre los males de la bebida y había dejado de leer, el primo de Ihsan había resuelto las incompatibilidades al abandonar su carrera religiosa —beber alcohol está prohibido en el islam— y hacer lo que presumiblemente podría ser la segunda mejor opción, o la peor, y se había unido al AKP, el Partido de la Justicia y el Desarrollo, de tendencia islamista, gobernante de Turquía. Sin embargo, a pesar de puntos de vista opuestos en la política, ambos primos compartían una profunda curiosidad intelectual, porque incluso la forma en que *Kâzım* repetía como un loro la propaganda descarada del gobierno turco lo revelaba como un hombre bien leído. Ihsan, un marxista-leninista convencido, no permitía que su pensamiento político se fosilizara en dogma puritano o disminuyera su capacidad de escuchar, y mucho menos disfrutar de todo lo bueno que la vida tuviera para ofrecer.

El jefe recitó la letra de una canción de Hamshén que había aprendido de su abuela:

Asa sevdam, asa,
Ku dardet şad a...
Teved cadgis kesa,
Hokis al hon a...

Dime, mi amor, dime,
Tus preocupaciones son muchas...
Pasa tu mano por mi frente,
Mi alma también está allí...

Pero refutó que fueran de origen armenio y repitió la consigna oficial de la historiografía turca, de que los hamshentsís habían aprendido su dialecto después de años de comercio y relaciones con los armenios, para quienes trabajaban como pastores. Kâzım ignoraba convenientemente que habían coexistido en su geografía actual con los laz durante doce siglos entre considerablemente muchos menos armenios. Tampoco estaban en una posición dominante y, sin embargo, los hamshentsís no habían adquirido el idioma laz como propio.

La otra incoherencia más flagrante era la calidad fosilizada de hamshetsnak, que se había mantenido aproximadamente sin cambios desde el siglo VIII, mientras que el armenio hablado en Anatolia oriental había evolucionado considerablemente en el mismo período. Todo este discurso oficial basado en mentiras y miedo era cansador y tedioso, pero era interesante de observar por su valor nostálgico. Me recordaba los malos viejos tiempos de la Unión Soviética, donde se proclamaban falsedades patentes y se repetían con espíritu pavloviano, hasta el punto en que se convertía en dogma: el Muro de Berlín se construyó para evitar que las masas de occidentales emigraran al bloque comunista en números incontrolables, por ejemplo. Y, sin embargo, todo esto era muy torpe y no lo creía nadie fuera de fanáticos y tontos.

A diferencia de Rusia, donde a pesar de la propaganda neosoviética de Putin los días del leninismo habían terminado para siempre, el culto a Atatürk rebosaba de vida en Turquía. Y eso me hacía preguntarme cómo se sentirían todas estas personas cuando las máscaras comenzaran a caer y la farsa de las mentiras estatales saliera a la luz. Unos meses antes del colapso de la Unión Soviética, un escritor armenio me explicó cómo funcionaba este comercio de mentiras. El escritor, Vardges Petrosyan, me contó cómo había disfrutado de los lujosos privilegios provistos por el régimen a cambio de sus servicios como portavoz literario. Pero quienes denunciaban la propaganda comunista de los intelectuales armenios soviéticos ignoraban que, en sus palabras, «Teníamos que levantar 70 estatuas de Lenin para erigir una de Mesrop Mashtots», el creador del alfabeto armenio. Me preguntaba, por ello, si Kâzım era uno de esos servidores del Estado que repetía la propaganda oficial *pour la galerie*, porque parecía demasiado culto como para creerse un siglo de mentiras, e intuía yo, en la repetición puntillosa de las sandeces sobre el origen turco de los hamshentsís y las historias de brutalidades armenias, que estaba experimentando la conversión del dogma a la verdad, porque los recitaba con el tono obediente de un estudiante que ha memorizado la lección.

Kâzım me había pedido que escribiera una carta manuscrita dirigida al *kaymakam* (gobernador de distrito) para obtener permiso para fotografiar la «naturaleza» en las aldeas de Hamshén, lo que hice solemnemente y sin que ninguno de nosotros se riera. «También quiero fotografiar a la gente», le dije a Kâzım. «Es lo mismo: eso también es naturaleza». «¿Debería agregar que es de origen armenio?», preguntó su asistente laz, pero Kâzım lo silenció apresuradamente. La carta fue y vino un par de veces, fue sellada, fue una vez más, mientras había discusiones telefónicas con diferentes funcionarios sobre la solicitud. El *kaymakam* finalmente decidió no conceder el permiso, y Kâzım me dijo que, si realmente insistía en visitar las aldeas, que pidiera ver al *muhtar* y usara el sentido común. E hizo un bollo con la carta que tan cuidadosamente había dictado en turco formal para que la escribiera, en la que apelaba ceremoniosamente a la buena voluntad y benevolencia del gobernador, y la tiró a la basura, para mi pesar, ya que hubiera querido quedarme con ese pedacito de recuerdo efímero.

Después de que su colega laz salió de la oficina despidiéndose conmovedoramente, Kâzım se acercó nuevamente a la ventana y, ya mirando los árboles, ya volviéndose hacia la oficina, pero con su mirada perdida en algún lugar por encima de la línea de visión, como también Ihsan hacía cuando profundizaba en exploraciones intelectuales, comenzó a hablar con fluidez en hamshetsnak, con la desilusión plasmada en cada palabra que pronunciaba con la competencia elocuente de los hombres que leían mucho, y el mismo nihilismo del hombre idealista que corría por las venas y el discurso de su primo, que acentuaba aún más el parecido físico y vocal. Dijo que no estaba contento de que el mundo estuviera tan dividido, y también dijo que no le gustaba el Estado turco y su naturaleza nacionalista y opresiva. A pesar de que no estaba seguro sobre su sinceridad, notaba la desilusión en su rostro, bien adiestrado para disfrazar las emociones.

Luego me pidió que lo acompañara a su oficina personal, una más pequeña y acogedora con su nombre en la puerta. En la estantería, perdida entre documentos burocráticos, vi el prominente volumen de *Ermeni Soykırımı* (*El genocidio armenio*) de Raymond Kévorkian que, con referencia a toda la documentación disponible, detalla todas las masacres grandes y pequeñas, el saqueo y los nombres de ejecutores y verdugos del exterminio, lo que lo convierte en el relato más completo del Genocidio hasta la fecha. También estaba *1915 Öncesinde Osmanlı İmparatorluğu'nda Ermeniler* (*Los armenios en el Imperio otomano antes de 1915*) de Paul Paboudjian y *Sarkis Torosyan: Çanakkale'den Filistin Cephesine* (*Sarkis Torosyan: De Çanakkale al Frente Palestino*) de Ayhan Aktar, sobre un oficial armenio que había luchado valientemente para el ejército otomano mientras se llevaba a cabo el Genocidio, cuya figura y acciones los historiadores turcos habían puesto en entredicho durante muchas décadas, hasta que se comprobó más allá de toda duda tras descubrirse testimonios de la familia.

Me di cuenta de que había en Kâzım el coraje de la subversión en sus lecturas, y una conciencia de la verdad detrás de sus declamaciones, en el mundo orwelliano en el que nació y en el que tenía que ganarse la vida. Me hizo preguntarme cuán avanzado estaba Kâzım en el largo camino hacia la adopción de sus raíces armenias. Estos no eran los libros que se verían en el estante de alguien que sentía desprecio por los armenios y que creía en las tonterías sobre la incursión conjunta ruso-armenia contra la aldea de su abuela en 1914.

A pesar de que eran del clan de Ihsan, su rama de la familia había cambiado su apellido durante la ley de Atatürk sobre apellidos de la década de 1930, mientras que Ihsan había mantenido su nombre original, no revelado en este libro, pero que él cree que proviene de una palabra armenia.

* * *

El tortuoso camino que me había llevado a la oficina de Kâzım había comenzado la mañana previa en Ardalá, la aldea que era objeto de mofa de muchos hamshentsís y de la que también se cuidaban. Era un nido de fascismo turco, en palabras de los demás hamshentsís, a la vez que reconocían que allí se hablaba el mejor hamshetsnak.

Después de irme de la casa de Kemal y Maşikar en Dzağrina había subido al vecindario alto de la aldea, que primero serpenteaba en un plano descendiente en torno a la montaña y luego subía en un ángulo poco pronunciado por el borde de laderas muy abruptas, las vertiginosas plantaciones de té que se veían por todo Hamshén. Una familia hamshentsí aceptó hacerme un lugar en su coche y me dejaron a la entrada de Ardalá. De alguna manera me había alejado de los caminos secundarios que conducían a la aldea por los pasos altos y ahora tenía que bajar hasta la autopista y luego volver a subir. Ardalá tenía sus barrios bajo y alto, cada uno de ellos con su personalidad propia, como me habían dicho y habría de corroborar.

Una gran bandera turca, con una estampa igualmente grande del retrato de un Atatürk juvenil con un alto gorro de Astracán, colgaba a un lado de la carretera de entrada a Ardalá, junto a una espaciosa panadería, un oficio en el que se destacaban los hamshentsís. En el pasado, estas señales me hubieran producido una sensación ominosa, pero la prolongada permanencia en Turquía había entumecido mi sensibilidad al mal agüero que preanunciaban. Había retratos de Atatürk por doquier en Turquía y había sido agasajado en casas donde la bandera y otros símbolos nacionales estaban desplegados de manera prominente.

Y en verdad, tras encontrar a los primeros residentes de Ardalá que vivían en las casas detrás de la gran bandera turca, fui recibido muy calurosamente, y fueron ellos que me dijeron, sin que yo preguntara, «Nosotros también somos armenios», y se llamaban a sí mismos *hai*. Eran los Kızılay, la familia de Osman, mi primer amigo hamshentsí en una red social y el de la consigna «Mar Negro Libre» en su página de perfil. Me preguntaron si también yo era armenio y de dónde venía.

Al lado, un hombre que se parecía mucho al primero regresaba de las pasturas con su vaca. Él también me saludó cordialmente, y dudó por un momento en estrecharme la mano porque, dijo, sus manos estaban sucias. Repitió textualmente lo que su hermano, el hombre de la primera casa, había dicho en hamshetsnak hacía un momento: «*Mek al hai ik*» («Nosotros también somos armenios»). Había estado en Ereván un par de veces, llevando carga.

Un poco más arriba, un grupo de mujeres con sus trajes tradicionales y dos jóvenes con ropa occidental, una de ellas en embarazo avanzado, mataban el tiempo delante de sus casas. Las mujeres eran más reservadas y parecían indiferentes a mi pedido de escuchar historias y canciones en su dialecto. La mujer embarazada se mostró comprensiva y preguntó entre las mujeres mayores. Acepté tomar notas cuando noté su nerviosismo para hacerlo por la cámara.

Me dijo que la mejor cantante y narradora era una anciana que vivía en el último piso de un edificio de cuatro pisos, así que la llamó desde la calle. La nieta o nieta política de la anciana se asomó, con el pañuelo en la cabeza, para decir en hamshetsnak que la *momi* estaba haciendo el *namaz* en ese momento. Eran poco sonrientes y reservadas, pero no hostiles. No era raro encontrar resistencia entre las mujeres en Anatolia a ser fotografiadas o filmadas por extraños. Después de esperar durante 20 minutos para que la mujer invisible terminara sus oraciones o para que otra persona aceptara recitar un pequeño verso, decidí continuar mi caminata hacia arriba.

Cuando la pendiente de la carretera se volvía más pronunciada, saludé con la mano a una camioneta que estaba corriendo. El joven conductor era un hamshentsí de Borçka. Dos chicas ligeramente vestidas caminaban por la carretera, y se detuvo para recogerlas sin ningún intercambio previo, por lo que parecía ser la costumbre local en los pueblos de montaña. Habló en hamshetsnak conmigo, pero en turco con las chicas. Las chicas se bajaron diez minutos después. Esta parte de Ardalá estaba densamente arbolada y el camino estaba bajo la sombra permanente del bosque.

Nos detuvimos en el depósito de té donde el conductor tenía que recoger una carga de bolsas. Antes de bajarme del auto, me ofreció llevarme de regreso cuando me fuera de Ardalá, diciéndome que se iría en una hora y pidiéndome que guardara su nombre y número en mi teléfono celular. Muchas personas en Turquía y en las aldeas de Hamshén me habían dado paseos, pero esta era la primera vez que alguien que no parecía especialmente interesado en hablar o en lo que hacía —ni siquiera había preguntado— había hecho esto, por lo que agradecí su generosidad y repitió a qué hora se iría del depósito de té. Algunos niños daban vueltas perezosamente por el lugar. Un hombre bajo de unos 40 años estaba sentado en una cornisa, fumando, su vientre de abad apenas contenido debajo de su camiseta azul, rasgada en uno o dos lugares.

La amabilidad que había encontrado entre los Kızılays en el barrio inferior y las otras aldeas de Hamshen menguaba conforme subía por la colina. El hombre gordo respondía con monosílabos turcos a mis preguntas en hamshetsnak, y me miró un par de veces con rencor deliberado. Cuando estaba a punto de alejarme, me preguntó si venía de Armenia. No, pero yo era armenio de Estados Unidos, respondí. Continuó fumando en silencio y los niños me miraron con cierta curiosidad por un momento, pero volvieron al aburrimiento ocioso cuando reanudé mi marcha cuesta arriba, bajo los altos árboles que se tocaban en las copas, formando un frondoso túnel sobre la carretera.

Había una mezquita en una curva de la carretera, cuya renovación estaba en curso. Dos jóvenes de Xigoba, la aldea de Hamshén más grande de la zona de Hopa, estaban terminando de trabajar. «¿Has perdido la cabeza?», me preguntaron en hamshetsnak, riendo. «¿Qué te ha traído a Ardalá?». Un pequeño anciano, con gorra *de hajji*, bajó corriendo en sus zapatillas de la sala de oración cuando escuchó la conversación. Parecía lo suficientemente inofensivo a pesar de que balbuceaba algunas palabras en hamshetsnak con incomodidad, preguntándome un poco nerviosamente un par de veces si era de Armenia. Entonces el imán, de tan baja estatura como él, un pelirrojo imberbe que no podía ser mucho mayor de 20 años, vino a saludarme con amabilidad y a alardear de la mezquita, de paredes exteriores blancas y espectacular trabajo arabesco en el interior, con patrones entrelazados en azul, rojo y dorado. Era un turco de Trebisonda, por lo que lamentaba no hablar hamshetsnak. Tan joven era que podría haber pasado por un adolescente si hubiera estado en uniforme escolar. Habían tendido una nueva alfombra y los vapores del pegamento, pintura y plástico convergían en el olor sintético de las cosas nuevas. Quería saber si yo era musulmán, lo cual me preguntó con cierta timidez. «Somos hermanos», respondió cuando le dije que yo era armenio apostólico. «Biz kardeşiz», repitió, y le pidió al viejo peregrino que nos tomara una foto con su teléfono celular, que el anciano sostuvo vacilante hasta que me acerqué a él y le expliqué cómo usarlo.

En ese momento, un joven, atlético y calvo, irrumpió en la mezquita sin mucha reverencia y prácticamente reprendió al viejo *hajji*, acechándolo y exigiendo explicaciones sobre lo que estaba ocurriendo. Se volvió hacia mí con asombro cuando le hablé en hamshetsnak. «¿Eres de Armenia?», preguntó en turco. «¿Quién te ha enviado aquí?». Estaba usando la fórmula común en Anatolia cuando uno venía con la recomendación de alguien de otra localidad para visitar el lugar o ser el huésped de alguien, especialmente en aldeas o pueblos. Me habían hecho la misma pregunta en otras aldeas de Hamshén también, pero como la recepción era acogedora, había llegado a desestimar la fórmula como una mera convención. No tardé más de unos segundos en advertir que era yo la razón de la ira de este joven, pero no estaba claro por qué recriminaba al *hajji*, que se encogía de hombros con una sonrisa tímida, sus pupilas pequeñas y brillantes rodando nerviosamente de mí al hombre calvo. Uno de los adolescentes de Xigoba seguía la conversación desde la ventana, mirando al hombre calvo con desprecio. Quizás juntaba anécdotas para agregar a la vasta cantidad de chistes sobre los ardeletsí. En su mayoría no eran apropiados para publicar, pero uno de los muchos amigos que me había aconsejado que no fuera a Ardalá me dijo que, si estaba resuelto a hacerlo, contra toda prudencia y razón, que no lo hiciera en la noche de luna llena.

Pero el imán, también con gorra de peregrino, era de disposición amistosa; pidió a uno de los muchachos de Xigoba que viniera y nos tomar una foto más dentro de la mezquita, con él en el medio, y el hombre calvo y yo flanqueándolo. El hombre calvo reaccionó con una risa infeliz a esto, pero cumplió, si tan solo para no hacer una escena en presencia del clérigo, diciendo con una mueca o sonrisa molesta: «Dos musulmanes y un...», dijo. «No quiero decir un que...», agregó sin completar el pensamiento. Pero abrió su boca en una sonrisa dentuda para la foto en el teléfono inteligente del imán. Se parecía mucho a Ardeletsí Cesur, el que era buscado por la policía. Le mencioné su nombre; por supuesto que lo conocía, admitió sin mucho entusiasmo. Antes de regresar a Rize por el día, el imán me agradeció nuevamente por la visita y me preguntó si podía dejarme en algún lugar a lo largo del camino. Luego se fue en su auto compacto curvilíneo, con el viejo *hajji* ardeletsí en el asiento del pasajero.

El camino vacío serpenteaba en una pendiente muy empinada a lo largo de vastas plantaciones de té que se extendían más allá de las colinas, fuera de vista. Después de unos 20 minutos sin que pasara una persona o vehículo, llegué a un tramo boscoso de la carretera. Un joven gordo con camisa blanca y pantalones vaqueros fumaba al borde de la carretera, no respondió a mi saludo en hamshetsnak y en cambió me preguntó si era de «Ermenistán», el nombre turco de Armenia, y qué hacía en su aldea. «Kezi kuton», dijo en hamshetsnak y me aconsejó que me fuera, usando el equivalente coloquial de «te pegarán» en su dialecto, exactamente la misma frase que un matón usaría en armenio, excepto por algunas diferencias leves en los valores vocálicos. Y, sin embargo, la transparencia de su hostilidad era un saludable llamado de atención, porque había llegado allí a pesar de que mi instinto se oponía a la decisión de mi mente. Una amiga kurda en Diyarbakır había observado que había algo de verdad en mí del *gyavur damarı* (terquedad del infiel) que en la tradición local atribuían a los armenios, e incluso si ella fingía estar bromeando, tal vez había una nota de precaución acerca de probar los límites con demasiada insistencia en mis pesquisas en Turquía. «*Kezi kuton*», repitió el joven, y movió el puño cerrado a la altura de su cadera.

«Tun kezi soy put a'a», le dije en la despedida de hamshetsnak: «Cuídate». Me di vuelta, volviendo sobre mis pasos esta vez siguiendo mi instinto. No respondió en el habitual «Tun al kezi» («Tú también»), pero lo reconoció con un asentimiento. Fue una breve señal de que había bajado la guardia. No era muy diferente de mí en estatura y semblante, bajo y con cabello negro, perfil aguileño y ojos juntos, si bien en un rostro y cuerpo sin barba e hinchados, y calzado en botas texanas de imitación. Y eso debería haber sido todo, pero la apariencia de calma no aplacaba lo que ahora sentía como un puñetazo en mi estómago cuando comencé a marchar por la pendiente más lentamente de lo que quería, tratando de mantener una apariencia de calma para no atraer aún más atención.

El ruido del motor precedió a una camioneta negra, los árboles reflejados en el parabrisas, y una bandera turca parpadeó por un instante debajo del vidrio, como un presagio. Un hombre rubio con nariz ganchuda semejante al pico de una paloma me miró cuando pasó junto a mí y se detuvo junto al joven, un poco más arriba en el camino. Ahora yo caminaba enérgicamente, ignorando las llamadas del joven para que me detuviera, mientras se apresuraba a perseguirme con dificultad y finalmente me alcanzó. «Quieren hablar contigo», dijo, jadeando, y me entregó un teléfono celular. Un hombre con voz grave preguntó riendo en hamshetsnak si yo era armenio, el preámbulo de una andanada de incoherencias mezcladas con insultos en turco, haciendo comentarios predecibles sobre mi nacimiento y describiéndose a sí mismos, una primera persona indeterminada del plural que no explicó, como «los hijos de Atatürk». Era una frase —«Biz Atatürk'ün çocuklarıyız»— que repetía a menudo, el estribillo de su profusa letanía de maldiciones en turco. La Voz seguía llamándome «Hagop», a pesar de que lo corregí un par de veces. En verdad, era como me había dicho mi amigo de Urfa: Hagop era el nombre que más odiaban los fascistas turcos.

Extrañamente, todavía yo le respondía, pidiéndole disculpas con la expresión formal de «¿Efendim?» cada vez que me perdía una pregunta, que respondía él mismo de todos modos, mientras ridiculizaba mis respuestas con sarcasmo, llamándome a su vez un terrorista de ASALA, un espía y un armenio hijo de un armenio como el comienzo de una blasfemia, una nacionalidad que este hijo de Atatürk incorporó al rico léxico de palabras y expresiones turcas pensadas para agraviar, de lo que demostró ser un experto. Había una disonancia, que me llevó un tiempo comprender y tal vez instintivamente me llevaba a responder sin falta de respeto, entre la bajeza de su léxico, por un lado, y la corrección de su gramática y pronunciación inmaculada, por el otro. Era un caso extraño de alguien vulgar con voz educada. Su discurso era elocuente y controlado, y parecía el de alguien que tenía el don de la palabra, hablando en oraciones bien construidas y la puntuación que vienen naturalmente a un hombre que escribe con regularidad.

Cada pocos minutos, me pedía que le pasara el teléfono celular al joven. En un par de ocasiones, cuando me perdía su orden, La Voz cambiaba a hamshetsnak y, al no escuchar al joven, insistía: «¡Işxan! Işxan!» un nombre propio armenio y sustantivo que significa «príncipe». «¿Işxan?», le pregunté tanto a La Voz como al joven. Pero él dijo: «Islam, pasa el teléfono a Islam», y el joven confirmó que ese era su nombre. Caminábamos entonces por el depósito de té ya desierto donde me había dejado el conductor de Borçka. Sin embargo, hubo una segunda ocasión en la que estaba seguro de que lo llamaba «Işxan». Le entregué el teléfono celular a Işxan, o Islam. Y luego corrí.

El camino estaba vacío hasta el núcleo de edificios donde el grupo de mujeres había estado hablando. El cielo estaba nublado. Miré hacia la ventana del apartamento donde vivía la vieja narradora y la cortina estaba cerrada. A esta velocidad, debería estar en la casa de los Kızılay en menos de 10 minutos. Su cordial bienvenida me había llevado a ascender a las profundidades de Ardalá. Había descartado los chistes y las advertencias como impresiones fosilizadas de los lugareños que generalmente tenían más dificultades que los forasteros para apreciar el cambio entre ellos, incluso mucho tiempo después de que hubiera estado ocurriendo. El mundo se estaba transformando gracias a las redes sociales, había pensado para mí mismo mientras me adentraba en las alturas boscosas del pueblo. Había dejado pasar dos oportunidades para salir de este lugar que oscurecía cuanto más subía. Pero cuando dejé que mi instinto se hiciera cargo de mis pasos, me di cuenta de que me habían dado una advertencia justa y, a pesar de todas las bromas sobre ellos, los fascistas turcos de Ardalá no eran divertidos.

Y luego un Fiat Doblo verde me sobrepasó y se detuvo a más de 30 metros sobre la pendiente. Bajaron tres hombres del auto. El hombre de las botas texanas de imitación con su media sonrisa de Al Capone salió todavía jadeando un poco, acompañado por un hombre de piel cetrina, un poco más alto que él, con expresión severa y comportamiento tranquilo, que ahora sostenía el teléfono celular y hablaba con La Voz, que me entregó para una larga efusión de insultos en turco. También había otro hombre, el conductor, a quien no registré. El hombre de piel cetrina tenía frente grande, y se parecía más a un turco en sus rasgos que a un hamshentsí. Hablaba exclusivamente en turco y me pidió que borrara las fotos que había tomado en Ardalá. El teléfono iba y venía, mientras que el hombre de piel oscura tomaba lo que parecían ser instrucciones de La Voz. No me dejaban irme, y el hombre de piel cetrina me aconsejó que no lo intentara, porque dijo que luego actuarían, lo que no describió, pero podía haber pocas dudas sobre lo que quería decir. Si intentaba escapar, dijo, también tomarían mi cámara.

En ningún momento dijo nada impropio ni perdió la compostura, mientras entregaba el teléfono. La Voz reanudó su arenga, intercalada con breves toses de risa sarcástica. Hablaba como si lo hiciera desde una cámara silenciosa. Tal vez usaba un micrófono con cancelación de ruido, lo que hacía que la claridad de sus insultos bien pronunciados fuera más nítida y siniestra, como el personaje malvado de una película. Todo era ridículo, pero en ese momento no lo parecía. Y su habla elocuente contrastaba con el de la mayoría de los aldeanos, en su corrección gramatical y pronunciación, incluso si el discurso era del tipo más ruin. El turco del hombre de piel cetrina no era diferente al de La Voz, ya que parecía más cercano a la norma gramatical. A diferencia de los demás, nunca dijo una mala palabra.

Entonces el hombre de piel cetrina me dijo que iban a buscar una bandera turca para colgar frente a mí y tomarme una foto con ella. La Voz les había ordenado que lo hicieran. «No hagáis eso», dije, rebelándome con súbita repugnancia ante la mera idea. «Soy armenio». Estábamos parados junto a las obras de un edificio de ladrillo de dos pisos. Un hombre con camiseta interior estaba asomado a la apertura de una ventana sin terminar, gritando enloquecidamente cosas a todo pulmón, con largo cabello despeinado y su bigote cubierto de una pátina blanca de lima. Continuó de una manera desquiciada en un idioma que no pude determinar si era turco o hamshetsnak, mientras agitaba una pequeña bandera turca como un fanático de deportes que había perdido el sano juicio. «Esa bandera es demasiado pequeña», dijo uno de los hombres. Una pequeña multitud nos había rodeado, incluida una de las mujeres a las que me había acercado, que me miraba con preocupación o miedo, y tres hombres jóvenes, uno de los cuales era delgado y alto y me hacía gestos tranquilizadores, aconsejándome que mantuviera la calma.

El hombre de piel cetrina me preguntó quién me había enviado. «Nadie», le dije. «Sé que el hamshetsnak se habla bien aquí, y quería reunir canciones y viejos dichos». Nada cambió en su expresión y dio nombres de hamshentsís conocidos de Hopa y Estambul, algunos de los cuales eran mis amigos. Sí, los conocía y era amigo de ellos, dije. También quería saber si conocía a la gente de Hadig, la organización hamshentsí en Estambul. De nuevo, me preguntó si me habían «enviado». No había forma de convencerlo de que había venido por mi cuenta. «¿Te enviaron?», repetí por enésima vez que había venido por mi cuenta, pero él insistía, preguntando si me habían enviado a espiar. También quería saber por qué hablaba hamshetsnak como ellos.

Los otros armenios hablaban de manera diferente, dijo. Me dijo que me había visto en las calles de Hopa. Y explicó, como si fuera una confidencia, que había discordia con la gente de Hadig. «Hay problemas», dijo. «No lo sabía», respondí, relajándome un poco. «Si hubiera sabido que estaríais tan molestos no habría venido aquí: no vine por propaganda aquí; solo quería escuchar vuestro idioma». Nuestra conversación fue en turco. Y me volví hacia la mujer que me miraba preocupada, y le pedí que les dijera lo que le había pedido a ella y a las otras mujeres. «Solo quería escuchar canciones en hamshetsnak», dijo con no poco coraje en medio de hombres enojados de su propio vecindario. Entonces le pregunté: «¿Alguna vez mencioné la política? ¿Pregunté si os sentíais armenios o algo por el estilo?». Una vez más, no solo sacudió la cabeza, sino que dijo: «Él no dijo nada sobre los armenios», y repitió: «Solo quería grabar algunas canciones». Pero vi que estaba pálida y noté un ligero temblor en su labio inferior. Y eso me preocupaba, porque ella estaba con personas con las que había pasado su vida, y podía haberse dado cuenta que las cosas estaban tan mal como lo sentía yo con un nudo en el estómago.

Le decía al hombre de piel cetrina que lo sentía, que no quería molestarlos y que me iría por mi propia voluntad. No había necesidad de llamar a la policía, dije. «No vamos a llamar a la policía», dijo. «No les caemos bien, y a nosotros no nos caen bien». Tenía una expresión severa, pero agregó: «No te preocupes». Eso me calmó un poco, pero no me dejaban ir, y eso era lo que importaba. Mi estómago seguía anudado.

Unos minutos más tarde me di cuenta de que estaba hablando por teléfono con la policía, o con algún oficial de alto rango de las fuerzas armadas, porque escuché que me describía y se dirigía a la persona con quien hablaba como «Komutanım» («Mi comandante»). Ahora me alarmé por mi decisión de llevar conmigo todas mis notas del viaje, así como todas las tarjetas de memoria con las fotos y los vídeos. Todos serían confiscados, temía, y lo perdería todo, porque no había hecho copias de seguridad. En ese momento no pensé lo comprometedor que podría ser también para algunas de las personas que habían aceptado hablar conmigo. Estaba ahora solamente pensando en cuán estúpido había sido y me recriminaba por mi falta de sensatez, y me preguntaba con vergüenza cómo podía haber sido tan miope.

Pero el hombre de piel cetrina seguía comportándose de manera metódica, sin mostrar ninguna emoción y absteniéndose de improperios, como si hiciera su trabajo. No decía ni una palabra de más y no se reía cuando los demás lo hacían, sino que coordinaba todo por teléfono con

La Voz, con la profesionalidad desinteresada de un soldado que recibía órdenes.

El hombre de piel cetrina me había dicho que no llamarían a la policía, pero había mentido, y recordé la sabiduría de los viejos armenios que habían crecido en el Imperio otomano o incluso en el Estambul de la era republicana y sus consejos de nunca creer y nunca confiar o dejarse engañar por los buenos modales de la gente del lugar. Me avergonzaba de la petulancia que promovía cierta experiencia de viajes, haciendo creer a uno que tenía un conocimiento más matizado de las complejidades de un país, en vez de juzgarlo con los términos dicotómicos del bien y del mal. O la transición de Heródoto a Tucídides, de la moralidad del viajero e historiador griego al sofisma y cinismo del Imperio Romano en su apogeo, para regresar humillado a Heródoto, porque sí, a pesar de todos los matices de la realidad, todavía existía el bien y el mal.

Le pedí al adolescente que me había hecho el gesto de que no me preocupara si el hombre del Fiat había llamado a la policía, y asintió. «Pero había dicho que no lo haría», le dije. Se encogió de hombros. Y no decía ni una palabra.

Trajeron la bandera turca y trataban de mantenerme quieto. Nadie me puso una mano encima, pero estaba rodeado y se hizo sobre todo en solfa, mientras el gordo con botas texanas de imitación fumaba y dejaba escapar algunas risillas, quejándose de que no podían mantenerme quieto. Al menos un hombre tomó fotos en su teléfono celular, mientras me enfurecía y comencé a gritarles en su idioma que en ningún momento había venido a decirles que eran armenios: ahora me habían rodeado y había dos hombres a mi izquierda, uno con una expresión demencial que apretaba el puño y decía que le encantaría golpearme, mientras el otro detrás de él profería vulgaridades sobre el nacimiento de los armenios. Y, sin embargo, sentía yo una sombría satisfacción por la conciencia que demostraban de cuán ofensiva podía ser la bandera turca. En cuanto a mí, usaban su bandera como un insulto más en contra de mí. Aun así, trataba de entender por qué un pedazo de tela con un cierto conjunto de colores y símbolos importaba tanto.

El hombre de piel cetrina me había pasado el teléfono celular de nuevo, pero ahora yo trataba de hablar el lenguaje de La Voz, que se había vuelto sucio incluso para sus propios parangones. El hombre con botas texanas de imitación, el que primero me había dicho que me fuera de Ardalá, ahora tenía una expresión divertida. «¿Qué te dijo?», preguntó, con lo que parecía curiosidad genuina. Repetí lo que dijo La Voz, todavía con la fe en que este joven no podía ser tan vil después de todo, y que estaría avergonzado. «¡Entonces eso es lo que eres!», exclamó: «Un armenio hijo de puta». Alzando la voz, agregó: «¡Somos los hijos de Atatürk!». Se había dibujado miedo en vez de ira en su rostro. «Por supuesto que sí», le respondí. Pero volví a mirar su rostro para confirmar mi impresión y vi que estaba más asustado que yo, gritando aterrorizado en su negación.

Entonces callamos todos. Apareció un *jeep* Land Rover de la Jandarma. «¡Ja, ja! ¡Ahora te callas!», dijo el que había dicho que quería golpearme, y los demás celebraron. Los cuatro gendarmes bajaron del *jeep* y se alinearon en formación, dos a cada lado del automóvil, sosteniendo rifles de asalto en diagonal sobre sus pechos, con los cañones apuntando hacia abajo, y con boinas inclinadas hacia un lado, en una exhibición de autoridad perfectamente coreografiada. Dos de los gendarmes sonreían, disfrutando del momento. La escena no era amenazante. Su sargento se acercó a los ardeletsís y habló con ellos. Vi a uno que me había tomado fotos con la bandera turca, mostrándole algo en su teléfono celular y al gendarme sacudiendo la cabeza en desaprobación, hablando con expresión descontenta. Pensé que el sargento le pedía al hombre canoso que borrara las fotos.

Los gendarmes me sentaron en la parte trasera del *jeep*, flanqueado a la izquierda por un recluta de Urfa, un muchacho sonriente que no podía ser mucho mayor de 20 años y que, cuando le dije que mi abuela era de allí, habló con afecto fraternal sobre su ciudad natal y los armenios. Y obviamente estuvo de acuerdo en que algunos de los mejores platos en Turquía provenían de allí. «Antap, Urfa y Adaná», dijo, enumerando la santísima trinidad de la cocina de la tierra. Hablaba un turco melodioso y lento, con una gran sonrisa, asegurándome que todo estaría bien y que pronto reanudaría mi viaje. Escuché con asombro cómo hablaba tan libremente en presencia de los otros gendarmes, cuyas lealtades y postura sobre todo lo armenio aún me eran desconocidos.

Un hombre alto de Elazığ de cara blanca y mandíbula cuadrada, también amigable, estaba a mi derecha. También me dijo en un susurro que no me preocupara, pero no habló durante el resto del viaje. El conductor era un espíritu miserable de rostro pálido, mientras que el sargento era de voz suave y educado. Pensaba que también yo era hamshentsí, y era eso lo que comunicaba a su comandante por radio. «No, soy armenio», le dije. Se dio vuelta bruscamente del asiento del pasajero, con los ojos muy abiertos: «Entonces, ¿cómo es que hablas hemşince?». Por el rabillo del ojo, noté la sonrisa conocedora del gendarme de Elazığ. Los ardeletsís le habían dicho que yo hablaba hamshetsnak, y que yo había venido a grabar su habla. El sargento quería saber qué hacía en el pueblo. «Trataba de grabar canciones populares y recolectar muestras de flores silvestres». El gendarme de Urfa soltó una ruidosa carcajada y el de Elazığ apretaba los dientes en una risa reprimida. El sargento trató de contener su risa también, y miró hacia otro lado, avergonzado. El conductor estaba concentrado en la carretera, pisando con fuerza el acelerador.

Nos dirigimos al cuartel de la Jandarma en el centro de Hopa, al lado de una pastelería donde solía tomar mi desayuno, atendido por una encantadora mujer de Garci. Me hicieron esperar en un vestíbulo central. El gendarme de Elazığ estaba a cargo del mostrador de recepción. «Abi», se dirigió a mí con voz suave, llamándome «hermano mayor», un vocativo común en Turquía. «¿De dónde eres?», quería saber cómo era la vida en Nueva York y cómo podía llegar allí, aprender inglés, hablando en un tono apenas audible. Había un letrero a su lado en una pesada tipografía de la familia helvética que decía: «En el principio era el idioma turco», una frase con un eco de Juan 1:1. Este póster mostraba una imagen algo borrosa del sol sobre un fondo oscuro, que incluía una lista de lenguas turanianas. Era una representación pictórica de la «teoría del sol» postulada por el principal ideólogo de la supremacía lingüística turaniana de Atatürk, İbrahim Necmi Dilmen.

Pedí permiso al gendarme de Elazığ para usar el baño y me dijo que tendría que ser escoltado, con un gendarme que esperaría junto a la puerta. Eso daba la medida de la gravedad de mi situación.

Sonó el teléfono de la recepción y el gendarme de Elazığ me acompañó a una oficina de al lado, donde un coronel gordo con grandes ojos negros e iris amarillentos me preguntó en turco apresurado y enojado quién era, qué hacía en Ardalá y Turquía, y quién pagaba mis gastos. El sargento se había parado en la puerta y explicaba las circunstancias de mi detención, mientras el coronel fingía estar molesto, lanzándome miradas enojadas, pero sobreactuaba y no me estaba poniendo ansioso. En un guiño para mí, el sargento dijo que mi turco era muy básico y que no entendía muy bien. Sin embargo, me preguntaba si esta era la proverbial situación de policía bueno-policía malo.

Solo cuando el gendarme de Elazığ regresó con tés en vasos en forma de tulipán noté a un hombre, algo desaliñado y una panza de barril de whisky, en una camiseta azul vieja y desteñida. Su bigote parecía más bien una franja de musgo. Estaba en el extremo más alejado del banco en el que estaba sentado también yo. Este hombre seguía la conversación con la sonrisa y la actitud relajada de la gente de un pueblo pequeño, y asumí que era un visitante civil o pariente del coronel —había cierto parecido físico entre sí— hasta que noté el mango de un arma escondido debajo de su camiseta. Y, sin embargo, no era alguien que inspirara desconfianza: todo en él y su lenguaje corporal inspiraba confianza, contribuyendo a la camaraderia mientras los cinco tomábamos el té. A excepción de los gendarmes de Elazığ y Urfa, que eran kurdos, todos los demás eran turcos, una de esas cosas extrañas que, en las comisarías de policía o las escuelas, por su habla o fisonomía, se hacían curiosamente visibles u obvias.

El coronel quería saber cómo era que hablaba hemşince, el nombre turco del hamshetsnak. No era tan diferente del armenio, le dije. Parecía aturdido, pero con la sombra de una sonrisa debajo de la ira que fingía. «¿Son armenios?», me preguntó. Mientras trataba de salirme del lío en que me había metido con un balbuceo confuso, el gendarme de Elazığ, todavía de pie en la puerta, dijo suavemente como si estuviera en confianza, mirándome, «los hemşinlis son armenios», pero yo todavía respondía con comentarios evasivos, y dejó de insistir después de decir un par de veces, «pero lo son».

Luego, el coronel se volvió hacia el hombre de la camiseta azul como si intercambiara miradas significativas, preguntándole cómo era el té, una pregunta inusual en un país donde era más común que el agua y se bebía por litros en cada oficina y casa todos los días. El hombre de la panza de barril de whisky dijo que el té estaba bien, y agregó algo con la misma sonrisa casual, que vi fugazmente, la sugerencia de que me enviaran al MİT en Ankara. Lo dijo sin alzar la voz, como si hablara de alguna banalidad. Pero estaba recomendando que me enviaran a la sede del servicio de inteligencia de Turquía en la capital. Me volví hacia él alarmado, y advertí que el coronel había notado que mi turco no era tan malo. Algunos oficiales iban y venían, y apareció un gendarme de baja estatura, que era el vicecomandante de la dotación. Inmediatamente sentí que era kurdo. El comandante quería hablar conmigo, dijo.

El comandante estaba en el segundo piso y la oficina era luminosa. El típico retrato de Atatürk presidía el despacho y había pilas de libros ordenadas delante de su escritorio, en una colección algo escenificada. En la parte superior de la primera pila había un libro sobre los hamshentsís. Estaba demasiado distraído para recordarlo, pero puede haber sido *Hemşin'in Tarihi Köklerine Doğru* (*Sobre los orígenes históricos de Hamshen*) de Remzi Yılmaz. El comandante y su lugarteniente me permitieron hojearlo y me pareció haber encontrado un pasaje que decía algo de que los hamshentsís eran turcos puros de las estepas de Asia Central. Pero este no era el mejor momento para leer, por lo que lo volví a ponerlo sobre la pila de libros.

El comandante era más joven que sus subordinados inmediatos por al menos una década o más, probablemente mayor de 25 años, un hombre de cabello oscuro con cejas gruesas y un comportamiento serio que era algo fingido y rígido. Preguntó suavemente con voz de bajo, y tuve que repetir todo. Parecía un poco confundido cuando le dije que estaba juntando viejas canciones y flores, e intercambió miradas con su adjunto, quien se encogió de hombros ligeramente con una breve sonrisa. El lugarteniente le decía al comandante los nombres turcos oficiales de las aldeas que había visitado, y este lo miraba mostrando, o fingiendo, ignorancia de los nombres hamshén que todos usaban y que ni siquiera los ardeletsí usaban para su propia aldea.

«¿Eres ciudadano estadounidense?». Asintió cuando le dije que sí. «Periodista». En ningún momento, ni él ni ningún oficial me habían pedido mi documento de identidad o pasaporte, lo que me desconcertaba. Era una omisión curiosa. El comandante estaba genuinamente intrigado por qué no había pedido permiso al *muhtar*, o jefe de la aldea, pero pareció aceptar mi explicación de que desconocía el protocolo y que no lo había observado en las otras aldeas, sin ningún problema. En Dzağrina me había quedado con el ex-*muhtar* la noche anterior, y él no me había dicho nada al respecto. Cuando el lugarteniente le dijo el nombre oficial de Dzağrina, el comandante me preguntó si había visitado la cascada y me recomendó encarecidamente que la viera la próxima vez que pasara. Le dije que solo en Ardalá había encontrado problemas, y compartió mi opinión de que podían ser «agresivos». Agregó que, en cualquier caso, debía absolutamente evitar esa aldea en el futuro. «No vuelva allí». En agradecimiento por su honestidad, le dije que como armenio en Turquía era consciente de las sensibilidades y que nada estaba más alejado de mis intenciones que provocar a la gente. «No estoy loco», le dije, a lo que dejó escapar una carcajada, de repente convirtiéndose en otra persona por un momento.

Luego emprendió una explicación sobre los orígenes de todos los pueblos en Turquía, que en todo el país solamente había la nación turca, con diferencias dialectales. Era un estereotipo memorizado, pero lo expresó cortésmente y sin ningún comentario ofensivo. Me recomendó que solicitara la autorización del *kaymakam* (gobernador de distrito), y le pidió al vicecomandante que me acompañara a la salida. Le estreché la mano, pero ahora había vuelto a su apariencia severa. Les di las gracias y caminé hacia el edificio del gobierno, a un par de cuadras.

Un portero en el gran y desierto edificio de oficinas, como la mayoría de los edificios públicos en el interior de Turquía, me envió a una gran sala de recepción en el segundo piso, donde un empleado sonriente me dijo que regresara al día siguiente. Cuando regresaba a casa, alguien me palmeó en el hombro. El sargento que me había detenido en Ardalá había venido corriendo, para pedirme, jadeando, que volviera al cuartel general de la Jandarma. Sonreía, pero todavía estaba jadeante por la carrera. Todo estaba bien, no era nada importante, una nimiedad que necesitaban resolver. Trataba de tranquilizarme, pero había corrido demasiado rápido para encontrarme como para ser convincente. Sería un momento, dijo.

Me hicieron sentarme, de nuevo frente al cartel del sol turco como la madre de todos los idiomas, y allí estaba también el gendarme de Elazığ, pero ahora evitaba mi mirada. El coronel con la cara enojada estaba en su oficina hablando con el hombre de la camiseta azul, cuya voz suave llegaba como un zumbido o murmullo distantes. El sargento le dijo que yo estaba aquí. «Que espere afuera», lo escuché decir de manera tajante, sin mirarme a pesar de que estaba en el vestíbulo, en diagonal frente a su oficina, cuya puerta estaba abierta.

Después de un rato traté de hacer contacto visual con el gendarme de Elazığ y le pregunté qué pasaba, pero arqueó las cejas. Entonces salió el coronel oscuro y le pregunté por qué me habían traído de vuelta. Se alejaba, ignorando mi pregunta, pero volvió sobre sus pasos y se disculpó, diciéndome que tenía que esperar. Todos parecían estar ocupados con otra cosa, pero yo sentía, tal vez con algo de paranoia, que todo tenía que ver conmigo. Reapareció el gendarme de Urfa, quien también evitaba hablar conmigo excepto cuando el sargento le pidió que me preguntara si quería un poco de té. Cuando el sargento finalmente salió de su oficina, le pregunté qué estaba ocurriendo. Él también estaba a punto de alejarse, pero luego se volvió y susurró, tratando de mostrar el rostro de lo más amistoso y decir con una voz inocua: «Nuestros amigos de la policía quieren hablar contigo». A pesar de todos sus esfuerzos, todo en su tono y ojos comunicaba que esto ahora se estaba convirtiendo en un problema grande. Cuando salió, le pregunté al gendarme de Elazığ si la Jandarma y el Polis no eran lo mismo, y su expresión respondió más que sus palabras: «No, solo somos agentes de la ley para las aldeas: ellos son la policía». El gendarme de Urfa se me acercó y esta vez me dijo en voz muy baja que no me preocupara, que al igual que aquí en la Jandarma, la policía solo me haría algunas preguntas y me dejaría ir. «Solo quieren hablar contigo, y luego te irás», dijo. Pero ahora sentía que esto se me estaba yendo de las manos, y temía que me confiscaran mis cuadernos y tarjetas de memoria.

El vicecomandante que me había escoltado la primera vez bajó de su oficina del piso superior. Estaba molesto por verme de vuelta, con rencor claramente no dirigido hacia mí: «¿Todavía estás aquí?». Y volvió a subir corriendo.

Había estado sentado allí durante casi dos horas, esperando ser llevado a la estación de policía en cualquier momento, cuando el ardeletsí de piel cetrina, el asistente de La Voz, que había organizado mi foto de «rehén» con la bandera turca y había llamado a los gendarmes, apareció, luciendo abatido pero concentrando todo el odio que podía reunir en sus ojos cavernosos clavados en mí. Parecía que había tratado de morder una bocanada demasiado grande para él. Un gendarme lo escoltó hasta la oficina del sargento, quien dejó su puerta abierta. El asistente de La Voz se sentó frente al sargento, quien explicaba con una profusión de gestos enojados algo que aparentemente lo decepcionaba, y trató sin éxito de responder, solo para ser reprendido por el sargento. Él y sus compinches deben haber sido los que me denunciaron a la policía después de que los gendarmes me dejaron irme.

Cinco minutos después, el subcomandante se acercó a mí con su paso marcial, generalmente el indicador para diferenciar a los nuevos reclutas de los oficiales profesionales, el fruto de años de entrenamiento y ensayos, una de las instancias de fingir las cosas hasta lograrlas. «Puedes irte ahora», me dijo y, por segunda vez, me escoltó hasta la puerta trasera. El coronel hosco también estaba allí, al igual que una decena de gendarmes: vi al alto de Elazığ y al sargento. Se habían reunido a mi alrededor, mientras el asistente de La Voz estaba de mal humor en el fondo, como un matón de barrio golpeado, mirándome desde el vestíbulo.

Estreché la mano del vicecomandante —había parecido amigable desde el principio, y fuera lo que fuera aquello que había ocurrido después y que yo no conocía, tenía la sensación de que él había intervenido para dejarme ir— y le agradecí por su comportamiento cortés mientras el coronel gordo, que escuchaba con divertida curiosidad mis breves expresiones de gratitud, me miraba. También le estreché la mano. «Somos parientes, ¿no?», dijo el vicecomandante, con una sonrisa ligera, no del todo sincera, y entendí que se refería a los armenios y al «nosotros» indefinido que tenía en mente: ya fueran turcos, o tal vez kurdos, como tendía a creer, porque me recordaba mucho a los kurdos que había conocido en este viaje. O, tal vez, había una referencia menos metafórica a alguien de su linaje, con tantos nietos de mujeres armenias en Turquía. Independientemente de cuán sincero o no, había sido caballeroso y justo desde el principio, y había tratado de ayudarme. Quizás todos estos gendarmes estaban parados allí porque no ocurría siempre que un extranjero quedara enredado en una situación como esta, o tal vez porque lo que había sucedido detrás de las puertas de las oficinas y las llamadas telefónicas era más grave de lo que yo sabía. Nunca me enteré, y no me quedé mucho más tiempo en Hopa para averiguarlo. Pero verlos me hizo pensar de nuevo en cómo personas agradables podían convertirse en engranajes en la mecánica de la coerción. Eran empleados por un Estado imperial para imponer su voluntad a una población plural. Estos hombres —diversos en mentalidad y perspectiva, sensibilidades y ambiciones secretas, como dos o más individuos diferentes necesariamente lo son— agrupados en una formación armada regular, eran los ejecutores de esa voluntad estatal, o la razón por la cual Turquía era lo que sabíamos que era.

* * *

Kâzım no hablaba mientras escribía en su computadora. No había ninguna razón para que yo estuviera en su oficina en la sede del gobierno del distrito de Hopa, y ya sospechaba que me había llevado allí para dejar que su biblioteca hablara por sí misma: el libro de Kévorkian, así como los demás sobre el Genocidio, decían lo que era mejor que no dijera en su calidad de funcionario estatal, uno de esos ejecutores de la voluntad de Turquía. Su caso me recordó el comentario de Nehru a Khrushchev, o uno atribuido a él, de que el Partido Comunista de la Unión Soviética no sería capaz de mantener un gobierno indisputado sobre una población tan bien leída. Sin embargo, Turquía todavía estaba lejos de alcanzar los niveles soviéticos de escolaridad, ya que la preparación intelectual de Kâzım no era indicativa de los estándares educativos prevalentes en el país.

Su discurso era un ejercicio de la ambigüedad, algo que yo había llegado a apreciar intelectual y lingüísticamente, si no moralmente, ya que ofrecía un entorno más rico para el desarrollo de las ideas. La ambigüedad era una de las piedras angulares de la literatura de Shakespeare, y quizás la clave principal de su atemporalidad y belleza, como William Empson, un estudiante de Cambridge, había sugerido en una monografía que más tarde se expandiría a *Siete tipos de ambigüedad*, el pequeño libro que revelaba esta técnica literaria.[19] *Macbeth*, especialmente, hace un uso holgado de este lenguaje: «y muchas veces, para traicionarnos, los instrumentos de la oscuridad nos dicen verdades».

Tanto Kâzım como su primo Ihsan eran personajes shakespearianos truncados. A pesar de su sensibilidad intelectual y moral a la historia dentro de la cual habían nacido, eran semillas no germinadas, atrapados en la monotonía infértil de la vida moderna y las falsas trampas de sus trabajos burocráticos, como la abrumadora mayoría de nosotros, incluso aquellos con mentes y almas más superficiales. Pocos de nosotros anhelamos la tragedia en nuestro presente, pero muchos menos de nosotros disfrutamos del paso por la vida perdidos en el elenco secundario, sin ser escuchados o vistos, y olvidados, solo para irnos sin haber cantado nuestro canto.

Tal vez Kâzım no era un amigo, pero salí de su oficina seguro de que no era un enemigo, sospechando que había comenzado un viaje hacia la verdad. Un espacio poblado de libros creaba una atmósfera de conocimiento a la espera de aflorar, creando vínculos silenciosos por su mera presencia. Pero esa sensación se magnificaba cuando los libros llevaban el nombre de Armenia o nombres armenios en una oficina del gobierno en Turquía, porque me reconectaban en un plano íntimo con el hogar de mi infancia y con muchas casas, escuelas, salas de redacción y oficinas en todo el mundo, donde las comunidades armenias todavía luchaban por la justicia. La biblioteca en la oficina de Kâzım era un pequeño paso en el camino hacia el reconocimiento. En esta subversión, menor y notable, de exhibir literatura sobre 1915 en un edificio público del Estado perpetrador, Kâzım había afirmado en secreto que pertenecíamos al mismo mundo. Era un caso silencioso pero inconfundible. Estaba hojeando algo entre sus papeles y yo me quedé allí contemplando los libros, exclamando sorpresa ante estos títulos, mientras él asentía y miraba hacia abajo.

Solo al transcribir mis notas me di cuenta de dos omisiones que había pasado por alto en su largo soliloquio sobre las supuestas brutalidades de los armenios. Mientras su colega laz estaba en la oficina y en nuestra conversación posterior, en ningún momento Kâzım había dicho que los hamshentsís eran turcos, ni había discutido la veracidad del Genocidio.

* * *

Después de salir de la oficina de Kâzım, me topé con el adolescente de ojos verdes, el que me había aconsejado que mantuviera la calma y había parecido amigable durante el incidente de Ardalá. Se disculpó por el comportamiento de sus vecinos de la aldea: «Hay gente en mi aldea que no es gente», dijo, usando una expresión turca para indicar falta de decencia. «Son una vergüenza». Más tarde me enteré que era del mismo clan que La Voz y el hombre de piel cetrina, que era el hijo de La Voz.

«¿Por qué estabas en la Jandarma ayer?», me preguntó la camarera de la pastelería en hamshetsnak. Me di cuenta, con escalofríos, de que el cuartel de la gendarmería estaba a un par de edificios en la calle, y ciertamente no quería toparme con ninguno de ellos, ni siquiera con los buenos. «Me he olvidado», respondí, la última risa que le robé antes de irme de Hopa. Era la muchacha Köroğlu que se había presentado como armenia la primera vez que vine a este café.

La pandilla de Pançuni quería escuchar todo sobre Ardalá esa noche, mientras que Ihsan me reprendía por haber ignorado sus advertencias de no ir allí. Uno quería que describiera a los hombres, y trataba de adivinar quién era cada persona. Era parte de una rivalidad un tanto ritual entre los socialistas de Hamshén y los fascistas, estos últimos abrumadoramente superados en número en las zonas de Hopa y Makrial. Se trababan en peleas colectivas, generalmente después del anochecer en el distrito comercial de Hopa. Paramaz, el dueño del restaurante, propuso que volviéramos a Ardalá para resolver esta afrenta, pero yo no estaba dispuesto a ello y quería terminar el viaje y salir de Turquía sin muchos antecedentes policiales. Aun así, Paramaz se desvivía por una buena pelea «con los nudillos desnudos, como un hombre», y también querían eso algunos otros de los «buenos», cuyo apoyo me resultó alentador e hizo sentirme moralmente reivindicado.

También estaban enfurecidos con el despliegue de la bandera turca. Muy reveladoramente, lo consideraban ofensivo. Había supuesto que alguien nacido y crecido en Turquía se acercaría a los símbolos nacionales locales de manera diferente a un armenio de la Diáspora, pero todos pensaban que era un insulto escandaloso. La novia kurda de Paramaz, él mismo de madre kurda, también estaba sorprendida. «¿Estás bromeando?». E independientemente de cuántos años hayan pasado, «turco» y «Turquía» eran palabras que todavía me resultaban insultantes por un segundo o dos hasta que la razón recuperaba el control de mis sentidos, y sin embargo, la enormidad del crimen todavía pesaba sobre el nombre, incluso después de dar cuenta de los justos.

A la mañana siguiente fui a desayunar a un café junto al mar y me uní a *Erke*, un muchacho pelirrojo y semicalvo, con una larga barba de chivo y siempre una expresión nebulosa, con ojos inyectados de sangre la mayor parte del tiempo, probablemente tanto por la falta de sueño como por el exceso de bebida. Era un buen narrador de historias y hablante fluido del hamshetsnak, así como un luchador entusiasta en las batallas callejeras contra los fascistas, a pesar de que algunos de sus compañeros de bebida eran del lado opuesto.

Erke compartía la mesa con dos amigos hamshentsís, entre ellos uno que había dado a sus dos hijos nombres armenios. Iban de picnic a un pueblo laz a medio camino entre Hopa y Makrial, con un amigo suyo laz. Aclararon puntillosamente que su amigo no hamshentsí era marxista, lo que hablaba más de las relaciones y la política locales, nada de lo cual me preocupaba.

Viajamos en la camioneta del laz, con Erke y yo sentados en la caja trasera al aire, apoyados contra la cabina. Con los ojos puestos en la carretera que dejábamos atrás y el tráfico que nos seguía, Erke, que por lo general era de disposición cómica, cayó en un estado de ánimo sombrío. Cuando eran chicos, dijo, los ancianos de su aldea les contaban a los niños —sus nietos, parientes o amigos coetáneos— cómo habían masacrado a los armenios, arrojándolos al precipicio de

Cehennem Deresi (Garganta del Infierno) en Ardanuş. Su propio abuelo decía que había masacrado a armenios, dijo Erke. «Nos reunían y nos contaban estas historias de armenios que arrojaban al precipicio, y nosotros, los niños, escuchábamos asombrados», dijo, abriendo sus grandes ojos aún más para imitar su sorpresa. Nunca había pensado que, como nieto de un sobreviviente del Genocidio, escucharía la otra parte de la historia por boca del nieto de un perpetrador. Y ni siquiera en mi imaginación más descabellada nunca hubiera imaginado que se trataría de armenios convertidos que hablaban el mismo idioma, en el que el abuelo de Erke lo había contado y ahora él me lo estaba transmitiendo.

Estaban aún los restos de la conmoción infantil en su voz más vieja del presente, una menos propensa a la turbación ya que la edad puede desgastar las convicciones y la moralidad, dando a nuestra expresión un barniz de cinismo cada vez más duro. Pero debajo de esa pátina de cinismo todavía estaba la convulsión de un niño que había escuchado a su abuelo que contaba cómo había matado a decenas de personas. Verifiqué con él que su abuelo había dicho que había masacrado a armenios, y lo confirmó dos veces. También le pregunté el nombre de su abuelo, que dijo después de un instante de vacilación, que tal vez solo duró un segundo, pero que aun así se notó. Había escuchado historias de supervivencia de mi abuela y de muchas otras personas, y Erke habló de al menos otros dos ancianos en su aldea que dijeron que habían matado a armenios. Describió las hazañas pasadas de su abuelo en un discurso sin adjetivos, como una catástrofe natural, un cuento sin moraleja.

Un académico hamshentsí, *Dursun*, me había dicho anteriormente que se sabía que algunos bandidos hamshentsí occidentales habían matado a armenios en 1915, entre ellos Yakub Mullaoğlu. No estaba claro, sin embargo, si hamshentsís de la zona de Hopa habían participado en las masacres, o si simplemente afirmaban haberlo hecho para demostrar su lealtad al Imperio otomano. Ihsan también lo había dudado. Sin embargo, el testimonio de Erke parecía explicar por qué tantos jóvenes hamshentsís estaban tan familiarizados con las masacres de Cehennem Deresi en Ardanuş.

En la montaña abrimos las botellas de cerveza y sacamos los bocadillos. Las vistas eran espectaculares, incluso si la pequeña cabaña precariamente encaramada en un acantilado inducía vértigo, unida a tierra firme por solo un tablón estrecho tendido sobre un abismo. Uno de los hamshentsís, que no se quitó las gafas de sol, brindó por la memoria de Hrant Dink. Era paradójico, reflexioné, que una muerte hubiera obligado a los turcos a confrontar el millón y medio que lo habían precedido un siglo antes.

No tenía nada que ver con la nacionalidad de Dink, respondió el hombre con gafas de sol: «Hrant fue asesinado porque era socialista». Muchos comunistas turcos también habían perdido la vida por la misma razón.

Le dije que no estaba de acuerdo: Dink había perdido la vida después de escribir que la hija adoptiva de Atatürk era una huérfana armenia del Genocidio. ¿No recordaba al asesino confeso posando con los policías mientras sostenían una bandera turca? ¿Los fanáticos del fútbol que habían ido al estadio con gorras blancas como la que usó el asesino de Dink? ¿Y la multitud que había salido a las calles después de su asesinato con las pancartas: «Todos somos armenios, todos somos Hrant»? ¿Era por las convicciones socialistas de Hrant que lo proclamaban?

El hombre con gafas de sol se enfureció y comenzó a atacarme, gritando fuera de sí: «¡No eres comunista! ¡Hrant fue asesinado por ser socialista! No tiene absolutamente nada que ver con el nacionalismo o las nacionalidades: los fascistas atacan a los comunistas, esa es la lucha que tenemos ahora en Turquía, no tiene nada que ver con los armenios o con cualquier otra cosa». *Erik*, el hamshentsí que había dado a sus hijos nombres armenios, y el laz, que inicialmente habían dicho que en verdad Hrant había sido asesinado por sus convicciones ideológicas, no por su nacionalidad, estaban callados ahora, siguiendo el protocolo que había observado en las discusiones entre los hamshentsís conmigo, probablemente porque cualquier mediación hubiera llevado a una escalada. El estado de ánimo se arruinó y el tiempo inusualmente soleado no disipó el aire envenenado. Terminamos las cervezas y nos dirigimos de regreso a Hopa, Erke y yo de nuevo nos sentamos al aire libre en la caja de la camioneta, ahora en silencio. En el transcurso de tres días, la identidad armenia me había expuesto a la ira de hamshentsís en la extrema derecha del nacionalismo turco y en la extrema izquierda del comunismo turco.

Ya era hora de irme de Hopa. Visitaría una concentración de hamshentsís en la región occidental del mar Negro, un viaje de 15 horas a lo largo de la costa, aceptando una invitación de *Melahat*. Tenía una posada cerca de una fortaleza genovesa en Akçakoca. Este grupo de tres aldeas hamshén, con una población de aproximadamente 1000 habitantes, se había formado después de la guerra ruso-turca de 1878.

* * *

Un hombre de vínculo incierto con Melahat vino a recogerme de la parada del autobús. *Numan* no parecía hamshentsí, ni parecía interesado en nada sobre Hamshén. El anillo con el sello imperial otomano que llevaba me hizo desconfiar de él. La corazonada se confirmó mínimamente cuando Melahat le dijo que era armenio. Hizo una mueca y echó atrás su silla de la mesa con disgusto. «Oh, ¿qué ocurre?», preguntó Melahat con una sonrisa avergonzada, sabiendo muy bien la causa de su reacción. Estábamos en el balcón de la posada, con una vista despejada de la fortaleza genovesa recortada contra el mar Negro. Pero Numan no dijo nada más y no volvió a mostrar ninguna hostilidad.

Mujer de habla suave, había algo de frialdad en el desapego de Melahat, sus labios fruncidos en algo parecido a la amargura. Tenía unos 30 años, pero había perdido a su esposo a causa del cáncer hacía unos años. Sin embargo, no mostró mucha emoción al hablar de él. «Su tío era un general en el ejército turco», comentó como la única e inusual información biográfica sobre el padre de su hija mayor. Señalándola, una belleza a punto de cumplir la mayoría de edad, Melahat había dicho: «Su padre está...», y había entrecerrado los ojos y sacado la lengua mientras inclinaba la cabeza, con un gesto irreverente con las manos para indicar que había muerto. No estaba seguro yo sobre cómo interpretar esta mímica.

Su esposo la había secuestrado y la había obligado a casarse cuando tenía 18 años, dijo unas horas después. Era laz y la había atrapado a plena luz del día en el centro de Akçakoca, y la había mantenido como rehén durante tres meses. Estaba encerrada en una habitación sin ventanas, encadenada al suelo con una correa lo suficientemente larga como para permitirle caminar hasta el baño. Sus padres habían enloquecido tratando de encontrarla, pero el tío de su captor, el general, había usado su influencia para impedir la búsqueda policial. Sin embargo, en algunas fechas patrias turcas, Melahat ponía una foto de ese general como su foto de perfil en una red social. Finalmente, ella había cedido y había aceptado casarse con él: «No tenía otra opción».

Melahat era culta y sabía sobre la historia armenia y los orígenes de hamshentsís, y tenía curiosidad por enterarse de más. Pero sería exagerado esperar que «se sienta» armenia. «Han pasado más de 300 años», dijo con una sonrisa. «Necesitamos algo de tiempo». Me preguntó cómo se llamaban los armenios en armenio, pero se sonrojó cuando le respondí: «*hai*». Después de dudar un poco, dijo que *hai* era una maldición entre los hamshentsís en la zona de Akçakoca, y dio algunos ejemplos de frases en las que se usaba comúnmente, las más suaves de las cuales eran: «*Hai, kezi inch asim?*» («¿Cómo puedo llamarte, armenio?») y «*Hai tsımorı*» («A tu madre armenia»). Durante mucho tiempo, se había asumido que el endónimo de «armenio» había desaparecido entre los hamshentsís, que se referían a los armenios con la palabra turca de *ermeni*. Al menos en Akçakoca había sobrevivido, aunque exclusivamente como palabrota, después que su significado original había sido olvidado.

Fuimos al centro de la ciudad, donde un hombre con gafas de sol italianas y un traje *beige*, primo de Melahat, nos dio su gran BMW para visitar los pueblos de Hamshén.

No parecía muy contento de escucharme hablar en hamshetsnak, por lo que volvimos al turco.

En su casa en el pueblo de Hemşin Köyü, el padre de Melahat, un hombre grande, me recibió muy calurosamente, como lo haría con un miembro de la familia, me besó en ambas mejillas después de un gran abrazo y, aunque fuera un hombre de pocas palabras, se regocijó en nuestra conversación en lengua vernácula. Las mujeres de su casa, la madre de Melahat y su tía, eran mucho más reservadas, sus saludos eran meros asentimientos y murmullos. «Pero somos de origen griego, de Trebisonda», dijo el padre de Melahat. Ella lo había escuchado antes y estaba desconcertada porque no había nada griego que hubiera sobrevivido en la tradición familiar, las costumbres o incluso las palabras, por lo que se preguntaba si podría haber sido una vieja táctica para desviar la negatividad asociada con ser armenio, ya que un origen griego en Turquía no era tan malo en el pasado. Más importante aún, no entendía cómo habían terminado convirtiéndose en hamshentsís si eran de origen griego. Esperamos la llamada del muecín, en realidad, la del imán a través de altavoces, para comer tras romper el ayuno del Ramadán. Justo después del *ezán*, los chacales en las crestas aullaron durante casi diez minutos antes de que los lamentos comenzaran a apagarse. El eco de algunos gritos distantes, estridentes y tristes, continuó escuchándose sobre las montañas por más tiempo.

Había tres aldeas hamshén en la misma colina. Hemşin Köyü, la de Melahat, estaba a sus pies. En un valle medio estaba Yenice. En la cima estaba la más poblada, Karatavuk, a pesar de que los lugareños decían que la población de Hemşin Köyü ahora la había superado. Como había visto en la zona de Hopa y Makrial, aquí, también, cada pueblo tenía su propio carácter a pesar de su proximidad, cada uno separado como máximo por 20 minutos en automóvil. El hamshetsnak se hablaba con fluidez tanto en Karatavuk como en Hemşin Köyü, a pesar de que las generaciones más jóvenes ya no lo usaban. El idioma había desaparecido en Yenice, el pueblo del medio. Había otra particularidad en Yenice, dijo Melahat: estos hamshentsís daban a sus hijas en matrimonio a gente de afuera, a personas de la ciudad de Akçakoca o de cualquier otro lugar, pero no a hombres de las otras dos aldeas hamshén en la misma montaña. ¿Por qué era así?, le pregunté a Melahat, buscando confirmación para una hipótesis que se me acababa de ocurrir. Ella no sabía, o no lo quería decir mientras caminábamos por su tierra.

Su modesta casa familiar tenía un bosque por patio trasero. Nos tomó alrededor de media hora caminar hasta su extremo al final de una pendiente, trazado con alambre de púas. «Esto es mío», decía Melahat en hamshetsnak. Descalza y vestida con una camiseta blanca suelta y pantalones cortos, me llevó hasta una roca grande en el fondo del bosque, un terreno encantado de vida floreciente, intensamente verde y muy denso. «Dicen que hay oro enterrado debajo de esta roca». Señaló una inscripción muy ligera en la superficie de la roca que no era fácil de discernir a la sombra del espeso follaje. Adiviné una Է, la *E* armenia, lo cual confirmé deslizando mi dedo sobre la superficie erosionada. «Es una letra, pero también es uno de los nombres antiguos que los armenios daban a Dios», le dije, «porque "E" en armenio significa "Es", como en "Él es"». Mientras volvíamos a su casa, nos topamos con el tío de Melahat, que había desenterrado artefactos antiguos, incluido un fragmento de una pipa de marfil tallada que llevaba consigo.

Más temprano, habíamos ido a la casa del jefe de la aldea de Hemşin Köyü, el *muhtar*, un imán de profesión. Estaba sentado a la sombra de su amplio porche, lidiando con los dolores de sed y hambre del Ramadán en el verano. Mientras Melahat y su amigo Numan salieron a caminar, el imán, que había recitado el artículo de fe acerca de que los hamshentsís eran de origen «turco puro» y otros principios de su origen mitológico, me preguntó en un susurro si los rumores sobre su origen armenio eran ciertos. «Más allá de cualquier duda», respondí, mientras él asentía en silencio, aceptando la veracidad de la declaración. «Pero ¿por qué debería ser un tabú?». Entonces le conté mi punto de vista sobre nuestro origen común de los homínidos simiescos, la misma palabra en turco que «mono» (*maymun*), que además de ilustrar deficientemente el concepto que quería transmitir también podía ser ofensivo. Así fue, provocando una reacción airada del imán: «¡Imposible!».

Y entonces recitó desenfrenadamente cómo Alá había poblado el mundo después de crear a Adán a partir de la gota original de semen. Tan rápido hablaba, que solo pude capturar algunos nombres y números, y las multiplicaciones que hacía con notable velocidad o memoria. Las cifras que escuchaba se parecían mucho a las Doce Tribus de Israel enumeradas en el Libro del Apocalipsis: 12 000 de la tribu de Rubén; 12 000 de la tribu de Manasés, y así sucesivamente, hasta un total de 144 000 personas. Luego citó a los 25 profetas mencionados en el Corán, dando sus nombres turcos y árabes: Adán, Enoc, Noé, Heber, Matusalén, Lot, Abraham, Ismael, Isaac, Jacob, José, Jetró, Job, Ezequiel, Moisés, Aarón, David, Salomón, Elías, Eliseo, Jonás, Zacarías, Juan el Bautista, Jesús, y Mahoma. La energía nerviosa de su discurso me recordó al fabricante de dagas y cuentas de Ankara, que había recitado de un suspiro la vida y muerte del *fedayí* Kevork Chavush.

Su madre estaba leyendo un viejo Corán que por su aspecto no podía haber sido posterior al siglo XIX. Lo tenía en su regazo, sentada en los escalones de una escalera externa que daba al patio. Era una mujer pequeña con atuendo islámico completo. Tenía la cabeza cubierta con un chal y sus ojos recorrían la escritura árabe serpenteante con intensa concentración, indiferente a su cuerpo hambriento y al sol del mediodía. Un viejo molino revolvía el agua del arroyo que corría a través del patio trasero. No tardé mucho en entender la sensación de *déjà vu*: la escena era familiar, una interpretación libre y reordenada de *Gótico americano*, de Grant Wood. Sin embargo, más allá del débil y accidental eco icónico de la pintura de 1930, la plácida escena en la casa del imán de Hemşin Köyü tenía una relevancia desde una perspectiva armenia. Marcaba el cierre de un ciclo histórico: esta mujer, cuyos antepasados habían emigrado al mar Negro en el siglo VIII después de rebelarse contra los conquistadores árabes de Armenia, ahora se había sometido a su religión y escrituras.

Después de la cena fuimos a Karatavuk. Íbamos a encontrarnos con el jefe de la aldea en la casa de té. Melahat dijo que esperaría en el auto. Inusualmente, se había cubierto la cabeza con un chal. Numan me acompañó a la casa de té, una larga sala de paredes grises donde se habían reunido hombres alrededor de mesas, jugando *tavlo* o cartas, con vasos de té en forma de lágrima junto a ellos. Era una escena típica de cualquier localidad de Anatolia, con el retrato amarillento de Atatürk. Pero no nos esperaba nadie, y el jefe de la aldea no respondía el teléfono mientras Numan marcaba su número con creciente frustración y, me di cuenta, preocupación. Irrumpió un hombre: «¿Eres armenio?». Apenas lo recuerdo como un borrón oscuro, con un bigote grueso. «Somos turcos», respondió, lívido, y nos echó, y los clientes, sacudidos, continuaron con sus juegos de mesa como si no hubieran escuchado nada. El amigo turco de Melahat estaba molesto y confundido. No había hecho un gran esfuerzo para disfrazar su aversión a los armenios cuando se enteró que yo lo era, pero este mínimo ejemplo de nacionalismo turco antiarmenio en acción lo había sobresaltado.

Melahat se atribuyó la culpa, por ser vista en un automóvil con dos hombres con quienes no tenía relación consanguínea o matrimonial. Era *namahrem*, una condición impropia en el islam, a pesar de que ella había esperado dentro del coche mientras Numan y yo íbamos a la reunión con el *muhtar* que no apareció.

Luego fuimos a Yenice, el pueblo del medio. Los hombres se habían reunido en círculo, y el aire estaba muy tenso. Numan todavía estaba sacudido después del pequeño incidente en Karatavuk. El jefe de la aldea de Yenice, con los ojos inyectados en sangre, me preguntó en broma si observaba el ayuno de Ramadán. Un hombre que se presentó como contador dijo que los hamshentsís provenían de las montañas de Altai, pero otros lo disputaron, indicando que eran turcos de Jorasán. Todavía estaba nervioso, temiendo una repetición de Ardalá después de ser expulsado de la casa de té, y esperaba que en cualquier momento apareciera un *jeep* de la Jandarma. Simplemente seguía esta conversación sobre los imaginarios orígenes épicos turcos de los hamshentsís con distracción tensa.

Uno de los hombres, con un polo rojo, repetía agresivamente la narrativa del «turco puro», levantando su voz rasposa y de fumador para abortar la especulación del contador que, tímidamente, había comenzado a sugerir que su minoría podía ser de origen no turaniano. El hombre del polo rojo tenía los ojos intensamente negros muy cerca el uno del otro debajo de las cejas gruesas, y el tupido bigote del manillar que coincidía con su discurso, si era verdad la correspondencia entre el vello facial y la ideología en Turquía. Luego propuso que el *muhtar* abriera el museo del pueblo especialmente para nosotros. Caminamos a través de su exposición simple pero bien curada de artefactos, en su mayoría implementos agrícolas antiguos. Cuando Melahat vio una vieja cuna de madera, exclamó su nombre en hamshetsnak, y el hombre del polo rojo la calló con enojo, reprendiéndola: «Su nombre en turco es *beşik*». Lo sabía, reconoció Melahat suavemente, palideciendo. «Bien, entonces, llámalo por su nombre turco», continuó regañándola, todavía con el ceño fruncido con furia por haber escuchado una palabra en hamshetsnak. Era obvio que sabía que era armenio.

Cuando salimos del museo, una mujer muy anciana, diminuta y vestida de negro, estaba siendo conducida por alguien que la había tomado del brazo a la mezquita para el último *namaz* del día. Era la última persona que hablaba hamshetsnak en Yenice, dijo el jefe de la aldea. De inmediato le grité en hamshetsnak si estaba bien. Se dio la vuelta con asombro, buscándome, con sus ojos débiles y en blanco, en medio de la oscuridad. «Ha, soyam, ¿isa vova?», preguntó con un hilo de voz, atónita: «Sí, estoy bien, ¿quién es?». Le besé la mano y noté que casi había perdido la vista. Intercambiamos breves cortesías en hamshetsnak y, por las preguntas que no hizo, entendí que se había dado cuenta de que yo era armenio. «Eski Türkçe konuşuyorlar», dijo con orgullo el hombre del polo rojo, con una amplia sonrisa: «Están hablando en turco antiguo».

Luego confirmé mi hipótesis de por qué los hamshentsís de Yenice se negaban a casar a sus hijas con sus compatriotas de la aldea en la cresta, Karatavuk, o la que estaba al pie de la colina, Hemşin Köyü, pero sí lo hacían con cualquier otro musulmán o turco. Con esta vieja mujer de habla hamshetsnak, el último vestigio de sus vínculos con el armenio, ese dialecto que el hombre de la camisa roja había llamado «turco antiguo», desaparecería. Los hamshentsís de Yenice habían decidido disolver su identidad hasta hacerla irreconocible, borrando todo rastro de un origen que ni siquiera nombraron.

* * *

Había estado en Karatavuk y Hemşin Köyü el año anterior. *Cesur*, un hombre con muchos nombres e identidades, me había llevado allí en octubre de 2013. Nuestro primer contacto había sido a través de una red social, en la que había abierto una página para «armenios musulmanes», con una media luna verde estampada sobre la tricolor armenia, rojo, azul y naranja. La imagen de portada en esta red social mostraba los rostros tachados de Talât, Enver y Cemal Paşa, los Jóvenes Turcos que orquestaron el Genocidio, todos los cuales fueron ajusticiados a principios de la década de 1920 como parte de la «Operación Némesis», una misión encubierta organizada por el Dashnaktsutyún.

Nos habíamos reunido por primera vez una noche para tomar un café en el distrito de Sirkeci de Estambul. Cesur había descubierto a través de una prueba de ADN que era de origen armenio, tal vez hamshentsí. Su abuelo paterno no le había contado nada a la familia sobre su pasado y, actuando por una corazonada, Cesur había decidido hacerse la prueba, participando en un programa llamado Iniciativa Armenia de ADN. Me ofreció un largo viaje de fin de semana en su automóvil a través de la periferia de Estambul y la costa occidental del mar Negro para conocer a su familia. Salimos a la carretera un viernes lluvioso.

En Estambul, Cesur trabajaba en una fundación que afirmaba ayudar a las familias de los refugiados islámicos de las guerras en el Medio Oriente. Sin embargo, el tráfico de personas que vi en su oficina las pocas veces que visité no parecía gente desplazada. Eran invariablemente hombres con complexión y modales que delataban entrenamiento militar, y en la marcha y el atuendo se parecían mucho a los combatientes en Siria. El joven checheno que vino con nosotros para la primera etapa del viaje también se parecía a los huéspedes de la fundación. Vestía uniformes verde oliva y botas militares. Todo era marcial en él, excepto tal vez el bigote recortado y la barba larga a la manera islamista. En las dos horas que viajó con nosotros no dijo ni una palabra.

El teléfono celular de Cesur sonaba incesantemente mientras conducía, y murmuraba respuestas crípticas a preguntas misteriosas que venían del otro extremo de la línea, pero que esencialmente se reducían a organizar la estadía de personas. Después de colgar, normalmente llamaba a un número diferente para transmitir información sobre los nombres de los recién llegados y el alojamiento previsto para ellos. El checheno de semblante severo, que hablaba un turco con fuerte acento, no sabía ruso, lo que parecía extraño. Lo dejamos delante de un moderno edificio de apartamentos de seis o siete pisos en una zona aislada fuera de los exurbios asiáticos de Estambul. Esperamos hasta que se abrió la puerta de la calle para el checheno, que levantó su mano izquierda en saludo y entró. «Es la casa de sus padres», comentó Cesur mientras conducíamos en medio de la nada. El checheno visitaba a su familia para unas breves vacaciones y venía de un lugar nebuloso que Cesur no mencionó en las cambiantes explicaciones. En ese momento había rumores en Turquía sobre extremistas que se alojaban en edificios de apartamentos similares, como los construidos después del terremoto de 1999 en la zona.

Nuestra primera parada fue en algún lugar de Estambul cerca del aeropuerto Sabiha Gökçen, un apartamento en la planta baja donde vivían tres generaciones de mujeres, incluida una joven madre que estaba emparentada con Cesur. Él ya le había dado la noticia de que eran de origen armenio. Nos recibió con un abundante desayuno. ¿Qué sabía ella sobre el Genocidio? Ella disfrazó su incomodidad por mi pregunta detrás de una sonrisa. Ahora que sabía que era armenia, dijo, quería informarse al respecto. Otra mujer con ojos tristes era una amiga o pariente de origen macedonio. Había perdido a su hija y a su yerno en el terremoto de 1999 y ahora estaba criando a su nieta, que era bebé en ese momento y había sufrido lesiones cerebrales que la habían dejado discapacitada. Sin embargo, gracias al trabajo y la disciplina tenaces, la niña huérfana tenía buenas calificaciones en la escuela y había logrado hablar con dificultad. Ahora consideraba una carrera universitaria, dijo su abuela con una sonrisa que brilló por un instante en su rostro afligido.

Cuando nos acercamos a Sakarya nos detuvimos en la casa de un primo de Cesur en un distrito industrial. Su madre era una circasiana pálida con pómulos prominentes, vestida de negro y una gorra plana cubierta por un turbante, con el aspecto y los atuendos de una anciana que me recordaba a la madre de Stalin. Habré notado indicios en la apariencia del primo de Cesur que me dejaron la impresión de que era un nacionalista turco. Lo acompañamos a su estudio en la casa para verificar los datos de ADN en su computadora. En efecto, las paredes estaban decoradas con insignias nacionalistas. Su conocimiento de la ascendencia armenia no haría ninguna diferencia en sus puntos de vista, dijo después de ver los datos, explicados con entusiasmo por Cesur. No me dijo cuáles eran esos puntos de vista y tampoco tenía curiosidad por averiguarlo.

Ya era de noche cuando llegamos a la casa de un tío que vivía en una casa que había sido propiedad de griegos. Este hombre era pariente de Cesur por parte de su madre, griegos islamizados. La parada valió cada minuto para la diversión de Cesur, si no para mucho más. Había 60 toneladas de oro enterradas debajo de su casa, sospechaba su tío, pero la falta de un detector de metales lo tenía muy frustrado, ya que eran difíciles de conseguir y costosos. Una noche, no hacía mucho, un amigo lo había ayudado a cavar varios metros en un presunto sitio del tesoro a la luz de los faros de su automóvil, pero solo habían logrado atraer a la policía, que los había enviado a casa. Cesur se reía mientras nos alejábamos: «¡Sesenta toneladas de oro!». Lo exclamó un par de veces más, sacudiendo la cabeza, avergonzado.

La última casa que visitamos fue la de otros parientes por parte de su madre, antepasados griegos islamizados que recibían muchos invitados esa noche por alguna razón. El ambiente en la amplia casa, con invitados en varias de sus habitaciones, era acogedor y alegre. Era curioso escucharlos referirse a Estambul por su antiguo apodo griego de Poli, abreviatura de Constantinopoli (Constantinopla), a pesar de que habían sido islamizados durante siglos. La mayoría de los cristianos que vivían en la antigua capital bizantina la llamaban por su nuevo nombre turco. Luego vino otra familia, musulmanes de Salónica que se habían establecido en Turquía durante los intercambios de población después de la Primera Guerra Mundial. Un hombre con un traje gris a medida y con dientes de oro estaba acompañado por sus dos atractivas hijas adolescentes. A diferencia de las mujeres mayores de la casa, sus cabezas estaban descubiertas. Al entrar, besaron respetuosamente la mano de la matriarca y la de su marido. Cesur parecía molesto por alguna razón, y tan pronto como las chicas entraron en la habitación donde estábamos sentados, dijo que teníamos que irnos. En su auto, elogié la convivencia de mujeres que andaban libremente con la cabeza descubierta, respetando a las mayores que sí llevaban pañuelos en la cabeza. La máxima libertad, dijo, estaba en la palabra de Dios. Los vestidos de las jóvenes, modestos pero que sugerían sus curvas, probablemente habían provocado su prisa por irse.

Estos parientes griegos convertidos tenían suegros hamshentsí en uno de los tres pueblos de Akçakoca: uno de sus hijos se había casado con una mujer de Hemşin Köyü. Íbamos a visitarlos a la mañana siguiente; ya habían hecho arreglos por teléfono.

Esa noche dormimos en la casa de otros parientes suyos, todos de ascendencia balcánica. El jefe de la familia era de origen albanés. Antes de que se apagaran las luces, Cesur tuvo una discusión con su primo, el hijo del albanés. Era hora de reconocer la existencia de los kurdos, argumentó Cesur. «Existimos, dicen los kurdos», repitió, con cierta teatralidad probablemente dirigida a mí, para mostrar que estaba del lado tolerante de los islamistas en Turquía. Pero había visto su desprecio ocasional y contenido por ellos: «kurdos», dijo con un tono sardónico en su voz, cuando había adelantado a una camioneta Fiat sobrecargada de personas y numerosas piezas de equipaje en el portaequipajes del automóvil. Había sonreído y lo miré para confirmar el espíritu de su comentario. «Pero es cierto: son kurdos», había dicho, sonriendo también.

El primo de Cesur estaba molesto. «Pero ¿qué eres?», le pregunté. «Soy albanés», respondió el primo, para mi asombro, ya que era la cuarta generación en Turquía. «Entonces, ¿no eres turco?», pregunté, sorprendido. «Por supuesto que lo soy: soy albanés y soy turco». Pero no consideraba a los kurdos una nación separada, y odiaba al PKK. «*Ne mutlu Türküm diyene*» («Qué feliz aquel que dice soy turco»), dijo, extendiendo el brazo con las yemas de los dedos unidas en un gesto de énfasis. Estaba buscando mi asentimiento para la consigna de Atatürk sobre el turco feliz. No podía buscar mi apoyo, le dije. «No me mires: soy armenio». Y él y Cesur se lo tomaron a la ligera, y se rieron de corazón.

Había habido varias etapas en la relación de Cesur con los armenios. A los 15 años, un maestro había inflamado sus sentimientos antiarmenios durante una lección de historia sobre las atrocidades que, según dijo, los armenios habían perpetrado contra los turcos, traicionando al país. Había llegado a casa enfurecido, hojeando la guía telefónica en busca de apellidos terminados en *ian* o *yan* que pudieran indicar un origen armenio, para llamarlos y amenazarlos o insultarlos. No me dijo si lo había hecho, a pesar de que me dejó la impresión de que sí. Hubiera sido difícil para él, pensé. Las leyes de nombres de Turquía habían obligado a la abrumadora mayoría de los armenios en Turquía a cambiar sus apellidos a turcos, y quedaban pocos con *ian* o *yan*, que a menudo habían cambiado ese sufijo por el turco *oğlu*, que también significa «hijo de» o «descendiente de». Y la raíz también muy frecuentemente era turca, excepto en Van y más al este, donde eran casi invariablemente nombres armenios.

Luego, en 2006, Cesur se fue a Canadá como estudiante de intercambio. Un día estaba paralizado en el tráfico delante de una iglesia armenia en Toronto justo en el momento en que la gente salía de ella. Recordó haber sentido en sus entrañas una familiaridad con ellos. Fue una sensación muy fuerte que lo dejó conmocionado. Pero se había olvidado de ello hasta que obtuvo los resultados de ADN, que mostraban que descendía de un hombre armenio de Trebisonda.

El hijo de Cesur se había decepcionado al escuchar que eran armenios. «Pero seguiré siendo musulmán», había respondido. «Sí», dijo Cesur que le había dicho a su hijo. «Seguiremos siendo musulmanes». Una mujer se acercó una vez al niño mientras atendía una mesa callejera en Estambul reuniendo fondos para las familias de refugiados en Turquía y criticó su iniciativa, preguntando la nacionalidad del niño. Pero la mujer lo había abrazado cuando él dijo que él era armenio, ya que ella también lo era. Su apellido en Turquía a menudo indicaba conversos al islam, o no musulmanes, lo que había atraído la atención del director en la escuela de su hijo. Cuando dijo que eran armenios, el director había visto confirmadas sus sospechas: «Eh işte» («Eso es» o «Ya veo»). Pero el niño luego agregó: «Pero somos musulmanes». Y el director se había reído.

En cambio, antes de ir a la casa de los primos albaneses, habíamos visto a su tía paterna. Estaba encantada de escuchar que eran de origen armenio, de una manera casi infantil que me había hecho preguntarme si estaba informada sobre los armenios y su historia y presente en Turquía.

De hecho, quedó desconcertada cuando en la conversación quedó claro que yo era cristiano, diciéndome algo como: «Pero tú eras armenio, pensé». Con cara de póker, Cesur le dio la noticia de que los armenios eran cristianos en su abrumadora mayoría. «¿Lo son?», exclamó. «Es por eso que mis amigas estaban sacudidas cuando les dije que éramos armenios». A diferencia de Cesur, no logré reprimir mi risa.

Más informado, el hermano mayor de Cesur no parecía muy contento con su recién revelado origen armenio. Tenía una cara pequeña, con principios de calvicie que revelaban un envejecimiento desangelado, con piel pálida y amarillenta, su cuerpo delgado un poco encorvado, con la joroba que no es rara entre los hombres de medios y voluntad más humildes en Turquía o el Oriente Medio. Compartía el entusiasmo de su hermano más atlético por el espíritu de lucha de los pueblos caucásicos, pero era más explícito al respecto, mientras que Cesur limitaba sus comentarios a alusiones de pasada. «Unos investigadores han demostrado que hay un gen que hace que los chechenos sean valientes en la guerra», dijo, con tono malicioso, entrecerrando los ojos detrás de sus gafas. «¿Tienen los armenios tal gen?», preguntó, esperando una gracia salvadora en medio de la calamidad que se había abatido sobre su propia sangre, en un país donde la raza todavía diferenciaba lo impuro de lo inmaculado en la imaginación popular. Öztürk (turco puro) no es un apellido poco común, y uno favorito entre los conversos. «No es que lo sepa», lo decepcioné, advirtiéndole que no estaba versado en genética. Vivía en un edificio similar a aquel donde habíamos dejado al checheno. Cesur dijo que su hermano pagaba una cuota hipotecaria mensual muy baja subsidiada por el gobierno para aquellos cuyas propiedades habían sido destruidas en el terremoto de 1999. Cesur se jactó de ello, como si mostrara la munificencia del gobierno de Erdoğan y la riqueza de Turquía, a pesar de que no llegó a elogiar al líder del país. Su hermano mayor me despidió con una sonrisa triste antes de salir del auto, con aspecto ahora miserable y la joroba aún más pronunciada cuando caminaba al edificio bajo el cielo pálido sin sol ni lluvia, encogido de hombros dentro de su abrigo.

A la mañana siguiente, pasamos por pintorescas aldeas en colinas ondulantes mientras bordeábamos el mar Negro en el camino a los pueblos hamshén. Los suegros de sus parientes griegos nos esperaban en una intersección. Un hombre afable, había sido el jefe de la aldea de Hemşin Köyü y hablaba algo de hamshetsnak. Nos mostró una antigua mezquita de madera, que contenía en su interior una proclamación de la era imperial en escritura otomana. Había una glorieta cerca con algunos artefactos e instrumentos agrícolas antiguos. Hacía más de un siglo, los niños habían pateado una pelota en la mezquita a través de la ventana de vidrio sin romperla, dijo el ex-*muhtar*. Los niños habían corrido hacia adentro para encontrar a un anciano con una larga barba y una túnica, que había devuelto la pelota a los niños y se había desvanecido en el aire.

Luego fuimos a la mezquita en uso. Un anciano se sentó a mi lado, instándome a convertirme en musulmán. Le dije, no, gracias. «*Meğk e, dğas, anang mi xosir*», dijo en perfecto armenio: «Es una pena, hijo mío, no hables así». No estaba seguro de si este hombre podía adivinar cuántas cuerdas de mis recuerdos más íntimos tocaba con esa frase, con palabras que podrían haber venido de mi padre. Intercambiamos pequeños chistes, y él disfrutaba de hablar el idioma, podía ver yo, ya que probablemente con las nuevas generaciones ya estaba muriendo en la aldea. Dijo en broma que quería casarse con una anciana armenia, ahora que era viudo, y establecerse en Estados Unidos.

No nos detuvimos en Yenice, tal vez una decisión sabia, y fuimos directamente al pueblo de la cima de la colina, Karatavuk, donde entramos en una casa de té gris en un día frío, lleno de hombres. Pronto se formó una multitud a nuestro alrededor. Los hombres hablaban un armenio muy cercano al armenio occidental. No se les podía distinguir de otros ancianos armenios en clubes de todo el mundo que jugaban *tavlo* o *nardi* como eran, excepto por uno o dos con barbas y gorras de estilo islámico, y uno con la gorra blanca del *hajji*, cuyo hamshetsnak era igualmente fluido.

«¿Tu vovas? ¿Ermeniyes ta? ¿Usdi egoğas?», me preguntaban los hombres hamshentsí de la aldea de Karatavuk:

«¿Quién eres? ¿Eres armenio? ¿De dónde vienes?». La forma *usdi*, una preposición arcaica, le daba a su idioma un eco del armenio clásico. Había un rumor, que había oído en Estambul, de que había algunos cristianos secretos entre ellos.

Un hombre que se parecía a un viejo amigo de mi padre, con su cara cuadrada y elegancia, así como una gorra para disfrazar su cabeza calva, también me pidió que me convirtiera. Quería darme un Corán. Le dije que lo canjearía por una Biblia, pero como no tenía ninguna, no podía aceptar su oferta. Pero él dijo que debería convertirme al islam, y le dije que me parecía una idea fantástica, y que podíamos intercambiar religiones y libros sagrados, por lo que me convertiría en musulmán si él se hacía cristiano. La decena de hombres que nos rodeaban celebraron mi contraoferta con carcajadas, incluido el *hajji*, porque ni siquiera la religión se interponía en el camino del fuerte sentido del humor de los hamshentsís.

Entonces el hombre de la gorra refutó que los hamshentsís fueran de origen armenio, y repitió una tesis popular entre ellos, una especie de Adán y Eva de Hamshén, según la cual un hombre turco se había casado con una mujer armenia, su descendencia masculina había seguido casándose con mujeres armenias y así había surgido el pueblo de Hamshén. En este esquema piramidal genealógico, los hombres siempre eran turcos y las mujeres siempre armenias, pero nunca al revés.

Un hombre de abrigo negro y bigotes gruesos me inquietaba. Hablaba con Cesur un poco más alejado y había evitado estar en la foto. Como había visto un par de miradas hostiles más al fondo de la sala de té pensé que era de ese grupo. Pero como estábamos acompañados por un lugareño, estábamos a salvo. Más tarde, Cesur me dijo que el hombre bigotudo era un policía, por lo que mi intuición no había estado tan errada, pero que había admitido que los hamshentsís eran de origen armenio, y que sus mayores se los decían en voz baja. Dos jóvenes estaban apartados y llamaban un poco la atención, uno de ellos con aspecto de eclesiástico con bigotes y barba, con una larga sotana negra y un gorro semejante a un bonete eclesiástico, hasta el punto de que me había quedado atónito, inicialmente confundiéndolo con un sacerdote armenio. Lo acompañaba otro joven vestido menos vistosamente, y le pidieron a Cesur que les diera un aventón.

Eran de Van y viajaban por Turquía difundiendo la palabra del Profeta, una especie de misioneros musulmanes. Ustedes son de una antigua capital armenia, una ciudad con mayoría armenia hasta el Genocidio, les dije, y su ignorancia, que parecía sincera, me sorprendió. No lo sabían y tenían curiosidad al respecto. Tal vez eran de origen armenio, sugerí, porque parecían armenios. Tal vez lo seamos, coincidieron. «No lo sabemos». Le dije al que estaba en la sotana sacerdotal negra que tenía un aire de un famoso sacerdote y compositor armenio, Gomidas Vartabed, una impresión reforzada por su gorro. Se rieron, y su compañero me puso el bonete en la cabeza por un momento. Tenían poco más de 20 años y eran de origen kurdo. «Pero el hombre es hombre, y solo hay un Dios», dijo uno de ellos, para indicar que no estaban muy interesados en las nacionalidades.

Pero en el camino, mientras conducíamos de regreso a Estambul y repasaba mentalmente mis experiencias con los hamshentsís, noté con un oído que algo se había estado agriando. La voz de Cesur había estado subiendo de tono en su conversación con los misioneros, y ahora estaba discutiendo con ellos. Simplemente lo escuchaban sin responder, lo que no habría sido una buena idea de todos modos, ya que eran los huéspedes de Cesur, o sus pasajeros. Querían que los dejara en algún lugar de Estambul, pero Cesur dijo que iba a otro lugar y los dejó en una ciudad satélite a una hora y media de Estambul, con acechantes torres grises y marrones, indistinguibles entre sí.

Eran sufíes, dijo Cesur enojado una vez que se bajaron del auto, menospreciándolos como maricones y no verdaderos musulmanes. Su idea del islam, estaba entendiendo yo, era la más dogmática y apegada a una interpretación lo más cercana posible del Corán con respecto a los infieles y el desprecio de las minorías —esto me sorprendió, considerando cómo había abrazado su identidad armenia— y a la barba estilizada según las especificaciones coránicas, a pesar de que él estaba casi siempre afeitado. Cuando era adolescente había sido sufí, «una pérdida de tiempo». Luego habló de la guerra en Siria. Le enfurecía que la gente hablara de los derechos de las minorías en Siria, diciendo que no eran mayoría y entonces, ¿qué derechos deberían tener? Luego le recordé que los armenios en Siria, como en Turquía, eran una minoría. Después de algunos comentarios evasivos, volvió a su argumento principal: los sunitas eran mayoría y debían gobernar como quisieran, lo cual se ajustaba al Corán, la palabra de Alá dictada por el Arcángel Gabriel a Mahoma. Con media sonrisa, me dijo que había leído un artículo que había escrito yo sobre los tzotziles mexicanos, un pueblo nativo de Chiapas, algunos de los cuales se habían convertido en seguidores de una extraña secta musulmana. «Leí lo que escribiste sobre esos sufíes en Chiapas», dijo, pero no agregó, como la mayoría de la gente hace por cortesía cuando no por honestidad o convicción, que le había gustado.

* * *

De regreso en Estambul, vi a Cesur un par de veces más. En la oficina de la fundación para ayudar a los refugiados y sus familias, me mostró las espantosas fotos de un reciente converso armenio de Armenia, su cuerpo carbonizado, el cabello y la barba despeinados, y la cara mutilada congelada en una sonrisa de muerte. Se había unido a uno de los grupos extremistas que luchaban en Siria. En una foto tomada poco antes de su muerte, el sonriente combatiente armenio estaba flanqueado por otros combatientes alegres, uno de ellos azerbaiyano: la foto había sido utilizada en un artículo de propaganda en un sitio de noticias islamista sobre la hermandad en el islam, que trascendía las nacionalidades y los pequeños conflictos asociados con ellas. Cesur estaba orgulloso de ellos, hablando piadosamente acerca de cómo la larga barba y el bigote musgoso de un verdadero creyente los diferenciaba de judíos y cristianos. El protector de pantalla en su computadora de la oficina lo mostraba abrazando a su sonriente hija pequeña en una playa. Ella llevaba puesto un *jilbab*, una prenda larga hasta los tobillos, completa con un pañuelo en la cabeza bien atado, una vista muy inusual para una niña de esa edad en Turquía.

Mientras conducíamos a Hemşin Köyü, Cesur había hablado con admiración de un reciente converso armenio de Jordania. Este hombre se había unido a un grupo extremista en Siria y había venido a Turquía para recibir tratamiento médico, pero más tarde había sido deportado a Egipto. (Al mes siguiente, en la conferencia sobre armenios islamizados en Estambul, Cesur me dijo que el converso armenio había vuelto a entrar en Siria y había muerto en combate. Más temprano ese día en la conferencia, Cesur también me había presentado a un hombre oscuro en uniforme militar, un reciente converso armenio de Abjasia, una república autónoma que se separó de Georgia en 1993, que hablaba el armenio como si escupiera veneno y evitaba mirar a los ojos).

También había notado que partes del conjunto de oficinas estaban discretamente fortificadas. Un código electrónico de cuatro dígitos abría la pesada puerta de la oficina de su jefe, una extraña precaución para el jefe de una organización benéfica que ayudaba a los refugiados. El director de la fundación era un joven kurdo de Malatya, un hombre de conversación agradable, muy reacio al culto de Atatürk, probablemente debido a la hostilidad de este último hacia el islam. ¿Eran los armenios caucásicos o mesopotámicos?, preguntó con ávida curiosidad. Estas no eran categorías con las que estaba familiarizado, así que aventuré que probablemente sería más correcto verlos más cerca de las civilizaciones mesopotámicas, a pesar de que tenía la impresión de que tanto él como Cesur tenían una debilidad por los caucásicos debido a la reputación de los chechenos y circasianos en combate. Sus ademanes de decepción a mi respuesta parecían confirmar mi corazonada.

Me había enterado de lo que realmente estaban haciendo en la organización benéfica para la que trabajaba: más tarde fueron acusados de desviar dinero para Al Qaeda, o su fundador lo era, y el jefe de Cesur había expresado su sorpresa en declaraciones a la prensa. Le pedí a Cesur que concertara una entrevista con un yihadista como los que llevaban a Siria. No dijo que no y no reconoció ni negó que pudiera ponerme en contacto con algún pariente de las familias a las que ayudaban. Tuve que presionar un poco, pero después de un par de semanas me llamó y me pidió que esa noche me reuniera con él en la Gran Mezquita de Fatih, un barrio grande de Estambul, que se había convertido en un bastión islamista.

Atravesé un largo mercado callejero debajo de un toldo de lona blanca, con puestos iluminados por bombillas individuales que brillaban intensamente sobre frutas y verduras. Una multitud de mujeres con hiyab negro, la mayor concentración que había visto en Estambul, hacía las compras con mucha prisa. Muchos de los vendedores también tenían barbas de estilo islámico. Fuera del oscuro patio de la mezquita —Cesur me esperaba junto a la Puerta Oriental—, los gatos paseaban entre los árboles y algunas estelas bajo la llovizna. Algunos niños de piel oscura, descalzos y andrajosos, jugaban al fútbol delante de la mezquita, en una sección iluminada junto a las escaleras. Uno de los chicos se acercó a nosotros. Con una voz y confianza en sí mismo que sugería una edad más avanzada de lo que indicaba su apariencia, le pidió a Cesur una limosna. Lo llamó «Abi», con un fuerte acento de Anatolia. Cesur lo miró con severidad y le preguntó qué era. El niño no entendió. «¿O sea?», preguntó. «¿Eres sunita o chiita?», le preguntó Cesur al niño descalzo. «Abi, ben Kürt'üm», dijo el niño: «Hermano, soy kurdo». Cesur no parecía complacido: «¿Kurdo?», dijo y luego lo ignoró, volviéndose hacia mí para continuar nuestra charla, y el niño descalzo salió por la Puerta Oriental.

«Vamos a ver a un yihadista kurdo», dijo Cesur. Era de Mardin. «No le verás la cara y no podrás dar su nombre ni decir nada sobre el lugar o la ciudad o cualquier otro detalle sobre dónde se llevó a cabo la entrevista o cómo se organizó». Estuve de acuerdo.

Condujimos por las calles estrechas y empinadas de Fatih, y nos detuvimos frente a una puerta en una esquina muy inconveniente, donde tuvo que mover el automóvil un par de veces para dejar pasar el tráfico. Fueron y vinieron varias llamadas, mientras esperamos allí durante casi una hora. Cesur estaba inusualmente callado y parecía un poco ansioso. «Ha sido cancelado», dijo.

No lo volvería a ver hasta un año después, en Estambul. Había venido a un discurso sobre el Genocidio en Gálata, organizado por una organización de derechos humanos, pero tenía un aspecto inusualmente demacrado. Nos saludamos, pero apenas hablamos brevemente. Por lo que seguía de sus actividades en las redes sociales, impulsaba una agenda islámica. Un conocido común sospechaba que trataba de convertir a armenios cristianos y por eso desconfiaba de él. Pero tenía un objetivo más claro, según pude detectar: quería captar la atención de los armenios ya islamizados, atraerlos a la corriente de islamismo militante que él promovía. Si mi lectura era correcta, sus esfuerzos no daban resultado.

* * *

Regresé a Hopa por última vez, y estaba cenando en Pançuni. *Şevket* recordó una visita que había hecho a un conocido en Ereván. Era un poco después de que Armenia obtuviera la independencia en 1991, tras el colapso de la Unión Soviética.

Su anfitrión había sacado de un cajón un Corán con una foto de Atatürk dentro. Sería su salvoconducto en caso de que los turcos invadieran el país, pensaba el armenio. Şevket tomó un sorbo de su vaso y repitió la historia del hombre pusilánime que había conocido en la capital armenia, esta vez riendo, maligna o estúpidamente, una risa fuerte y ronca, mostrando los grandes dientes amarillentos de su dentadura postiza. Se había invitado a sí mismo a nuestra mesa y pidió una botella del mejor *rakı* a mi cuenta, un pequeño lujo en Turquía, donde los licores estaban fuertemente gravados bajo el régimen de Erdoğan.

Şevket me preguntó si yo era de la Diáspora. «Sí», le dije. Preguntó qué quería la Diáspora de Turquía. No podía hablar por ello, dije. Pero yo era miembro, fue su respuesta previsible. También lo eran millones de armenios. ¿Podría él hablar por lo que toda Turquía, cada residente en el país, quería de los armenios? Pero él insistió en que yo era un miembro de la Diáspora. Entonces me di cuenta de que no sabía lo que era la Diáspora. Al igual que este hombre, otros en Turquía probablemente pensaban que era una organización política o una cábala. No sabían que significaba gente dispersa. Y así se lo expliqué, Ihsan traduciendo el concepto en su complejidad al turco. Aunque ahora comprendía que era algo diferente de un partido político o una sociedad secreta, Şevket todavía no estaba muy seguro de lo que era.

Luego pedí la cuenta, y el camarero de Pançuni inusualmente poco sonriente me cobró por mis invitados y por mí mismo, pero excluyó la factura de Şevket, a quien le cobró por separado. Eso era poco común, ya que había dejado en claro que quería pagar la factura de toda la mesa. Sin que yo lo pidiera, y a pesar de mi insistencia en sentido contrario, el servidor de Pançuni cobró a Şevket por separado por la botella de *rakı*, que había bebido él solo. La antipatía hacia Şevket por parte del personal de Pançuni no podría ser más obvia, y lo interpreté como una forma tácita de solidaridad conmigo y con mis precarias cuentas también.

«Dice que es socialista, pero el alcohol suelta al fascista que tiene adentro», me dijo Ihsan sobre Şevket mientras encendía su enésimo cigarrillo en nuestro camino de regreso a su apartamento sobre la costa del mar Negro, ahora un espacio oscuro de agua sibilante y el rugido de las rompientes de olas, probablemente adivinando cómo me sentía no solo por el bebedor dentudo sino también por el armenio asustado que guardaba un Corán y una foto de Atatürk en su casa en Ereván. Probablemente era más un amuleto que una garantía de inmunidad en caso de guerra o masacre. Y me preguntaba, para ser justo con el hombre afortunadamente anónimo de Ereván, cómo me hubiera sentido y comportado en su lugar.

* * *

Ömer, estudiante hamshentsí de física, me invitó a la boda de una prima en Makrial. Se casaba con un hombre de Rizeli. Los rizelíes eran griegos, dijo. Ya no eran miembros de la Iglesia Ortodoxa pues habían sido islamizados hacía siglos, pero para los hamshentsís y vecinos todavía eran conocidos como «rum» (griego).

Los matrimonios religiosos eran en su mayoría privados y rápidos, en el cual un imán bendice a la nueva pareja y los proclama marido y mujer. Esto a menudo se hacía en casa, en presencia de familiares inmediatos y amigos cercanos. Las fiestas de bodas, en cambio, eran celebraciones ruidosas en salones de banquetes del tamaño de un hangar, enormes cubos de hormigón con potentes sistemas de sonido y amplificadores al máximo volumen, con cientos de invitados.

La letra de cualquier canción en cualquier idioma se ahogaba en su mayor parte en el trueno de los altavoces sobrecargados de decibeles, mientras la bola de espejo de la discoteca bañaba el piso y la gente en luces de colores. Estaban todos unidos en enormes *horons*, las danzas circulares que habían ocupado la mayor parte de la sala. Estalló una pelea entre un adolescente hamshentsí alto, que había estado bailando y bebiendo con mucho entusiasmo, y un rival que no pude ver. La música no se detuvo, y llegaban fragmentos de melodías a través del rugido de bajos. Aun así, en el ruido, pude captar las letras de algunas canciones en hamshetsnak. A veces las peleas se convertían en peleas colectivas, mientras volaban puñetazos de los hombres y las mujeres gritaban para que alguien hiciera algo, pero esta pelea se había terminado a los pocos minutos de estallar. Cesaron los efectos especiales y se encendieron las luces blancas: un locutor se acercó al micrófono para presentar a los recién casados, tras lo cual una procesión de invitados subió al escenario para saludarlos y poner pulseras de oro en la muñeca de la novia o colocar libras de oro turcas sobre su vestido con alfileres de seguridad.

Habría una reunión después de la fiesta en la casa de la novia en Makrial. Ömer y yo nos subimos a la furgoneta de las mujeres: había más de una decena de hamshentsís. También había dos o tres rizelíes de parte del novio, que estaban sentadas sin hablar mientras sus nuevas parientes políticas intercambiaban chismes en varias conversaciones simultáneas en hamshetsnak.

Habían preparado una larga mesa fuera de la casa de la novia, en torno de la cual se habían agrupado los hombres que fumaban y bebían, en tanto las mujeres estaban sentadas en un círculo de sillas de plástico en el patio delantero. Las mujeres hamshentsí llevaban vestidos más ricos en colores y diseño, con tocados atados en estilos extravagantes. Las rizelíes llevaban abrigos lisos, sus cabezas envueltas en pañuelos asegurados en un nudo apretado debajo de sus barbillas, el traje típico de las mujeres musulmanas en las ciudades, especialmente las de afinidades islamistas. A pesar de que estaba oscuro, tomé algunas fotos de las mujeres y luego me uní a Ömer en la mesa.

Se escuchaba el ruido de una conversación en el otro extremo de la mesa al aire libre, desde donde los hombres rizelíes miraban en mi dirección, por lo que mi amigo fue a ver qué ocurría. Todo estaba tranquilo y reinaba el buen humor, con grupos de dos o tres personas enfrascadas en pequeñas charlas. Ömer se sentó a mi lado y con voz tranquila me dijo, en hamshetsnak, que los hombres rizelíes estaban molestos porque yo había fotografiado a sus mujeres, una de las cuales se había quejado con ellos. Sin embargo, no parecía estar ocurriendo nada siniestro, pues los hombres rizelíes habían dejado de mirarme y continuaban su charla mientras fumaban. Pronto, Ömer y yo estábamos hablando de otras cosas, mientras esperábamos nuestro turno para saludar a los recién casados y sus padres dentro de la casa.

Unos 20 minutos después, sin embargo, Ömer pescó algunos rumores amenazantes que se me escaparon, porque el tono alrededor de la mesa no había cambiado: «Todavía están enojados», me dijo, y se acercó a ellos para ver si podíamos calmarlos. Pero dos rizelíes, uno pelirrojo rizado con bigotes tupidos y el otro un hombre delgado con una gorra *de hajji*, se pusieron de pie y comenzaron a hablar más fuerte. El pelirrojo se me acercó y me pidió mi documento de identidad, el *kimlik*, como lo llaman en turco. Apestaba a alcohol. Sospeché que quería ver mi afiliación religiosa, porque probablemente suponía que los documentos de identificación en todas partes del mundo también lo mostraban. «¿Eres policía?», respondí. «Seguramente los llamaremos», dijo.

En ese momento, otro de los primos de Ömer intervino, recomendando en excelente inglés que apaciguara a los rizelíes y me disculpara por las fotos, lo cual hice. Este primo era un funcionario de las Naciones Unidas en Tokio y se negó sistemáticamente a hablar en hamshetsnak. Nos parecíamos físicamente y en altura, y fácilmente podríamos haber pasado por familiares.

El funcionario de la ONU me interrumpió un poco bruscamente, diciendo que no hablaba el hamshetsnak, o tal vez era consciente de que podría ser un irritante, porque todos intuíamos que el problema no eran las fotos que había tomado, sino que yo era armenio. Los rizelíes se quejaban más fuerte ahora, a pesar de mis disculpas y la intervención del mediador de la ONU. Entonces el pelirrojo me tomó del brazo y comenzó a ahorcarme. «¡Quítale las manos de encima, es nuestro huésped!», exclamó el funcionario de la ONU, ahora de pie junto con los otros hamshentsís, preparándose para actuar. Empujé al rizelí y corrí, mientras el *hajji* gritaba: «¡Llama a la Jandarma, llama a la Jandarma!». Un amigo del primo de Ömer ya había arrancado un coche para huir y Ömer, una de sus primas (en estado de pánico), y yo saltamos a él y nos fuimos a toda velocidad.

Mientras corríamos por la carretera del mar Negro de regreso a Hopa, luces azules parpadeantes inundaron la cabina de nuestro automóvil. La chica gritaba que la policía nos había alcanzado y que todos iríamos a la cárcel, pero luego vimos un coche volcado junto a la entrada de un largo túnel y entendimos, con alivio culpable, que la policía no nos perseguía.

En un plano diferente, había sido una demostración práctica de cómo un percance personal podía convertirse en un incidente intercomunal. Los hamshentsís me habían defendido no por el vínculo armenio, sino solo porque yo era su invitado. Sin embargo, los bandos se habían dividido a lo largo de líneas étnicas: hamshentsís versus rizelíes, o armenios versus griegos, como era a menudo el caso en esta tierra antes de la llegada de los turcos. En otras circunstancias, podría haber tenido el potencial de una disputa más amplia, en el cual la identidad comunitaria hubiera desempeñado un papel clave.

* * *

La segunda vez que vi a Timur, el primo de Kiram, en 2014, tardó un tiempo en reconocerme, pero luego me abrazó alegremente. Habían pasado tres años desde que yo había sido su invitado. Estaba en el balcón con dos tazas de Nescafé mientras leía *Tekelistan*, un volumen del tamaño de una guía telefónica de Yalçın Küçük. El título del libro, que se convirtió en un éxito de ventas en Turquía, se traduciría como *Monopoliolandia*. Mientras Timur corrió a la cocina para traerme café, hojeé rápidamente algunas páginas. El argumento central parecía reducirse a cómo Turquía estaba dirigida por una cábala judía encubierta en connivencia con conspiradores armenios y griegos. Las reseñas que revisé más tarde confirmaron la rápida impresión que extraje al leer algunos renglones, en los cuales estas tres minorías conspiraban con potencias extranjeras para gobernar o destruir Turquía mediante el terrorismo, la democracia, el capitalismo y el comunismo. Küçük era uno de esos socialistas turcos cuyas opiniones coincidían con las de los nacionalistas extremos, excepto quizás en cuanto a la distribución de la riqueza.

Kiram, a quien había visto brevemente en Estambul, e Ihsan ya me habían dicho que la salud mental de Timur se había deteriorado desde la última vez que lo vi. Ambos habían usado la misma expresión en hamshetsnak, que era exactamente la misma en armenio: «Va y viene». El síndrome de Korsakoff golpeaba con fuerza a Timur, con pérdida de memoria y alucinaciones, que parecían corresponderse con el libro de confabulaciones de Küçük sobre la mesa, cuya portada estaba ilustrada con filas de escarabajos y cucarachas que escalaban lo que parecían rascacielos.

El petirrojo que Timur alimentaba en la cornisa de su balcón ya no venía. Una expresión de tristeza se dibujó en el rostro de su madre cuando Timur, que parecía haberme olvidado por un momento pero que luego me había recordado de nuevo en un destello de lucidez con aún más precisión, le dijo que yo era armenio y que podía hablar hamshetsnak. Vestida de rosa claro y colores pastel, continuó envolviendo hojas de vid. «Nos convertimos de armenios, pero ya no somos armenios», dijo suavemente, sin quitar los ojos de las hojas que enrollaba con un cuidado pausado, equiparando la identidad armenia con el cristianismo en la primera parte de la proposición. Su tono confesional transmitía una idea de algo que estaba mal; ya sea el pasado armenio o la conversión. También era inusual por su honestidad, que todavía era poco común en personas de su edad frente a extraños, especialmente armenios.

Timur cada tanto pasaba por la cocina para insistir en que hablara en hamshetsnak conmigo, pero ella nunca lo hizo conmigo, a pesar de que madre e hijo se comunicaban en su lengua vernácula. Cuando su silencio comenzó a definirme como un intruso, me excusé de ese espacio sin luz cargado de tensión y regresé al balcón donde Timur fumaba y leía ese libro de conspiraciones mientras su Nescafé esperaba en la mesa, junto al cenicero. Pero después de algunos falsos comienzos que no llevaban a ninguna parte, excepto a los meandros de la mente torturada de Timur que alternaba entre el hamshetsnak y el turco, la conversación no despegaba, fuera de su invitación a venir con ellos en su excursión a la *yayla*, los campos de pastoreo de montaña donde la mayoría de los hamshentsís acampaban durante sus vacaciones de verano, una idea que agradó también a su madre. Ella repitió calurosamente la propuesta de su hijo, lo que hizo que me preguntara si me había perdido indicios ocultos en lo poco que hablaba, o si había malinterpretado su actitud. Pero un cambio inesperado en mis planes me impidió unirme a ellos un par de días después, pues me había enredado en el incidente de Ardalá.

Al otro lado del puente del arroyo donde Timur y yo habíamos pescado tres años antes, comencé mi marcha cuesta abajo desde el pueblo de Halbaşı pasando por el edificio de la escuela y el depósito de té, gritando un saludo en hamshetsnak desde la carretera a cualquiera que viera sentado en sus grandes porches, a lo que respondían de la misma manera con educada indiferencia.

Ahora había entrado en el territorio del clan *Altındağ*, el más grande de Makrial. Después de pasar por cuatro o cinco casas con gente que descansaba en la tórrida tarde, un grupo de personas mayores respondió a mi saludo con insistentes exclamaciones de bienvenida, liderados por la rica voz de la matriarca de la familia, vestida con el atuendo completo de Hamshén, quien hizo señas para que me uniera a ellos en su porche. Me abrazó y me besó en ambas mejillas, y me miraba con asombro con sus ojos azules bien abiertos. Escuchar a las seis personas hablando en un idioma que era un antepasado del armenio occidental todavía ejercía una fascinación eterna en mí por este fósil viviente, ya que el hamshetsnak se había mantenido casi sin cambios durante siglos. «Vorti... vorti...», repetía mientras me contemplaba, usando una palabra para «hijo» que en armenio occidental contemporáneo ha sido relegada principalmente al uso literario. Estaba incrédula de que un extranjero hablara su lengua materna, y tejía frases en un idioma que estaba más cerca del lenguaje clásico de la liturgia de la iglesia. Y me cautivaba la mágica mundanidad de todo, al escuchar estas palabras enterradas en el olvido de siglos pronunciadas por una mujer que vestía un traje tradicional. Tan irreal como era para los oídos no acostumbrados como para sentirse transportado unos siglos atrás, la conversación debe haber sido poco notable en su banalidad para estos hablantes.

El hamshetsnak de esta mujer era exquisito y hacía muy poco uso de fonemas del turco que entraron en el idioma mucho más tarde, lo que le daba a su discurso un eco del armenio clásico, una variación del cual originalmente era cuando los hamshentsís se establecieron en la costa del mar Negro alrededor del año 790 d. C. después de dejar su hogar original de Oshakán en la actual Armenia. Pero en ese momento, Oshakán era una de las ciudades más orientales de la provincia de Vasburakán, que en su mayor parte ha caído dentro de lo que es Turquía y tenía a Van como su capital. Después de una revuelta fallida contra las brutalidades de la ocupación árabe de Armenia en el año 774-775 d. C., siguieron a sus príncipes Shapuh Amatuni y su hijo Hamam a un puesto fronterizo del Imperio Bizantino, donde sobre las ruinas de la ciudad fortaleza de Tambur fundaron una ciudad que se llamó Hamamashén, que significa «construida por Hamam», y cuya ubicación original es ahora desconocida.

Este grupo de ancianos del clan Altındağ eran parientes de una amiga en Estambul, una amistad que celebraron mientras servían una nueva ronda de té y dulces y que dio pie a una conversación entre las mujeres sobre su continua soltería, cuya gravedad no podía exagerarse ahora que había sobrepasado la muy madura edad de 25 años y pronto se acercaba al momento en que los hombres ya no la mirarían. Pero la matriarca dijo que los estudiantes universitarios eran así en esta época, y ella preferiría que encarara los desafíos de la convivencia matrimonial más adelante y estuviera bien preparada, en vez de comenzar temprano una vida de infelicidad. Sus generosos ojos azules y el delicado rostro, enmarcado en su turbante coronado con un tocado, insinuaban un vasto acervo de belleza consumido principalmente en su juventud, pero lo suficientemente holgado como para llevar los años con gracia en esta etapa tardía de la vida.

—¿Cómo es que hablas hamshetsnak?, quiso saber una de las mujeres menos habladoras. ¿Eres hamshentsí?

—Soy armenio, dije.

—Lo dijiste antes que yo, dijo un hombre elegantemente vestido con sonrisa cómplice. Me observaba con ojos amistosos desde detrás de grandes gafas cuadradas.

—Pero vosotros también lo sois, le dije, con la intención de bromear en lugar de provocarlo, con curiosidad por cómo iría el pequeño experimento.

—Y sabía que dirías eso, e incluso si no lo hicieras, que lo pensarías; pero, no, no lo somos, dijo con una voz tan firme como tranquila. «Hablamos la misma lengua, que aprendimos como resultado del comercio, pero no somos armenios». Al igual que en la Diáspora, era en el idioma cada vez más raro de familiares y amigos, como lo es el hamshetsnak para los hamshentsís, que el armenio era un poderoso vehículo para estrechar lazos. Creaba un sentido instantáneo de comunidad entre un pueblo reducido en un mundo extraño, evocando en palabras una patria que está en gran parte perdida. Usarlo durante el té con personas mayores y disposición paternal, pero que negaban la afinidad nacional que tan naturalmente venía a través del idioma, acentuaba la sensación de dislocación y pérdida que aún se sentía un siglo después del Genocidio. Si bien fue implacable en su negativa a reconocer todo origen armenio, en ningún momento este hombre se identificó a sí mismo y a su comunidad como turcos. Y, sin embargo, me preguntaba cómo se sentía al otro lado del espejo, qué pasaba por la mente de este hombre, que era amable, cuando un extraño le hablaba en el mismo idioma que aprendió primero y en el que le hablaba de niño a su madre en su pequeño pueblo, separado por la niebla y las montañas de un mundo más grande y diferente.

—Nosotros también somos armenios, así dicen, replicó suavemente la matriarca, mirándome. Pero el hombre sacudía la cabeza, sonriendo. La mujer insistió dos veces más con su afirmación, la segunda vez con más vehemencia y sorpresa, como si el hombre negara una verdad universal, hasta que la sonrisa del hombre se abrevió. Los demás guardaban silencio, tanto más notable por cuanto nadie expresaba su acuerdo con él. Como extraño, difícilmente esperaría apoyo en un tema polémico que provocaba no poca ansiedad entre las personas mayores; pero las otras cuatro mujeres y el hombre tenían la mirada perdida en algún lugar del suelo del porche, ofreciéndome la oportunidad de despedirme en términos cordiales. Era notable ver a las mujeres hablar libremente en presencia de hombres y extraños en comparación con las restricciones de la vida doméstica islámica en las aldeas del Este, donde la segregación era casi completa.

Más abajo, donde el camino se torcía en una curva ancha, la pendiente de la izquierda se elevaba suavemente a una colina redondeada. Sobre ella había una casa blanca con una larga mesa colocada afuera bajo un toldo de lona improvisada, y tres hombres con ropa oscura estaban sentados a su alrededor. Estaban demasiado lejos como para gritarles, por lo que simplemente los saludé con un amplio movimiento de mi brazo; reciprocaron el gesto, y uno de ellos se puso de pie y me hizo señas para que subiera.

Había una sandía cortada en el medio de la mesa. Uno de los hombres llenó un plato con porciones para mí. Una mujer sacó otra sandía, que uno de los hombres se puso de pie para cortar con un cuchillo grande. Eran del mismo clan de la familia que había visitado anteriormente, y su nombre, así como el de mi amiga en Estambul, sirvieron como carta de presentación a pesar de que su hospitalidad aseguraba desde el principio que no hacía falta.

Las nubes se acumulaban con rapidez, cubriendo el sol en los minutos desde que había salido de la otra casa, lo cual coincidía con la expresión sombría de los tres hombres. Las mujeres hablaban entre susurros junto a la ventana de la cocina. Las sonrisas que acompañaban a sus habituales preguntas y cortesías no disipaban el aire de melancolía, más pesado que el abatimiento provocado por los cielos oscuros. El hombre que estaba sentado a mi lado a menudo miraba hacia abajo con los ojos secos y rojos. Su hermano había sido asesinado en una ciudad de la costa mediterránea en lo que la prensa había descrito como un ajuste de cuentas al estilo de la mafia.

Junto a él había un hombre de ojos azules, un camionero que había estado en Armenia y había permanecido allí durante 63 días. Su otro pariente, el hombre fornido y oscuro que me había invitado a unirme a ellos, había pasado 15 años en prisión por militancia izquierdista, pero parecía saludable y tenía una mente aguda.

Durante mucho tiempo hasta que estalló la Segunda Guerra Mundial, la frontera entre Turquía y la Georgia soviética estaba abierta para los viajes diarios y el comercio entre ciudadanos de ambos países. En esa época, muchos hamshentsís hacían ese viaje. Los Altındağ también lo hacían: visitaban a sus parientes en la región georgiana de Ajaria en la zona del puerto de Batumi, personas que Stalin más tarde deportó a Kazajstán en 1944 por «negarse a renunciar al islam», como lo describió el hombre oscuro. Sin embargo, en su mayoría viajaban para la compraventa de ovejas y cabras y, aparentemente, información de inteligencia. Un año después, siete miembros del clan fueron ejecutados en Turquía por espionaje, decían la familia y otros hamshentsís. El caso me había sido mencionado por primera vez en Estambul.

Dos jóvenes primos de los Altındağ también me contaron la historia en Makrial unos días después. Me habían llevado a hablar con uno de los ancianos del clan para sonsacarle más detalles, un hombre que estaba fumando sentado en un banco en la calle.

El anciano dijo que los siete hombres acusados de espionaje entraban en la Unión Soviética a través de un corredor que los hamshentsís llaman Medz Mağlut («Büyük Çalılık» en turco, o «Arbusto Grande»). Creía que los hombres usaban un cruce no autorizado. Pero contrabandeaban mercancía y animales, dijo, lo que se correspondía con la versión dada por el hombre oscuro: «No eran espías». Uno de los siete, Timur, aprovechaba estos viajes para visitar a una hermana, Pempe, que vivía en Batumi y estaba entre los hamshentsís musulmanes que más tarde fueron deportados a Kazajstán. Dijo que algunos otros también fueron trasladados a Kirguistán.

Los siete —cinco Altındağ y dos *Millioğlu*, un clan emparentado y más pequeño— finalmente se habían convertido en agentes dobles, y ambos gobiernos hacían la vista gorda a su contrabando a cambio de la información que llevaban. Pero, al regresar de uno de esos viajes, fueron detenidos por las autoridades turcas y ejecutados extrajudicialmente cerca de un desfiladero en Ardahan o Erzurum en 1945, dijo el anciano.

Los primeros Altındağ que conocí eran estudiantes universitarios o graduados en Estambul, incluida mi primera amiga del clan, *Amberin*, que había aprendido a escribir en el alfabeto armenio, que los hamshentsís habían olvidado, en un curso que tomaba en Nor Zartonk, un centro cultural armenio en Estambul. Personajes más coloridos en el pasado le habían dado fama al clan: uno de ellos quizás hace un siglo era conocido como *Tsiyu Koğ* (Ladrón de caballos), me había dicho uno de los bisnietos en Makrial, riendo. La leyenda decía que este antepasado, casado con una kurda, daba información sobre los rebaños a la tribu de sus suegros, cuyos hombres luego robaban los caballos y dividían las ganancias.

Luego entablé amistad con el clan en Makrial, en una casa de té que pertenecía a la familia. Había estado allí en mi primera visita con Kiram y lo había encontrado lleno de hablantes de hamshetsnak. Cuando regresé tres años después, traté de filmar a los clientes sin su conocimiento, simplemente con la intención de capturar las conversaciones de la manera más natural posible. Pero un joven lo vio y dio la alarma, inicialmente pensando que podría ser un agente encubierto. La aclaración no calmó las cosas, ya que un cliente se acercó a mí para ofrecer una fuerte diatriba en hamshetsnak contra los armenios. «¡Déjalo en paz!», ordenó un hombre voluminoso con una camisa amarilla que caminó a toda prisa hacia nosotros y le dijo al otro cliente que se perdiera, lo que obedientemente hizo. El hombre de la camisa amarilla me presentó a sus otros parientes en el piso superior, un salón de juegos más reservado donde la mayoría de los jugadores parecían ser miembros del clan. Como la mayoría de los hamshentsís, la mayoría del clan también parecía ser de izquierdas. El socialismo había creado el hábito de la lectura, lo que había hecho que no solo los Altındağ, sino también hamshentsís en general, fueran versados en la historia y la política.

Animados por su marxismo y la admiración por la Unión Soviética, que también había servido como puerta de entrada a la cultura y la literatura rusas, había hamshentsís que sentían fascinación por ese mundo cerrado justo al lado, ya que la Georgia soviética estaba de la otra parte de la montaña. Un día de verano, cuando tenía diez años, Ihsan estaba en la montaña, donde habían ido junto con otros hamshentsís para sus vacaciones en los campos de pastoreo, justo al lado de la frontera cercada. Puso un pie al otro lado del alambre de púas para poder afirmar que había estado en la Unión Soviética, pero su hermano mayor —ahora un maestro que se atribuye el mérito de haber iniciado a Ihsan en la literatura y los autores que su hermano menor cultivaba— corrió hacia él, gritando y agitando la mano. «¿Qué estás haciendo?», le preguntó su hermano, agitado. «¡Podrían haberte disparado!». E Ihsan aclaró: «Teníamos miedo de que los soldados turcos nos dispararan, no los rusos; no temíamos a los rusos».

El marxismo, sin embargo, había sido la ruina de Ihsan por omisión, de una manera enredada. Solía leer apoyado contra una gran roca, por debajo de la cual se asomaba un grueso eslabón. «¡Leí *Das Kapital* sentado encima de un tesoro!». Los miembros de otro clan, los Karakan, habían encontrado un frasco lleno de oro enterrado debajo de esa roca, que habían invertido en un hotel y otras compañías, dijo Ihsan.

Las convicciones socialistas de Ihsan no interferían con su vida, o prefería que no lo hicieran. «¡No podemos salir con Resûl y las chicas!», se lamentó. «Salimos con ellas y él se sienta muy erguido y les dice a las mujeres: "Porque Lenin decía..." y sigue así», se burló Ihsan en voz alta de su mejor amigo una noche. «Dile a la mujer: "Qué hermoso es tu cabello"; ¿a quién le importa Lenin?», continuó, maldiciendo al revolucionario ruso.

La llovizna comenzó de nuevo mientras pasaba por al lado de un depósito de té abandonado y derruido, cuyas paredes de cemento encaladas estaban pintadas con grafiti político comunista, por lo que hice dedo a una camioneta negra que conducía lentamente en mi dirección. Había una pareja joven en ella. Hablaban hamshetsnak entre sí, una ocurrencia relativamente rara entre las personas de su edad. «Es por ella», dijo el hombre. Antes de casarse había empezado a olvidar el idioma que hablaba solo con su madre y su abuela cuando era niño; hablaba en turco en el trabajo y con amigos. «Nuestros hijos también hablan hamshetsnak», dijo la esposa. Pero, agregó, la mayoría de los niños ya no lo hacían, ya que comenzaban su escolarización temprano y no usaban el idioma. Era exactamente lo contrario de lo que sucedía hacía cinco décadas cuando los niños hamshentsís comenzaban su primer día en clase sin saber una palabra de turco. Me habían contado una historia sobre un hamshentsí que había regresado a casa llorando después del primer día en la escuela porque creía que su idioma era el turco, pero nadie entendía lo que decía y no podía entender lo que otros decían.

* * *

Mi última incursión en Hamshén fue para la celebración de Vartevor en los campos de Bilbilan, una montaña en Ardahan donde muchos hamshentsís de Hopa y Makrial acampaban en el verano. Ese año, Hadig había organizado un festival con motivo de la antigua celebración pagana, «Vartavar» en armenio regular, que la Iglesia Armenia había asimilado a la Fiesta de la Transfiguración, pero que había perdido todo significado nacional y religioso entre los hamshentsís.

Antes de dirigirme a la *yayla* de Bilbilan, un amigo de la familia Altındağ me había invitado a su casa familiar en el pueblo de Halbaşı, en Makrial. Su pariente del otro lado de la carretera, un hombre alto con nariz de halcón y ojos verdes, hablaba armenio oriental con fluidez pues viajaba con cierta regularidad a Armenia. Nos recomendó que visitemos a su madre en la montaña.

Esa noche salí con *Emre* bajo la lluvia a lo largo de un camino boscoso, resbaladizo y oscuro, mientras proclamaban el último *ezán* desde las mezquitas. Fue seguido por el largo aullido de los chacales, que sonaba tan potente y quejumbroso como el llamado a las oraciones. Los lugareños lo llamaban «Riyapin xağe» («El juego del chacal», en hamshetsnak). Un amigo de Urfa me había dicho que en Ankara los lamentos de los chacales eran seguidos por el ladrido de los perros, una sucesión que hacía llorar a los niños. Para que no cediera a interpretaciones místicas, Emre me dijo que el sonido de los altavoces de los minaretes probablemente lastimaba la audición sensible de los chacales.

La *momi* nos recibió con té y pasteles. Su nieto estaba allí junto con una nieta y su esposo, quien me reconoció por la foto que los ardeletsís me habían tomado con la bandera turca. «Les dije que lo que hicieron estaba mal», dijo. Todavía me parecía sorprendente que hubiera ciudadanos turcos tan conscientes del poder ofensivo de su bandera para un armenio. «La gente de nuestra aldea había encontrado un bebé en un pequeño hoyo en el suelo durante el Genocidio», dijo la anciana. «Obviamente era armenio». Una familia lo había tomado y criado como un hamshentsí. «Creció y se convirtió en un hombre alto, se casó con una de nuestras chicas y luego le perdimos la pista».

En el camino de regreso nos detuvimos en una casa donde un miembro del clan de Kiram y su familia tomaban el té en el porche, y tuvimos una conversación en hamshetsnak con los adultos, la pareja y la madre del hombre, pero sus hijos no hablaban bien el idioma o no lo sabían. Su esposa hablaba hamshetsnak con fluidez y, con su rostro delgado y su nariz aguileña, podía pasar por hamshentsí. Pero no lo era: «Soy palik». Sin embargo, no pudo decirme qué eran. Aun cuando también eran de la zona del mar Negro y musulmanes, no eran turcos y tampoco eran kurdos, lo que fue negado con más vehemencia por el hombre que su propia esposa palik. La mayoría de los hamshentsís a los que pregunté sobre ellos habían escuchado el nombre y sabían de su existencia o incluso conocían algunos de ellos, pero no sabían de qué etnia era. «Ni siquiera los palik sabemos lo que somos», dijo la mujer. La sugerencia más cercana me la dio un amigo, de que palik podía ser una corrupción del nombre «pavlik» o «pavlükalar», como se llamaba a los paulicianos en armenio y turco, respectivamente. Sin embargo, si aceptaba la profesión de ignorancia al pie de la letra, era un caso muy interesante de un pueblo o grupo que sobrevivía solo de nombre y cuyo significado ya nadie conocía.

Se acercó una vecina, intrigada por la animada reunión. Al ver que era armenio, me preguntó si podía leer armenio, porque tenía un mapa del tesoro que necesitaba descifrar. El primo de Kiram y su familia se rieron, y decidí tomármelo a la ligera en contra de mi instinto. La esposa palik predijo que la mujer estaría despierta toda la noche pensando en las pilas de oro. Esta mujer corrió de regreso a su casa, al lado de dónde estábamos, y se encendieron las luces de algunas habitaciones. Tenía curiosidad por verlo también, especialmente si estaba en armenio. Pero después de media hora regresó derrotada, incapaz de encontrarlo.

Al día siguiente fui a Hopa. Necesitaba reparar el cargador de mi computadora portátil y no había reemplazo disponible en ningún lugar más cercano que Ankara, por lo que preguntando por ahí me derivaron a un electricista. Un joven hamshentsí me saludó con cierta reserva. «¿Por qué hablas nuestro idioma?», me había preguntado. No era tan diferente del armenio, pero mi respuesta no lo convenció. «Los otros armenios no lo hablan». Era de un pueblo en Makrial donde tenía muchos amigos, pero dijo que ahora vivía en Hopa y que ya no se veía mucho con el grupo de hamshentsís. A pesar del recelo, el hamshentsí todavía se comportaba profesionalmente y me llevó a la tienda de un electricista laz. «Si no puede ayudarte él, entonces nadie puede hacerlo por aquí», había dicho el hamshentsí, mientras me llevaba a un pequeño negocio abarrotado de viejas computadoras, transistores y cables cubiertos de capas de polvo y olor a plástico y tabaco. El hamshentsí saludó al laz con la fórmula religiosa de «Selâmün aleyküm», que era bastante poco común entre los hamshentsís.

El electricista era muy religioso y fumaba mucho. El tabaco era quizás la única licencia que se permitía durante el Ramadán. Era amable, pero hostil a los armenios, y se había dado cuenta que yo era uno a los primeros tres minutos de conversación. Sin embargo, él quería que yo escuchara, y así lo hice. A pesar de sus prejuicios, también estaba claro que había leído mucho, ya que estaba familiarizado con las divisiones políticas entre los armenios de la Diáspora, algo muy inusual. Los armenios habían masacrado turcos en Erzurum durante la ocupación rusa, dijo, la misma acusación que había escuchado de Rıza Haci y otros hamshentsís que eran nacionalistas turcos. Todo se reducía, empero, a que había sido una lástima que «la nación leal», como se conocía a los armenios, hubiera sido defraudada por sus políticos. Luego mencionó al partido Ramgavar —para mi asombro, sabía más sobre la escena política en la Diáspora que algunos armenios de la Diáspora— a quienes etiquetó como «OK»; habló con cierta admiración reservada sobre los hnchaks —los socialdemócratas armenios, «armenios nacionalistas, izquierdistas también, pero valientes»— y se esforzó mucho por recordar el nombre del Dashnaktsutyún (Federación Revolucionaria Armenia), y estaba muy sorprendido de que yo no lo supiera.

«La Diáspora es de ese partido», insistió. «¿Cómo no lo sabes?». Ellos eran «los peores», dijo: muy nacionalistas, muy malos, seguía diciendo, y, fundamentalmente, les echó la culpa de mucho de lo que había salido mal. Pero no le iba a hacer el juego, por lo que fingí ignorancia dentro de límites razonables, sin exagerar, no demasiado como para despertar sus sospechas. Así que sí, por supuesto, sabía sobre 1915 y para mí fue un genocidio, pero no sabía mucho sobre los partidos políticos, y él me escuchó con atención sorprendida, y probablemente no poca incredulidad, que no me importaba mucho la política armenia. Su abuelo había luchado en el frente en Erzurum y había decidido regresar a Hopa para estar con su familia cuando comenzaron las masacres, dijo, sin especificar si las de armenios por turcos o las que acusó a los armenios de perpetrar contra turcos.

A lo largo del camino, su abuelo había visto cadáveres esparcidos en las montañas con todo tipo de mutilaciones, incluidos hombres con el pene cortado e insertado en la boca, dijo el electricista mientras trabajaba en las reparaciones. Seguía escupiendo sus cuentos al redoble de su voz monótona mientras hablaba y fumaba en la claustrofóbica oficina. Si no fuera por el valor macabro de lo que decía, hubiera salido hacía mucho. ¿Había participado su abuelo en las masacres?, pregunté. Pero siguió hablando con monotonía radial, sin escuchar o fingiendo que no lo hacía. Era otro ejemplo de locuacidad imparable que había llegado a asociar con el ayuno de Ramadán y que había observado en otros comerciantes antes.

Era un hombre de voz suave que decía las peores cosas con una voz casi tímida, parecía un científico ermitaño, de cabello rizado y bigotes amarillentos, un manitas que se regocijaba jugueteando con la electrónica y la historia. Me moría de hambre después de la clase de casi una hora de duración después de un largo día sin comida y estaba cansado de estar de pie, así que corrí al primer restaurante en la esquina, un lugar discreto. Todavía era Ramadán y devoré un *pide* en una mesa en un rincón oscuro, lejos de la vista de la ventana. Cuando regresé al electricista, me dijo que tuviera cuidado con el cargador, disculpándose por usar cinta de plástico negro para el cargador blanco. Pidió una tarifa muy modesta de diez liras turcas por el cargador que usé para terminar de escribir este libro. «Las personas son personas, y Dios nos ha creado a todos iguales», dijo. «Pero la verdad es la verdad».

* * *

Tantas cosas habían cambiado en los últimos años, ¿no es así? Le pregunté a Civan. Estaba de acuerdo, pero no conocían la historia, dijo. Estábamos en la *yayla* de Bilbilan, una inmensidad azotada por el viento que los elementos habían suavizado hasta convertirla en una meseta ondulada. Cuando había comenzado la apertura gradual entre hamshentsís y los armenios, él estaba entre los más escépticos sobre el origen armenio, pero gradualmente había llegado a aceptar la evidencia. Aun así, habían transcurrido 300 años desde la conversión y también eran en gran medida turcos, y esa parte de sí mismos tampoco se podía negar, creía.

Un gran letrero de Hadig decía: «Kimanag te hozaik» («Se enteraréis que estamos aquí»), un tono de desafío que los armenios probablemente interpretarían con connotaciones nacionalistas no intencionadas por los propios hamshentsís; era más bien una declaración localista e ideológica, ya que la mayoría de ellos eran de tendencia izquierdista en la política polarizada de Turquía. El festival de Hadig, que casi coincidía con Vartevor, había atraído a una gran multitud de jóvenes hamshentsís.

De repente una pelea desanudó un enorme *horon*, o danza circular. Era una lucha total entre algunos hombres, y grandes grupos trataban de romperlo. Pero tomó un tiempo advertir que no era parte del baile, hasta que las mujeres comenzaron a gritar. La mayoría de los juerguistas, sin embargo, se dispersaron y pronto formaron un *horon* más pequeño a unos 100 metros de distancia, compuesta en su mayoría por mujeres.

Algunos ardeletsís me reconocieron por la foto con la bandera turca. Uno llamó a su esposa para presentarle el hombre «atrapado por los fascistas». Me invitó a visitarlo en su casa y me dio los nombres de los que me habían acosado. La Voz era camarógrafo y reportero de TRT1, la corporación estatal de radiodifusión. Eso explicaba la cámara silenciosa desde la que parecía estar hablando, y su perfecta voz y dicción, si no el lenguaje soez. El hombre ardeletsí dijo que debía regresar a Ardalá con él, y ver si alguna de estas personas, de las que hablaba despectivamente, se atrevería a acercarse a mí. Me miró con una expresión de sorpresa cuando le pregunté si era posible que Islam, el hombre de botas texanas de imitación, también se llamara Işxan, y dijo: «No, todo el mundo lo llama Islam».

Luego vi a un grupo de niños de seis o siete años que hablaban entre ellos en hamshetsnak. Se entusiasmaron al ser filmados y cantaron una pequeña melodía en el idioma, «*Hats peri, dunıs gera*» («Traje pan y lo comí en casa»), pero luego sus padres los enviaron a jugar lejos cuando un comediante estaba a punto de comenzar su actuación. «En las oraciones del viernes, el imán dijo que los patriotas tenían bigotes de manillar, con puntas curvadas hacia arriba, mientras que los comunistas usaban bigotes con estilo de herradura, curvados hacia abajo», dijo el joven en turco. «Un fascista esa noche se mira felizmente en el espejo y confirma que tiene un bigote patriótico. Pero después de su ducha miró hacia abajo y pensó que eso no se veían bien».

Mientras el grupo se dispersó riendo, el comediante y yo hablamos. Era de Oce, un pueblo de hamshentsís occidentales en la provincia de Rize, aquellos que ya habían comenzado a abandonar el hamshetsnak a principios del siglo XIX y luego lo habían olvidado. Algunas palabras, sin embargo, aún sobrevivían en su dialecto, incluidos los insultos y partes de la anatomía, los vestigios más bajos de un idioma abandonado a la muerte. Pero ahora había un creciente acercamiento entre las mitades oriental y occidental del pueblo. Era la primera vez que un grupo tan grande de Oce venía al festival de Bilbilan. Habría una celebración de Vartevor en su pueblo a la que debería asistir. El incidente de Ardalá me había sensibilizado y no quería que se repitiera, ya que se sabía que los hamshentsís occidentales eran hostiles a los armenios. «No debes preocuparte, Oce es izquierdista», dijeron mis amigos. El comediante insistió en que yo sería su huésped. «Oce es diferente».

Mi amiga de Estambul, Amberin, me ofreció un viaje de regreso a Hopa en el coche del novio de su hermana, *Güntekin*, un Köroğlu de Garci. Amberin era la segunda de cuatro hermanas Altındağ (la mayor de las cuales no se había unido a nosotros), una vista cautivante en variaciones sobre el mismo tema: de piel blanca, rubia, con ojos verdes o azules, el color no era fácil de distinguir bajo la luz cambiante. Usaban el hamshetsnak entre ellas, a pesar de que su madre era una turca rizelí, o lo que los hamshentsís llamaban «rum», griega convertida que había aprendido el idioma después de su matrimonio. Primero fuimos a Ardahan, una ciudad tan triste como Kars o Sarıkamış, con clima frío y la arquitectura sin alma de una ciudad fronteriza que llevaba las huellas del pasado colonial ruso y el utilitarismo tacaño de la construcción turca moderna. Si bien no eran hostiles, los kurdos turcos que conformaban la mayor parte de su población tenían el carácter retraído que había notado en otros lugares donde los fantasmas parecían ser una presencia mayor que los vivos.

En el café de Ardahan donde hicimos nuestra primera parada, Güntekin insinuó que la lucha en Bilbilan se había debido en parte a la animosidad entre los «pro armenios» y los «pro turcos» entre los hamshentsís. «No fue exactamente eso, pero fue parte de la razón», dijo. Un bando había comenzado a abrazar sus raíces armenias, mientras que los otros adherían a su identidad turca. Las diferencias también obedecían a corrientes ideológicas: los primeros, o «pro armenios», aceptaban su origen como parte de una concepción socialista que tomaba al hombre como la medida de la humanidad y veía a los armenios como un pueblo tan digno como cualquier otro en el mundo. «Somos izquierdistas», me había dicho un joven escritor hamshentsí, que estaba ganando fama en el periodismo y la literatura en Estambul. «Es por eso que aceptamos nuestro origen armenio, porque para nosotros no importa». La gente en este bando también tendía a ser reacia al nacionalismo armenio, hasta el punto de que a veces unos pocos consideraban el Genocidio como el resultado de un choque de dos demonios. Los «pro turcos», por otro lado, se consideraban de origen étnico turco y tendían a estar en la extrema derecha de la política turca. Las rivalidades entre clanes, no declaradas, también parecían superponerse al conflicto ideológico. Pese a distar a pocos minutos en coche, las aldeas y los clanes habían desarrollado identidades políticas propias, y Ardalá —al menos en su parte alta— era el caso más extremo de cohesión ideológica. Ninguna de mis fuentes hamshentsís pudo explicar cómo habían evolucionado estas personalidades contrastantes en un espacio geográfico tan compacto, con una estructura económica y social idéntica.

Si esos eran los extremos, había todo un abanico de posibilidades que probablemente explicaba las opiniones de la mayoría de los hamshentsís. Mientras Amberin se identificaba como una «armenia hamshentsí» y ya había visitado Armenia, Güntekin, un hombre de mundo que había trabajado durante años como diseñador gráfico en Estambul y tenía una pasión por la fotografía, trataba de articular la ambigüedad que sentía hacia su origen armenio. Estaba convencido que la medida de la humanidad es el hombre sin niguna discriminación. Incluso hamshentsís que simpatizaban tendrían dificultades para reconciliar su postura sobre la identidad con la de los armenios. En gran medida, especialmente después de 1915, la identidad armenia se había fundado en la exclusión o el rechazo de cualquier componente turco de ella, mientras que en el caso de los hamshentsís se había convertido en una parte inextricable de lo que eran. Sabía que eran de origen armenio, pero claramente le parecía exagerado afirmar que eran armenios después de siglos como musulmanes y alejados de la corriente principal, a pesar de que no lo dijo directamente. «¿Por qué importaría eso, de todos modos?», dijo. «Todos somos humanos, eso es lo único que cuenta».

Después de todos esos años en Estambul, que extrañaba por su vida cosmopolita, Güntekin no tenía demasiados amigos en Hamshén y, dijo, no disfrutaba de su proclividad al partidismo, y solo reconoció con cortesía algunos nombres que le mencioné.

Las hermanas de Amberin estaban en silencio durante esta conversación, pero *Gülşen*, la novia de Güntekin, tenía un excelente conocimiento del hamshetsnak. Pronto estábamos descomponiendo palabras en un juego etimológico para matar los minutos mientras conducíamos de regreso primero a Makrial y luego a Garci. En hamshetsnak, dijo, la palabra para arma era *tevug*, un cognado de *tev* (brazo). Era una palabra que no había sido usada en armenio desde la Edad Media. «El arma era vista como una extensión del brazo», dijo, una etimología similar a lo que recordaba para «brazo» en algunas lenguas europeas, por ejemplo «arm» en inglés, y pronto estábamos reflexionando en la oscuridad sobre las similitudes de «brazo», «arma», y «Armenia». En ese momento, me distraje cuando pasábamos por la fortaleza de Şavşat y mi mente voló hacia los poshás y la familia Yeşilkapı, cuyo pueblo, con las luces apagadas, pronto superamos a toda velocidad.

Después de dejar a las tres jóvenes Altındağ en casa, Güntekin me dijo que su padre también había escuchado a Levon Ekmekjian del ASALA hablando en armenio. Su padre se había dado cuenta entonces de que eran verdad los rumores de que eran armenios convertidos. Pero a la mañana siguiente, cuando vimos a su padre en el porche, no reconoció ningún recuerdo de ello. Como me sentía incómodo, le rogué a Güntekin que no insistiera: «¡Pero papá, me lo dijiste!».

Y el hombre sacudía la cabeza con una sonrisa, pero sin decir una palabra, examinándome con divertida desconfianza y curiosidad.

Güntekin me había dado su habitación y había tomado la habitación de invitados más pequeña a pesar de mi insistencia. Llevaba ropa fina y vi una chaqueta azul marino lista para usar por la mañana. El menor de cinco hermanos, había regresado a Hopa, o más bien a la aldea del clan, para estar cerca de su madre, cuya salud había sido precaria durante el último año. Ella era laz, pero había aprendido hamshetsnak después de su matrimonio.

* * *

A la mañana siguiente, me dirigí a las celebraciones de Vartevor en Oce. Cuando abordé el autobús, un joven delgado me clavó la mirada cuando le dije mi destino al conductor. Era su aldea natal. Después de bajar del autobús en la carretera del mar Negro por la carretera de acceso del pueblo, *Güven* me llevó a la casa de su familia. Su madre era hamshentsí occidental y su padre era laz, que me saludó con alegría, pero luego vi su ceño fruncido cuando llamó a su hijo de 21 años a un lado para lo que pude adivinar que sería una reprimenda: Güven salió con la cara larga y quejándose, pero estaba claro que fui invitado a almorzar por la parte hamshentsí de la familia solo para que el padre laz retirara la invitación.

Su tío materno me recibió calurosamente, pero sin que yo dijera nada al respecto, de la nada puso en entredicho que fueran de origen armenio. Era un hombre alto con aire de actor de cine *noir* y llevaba décadas viviendo en Estambul, donde trabajaba como comerciante de calzado en el Gran Bazar, donde tenía un amigo armenio cercano. Hablamos en inglés, ocasionalmente cambiando al turco para incluir a Güven en la conversación. El tío bajó la guardia cuando le dije que efectivamente eran de origen armenio, pero que yo había llegado a aceptar que ello no significaba necesariamente que todos fueran, por eso, armenios; que aceptaba que algunos pueden haberse convertido en otra cosa con el tiempo, sin importar cuán coercitiva o injusta haya sido su conversión inicial, o la islamización forzada. Cerrado ese tema, pasó a describir un plato muy complicado que su madre solía cocinar y que él no había comido en décadas. Implicaba quemar el tronco de un árbol joven —matándolo, de hecho— y luego enterrar las cenizas durante una semana, después de lo cual se usaban para un guiso de «sabor increíble», que extrañaba mucho y se preguntaba si era de origen armenio. «Pregunta a tus conocidos y házmelo saber».

Se identificaba como izquierdista y veneraba a Atatürk. El asunto kurdo y el estado de la República Turca eran tabúes mayores que el Genocidio en la conversación con él. Güven me dijo después que su tío había sido militante en un grupo armado de izquierda en la década de 1960, y se había lesionado la mano durante un intento fallido de fabricar una bomba.

Luego, las mujeres comenzaron a preparar la mesa para el almuerzo, por lo que Güven y yo entendimos que era hora de irnos y decidimos dar un paseo por la aldea, y terminamos en el edificio de la escuela donde se celebraría la celebración de Vartevor. Un enorme retrato de Atatürk cubría buena parte de la fachada del edificio de la escuela.

Una joven practicaba la recitación de un poema al borde de un desfiladero, mientras el sol bañaba en sus colores moribundos los montes Kaçkar durante su descenso al mar Negro. Era estudiante de Literatura. «Nosotros también somos armenios», dijo. «Pero no lo hablo con mi padre, para no tener problemas». Se había enterado en la universidad. Los hamshentsís occidentales habían estado en la primera línea de negación. Sin embargo, aquí y allá, el cambio había comenzado. La chica que me había vendido los billetes de autobús en Rize, una mujer cubierta de pies a cabeza según la moda islámica más conservadora *à la turque*, se había presentado como armenia, sin incluso saber que yo lo era, después de haberle preguntado si era lugareña. Era hamshentsí occidental, pero simplemente había dicho que era armenia, sin siquiera mencionar inicialmente el nombre de su grupo minoritario. El camarero de la pastelería que nos trajo los tés también era hamshentsí occidental o, como se llaman a sí mismos, hemşinli. Sin embargo, probablemente no compartía el sentimiento de la agente de la compañía de autobuses, probablemente tras intuir mi nacionalidad. Cuando le pregunté sobre el dialecto de su pueblo común, solo hizo un comentario brusco, levantando su dedo índice: «Un país, un idioma, una bandera».

El tío del cine *noir* se presentó en la escuela con su hija de 12 años, ambos bien vestidos. Nos sentamos delante de una vista del mar Negro y discutimos sus opciones de carrera en inglés, que la niña también hablaba con fluidez, lo que enorgullecía a su padre. Pero entonces llamaron la atención al público, ya que el festival estaba a punto de comenzar con el himno nacional turco. Se pusieron de pie y lo cantaron con pasión patriótica. La cultura podía marcar la diferencia, había pensado, y siempre podía haber esperanza con una persona bien leída, toda vez que existiera el anhelo de aprender. Qué fantásticamente simplista era. No había entendido nada, porque si la cultura fuera el único referente del progreso y el único ancla de la esperanza, no lograríamos explicar el siglo XX, el más sangriento de la historia, cuando el continente más civilizado había engendrado dos guerras mundiales.

El festival estaba bien coreografiado y era anodino por partes iguales, un espectáculo etnográfico sin juegos de agua ni nada arraigado en su pasado en la Armenia pagana. Era Vartevor solo de nombre, el último pero poderoso vínculo con su origen. Había diferentes números, incluido uno simbólico con frutas e implementos agrícolas que parecían representar la riqueza de una tierra abundante, una especie de bacanal que se celebraba con bailes en un vacío de historia o de marco de referencia frente al gigantesco mural de Atatürk. Esa noche, Hamza llegó a Oce. En nombre de los hamshentsís de la zona de Hopa, habló de la fraternidad que unía a ambas ramas de un mismo pueblo y de cómo una celebración común los unía mientras participaban en la construcción de una nueva Turquía, una más justa para los trabajadores y los pobres. Las relaciones entre los hamshentsís orientales y occidentales, marcadas por la desconfianza de estos últimos sobre la preservación de su dialecto armenio por parte de los primeros, era una novedad después de siglos de distanciamiento, hasta el punto de convertirse en minorías separadas por derecho propio.

Anteriormente, Güven y yo habíamos estado vagando a la hora del almuerzo después de que su padre nos había retirado la invitación a almorzar, entrando y saliendo de cada rincón y grieta del pueblo. Nos sentamos junto a una cascada aislada que corría a través de un lecho de roca musgosa, bajo la majestad de antiguas hayas, castaños, y robles. Los árboles teñían este claro en el bosque con los marrones oscuros de su madera pesada, y tantos tonos de verde como la luz lo permitía. Se alzaban de un microcosmos de plantas y arbustos que se superaban entre sí en naturaleza salvaje y exuberancia, alimentadas por las prolíficas lluvias pónticas. Algunos niños nadaban en el estanque, mientras que dos mujeres jóvenes en bikini yacían sobre sus espaldas en el cauce superior de la cascada, trabadas en una conversación que se perdía en el susurro del agua.

Un hombre pálido de ojos grises caminó hacia nosotros y me saludó. Debía tener unos 40 años y su rostro era familiar, pero no estaba seguro de dónde. Nos habíamos conocido en el festival de Hadig en Bilbilan: él estaba con el grupo de Oce que había venido con el comediante. Entonces la visión de sus ojos inquisitivos refrescó mi memoria. Era la misma mirada, suave y curiosa, que había captado en él mientras las chicas Altındağ y otros hamshentsís que viajaban en la parte trasera de un camión cantaban en voz alta en hamshetsnak. Luego nos había mirado a Amberin y a mí mientras hablábamos en nuestro antiguo código, intercambiando palabras e ideas que han viajado por milenios y que ahora estaban extintas para este hombre. Después había tenido una breve conversación con él. Recordé vagamente que había hablado de olvido y pérdida, de una lengua desaparecida y del fin de la memoria que nos unía, que solo uno de nosotros conservaba, como un puente con una mitad derrumbada.

Al igual que sus amigos festivos de Oce, que estaban roncos y agotados por el jolgorio, también él dijo que querían recuperar la verdad sobre sí mismos. El comediante y el grupo de jóvenes expresaron su pesar de que los hamshentsís occidentales ya no hablaran el hamshetsnak: querían aprenderlo, como muchos de nosotros anhelábamos hacer buenas obras. La vida podría darnos la oportunidad de hacerlo, o negarla. El grupo de Oce expresó sus esperanzas y deseos, y continuó con la fiesta. Este hombre con ojos grises, sin embargo, se quedó cerca de nosotros, escuchando atentamente mientras Amberin y yo seguíamos hablando. Sin embargo, estaba allí como un árbol condenado, incapaz de absorber la lluvia. Con el idioma, su pasado también había desaparecido: los recuerdos de la gran migración de los príncipes Amatuní que lideraron a su pueblo al mar Negro; las invasiones turcas y la islamización; y los diferentes caminos que habían terminado en genocidio para una parte de la nación y una conversión trunca para la otra. Siglos más tarde, la historia todavía lo encontraba pugnando por reconstruir su identidad: quiénes eran, de dónde venían, y por qué. La memoria estaba codificada en una combinación de sonidos y signos, palabras y letras que le eran ajenas, en hamshetsnak y en armenio. Todo eso estaba perdido para el hombre de los ojos grises. No había quedado nada: solamente, la vida.

OTRAS LECTURAS

Esta lista sucinta es una guía de libros que específicamente tratan la cuestión de los armenios y sus descendientes que permanecieron en Turquía después del Genocidio. Ergo, se ha omitido la copiosa bibliografía sobre el Genocidio armenio y su centenario, así como títulos de interés general sobre la historia armenia.

EN INGLÉS

Ayşe Gül Altınay y Fethiye Çetin, *The Grandchildren: The Hidden Legacy of the «Lost» Armenians in Turkey* (Piscataway, Nueva Jersey, 2014).

Tuba Çandar, *Hrant Dink: An Armenian Voice of the Voiceless in Turkey* (Piscataway, Nueva Jersey, 2016).

Fethiye Çetin, *My Grandmother: An Armenian-Turkish Memoir* (Londres, 2008).

Vicken Cheterian, *Open Wounds: Armenians, Turks and a Century of Genocide* (Londres, 2015).

Laure Marchand y Guillaume Perrier, *Turkey and the Armenian Ghost: On the Trail of the Genocide* (Montreal, 2015).

Rubina Peroomian, *And Those Who Continued Living in Turkey After 1915: The Metamorphosis of the Post-Genocide Armenian Identity as Reflected in Artistic Literature* (Ereván, 2008).

Hovann H. Simonian (ed.), *The Hemshin: History, Society and Identity in the Highlands of Northeast Turkey* (Londres y Nueva York, 2007).

Talin Suciyan, *The Armenians in Modern Turkey: Post-Genocide Society, Politics and History* (Londres y Nueva York, 2015).

EN ARMENIO

Karen Khanlarian, *Հայ բնակչութեան էթնոկրոնական վերակերպումները Թուրքիայի Հանրապետութիւնում (1923*

2005 թթ.) (*Transformaciones religiosas de la población Armenia en Turquíay: 1923-2005*) (Antelias, 2009).

Lusine Sahakyan, *Համշենի Մանրատեղանունները* (*Microtoponimia de Hamshén*), edición trilingüe en armenio, turco y ruso (Ereván, 2012).

Sergey Vardanyan, *Կրոնափոխ համշենահայերի բարբառը, բանահյուսությունը եւ երգարվեստը* (*El dialecto, el folklore y las canciones de las conversos armenios de Hamshén*) (Ereván, 2009).

EN TURCO

Ahmet Abakay, *Hoşana'nın Son Sözü* (*La última palabra de Hosana*) (Estambul, 2013).

Altuğ Yılmaz (ed.), *Müslümanlaş(tırıl)mış Ermeniler: Konferans Tebliğleri* (*Armenios Islamizados: Anales de la conferencia*) (Estambul, 2015).

EN FRANCÉS

Laurence Ritter y Max Sivaslian, *Les restes de l'épée: Les Arméniens cachés et Islamisés de Turquie* (*Los restos de la espada: Los armenios ocultos e islamizados de Turquía*) (París, 2012).

ÍNDICE ONOMÁSTICO

NOTAS

INTRODUCCIÓN. UN MAPA PERDIDO EN EL TRANVÍA DE ESTAMBUL

1 Mihrdat Noradoungian, «Ազատութեան գինը» (El precio de la libertad), *Puzantion* 3,617 (19 de agosto-1 de septiembre de 1908), p. 1.

I. SASÚN

1 Obispo Garegin Srvandztiants, *Գրոց ու Բրոց եւ Սասունցի Դաւիթ կամ Մհերի Դուռ* (*Notas y observaciones y David de Sasún, o la puerta de Mher*) (Constantinopla, 1874). El obispo Garegin fue el primero en transcribir la epopeya, narrada por un campesino llamado Gurbo quien, ante la insistencia del obispo, aceptó recitar la epopeya de un tirón en el curso de tres días. La epopeya es conocida en armenio con el nombre de *Sasuntsí Davit* (*Davit de Sasún*) o *Sasna Dzrer* (*Los temerarios de Sasún*).

2 James Russell, «The epic of Sasun: Armenian apocalypse», en Kevork B. Bardakjian y Sergio La Porta (eds.), *The Armenian Apocalyptic Tradition: A Comparative Perspective* (Leiden y Boston, 2014), p. 42.

3 Manuk Abeghyan, *Հայ ժողովրդական վէպը* (*La narrativa popular armenia*) (Tiflis, 1908), p. 88. Fue Abeghyan quien sugirió una correspondencia con el príncipe Davit Bagratuní. Abeghyan también planteó una correspondencia de los otros protagonistas con figuras históricas, pero el nombre del hijo de Davit, Mher, lo desconcertaba, ya que no encajaba en su elaborado sistema genealógico y cronológico: «Seguramente eso ha sido influenciado por una personalidad famosa y un acontecimiento que son desconocidos para nosotros», conjeturó. Sin embargo, desde entonces se ha sugerido que Mher corresponde al nombre de la deidad zoroastriana Mitra: para una discusión detallada, véase Russell, *ibid.*

4 Uğur Ümit Üngör, «Recalling the appalling: mass violence in eastern Turkey in the twentieth century», en Nanci Adler, Selma Leydesdorff, Mary Chamberlain y Leyla Neyzi (eds.), *Memories of Mass Repression: Narrating Life Stories in the Aftermath of Atrocity* (New Brunswick, 2009), p. 185. *Fîlla* en kurdo es una palabra empleada para cristianos o extraños, generalmente en un sentido religioso, es decir, no musulmanes; se usa especialmente para los armenios. También puede tener un sentido peyorativo. La palabra parece derivar de *fellah* («campesino» en árabe), pero las explicaciones del significado que adquirió en kurdo son especulativas.

5 Algunos de los nombres que menciona pueden haber sido barrios dentro de las aldeas. Gusked y Ardgunk eran aldeas por derecho propio, según las listas existentes.

6 De «El Golem», poema de Jorge Luis Borges, en *Obras completas: 1923-1972* (Buenos Aires, 1974), p. 885.

7 Zabel Yesayan, *Աւերակներուն մէջ* (*En medio de las ruinas*) (Estambul, 2012), p. 137.

8 Taner Akçam, *From Empire to Republic: Turkish Nationalism and the Armenian Genocide* (Londres y Nueva York, 2004), p. 117.

9 Taparragan [Kevork Halladjian], *Դէպի Կախաղան* (*A la horca*) (Boston, 1932), pp. 65-66.

10 Raymond Kévorkian, *The Armenian Genocide: A Complete History* (Londres y Nueva York, 2011), p. 88.

11 *Ibid.*, p. 13.

12 Cyril Glassé, *The New Encyclopedia of Islam* (Nueva York, 2002), p. 121: «Tocar a un perro implica un *hadat*, o impureza». Pero la crueldad contra ellos se considera prohibida por los eruditos: véase Yusuf al-Qaradawi, *The Lawful and the Prohibited in Islam* (Kuala Lumpur, 2013), p. 129: «Refiriéndose al siguiente versículo del Corán, "No hay animal en la tierra, ni ave que vuele con sus alas, que no constituyan comunidades como vosotros" (Corán, 6:38), el Profeta dijo: "Si los perros no fueran una nación (*Ummah*) entre las naciones, habría ordenado que los mataran"».

13 Ermanna Panizon, «*L'Assassinio di San Pietro martire* di Giovanni Bellini: strategie narrative, precedenti iconografici e analisi iconológica» («*El asesinato de San Pedro Mártir* de Giovanni Bellini: estrategias narrativas, precedentes iconográficos y análisis iconológico»), *Ricche Minere*, enero de 2014, pp. 43-61.

14 Charles Darwin, *The Descent of Man, and Selection in Relation to Sex* (Londres, 1874), vol. 1, p. 181.

15 Thomas Moore, *Letters and Journals of Lord Byron: With Notices of his Life*, vol. 2 (París, 1833), p. 4.

16 Anon., *The Life, Writings, Opinions and Times of the Right Hon. George Gordon Noel Byron, Lord Byron* (Londres, 1825), p. 400.

17 Monte Maratug, uno de los nombres del monte Maruta o Mereto. Esta variante conserva la pronunciación del entrevistado.

18 *Dayı* es «tío materno» en turco. La elección de las palabras puede no ser casual, ya que muchos hombres árabes y otros musulmanes en Sasún han tomado esposas armenias, a menudo por la fuerza, especialmente después del Genocidio. También tiene una connotación peyorativa.

19 Iglesia Armenia de Surp Giragos. Tras su deterioro después de la década de 1960, fue renovada y vuelta a consagrar en 2012.

20 Solo mencionó a las hermanas después de que se lo pregunté.

21 Kevork Chavush (1870-1907) fue un guerrillero *fedayi* de Sasún, aclamado como héroe no solo por los armenios, sino también por los kurdos. Luchó contra las tribus kurdas y las tropas turcas durante las masacres hamidianas de la década de 1890, y fue un líder en la resistencia en la región de Darón (Mush y Sasún) contra los ataques otomanos en 1904-1907. Sus biografías dicen que

nació en el pueblo de Mgtink, no lejos de Pertank, en el distrito de Psanats. Murió a causa de las heridas sufridas en combate.

22 Gevork Arakelyan, «Новый вид муравьев рода Diplorhoptrum Mayr (Hymenoptera, Formicidæ) из Армении» [«Una nueva especie de hormiga del género Diplorhoptrum Mayr (Hymenoptera, Formicidæ) de Armenia»], *Actas de la Academia de Ciencias de Armenia* 92/2 (1991), pp. 93-96, y correspondencia por correo electrónico con el autor. Para una discusión del *Myrmoxenus ravouxi*, véase Rumsaïs Blatrix y Claire Sermage, «Role of early experience in ant enslavement: a comparative analysis of a host and a non-host species», *Frontiers in Zoology* 2 (2005), pp. 2-13.

23 Berm tenía una población de 180 hogares armenios en 1894 antes de las masacres de ese año: había 110 hogares en 1914. Véase el ensayo de Raymond Kévorkian «The Armenian population of Sasun and the demographic consequences of the 1894 massacres», *The Armenian Review* 47/1–2 (primavera/verano 2001), pp. 41-53. La mediana calculada por Kévorkian para cada hogar es de diez personas, pero señala que el Patriarcado de Constantinopla en ese momento sugería un promedio de 20 personas por hogar, pero aclaró que podría ser de hasta 70.

24 Glak Tarontsi, *Ապստամբ Սասունը՝ մի էջ Սասունի նորագոյն դէպքերից* (*Sasún rebelde: una página de los acontecimientos más recientes*) (Ginebra, 1903), p. 23. No se encontró confirmación de las cifras de víctimas.

25 Del armenio clásico «Pareav» (*Բարեաւ*).

26 Entrevistas telefónicas con Shiraz en mayo y junio de 2015. Falleció poco después, en octubre, en Los Ángeles. Los relatos de su viaje se han publicado con algunas variaciones en los periódicos armenios de la Diáspora, incluido *Aztag*, en Beirut.

27 Osman Köker, *Armenians in Turkey 100 Years Ago: With the Postcards from the Collection of Orlando Carlo Calumeno* (Estambul, 2005).

28 Yesayan, *En medio de las ruinas*, p. 190.

29 *Aşxarh* en el uso moderno significa «mundo», pero en armenio clásico significaba «tierra» o «país».

30 Nerses Shnorhali, *Թուղթ Ընդհանրական* (*Carta Pontificia*) (Etchmiadzin, 1865), p. 352.

31 Barnabas Meistermann, «Transfiguration», *The Catholic Encyclopedia* (Nueva York, 1912), vol. 15, p. 19.

32 Winston Churchill, *The Gathering Storm* (Nueva York, 2002), p. 59. El primer bombardeo aéreo con un avión ocurrió en Turquía: fue llevado a cabo por Bulgaria contra las fuerzas otomanas en Adrianópolis (actual Edirne) en octubre de 1912, durante la primera guerra de los Balcanes. Los precursores de los drones modernos fueron globos no tripulados cargados con un solo explosivo, que fueron utilizados por primera vez por los austriacos contra Venecia en 1849.

33 M. Haber, M. Mezzavilla, Yali Xue, David Comas, Paolo Gasparini, Pierre Zalloua y Chris Tyler-Smith, «Genetic evidence for an origin of the Armenians

from Bronze Age mixing of multiple populations», *European Journal of Human Genetics*, 21 de octubre de 2015, pp. 931-6. En la era cristiana temprana, posiblemente en el siglo v, el historiador Movses Khorenatsi había escrito que la nación se había establecido en 2492 a. C., una fecha que las pruebas genéticas recientes, sorprendentemente, han demostrado ser generalmente precisas.

34 El origen armenio todavía puede considerarse motivo de deshonor incluso en la Turquía moderna, donde incluso un hombre de discurso político templado, como el entonces presidente Abdullah Gül, entabló una demanda en 2008 contra la legisladora opositora Canan Arıtman que había tratado abiertamente de «desacreditarlo» sugiriendo que su madre era armenia. En 2010, Cem Büyükçakır, director del sitio web de noticias *Haberin Yeri*, recibió una sentencia de 11 meses de prisión por publicar un comentario de un lector que afirmaba que la madre de Gül era armenia, a pesar de que había eliminado el comentario después de recibir una advertencia sobre sus implicaciones legales.

35 Hay pocos testimonios sobre la prevalencia de algún orden en las etapas iniciales de las masacres en Sasún, de modo que los deportados pudieron llevar al menos algunos objetos de valor que aún valía la pena robar. Las anécdotas transmitidas oralmente entre las familias de armenios de Antap y de otras partes de Cilicia, cerca de la frontera con Siria, indican que algunos pudieron comprar alimentos o agua de árabes y otros, si bien a precios exorbitantes. Raymond Kévorkian sugiere la existencia de una situación similar cuando los chechenos reclutados para participar en el exterminio de los deportados armenios en el norte de Siria «se dedicaron a seleccionar a las personas que aún poseían medios financieros: estas personas fueron metódicamente despojadas de sus propiedades y asesinadas en el acto, para no arriesgarse a dejar estos recursos a los beduinos que habían sido encargados de ejecutar la liquidación final de estos convoyes tierra adentro en el desierto» (Kévorkian, *The Armenian Genocide*, p. 665).

36 Hratch Dasnabedian (ed.), *Սիմոն Զաւարեան. Մահուան Եօթանասունամեակին Առթիւ* (*Simón Zavarian: Con motivo del septuagésimo aniversario de su muerte*) (Beirut, 1997), p. 428.

37 Del poema «*Եկեղեցին Հայկական*» (La Iglesia Armenia) de Vahan Tekeyan, en Mushegh Ishkhan (ed.), *Արդի Հայ Գրականութիւն. Գեղապաշտ Շրջան՝ 1900–1915* (*Modern Armenian Literature: The Aesthetic Period 1900–1915*) (Beirut, 1975), p. 179.

38 La Unesco enumera el armenio occidental entre las lenguas en peligro crítico. Fue sistematizado en el siglo XIX, basado en el habla de los armenios de Constantinopla.

39 Heródoto, *The Persian Wars*, trad. A. D. Godley (Londres y Cambridge, Massachusetts, 1963), vol. 2, pp. 135-137.

40 Véase Roy Jackson, *What is Islamic Philosophy?* (Londres y Nueva York, 2014), p. 146, para un análisis sobre el vínculo entre la yihad y la conversión.

41 Existe un régimen restrictivo de derechos en Turquía, a menudo nominalmente, para tres minorías no musulmanas (armenios, griegos y judíos) reconocidas por el Tratado de Lausana de 1923.

42 Según una interpretación temprana, «adoradores del fuego» era un eufemismo para «árabes» destinado a evitar provocar a los gobernantes musulmanes de Armenia en el siglo IX. Investigaciones posteriores han descubierto una trama más profunda en *Davit de Sasun* de origen zoroastriano. Además de explorar la correspondencia entre el personaje de Mher y la divinidad zoroastriana de Mitra (ver nota 3), James R. Russell también identifica elementos apocalípticos en la epopeya armenia que según él se remontan a la creencia mesiánica judía en el regreso del rey David. Véase *Սասունցի Դավիթ* (*Sasuntsí Davit*) (Ereván, 1961), James R. Russell, *Zoroastrianism in Armenia* (Cambridge, Massachusetts, 1987), y Russell, «The epic of Sasun», pp. 41-77.

43 La batalla de Sarıkamış en diciembre de 1914-enero de 1915 fue un gran desastre para el Tercer Ejército comandado por Enver Paşa, uno de los arquitectos del Genocidio. Las duras condiciones invernales contribuyeron a la victoria rusa en esta ciudad en las cercanías de Kars: el territorio todavía era parte del Imperio ruso, conquistado en la guerra de 1877-1888. A su regreso a Estambul, «Enver reconoció públicamente la lealtad y la valentía de los soldados armenios otomanos durante la campaña de Sarıkamış», y dijo que un oficial armenio, el sargento mayor Hovhannés, lo salvó de ser capturado. Véase Simon Payaslian, *United States Policy Towards the Armenian Question and the Armenian Genocide* (Nueva York, 2005), p. 54.

44 Véase Martin S. Banks, William W. Sprague, Jürgen Schmoll, Jared A. Q. Parnell y Gordon D. Love, «Why do animal eyes have pupils of different shapes?», *Science Advances* 1/7 (2015), n. p.

45 William Gladstone, «The villainies of Moussa Bey», *The Brisbane Courier*, 7 de octubre de 1895, p. 7.

46 Véase Dikran M. Kaligian, *Armenian Organization and Ideology Under Ottoman Rule: 1908-1914* (New Brunswick and London, 2011), p. 72, para una discusión detallada de los Hamidiye y su actividad después de que este regimiento kurdo de caballería, fundado por el sultán Abdül Hamid II en 1891, se disolviera oficialmente en 1908: «Los Hamidiye no se disolvieron, sino que se reorganizaron entre 1908 y 1910 y pasaron a llamarse Regimientos Tribales». Véase también Martin van Bruinessen, *Agha, Shaikh and State: The Social and Political Structures of Kurdistan* (Chicago, 1991), y Robert Olson y William F. Tucker, *The Emergence of Kurd Nationalism and the Sheikh Said Rebellion, 1880-1925* (Austin, 1989). Para el papel de Musa Beg en las masacres en la región de Mush en 1915, véase Kévorkian, *The Armenian Genocide*, pp. 237-238.

47 Cemal Madanoğlu, *Anılar: 1911-1938* (*Memorias: 1911-1938*) (Estambul, 1982), pp. 163-164.

48 Según un informe enviado por el Comando General del Jandarma en septiembre de 1938 al ministro del Interior Şükrü Kaya, 834 personas habían muerto en los últimos tres años de combate en Sasún, además de 80 soldados. Otras 3577 personas habían sido deportadas a distritos occidentales de Anatolia, implicadas como colaboradoras de los rebeldes, indicó el informe. El ministro Kaya estaba bien versado en estos asuntos: había sido el director general de Deportaciones durante el Genocidio de 1915. Véase Başbakanlık Cumhuriyet Arşivi

(Dirección General de Archivos Estatales del Primer Ministerio de la República de Turquía), BCA 030.10.116.805.26, citado en Abdulaziz Kardaş, «Cumhuriyet Dönemi'nde Sason İsyanları ve Alınan Tedbirler» (Rebeldes de Sason durante el período de la República y las medidas adoptadas), *The Journal of Academic Social Science Studies* 43 (primavera de 2016), p. 61.

49 Ver Ahmet Kahraman, *Kurt İsyanları* (*Las rebeliones kurdas*) (Estambul, 2003), pp. 317–21, y Umit Ungor, "Recalling the appalling," pp. 187-8.

50 Los sacerdotes seculares en la Iglesia apostólica armenia deben haber estado casados durante al menos un año antes de la ordenación. Por lo general, son los pastores o padres espirituales de las parroquias, celebran la Divina Liturgia y ayudan al obispo a atender las necesidades de la comunidad. Çoço Siro dijo que otro sacerdote también fue asesinado en Badırmut, pero un hombre kurdo rescató a su esposa, Hızmo, cuando fue empujada al río. Más tarde se casó con su salvador y se convirtió al islam, permaneciendo en su aldea ancestral.

51 William Shakespeare, *Romeo y Julieta* (Acto 2, Escena 2). Hay más de 160 versiones del Davit de Sasún. En la versión compuesta recopilada por Manuk Abeghyan y sus coautores, los versículos van desde 13 sílabas (o en muy pocos casos, 14) hasta tan solo cinco, incluidas las instancias de pentámetro yámbico: ver Manuk Abeghyan, *Երկեր* (*Obras*) (Ereván, 1985), pp. 8-11. Abeghyan menciona que hubo una persona en el siglo XIX en el distrito de Moks que conocía las 40 ramas de la epopeya (en comparación con las cuatro conocidas por nosotros), pero cuyas versiones no fueron registradas. Todo rastro de ese hombre se perdió cuando se mudó a Constantinopla.

52 Le debo la transcripción y la mayor parte de la traducción de esta canción a Seda Altuğ, así como a Hasan Eken, quien descifró pasajes difíciles en la canción.

53 Citado en Mark Mazower, «Travellers and the oriental city, c.1840-1920», *Transactions of the Royal Historical Society* 12 (diciembre de 2002), p. 97.

54 Ismaïl Kadaré, *Muzgu i perëndive të stepës: roman* (*Crepúsculo de los dioses orientales*) (Tirana, 2006), p. 20.

55 Ismaïl Kadaré, *Le Grand Hiver* (*El gran invierno*) (París, 1992), p. 193.

56 Esto lo hice muy raramente en Turquía, y solo en Estambul: aproximadamente dos de cada cinco personas a las que me acerqué eran de ascendencia armenia o tenían un abuelo armenio. Fuera de Estambul no parecía seguro en Turquía acercarse a extraños en la calle bajo falsos pretextos para preguntar si eran de origen armenio. Esto es meramente anecdótico y no se afirma ni implica ningún valor científico.

57 Iosif Brodskij, *Fondamenta degli Incurabili* (*Paseo de los incurables*) (Milán, 2014), p. 87.

58 Le debo esta interpretación al estudioso Vartan Matiossian. No se conoce ninguna mención de Rûm en las versiones grabadas de la epopeya. Se cree que Sultana Tzimisces o Sultana Chimishkik se basa en un personaje histórico masculino, el emperador bizantino Juan I Tzimisces (969-76), que era de origen armenio, pero era considerado una amenaza por el rey armenio Ashot III, quien

movilizó sus ejércitos contra él. La mención de Vanik de «Kurmancî», un sinónimo de «kurdo», también parece una novedad. El resto del fragmento que recitó es una descripción del suicidio de la esposa de Davit al enterarse del asesinato de su esposo. También se llama Çavraş en esta versión, mientras que en la mayoría de las otras su nombre es Khandut o variantes similares. Al final hay una alusión críptica a la leyenda de que sus pechos se separaron de su cuerpo cuando tocó el suelo y de ellos nació un arroyo. He conservado una transcripción lo más literal posible, incluyendo construcciones no gramaticales.

II. Comagene

1 Levon Ter Petrossian, *Օտար աղբիւրները Հայաստանի եւ հայերի մասին, 12. Ասորական Աղբիւրներ, Բ. Անանուն Եդեսացի Ժամանակագրութիւն* (*Fuentes extranjeras sobre Armenia y los armenios, 12: Fuentes asirias, 2, Las crónicas de Anónimo de Edesa*) (Ereván, 1982), p. 57.

2 Cicerón, *Letters to Quintus and Brutus; To Octavian; Invectives; Handbook of Electioneering* (Cambridge, Massachusetts, 1972), p. 121.

3 Raymond Kévorkian, *The Armenian Genocide: A Complete History* (Londres y Nueva York, 2011), p. 471.

4 Un accidente automovilístico el 3 de noviembre de 1996 en Susurluk, en la provincia occidental de Balıkesir, se toma generalmente como una confirmación de la existencia del «Estado profundo». Sedat Bucak, legislador de derecha de Urfa, fue el único sobreviviente del accidente de su Mercedes-Benz 600 SEL, en el que murieron los otros tres pasajeros: Abdullah Çatlı, narcotraficante y sicario convicto, y militante de los Lobos Grises, un grupo turco de extrema derecha; su novia Gonca Us; y Hüseyin Kocadağ, un alto funcionario de la policía. Çatlı llevaba un pasaporte falso a nombre de Mehmet Özbay, el mismo alias utilizado por Mehmet Ali Ağca, quien había intentado asesinar al papa Juan Pablo II el 13 de mayo de 1991.

5 Daniel David Luckenbill, *The Annals of Sennacherib* (Eugene, Oregon, 2005), p. 17.

6 Así lo atestigua la inscripción de Avercius en un monumento funerario para el obispo de Hierópolis en Frigia, que está fechada a más tardar en el año 212 d. C.: Jörg Frey, Jan G. Van der Watt y Ruben Zimmermann, *Imagery in the Gospel of John: Terms, Forms, Theology of Johannine Figurative Language* (Tübingen, 2006), p. 396.

7 Véase George Aghjayan, «The Armenian key to the homeland», *The Armenian Weekly*, número especial sobre el centenario del Genocidio Armenio, abril de 2015, pp. 25-27, para una explicación de las dificultades para el cálculo del número de sobrevivientes y armenios ocultos. En correspondencia privada con este autor, Aghjayan subrayó que «no podemos saber» cuántos hay: un número desconocido de armenios, desaparecidos, sobrevivieron a las masacres de 1915 y ocultaron su identidad mediante la islamización, comprensiblemente reacios a revelar sus orígenes. La complicación adicional de definirlos como armenios

puede salvarse, según Aghjayan (una opinión que este autor también respalda), reconociéndolos como descendientes de sobrevivientes del Genocidio.

8 Padre Michael Chamchian, *History of Armenia: From BC 2247 to the Year of Christ 1780, or 1229 of the Armenian Era*, trad. Johannes Avdall (Calcuta, 1827), pp. 105-107. La leyenda ha sido relegada a la lista de apócrifos en *De libris non recipiendis* (Libros que no deben recibirse) en un decreto papal que data del siglo VI. A pesar de la prohibición papal, el padre Chamchian, de la Congregación Mekhitarista, que está en comunión con Roma, a diferencia de la Iglesia apostólica armenia, cita extensa y literalmente la leyenda del rey Abgar en su libro, que inauguró la narrativa nacionalista armenia moderna.

9 Es probable que sea una variante del antiguo mito de Cibeles y Attis que data del Asia Menor prehistórica: James R. Russell, *Zoroastrianism in Armenia* (Cambridge, Massachusetts, 1987), pp. 415-416.

10 Véase p. 108.

11 Una nueva guerra en septiembre-noviembre de 2020 entre Armenia y Azerbaiyán por el enclave dejó más de 5000 muertos armenios y la ocupación de aproximadamente el 75 % de la superficie del enclave armenio por parte de las fuerzas azerbaiyanas. En septiembre de 2023, Azerbaiyán llevó a cabo una limpieza étnica de toda la población armenia de Nagorno Karabaj.

12 Es recomendable consultar fuentes primarias de teorías sobre la evolución humana: Ian Tattersall, *Masters of the Planet: The Search for Our Human Origins* (Nueva York, 2012) y Charles Darwin, *The Descent of Man, and Selection in Relation to Sex* (Londres, 1874). También se ruega considerar que en la conversación citada me referí erróneamente a Tattersall como director del Museo de Historia Natural de Nueva York: en el momento de escribir este libro, la presidenta (el título apropiado) de la institución era Ellen Futter; Tattersall es curador emérito de la División de Antropología.

13 Ghevont Alishan, *Յուշիկք հայրենեաց հայոց* (*Memorias de la patria armenia*) (Venecia, 1869), p. 99.

14 T. E. Lawrence, *Seven Pillars of Wisdom: A Triumph* (Nueva York, 2013), p. 56.

15 Jenny White, *Muslim Nationalism and the New Turks* (Princeton y Oxford, 2014), p. 91.

16 Taparragan [Kevork Halladjian], *Դէպի Կախաղան* (*A la horca*) (Boston, 1932), pp. 760-761 y 766.

17 George Orwell, *Down and Out in Paris and London* (Los Ángeles, 2012), p. 67.

18 Ter Petrossian, *Fuentes asirias*, p. 122.

19 En armenio clásico: «Խելամո՞ւտ իցես կարգի Բազմաստեղաց, եւ քո բացեա՞լ իցէ զպատրուակ Հայկին». En el original en hebreo de Job 38:31 dice «Orión» (a pesar de que el idioma original del Libro de Job es materia de debate, ya que algunos creen que es una traducción posterior al hebreo de un idioma desconocido).

20 Grigor Narekatsi, *Մատեան Ողբերգութեան* (*El Libro del Dolor*) (Constantinopla, 1845), p. 157.

21 Yeghishe Charents, «Դանթէական Առասպել» (Leyenda dantesca), en *Բանաստեղծութիւններ Ա. Հատոր* (*Poemas, Volumen 1*) (San Lázaro, Venecia, 1991), pp. 81-85.

III. Dikranagerd

1. Dikranagerd I

1 Tovmas Mgrdichian, *Տիգրանակերտի նահանգի ջարդերը եւ քիւրտերու գազանութիւնները՝ ականատեսի պատմութիւն* (*Las masacres en la provincia de Dikranagerd y las atrocidades de los kurdos: relato de un testigo*) (El Cairo, 1919), p. 63.

2 *Ibid.*, p. 63.

3 Andrew Lawrence, *The Skyscraper Index: Faulty Towers* (Londres, 1999). Si bien el vínculo temático es indirecto a lo sumo, es inquietante observar que el documento de investigación se publicó dos años antes de la destrucción de las Torres Gemelas de Nueva York en los ataques terroristas del 11 de septiembre.

4 Raymond Kévorkian, *The Armenian Genocide: A Complete History* (Londres y Nueva York, 2011), pp. 361-362.

5 Mgrdichian, *Las masacres Dikranagerd*, pp. 55-56, y Kévorkian, *ibid.*

6 Ahmet Yukuş, «96 yıl sonra bir ilk çan sesi!» (¡El primer sonido de una campana en 96 años!), *Habertürk*, 5 de noviembre de 2012.

7 Carl Jung, *The Collected Works*, ed. y trad. Gerhard Adler y R. F. C. Hull (Princeton, 1972), vol. 8, *The Structure and Dynamics of the Psyche*, pp. 3275-3276.

8 Sakine Cansız fue una de las cofundadoras del PKK y una de las militantes más destacadas de la organización. Había sido arrestada y torturada por la policía turca en la década de 1980. En un crimen que sigue sin resolverse, fue asesinada en el Centro de Información Kurdo en París en enero de 2013, junto con otras dos activistas kurdas: Fidan Doğan y Leyla Söylemez. Para más información sobre Sakine Cansız, véanse las páginas 349-350.

9 Mgrdichian, *Las masacres en Dikranagerd*, p. 54.

10 La profesora Maria P. Pedani, experta en historia otomana de la Universidad Ca' Foscari en Venecia, no interpretaba el levantamiento de Sabbah desde un punto de vista nacionalista. «La idea de nación se desarrolló en el período de la Revolución francesa y la Iluminación, y se exportó de Europa a otras partes en el siglo XIX», dijo en correspondencia privada. «Los selyúcidas eran originariamente una tribu, no una nación». Sabbah era el maestro de un movimiento religioso: quería crear un Estado para sus seguidores fuera del alcance de los sultanes selyúcidas.

11 Para más información sobre Osman Sebrî, véase pp. 181-182.

12 Marcel Proust, *À la recherche du temps perdu, Tomo V: La Prisonnière* (*En busca del tiempo perdido, volumen 5: El prisionero*) (París, 1923), p. 222.

13 Hrant Dink, «Ruh halimin güvercin tedirginliği» (Como una paloma nerviosa: mi estado mental inquieto), *Agos*, 10 de enero de 2007, p. 12.

2. *Siirt*

14 Mesud Barzani, *Barzani ve Kürt Ulusal Özgürlük Hareketi: 1* (*Barzani y el Movimiento de Liberación Nacional Kurdo: 1*) (Estambul, 2006), p. 221.

15 Martin van Bruinessen, *Agha, Shaikh and State: The Social and Political Structures of Kurdistan* (Chicago, 1991), p. 371.

16 Véase la nota 46 de «I. Hasún», p. 801.

3. *Dikranagerd II*

17 Amiano Marcelino, *Historia romana, Libro 19* (Londres, 1862), pp. 188-189.

IV. Darón

1. *Bitlis*

1 Las cifras oficiales del censo en realidad mostraban un aumento del 10 % en la población de la ciudad de Bitlis, de 43 109 en 2010 a 47 904 en 2014.

2 Véase Raymond Kévorkian, *The Armenian Genocide: A Complete History* (Londres y Nueva York, 2011), p. 343, y Joshua A. Sanborn, *Imperial Apocalypse: The Great War and the Destruction of the Russian Empire* (Oxford, 2014), p. 89.

3 La confusión no fue resuelta, como se describe en la siguiente sección, por la declaración posterior y contradictoria de ese miembro del clan de que la islamización de la tribu había sido posterior a las masacres.

4 Hakan Özoğlu, *Kurdish Notables and the Ottoman State: Evolving Identities, Competing Loyalties, and Shifting Boundaries* (Albany, 2004), p. 114.

5 Şükran Vahide, *Islam in Modern Turkey: An Intellectual Biography of Bediuzzaman Said Nursi* (Nueva York, 2005), pp. 116-17. Para mi conocimiento, esta historia solo aparece en los registros turcos y no encontré información de armenios y otros terceros para corroborarla. Si bien esto en sí mismo no debería descalificar su veracidad, un hecho de esta naturaleza ciertamente habría sido objeto de atención no solo por su rectitud, especialmente por parte de un miembro de la organización que llevó a cabo el Genocidio, sino también por la existencia de armenios justo después de las masacres que los habían aniquilado casi por completo en Bitlis y sus alrededores (ver Kévorkian, *El Genocidio Armenio*, pp. 337-53). Además de las 15 mujeres y niñas encontradas por las fuerzas rusas cuando tomaron Bitlis en marzo, otras 100 mujeres y niños armenios fueron encontrados más tarde en las aldeas kurdas circundantes.

2. *Mush*

6 Ghevont Alishan, *Յուշիկք հայրենեաց հայոց* (*Memorias de la patria armenia*) (Venecia, 1869).

7 Raymond Kévorkian, *The Armenian Genocide: A Complete History* (Londres y Nueva York, 2011), p. 235.

V. Garín

1. Erzurum

1 La información en la literatura turca indica que esta iglesia era «armenia ortodoxa» (que significa armenia apostólica) construida en el siglo XVI o XVII, pero no mencionan su nombre. Algunos informes en la literatura armenia dicen que era la iglesia de Santa María, construida en 1840.

2 Milorad Pavić, *Хазарски Речник* (*Diccionario de los jázaros*) (Belgrado, 1985), p. 47.

3 *Ibid.*, p. 47.

2. Hınıs

4 Véase Alexandre Papadopoulo, *Islam and Muslim Art* (Nueva York, 1979), p. 272, y José Pereira, *La arquitectura sagrada del Islam* (Nueva Delhi, 2004), p. 126.

5 Raymond Kévorkian, *The Armenian Genocide: A Complete History* (Londres y Nueva York, 2011), p. 303.

6 Véase Robert Olson y William F. Tucker, *The Emergence of Kurdish Nationalism and the Sheikh Said Rebellion, 1880-1925* (Austin, 1989) para un relato detallado de la formación del nacionalismo kurdo.

7 Manuel Mirakhorian, *Նկարագրական ուղեւորութիւն ի հայաբնակ գաւառս Արեւելեան Տաճկաստանի* (*Viaje descriptivo a través de los condados poblados armenios del este de Turquía*) (Constantinopla, 1884), p. 45.

8 *Ibid.*, p. 46.

9 Hrachya Ajarian, *Հայերէն Արմատական Բառարան* (*Diccionario Etimológico Armenio*) (Ereván, 1926), vol. 1, p. 129.

3. Bayazet

4. Sarıkamış, Kars y Ani

10 Nagorno Karabaj es el distrito montañoso de la región armenia de Karabaj. Después de que Armenia se unió a la Unión Soviética, Nagorno Karabaj fue declarada una región autónoma. En 1923, Stalin cedió este territorio sin salida al mar a Azerbaiyán, a pesar de su mayoría armenia. Una guerra de secesión estalló en 1988 en los años finales de la Unión Soviética, que terminó con la independencia de facto de Nagorno Karabaj. Un alto al fuego precario mantenido desde 1994 fue interrumpido por una guerra de cuatro días en abril de 2016 y posteriormente en septiembre-noviembre de 2020. Ver nota 11 de «II. Comagene», p. 804.

11 En inglés, la eritrofobia se usa como un término médico para designar el miedo o la ansiedad por el rubor. Nuestro uso aquí es etimológicamente correcto, si no generalizado.

12 Maria Pia Pedani, «L'idea della morte nel mondo otomano» (La idea de la muerte en el mundo otomano), en Antonio Fabris (ed.), *Tra quattro paradisi: Esperienze, ideologie e riti relative alla morte tra Oriente e Occidente* (*Entre cuatro cielos: experiencias, ideologías y ritos sobre la muerte entre Oriente y Occidente*) (Venecia, 2013), p. 108.

13 Para más información sobre la batalla de Sarıkamış y el Sargento Mayor Hovhannes, véase la página 137 y la nota 43 de «I. Hasún», p. 801.

14 Nacido en 1897, Yeghishe Charents fue asesinado durante el terror estalinista de 1937. Paruyr Sevak (1924-71) es el otro gigante de la poesía armenia del siglo XX. Murió en un accidente automovilístico sospechoso; la poesía nacionalista de Sevak contrariaba al régimen soviético.

15 Yeghishe Charents, «Դանթէական Առասպել» (leyenda dantesca), en *Բանաստեղծութիւններ Ա. Հատոր* (*Poemas, Volumen 1*) (San Lázaro, Venecia, 1991), p. 81.

16 Yeghishe Charents, *Երկիր Նաիրի* (*La tierra de Nayri*) (Ereván, 1977), p. 8.

17 Yeghishe Charents, «Leyenda dantesca», pp. 72-73.

18 Aristakes Lastivertsi, *Պատմութիւն* (*Historia*) (Venecia, 1844), p. 30.

19 *Ibid.*, p. 2.

20 Michael McCormick, Ulf Büntgen, Mark A. Cane, Edward R. Cook, Kyle Harper, Peter John Huybers, Thomas Litt, Sturt W. Manning, Paul Andrew Mayewski, Alexander Frederick Medico More, Kurt Nicolussi y Willy Tegel, «Climate change during and after the Roman Empire: reconstructing the past from scientific and historical evidence», *Journal of Interdisciplinary History* 43/2 (2012), p. 190.

21 Véase el capítulo «Bayazet», pp. 395-403.

22 Las autoridades en general no castigan el discurso de odio en Turquía, excepto cuando está dirigido a la «turquedad» (castigada por el artículo 301 del Código Penal) o al islam: el intelectual armenio Sevan Nişanyan fue condenado a 16 años de cárcel por una construcción no autorizada dentro del complejo hotelero de su propiedad; aunque ilegal, la práctica es común en todo el país, y fue procesado solo después de hacer un comentario burlón sobre Mahoma.

VI. Sepasdia y Asia Menor

1. Sepasdia

2. Ankara

1 Karen Khanlarian, *Հայ բնակչութեան էթնոկրոնական վերափոխումները Թուրքիայի Հանրապետութիւնում (1923 2005 թթ.)* (*Transformaciones etno-religiosas de la población armenia en la República de Turquía: 1923-2005*) (Antelias, 2009), p. 22.

2 Para una explicación concisa, véase Ludwig Paul, «Zazaki», en Gernot Windfuhr (ed.), *The Iranian Languages* (Londres y Nueva York, 2009), p. 545.

3 Nazaret Daghavarian, *Քրիստոնէական բողոքականութեան եւ Քըզըլպաշներու աղանդին ծնունդը* (*El nacimiento del protestantismo cristiano y la secta kızılbaş*) (Constantinopla, 1914), p. 80.

4 Ver páginas 494-495.

5 Es interesante notar que el bogomilismo, una rama doctrinal del paulicianismo, apareció en Bulgaria al menos un siglo y medio antes de que el emperador bizantino Juan I Tzimisces reasentara a los paulicianos armenios en la ciudad búlgara de Filipópolis (actual Plovdiv). Sin embargo, los paulicianos y los bogomiles nunca se mezclaron en Bulgaria y siguieron siendo grupos distintos, a pesar de que se ha demostrado que los primeros dieron lugar a los segundos, tal vez a través de misioneros. Véase Milan Loos, *Dualist Heresy in the Middle Ages* (Praga, 1974), pp. 59-60. Los dos libros de referencia sobre los paulicianos siguen siendo *The Key of Truth: A Manual of the Paulician Church of Armenia* (Oxford, 1898) de Frederick C. Conybeare, y *The Paulician Heresy* (La Haya y París, 1967) de Nina Garsoïan.

6 Edward Gibbon, *The History of the Decline and Fall of the Roman Empire* (Boston, 1853), p. 392.

7 John Robert Barnes, «The dervish orders in the Ottoman Empire», en Raymond Lifchez (ed.), *The Dervish Lodge: Architecture, Art and Sufism in Ottoman Turkey* (Berkeley, California, 1992), p. 47.

8 David George Hogarth, «The problems in exploration I: Western Asia», *Geographical Journal*, 32/6 (1908), p. 558.

9 G. E. White, «Survivals of primitive religion among the people of Asia Minor», *Journal of the Transactions of the Victoria Institute, or Philosophical Society of Great Britain 39* (1907), p. 161.

10 P. Boghos Meherian, *Պատմութիւն Վարուց Տեառն Հ. Պօղոս վարդապետի Մեհերեան, Շարադրեալ յիւրմէ, 1811, Վենետիկ, ի վանս Սրբոյն Ղազարու* (*Historia de la Vida del Padre Boghos Meherian, Compuesta por Él, Venecia, 1811, en el Monasterio de San Lázaro*), Biblioteca de la Congregación Mekhitarista de Venecia, Manuscrito 560.

11 Para más información sobre Özkan, véase el capítulo «Hınıs», pp. 383-395.

12 Robert Olson y William F. Tucker, *The Emergence of Kurdish Nationalism and The Sheikh Said Rebellion, 1880-1925* (Austin, 1989), p. 37.

13 Theodore Bent, «The Yourouks of Asia Minor», *The Journal of the Royal Anthropological Institute of Great Britain and Ireland*, 20 (1891), p. 270.

14 Raymond Kévorkian, *The Armenian Genocide: A Complete History* (Londres y Nueva York, 2011), p. 311.

15 Las estimaciones más comunes para el número de víctimas del terremoto rondan los 17 000 muertos y más de 45 000 heridos.

16 Véase la nota 21 de «I. Sasún», pp. 798-799.

17 Conybeare, *The Key of Truth*, pp. xxvi-xxvii.

3. Cesarea

4. Amasia y Gümüşhacıköy

18 Los hermanos dijeron que no conocían la historia detrás de la foto. Es posible que su madre haya sido secuestrada por beduinos árabes, como tantas niñas y jóvenes armenias durante el Genocidio. Algunas fueron liberadas después, rescatadas por organizaciones armenias.

5. Kastamonu

6. Yozgat

19 Roupen Melkonyan, *Իսլամացուած հայերի խնդիրների շուրջ* (*Sobre las cuestiones de los armenios islamizados*) (Ereván, 2009), p. 58.

20 Véase Söner Yalçın, *Beyaz Müslümanların Büyük Sırrı* (*El gran secreto de los musulmanes blancos*) (Estambul, 2006), p. 19. Yalçın dice que la familia del primer Lütfi Doğan se mudó de Kelkit, en la provincia de Gümüşhane, a Yozgat durante la Primera Guerra Mundial durante dos años y luego regresó a su ciudad natal. Yalçın sugiere una explicación enrevesada e incompleta de cómo Doğan podría estar emparentado con el patriarca Shnorhk a través de dos matrimonios.

21 John McPhee, *Uncommon Carriers* (Nueva York, 2006), p. 14.

VII. KHARPERT

1. Argat

1 Hagop Oshagan, *Մնացորդաց* (*El Remanente*) (El Cairo, 1932), vol. 1, p. 58.

2. Dersim

2 Raymond Kévorkian, *The Armenian Genocide: A Complete History* (Londres y Nueva York, 2011), pp. 298 y 382: «Este estado de cosas obligó a las autoridades a idear un mecanismo que les permitiera controlar, al menos, el acceso a Dersim, ya que no podían establecer la supremacía militar sobre el distrito en sí, para dificultar lo más posible que los deportados escaparan de su sistema».

3 Para más información sobre Rıza, véase p. 501.

4 Robert Olson y William F. Tucker, *The Emergence of Kurdish Nationalism and the Sheikh Said Rebellion, 1880-1925* (Austin, 1989), pp. 73-75.

5 Véase la página 433 para el debate sobre la identidad del pueblo y la lengua zazas, y su relación con los kurdos.

6 El 19 de diciembre de 2000, las autoridades turcas lanzaron la operación «Back to Life» en 20 prisiones de toda Turquía para transferir a los reclusos a prisiones de alta seguridad conocidas como «tipo F», con celdas individuales o de aislamiento, en contraste con las celdas de estilo dormitorio. Al menos 28 prisioneros y dos soldados murieron durante el intento de traslado forzoso de reclusos, unos 800 de los cuales habían estado en huelga de hambre desde octubre de ese año en protesta por los traslados.

7 Ramazan Aras, *The Formation of Kurdishness in Turkey: Political Violence, Fear and Pain*, (Londres y Nueva York, 2014), p. 57.

8 Paul J. White, *Primitive Rebels or Revolutionary Modernizers?* (Londres y Nueva York, 2000), p. 80.

9 Hrant Dink, «Sabiha-Hatun'un sırrı» (El secreto de Sabiha-Hatun), *Agos*, 6 de febrero de 2004, p. 12.

10 Ishkhan Chiftjian, «Իսլամացումը իբրեւ վերապրում եւ անհետացում» (La islamización como supervivencia y extinción), *VEM Pan-Armenian Journal*, 46 (2014), p. 140.

11 Hrachya Ajarian, *Հայերէն Արմատական Բառարան* (*Diccionario Etimológico Armenio*) (Ereván, 1926), vol. 1, p. 157.

12 Los hermanos Abel y Gosdan: véase el capítulo «Amasia y Gümüşhacıköy».

VIII. Van

1. Van

1 Taner Akçam, *The Young Turks' Crime Against Humanity: The Armenian Genocide and Ethnic Cleansing in the Ottoman Empire* (Princeton y Oxford, 2012), p. 319.

2. Tatvan y Surp

IX. Cilicia

1. Cilicia

2. Urfa

1 Vahram Rabuni, *Vahram's Chronicle of the Armenian Kingdom in Cilicia During the Time of the Crusades*, trad. y prefacio de Charles Friedrich Neumann (Londres, 1831), pp. 26-28.

3. Marash

4. Kilis

5. Adaná

2 Ferda Balancar, «Bir başka açıdan Kürtlerin Ermeni Soykırımın'dakı Rolu» (Otro cariz del papel de los kurdos en el genocidio armenio), *Agos*, 24 de abril de 2015, p. 17.

3 Bilgin Ayata, «The Kurds in the Turkish-Armenian reconciliation process: double-bind or double-blind?», *International Journal of Middle East Studies*, 47/4 (noviembre de 2015), pp. 807-812.

4 Ibrahim Halil Baran, «Ermeniler, Kürtlerden Özür Dilesin» (Armenios, pidan disculpas a los kurdos), *Rudaw.net*, 24 de abril de 2015.

5 En la provincia de Garin (Erzurum, en turco). La gramática y la puntuación del mensaje de Ramazán han sido corregidos por este autor.

6 Harput era otra provincia poblada por armenios en esa época. Su nombre armenio es Kharpert (ver la parte VII de este libro, pp. 477-525).

6. Antap

7 Yervant Kuchukian, *Հարիւր ժամ Այնթապի մէջ՝ յուշեր եւ տպաւորութիւններ* (*Cien horas en Antap: Memorias e impresiones*) (Beirut, 1953).

8 Alyson Wharton, «Identity and style: Armenian Ottoman churches in the XIX century», en Mohammad Gharipour (ed.), *Sacred Precincts: The Religious Architecture of the Non-Muslim Communities Across the Islamic World* (Leiden, 2014), pp. 91 y 99.

7. Musa Ler

9 En diciembre de 1978, los Lobos Grises, un grupo extremista turco, mató aproximadamente 100 alevíes en la ciudad de Marash y causaron grandes daños materiales.

10 Para más información sobre Gosdan, véase la página 455.

11 Robert College es el antiguo nombre de la actual Universidad de Boğaziçi.

12 Mihrdat Noradoungian, «El precio de la libertad», *Puzantion*, 29 de agosto de 1908, p. 1.

X. El mar Negro y Hamshén

1. Hamshén I

1 Hayton (también conocido como Hetoum o Héthoum de Korykos), *La Fleur Des Histoires de la Terre D'Orient* (traducido como «A Lytell Cronycle», c.1520), citado en Hovann H. Simonian, «Hamshen antes de Hemshin: el preludio de la islamización», en Hovann H. Simonian (ed.), *The Hemshin: History, Society and Identity in the Highlands of Northeast Turkey* (Londres y Nueva York, 2007), p. 24.

2 Hovann H. Simonian, «Hemshin from Islamicization to the end of the nineteenth century», en Simonian (ed.), *The Hemshin*, p. 73.

3 Rüdiger Benninghaus, «Turks and Hemshinli: manipulating ethnic origins and identity», en Simonian (ed.), *The Hemshin*, p. 366.

2. Poshás

4 Vardan Voskanian, «The Iranian loan-words in Lomavren, the secret language of the Armenian Gypsies», *Iran and the Caucasus* 6/1 (2002), p. 180.

5 Kerope P. Patkanov, *Цыганы: Несколько словъ о наречіяхъ закавказскихъ цыганъ: боша и карачи* (*Gitanos: Unas pocas palabras sobre los dialectos de los gitanos: Bosha y Karachi*) (San Petersburgo, 1887), p. 85.

6 Vrtanes Papazian, *Հայ-Բոշաներ (Ազգագրական Ուսումնասիրութիւն)* (*Poshás armenios: un estudio etnográfico*) (Tbilisi, 1899), pp. 18-19.

7 *Ibid.*, p. 56.

8 Ian Hancock, «On Romany origin and identity: questions for discusión», en Adrian Marsh y Elin Strand (eds.), *Gypsies and the Problem of Identities: Contextual, Built and Contested* (Estambul, 2006), p. 79.

9 Papazian, *Poshás armenios*, p. 56.

10 «Somos locales», en turco.

11 Papazian, *Poshás armenios*, p. 16.

12 Cafetera, con la que se prepara el café turco: *briki*, prestado del turco otomano, se emplea más comúnmente en Grecia; en Turquía se llama *cezve.*

13 Ադրբեջան significa «Azerbaiyán» en armenio.

14 Rebecca West, *Black Lamb and Grey Falcon: A Journey Through Yugoslavia* (Londres, 2007), pp. 371-372.

3. Horom

4. Hamshén II

15 Los mingrelianos son una de las naciones constitutivas de Georgia y la mayoría de ellos son cristianos ortodoxos. La provincia de Artvin en Turquía solía estar bajo el gobierno de príncipes georgianos e intermitentemente también tenía gobernantes armenios.

16 Yervant Odian, *Ընկեր Փանջունի Վասպուրականի մէջ* (*Panchuni in Vasburakan*) (Estambul, 1914), pp. 41-42.

17 Para la historia de Husep, véase Hovann H. Simonian, «Hemshin from Islamicization to the end of the XIX century», en Hovann H. Simonian (ed.), *The Hemshin: History, Society and Identity in the Highlands of Northeast Turkey* (Londres y Nueva York, 2007), pp. 59-60. La historia, inicialmente basada en testimonios orales, no está exenta de incoherencias, como señala Simonian en su análisis.

18 Según la *Enciclopedia de Filosofía de Stanford*, el reísmo es la doctrina de que sólo existen cosas. El nombre se deriva del sustantivo latino *res* (cosa). La versión más desarrollada del reísmo se puede atribuir a Tadeusz Kotarbiński (1886-1981), un filósofo polaco y uno de los principales miembros de la Escuela Lvov-Varsovia.

19 William Empson, *Seven Types of Ambiguity* (Nueva York, 1966).

Pero en aquel entonces, la Turquía para los turcos que Atatürk pretendía crear parecía estar mudando su vieja y quebradiza piel. La gente estaba dispuesta a volver a descubrirse a sí misma después de décadas de negación y sumisión al miedo.

AVEDIS HADJIAN

FUERA DE SÍ.
CONTEMPORÁNEOS

6. *Crónica japonesa*
   Nicolas Bouvier
   Traducción de Glenn Gallardo y Martín Schifino

7. *En el barco de Ise. Viaje literario por Japón* 2.ª ed.
   Suso Mourelo

8. *El tiempo de las mujeres. Crónicas asiáticas* 2.ª ed.
   Ángeles Espinosa

9. *Chuquiago. Deriva de La Paz*
   Miguel Sánchez-Ostiz

10. *El ladrón de recuerdos. Viaje por río a través de Colombia*
    Michael Jacobs
    Traducción de Martín Schifino

11. *Heridas del viento. Crónicas armenias* 2.ª ed.
    Virginia Mendoza
    Prólogo de Ander Izagirre

12. *La memoria de la Tierra. Kimberley o el Far West australiano*
    Rafael Manrique

13. *Una huida imposible. California y sus escribidores*
    Toni Montesinos

14. *El soñador errante. De viaje con Pierre Loti*
    Álex Fraile

15. *La otra Grecia. Viaje a Salónica, Macedonia y los Balcanes del sur*
    Marta Monedero

16. *La naturaleza del silencio. Nueve meses entre cien habitantes*
    Suso Mourelo

17. *La India en que viví*
Alexandra David-Néel

18. *Las Tres Venecias. Viajes por la Italia mitteleuropea*
Jorge Canals Piñas

19. *Bebida para señoritas. Crónicas caribeñas cargadas de ron, ron, ron...*
Arantza Prádanos

20. *Oasis Prohibidos. De Pekín a Cachemira. Una mujer a través de Asia Central en 1935*
Ella Maillart
Prólogo de Nicolas Bouvier
Traducción de Manuel Serrat Crespo

21. *Viaje al Reino de Ava. Una crónica birmana*
Leoncio Robles

22. *No hay sitio en el arca*
Alan Moorehead
Traducción de J. Ferrer Aleu

23. *Japón, el archipiélago de las estaciones*
José Antonio de Ory

24. *Mujeres en ruta. La emancipación a través del viaje*
Lucie Azema
Traducción de Lourdes Martínez Pérez

25. *Hong Kong bajo la lluvia*
Blas Piñero Martínez
Fotografías de David J. Clarke

26. *Los fantasmas de Happy Valley. En busca del mundo perdido de los aristócratas libertinos de África*
Juliet Barnes
Traducción de José Luis Piquero

27. *Nación secreta. Los armenios ocultos de Turquía*
Avedis Hadjian